Nachlassplanung und Nachlassteilung
Planification et partage successoraux

Nachlassplanung und Nachlassteilung

Planification et partage successoraux

Beiträge der Weiterbildungsseminare der Stiftung Schweizerisches Notariat vom 27. August 2013 in Zürich und vom 12. September 2013 in Lausanne

Contribution des Seminaires de formation continue organisés par la Fondation Notariat Suisse le 27 août 2013 à Zurich et le 12 septembre 2013 à Lausanne

Herausgeber:
Jürg Schmid, a. Notariatsinspektor
Lehrbeauftragter an der Universität Zürich

Schulthess § 2014

Bibliografische Information der Deutschen Nationalbibliothek
Die Deutsche Nationalbibliothek verzeichnet diese Publikation in der Deutschen Nationalbibliografie; detaillierte bibliografische Daten sind im Internet über http://dnb.d-nb.de abrufbar.

Alle Rechte, auch die des Nachdrucks von Auszügen, vorbehalten. Jede Verwertung ist ohne Zustimmung des Verlages unzulässig. Dies gilt insbesondere für Vervielfältigungen, Übersetzungen, Mikroverfilmungen und die Einspeicherung und Verarbeitung in elektronische Systeme.

© Schulthess Juristische Medien AG, Zürich · Basel · Genf 2014
   ISBN 978-3-7255-7000-3

www.schulthess.com

Préface

La Fondation Notariat Suisse, créée en 2004, a pour objectif principal la formation continue des notaires suisses. Par conséquent, elle choisit des thèmes de séminaires qui se rapportent directement à l'activité du notaire.

Après nous être arrêtés sur des thèmes strictement notariaux (la procédure d'instrumentation; l'obligation d'informer du notaire), puis relatifs aux droits réels (questions choisies en relation avec la vente immobilière; les nouveautés découlant de la révision des droits réels entrée en vigueur le 1er janvier 2012), il nous a paru intéressant de nous consacrer pour la première fois à un thème successoral, plus exactement la planification et le partage successoraux, des matières déjà intéressantes en soi, plus encore si l'on tient compte des aspects internationaux.

Pourtant, au-delà du thème du séminaire, ce qui touche les notaires suisses, ce sont les nombreux projets fédéraux à composante notariale: «Code civil suisse – modification relative à la forme authentique», «Modification du droit du registre du commerce et adaptation des droits de la société anonyme, de la société à responsabilité limitée et de la société coopérative», «Enquête de la Commission de la concurrence (COMCO) portant sur la question de savoir si les notaires doivent pouvoir profiter de la libre circulation intercantonale, en invoquant la Loi sur le marché intérieur (LMI)»… n'en jetez plus!

Ce qui est troublant, c'est que ces thèmes et projets ne répondent pas à un besoin, tout en se fondant sur des motifs et des bases législatives, doctrinales et jurisprudentielles très discutables. Et quand bien même les résultats des consultations sont globalement négatifs, Conseil fédéral et COMCO ne s'en laissent pas compter…

Tous nos remerciements à Messieurs les professeurs intervenants qui nous permettent, par leurs présentations de détails, de parfaire nos connaissances, et aux participants aux séminaires, aussi nombreux que fidèles!

Nous avons une nouvelle fois le plaisir de vous offrir ce recueil des différentes conférences données à Lausanne et à Zurich et souhaitons qu'il vous sera utile pour votre pratique professionnelle.

Fondation Notariat Suisse

Michel Monod

Président

Einleitung

Die Planung der erbrechtlichen Nachfolge und die Teilung des Nachlasses stehen in einem engen Zusammenhang. Eine wohlabgestimmte Nachlassplanung und ihre Umsetzung in klar formulierte Rechtsgeschäfte sind die besten Voraussetzungen für eine reibungslose Abwicklung des Nachlasses. Die Mitwirkung der Notarin und des Notars bei der Nachlassplanung gehört denn auch zu deren anspruchsvollsten Aufgaben. Den Urkundspersonen kommt sowohl in der Darlegung von Planungsvarianten wie auch in der Ausarbeitung der entsprechenden Rechtsgeschäfte eine zentrale Bedeutung zu. Sie können diese Aufgabe nur erfüllen, wenn sie über eine profunde Kenntnis der einschlägigen Gesetzgebung, Rechtsprechung und Lehrmeinungen verfügen und in der Lage sind, diese Erkenntnisse in die Praxis umzusetzen.

Nicht weniger anspruchsvoll ist die Umsetzung der Anordnungen des Erblassers in der Nachlassteilung. Der Willensvollstrecker oder die von den Erben mit der Nachlassteilung beauftragte Person bekommt in der Regel einen tiefen Einblick in die familiären und finanziellen Begebenheiten und kann durch sein Handeln und Mitwirken zu einer sachgerechten und friedlichen Auseinandersetzung unter den Erben beitragen. Auch für die Erfüllung dieser Aufgabe bildet das Fachwissen eine entscheidende Grundlage.

Die Stiftung Schweizerisches Notariat hat ihr fünftes Weiterbildungsseminar den Themenbereichen Nachlassplanung und Nachlassteilung gewidmet. An den beiden denselben Themen gewidmeten Tagungen in Zürich in deutscher und in Lausanne (mit Videoübertragung nach Lugano) in französischer Sprache wurde zu Einzelthemen Stellung bezogen. Das überaus grosse Interesse an der Teilnahme an diesen Seminarien ist auf die Kompetenz der aus Wissenschaft und Praxis stammenden Referentinnen und Referenten zurückzuführen. Ihnen gebührt ein herzliches Dankeschön für ihr Mitwirken und für die Überarbeitung ihrer Referate für die Publikation ihrer Beiträge in diesem Tagungsband. Ein Dank gilt auch den Organisatoren der Tagungen in Zürich, Lausanne und Lugano. Nicht zu übersehen ist dabei das Mitwirken meiner Assistentin *Priska Geiser-Reichlin*. Ihr gebührt Dank für ihr grosses Engagement bei der Vorbereitung und Durchführung der Veranstaltung in Zürich und der Herausgabe des Tagungsbandes.

Die beiden Seminare haben ihren Zweck erfüllt, wenn dieser Tagungsband immer wieder zur Hand genommen wird und die darin enthaltenen Beiträge in der praktischen Arbeit eine zuverlässige Unterstützung zu leisten vermögen.

Der Herausgeber:

Jürg Schmid

Inhaltsverzeichnis

Préface V
Michel Monod
Notaire, président de la Fondation Notariat Suisse

Einleitung VII
Jürg Schmid
a. Notariatsinspektor, Lehrbeauftragter an der Universität Zürich

Nachlassplanung – die Verfügungsarten, ihre Stärken und Schwächen 1
Peter Breitschmid
Prof. Dr. iur., Universität Zürich

Rédaction et interprétation des testaments 49
Audrey Leuba
Dr en droit, Professeure à l'Université de Genève

Efficacité et inefficacité des testaments 73
Paul-Henri Steinauer
Dr en droit, Professeur à l'Université de Fribourg

Les legs et charges successorales 91
Denis Piotet
Dr en droit, Professeur à l'Université de Lausanne

Zusammenwirken von Güterrecht und Erbrecht 123
Alexandra Rumo-Jungo
Prof. Dr. iur., Universität Freiburg

Assurances et successions (2e et 3e piliers) 143
Christian Terrier
Notaire à Pully, chargé de cours à l'Université de Lausanne

Erbrecht und Versicherungen 187
Nicht-Lebensversicherungen
Stephan Fuhrer
Prof. Dr. iur., Universität Freiburg

Inhaltsverzeichnis

Erbrecht und Versicherungen.. 197
Die Lebensversicherung der Säule 3a und 3b als Instrument
der Nachlassplanung und Nachlassteilung
STEFAN PLATTNER
Dr. iur., LL.M., Advokat

Le pacte sur succession non ouverte (art. 636 CC).......................... 243
MICHEL MOOSER
Dr en droit, notaire à Bulle, professeur titulaire à l'Université de Fribourg

Vollmachten und Vorsorgeauftrag 259
JÖRG SCHMID
Prof. Dr. iur., Universität Luzern

Cession de parts héréditaires et suspension du partage successoral 301
FLORENCE GUILLAUME
Dr en droit, professeure à l'Université de Neuchâtel

Grundfragen der Erbteilung 323
PAUL EITEL
Prof. Dr. iur., Universität Luzern

Les créanciers dans le contexte successoral 359
AUDE PEYROT
Dr en droit, avocate et chargée de cours à l'Université de Genève

Erbengemeinschaft im sachenrechtlichen Umfeld 385
RUTH ARNET
Prof. Dr. iur., Universität Zürich

Willensvollstreckung 407
HANS RAINER KÜNZLE
Prof. Dr. oec., Rechtsanwalt, Universität Zürich

Bäuerliches Erbrecht 451
BENNO STUDER
Dr. iur., Fürsprecher und Notar

**Die Behandlung internationaler Erbrechtsfälle, mit Hinweisen
für die internationale Nachlassplanung** 477
IVO SCHWANDER
Prof. Dr. Dr. h.c., em. Professor, Universität St. Gallen

Nachlassplanung – die Verfügungsarten, ihre Stärken und Schwächen

PETER BREITSCHMID*

Inhaltsübersicht

Literatur	2
1. Was ist Nachlassplanung?	2
1.1 Rechnen oder Kunst? Kunst oder künstlich?	2
1.2 «Objekte» und «Subjekte» der Nachlassplanung – die «Stakeholders»	3
1.3 Ziel: Konzise Planung – Ausgangslage: Breite Literatur	5
2. Ausgangslage der Nachlassplanung	7
2.1 Planung: «Das ZGB als Zonenplan» – Richtplanung, Detailplanung, Ausführungsplanung … und «Planungsverbotszonen»; Planung als Organisation von noch nicht Bestehendem	7
2.2 Lebens- und Beziehungszufriedenheitsverlauf	8
2.3 Testierscheu und wirtschaftliche Rahmenbedingungen	10
3. Lebens-, Beziehungs-, Vermögens-, Steuer-, Alterns-, Alters- und (schliesslich!) Nachlassplanung	12
3.1 Personal Planning und Estate Planning	13
3.2 Das Zukunftsrisiko des Unplanbaren – nämlich des Lebens	14
3.3 «Emotion», (Pflichtteils-)«Zwang» und «Systemisches»	15
4. Bedeutung der Urteilsfähigkeit für die Nachlassplanung	16
4.1 Fragen an die Leserschaft: Sind Sie urteilsfähig? Insbesondere in persönlich-emotionalen Belangen? Wer ist Ihnen sympathisch? Weshalb?	16
4.2 Zum Umgang von Beratern mit Urteilsfähigkeitsproblemen	20
5. Biografie und vermögensrechtliche Planung zu Lebzeiten und von Todes wegen	22
5.1 Die biografischen Etappen und ihre wirtschaftlich-vermögensrechtliche Bedeutung	22
5.2 Qualitäten und Qualifikation einzelner Instrumente der Nachlassplanung	27
5.2.1 Willensvollstreckung, Treuhand bzw. «strukturierte» Lösungen	29
5.2.2 Darlehen, Schenkung, Vorempfang	30
5.2.3 Nutzniessung	30
5.2.4 Nachbegünstigungslösungen	30
5.2.5 Versicherungslösungen	31
5.2.6 Internationale Biografien	32
5.3 Würdigung	33
6. Hinweise zu besonderen Situationen der Gestaltungspraxis	34
6.1 «Vorsorgliche Massnahmen» in der Nachlassplanung	35
6.2 Informelle Beziehungen und formelle Nachlassplanung	36
6.3 Die «Aufhebungsfloskel»	40

* Herzlichen Dank an cand.iur. *Sara Hampel* für die Hilfe bei der Finalisierung des Beitrags.

6.4	Ungeliebte Pflichtteilserben	41
6.5	... und die rechtliche Zukunft: Optionen de lege ferenda?	41
7.	Gestaltung der Nachlassabwicklung	42
7.1	Dokumentation und Organisation	42
7.2	Planerischer Umgang mit Haftungsrisiken	43
7.3	Planerische Organisation der Teilung	44
7.4	Würdigung – Bedeutung neuer Ansätze: Mediation, Schiedswesen	45
8.	Folgerungen	46

Literatur (Auswahl; punktuelle weitere Hinweise zu Spezialfragen in den Fussnoten)

Regina Aebi-Müller, Die optimale Begünstigung des überlebenden Ehegatten – Güter-, erb-, obligationen- und versicherungsrechtliche Vorkehren, unter Berücksichtigung des Steuerrechts, 2.A., Bern 2007; *Jean Nicolas Druey,* Testament und Erbvertrag – praktische Einsatzmöglichkeiten, in: Peter Breitschmid (Hrsg.), Testament und Erbvertrag, Bern 1991; *derselbe,* Grundriss des Erbrechts, 5.A., Bern 2002; *Roland Fankhauser,* Die Ehekrise als Grenze des Ehegattenerbrechts, Bern 2011; Heinrich Honsell/Nedim Peter Vogt/Thomas Geiser (Hrsg.), Basler Kommentar, Zivilgesetzbuch II, Art. 457–977 ZGB, 4.A., Basel 2011; *Stephanie Hrubesch-Millauer,* Der Erbvertrag: Bindung und Sicherung des (letzten) Willens des Erblassers, Zürich/St.Gallen 2008; *Hans Rainer Künzle,* Einleitung, S. 1–73, in: Daniel Abt/Thomas Weibel (Hrsg.), Praxiskommentar Erbrecht; Nachlassplanung – Nachlassabwicklung – Willensvollstreckung – Prozessführung, 2.A., Basel 2011; *Peter Kuster,* Anhang Checkliste, S. 1635–1693, in: Daniel Abt/Thomas Weibel (Hrsg.), Praxiskommentar Erbrecht; Nachlassplanung – Nachlassabwicklung – Willensvollstreckung – Prozessführung, 2.A., Basel 2011.

1. Was ist Nachlassplanung?

1.1 Rechnen oder Kunst? Kunst oder künstlich?

Nachlassplanung ist eine Kunst – sie ist die Kunst möglichst effizienter, konfliktfreier Überleitung von Aktiven und Passiven auf die nach dem Tod des Erblassers Verantwortlichen[1]. Manchmal ist Nachlassplanung allerdings weniger kunstvoll als einigermassen künstlich, künstlich arrangiert und konfliktträchtig. Das liegt indes meist weniger an Stärken und Schwächen der *Verfügungsarten* im engeren Sinne (Art. 481–497 ZGB) bzw. der vom Pflichtteilsrecht gelassenen *Verfügungsbandbreite* (Art. 470–480 ZGB) und den *Verfügungsformen* (Art. 498–516 ZGB, etwa der Bindungswirkung, die ja auch gestalterisches Potenzial hat), als an Stärken und Schwächen

---

[1] Bewusst spreche ich hier von «Verantwortlichen» und nicht nur – wie häufig – von «Berechtigten», da Erben zwar bei einem aktiven Nachlass durchaus als Geschenk betrachtet werden kann, an das sich aber Verpflichtungen knüpfen: Nicht nur mit kulturellem Erbe ist verantwortungsvoll umzugehen.

der Planenden und ihrer Beziehungen – und manchmal auch daran, dass man dem (durchaus legitimen) *Teil*-Ziel der Steuer- oder Pflichtteilsminimierung *alles* untergeordnet hatte. Vielschichtigkeit und «Tiefe» einer Biografie lassen sich nicht in einer eindimensional *maximierten,* sondern nur in einer in ihren Facetten nuancierten, *optimierten* Strategie abbilden.

«Verfügungsarten» sind Werkzeuge, die fachlich und menschlich eingesetzt werden müssen – gerade «das Menschliche» zwischenmenschlicher Beziehungen erfordert jedoch eine Betrachtung, welche die «Verfügungsarten» nicht einfach juristisch-technisch auf die Art. 481 ff. ZGB und allenfalls noch die Enterbungsvoraussetzungen (Art. 477 ff. ZGB) reduziert, sondern *auch das fachliche Umgehen mit Konflikten als eine Art des Umgehens mit den zwischenmenschlichen Fragen* einschliesst.

1.2 «Objekte» und «Subjekte» der Nachlassplanung – die «Stakeholders»

Liest man Broschüren gewisser Berufsverbände, könnte man den Eindruck gewinnen, es drehe sich alles um «die Planenden», wobei das dann eher jene sind, welche planerisch beratend ihre Steueroptimierungspackages verkaufen möchten; gewiss *sind* die *Beratenden* Teil der Beteiligten, aber doch eigentlich *«Dritte».*

Eigentliche *Subjekte der Planung* und Akteure sind allerdings doch die Individuen mit ihren posthumen Anliegen. Störfaktoren einer unproblematischen Planung und Umsetzung können dabei einerseits die Beziehung zwischen Beratenden und den ihren eigenen Nachlass Planenden[2] und/oder die Beziehungen des Planenden zu seinem persönlichen Umfeld sein. Inwieweit das «verplante Umfeld» seinerseits (bloss) *Objekt der Planung* ist oder in diese einbezogen wird, hängt wesentlich von der Perspektive der Planung ab. Im Grunde gibt es zwei Sichtweisen: die egoistisch-fortwirkende, oder die altruistisch-übertragende – im ersten Fall geht es um die Sicht und den Gestaltungsimpetus der Erblasser-, im zweiten stärker um die Interes-

---

[2] Bezeichnend, dass die Schweizerische Akademie der Medizinischen Wissenschaften (SAMW) einen «Leitfaden für die Praxis» mit dem Titel «Kommunikation im medizinischen Alltag» konzipiert hat (2013, www.samw.ch/de/Publikationen → Leitfäden) – es könnten juristische Fachverbände Gleiches für schwierige Gesprächssituationen in der Berater/Klienten-Beziehung konzipieren. Man mag zwischendurch auch wieder einmal den Abschnitt über «Denkfehler» bei *Peter Hafter,* Strategie und Technik des Zivilprozesses, 2.A. Zürich 2011, Rz. 32 ff., lesen (oder der Klientschaft zum Lesen geben …).

senlage der Erbengeneration. Das tradierende Element des Erbrechts weist unweigerlich in die Zukunft – zwar werden hergebrachte, vorhandene Werte übergeben, die insofern einer vergangenen Welt (des Erblassers) angehören, aber in die zukünftige der Erben übergeleitet werden sollen; Vergangenheit und Zukunft, Subjekt und Objekt sollten sich deshalb verbinden. Eine solche Interessenkontinuität ist auch deshalb geboten, weil nicht nur Erblasser und Erben, sondern weitere interessierte Kreise vorhanden sind: Arbeitnehmer- und Kundenbeziehungen, Mieter, insgesamt die Volkswirtschaft, die von einem unproblematischen Vermögensübergang nur profitiert, weil Werte so bewahrt und kontinuierlich genutzt werden können.

Unausgewogenheit der verbindenden Elemente und *einseitige* Wahrung der Anliegen nur einzelner Stakeholders ist allerdings durchaus häufig. Die grösste Schwachstelle der Nachlassplanung dürfte in Defiziten zwischenmenschlicher Kommunikation im persönlichen Umfeld und dann auch in der Planung, bis hin zur kaum planbaren Bewältigung von Konflikten in der Nachlassabwicklung liegen. In einem rechtlichen Beitrag die systemischen Schwierigkeiten der Beziehungs- bzw. familiären Strukturen zunächst im Lebensverlauf und dann vor und nach einem Todesfall aufzuzeigen und mit gewissermassen «nur-rechtlichen» Mitteln die Problemzonen elegant zu überwinden, wäre die Quadratur des Kreises. Um aber ein «rein technisches Verständnis» anzuzweifeln – nämlich die Vorstellung, mit «betonierten» und durch privatorische Klausel abgesicherten Bollwerken oder gar den «Strukturen» (Stiftungen, Trusts) innewohnenden Unveränderlichkeiten unveränderlich herbeizuzwingen, was nicht freiwillig gewollt wird –, muss das Bewusstsein dafür geschärft werden, dass weniger die Verfügungsarten als die Biografien ihre Stärken und Schwächen haben. Auch «Abrechnungstestamente» sind eine «Verfügungs(un)art». *Planung* müsste damit in manchen Fällen vorab darin bestehen, *lebzeitige Pendenzen* der Beziehungsverhältnisse anzugehen, als das Unvermeidliche – nämlich die in irgendeiner Form bestehende Beziehung – mit erbrechtlichen Behelfen bekämpfen zu wollen. Dass dies nicht in einer 1–2-stündigen Besprechung mit anschliessendem Vorschlag zur Umsetzung in Form einer eigenhändigen Verfügung zu erledigen ist, dürfte auf der Hand liegen. Statt Prozessen posthum ist zu (Denk-)Prozessen unter Lebenden zu raten. In diesem Sinne sind die den Hauptteil dieses Beitrags bildenden «Vorbemerkungen» zu verstehen – Nachlass*planung* ist weniger die Anwendung einzelner Verfügungsarten *von Todes wegen* oder die Beschreibung ihrer Vor- und Nachteile, als die Kunst, mit diesem bestehenden «Werkzeugsatz» *unter Lebenden* ein passendes Gerüst für eine zukünftige Situation zu zimmern. Nach meinem Dafürhalten ist eher ein «Gerüst», ein «Rahmen», eine ihrerseits flexible, entwicklungsfähige Konstruktion und nicht ein abgeschotteter, betonierter Zivilschutzraum zu schaffen. Und eben: *Nachlass*planung ist *lebzeitig,* spielt im *Vor*feld von Erbgang und Erbteilung – der Krimi entscheidet sich eigentlich bereits in der Einleitung.

1.3 Ziel: Konzise Planung – Ausgangslage: Breite Literatur

In diesem weitläufigen Gebiet tendiert auch das Schrifttum zu Weitläufigkeit – es gibt mittlerweile nicht mehr einfach Bücher zur (ehegüterrechtlichen[3] und) Nachlassplanung, sondern zu unzähligsten Teilgebieten[4]. Der vorliegende Beitrag möchte da nicht konkurrieren, sondern hat einen andern Ansatz: In der Flut von teils maximal-fokussierten Anliegen der pla-

---

[3] Worauf im Rahmen einer Darstellung der (erbrechtlichen) Verfügungsarten ohnehin nicht eingegangen werden kann. Klassisch dazu *Aebi-Müller,* Die optimale Begünstigung des überlebenden Ehegatten – Güter-, erb-, obligationen- und versicherungsrechtliche Vorkehren, eines jener bemerkenswerten Werke, das sich aus der bisweilen fast hysterischen *Meist*-Begünstigungsdiskussion abgesetzt hatte.

[4] Nur im Sinne eines spontanen Hinweises seien aus unterschiedlichsten Feldern etwa genannt (Kriterium der Auswahl: für hiesige Leserschaft leicht zugänglich, aber wahrscheinlich überwiegend unbekannt, jedoch mit «Horizonterweiterungs-» oder auch einem gewissen «Abschreckungspotenzial» gegen ein «Zuviel» an Material, Bedenken und gestalterischem Aufwand): Reinhard Zimmermann (Hrsg.), Der Einfluss religiöser Vorstellungen auf die Entwicklung des Erbrechts, Tübingen 2012 (knapp 200 Seiten); *Eva Maria Blomberg,* Freiheit und Bindung des Erblassers – eine Untersuchung erbrechtlicher Verwirkungsklauseln, Tübingen 2011 (Münsteraner Diss., rund 300 Seiten); *Walter Krug/Hanspeter Daragan,* Die Immobilie im Erbrecht, München 2010 (rund 500 Seiten); *Wolfgang Roth/Thomas Maulbetsch/Johannes Schulte,* Vermächtnisrecht, München 2013 (knapp 300 Seiten); *Claus-Henrik Horn/Ludwig Kroiss,* Testamentsauslegung – Strategien bei unklaren letztwilligen Verfügungen, München 2012 (knapp 400 Seiten); *Isabell Stamm,* Unternehmerfamilien – Über Einfluss des Unternehmens auf Lebenslauf, Generationenbeziehungen und soziale Identität, Opladen/Berlin/Toronto 2013 (Berliner Diss. phil./Soziologie; kostenloser Download unter http://dx.doi.org/10.3224/84740050, rund 400 Seiten).

Diese knappe Aufstellung verweist auf über 2000 Druckseiten Material, das in der einen oder andern Situation nützen könnte und auch genutzt werden soll – sie soll aber zugleich Warnung sein, da Hundertschaften weiterer Werke genannt werden müssten (und könnten; auch von ausserhalb des deutschen Sprachraums), sich in Fällen, die zwar singulär aus Sicht des einzelnen, auf *seine* Biografie fixierten Klienten wirken mögen, gestalterisch zurück- und an *allgemein* Bewährtes zu halten. Eine Arbeit wie jene von *Stamm* zu «Unternehmerfamilien» signalisiert für eine juristische Leserschaft zudem, dass das für den Unternehmenserfolg Entscheidende nicht mit (erb-)*rechtlichen* Behelfen erzwungen werden kann, sondern *gelebt* werden muss.

nenden Individuen und entsprechenden Mustertextblöcken in nahezu allen einschlägigen Sammlungen und Publikationen soll die *Reflexion* darüber angeregt werden, was im Alltag eigentlich geschieht – es muss der Leserschaft nicht der Grundmechanismus erklärt, sondern das Bewusstsein vermittelt werden, dass es keine «nachteilslose» Planung gibt[5]. Spricht man von *Begünstigung,* hat das unweigerlich eine *Ent-Günstigung* zur Folge, die bisweilen durchaus verständlich ist und auch verstanden wird, aber manchmal doch auch Züge der Diskriminierung trägt, die im Zivilrecht zwar nicht absolut verpönt, aber doch oft zumindest menschlich belastend ist. Allzu viel Belastung für Benachteiligte fördert zudem nicht die Akzeptanz des Erbrechts, das zwar selbstverständlicher, unverzichtbarer Mechanismus, aber als (vermeintliches) «Gratis-Einkommen» doch immer auch politischen Angriffen ausgesetzt ist; gute Planung schafft gute Architektur, in der sich für alle Lebensraum und Wohlbefinden ergibt[6]. Ausgehend vom «Planungsziel Konfliktvermeidung»[7] bzw. vom Anliegen, den Beteiligten raschmöglichst (und deshalb möglichst konfliktfrei) autonome Verfügungsbefugnis über ihre Nachlassanteile einzuräumen, dürfen mögliche Konflikte und (die sich daraus ergebenden, möglicherweise akzelerierenden) Konfliktdy-

---

[5] Verwiesen sei auf die unverzichtbare «Checkliste» von *Kuster* (mit über dreihundert Randziffern) und jene von *Künzle* (N 6 ff.) sowie die Musterurkundensammlung des Verbands bernischer Notare (Link zur Bestellung http://www.bernernotar.ch/File/public/pdfs/1_Der%20VBN/6_Musterurkunden/musterurkunden_band_1_1.pdf) sowie weitere, ebenfalls nicht öffentlich zugängliche, aber doch bekannte (und weniger bekannte) Vorlagen. Der Selbstkontrolle mag auch dienen, sein Vorgehen mit gängigen Checklisten ausländischer Literatur abzugleichen; in Betracht kommt (knapper im Umfang) z.B. *Manfred Bengel/Wolfgang Reimann,* Erbrecht, in: Beck'sches Notarhandbuch, 5.A., München 2009 (Kapitel C., 819–932), sowie «klassisch» vor allem die beiden Werke von *Heinrich Nieder/Reinhard Kössinger/Winfried Kössinger,* Handbuch der Testamentsgestaltung, 4.A. München 2011, und *Gerrit Langenfeld,* Testamentsgestaltung, 4.A., Köln 2010 (rund 1000 bzw. knapp 500 Seiten); zu Einzelthemen nützlich *Peter Baltzer/Manfred Reisnecker,* Vorsorgen mit Sorgenkindern, München 2012, und *Florian Enzensberger,* Testamente für Geschiedene und Patchworkehen, 3.A., Bonn 2013 (je rund 250 Seiten), *Susanne Kappler/Tobias Kappler,* Handbuch Patchworkfamilie, Köln 2013 (knapp 500 Seiten, daraus insb. Kap. 4 zum Erbrecht und Kap. 8 zum Erbschaftssteuerrecht, womit «Erbrecht» umfangmässig rund ⅖ des «Patchworks» ausmacht).

[6] Zur «Erbrechtskultur» sei (in bewusst zurückhaltender Auswahl: die Leserschaft will Alltagsfragen gelöst haben und interessiert sich kaum für's «Feuilleton», und sollte bei Gelegenheit doch auch einmal Gedanken um grundsätzlichere Themen kreisen lassen, um ihrerseits Erbrechtskultur zu pflegen) nebst den in Fn. 4 genannten Werken hingewiesen auf *Anatol Dutta,* Warum Erbrecht? Das Vermögensrecht des Generationenwechsels in funktionaler Betrachtung, Tübingen 2014; *Ray D. Madoff,* Immortality and the Law – the Rising Power of the American Dead, Yale University Press, New Haven/London 2010.

[7] BSK-*Breitschmid,* N. 20/j zu Art. 498 ZGB.

namiken bei der Planung nicht ausser Acht gelassen werden[8]. Oft bewährt sich bei einer auf einen unbestimmten[9] künftigen Zeitpunkt (und damit noch variable Kontextbedingungen) ausgerichteten Planung, eher den Rahmen als alle Details zu ordnen – der Verfasser hat schon erlebt, dass auch ein Ehe- und Erbvertrag mit dreistelliger Seitenzahl jenen Fall nicht geregelt hatte, der dann eingetreten war: Tod des Mannes am letzten Tag der Frist zur Berufung gegen das erstinstanzliche Scheidungsurteil ... Man kann die Zukunft nicht zwingen, sich an die private Planung zu halten.

2. Ausgangslage der Nachlassplanung

2.1 Planung: «Das ZGB als Zonenplan» – Richtplanung, Detailplanung, Ausführungsplanung ... und «Planungsverbotszonen»; Planung als Organisation von noch nicht Bestehendem

Nachlassplanung ist die Organisation der Vermögensnachfolge von Todes wegen. Dies setzt voraus, lebzeitig darüber nachzudenken bzw. lebzeitig entsprechende *erb*rechtliche Dispositionen zu treffen (Errichtung von Testament und/oder Erbvertrag), ggf. auch durch lebzeitige Rechtsgeschäfte (Schenkung, gemischte Schenkung, Darlehen, Mietvertrag mit grundbuchlicher Vormerkung usf.) aktiv zu werden. All diese Überlegungen spielen auf dem durch das ZGB und den darauf Bezug nehmenden weitern Gesetzen (etwa den ins Steuerrecht übernommenen Verwandtschaftsregeln) geordneten «Terrain» – Pflichtteile sind eigentlich Sperrzonen, die aber mit besonderer Bewilligung (etwa erbvertraglicher Zustimmung der «Nachbarn») dennoch «überbaut» werden dürfen. Aber die Planung solcher Überbauung erfordert ein Konzept, dessen Detaillierung und dann die Ausführungsplanung. Wenn es einen Unterschied zum privaten und öffentlichen Baurecht

---

[8] Zu diesem interdisziplinären, m.E. unterschätzten Themenbereich (bezogen, aber natürlich nicht beschränkt auf Familienunternehmen) zuletzt *Arist von Schlippe,* Konflikte und Konfliktdynamiken in Familienunternehmen, FuS (Zeitschrift für Familienunternehmen und Stiftungen, Köln), Sonderausgabe 2013/14 S. 30 ff.

[9] Die Rahmenbedingungen von Planung können sich ändern! Nicht nur Sterbehelfer helfen den Zeitpunkt des Erbgangs zu bestimmen, sondern möglicherweise auch bald einmal prognostische DNA-Tests (wie etwa des momentan vom FDA stillgelegten «23andMe»); persönlich glaube ich, dass (vermeintlich!) präzisere Rahmenbedingungen der Planung nur zunehmend häufigere Quelle von Willensmängeln sein werden. – Zu m.E. «ernsthafteren» bzw. juristisch verfolgbaren *Entwicklungen de lege ferenda* s. hinten Ziff. 6.5.

gibt, dann vielleicht den, dass sich die Rahmenbedingungen der zwischenmenschlichen Beziehungen (noch) rascher ändern als Bauvorschriften ...

Nachlassplanung beginnt ab dem Zeitpunkt, da ein Individuum das Bedürfnis empfindet, über postmortale vermögensrechtliche Belange nachzudenken. In diesem Sinne gehören bereits Abklärungen über die Ordnung der gesetzlichen Erbfolge zu individualisierter Nachlassplanung, weil die betreffende Person sich individuell mit Belangen ihres Nachlasses befasst: Auch ein nicht testamentarisch geregelter, aber *«reflektiert ungeplanter»* Nachlass ist letztlich ein geplanter, individuell konsentierter Nachlass, indem die gesetzliche Erbfolgeordnung nicht einfach passiv vom Gesetz aufoktroyiert, sondern bewusst akzeptiert wird. An sich bildet ja die gesetzliche Erbfolgeordnung ab, wie sich der Gesetzgeber (von 1907/1912) die mutmasslichen Beziehungsschwerpunkte und berechtigten Interessen vorgestellt hatte.

Nachlassplanung findet ihr Ziel letztlich mit dem Tod jener Person, die ihren Nachlass geplant hatte[10]. Sie ist nicht eine einmalige Vorkehr, sondern prozesshaft: Sie kann (und soll) einerseits so erfolgen, dass absehbaren Veränderungen Rechnung getragen werden kann; zugleich ist sie aber kontinuierlich darauf hin zu überprüfen, ob die Grundannahmen weiterhin Geltung haben; das gilt selbst für Ersatzanordnungen (Art. 487 ZGB) – die Alternative ist nicht wahrscheinlicher als die Grundannahme, da ja eigentlich schon die überlegte Grundannahme «wahrscheinlich» sein sollte.

2.2 Lebens- und Beziehungszufriedenheitsverlauf

Die Planung von Entwicklungen und Veränderungen ist ein ambivalenter Vorgang, da man sich einerseits in Bedingungen und Annahmen verstricken und verhaspeln kann, und anderseits die laufende Beobachtung jeder «Beziehungsklimaschwankung» davon ablenkt, dass Beziehungsverläufe selbst in Statusbeziehungen in einer sich laufend und manchmal hektisch wandelnden (Berufs- und Lebens-)Welt nicht mehr von jener Statik sind, welche die auf familienrechtlichem Status beruhende Erbrechtsgesetzgebung auszeichnet. Wollte man hier in einer gewissen Aufgeregtheit, die dem Alter manchmal nicht fremd ist, durch ständige Anpassung der Nachlassplanung reagieren, würde diese in konzeptloser Hektik erstarren. Durchschnittliche

---

[10] Wobei dieses Ziel in der Mehrheit der Fälle allerdings erst erreicht ist, wenn der Nachlass zumindest in wesentlichen Teilen geteilt ist und individuelle Anteile zu individueller Verfügung an die einzelnen Beteiligten übergegangen sind: vgl. hinten Ziff. 7.

Lebensverläufe weisen zwar Schwankungen in der Lebenszufriedenheit auf, pendeln sich aber auf einigermassen erträglichem Niveau ein[11].

Quelle beider Grafiken: Stutzer/Frey, Does marriage make people happy, or do happy people get married?, The Journal of Socio-Economics 35 (2006) 326–347; © 2006, Elsevier, reprinted with permission.

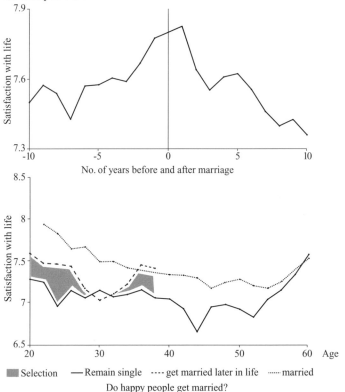

Do happy people get married?

Note: The graph represents the pattern of well-being after taking respondents' sex, age, education level, parenthood, household income, household size, relation to the head of the household, labor market status, place of residence and citizenship into account.
Data source: GSOEP.

---

[11] Wer die Kurven richtig deutet, wird feststellen, dass man einige Jahre nach Eheschluss nicht etwa im Unglück versinkt, sondern einfach auf jenen «Pegelstand» «absinkt», der wohl dem jeweiligen durchschnittlichen individuellen Befindlichkeitslevel entspricht – manche empfinden das als Zufriedenheit, und andere neigen zu Unzufriedenheit. Alle kennen aber Zustände eklatanter Verärgerung oder unerwarteten Glücks – ob dies Momente sind, welche sich zu ausgewogener Lebensbilanz eignen, darf man bezweifeln: Zwar soll individuelle Nachlassplanung den individuellen Willen abbilden – aber doch nicht unbedingt den aktuellen Furor.

Gerade prozesshafte Verläufe erfordern eine gewisse *Gelassenheit.* In Extremfällen darf durchaus auf die subsidiäre gesetzliche Ordnung vertraut werden: Wer die Enterbung verpasst hat, kann noch auf Erbunwürdigkeit hoffen; da manche Enterbung nicht funktioniert, muss nicht besonders enttäuschen, dass auch die Erbunwürdigkeit nur auf Extremsituationen passt. Nach meinem persönlichen Empfinden – und insofern «un-fachlich» – gehört zur Nachlassplanung auch, den «Sieg des So-ist-es über das So-hat-es-zu-sein» zu akzeptieren, womit das Alter «eine Art Aggregatzustand des Lachens» werden könnte – «Lachen und Alter sind so Überschreitungen der Grenzen der offiziellen Welt, also eine Art Emigration; und die Fähigkeit zum Lachen hat – wie die Theoriefähigkeit, insbesondere auch die des Alters – justament darum zu tun mit Bildung: denn Bildung ist die Sicherung der Emigrationsfähigkeit» … «Denn auch das Alter ist als Verwandlung des Lebens in den Tod – wie nach Kant das Lachen – die ‹Verwandlung einer gespannten Erwartung in nichts›»[12].

2.3 Testierscheu und wirtschaftliche Rahmenbedingungen

Angesichts einer recht bescheidenen Quote geplanter Nachlässe[13] muss man sich fragen, was *individueller Planung entgegensteht.* Neben einer gewissen *Testierscheu,* die mit einer diffusen Tabuisierung von Tod und Totem zusammenhängt, die sich in Zeiten eines naturwissenschaftlichen Glaubens und technischer Beherrschbarkeit mancher Unwägbarkeit eher noch akzentuiert hat und in einem saturierten Kontext auch mit Stimmfaulheit korreliert, könnte auch Konfliktscheu (oder positiver formuliert: Zurückhaltung) in manchem Fall der Grund sein, auf individuelle Regelung zu verzichten. Zweifelsohne ist auch bei geringen Vermögen[14] die Bereitschaft wenig(er)

---

[12] Alle Zitate aus *Odo Marquard,* Zum Lebensabschnitt der Zukunftsverminderung, Vortrag vom 19.10.2006 im Rahmen der Herbsttagung der Deutschen Akademie für Sprache und Dichtung zu «Radikalität des Alters», in: *Odo Marquard,* Endlichkeitsphilosophisches über das Altern, Stuttgart 2013, S. 70 ff., 72.

[13] Man geht von etwa einem Drittel aus; und subjektive Empirie zwingt zu ergänzen, dass die weit überwiegende Zahl individueller Regelungen sich in weitgehender Bestätigung der gesetzlichen Ordnung erschöpft und nur punktuell durch Vermächtnisse zugunsten von Patenkindern und/oder wohltätiger Organisationen etwas nuanciert wird. Über das Gesamtspektrum der Bevölkerung gesehen bilden die hochspezialisiert konzipierten und strukturierten Nachlässe eine Nische, die zwar honorarträchtig, aber eben auf beträchtliche Vermögen ausgerichtet ist.

[14] S. sogleich zur Vermögensverteilung, aber auch zur eminenten Bedeutung «kleiner» Vermögensanfälle von Todes wegen.

ausgeprägt. Und ist das Vermögen etwas höher, so besteht die unauslöschliche Angst, dass Beratung (unverhältnismässig) teuer sei. Das ergänzt sich gut mit der schon beschriebenen diffusen Scheu und fördert den Wesenszug des gutmütig-schicksalergebenen Sich-Treiben-Lassens ... Es mag sinnvoll sein, sich einmal wieder zu vergegenwärtigen, dass der «durchschnittliche Nachlass» keineswegs siebenstellig ist, auch «kleinere» Nachlässe für die Betroffenen *grosse* Bedeutung haben[15] und Nachlassplanung über das gesamte Spektrum der Vermögensstatistik zu ermöglichen ist.

Allgemeine Vermögensverteilung (2007):
(Statistik basiert auf: Statistisches Jahrbuch des Kantons Zürich 2013)

Vermögensklassen in CHF	Anzahl Steuerpflichtige
0.0	23,75%
> 0.0–299 000	54,39%
	78,14%
300 000–1 999 999	18,95%
> 2 000 000	2,91%

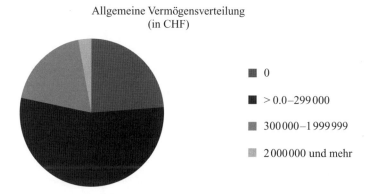

Unter heutigen wirtschaftlichen Gegebenheiten macht es Sinn, eine «untere Pufferzone» auszuscheiden (0-300T, entsprechend in etwa dem Betrag, der im englischen Recht zur «Pauschalübernahme» des gesamten Nachlasses [personal chattels] durch den überlebenden Ehegatten ohne jegliche Erbteilung führt), und den «Vermögenden», die angesichts heutiger Immobilienwerte eher erst ab 2 Mio. wirklich als «wohlhabend» zu taxieren sind (wobei ohnehin nicht «wohlhabend» und «Wohlergehen» zu verwechseln sind).

---

[15] Im Kontext mit dem oft beklagten «späten Erben» können Erbanteile (oder in grosszügigeren Verhältnissen Vermächtnisse an Enkel) von CHF 50 000 zusammen mit Vorsorgekapital von CHF 150 000 den Eigenkapitalanteil für Wohnraumerwerb selbst in Agglomerationsgebieten ermöglichen und sind damit nicht einfach «vernachlässigbar» – insofern ist dezidiert für Sorgfalt auch im Detail des «Kleinkundensegments» zu plädieren!

Steuerbares Vermögen nach Alter (2007):
(Statistik basiert auf: Statistisches Jahrbuch des Kantons Zürich 2013)

Altersklasse in Jahren	Grundtarif		Verheiratetentarif	
	Anzahl Steuerpflichtige	Steuerbares Vermögen	Anzahl Steuerpflichtige	Steuerbares Vermögen
0–24	18,0%	1,5%	0,8%	0,0%
25–64	61,3%	40,3%	75,9%	52,5%
65–84	16,0%	42,1%	21,3%	42,2%
85 +	4,8%	16,0%	1,9%	5,3%

Die *altersspezifische Schichtung* des Vermögens ergibt sich aus der grösseren Chance, im Laufe des Lebens durch berufliche Entwicklung, Ersparnisbildung und Erbschaften durch die Vermögensklassen hindurch «aufzusteigen». Halten die 65–84-jährigen Steuerpflichtigen (sowohl die Alleinstehenden wie die Verheirateten) über ⅖ der gesamten versteuerten Vermögen, ergibt sich, was bereits die ZH-Staatssteuerstatistik von 1999 abgebildet hatte: 15,6% der Steuerpflichtigen im Rentenalter hatten damals ein Reinvermögen von über 1 Mio. (also jeder siebte Steuerpflichtige; *Peter Moser,* Zürcher Staatssteuerstatistik der natürlichen Personen 1999, Statistisches Amt des Kantons Zürich (Hrsg.), 17/2002: www.statistik.zh.ch/statistik.info/pdf/2002_17.pdf).

3. Lebens-, Beziehungs-, Vermögens-, Steuer-, Alterns-, Alters- und (schliesslich!) Nachlassplanung

Nachlassplanung als Organisation der *posthumen vermögens*rechtlichen Angelegenheiten befriedigt zudem oft kaum die weit drängenderen *lebzeitigen,* «egoistischen» Fragen eines Erblassers nach Behandlung (oder Nichtbehandlung) von Krankheiten, Wohnsituation und insgesamt Lebensqualität im Alter. *Neben Estate Planning tritt Personal Planning*[16]. Alter ist dank massiv höherer Lebenserwartung bei meist noch guter gesundheitlicher Verfassung und angesichts gesicherter Lebensperspektiven nicht mehr grundsätzlich stigmatisiert; umso mehr aber fürchtet der sein Alter planende Mensch den Verlust der Lebensqualität[17].

---

[16] Vgl. *Künzle,* N. 1 ff.
[17] S. dazu zuletzt etwa *Michael Coors,* Alter und Lebensqualität: Einleitende Bemerkungen zu Spannungsfeldern der ethischen Bewertung, in: Michael Coors/Martina Kumlehn (Hrsg.), Lebensqualität im Alter, Stuttgart 2013, S. 9 ff., 10 f.: «Hängt die allgemeine Tendenz, das Leben im Alter und darüber hinaus auch das Sterben planen und organisieren zu wollen oder gar zu sollen (z.B. in Form von Patientenverfügungen) auch damit zusammen, dass der Verlust des Gegenübers der Ewigkeit Gottes die letzte Lebens-

3.1 Personal Planning und Estate Planning

Eine «starke», bestmöglich individualisierte Planung der Belange um die Gegebenheiten vor und nach dem Tod einer Person muss mithin einerseits deren Lebensverhältnisse im Alter (insbesondere auch hinsichtlich der Finanzierung spezifischen «Altersbedarfs») und – auch rein zeitlich erst *danach* – die Regelung der erbrechtlichen Verhältnisse umfassen. Es bedarf mithin (in einem untechnischen Sinn) einer Kombination von «Verfügungsarten», indem auch Vorsorgeauftrag, Patientenverfügung bzw. die (der gesetzlichen Erbfolgeordnung nachempfundene, wenn auch nicht gänzlich korrelierende[18]) Ordnung der gesetzlichen Vertretung in einschlägigen Belangen (Art. 374 ff. ZGB in allgemeinen Belangen, analog Art. 166 ZGB; Art. 377 ff. ZGB bei medizinischen Massnahmen) in die Überlegungen miteinbezogen wird. Das führt in extremis dann dazu, dass jeder Steueroptimierungs-Maximalplaner nun sein Besprechungszimmer in entspannenden Farbtönen streicht, Fengshui-Broschüren auflegt[19] und etwas esoterische Lebenshilfe anbietet. So ist integrale Beratung natürlich nicht gemeint – eher ist auch hier das seinerseits oft strapazierte Schlagwort der *Interdisziplinarität* zu bemühen[20], aber es versteht sich, dass der Entscheid über Bezug des Alterskapitals aus der zweiten Säule in Form einer Rente oder durch Auszahlung des Kapitals (auch) von der (fachlich, ärztlich zu beurteilenden) medizinischen Lebenserwartung abhängt. Gerade dieses Beispiel zeigt zudem auch, dass Nachlassplanung nicht einfach vom steuerbaren Gesamtvermögen ausgehen darf: Muss mit diesem Vermögen zunächst der Lebensalltag im Alter finanziert werden, so ist nicht das (aktuelle) steuerbare Ver-

---

phase mit der Aufgabe belastet, sein Leben abrunden und gut abschliessen zu müssen?» Der Verfasser ist Theologe, aber als Jurist muss man sich fragen, ob ein allzu ungestümes Drängen nach «erbrechtlicher Schlussabrechnung» auch damit zusammenhängen könnte, dass man nicht mehr auf die «Gerechtigkeit» eines «Jüngsten Gerichts» zu hoffen wagt? Das ist hier nicht etwa juristisch-theologisch-interdisziplinär aufzuarbeiten, aber gelegentlich ist am Gericht auf Drohungen mit dem jüngsten Gericht dahingehend zu antworten, dass die irdische Gerechtigkeit wohl tatsächlich nur beschränkt mit Mitteln der Justiz (oder der juristischen Planung) herbeigezwungen werden könne …

[18] Vgl. die Kaskade der Personen in Art. 378 ZGB, wonach gemäss Abs. 2 Ziff. 4 und 5 Konkubinatspartner in medizinischen Belangen *vor* Nachkommen das Vertretungs- bzw. Bestimmungsrecht haben, während die allgemeine Vertretung nach Art. 374 ZGB nur Ehegatten bzw. eingetragenen PartnerInnen zusteht.

[19] Immerhin hat sich *Fengshui* aus dem chinesischen Ahnenkult entwickelt und ist mithin nicht gänzlich «erbrechtsfremd».

[20] S. sogleich zum familiensystemischen Kontext Ziff. 3.3 und zur Urteilsfähigkeit Ziff. 4.

mögen Ausgangspunkt der Planung – vielmehr ist *jede Nachlassplanung* eine *Planung «auf den Überrest»* nach dem Tod des *de cujus*.

3.2 Das Zukunftsrisiko des Unplanbaren – nämlich des Lebens

Wer nochmals den Titel dieses Abschnitts liest, seine Biografie reflektiert und die Variabilität der (Steuer-)Gesetzgebung überlegt, erkennt auf Anhieb, dass eine Planung, die alle Anliegen auf einen unbekannten Zeitpunkt hin in idealer Weise bündeln möchte, die Quadratur des Kreises ist. Aber teuer bezahlte Planungsaufträge sollten sich diesem Ziel doch möglichst anzunähern versuchen!

Eine möglichst gleitende Bewältigung der unvermeidlichen «Dilatationsfuge Erbgang» hängt allerdings – wegen der unvermeidlichen Ungewissheit zukünftiger Entwicklungen – auch davon ab, durch *Auslegung* den Erblasserwillen und die Kontextbedingungen des Umsetzungszeitpunkts abzustimmen. Während manche beim Testament nach wie vor überhöhte Anforderungen an die materielle Höchstpersönlichkeit stellen[21], scheint das heutige Gesetz in jenen Bereichen, die das Leben noch lebender Personen betreffen, interessanterweise eher bereit, die Auslegungsbedürftigkeit (Art. 364 ZGB) und die Relevanz der Veränderung unbeeinflussbarer Kontextbedingungen anzuerkennen. Das ist allerdings nichts anderes als die positive gesetzliche Anerkennung dessen, dass ohnehin auch die noch etwas *fernere erbrechtliche Zukunft* kaum wirklich «abschliessend» geplant werden kann, sondern die «Kunst der Nachlassplanung» eher darin besteht, im Stil einer «Rahmengesetzgebung» jene «Umsetzungsverordnungen» vorzuspuren, welche ohnehin die Erbengemeinschaft und/oder der Willensvollstrecker entwickeln müssen. Es bleibt die – nur im Einzelfall wirklich individuell zu beantwortende – Frage, welchen (je nach persönlicher und sachlicher Situation auch innerhalb des konkreten Nachlasses variierenden) Detaillierungsgrad diese «Rahmengesetzgebung» aufweisen muss; Flexibilität und Struktur ausgewogen zu planen, dürfte die wirkliche Kunst der Nachlassplanung sein. Grosszügige, aber gute Planung verdient seitens der Nachlassbeteiligten, ggf. auch eines Willensvollstreckers, staatlicher oder schiedsgerichtlicher Instanzen ein gleiches Mass an grosszügiger Konkretisierungsbereitschaft. Nicht Grosszügigkeit und Gelassenheit ist kleinkrä-

---

[21] Vgl. BSK-*Breitschmid*, N. 12 ff. zu Art. 498 ZGB mit weiteren Nachweisen.

merisch als unzureichend detailliert zu bestrafen, sondern der blockierende kleinkrämerische zukunftsfeindliche Regelungswahn, der glaubt, alles bestimmen und regeln zu können und zu müssen: das ist nicht Kunst, sondern bloss Blockieren.

3.3 «Emotion», (Pflichtteils-)«Zwang» und «Systemisches»

Lassen wir zwar *Emotionen* in der Nachlassplanung zu, aber positive, ausgewogen-ausgleichende und nicht die «Persönlichkeitsbuchhaltung» abrechnende; packen wir die Planung nicht in die alte, schwere Truhe aus der Vergangenheit, lassen wir Planung nicht zur «Trickkiste» werden[22], sondern regen wir Überlegungen an, wie die zukünftigen Verhältnisse positiv gestaltet werden können. Gestaltung auf den Tod hin erfordert auch, loslassen zu können, nicht in Strukturen zu erstarren, sondern zukünftigen Generationen Verantwortung für deren Zukunft zu übertragen.

Etwas pointiert gesagt ist von allen vermögens- und lebensplanerischen Etappen im biografischen Verlauf die *Nachlassplanung die einzige, die nicht mehr den Planenden betrifft.* Verschafft es dem nachmaligen Erblasser allenfalls Lebensgenuss, seine Erben posthum etwas zu «nerven», so mögen entsprechende Gestaltungen empfohlen werden. Aus *familiensystemischer Sicht* dürfte allerdings der Lebensgenuss aktueller *und* künftiger Generationen steigen, wenn Beziehungskonflikte unter Lebenden (fachkundig!) thematisiert statt von Todes wegen «bereinigt» werden; juristisch-fachliche Nachlassplanung soll zwar nicht «psychologisieren», aber sie kann durchaus auch darin bestehen, mit inter- bzw. gesamtdisziplinärem Ansatz zum Versuch einer systemtherapeutischen Bewältigung jener Fragen zu raten, bezüglich derer juristisch-vermögensrechtliche Dispositionen nur unbeholfen-peinliche Trotz- und Frustreaktion sind[23]. Diese Gemengelage war auch dem Gesetzgeber nicht fremd: Das Pflichtteilsrecht ist im Grunde nichts anderes als eine Zwangsbeteiligung (oder gar Zwangsmedia-

---

[22] *Druey,* Testament und Erbvertrag, S. 9 ff., 26.
[23] Planende mit Generalstabserfahrung können *Jordan M. Atin/Barry Fish/Les Kotzer,* The Family War – Winning the Inheritance Battle, 2006, beziehen (die im Ergebnis einen durchaus konstruktiven Ansatz verfolgen); der Klientschaft könnte man *Sibylle Plogstedt,* Abenteuer Erben – 25 Familienkonflikte, Stuttgart 2011, empfehlen (s. Bespr. in successio 2012 S. 236). – Weiterführende Ansätze, um das Begreifen familiensystemischer Zusammenhänge zu erleichtern, finden sich anschliessend (Fn. 26 und 34) im Kontext mit der Urteilsfähigkeit, wo das Hinterfragen von Beziehung und Begünstigung Teil der Klärung systemischer Fragen ist.

tion) jener, die in der erblasserischen (Wirtschafts-)Biografie einen einigermassen unvermeidlichen Platz haben: *Wer* und in *welchem Umfang* einen solchen Platz beanspruchen darf, wird de lege ferenda unweigerlich (wieder) zu diskutieren sein, aber eine gesetzgeberisch vorausgesetzte Minimalbeteiligung jener, die sich einen Anteil am (oft auch ererbten oder durch Drittmittel erleichterten) wirtschaftlichen Erfolg des Erblassers mit einem gewissen Recht erhoffen dürfen, schützt zugleich den alternden Erblasser vor allzu drängenden Demarchen jener, die sich nichts erhoffen dürfen und deshalb besonders intensiv lobbyieren – Pflichtteile sind nicht per se eigentumsfeindlich, sondern auch Teil einer gesetzesimmanenten Strategie gegen Erbschleicher.

4. Bedeutung der Urteilsfähigkeit für die Nachlassplanung

4.1 Fragen an die Leserschaft: Sind Sie urteilsfähig? Insbesondere in persönlich-emotionalen Belangen? Wer ist Ihnen sympathisch? Weshalb?

Komplexitätsgrad nachlassplanerischer Konstrukte und Urteilsfähigkeit korrelieren. Zwar muss man – etwas überspitzt gesagt – in *emotionalen Situationen* schon fast standardmässig von einer gewissen *Beeinträchtigung der Urteilsfähigkeit* ausgehen, denn Emotionalität und rationales Urteil vertragen sich schlecht. Geht man davon aus, dass erbrechtliche Begünstigung sich in vielen Fällen auf Sympathie (oder Mitleid) stützt, so liegt auf der Hand, dass eine Begünstigung in vielen Fällen weniger rational-logischer, erklärbarer Gestaltungsakt als Gefühlsregung ist; eine Gefühlsregung entzieht sich aber einigermassen der objektiven Analyse. Entsprechend ist im Zuge der Prüfung von Urteilsfähigkeit und Fähigkeit zu unbeeinflusster, mängelfreier Willensbildung[24] weniger die Plausibilität der Willens*äusserung* als die Plausibilität der Willens*bildung* zu prüfen: Auch unsympathi-

---

[24] Was ist «freie Willensbildung»? Weder habe ich Fachkenntnisse noch ist hier Raum, um die bekannte (und endlose) *«Free will»*-Debatte aufzugreifen – in der Tendenz dürfte überzeugen, dass «unsere» Meinungen – entsprechend dem Umstand, dass der Mensch nicht autonom agierendes, sondern *inter*agierendes Wesen ist – gar nicht so sehr absolut nur die unsern, sondern ein Produkt vielfältigster, auch kaum autonom gesteuerter Meinungsbildungs*prozesse* sind – wäre das nicht so, wäre es um jeden Werbefranken schade, und auch um jedes Werben um zwischenmenschliche Sympathie …

sche Menschen konnten dem Erblasser sympathisch sein und nach seinem Verständnis eine Begünstigung verdient haben, womit sie durchaus würdig sind, am erblasserischen Vermögen zu partizipieren; entscheidend ist nur, dass die begünstigte Person dem Erblasser tatsächlich sympathisch bzw. unterstützungsbedürftig schien und auf diesen Willensbildungsprozess nicht in unlauterer Weise Einfluss genommen wurde, mithin der vom Begünstigten ausgehende Eindruck und das erblasserische Empfinden je konsistent und übereinstimmend, nicht künstlich ad hoc geschaffen, sondern emotional kontinuierlich gelebt sind. Ausgehend von einem solchen Ansatz ist also nicht die Rationalität eines reflektierten Investitionsentscheids in einem grösseren, komplexen Unternehmen zu fordern, sondern es genügt das schlichte zwischenmenschliche Gefühl; selbst eine altersbedingt oder wegen einer Intelligenz- oder Entwicklungsstörung sonstwie nicht IQ-Spitzenwerte erreichende Person ist grundsätzlich – über den «Aktionsradius» ist dann gesondert zu entscheiden – ohne Weiteres testierfähig, und neu zudem bei entsprechender Umschreibung des Beistandsmandats auch fähig zum Abschluss eines Erbvertrags (Art. 468 Abs. 2 ZGB)[25].

Während die regelmässige «Formel» lautet, dass Urteilsfähigkeit vermutet werde, liesse sich etwas provokativ die Prämisse formulieren, dass mit Bezug auf *persönliche Beziehungen* fast grundsätzlich von einer gewissen *Beeinträchtigung* der Urteilsfähigkeit ausgegangen werden müsse, da sonst elementare menschliche Befindlichkeiten – positive wie negative Emotionen, ganz generell eine gewisse «Gefühlhaftigkeit» der subjektiven Befindlichkeit jedes Individuums – kaum angemessen («menschlich») wahrgenommen werden, sondern der Berater riskiert, von einem technischabstrakt «funktionierenden», möglicherweise sogar «fehlerfreien» Konzept auszugehen. Jedenfalls wäre es selbst für den «nur»-juristisch und/ oder steuerplanerisch ausgebildeten Berater unprofessionell, das urtümlich «Menschlich-Zwischenmenschliche» in nachlassplanerischen Belangen zu unterschätzen; gleichfalls unprofessionell wäre allerdings, nur «allzu menschliche» Gefühle wie Wut und Ärger oder träumende Verliebtheit unreflektiert zur Grundlage einer gesamtbiografischen, rechtlich verbindli-

---

[25] Zu Art. 468 ZGB in der neuen Fassung zuletzt *Paul-Henri Steinauer,* La capacité successorale, successio 2013 S. 336 ff. Aber die Testierfähigkeit des (urteilsfähigen) Bevormundeten war schon immer unbestritten: *Bernhard Schnyder,* Vormundschaft und Erbrecht, ZVW 1999 S. 93 ff.

chen «Bilanz» werden zu lassen. Das kundige Gespräch auch über solches wäre zu suchen[26].

Gerade die (hauptsächlich planende) *ältere Generation* kann allerdings in qualifizierten Konflikten gefangen sein[27]: Auf gleicher Generationenstufe stehen kaum mehr (jedenfalls: immer weniger) Vertrauenspersonen zur Verfügung; «Kinder» bleiben in der familienhierarchischen Situation «Kinder» und die «Rollenumkehr» – «Weisungen» an demente Eltern – birgt Probleme und schafft Konflikte. Deshalb kann (unabhängige) *professionelle* Vertretung durch behördlich ernannte Beistände oder private Vertrauenspersonen (Vorsorgebeauftragte) geradezu auch *Wunsch* sein. Während bei

---

[26] Etwas allzu pronociert könnte man formulieren, dass *eine erfolgreiche Nachlassplanung erfolgreiches Altern voraussetzt:* Wer nur verhärmt in bitteren Erinnerungen grübelt, hat im Grunde nicht mehr das Verständnis für die positive Sinnhaftigkeit der planerischen Gestaltung; erforderlich ist, dass in der vorbereitenden «Anamnese» und Willensbildungsphase die Erinnerungen an die *gesamte* Lebensspanne aufgearbeitet werden und der meist etwas auf kindliche oder aktuelle Themen beschränkte übliche Erinnerungshorizont betagter Erblasserinnen und Erblassern nicht einziger Ausgangspunkt ist. Es versteht sich, dass solche Vorbereitungen sehr umsichtig anzugehen sind, um sich nicht dem Vorwurf einer «Bearbeitung» eines nicht mehr testierfähigen Erblassers auszusetzen; in der Tat besteht dieses Risiko. Gerade wenn aber eine aus einigermassen objektiver («gerichtlicher») Warte plausibel-ausgewogene Lösung resultiert, dürfte sich das Risiko in Grenzen halten. – Das eigentlich *psychotherapeutische* und nicht *juristische* Thema kann hier nicht vertieft werden; erste weiterführende Hinweise finden sich etwa in *«Psychotherapie im Alter»,* Heft 2010/3, zu: Generationendialog – Geben und Nehmen, mit Beiträgen etwa von *Verena Kast,* «Ich bin immer zu kurz gekommen!» – Vom Geizen zum Gönnen, oder *Astrid Riehl-Emde,* Geben und Nehmen – ein Fallbeispiel aus der Familientherapie; verwiesen sei sodann auf *Barbara K. Haight/Barrett S. Haight,* Strukturierter Lebensrückblick für Menschen mit Demenz, in: Andreas Maercker/Simon Forstmeier (Hrsg.), Der Lebensrückblick in Therapie und Beratung, Berlin/Heidelberg 2013, S. 139 ff. – Wer solches liest, wird feststellen, dass die oft nicht primär nur juristisch-ökonomisch, sondern eben auch in der «psychologischen Komponente» komplexeren Fälle nicht von juristischen Beratern allein (und auch nicht ohne Einbezug genau jener «Kreise», die von Nachlassplanung betroffen sind) bewältigt werden können. Lebzeitige *Denk*-Prozesse wären den Prozessen posthum eigentlich vorzuziehen; sie wären auch das gewissermassen «präventiv-medizinische» Rüstzeug, um jene *andern* Prozesse zu vermeiden, die Juristinnen und Juristen hinlänglich bekannt sind.

[27] Vgl. z.B. den «Fall Bettencourt» (s. das französische Wikipédia, auch mit dem Namen «Banier»): Ob Kultursponsoring oder Abhängigkeit von einem «filou», ob Geldgier der Tochter oder Verschwendung von wertvoller Liquidität für *spleens* durch eine nicht mehr urteilsfähige Mutter – die (wirtschaftliche) Dimension des Falls zeigt abgesehen von der persönlichen Tragik entfremdeter Beziehungen die Schwierigkeit, gerade auch in Dimensionen weit ausserhalb des behördlich-gerichtlichen «Existenzminimumdenkens zuzüglich Zuschlag» einen tauglichen Massstab zu finden um «Ausserordentliches» nicht «entarten» zu lassen, aber doch in seiner Eigenart angemessen wahrnehmen zu können.

jüngeren Personen eher auf eine Entwicklung zu Autonomie hin gehofft werden kann, wächst das *Risiko für Demenz und Abhängigkeit* bei älteren. Gleichzeitig wächst das Risiko zu vereinsamen, und die finanzielle Belastung nimmt tendenziell zu[28]. Die *Netzwerke* betagter Personen sind zwar weiterhin die Familie[29], aber durchaus auch (je nachdem alternativ oder kumulativ) Institutionen wie Pro Senectute, Spitex, aber auch einmal ein Treuhänder oder Arzt (was aber auch als «pathologische Beziehung» qualifiziert werden kann[30]). Zwar überrascht immer wieder, dass unsympathische Menschen erbrechtlich *begünstigt* werden – man bedenke einfach, dass auch unsympathische Menschen *sterben:* Entscheidendes Kriterium ist nicht die Sympathiebeurteilung jener, die im Nachhinein die Sachlage zu analysieren haben, sondern die Analyse, ob das Verhältnis von Erblasser und Begünstigtem ausgewogen war – ausgewogen in dem Sinne, dass emotionale und wirtschaftliche Belange aus Sicht der Beteiligten und insbesondere der unentgeltlich disponierenden Person sich in einem fairen Gleichgewicht befunden haben.

---

[28] Reichste Generation sind «Frisch-Pensionierte»; ab Mitte 70 ist Vermögensabbau zu beobachten; vgl. Tab. in Ziff. 2.3. Die Frage, wer tatsächlich (objektiv) als «wohlhabend» betrachtet werden kann, ist getrennt aus Erblasser- und Begünstigtensicht zu beurteilen (trotz «Universal»-Sukzession partizipieren die einzelnen «stakeholders» am Nachlass ja nur anteilig); ob Kriterien, wie sie etwa das KAG (SR 951.31) festlegt, Anhaltspunkte geben können, ist hier nicht abschliessend zu beurteilen – immerhin ist aber ein «QuIn» (ein «qualifizierter Investor» i.S.v. Art. 10 Abs. 3 KAG i.V.m. Art. 6 KAV, SR 951.311) neuerdings charakterisiert (für den hier interessierenden Bereich durch ein Vermögen von mindestens 5 Mio. Schweizer Franken, ohne Immobilien) und damit fassbarer als das in der Bankpraxis bislang nicht wirklich definierte HNWI. Um die «familienwirtschaftliche» Bedeutung des Nachlasses an der «biografischen Schnittstelle Tod» richtig bewerten zu können, ist jedenfalls auf das gesamte und nicht nur das Anlagevermögen abzustellen; daneben sind aber weitere Aspekte ebenfalls von Bedeutung: (i) privat genutztes vs. geschäftliches Vermögen, (ii) Vermögensaufbau aus ererbtem bzw. erarbeitetem Vermögen bzw. industrieller oder konjunktureller Mehrwert, (iii) allenfalls spezifische Bedarfslagen bei einzelnen Beteiligten.
[29] In *Patchwork*situationen aber die Frage: *welcher* Familie!? Vgl. etwa den Sachverhalt von BGE 134 III 385 (bzw. die Besprechung von *Peter Breitschmid/Isabel Matt,* Pflegerecht 2012 S. 223 ff.).
[30] BGE 132 III 305/315 (s. dazu die Bespr. *Peter Breitschmid,* successio 2007 S. 50 ff.); ob solche Beziehungen freundschaftlich sind und «tragen», oder ob sie «zum Himmel stinken» (*Daniel Abt,* successio 2010 S. 195 ff.), ist Frage der Klassifikationskriterien, die je nach Standpunkt und Einzelfall divergieren können.

4.2 Zum Umgang von Beratern mit Urteilsfähigkeitsproblemen

Wenn die Urteilsfähigkeit als «weicher Faktor» planerische Rahmenbedingungen definiert, stellt sich die Frage, welche Stellung dem Berater in diesem Kontext zukommt. Darauf kann hier schon rein aus Platzgründen nicht näher eingegangen werden[31]. Allerdings dürfte es sich – angesichts zunehmend häufigerer Diskussionen um den verbliebenen Aktionsradius der planenden (und abändernden) Generation – um ein potenzielles Minenfeld handeln. Denn der Berater haftet! Er haftet, weil professionelle Nachlassberatung sich mit dem Thema der *Handlungsfähigkeit als Vorfrage erbrechtlicher Planung* unvermeidlich zu befassen hat; er haftet insbesondere, wenn er durch verschleierndes Vorgehen bezüglich der Urteilsfähigkeitsfrage Unklarheit schafft, deren Nachbearbeitung (prozessualen) Zusatzaufwand schafft, wo sich bei transparentem Vorgehen zwar manifestiert hätte, dass mit plausiblen Gründen an der Urteilsfähigkeit gezweifelt werden kann, aber die zur Klärung nötigen sinnvollen Schritte unternommen worden sind[32]. «Sinnvolle» Schritte sind nicht eine privatorische Klausel, welche Zweifel und Denken «verbieten» will[33], sondern allenfalls ein MMS oder sonstige, objektive Aussagen über die Befindlichkeit des Testators im Moment der Abfassung/Beurkundung *und* in der Phase der vorgängigen inhaltlichen Vorbesprechung und Beratung. *Kriterien* wären (und zu prüfen ist von einem professionellen Berater), ob die testierwillige Person

– *die Testamentserrichtung und deren Bedeutung erkennt,* d.h. sich des Testierens bewusst ist und die Testamentserrichtung als solche versteht,

---

[31] S. im Detail dazu *Peter Breitschmid,* Über die Urteils*un*fähigkeit des Urteils*fähigen* und die Urteils*fähigkeit* des Urteils*un*fähigen – Thesen zur Urteilsfähigkeit aus rechtlicher Sicht, in: Frank Th. Petermann (Hrsg.), Zürich 2014 (in Druck). Instruktiv sodann der «STEP Code for Will Preparation in England & Wales», (www.step.org/sites/default/files/About_Us/Prof_Standard/Will-Writing-Code-2014.pdf).

[32] Vgl. die Hinweise bei *Breitschmid* (Fn. 31), Ziff. 4.2.

[33] *Peter Breitschmid,* Zulässigkeit und Wirksamkeit privatorischer Klauseln im Testamentsrecht, ZSR 1983 I 109 ff., u.a. S. 119 f. (was ich dort mit «Authentizität» – nämlich dem Schutz nur des authentischen Erblasserwillens – umschreibe , ist nichts anderes als die damalige Terminologie für die Fälle erbschleicherisch erschlichener Testamente): Das latent kritische Geschäft muss hinterfragt werden dürfen, und (selbst eine gescheiterte) Anfechtung ist zulässig, wenn die «Latenz» eines möglichen Mangels plausibel dargetan werden kann. Abklärungen über die unbeeinflusste Willensbildung beschädigen in Zeiten einigermassen verbreiteter demenzieller Schwächen nicht das Andenken an den «intellektuell überragenden» Erblasser, sondern sichern, dass nur tatsächlich *dessen* Intellekt sich durchsetzt.

nämlich als ein Akt, der dazu führt, dass die testamentarisch geäusserten Anliegen im Zeitpunkt des Todes Wirkung entfalten werden,

- *Umfang wie Zusammensetzung des eigenen Vermögens* zu überblicken vermag,
- zu erkennen vermag, *wer welche Ansprüche hat,* um diese angemessen berücksichtigen (oder gegebenenfalls ausschliessen) zu können,
- zwar *natürliche Emotionen* äussert, aber in den persönlichen Beziehungen weder durch gesundheitliche Einflüsse belastet noch im affektiven Empfinden des Gerechten tangiert ist oder solchen Belastungen in der Willensbildung ausgesetzt war[34].

Erwachsenenschutzrechtliche Abklärungen sollen weder vom Testieren abhalten noch können abstrakte Abklärungen Aussagen enthalten, welche – gewissermassen wie bei Prüfung der Fahrfähigkeit älterer AutomobilistInnen – pauschal die Testierfähigkeit zu beurteilen erlauben[35]. Im Grunde gilt unter *diskriminierungsfreier altersrechtlicher Betrachtung* sowohl für die Fahr- wie für die Testierfähigkeit, dass es aufs Gelände und die Verhältnisse ankommt: Nur bei Tageslicht, auf vertrauten Strecken («Rayongebot») könnten gehbehinderte Personen im Alter stärker denn je auf Fahrerlaubnis angewiesen sein, und in ähnlich abgestecktem Rahmen bleiben sie m.E.

---

[34] Übernommen aus *Martyn Frost/Penelope Reed QC/Mark Baxter,* Risk and Negligence in Wills, Estates and Trusts, Oxford University Press, Oxford 2009, Rz. 4.48 im Originalwortlaut:
- «He [testator] needs to understand that he is making a will, and it will have the effect of carrying out his wishes on death.
- He must know the extent of his property and what it consists of.
- He must recall those who have claims on him and understand the nature of those claims so that he can both include and exclude beneficiaries from the will.
- No disorder of the mind should poison his affections, pervert his sense of right; or prevent the exercise of his natural faculties and no insane delusions should influence his will or poison his mind.»

Vgl. zudem vorne bei und mit Fn. 26: Nur ein fachlich begleiteter Lebensrückblick kann bei nicht untypischen altersbedingt depressiv-verstimmten ErblasserInnen jene Kohärenz in der Würdigung der eigenen Biografie erzeugen, die Bedingung ist, um «vergiftete Erinnerungen» und «verwirrte Sinne» in einem nicht bloss negativen Konnex einzuordnen; s. dazu *Christine Szkudlarek-Althaus/Katja Werheid,* Lebensrückblicksinterventionen bei Depression, in: Maercker/ Forstmeier (Fn. 26), S. 107 ff.

[35] Vgl. ZR 91/92 (1992/1993) Nr. 79: Versuch einer künftige Testamente verhindernden Beweisaufnahme zu «ewigem Gedächtnis» im Zuge eines (damaligen) Entmündigungsverfahrens.

auch testierfähig[36], da eine solche «Stufung» eben die Relativität abbildet. Einen (beschränkten) Autonomierahmen zu gewähren drängt sich umso mehr auf, als es sich bei den meisten Belangen um höchstpersönliche, absolut vertretungsfeindliche Geschäfte handelt, da sich andernfalls ein striktes Handlungs*verbot* ergäbe[37], und es deckt sich diese Betrachtungsweise auch mit den Wertungen des neuen Erwachsenenschutzrechts, das gerade auch in *vermögensrechtlichen* Belangen *höchstpersönliche* Anliegen grundsätzlich respektiert (vgl. etwa Art. 407, 409 ZGB)[38]: *Wirtschaftliche Planung (Testament/Schenkung) ist (auch) Ausdruck der Persönlichkeit!*

5. Biografie und vermögensrechtliche Planung zu Lebzeiten und von Todes wegen

5.1 Die biografischen Etappen und ihre wirtschaftlich-vermögensrechtliche Bedeutung

Ausgangslage erbrechtlicher (aber auch laufender *vermögens-* bzw. *unterhalts*rechtlicher) Überlegungen ist die aktuelle Versorgungslage bzw. der absehbare künftige Bedarf des erblasserischen Umfelds im Falle eines plötzlichen bzw. auch des Todes in einem «normalen zukünftigen» Zeitpunkt. Diese *Ausgangslage verschiebt* sich laufend: Während jüngere (Konkubinats-)Paare typische (und andere) Anliegen haben, verlagern sich die Bedürfnislagen im biografischen Verlauf ebenso wie Umfang und Struktur des potenziellen Nachlasses. Das will die nachfolgende Übersicht zur wirtschaftlichen Beziehungsbiografie (S. 24–26) aufzeigen:

Aus den sich aus den Tabellen S. 24–26 ergebenden typischen biografischen Etappen ergeben sich zugleich auch jene Schnittstellen, welche eine *Überprüfung* bereits erfolgter Planungsschritte erfordern – einmal mehr: Es geht weniger um abstrakte «Stärken» oder «Schwächen» einzelner Ins-

---

[36] Konzept einer gestuften Testierfähigkeit, vgl. BSK-*Breitschmid*, N. 13 zu Art. 467/468 ZGB.
[37] In diesem Sinne nun wohl auch *Heinz Hausheer/Regina E. Aebi-Müller*, Das Personenrecht des Schweizerischen Zivilgesetzbuchs, 3.A., Bern 2012, Rz. 06.52a.
[38] *Persönliche* Beziehungen bestehen oft (wenn nicht meist) *auch* in einer *wirtschaftlichen* Facette: S. dazu *Peter Breitschmid/Annasofia Kamp*, Vermögensverwaltung im Bereich des Kindes- und Erwachsenenschutzrechts, in: FS Häfeli, Bern 2013, S. 155 ff. (u.a. 155 und 169 ff.).

trumente als um deren Einsatz in verträglicher Dosis im jeweils richtigen Kontext. Die folgende Tabelle sollte signalisieren, dass unterschiedliche *Beziehungstypenformen* sehr unterschiedliche Spektren wirtschaftlicher und persönlicher Bindungsintensität und -abhängigkeit beinhalten können; selbst innerhalb eines bestimmten Beziehungstyps können sich im Verlauf der Beziehungsdauer Verschiebungen beträchtlicher Intensität mit entsprechendem Anpassungsbedarf ergeben:

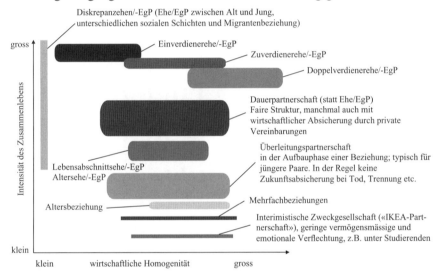

Beziehungstypen – Koordination von Beziehungs- und Begünstigungsdichte bzw. wirtschaftlicher Abhängigkeit

Ob eine nachlassplanerische Gestaltungsoption (nachfolgend in Ziff. 5.2) einen «spicy factor» von 1, 2 oder 3 hat, ist (abgesehen von Nuancen der «Zubereitung») weniger massgeblich als dass die Gesamtkonzeption des «Menus» stimmt – allerdings nicht nur für den Koch, sondern auch für jene, die es verdauen müssen.

Nicht besonders zu erwähnen ist im vorliegenden Zusammenhang die aus dem tabellarischen Ablauf der wirtschaftlichen Beziehungsbiografie ersichtliche, unausweichliche «consecutio temporum», nämlich der Umstand sich entwickelnder Verhältnisse bei oft sich zugleich «entwickelnder» erschwerter Abänderbarkeit (nachlassende Informationsströme und nachlassende Kapazität, notwendige Informationen zu aktualisieren; zunehmende demenzielle Entwicklung trotz noch längeren Lebens und verbleibenden Handlungs-/Anpassungsbedarfs). Dem kann an sich problemlos

Wirtschaftliche Beziehungsbiografie 1

Kind	Jugendlicher	Konkubinat	Ehe	Eingetragene Partnerschaft	Scheidung/Partnerschaftsauflösung / Konkubinatsauflösung	im Alter	Tod, Erbschaft
wirtschaftliche Abhängigkeit	beschränkt wirtschaftlich autonom	ohne wirtschaftliche Verpflichtungen?	als Wirtschaftsgemeinschaft		zur finanziellen Selbständigkeit		
Vermögen							
Kindesvermögen Art. 318 ff. ZGB gehört dem Kind; Eltern verwalten das Kindesvermögen, eingeschränkte Verwendungsbefugnis, Art. 318 ff. ZGB; Verwaltung durch die Eltern kann ausgeschlossen werden; Freies Kindesvermögen Art. 321 ff. ZGB. Gewährleistung der sorgfältigen Verwaltung: Kindesvermögensschutz: Art. 324 f. ZGB	Arbeitserwerb: kann Jugendlicher selber verwalten, Art. 323 ZGB; muss allenfalls Beitrag zu Hause abgeben, Art. 323 Abs. 2 ZGB. Bei Mündigkeit: Kindesvermögen ist herauszugeben, Art. 326 ZGB	Konkubinat: nichteheliche Lebensgemeinschaftsform; gesetzlich nicht eigens geregelt; freie inhaltliche Gestaltung → Konkubinatsvertrag. Abgrenzung Wohn-/Lebensgemeinschaft vom «gefestigten Konkubinat»: Ein Konkubinat wird nach einer Dauer von 5 Jahren vermutet, relevant, wenn ein Konkubinatspartner nachehelichen Unterhalt erhält, vgl. Art. 129 Abs. 1 ZGB.	Jeder verwaltet sein Vermögen selber, Art. 201 Abs. 1 ZGB, und haftet für eigene Schulden mit dem eigenen Vermögen, Art. 202 ZGB. Verwaltung durch den anderen Ehegatten: (unentgeltliches) Auftragsverhältnis wird vermutet, Art. 195 Abs. 1 ZGB, Art. 394 ff. OR. Ordentlicher Güterstand: Errungenschaftsbeteiligung, Art. 181 ZGB. Ehevertrag: Wahlmöglichkeiten – Gütertrennung – Gütergemeinschaft – modifizierte Errungenschaftsbeteiligung. Im Gegensatz zur Gütergemeinschaft (Art. 652 ff. ZGB) haben die Errungenschaftsbeteiligung und vertr. Gütertrennung grundsätzlich keinen Einfluss auf das Vermögen der Ehegatten während der Dauer des Güterstandes. Auskunftspflicht über Einkommen, Vermögen und Schulden: Art. 170 Abs. 1 ZGB	Jeder verwaltet sein Vermögen selber und haftet für eigene Schulden mit dem eigenen Vermögen, Art. 18 PartG. Verwaltung durch den anderen Partner: (unentgeltliches) Auftragsverhältnis wird vermutet, Art. 21 PartG, Art. 394 ff. OR. Kein System der Gütergemeinschaft wie im Eherecht → Gütertrennung. Besondere Vermögensregelung für den Fall der Auflösung der Partnerschaft: Vermögensvertrag, Art. 25 ZGB → Errungenschaftsbeteiligung. Gütergemeinschaft als Güterstand nicht wählbar. Auskunftspflicht über Einkommen, Vermögen und Schulden: Art. 16 Abs. 1 PartG	Ehescheidung: Auflösung des Güterstandes, Art. 204 ZGB. Rücknahme des Eigentums Art. 205 Abs. 1 ZGB, Schuldenbegleichung. Art. 205 Abs. 3 ZGB, Vorschlagsberechnung. Art. 207 ff. ZGB, Verteilung des Vorschlags Art. 250 ZGB. Bei Gütertrennung: nur Rücknahme der Vermögenswerte und Schuldenregelung. Eingetragene Partnerschaft: Mit Vermögensvertrag nach Art. 25 ZGB: Abrechnung nach den Bestimmungen des Eherechts über die Errungenschaftsbeteiligung nach Art. 196-219 ZGB. Teilung der beruflichen Vorsorge, Art. 33 PartG. Konkubinatsauflösung: Nach vertraglicher Regelung, bei Fehlen gesellschaftsrechtliche Regeln prüfen. Mit der Auflösung der eingetragenen Partnerschaft oder Ehe, entfällt das gesetzliche Erbrecht zwischen den Partnern und zwischen den Geschiedenen, Art. 31 PartG, Art. 120 Abs. 2 ZGB	Vorsorge treffen, solange die Urteilsfähigkeit noch besteht: Testament (≥ 18 J. + urteilsfähig, Art. 467 ZGB). Erbvertrag (Erbvertragsfähigkeit, Mündigkeit und Urteilsfähigkeit, Art. 468 ZGB). Eingeschränkte Verfügungsfreiheit aufgrund der Pflichtteile, Art. 471 ZGB, Art. 457 ff. ZGB, Art. 462 ZGB. Eigene Vorsorge treffen, nach neuem Erwachsenenschutzrecht: – Vorsorgeauftrag, 360 ff. nZGB (Personen-, Vermögensvorsorge, Vertretung im Rechtsverkehr) – Patientenverfügung (Art. 370 ff. nZGB)	Eingetragene Paare werden erbrechtlich den Ehepaaren gleichgestellt: gesetzliches Erbrecht Art. 470 Abs. 1 ZGB, Pflichtteil Art. 471 ZGB. Güterrecht und Erbrecht: Vor der erbrechtlichen Auseinandersetzung ist die güterrechtl. Auseinandersetzung durchzuführen

Nachlassplanung – die Verfügungsarten, ihre Stärken und Schwächen

Wirtschaftliche Beziehungsbiografie 2

Unterhalt						
Unterhaltspflicht der Eltern: Art. 276 ff. ZGB Beistand für das ausserehelische Kind: Art. 309 ZGB	Ausbildungsunterhalt: Art. 277 Abs. 2 ZGB Umfang Befreiung: Art. 276 Abs. 3 ZGB (Bsp. Anrechnung Lohn, Erträge aus dem Kindesvermögen Art. 319 Abs. 1 ZGB)	Keine (unmittelbare) gesetzliche Unterhaltspflicht gegenüber Konkubinatspartner; vertragliche oder faktische Unterhaltszahlungen möglich. (zur indirekten Beistandspflicht nach BGer s. BGE 106 III 11 E. 3; 109 III 101, E. 2; 129 I 1, E. 3.2.4; BGE 130 III 765, E. 2.4) Kinder: Unterhaltspflicht, Art. 276 ff. ZGB Bei Tod des unterhaltsleistenden Konkubinatspartners: Versorgerschaden, Art. 45 Abs. 3 OR Allenfalls auch bei Unfall des unentgeltlich haushaltführenden Konkubinatspartners: sog. Haushaltschaden Art. 42 Abs. 2 OR	Gemeinsames Sorgen für Familienunterhalt; Beiträge in Form von Geldleistungen, Besorgen des Haushaltes, Kinderbetreuung oder Mithilfe im Beruf oder Gewerbe des anderen, Art. 163 ZGB Beitrag zur freien Verfügung für den haushaltsführenden Ehegatten, Art. 164 ZGB Beiträge für ausserordentliche Leistungen, Art. 165 ZGB Bei Streitigkeiten betreffend Unterhaltsbeiträgen: – Festsetzung Geldbeiträge durch den Eheschutzrichter, Art. 173 ZGB – Möglichkeit der Anweisung an die Schuldner durch den Eheschutzrichter, Art. 177 ZGB	Gemeinsames Sorgen für den Gemeinschaftsunterhalt, Art. 13 PartG Solidarische Haftung für Haushaltsschulden Art. 15 PartG Kein Beitrag zur freien Verfügung Kein Beitrag für ausserordentliche Leistungen Bei Streitigkeiten betreffend Unterhaltsbeiträgen: – Festsetzung Geldbeiträge durch das Gericht, Art. 13 Abs. 2 PartG – Möglichkeit der Anweisung an die Schuldner durch das Gericht, Art. 13 Abs. 3 PartG	Ehescheidung: Allenfalls Ehegattenunterhalt, Art. 125 Abs. 1 ZGB Auflösung der eingetragenen Partnerschaft: Unterhaltsanspruch für den Partner, der aufgrund der vereinbarten Aufgabenteilung während der Partnerschaft seine Erwerbstätigkeit einschränken musste, Art. 34 Abs. 2 PartG, Unterhaltsanspruch bei Bedürftigkeit und Zumutbarkeit der Leistungserbringung. Art. 34 Abs. 3 PartG Konkubinatsauflösung: Gesetzliche Unterhaltsverpflichtung lediglich für das Kind (Unterhaltspflicht Eltern, Art. 276 ff. ZGB)	Verwandtenunterstützung Art. 328 ff. ZGB	Anspruch auf Unterhalt während eines Monats für den (gesetzlichen oder eingesetzten) Erben, wenn er mit dem unterhaltszahlenden Erblasser im gleichen Haushalt zusammenlebte, Art. 606 ZGB. Konkubinatspartner: nein, da nicht gesetzlicher Erbe Art. 457 ff. ZGB
Wohnung						
		Keine besonderen Bestimmungen im Mietrecht	Verfügungen über die Familienwohnung: nur gemeinsam, Art. 169 ZGB, Art. 266m – 266o OR Kündigung und Ansetzung Zahlungsfrist mit Kündigungsandrohung zwingend an beide Ehegatten separat, Art. 266n OR	Verfügungen über die Familienwohnung: nur gemeinsam, Art. 14 Abs. 1 PartG, Art. 266m – 266o OR Kündigung und Ansetzung Zahlungsfrist mit Kündigungsandrohung zwingend an beide Partner und Partnerinnen separat, Art. 266n OR	Eheschutz: Art. 176 Abs. 1 Ziff. 2 ZGB, Zuweisung der Familienwohnung nach Nutzen Auflösung des Zusammenlebens: 17 Abs. 2 b PartG, Zuweisung der Familienwohnung nach Nutzen Aufhebung der eingetragenen Partnerschaft: Gericht kann die gemeinsame Wohnung einer Person allein zuteilen, Art. 32 PartG Ehescheidung: Zuteilung der Wohnung bei wichtigen Gründen, Art. 121 Abs. 1 ZGB, bei Alleineigentum: Art. 121 Abs. 3 ZGB befristetes Wohnrecht gegen Entschädigung, bei Miteigentum: ungeteilte Zuweisung bei überwiegendem Interesse gegen Entschädigung (Art. 205 Abs. 2 ZGB, Art. 245 ZGB, Art. 251 ZGB)	Tod des Mieters: Art. 266i OR. Möglichkeit der ausserordentlichen Kündigung durch die Erben (allenfalls mit Zustimmung Art. 266m ff. OR) Zuweisung der Wohnung und des Hausrates an den überlebenden Ehegatten oder den eingetragenen Partner: Art. 612a ZGB, erbrechtliche Teilungsvorschrift. ehegüterrechtliche Teilungsregeln: Art. 219 ZGB und 244 ZGB

25

Wirtschaftliche Beziehungsbiografie 3

Sozialversicherungsrecht			
Ausgleich finanzieller Belastung durch das Kind: – Kinderzulage bis zum vollendeten 16. Altersjahr, Art. 3 Abs. 1 FamZG – Kantonal: evtl. Geburts- und Adoptionszulagen Art. 3 Abs. 3 FamZG – Mutterschaftsentschädigung: Art. 16c EOG Waisenrente → Art. 20 BVG, Art. 25 AHVG, Art. 30 UVG Hilfloseentschädigung → Art. 42bis IVG Kein Anspruch auf Ergänzungsleistungen → Art. 6 ELG (Mindestalter 16 J.) Anspruch auf medizinische Massnahmen bei Geburtsgebrechen → Art. 13 IVG	Ausgleich finanzieller Belastung durch das Kind: – Ausbildungszulage ab 16.J. bis zum Abschluss der Ausbildung, längstens bis zum vollendeten 25. Altersjahr, Art. 3 Abs. 2 FamZG Bei Erwerbsunfähigkeit: Kinderzulage bis zum vollendeten 20. Altersjahr, Art. 3 Abs. 1 FamZG.	Konkubinatspartner wird im Sozialversicherungsrecht i.d.R. gleichgestellt mit einer alleinstehenden Person (doppelte AHV statt 150% der Einzelrente)	Folgen für das Sozialversicherungsrecht z.B.: – AHV/IV-«Plafonierung» (Art. 35 AHVG, Art. 36 IVG), die Summe der beiden Altersrenten beträgt max. 150% des Höchstbetrages der Altersrente – Anspruch auf Hinterlassenenrente (Art. 23 ff. AHVG)	Im Sozialversicherungsrecht einer Ehe gleichgestellt	Erhaltung Vorsorgeschutz bei Ehescheidung: Art. 22 ff. FZG, Art. 122 ff. ZGB, Art. 141 f. ZGB/sinngemäss bei gerichtlicher Auflösung der eingetragenen Partnerschaft: Art. 22d FZG, Art. 3³ PartG Bei Scheidung: – Erste Säule (AHV/IV 9 → Ehegattensplitting nach AHVG – Zweite Säule (berufliche Vorsorge) → Vorsorgeausgleich, Aufteilung der während der Ehe äuffnulierten Austrittsleistung nach FZG, dazu Art. 122 ff. ZGB – Dritte Säule (freiwillige Vorsorge) → Steht unter den Regeln des Güterrechts, d.h. güterrechtliche Auseinandersetzung	Altersrente → Art. 14 BVG, Art. 21 AHVG, Zusatzrente → Art. 22ter AHVG Invalidität → Art. 23 BVG, Art. 41 IVG Hilfloseentschädigung → Art. 42 IVG, Art. 43bis AHVG, Art. 26 UVG Kinderrente → Art. 25 BVG, Art. 22ter AHVG Ergänzungsleistungen → Art. 4 ELG Krankheit → KVG Altersrentenversicherung → VVG	Witwen-/Witwerrente → Art. 18 ff. BVG, Art. 23 ff. AHVG, Art. 28 ff. UVG Witwen-/Witwerrente für Eingetragene Partner, gleiche Stellung wie ein Witwer → Art. 19a BVG Anspruch Kind → Art. 28 UVG Geschiedene Ehegatten Anspruch auf Witwe/Witwerrente → Art. 24a AHVG, Art. 33 UVG Ansprüche der Hinterbliebenen gemäss Art. 18 ff. BVG stehen ausserhalb des Erbrechts (vgl. BGE 129 III 305, BGE 131 V 27) Zuschlag für verwitwete Beziger von Altersrenten → Art. 35bis AHVG Ergänzungsleistungen für die Witwen → Art. 4 Abs. 1 a und Abs. 1 b Ziffer 2 ELG Haftung der Erben für zu leistende Beiträge an die AHV → Art. 43 AHVG Risikolebensversicherung → VVG

Steuern			
Direkte Bundessteuer, Einkommenssteuer: Einkünfte von dem Inhaber der elterlichen Sorge zugerechnet, Art. 9 Abs. 2 DBG	Direkte Bundessteuer, Einkommenssteuer: Selbständige Besteuerung für Einkommen aus Erwerbstätigkeit, Art. 9 Abs. 2 DBG	Direkte Bundessteuer, Einkommenssteuer: keine besonderen Verhältnisse bei der Einkommenssteuer Im Bereich kantonal geregelter Erbschafts- und Schenkungssteuer meistens schlechter gestellt als Ehepaare, dafür lebzeitig Progressionsvorteil durch Individualbesteuerung	Direkte Bundessteuer, Einkommenssteuer: Zusammenrechnen beider Einkommen, Art. 9 Abs. 1bis DBG. Steuerliche «Heiratsstrafen» in Bezug auf die Einkommenssteuer, Reform Familienbesteuerung im Gange.	Direkte Bundessteuer, Einkommenssteuer gleiche Stellung wie Ehepaar, Art. 9 Abs. 1bis DBG Eingetragene Paare sollen den Ehegatten im Steuerrecht gleichgestellt werden	Trennung/Scheidung/Auflösung oder Trennung der eingetragenen Partnerschaft im Verlauf der Steuerperiode: getrennte Besteuerung/separate Steuererklärung ab und inkl. dieser Steuerperiode	Direkte Bundessteuer, Einkommenssteuer: Steuerpflicht endet mit dem Tode, Art. 8 Abs. 2 DBG; Einkommen Erbengemeinschaft → Art. 10 DBG

mit *Ersatzanordnungen* Rechnung getragen werden (Art. 487 ZGB). Diesbezüglich ist schon angemerkt worden, dass es für Ersatzbegünstigte, die ggf. nicht ohnehin Erben des Vorverstorbenen wären, ein deutliches Signal für «Platz zwei» sei – das ist in der Tat unvermeidlich[39].

5.2 Qualitäten und Qualifikation einzelner Instrumente der Nachlassplanung

Wie bereits in Ziff. 5.1 angemerkt, sind nicht bestimmte Verfügungsarten «besser» oder «schlechter», sondern es kann eine im Allgemeinen eher etwas «speziellere» Konzeption in spezieller Situation durchaus passend sein. Oft arrangieren sich die Beteiligten unerwartet komplikationslos in komplexen Situationen, und bisweilen wird eine an sich geradezu «wasserdichte» Lösung durch einen querulierenden Miterben zum Kippen gebracht. Es würde der Reflexionsanregung, die in der folgenden Tabelle enthalten ist, völlig zuwiderlaufen, nun nur noch günstig bewertete Verfügungsarten zu wählen und die andern links liegenzulassen.

Diese Übersicht über Chancen und Risiken einzelner Nachlassplanungsinstrumente ist – berücksicht man die vorangehenden allgemeinen und «untechnische» Aspekte einschliessenden Ausführungen – gleichermassen vielschichtig wie nichtssagend (s. Tabelle S. 28).

---

[39] Ob denkbar wäre, die Ersatzverfügung in einer Art «side letter» zu «verstecken», der nur zu (er-)öffnen wäre, wenn sich die Situation so gestaltet, dass die Ersatzverfügung zum Tragen kommt (oder sich nur durch sie klärbare Auslegungsdiskussionen um das Haupttestament ergeben), muss hier offenbleiben. Ich würde ein solches Vorgehen – wäre es zwingendes Anliegen im Einzelfall – als möglichen Versuch sehen, die Privatsphäre des Erblassers zu achten, da der grundsätzlich unverzichtbaren Testamentseröffnung natürlich ein beträchtliches «Outing-Potenzial» innewohnt; bei einer nicht eingetretenen Bedingung könnte man sich als zulässige Bedingung vorstellen, die Publizität als zwecklos und damit schikanös zu taxieren, wobei m.E. darüber die Testamentseröffnungsbehörde zu befinden hätte (nach gleichen Kriterien wie bei Schutzmassnahmen nach Art. 156 ZPO).

Erbrechtliche Gestaltungsmöglichkeiten – Chancen und Risiken «auf einen Blick»

Legende:
– unspezifisch
1 prekär
2 mittel
3 vorteilhaft

		Nacherbschaft	Auflagen / Bedingungen	Teilungsvorschriften	Nutzniessung	Willensvollstreckung	Auswahl-/ Schiedsklauseln	Gestaltung neben dem Erbrecht	Versicherungslösungen	IPR	CH-Stiftung	Treuhandlösungen / Trust
Pflichtteilsverträglichkeit		1	2	2	1	2	1	1	2	2	2	1
Flexibilität / Abänderbarkeit	bis Tod	3	3	3	3	3	–	1	2	2	1	3
	danach	1	1	1	1	1	3	1	1	2	1	3
Dauer des Planungshorizonts		2	2	2	2	1	1	–	–	2	3	3
Vertrautheit mit Instrument		3	3	3	3	3	2	2	3	1–2	2	1–2
Kosten (inkl. Abwicklung)		3	3	3	3	2	2	2	3	1	2	2
Eigentums-/Nutzungszuständigkeit		1	2	2	1	2	2	2	3	2	3	2
Konfliktpotenzial	Erbrechtliche Klagen	2	2	2	2	2	2	1	2	1	2	1
	Verwaltungskonflikte	1	2	2	1	2	2	–	3	–	2	2
Risiken durch äussere Einflüsse		2	2	2	2	2	2	1	3	1	3	2

5.2.1 Willensvollstreckung, Treuhand bzw. «strukturierte» Lösungen

Ob z.B. *Willensvollstreckung* oder *Treuhand-* bzw. *«strukturierte» Lösungen* erfolgreich[40] sind, hängt vor allem auch von der Qualität der mandatsführenden Person(en) ab. Haben die Beteiligten in einem unkomplizierten Nachlass den Eindruck, es habe ein Berater als ständig zu fütternde Parkuhr sich zwischen den Nachlass und sie gestellt, so wird weder dessen Testamentsberatung noch die Abwicklung unangefochten bleiben. Das mehrt allenfalls durchaus noch das Honorar dieses Beraters, wenn seine Fehlleistungen die Schwelle zur sofortigen «Stilllegung» nicht erreichen, aber man wird aus fachlicher Sicht kaum von positiven Chancen sprechen können[41]. Selbstverständlich erleichtern «länderübergreifende Strukturen», den national bezogenen Strukturen mehrerer involvierter Rechtsordnungen eine übergeordnete koordinierende Struktur überzustülpen und erleichtern insofern in (echt[42]) internationalen Nachlässen die Abwicklung und faire Gesamtpackages; aber trotz des Booms handelt es sich letztlich um einen beschränkten (aber in den lukrativen Mandaten natürlich auch lukrativen) Markt – die Instrumente eignen sich nicht für jene Lücken, welche das nationale Recht etwa für unverheiratete Paare aufweist[43].

---

[40] Es ist zu hoffen, dass niemand aus der Leserschaft solcher Bände schon je «unstrukturiert» vorgegangen ist; die Frage aber, welche «Strukturen» sich langfristig unter den Gesichtspunkten von Kosten und Flexibilität tatsächlich bewähren, hat damit nichts zu tun.
[41] Gleichzeitig ist allerdings anzumerken, dass Honorare des zum Willensvollstrecker mutierten Beraters auch seine in gewissen Konstellationen fast unvermeidliche Funktion als «piggy in the middle» kompensieren: Vielfach ist eine alle Beteiligten zufriedenstellende Planung ein Ding der Unmöglichkeit und allseitige Unzufriedenheit die natürliche Folge, welche auszuhalten bzw. professionell zu bewältigen (bei Fn. 7 f. und 23) ist. «Professionelle Bewältigung» verlangt allerdings auch das Gespür für *Rollen-* und ohnehin für die (auch berufsständisch relevanten!) *Interessenkonflikte:* S. dazu zuletzt *Hans Rainer Künzle,* Interessenkollision im Erbrecht: Willensvollstrecker, Notar, Anwalt, SJZ 2012 S. 1 ff., *Balthasar Bessenich,* Interessenkonflikte in erbrechtlichen Mandaten, successio 2013 S. 128 ff., sowie *René Strazzer,* Die anwaltliche Doppel- und Mehrfachvertretung im erbrechtlichen Mandat – einige Streiflichter aus der Praxis (erscheint in successio 2014).
[42] S. dazu bei und mit Fn. 50.
[43] Dazu unten Ziff. 6.2; zur Nicht-Eignung des Trust (und zur Entwicklung von Lösungen für De-facto-Relationships gerade in den trustrechtlichen Zonen) s. *Michelle Cottier/Sabine Aeschlimann,* Nichteheliche Lebensgemeinschaften (Cohabitation) – Neuere Rechtsentwicklungen in Australien, Neuseeland und Grossbritannien, FamPra.ch 2010. S. 109–131, 111 (mit Fn. 10) und 114 (mit Fn. 23).

5.2.2 Darlehen, Schenkung, Vorempfang

Die Abgrenzung von *Darlehen, Schenkung und Vorempfang*[44] lässt an sich sinnvolle intergenerationelle Geschäfte unter Lebenden (lebzeitige, vorweggenommene Nutzung von Werten, welche die Erblassergeneration nicht mehr aktiv benötigt) zum erbrechtlichen Neid- und Komplikationsfaktor werden, bei dem oft terminologische Unschärfen prägende, aber sachfremde Wirkung haben.

5.2.3 Nutzniessung

Persönlich beurteile ich *Nutzniessungen* eher kritisch, weil der Nutzen für die Nutzniessenden ein temporärer und in vielfacher Hinsicht «abhängiger» ist, während Nackteigentümer doch öfter über lange Perioden nutzlos frösteln. Kontroversen um die Abgrenzung von üblicher Abnützung und zu ersetzendem Minderwert (Art. 752 ZGB), die Abgeltung von Aufwendungen (Art. 753 ZGB) oder die Abgrenzung von Erhalt und Unterhalt des Nutzniessungsobjekts (Art. 764 f. ZGB) erinnern bisweilen eher an Kontroversen aus dem mietrechtlichen Alltag, wo es um die Kleinreparatur am mangels Ersatzteilen nicht mehr reparierbaren WC-Spülkasten geht. Und ob der Nutzen Genuss ist, hängt stark auch von der Nutzbarkeit ab, die sich auch bei gängigen Anlageformen in Tiefzinsphasen[45] dem Fruchtgenuss an Gold annähert (der bekanntlich *König Midas* laut griechischer Sage nicht wohl bekam) – selbst die Freude, Schmuck zu tragen, hängt vom Gefallen ab. Wollte der Erblasser das den Erben antun? Oder hat er sich einfach nicht entschliessen können, ob bzw. in welchem Umfange alle Beteiligten unabhängig sinnvoll am Nachlass partizipieren könnten?

5.2.4 Nachbegünstigungslösungen

Gleiches gilt nach meinem Empfinden oft für *Nachbegünstigungslösungen:* Warum sollen (indirekt) Tote über den dereinstigen Nachlass noch Leben-

---

[44] Dazu zuletzt *Paul Eitel,* Darlehen – Schenkung – Vorempfang, successio 2013 S. 202 ff.
[45] Vgl. zuletzt *Paul Eitel/Karin Anderer,* Nutzniessung und Erbrecht – alte und neue Probleme, in: FS Steinauer, Bern 2013, S. 339 ff., insb. 343 ff. zur Frage des Kapitalisierungszinsfusses bei Nutzniessungsvermächtnissen; die Diskussion um den Kapitalisierungssatz in der 2. Säule, die politisch ist und davon abhängt, wen man «begünstigen» will, lässt sich tel quel auf diesen Bereich übertragen: Will man die aktiv nutzende Generation oder die wartende begünstigen?

der vorbestimmen? Und was ist eigentlich der Genuss jener, die in «Warteposition» sind, angesichts höherer Lebenserwartung auch von Vorbegünstigten und dem häufigen Trend, Nachbegünstigungskonstruktionen nach Möglichkeit zeitlich zu «strecken»? Ein Vermächtnis von CHF 50 000 in der Ausbildungsphase kann aus subjektiv-biografischer Perspektive viel mehr «wert» sein als dreissig Jahre (und damit eine Generation) später eine (Nach-)Erbquote von CHF 250 000 aus einer verästelten Erbteilung herauszudividieren. Dass man sich damit gleich noch den Aufwand des (obligatorischen[46]) Nacherbschaftsinventars (Art. 490 Abs. 1 ZGB) spart, sei nur am Rande erwähnt. Beratung müsste solche ambivalente Anliegen der planenden Generation thematisieren und nicht einfach «Bauklötzchen» verkaufen. Damit ist selbstverständlich nichts grundsätzlich gegen gestaffelte Begünstigungen gesagt, aber die Staffelung ist nicht per se Quelle der Freude für viele und soll deshalb nicht einfach «grundsätzlich» «verkauft» werden.

5.2.5 Versicherungslösungen

Versicherungslösungen «von Todes wegen» «leben» davon, dass sich Pflichtteilsspielräume ergeben können und atypische Familienverhältnisse gewissermassen auf zwei Gewässer verteilt werden können – es versteht sich ja, dass eine letzte Lebenspartnerin, die jünger ist als die Kinder, von diesen eher ungnädig als Vorbegünstigte oder Nutzniesserin in die Familie aufgenommen wird. Es sind denn ja auch in der Praxis oft weniger jene Fälle problematisch, welche die längst beschriebene, bekannte und im Verlauf nachvollziehbare «organische» Pluralität von Familienformen abbilden, als Extrem- und Diskrepanzsituationen, welche für die Beteiligten geradezu veräppelnd wirken und im Grunde gegen das (nach dem Wortlaut des Gesetzes zwar auf Auflagen und Bedingungen beschränkte, aber

---

[46] Bei dieser Gelegenheit allerdings wieder einmal folgende Reminiszenz: Als junger Gerichtsschreiber hatte ich auf Antrag verschiedener Beteiligter von allen Vor- und Nachbegünstigten Verzichtserklärungen eingeholt und einen Antrag vorbereitet, welcher den Verzicht auf das Nacherbschaftsinventar festgehalten hätte; die «Strafe» der dezidiert auf dem Wortlaut («in allen Fällen») beharrenden Richter bestand dann darin, den umgeschriebenen Antrag auch noch in der ZR publizieren zu müssen, wo er noch immer steht: ZR 86/1987 Nr. 33. Dass allerdings auch ein solches Inventar nach einer gewissen Zeit seinerseits eher zu Irritation als Klarheit führen kann, ergibt sich für jene (nämlich alle!) Lesenden, die schon einmal Surrogationsfragen im ehelichen Güterrecht zu klären hatten: Auch die (seltenen) Inventare nach Art. 195a ZGB sind «Momentaufnahme» und nicht «Film» – jede «Wohnungseinrichtungsbiografie» ist in diesem Sinne aber «Film» und höchstens die Entwicklung von Sammlungen ist dokumentarisch verfolgbar.

im Grunde nach Art. 2 ZGB gesetzesweit und für jede Nachlassplanung geltende) Verbot lästiger und unsinniger Anordnungen verstossen. Insofern sind Versicherungslösungen (die in ihrem herkömmlichen Bereich immer Unterhaltssicherungslösungen sind), ein althergebrachtes klassisches Element erbrechtlicher Planung an den (familien-)erbrechtlichen Strukturen vorbei[47]. Ob allerdings Versicherungslösungen nicht bisweilen das Potenzial in sich tragen, nicht mehr als «Versicherungslösung», sondern als «gewöhnliche» Vermögensverwaltungsstrategie verstanden zu werden[48], müssen die für die Planung Verantwortlichen selbst evaluieren[49].

5.2.6 Internationale Biografien

Eine *internationale Biografie* bietet vielfach zusätzliche Gestaltungsoptionen. Ob man sie nützen will und soll, gibt weniger die teilweise (nämlich einseitig) weiterzige Ordnung des IPRG vor als die Frage, ob die biografische Internationalität sich in Vermögensstruktur und Lebensbeziehungen tatsächlich spiegelt oder ob sich eine Polarität ergeben hat, die (auch abwicklungstechnisch) sinnvollerweise gesucht (gepoolt) werden sollte. Dass demgegenüber eine «länderweise Ordnung» ihrerseits aber gerade auch abwick-

---

[47] Vgl. das bei *Druey,* Grundriss, § 13 Rz. 30, bzw. bei *Peter Breitschmid,* Ehe- und erbrechtliche Planung an den Schnittstellen zu BVG, VVG und Sozialversicherung, insbesondere in Patchworksituationen, successio 2010 S. 259 ff., 263 Fn. 13, wiedergegebene Zitat von 1891, dass es zum «Ruine der Lebensversicherung» führen würde, wenn nicht familienfremde Dritte dadurch begünstigt werden könnten.

[48] Mit der Folge, dass der Vorsorge- bzw. Versicherungszweck und die ihm zugrunde liegende Privilegierung ausgehebelt wird bzw. die gewählte Lösung mit dem erbrechtlichen Pflichtteils- und Versorgungsverständnis zu «koordinieren» – sprich: herabzusetzen – ist: *Breitschmid,* a.a.O., S. 265 f. mit Anm. 22.

[49] Dass sich die FINMA den Versicherungs-*Wrappers* zu widmen hatte, ist bekannt: http://www.finma.ch/e/finma/publikationen/Documents/finma-mitteilung-09-2010-e.pdf, und man spricht nun eher von «vermögensgebundenen Versicherungen» – unter dem Strich bleibt es dabei, dass ein Vermögen einem Versicherungszweck dienen muss, um von den steuerlichen Vorteilen einer Versicherungslösung zu profitieren, und jene Geheimnisse, die im Bankgeschäft nicht mehr gelten, gelten selbstverständlich im Versicherungsbereich in gleicher Weise (nicht). Ebenso ist ULI nicht nur männlicher Vorname, sondern eine *Universal Life Insurance* mit der Idee, das Vermögen in eine Versicherung einzubinden, und gleichzeitig sowohl hinsichtlich der Anlage wie auch der Liquiditätsplanung grösstmögliche Freiheit zu geniessen; dass das «nicht zwingend als steuerschädlich» zu betrachten ist (*Stefan Bischofberger,* private 4/2013 S. 40), signalisiert, dass eine aus *weissem* Vermögen konstruierte ULI auch nicht «schk-schädlich» sein dürfte (womit sich der «Wert» für Asset Protection reduziert), während eine aus *schwarzem* Vermögen resultierende Konstruktion verschiedenen Beteiligten jene Probleme bewahren dürfte, welche schon aktuell Banken und Vermögensverwalter umtreiben.

lungstechnisch in manchem Fall Sinn macht (bei staatlicher Begleitung der lokalen Nachlassabwicklung als quasi-hoheitlicher Prozedur, vgl. Art. 89 und 92 Abs. 2 IPRG), gilt ebenfalls. Ob bzw. in welchem Umfang durch eine ausländische «Option» geschaffene erweiterte Gestaltungsspielräume (aus-)genutzt werden sollen (Art. 90 Abs. 2 IPRG), hängt davon ab, welche Bezüge zu einem «fremden» Recht noch bestehen[50]; der *ordre public* hat in erbrechtlichen Belangen weitgehend abgedankt und wäre durch eine Perspektive zu ersetzen, welche in extremis diskriminierende Benachteiligung schwächerer Beteiligter verhindert – der Kern liegt keinesfalls in der Durchsetzung einer *minimal portion* (um in der Pflichtteilsterminologie zu bleiben), sondern in der Gewährleistung einer *reasonable financial provision*[51]. Ob und inwieweit schiedsgerichtlich-länderübergreifende Koordination die koordinierte Umsetzung einer insgesamt abgestimmten und befriedigenden Lösung ermöglicht, entzieht sich summarischer Beurteilung im Rahmen eines solchen Beitrags, ist aber Handlungsmaxime, die letztlich über die Akzeptanz und konfliktarme Umsetzung entscheidet.

5.3 Würdigung

In einer Gesamtwertung dürften damit für *«Standard-Nachlässe»* (die mittlerweile Patchwork-Situationen durchaus einschliessen) abwägend-ausgewogene Anordnungen im Rahmen der disponiblen Quote bzw. erbvertraglich-interessenabwägender Gestaltungen[52] vielfach das Instrument der Wahl sein; immer ist hier die Koordination güter- und erbrechtlicher

---

[50] Die FS Schwander enthält einen relativ kritischen Beitrag zum Umstand, dass eine biografisch zufällige ausländische Staatsangehörigkeit Gestaltungsspielräume schafft, welche weder von den Wertungen des inländischen noch des ausländischen Rechts beherrscht werden und sich damit im «Niemandsland» einer letztlich rein egoistisch ausgerichteten Planungsstrategie des Erblassers ansiedeln (*Peter Breitschmid/Ülkü Cibik*, Rechtswahl oder Rechtsmissbrauch – Gestaltungsoption oder «Inländerbenachteiligung», FS Schwander, Zürich/St.Gallen 2011, S. 457 ff.); wäre die Internationalität einer Biografie sachliche nachlassplanerische Ausgangsgrösse, so wäre die Berücksichtigung entsprechender sachlich relevanter biografisch-ökonomischer internationaler Bezüge auch schweizerischen Erblassern mit letztem Wohnsitz in der Schweiz in einem diesen Bezügen Rechnung tragenden Ausmass zuzugestehen.

[51] S. zu diesem Begriff den *Inheritance (Provision for Family and Dependants) Act 1975*, s. 1 und 2, insb. s. 2 (1); oft ist auch von *fair provision* die Rede, und wer diese Bestimmungen liest, fühlt sich auf Art. 4 ZGB zurückgeworfen, der womöglich nach Art. 125 Abs. 2 ZGB zu konkretisieren wäre.

[52] Vgl. *Peter Breitschmid/Isabel Matt*, Wille, Willensmängel und zuviel Wollen im Erbrecht, in: FS Steinauer, Bern 2013, S. 311 ff.

Vorkehren geboten, wobei die Begünstigung des überlebenden Ehegatten oftmals nur eines mehrerer sinnvoller Anliegen sein dürfte: Gerade beim *überlebenden Ehegatten* bieten Überlegungen zum biografischen Stadium (S. 24–26) Hinweise, da mit altersbedingt abnehmendem Radius oder bei biografischer «Mehrgleisigkeit» entweder der weiterhin aufgeschobene Generationenübergang oder die Verteilungsgerechtigkeit unter mehreren «Strängen» im Raum steht; das meint selbstverständlich nicht eine existenzminimalistische Rente oder nutzniesserische Abhängigkeit (Ziff. 5.2.3), sondern durchaus eine Eigentumsquote (und eigene Testierautonomie statt zwangsverordneter Nachbegünstigung: Ziff. 5.2.4), aber nicht eine einseitige Fokussierung im Sinne der oft diskutierten «Maximalbegünstigung».

Während *Teilungsvorschriften* oft eher den Verhältnissen im Zeitpunkt der Planung als der Umsetzung entsprechen, erlauben *mit Bedingungen verknüpfte Teilungsvorrechte* verschiedentlich jene situative Individualität, welche ausgehend von den Verhältnissen im Zeitpunkt des Erbgangs und der Teilung «stimmig» ist. M.E. sollte auch die Bedeutung von *Vorausvermächtnissen* für den Lebensqualitätsgewinn folgender Generationen angesichts späteren Erbens und möglicher konfliktueller Verzögerungen nicht unterschätzt werden – soweit die Vorausvermächtnisse nicht durch ihren Umfang ihrerseits gerade den Konflikt um Pflichtteile auslösen; in vielen Fällen lässt sich aber eine (zwar über Art. 631 ZGB hinausgehende, aber dem dortigen Anliegen folgende) Förderung von Erziehungs- und Ausstattungsanliegen erreichen, die an der Schnittstelle des Generationenübergangs ihrerseits zentrales intergenerationelles Anliegen ist.

6. Hinweise zu besonderen Situationen der Gestaltungspraxis

Die Gestaltungspraxis hat sich weniger mit den Verfügungsarten als solchen als mit den Grundanliegen der Gestaltung zu befassen. Persönlich sehe ich – nebst zahlreichen weiteren Themen, die aber doch nicht «flächendeckend», sondern eher punktuell zu verfolgen sind – drei wesentliche Bereiche, nämlich (i) die begleitende Behandlung latenter Konflikte (bzw. die interimistische Planung bis zu einer definitiven Lösung, gewissermassen die «nachlassplanerischen vorsorglichen Massnahmen»), (ii) die Ordnung von Nicht-Status-Beziehungen und (iii) die Beherrschung «enterbungsnaher» – aber typischerweise für eine Enterbung nicht ausreichender – Gegebenheiten.

6.1 «Vorsorgliche Massnahmen» in der Nachlassplanung

Da sorgfältige Planung ein Prozess ist, dauert sie. Bei unbekannter Klientschaft bedarf die «Anamnese» einerseits und der Diskurs über Varianten und Optionen und letztlich der Meinungsbildungsprozess des Klienten zusätzlich Zeit. Und gleichzeitig entwickelt sich das Interesse an Nachlassplanung umgekehrt proportional zur Gesundheit des Erblassers. Das erfordert in manchen Fällen *sofortige erste Schritte,* etwa eine Pflichtteilssetzung bei Beziehungskonflikten. Selbst eine (wohl meist aussichtslose) Enterbung lässt sich erwägen, weil man allenfalls darauf hoffen kann, die Hürde der Klage werde gemieden. Das blosse Instruktionsgespräch ist allerdings so lange kein Nottestament, als es nicht «formalisiert» wurde; eine solche «Formalisierung» dringender erster Anliegen am Krankenbett dürfte sich allerdings bisweilen aufdrängen – es kann der Gesundheit des Erblassers nur förderlich sein, wenn ihm der dringendste Stein vom Herzen fällt. Ein «Nottestament» solcher Art müsste aber sinngemäss binnen der Frist von Art. 508 ZGB in eine weiterreichende Planung übergeleitet sein. Und selbstverständlich beschränkt sich eine solche *nachlassplanungsbegleitende provisorische Planung* nicht auf Fälle der Instruktion am Krankenbett: Der *sudden death* ist nicht einfach Action Thriller, sondern eine Realität[53].

Was den verschiedentlich kritisierten Art. 120 ZGB betrifft[54], scheint mir ein Ausschluss des Erbrechts jedenfalls in dem Bereich, als Erbrecht Unterhaltssicherungsfunktion hat, so lange problematisch, als nicht der Unterhaltsanspruch nach Art. 125 Abs. 2 bzw. Abs. 3 ZGB klar verneint werden kann. Weiterhin ist Art. 130 Abs. 1 ZGB nicht zwingendes Recht und deshalb durchaus vorstellbar (und u.U. «fair provision»), wenn eine wegen Tod

---

[53] Man lese im eigenen Interesse *Bonnie B. Hartley/Michael T. Hartley,* Sudden Death, Succession and Continuity Fire Drills in Law Firms (http://mail.afhe.com/~afhe/images/pdf/bbh2lfp.pdf, zuletzt besucht am 20.2.2014).

[54] S. dazu *Fankhauser* (mit die Versorgungsfunktion sehr einschränkenden Reformpostulaten: S. 268 ff.); s. auch *Peter Breitschmid/Roland Fankhauser,* Aktuelle Fragen des Ehegattenerbrechts, in: Vierte Schweizer Familienrecht§tage, Bern 2008, S. 233 ff., 240 ff. zu konkreten Fallkonstellationen.

des Pflichtigen erlöschende Rente durch ein (teil-)kapitalisiertes Vermächtnis abgegolten wird[55].

Die Problematik stellt sich selbstverständlich auch für Nicht-Status-Beziehungen und wird im folgenden Abschnitt 6.2 thematisiert.

6.2 Informelle Beziehungen und formelle Nachlassplanung

Da das gesetzliche Erbrecht *Patchwork-, Stief- und Pflegesituationen* nicht erfasst und das Pflichtteilsrecht nur an den Status als solchen eine Pflicht knüpft, aber sittliche Pflichtbindungen nicht berücksichtigt und damit in den pflichtteilsfreien Bereich verweist, ergibt sich in diesem Bereich nachlassplanerischer Handlungsbedarf. Es ist dies (neben Unternehmensnachfolgen, wenn sich sachlich ungerechtfertigt hohe Pflichtteilssummen ergeben und zugleich die Unternehmensleitung und -finanzierung gefährdet ist) wohl die ausgeprägteste «Baustelle». Dadurch, dass momentan recht hohe Pflichtteilsquoten als erratische Blöcke im Planungsbereich stehen, vermindern sittlich geschuldete Pflichtleistungen an Nicht-Status-Angehörige zugleich den Handlungsspielraum zugunsten weiterer (z.B. wohltätiger) Anliegen.

Die nachlassplanerische Grundsatzfrage, die sich in Nicht-Status- bzw. nicht unter die Ordnung von Art. 120 ZGB fallenden Beziehungsstrukturen stellt, ist weniger eine solche nach der Verfügungs*art* (Art. 481 ff. ZGB) als nach der Verfügungs*form* (Art. 498 ff. ZGB): Soll an eine *in*formelle Beziehung eine *formelle* Lebens- und Nachlassplanung anschliessen? Da Art. 120 ZGB nicht (und auch nicht analog) zur Anwendung kommt, überdauert die Regelung die Beziehung; zwar kann eine nur *testamentarische* Begünstigung «jederzeit» widerrufen werden, doch setzt dies Widerrufsfähigkeit des Erblassers voraus; «jederzeit» kann auch zur Unzeit sein, wenn der (zwar zulässige) Testamentswiderruf ohne Information des ursprünglich informierten Begünstigten und ohne sachlichen Grund erfolgt. Eine *erbvertragliche* Begünstigung hingegen besteht fort, so lange nicht die Enterbungsvoraussetzungen gegeben sind und damit ein einseitiger Widerruf möglich wird; indes kann die Absicherung für den Krisenfall bei einer Nicht-Status-Beziehung gerade auch in einer (trotz Krise der Beziehung

---

[55] *Peter Breitschmid,* Standort und Zukunft des Erbrechts, successio 2009 S. 176 ff., 203 f.; auch der in Fn. 51 zitierte *Inheritance (Provision for Family and Dependants) Act* 1975 zählt in s. 1 (1) (b) *«former husbands»* zu den *dependants.*

fortbestehenden) erbvertraglichen Begünstigung bestanden haben. Es ist in solchen Fällen die nachlassplanerische Kunst, eine (vor Art. 27 ZGB standhaltende) *Bindung* so mit (ihrerseits verbindlichen) «Kündigungsoptionen» zu koppeln, dass für eheähnliche Beziehungen jene Absicherung resultiert, welche die Verteilung der laufenden «Betriebskosten» (Art. 163 ZGB), das «eheliche» Güterrecht, den «Ehegatten»-Erb- bzw. -Pflichtteil und gegebenenfalls eine Nachbeziehungs-Unterhaltsregelung betrifft. Das ist allerdings nicht einfach ein technisch-gestalterisches Problem, sondern auch eine Frage der Beziehungsstruktur, die zunächst oft beiderseits «bewusst locker», im nicht mehr auszuschliessenden Krisenfall dann aber doch plötzlich (wenn auch allenfalls nur mehr einseitig) «strukturierter» gewünscht wird (vgl. die Tabelle zu den Beziehungstypen im Abschnitt 5.1).

Da die testamentstypische einseitige, voraussetzungslose «Kündbarkeit» eine ausschliessliche Schönwettervariante ist, sind (erb-)vertragliche Regelungen eigentlich unverzichtbar und Standard. Die erbvertragliche Bindung wird aber mit der klimatischen Veränderung natürlich ihrerseits unbeliebt, weshalb *vertragliche Bindungen mit Vorbehaltsklauseln* (meist einem Rücktrittsvorbehalt unter bestimmten Bedingungen) zu prüfen sind. Solche *Vorbehaltsklauseln* als «Bedingungen» für besondere Lebenssituationen sprengen den Numerus clausus der Verfügungsarten m.E. nicht – zwar wird die Bindungswirkung des Erbvertrags relativiert, aber er wird nicht denaturiert: Solche Nebenbestimmungen tangieren weder die gesetzlichen Regelungen über die Aufhebung von vertragsmässigen Verfügungen von Todes wegen (Art. 513 ff. ZGB) noch Art. 482 ZGB, die nicht als abschliessend zu betrachten sind[56]. Vielmehr enthält der Vertrag individuelle Regeln über die Aufhebung, was die zwar weniger in der Schweiz und Deutschland, aber vor allem im romanischen Rechtskreis verbreitete Skepsis gegenüber der übermässigen Bindung durch Erbverträge aufnimmt. Die Bedeutung eines Vorbehalts liegt auch in der psychologischen Hemmschwelle, vertragliche Rechte in nachvertraglicher Situation noch geltend zu machen – es geht um die individuelle Ordnung der von Art. 120 ZGB festgehaltenen Selbstverständlichkeit[57]. Typischerweise ist der (einseitige!) Rücktritt Ausdruck

---

[56] Vgl. BSK-*Breitschmid*, N. 6 zu Art. 513 ZGB. Wollte man es dogmatisch streng sehen, wäre jedenfalls jede Koppelung eines Testaments mit vom Erblasser nicht beeinflussbaren Bedingungen heikler als eine beschränkte Annäherung des Erbvertrags an das flexibler abänderbare Testament, soweit nur sichergestellt ist, dass die *Aufklärung* der Vertragsparteien im Zuge der Beurkundung ausreichend war.

[57] Wobei allerdings anzumerken ist, dass die Scheidungsfolgenregelung zwar typischerweise das Erbrecht entfallen lässt, aber durch Art. 125 ZGB in besonderen Situationen der Nach-Beziehungsunterhalt geregelt wird – eine solche Ordnung hat bei lebensprä-

eines Konflikts. Eine konfliktfreie Ausübung der Rücktrittsoption dürfte demnach zwar selten sein. Da indes typischerweise konfliktuelle Fälle der Regelung bedürfen, sind entsprechende Klauseln dennoch wichtig, da sie eine vorweggenommene, vertraglich vereinbarte Ordnung für den Konfliktfall enthalten[58]. Lassen sich die Bedingungen klar formulieren (und dann auch klar subsumieren!) dürfte ihre Anwendung dem neutralen Gericht nicht übermässig schwer fallen. Als Beispiele[59] kommen etwa in Betracht:

– Bedingte/unbedingte oder befristete/unbefristete Rücktrittsvorbehalte; Teil- oder Totalrücktrittsvorbehalte, aber z.b. doch in dem Sinne gekoppelt mit einer «Restbegünstigung», dass nach mehr als zehn Jahren Beziehung eine bestimmbar kalkulierbare Rente geschuldet sei.

– Während in Deutschland der jederzeitige Rücktritt ohne Angabe von Gründen vereinbart werden kann, scheint mir eine derart einseitige Klausel den Wert der vertraglichen Bindung doch in einem Masse zu unterlaufen, das zumindest beträchtliche Risiken für den Beratenden birgt und wirklich umfassende Aufklärung gebieten würde; taugliche Aufklärung in einer solchen Konstellation würde m.E. in Fallgruppenbildung münden müssen, die zumindest exemplifizierend den Vorstellungshorizont der Beteiligten umreisst. Unproblematisch dürfte die Klausel sein, dass ein *Erbvertrag* selbst ohne Ausübung des Rücktritts unwirksam wird (auflösende Bedingung), wenn einer der Beteiligten eine Ehe

---

genden Nicht-Status-Beziehungen gleiche Bedeutung und ist deshalb mit den Beteiligten planerisch zu diskutieren. Dass eine (naturgemäss: vorne Fn. 5, Ziff. 1.3) die Kinder belastende passivvererbliche Unterhaltsregelung im Zuge einer Scheidungskonvention nach Art. 20 Abs. 1 OR sittenwidrig sein könnte (so zumindest anklingend bei *Nando Stauffer von May*, Erbrecht in Patchwork-Familien, ius.full 2013 S. 190 ff., 200), ist abwegig: Willensmängelfreie Querbegünstigung in *unterhaltssichernden* Dimensionen auf Elternebene ist für die Nachkommen bei keinem Zivilstand übermässig belastend.

[58] Man mag einwenden, dass sich damit dieselben Vorbehalte ergeben, die gegen «prenups» vorgebracht werden können (sog. *prenuptial agreements*), deren Zulässigkeit streitig ist (vgl. die Kontroversen zu aArt. 140 ZGB bzw. im Kontext nun von Art. 279 ZPO: statt aller *Thomas Sutter-Somm/Nicolas Gut*, in: Thomas Sutter-Somm/Franz Hasenböhler/ Christoph Leuenberger, ZPO-Komm, 2.A. Zürich 2013, N. 4, 10 zu Art. 279); indes können private Vereinbarungen nicht Punkte verbindlich regeln, welche im Scheidungsverfahren der Parteidisposition entzogen sind – während der Bereich der Nicht-Statusbeziehungen gänzlich im Bereich der Parteidisposition liegt (mit dem Vorbehalt, dass im Streitfall natürlich Willensmängel und Übervorteilungsrisiken in ähnlicher Art wie bei Vereinbarungen unter Ehegatten zum Prozessstoff werden ...).

[59] Hingewiesen sei auf *Hrubesch-Millauer*, § 13, S. 416–456; *Herbert Grziwotz*, Partnerschaftsvertrag für die nichteheliche und nicht eingetragene Lebensgemeinschaft, München 2002, passim. – Vgl. auch § 2293 BGB: «Der Erblasser kann von dem Erbvertrag zurücktreten, wenn er sich den Rücktritt im Vertrag vorbehalten hat.»

mit einem Dritten eingeht; nur ist damit das Problem der Nicht-Heirat mit Verharren in «abänderungsträchtiger» Situation (i.S.v. Art. 129 Abs. 1 ZGB) nicht gelöst.

- Ohne Weiteres zulässig sind (Teil-)Rücktrittsklauseln für den Fall, dass lebzeitige vertragliche Leistungen des Begünstigten nicht oder nicht in der erwarteten *Qualität* erbracht werden. *Sanktionen für nicht vertragsgemässe Erfüllung* sind geradezu vertragstypisch, nur muss man sich – unter dem Gesichtspunkt der Konfliktvermeidung – klar sein, dass nicht jeder Konflikt um Qualitätsmängel Qualitätsmängel zum Gegenstand hat ... sondern letztlich die Qualität von Leistungen auch leiden kann, weil der Leistungserbringer ohne Verschulden aus dem Umfeld des Erblassers verdrängt wird. Das sind nicht Mängel solcher Klauseln, sondern es liegt «in der Natur der Sache ...»

- *Änderungsvorbehalte* zielen – anders als der Rücktrittsvorbehalt – lediglich auf die *Modifizierung* des Vertrages. Zumindest *Teil*änderungsvorbehalte erscheinen sinnvoll, während ein *Total*änderungsvorbehalt faktisch einem Rücktritt ohne Angabe eines Grundes entspricht – einer clausula rebus sic stantibus unterliegt ja ohnehin jeder Vertrag[60]. Ein Änderungsvorbehalt kann Verfügungen von Todes wegen, welche mit einem Erbvertrag nicht zu vereinbaren wären, rechtfertigen und entspricht damit meist einem Schenkungsvorbehalt.

- *Freiquoten, Anpassungsklauseln und Schenkungsvorbehalte* räumen dem Erblasser eine (fixe oder variable, der Vermögensentwicklung folgende) Quote ein, über welche er trotz Erbvertrag testamentarisch und/oder unter Lebenden frei verfügen kann[61]. Situationsbezogene kleinere Zuwendungen (auch «Trinkgelder», die gerade bei tieferen Vermögen doch einen tendenziell beträchtlichen Teil einer verfügbaren Quote ausmachen können) sind um der Persönlichkeit des länger lebenden Vertragsteils willen wichtig[62]. Auf den Schutz durch Art. 494 Abs. 3 ZGB kann ebenso verzichtet werden, wie auf den Pflichtteil verzichtet werden kann; typischerweise dürfte aber ein solcher (erbvertraglicher!) Verzicht

---

[60] Vgl. zur *clausula* (die über Art. 7 ZGB auch für familien- und erbrechtliche Vereinbarungen gilt) statt aller *Claire Huguenin,* Obligationenrecht, Zürich 2012, Rz. 320 ff.
[61] Vgl. *Peter Breitschmid,* Begünstigung des nicht-verheirateten Lebenspartners und Dritter, in: Jean Nicolas Druey/Peter Breitschmid (Hrsg.), Güter- und erbrechtliche Planung, Bern 1999, S. 45 ff., 81 f.
[62] Vgl. dazu auch § 1253 ABGB: «Durch den Erbvertrag kann ein Ehegatte auf das Recht, zu testieren, nicht gänzlich Verzicht tun. Ein *reiner Viertel* [...] bleibt kraft des Gesetzes zur *freien* letzten *Anordnung* immer vorbehalten. [...]» (Hervorhebung hinzugefügt).

mit Leistungen unter Lebenden gekoppelt sein. In allen Fällen dürfen solche Klauseln selbstverständlich nicht treuwidrig auf eine «Vereitelung des Vertrags» hin ausgeübt werden.

– Unzulässig scheint mir demgegenüber der in deutschen Formularbüchern gelegentlich vorgeschlagene *Verzicht auf Anfechtungsrechte* – evtl. gar «auch bezüglich solcher Umstände, mit denen wir nicht rechnen oder die wir nicht voraussehen konnten». Geht es nicht nur um nebensächliche Belanglosigkeiten, so verletzt das in einer mit Art. 27 ZGB nicht zu vereinbarenden Art die Wertungen von Art. 20 f. OR und Art. 23 ff. OR.

6.3 Die «Aufhebungsfloskel»

Anzusprechen sind hier (und in der Beratung!) die Risiken der «Aufhebungsfloskel» bei einer Kaskade von Testamenten und/oder Erbverträgen: Hat der Erblasser *mehrere inkompatible* Erbverträge mit verschiedenen Partnern geschlossen, gilt – im Unterschied zu den letztwilligen Verfügungen, bei welchen Art. 511 ZGB zur Anwendung gelangt – nicht der jüngste, sondern *der älteste,* wobei aber wegen der blossen Anfechtbarkeit nach Art. 494 Abs. 3 ZGB die aus dem älteren Vertrag Berechtigten in die Klägerrolle gedrängt werden. Drastisch formuliert kann man – selbst wenn man meint, seinen Klienten zu kennen – bei keinem Erbvertrag sicher sein, dass nicht schon ein anderswo beurkundeter älterer besteht, der von der Klientschaft entweder vergessen oder verdrängt wird. Gehen frühere Anordnungen (auch Testamente) *vergessen,* so kann das Hinweise auf mögliche Mängel der Urteilsfähigkeit einschliessen[63]; und «Verdrängen» kann Hinweis auf Willensmängel sein. In beiden Fällen «übertüncht» die Aufhebungsfloskel das Problem nur. Das spricht nicht gegen die Verwendung der «Floskel», aber im Geflecht der Verfügungsarten muss man sich beraterisch der gesamten biografischen Kaskade bewusst sein und sich davor hüten, dem Klienten in seiner auf die aktuelle (bzw. «akute») Situation fixierten Blick blind zu folgen. Wo die biografische Anamnese unklare Ergebnisse zeitigt, ist explizit auf die beschränkte Wirkung der Floskel hinzuweisen. Das Risiko liegt ja auch darin, dass möglicherweise dem Erblasser durchaus liebe Anliegen vergessen gehen.

---

[63] Vgl. vorne Ziff. 4.2 bei und mit Fn. 31.

6.4 Ungeliebte Pflichtteilserben

«Vorsorgen mit Sorgenkindern» bzw. das Problem der «missratenen Pflichtteilserben» würde eine selbständige Publikation erfordern[64]. Gewisse Spannungen zwischen Pflichtteilen gegenüber engsten Angehörigen und maximaler Individualität aus Erblassersicht sind auszuhalten und werden möglicherweise durch eine sich abzeichnende Reform (oder Nuancierung) der geltenden Ordnung des ZGB etwas abgemildert (Ziff. 6.5). Im Anschluss an das in Ziff. 1.3 Gesagte (keine «nachteilslose Planung») und die in Ziff. 2.2 angesprochene Gefahr einer «Unzufriedenheitsbilanz» wäre in gespannten Verhältnissen m.E. zu erwägen, statt Radikalkuren vermittelnde Lösungen zu diskutieren: Warum den «Störfaktor» nicht bloss «zur Hälfte enterben», zwar mit vollständiger (aber doch nicht beleidigender) Begründung (i.S.v. Art. 479 Abs. 1 ZGB), damit das Vorgehen durchsetzbar ist, aber in der Hoffnung, mit einem solchen «Vergleichsangebot» den Prozess zu vermeiden (bzw. im Ernstfall eher auf gerichtliche Nachvollziehbarkeit bzw. einen zusätzlichen entsprechenden «Vergleichsdruck» hoffen zu können, als wenn eine «Maximalvariante» durchgedrückt werden soll)?

6.5 ... und die rechtliche Zukunft: Optionen de lege ferenda?

Die Konturen der mit der *Motion Gutzwiller* angeregten Erbrechtsrevision liegen momentan zwar noch gänzlich im Dunkeln[65]. Gewisse Reduktionen von Pflichtteilssätzen und Flexibilisierungen (etwa im Sinne der soeben in Ziff. 6.4 angedeuteten Teil-Enterbung oder einer Plafonierung des Pflichtteils bei sehr hohen Nachlässen oder bei Unternehmensnachfolgen) lassen sich allerdings ebenso absehen wie Möglichkeiten, Patchwork- und Stiefsituationen allenfalls besser abbilden zu können oder gar bei qualifizierten Nicht-Status-Beziehungen eine gesetzliche Quote gesetzlich festzulegen (die sich von der Ehegattenbeteiligung nach dem Willen des Parlaments wohl einigermassen deutlich zu unterscheiden hätte). Nochmals: Das ist im

---

[64] Vgl. *Baltzer/Reisnecker* (zit. vorne Fn. 5); ferner *Christopher Keim,* Testamentsgestaltung bei «missratenen» Kindern – Neue Möglichkeiten durch die geplanten Änderungen im Pflichtteilsrecht?, NJW 2008 S. 2072 ff.

[65] Zur *Motion Gutzwiller* (http://www.parlament.ch/d/suche/seiten/geschaefte.aspx?gesch_id=20103524) s. u.a. *Peter Breitschmid,* Startschuss für ein «zeitgemässes Erbrecht», jusletter 7.3.2011, abzurufen auch unter http://www.rwi.uzh.ch/lehreforschung/alphabetisch/breitschmid/aktuelles-1.html. Ab Ende März 2014 werden Expertengutachten auf www.bj.admin.ch aufgeschaltet, und Ende 2014 soll ein Vorentwurf vorliegen.

Moment spekulativ, aber die Planung des Zukünftigen fällt ohnehin in diesen Bereich (Ziff. 3.2). Da man davon ausgehen kann, dass eine Erbrechtsrevision das intertemporale Erbrecht (Art. 15 f. SchlT ZGB) nicht umkrempeln wird, ist *per sofort* darauf zu achten, Anordnungen von Todes wegen in dem Sinne «offen» zu formulieren, dass der «Bestandesschutz» altrechtlicher Anordnungen bei einem unter das neue Recht fallenden Erbgang nicht dazu führt, dass ungünstigeres altes Recht angewendet wird. Das ist teilweise ein Auslegungsproblem, welches im Sinne der Zukunftsorientierung erbrechtlicher Anordnungen (Ziff. 3.2) zwar eher im Sinne des im massgeblichen Zeitpunkt massgeblichen Rechts zu entscheiden wäre[66], aber es ist klar, dass nachlassplanerische Beratung hier Klarheit zu schaffen hätte.

7. Gestaltung der Nachlassabwicklung

7.1 Dokumentation und Organisation

Gute Nachlassplanung erleichtert eine schlanke Nachlassabwicklung. Als *nachlassabwicklungs- und teilungserleichternde Vorkehren* kommen in erster Linie in Betracht:

- *Dokumentation des Vermögens* (Steuererklärungen, Bankauszüge etc.) – kurzum: alles, was die Erfassung des Nachlasses und damit das (Steuer-)Inventar als Grundlage aller weiteren Schritte erleichtert.
- *Dokumentation der Beteiligten* (aktualisierte Namens-/Adresslisten von: Begünstigten, mit Verwaltungsbelangen befassten Personen, evtl. Vorsorgebeauftragten bzw. zur medizinischen Vertretung Berechtigten sowie Willensvollstreckern).
- *Hinterlegungsort / Fundstelle von Anordnungen von Todes wegen;* Erwähnung, ob Kopien bestehen, evtl. Äusserung zur Bedeutung der Kopien (Doppel als Sicherheit oder ohne Bedeutung, falls Original vernichtet wurde bzw. unauffindbar ist).

Neben diesen (*rein dokumentarischen,* nicht testamentsformbedürftigen) Anordnungen sind aber auch *eigentliche erbrechtliche Vorkehren* von Bedeutung:

- *Teilungsvorschriften* (vgl. z.B. BGE 115 II 323 / Auslegung!).

---

[66] Vgl. BSK-*Breitschmid,* N. 7 zu Art. 15/16 SchlT ZGB.

- (Nachträgliche) *Anordnungen über eine Ausgleichungspflicht* (Achtung: qualitativ kann das eine *nachträgliche* Abänderung eines Schenkungsvertrags sein! – die Zulässigkeit des Vorgehens ist m.E. nicht über alle Zweifel erhaben[67]).
- *Willensvollstreckung* (als Instrument der Nachlassverwaltung); es scheint sich allerdings eine (m.E. begrüssenswerte) Tendenz der Rechtsprechung abzuzeichnen, vom *Einstimmigkeitsprinzip* innerhalb der Erbengemeinschaft bezüglich Alltagsgeschäften der Nachlassverwaltung abzurücken[68].

7.2 Planerischer Umgang mit Haftungsrisiken

Planerisch zu bedenken sind auch die *Haftungsrisiken* für die Nachlassbeteiligten. Diese bestehen unter anderem

- aufgrund ungenügender Kenntnis der Verwandtschaft bzw. familiärer Entfremdung (keine Kenntnis vom Todesfall binnen nützlicher Frist; vgl. Art. 567 bzw. Art. 580 Abs. 2 ZGB[69]) und schwer beurteilbarer Ver-

---

[67] Vgl. *Peter Breitschmid,* Vorweggenommene Erbfolge und Teilung – Probleme um Herabsetzung und Ausgleichung, in: Jean Nicolas Druey/Peter Breitschmid (Hrsg.), Praktische Probleme der Erbteilung, Bern 1997, S. 49 ff., 82.

[68] Vgl. z.B. BGH XII ZR 151/10, FamRZ 2013 S. 27 f.; ob man sich auf solche neueren Ansätze kaprizieren oder doch einen Erbenvertreter nach Art. 602 Abs. 3 ZGB beantragen soll, muss im Einzelfall entschieden werden. Da bei den zuständigen Instanzen oft ein schwerer Konflikt eher nur zögerlich angenommen wird, um die (behördlichen) Erbenvertreter nicht in die «Schusslinie» zu stellen, würde u.U. Sympathie für eine solche m.W. in der Schweiz bislang noch nicht beurteilte Vorgehensweise bestehen. Evtl. liessen sich in voraussichtlich kritischen Fällen allerdings auch diesbezügliche erblasserische Anordnungen denken: Würde der Erblasser ein Erbenquorum von z.B. 80% für Entscheide der laufenden Verwaltung als genügend erachten, wären die Minderheitenrechte nicht stärker eingeschränkt als bei Erbenvertretung oder Willensvollstreckung, da der Entscheid ja gerichtlich zwar angefochten werden könnte, aber bei Plausibilität das Vorgehen so wenig blockiert werden könnte wie bei einem gleichlautenden willensvollstreckerlichen Entscheid.

[69] Man beachte zudem BGE 138 III 545, der eine Fristverlängerung/-wiederherstellung analog zu Art. 576 ZGB bei Ausschlagung bzgl. der [kürzeren!] Frist des öffentlichen Inventars (unsinnigerweise) ablehnt: es fehlt eine grundsätzliche Auseinandersetzung mit der *Frage, ob Erben oder Erblassergläubiger schutzbedürftiger* seien; m.E. kann die Situation für Erben wesentlich unübersichtlicher sein als für Gläubiger, welche sich ihre vertraglichen Kontakte mit dem Erblasser selbst zuzuschreiben (und ihren Schuldner zu überwachen) haben. Ein schützenswertes Vertrauen der Gläubiger gegenüber gutgläubigen Erben, denen Fristerstreckung/-wiederherstellung nach üblichen Kriterien zu gewähren wäre, ist nicht auszumachen.

mögenslage (nicht alles, was man im Nachlass räumt und entsorgt oder behändigt, ist erblasserisches Eigentum: Leasing, Leihe, Mitbewohner ohne familienrechtlichen Status)[70];

- aufgrund nicht konkret vorhersehbarer beträchtlicher Kostenrisiken einer letzten Lebens-/Demenzphase bzw. hohen Pflege(hotellerie)kosten;
- z.B. auch aus aktienrechtlicher Verantwortlichkeit (vgl. die Verjährungsregeln in Art. 760 OR) – daraus ist die m.E. meist zwingende, wenn auch noch keineswegs übliche Konsequenz zu ziehen, dass im Nachlass freier Berufe und gerade etwa von Anwälten regelmässig ein öffentliches Inventar anzubegehren wäre;
- ebenfalls ist zu bedenken, welche Investitionen evtl. die Erhaltung wenig wertvoller/hoch belasteter Nachlasswerte bis zur Erbteilung erfordert.

7.3 Planerische Organisation der Teilung

Für das Vorgehen in der Teilung hat sich das Prinzip der (situativen) Teilungsfreiheit bewährt, vorbehältlich anderweitiger erblasserischer Anordnungen (vgl. Art. 608 ZGB) bzw. einstimmiger Abweichung durch die Erben. Die Erben sind frei bezüglich Zeitpunkt (Art. 604 Abs. 1 ZGB), der Anteile (Art. 607 Abs. 1 ZGB) und der Methode (Art. 610 ff. ZGB), aber je unter Vorbehalt der gesetzlichen Normen bzw. des Gleichheitsprinzips (soweit eben nicht einvernehmlich davon abgewichen wird).

Es bestehen aber verschiedene Eigenarten, z.B. im Falle behördlicher Mitwirkung aufgrund des kantonalen Rechts (Art. 609 Abs. 2 ZGB), was oft eine Art Zwangsmediation (oder Zwangsverzögerung – je nach Auffassung) bedeutet.

Was bedeuten «persönliche Verhältnisse» in Art. 611 Abs. 2 ZGB? (Aufgabe: Teilen Sie einen Zirkus nach Art. 610 Abs. 1 ZGB, wonach jedes von drei Kindern Anspruch auf je *einen* Löwen, Elefanten und ein Pferd hat, oder erhält jeder die Tiere jener Art, mit denen er gearbeitet hat?) Wäre nicht auch ein den Erblasser pflegender Nachkomme (Kind, Enkel, Schwiegertochter usf.), der in Hausgemeinschaft oder enger Nachbarschaft gewohnt

---

[70] Schwierig einzuschätzen für alle, die nicht dauernd mit den alltäglichen Belangen des Erblassers vertraute Hausgenossen waren, sind etwa die hypothekarische Belastung, «Zahlungsstau» bei Krankheit in letzter Lebensphase usf.; vgl. *Kuster,* N. 275 ff.

hat, in Anwendung von Art. 611 bzw. in Auslegung von Art. 611 in Anlehnung an Art. 612a ZGB berechtigt, die vom Erblasser bewohnte Liegenschaft an sich zu ziehen? Entsprechende Anliegen wären jedenfalls planerisch-beraterisch umzusetzen.

Ist eine Steigerung nur unter Miterben oder öffentlich durchzuführen (Art. 612 Abs. 3 ZGB)? Wird durch entsprechende Festlegungen der Bieterkreis so strukturiert, dass aufgrund unterschiedlicher wirtschaftlicher «konstitutioneller Prädisposition» eine faire Ausgangslage verunmöglicht wird? Was je nachdem natürlich zu verzögernden gerichtlichen Auseinandersetzungen führt.

Pro memoria: Man beachte, dass *lebzeitige* vorbereitende Abreden der *Zustimmung des Erblassers* bedürfen (Art. 636 ZGB). Ob Klauseln denkbar wären, welche Abreden entweder unter Zustimmung eines Beistands des nicht mehr handlungsfähigen Erblassers ermöglichen würden, oder ob in solchen Situationen die Beteiligten sogar übereinstimmend (aber contra legem) auf die Notwendigkeit einer solchen Zustimmung verbindlich verzichten könnten, ist m.W. bislang nicht entschieden, doch sind m.E. Konstellationen denkbar, die ein solches Vorgehen wünschbar scheinen lassen könnten.

7.4 Würdigung – Bedeutung neuer Ansätze: Mediation, Schiedswesen

Insgesamt bedeutet erfolgreiche Nachlassplanung in der aktuellen demografischen Situation (Erben erst in vorgerücktem Alter; komplexe Familienstrukturen usf.) allein schon im volkswirtschaftlichen Interesse, dass die in Nachlässen «gebundenen» Mittel *rasch* für die Berechtigten individuell verfügbar werden und nicht in der schwerfälligen oder gar konfliktuellen Erbengemeinschaft gebunden bleiben. *Abwicklungserleichternde Instrumente* (Willensvollstreckung, Teilungsregeln, Klarheit über den Bestand/ Umfang des Nachlasses, «Beherrschbarkeit von Extravaganzen» bzw. Minimierung des Risikos gerichtlich zu entscheidender Konflikte) stehen ebenfalls im Fokus der Nachlassplanung. Entsprechend scheint mir wichtig, dass man sich von gewissen «althergebrachten» Vorstellungen, scheinbaren «Tricks» und Altlasten wie den «schwarzen Konten» löst[71]; in den gleichen

---

[71] Und auch den «Nachfolgeprodukten» (physisches «Bunkern» zumindest in Tiefzinsphasen; verschleierte Beherrschung irgendwelcher «Konstrukte» offshore usw.) gehörig misstraut.

Bereich gehören «Spielereien» im Bereich von Vollmachten[72], soweit es nicht um die Überlebenssicherung im Bereich der von Art. 606 ZGB nicht abgedeckten nächsten fünf Monate des ersten Halbjahrs nach dem Tod geht. Etwas optimistischer sehe ich persönlich die Konfliktbewältigung durch mediative Ansätze[73] oder in gewissen Fällen auch durch *Schiedsgerichte*[74]. Insofern wäre auch eine testamentarische oder erbvertragliche Schiedsklausel eine Verfügungsart.

8. Folgerungen

Nachlassplanung ist mehr als das Abwägen von Erbeinsetzung, Vermächtnis, Vor- und Nachbegünstigung, *nur* dem «gesetzlichen Baukasten» – nämlich die *insgesamt,* für die Erblasser- und Erbengeneration stimmige Konzeption des Vermögensübergangs. Das erfordert, sich ausgewogen nicht nur mit den *materiellen Werten,* dem *gesetzlichen Rahmen* und den (manchmal vordergründigen) *emotionalen Anliegen* des Erblassers zu befassen, sondern in komplexen Fällen den manchmal gordischen Knoten unter *allen* Gesichtspunkten zu analysieren; das schliesst ein, gegebenenfalls die *Hintergründe der scheinbar unlösbaren Konflikte* in die Überlegungen einzubeziehen. Ein «schlanker», komplikationsloser Vermögensübergang kann in vertrackten Verhältnissen kaum durch feldherrliche Planung, sondern nur dadurch (annäherungsweise) erreicht werden, dass die Konflikte und ihre tieferliegenden Ursachen angesprochen und angegangen werden. War

---

[72] Die allerdings in der Literatur nach wie vor Beachtung finden: *Thomas Papenmeier,* Transmortale und postmortale Vollmachten als Gestaltungsmittel, Bonn 2013; *Trimborn von Landenberg,* Die Vollmacht vor und nach dem Erbfall, 2.A., Bonn 2012.

[73] Allein schon ein flexiblerer Umgang mit den Verjährungs- (bzw. angeblich nach h.L. Verwirkungs-)Fristen der Art. 521 bzw. 533 ZGB würde das Prüfen alternativer Modelle der Konfliktbeilegung erleichtern; die Verwirkung erzeugt einen Druck, der unbefangenen Vorgesprächen kaum Raum lässt.

[74] «Tempogewinn durch Instanzenersparnis» birgt allerdings auch Risiken, und bloss der Satz, dass staatliche Gerichte wenig erbrechtliches Profil hätten, garantiert für sich allein noch nicht die Qualität schiedsgerichtlicher Verfahren und Entscheide. Immerhin bemüht sich die Branche um entsprechende qualitätsgesicherte Strukturen, und es würde sich nachlassplanerisch in entsprechend komplexen Fällen wohl lohnen, bereits planerisch und unter Lebenden über entsprechende Modalitäten nachzudenken (s. diesbezüglich die Bemühungen des *Schweizerischen Vereins Schiedsgerichtsbarkeit in Erbsachen (SVSE),* http://schiedsgerichte-erbsachen.ch/, dort auch testamentarische und erbvertragliche Musterschiedsklauseln) – allein solches Nachdenken hätte schon gewisse mediative Komponenten (vgl. vorne Ziff. 3.3).

der Erblasser zentrale Ursache der Probleme, mag man darauf hoffen, dass die Erben sich (wieder) finden; aber die Hoffnung, aufgestaute Konflikte und (mehr oder minder ausgeprägte) biografische «Ungerechtigkeiten» mit juristischen Formulierungen «bewältigen» zu wollen – kurzum: der weitere Aufschub von schon bislang «Unbewältigtem» – ist kaum erfolgversprechendes Rezept. Eher ist zu empfehlen, auch einmal ausserhalb der bloss juristischen Disziplinen z.B. psychotherapeutische Ansätze zur Überwindung des *eigentlichen* Problems zu versuchen. Die juristische Zunft (und deren Klientschaft) gewinnt nur, wenn sie nicht ausschliesslich mit ihren Mitteln versucht, jene Probleme zu lösen, die gar nicht juristischer Art sind. Der *Gedanke von GCP* – der medizinischen «good clinical practice» – wäre, dass (analog der Ordnung im KVG[75]) *wirksame, zweckmässige und wirtschaftliche Vorkehren* getroffen werden; das kann bedingen, gegebenenfalls nicht «hochdosiert» kaum wirksame «juristische Medikamente» einzusetzen, sondern eine mehrere Methoden einschliessende «Therapie» zu verfolgen.

Eine solche persönliche Behandlung nimmt zugleich auf, was aktuell im Zusammenhang mit dem neuen Kindes- und Erwachsenenschutzrecht unter dem Stichwort der «massgeschneiderten Massnahme» diskutiert worden ist[76]: Zwar haben auch Privatpatienten vor und nach der Operation kaum mehr Appetit auf Menuwahl, weshalb nicht aufwendig-luxuriös (nämlich übertrieben!) geplant werden soll. Gute Nachlassplanung ist individuell, lehnt sich aber an Standards an. Der «modisch» geschnittene Massanzug kann ziemlich rasch altern, und Konfektion kann unauffällig und durchaus praktisch sein – «casual» wäre womöglich in manchen Fällen kein falsches Stichwort für jene, welche Nachlassplanung ertragen müssen. Das möge man überlegen und mit der Klientschaft diskutieren! Auf jeden Fall hüte man sich vor dem billigen T-Shirt aus der Karton-Schachtel – etwas Stilberatung schadet auch bei der Nachlassplanung nicht.

---

[75] Vgl. Art. 32 KVG, SR 832.10.
[76] Vgl. u.a. *Yvo Biderbost,* Beistandschaft nach Mass – das revidierte Handwerkszeug des Erwachsenenschutzes, AJP 2010 S. 3 ff. – Vielleicht wäre auch in rechtsberatenden Kreisen stärker darüber nachzudenken, was «Standard-» und was «experimentelle Therapie» ist (s. SAeZ 2013 S. 1901, SAMW-Richtlinien «Abgrenzung von Standardtherapie und experimenteller Therapie»); eher werden sich Rechtsschutzversicherungen solche Gedanken machen, da Kriterien wie die Zulassung seitens der Heilmittelbehörde oder der Kostenübernahme durch die Sozialversicherung für die rechtliche Behandlung naturgemäss nichts hergeben. Klar ist das nicht direkt vergleichbar; und doch bedenke man, dass bewährte Wohnungsgrundrisse oder Konstruktionstypen den Vorteil haben, ihre praktische «Betriebstauglichkeit» bereits bewiesen zu haben.

Rédaction et interprétation des testaments

Audrey Leuba*

Sommaire

Bibliographie	50
1. Introduction	51
2. La rédaction des testaments	52
2.1 Les différentes phases	52
2.1.1 La recherche de la volonté du testateur	52
2.1.2 L'information	54
2.1.3 Le conseil	55
2.1.4 La rédaction proprement dite	56
2.2 Tentative de check-list	58
2.2.1 Les éléments relevant de la situation actuelle	58
2.2.2 Les circonstances éventuellement sujettes à évolution	59
2.2.2.1 La situation personnelle des intéressés	59
2.2.2.1.1 Le décès	59
2.2.2.1.2 Le mariage ou le partenariat enregistré	59
2.2.2.1.3 Le divorce	60
2.2.2.1.4 Un nouvel héritier	60
2.2.2.1.5 Le changement de domicile	60
2.2.2.2 Les motifs ou les conditions des libéralités du de cujus	61
3. L'interprétation des testaments	61
3.1 Quelques règles posées par la loi dans des cas particuliers	62
3.2 Les principes dégagés par la doctrine et la jurisprudence	63
3.2.1 La théorie de la volonté	63
3.2.2 Primauté du texte	63
3.2.3 La logique interne	64
3.2.4 Favor testamenti	64
3.2.5 Préférences au sens qui suit les règles de la dévolution légale	64
3.2.6 L'expérience générale de la vie	65
3.3 Questions actuelles	65
3.3.1 Les conditions du recours à des éléments extrinsèques (la règle du texte clair ou règle de l'univocité)	65
3.3.2 La règle du lien avec le texte	67
3.3.3 Quelle place pour l'interprétation complétive?	69
4. Conclusions	70

---

*   L'auteure remercie chaleureusement *Sébastien Zulian,* assistant à la Faculté de droit de l'Université de Genève, de l'aide efficace et diligente fournie dans la relecture du texte et le complètement de l'appareil de notes.

Bibliographie

Daniel Abt/Thomas Weibel, Praxiskommentar, Erbrecht, 2e éd., Bâle 2011 (cité PraxKomm-*Auteur*); *François Bohnet,* Droit des professions judiciaires, Neuchâtel 2010; *Peter Breitschmid,* Formvorschriften im Testamentsrecht, Zurich 1982; *le même,* Das Prinzip materieller Höchstpersönlichkeit letztwilliger Anordnungen – ein Diskussionsbeitrag, in Mélanges Hausheer, Berne 2002; *le même,* Le point sur le droit successoral, RSJ 2006 p. 103 ss; *Peter Breitschmid/Paul Eitel/Roland Fankhauser/Thomas Geiser/Alexandra Rumo-Jungo,* Erbrecht, Zurich/Bâle/Genève 2012; *Christian Brückner,* Schweizerisches Beurkundungsrecht, Zurich 1993; *Andreas Bucher,* Commentaire romand, Loi sur le droit international privé, Convention de Lugano, Bâle 2011 (cité CR-*Bucher*); *le même,* Schweizerisches Obligationenrecht: Allgemeiner Teil ohne Deliktsrecht, 2e éd., Zurich 1988 (cité AT); *Christine Chappuis,* Le texte clair du contrat, in: Pour un droit pluriel: études offertes au professeur Jean-François Perrin, Genève 2002, p. 3 ss; *la même,* L'interprétation d'un texte clair, SJ 2002 I 155; *Jean Nicolas Druey,* Grundriss des Erbrechts, 5e éd., Berne 2002; *Bernard Dutoit,* Droit international privé suisse: Commentaire de la loi fédérale du 18 décembre 1987, 4e éd., Bâle 2005/2011; *Antoine Eigenmann/Nicolas Rouiller,* Commentaire du droit des successions, art. 457–640 CC, art. 11–24 LDFR, Berne 2012; *Paul Eitel,* Erbrecht 2007–2009, successio 2010 p. 23 ss; *Arnold Escher,* Commentaire zurichois, Das Erbrecht, 3e éd., Zurich 1959/1960; *Karl Fahrländer,* Die ausserstehende Tatsache in der bundesgerichtlichen Praxis zur Testamentsauslegung, Berne 1948; *Roland Fankhauser,* Bundesgericht, II. Zivilabteilung, 14.7./1.9.2005, Etat du Valais et Commune de Nendaz c. Eglise nationale protestante de Genève, Zivilrechtliche Berufung (5C.29/2005, BGE 131 III 601), PJA 2006 p. 752 ss; *Peter Gauch/Walter R. Schluep/Jörg Schmid/Heinz Rey/Susann Emmenegger,* Schweizerisches Obligationenrecht, Allgemeiner Teil, 9e éd., Zurich 2008; *Hannes Glaus,* Irrtumsanfechtung und Auslegung beim Testament, Zurich 1982; *Jean Guinand/Martin Stettler/Audrey Leuba,* Droit des successions (art. 457–640 CC), 6e éd., Genève/ Zurich/Bâle 2005; Heinrich Honsell/Nedim Peter Vogt/Thomas Geiser (édit.), Commentaire bâlois, Zivilgesetzbuch II, Art. 457–977 ZGB, Art. 1–61 SchlT ZGB, 3e éd., Bâle 2007 (cité BSK-*Auteur*); Heinrich Honsell/Nedim Peter Vogt/Wolfgang Wiegand (édit.), Commentaire bâlois, Obligationenrecht I, 5e éd., Bâle 2011 (BSK-*Auteur*); Heinrich Honsell/Nedim Peter Vogt/Anton K. Schnyder/Stephan V. Berti (édit.), Commentaire bâlois, Internationales Privatrecht, 2e éd., Bâle 2007; *Claire Huguenin,* Obligationenrecht, Zurich 2012 (cité BSK-*Autor*); *Peter Jäggi/Peter Gauch,* Commentaire zurichois, Kommentar zu Art. 18 OR, 3e éd., Zurich 1980; *Ernst A. Kramer/ Bruno Schmidlin,* Commentaire bernois, Allgemeine Einleitung in das schweizerische Obligationenrecht und Kommentar zu Art. 1–18 OR, Berne 1986; *Hans-Peter Kümin,* Auslegung von letztwilligen Verfügungen: Gedanken zur aktuellen Situation in Literatur und Praxis, Revue de l'Avocat 2005 p. 111 ss; *Heinrich Lange/Kurt Kuchinke,* Erbrecht, ein Lehrbuch, 5e éd., Munich 2001; *Dieter Leipold,* Erbrecht: ein Lehrbuch mit Fällen und Kontrollfragen, 17e éd., Tubingue 2009; *le même,* Wille, Erklärung und Form – insbesondere bei der Auslegung von Testamenten, Mélanges Wolfram Müller-Freienfels, Baden-Baden 1986; *Audrey Leuba,* L'interprétation des testaments, SJ 2004 II 25; *Michel Mooser,* Le droit notarial en Suisse, Berne 2005; *Vito Picenoni,* Die Auslegung von Testament und Erbvertrag, Zurich 1955; *Paul Piotet,* Traité de droit privé Suisse IV, Droit successoral, 2e éd., Fribourg 1988, p. 192 ss; *Niccolo Raselli,* Erklärter oder wirklicher Wille des Erblassers?, PJA 1999 p. 1262 ss; *Hans Michael Riemer,* Massgeblichkeit des hypothetischen Willens des Erblassers bei Testamenten, recht 2003 p. 39; *Peter Ruf,* Notariatsrecht, Langenthal 1995; *Michael Schöll,* Die Konversion des Rechtsgeschäfts: eine rechtsvergleichende Studie zur Hermeneutik der Privatautonomie angesichts teleologischer Inkohärenzen rechtsgeschäftlicher Unwirksamkeitstatbestände, Berne 2005; *Ingeborg Schwenzer,* Schweizerisches Obligationenrecht: Allgemeiner Teil, 6ᵉ éd., Berne 2012; *Paul-Henri Steinauer,* Le droit des successions, Berne 2006; *le même,* Un testament olographe doit être écrit du début à la fin de la main du testateur, Jusletter du 27 février 2006; Luc Thévenoz/Franz Werro (édit.), Commentaire romand, Code des obligations I, 2ᵉ éd., Bâle 2011 (cité CR-*Auteur*); *Peter Tuor/Bernhard Schnyder/ Jörg Schmid/Alexandra Rumo-Jungo,* Das schweizerische Zivilgesetzbuch, 13ᵉ éd., Zurich/ Bâle/Genève 2009; *Isabel Wachendorf Eichenberger,* Die Konversion ungültiger Verfügungen von Todes wegen, Bâle/Genève/Munich 2003; *Peter Weimar,* Commentaire bernois, Das Erbrecht, Art. 457–516 ZGB, Berne 2009; *Christine Zemp Gsponer,* Andeutungsregel und Prinzip der materiellen Höchstpersönlickeit bei der Testamentsauslegung, successio 2012 p. 216 ss; *Marie-Noëlle Zen-Ruffinen,* Lex Koller et trusts, PJA 2009 p. 1123 ss.

1. Introduction

La présente contribution met l'accent sur le lien existant entre rédaction et interprétation. Un testament bien rédigé, avec des clauses formulées de manière claire, contribue en effet dans une large mesure à éviter qu'il doive être interprété ultérieurement. Une formulation claire et bien structurée ne sert toutefois pleinement cet objectif que si la volonté a été au préalable bien établie, et qu'elle tient compte notamment de l'évolution possible des circonstances. Dans ce contexte, le notaire joue un rôle essentiel, informant le de cujus des effets juridiques précis des dispositions que ce dernier entend adopter et, le cas échéant, le conseillant sur la manière dont il est possible de tenir compte des différentes hypothèses. L'information, ainsi que le conseil contribuent aussi à clarifier la volonté du de cujus et, indirectement, facilitent ensuite la rédaction proprement dite. Le travail de préparation et la rédaction proprement dite ne sont pas des tâches faciles. Nous tenterons ici de proposer une check-list visant à faciliter le travail du notaire.

L'interprétation des testaments est un domaine du droit qui fait l'objet de plusieurs controverses, depuis quelques années maintenant. Elle est régie par des principes et règles jurisprudentiels assez anciens qui, pour certains d'entre eux, s'harmonisent assez mal avec l'air du temps, et notamment avec la tendance au renforcement de l'autodétermination de la personne, visant à un meilleur respect de la volonté exprimée de manière anticipée. La jurisprudence évolue un peu, mais de manière très retenue, malgré les critiques répétées de la doctrine. La présente contribution s'attache à reprendre l'état de la discussion sur les trois points chauds en la matière et à rappeler le point de vue de l'auteure[1].

---

[1] *Leuba,* SJ 2004 II 25.

2. La rédaction des testaments

2.1 Les différentes phases

Au sens large, la rédaction d'une disposition pour cause de mort comporte quatre phases: la recherche de la volonté du testateur, l'information, le conseil et la rédaction proprement dite. Au sens étroit, elle se limite à la rédaction proprement dite. Le conseil est peu présent dans le cadre de l'activité ministérielle, sans en être toutefois entièrement absent. Le notaire oriente dans une certaine mesure le disposant en satisfaisant à son devoir d'information. Mais ce n'est que s'il accepte un mandat ayant pour objet d'optimiser le choix du mode de disposer le plus approprié pour réaliser les objectifs poursuivis, compte tenu le cas échéant des différents droits pouvant entrer en ligne de compte et des diverses conséquences fiscales, que le notaire déploie alors une activité de conseil qui prend toute son ampleur.

Nous envisageons dans la présente contribution le cas du notaire qui double son activité ministérielle d'une activité accessoire de conseil, ce qui en matière testamentaire est le cas le plus fréquent. Nous passerons en revue les différentes phases de son activité, avant de nous attarder un peu plus longuement sur une check-list, qui devrait contribuer à faciliter le travail du notaire et à éviter, si possible, les cas de testaments nécessitant une interprétation.

2.1.1 La recherche de la volonté du testateur

Le notaire est tenu d'une obligation de clarté qui l'oblige à exprimer la volonté du de cujus clairement, avec précision et sans équivoque[2]; il a également un devoir de véracité, qui le contraint à s'assurer que la volonté qu'il retranscrit est bien conforme à la réelle intention du de cujus[3]. Il doit ainsi chercher à comprendre le sens intrinsèque des propos du disposant, de manière à pouvoir les retranscrire clairement. Il ne peut se retrancher derrière une manifestation de volonté exprimée de manière peu claire, même si le de cujus le lui demande[4]; une expression confuse est, d'ailleurs souvent, le signe d'une volonté qui n'est pas sans équivoque.

---

[2] Pour plus de détails sur le devoir de clarté du notaire, cf. *Mooser,* N. 208 ss.
[3] *Mooser,* N. 204 et les références citées.
[4] *Ruf,* N. 870.

En règle générale, le testateur exprime non pas le contenu des différentes clauses du testament, mais les objectifs qu'il souhaite atteindre. Un testateur dit, par exemple, «je souhaite tout léguer à ma femme». Au-delà de l'objectif manifesté, le notaire doit tout d'abord rechercher ce que le testateur souhaite vraiment, sans égard aux termes et expressions utilisés. Il n'est, en effet, pas rare que les mots fassent l'objet d'un usage impropre; c'est souvent le cas du mot «legs», par exemple, qui n'a pas exactement le même sens en droit français qu'en droit suisse.

La recherche de la volonté exige de s'interroger également sur les motifs du testateur. Ce dernier souhaite-t-il avantager au maximum son conjoint ou donner le moins possible à ses enfants? Dans le premier cas, un usufruit de l'art. 473 CC portant sur l'entier de la succession peut être intéressant, dans l'autre, il vaut mieux réduire les enfants à leur réserve, voire envisager une exhérédation si les conditions en sont remplies. Il n'est pas rare que la volonté manifestée sous la forme d'un résultat – tout donner en pleine propriété au conjoint – ne soit pas la meilleure manière de concrétiser les motifs qui la sous-tendent. Le notaire ne s'arrêtera, dès lors, pas aux modes de disposer exprimés par le de cujus, mais cherchera à avoir une vue complète de ce que ce dernier souhaite réellement pour sa succession.

Dans le cadre de cette première phase, le notaire doit confronter la volonté du de cujus à l'évolution possible des circonstances. Cet aspect-là de la recherche de la volonté est important. Il permet de réaliser dans la plus large mesure possible la volonté du de cujus dans la durée. C'est une tâche délicate, tant il est vrai qu'il est quasiment impossible d'envisager toutes les circonstances pouvant se présenter. Un certain nombre de circonstances qui, selon le cours ordinaire des choses, peuvent raisonnablement se produire, méritent d'être prises en considération. Ainsi, le notaire envisagera avec son client le prédécès du ou des bénéficiaires de libéralités, par exemple, ou le remariage du conjoint survivant ou encore une modification des motifs pour lesquels une libéralité est faite à l'un ou l'autre des enfants. Envisager une possible évolution des circonstances est une étape d'autant plus importante qu'il est désormais fréquent que le décès du testateur soit précédé d'une période d'incapacité de discernement, durant laquelle les volontés ne peuvent plus être modifiées[5].

---

[5] Dans le même sens: BSK-*Breitschmid,* N. 12 ad art. 469 CC.

Tenir compte des événements futurs permet, selon les circonstances, d'éviter que le testament ne soit entaché d'une erreur sur un fait futur (art. 469 CC). Une telle erreur est admise en doctrine[6], s'il est établi que le de cujus n'a pas envisagé la possible réalisation d'un fait qui aurait été pertinent pour le contenu des dispositions pour cause de mort[7]. Le de cujus qui, par exemple, fait un legs à sa nièce, n'a pas imaginé que le cours de ses actions UBS chuterait dramatiquement en 2007, de sorte que désormais le legs de l'ensemble de ses actions à sa nièce ne génère qu'un intérêt minimum. L'annulation pour erreur au sens de l'art. 519 al. 1 ch. 2 CC n'est ici pas envisageable, car cela ne respecte pas la volonté hypothétique du disposant, qui aurait souhaité donner un montant plus important à sa nièce et non pas la priver de toute libéralité. Afin d'éviter une telle situation, il aurait été opportun de conseiller au disposant de léguer, par exemple, une rente d'un montant couvrant le minimum vital de la bénéficiaire durant ses études plutôt qu'un paquet de titres dont la valeur peut évoluer de manière imprévisible; la nièce aurait ainsi été assurée de recevoir cette somme-là, pour peu que les forces de la succession le permettent et que ce legs ne lèse pas les réserves évidemment.

On notera encore que la phase de recherche de la volonté amène le notaire à poser des questions à son client. Selon les circonstances, elle permet aussi de mettre en évidence le besoin de conseil.

2.1.2 L'information

Le notaire est soumis à un devoir d'information qui découle du devoir du notaire de rechercher la véritable volonté du testateur et de n'authentifier que celle-ci[8]. Or, seul un testateur correctement informé peut exprimer sa réelle volonté. Il convient d'éviter que le testateur soit dans l'erreur[9]. C'est avant tout une erreur de droit que le notaire cherche à éviter dans ce cadre-là.

Dans son activité ministérielle, le notaire a un devoir d'informer portant sur les différentes formes possibles des dispositions pour cause de mort[10]. S'il instrumente un testament public, il a un devoir qui porte également sur les aspects matériels de l'acte. Sur ce point, il doit renseigner non seulement

---

[6] BSK-*Breitschmid,* N. 12 ad art 469 CC; BK-*Weimar,* N. 20 ad art. 469 CC.
[7] BK-*Weimar,* N. 20 et les références citées ad art. 469 CC.
[8] *Mooser,* N. 211.
[9] *Ruf,* N. 882; *Brückner,* N. 911.
[10] *Ruf,* N. 884 ss.

quant au contenu des modes de disposer choisis par le testateur et l'informer de l'éventuelle atteinte aux réserves[11], mais aussi mettre en évidence la différence que cette solution crée par rapport à la dévolution légale. Si, dans le cadre de la recherche de la volonté, il apparaît que le disposant a effectué des libéralités sujettes à rapport ou pouvant l'être, l'information portera également sur ce mécanisme, ainsi que sur les possibilités de l'ordonner ou d'en prévoir la dispense. Le notaire doit, enfin, informer son client des éventuels aspects de droit international privé[12] qui pourraient entrer en ligne de compte ainsi que, dans une mesure restreinte, pouvant varier d'un canton à l'autre, des conséquences fiscales[13].

Lorsque le conseil porte sur l'opportunité de prendre l'une ou l'autre disposition pour cause de mort dans une perspective d'optimisation, son devoir englobe toutes les informations nécessaires au disposant pour choisir entre les divers modes de disposer pouvant être envisagés compte tenu des objectifs poursuivis[14]. Si le mandat porte aussi sur le conseil en matière de droit international privé et en matière fiscale, le notaire fournira également des informations sur le choix du droit pouvant présenter un intérêt pour le disposant et de la solution fiscalement la plus avantageuse[15]. Sa responsabilité est alors régie par les règles du droit des obligations[16].

2.1.3 Le conseil

La fonction d'officier public n'impose pas au notaire de fournir une activité de conseil[17]. En matière successorale, comme dans d'autres domaines, le client est parfois déjà conseillé par un avocat. Le notaire a alors la tâche de formuler les clauses avec clarté et d'authentifier le testament.

Il est toutefois fréquent que la tâche d'officier public s'accompagne d'une activité de conseil. Le notaire oriente alors le testateur sur le bien-fondé des modes de disposer qu'il a choisis et le conseille quant à l'option se révélant la plus intéressante au regard de sa volonté. Les relations familiales non traditionnelles sont des situations dans lesquelles le conseil s'avère souvent

---

[11] *Mooser*, N. 234; *Ruf*, N. 903.
[12] *Brückner*, N. 1070 ss; *Ruf*, N. 925.
[13] *Mooser*, N. 236 ss, 239 en particulier; plus restrictif: *Ruf*, N. 915.
[14] Sur cette base-là, le notaire pourra alors conseiller une solution en particulier.
[15] *Mooser*, N. 238 et les références citées.
[16] *Mooser*, N. 240.
[17] *Bohnet*, N. 84; *Mooser*, N. 226.

nécessaire. Que l'on pense par exemple aux familles recomposées ou aux couples vivant en concubinage et comprenant des enfants communs et non communs. Il arrive parfois que le choix du de cujus porte sur une solution qui ne peut être réalisée comme il le propose. Ainsi, le testateur qui souhaiterait qu'un immeuble soit transmis à ses héritiers par substitution fidéicommissaire, de génération en génération, devra se satisfaire d'une substitution fidéicommissaire limitée à deux dévolutions successives ou alors décider de placer le bien dans une fondation ou un trust[18].

Cette phase exige une excellente connaissance non seulement du droit successoral, mais aussi de domaines annexes jouant un rôle prépondérant dans le choix final du testateur. Les conséquences fiscales des modes de disposer envisagés par le testateur et, selon les cas, des avantages que l'on peut tirer du fait de soumettre sa succession à un autre droit jouent un rôle important.

La phase de conseil se recoupe parfois avec celle de l'information du disposant. La limite n'est pas facile à tracer. La situation est plus claire lorsque le client consulte le notaire accompagné d'un mandataire lui ayant déjà donné un conseil sur la meilleure manière d'optimiser la transmission de son patrimoine ou si le client dispose lui-même de bonnes connaissances juridiques et a, sur cette base-là, définit déjà le contenu de son testament. Elle l'est moins lorsque le client est peu informé des différentes possibilités s'offrant à lui. Dans un tel cas, le champ d'information est plus large et peut s'avérer très proche du conseil. Dans tous les cas, dès que le notaire suggère clairement une solution plutôt qu'une autre, il exerce une activité de conseil à proprement parler.

2.1.4 La rédaction proprement dite

La rédaction a pour but de formuler un texte clair. Le notaire a, dès lors, pour mission de rédiger des dispositions qui ne laissent pas de place au doute. Il peut, en principe, s'appuyer sur des modèles, les siens ou ceux établis par son association faîtière, en règle générale ceux des notaires bernois.

Un certain nombre de clauses sont des clauses-type, comme par exemple celle révoquant toutes dispositions antérieures, et peuvent être reprises telles quelles, après vérification de leur adéquation au cas d'espèce. Quelques remarques plus spécifiques méritent toutefois d'être faites. Le notaire

---

[18] A propos de la mise en trust d'immeubles, cf. *Zen-Ruffinen,* p. 1123 ss.

formule, en principe, les clauses de manière abstraite et non nominative, dans le but d'éviter qu'une modification des circonstances, une naissance par exemple, exige une interprétation de la disposition. Les conditions insérées dans le testament doivent, dans la mesure du possible, reposer sur un état de fait qui peut être objectivement constaté, sauf s'il s'agit d'une condition potestative. Il est devenu usuel aussi de formuler dans l'acte les relations de famille du testateur; cela permet de retrouver rapidement les héritiers au moment du décès. Un certain nombre de notaires précise, enfin, le droit applicable, ce qui est à conseiller.

L'on peut se demander si les motifs du testateur ne devraient pas être mentionnés en certaines circonstances. Il est assez usuel qu'ils soient expressément formulés dans les testaments olographes, ce qui laisse penser que cela correspond aux souhaits de bon nombre de de cujus. Il est, par contre, moins fréquent de les faire figurer dans les testaments publics. Une telle mention comporte des avantages et des désavantages. Indiquer les motifs permet souvent aux proches de mieux accepter la volonté du de cujus. Ainsi, un legs préciputaire à l'un des enfants, qui s'est particulièrement investi dans la prise en charge du défunt durant les dernières années de sa vie, est mieux compris si le motif en est expressément formulé. L'indication des motifs peut aussi, selon les circonstances, faciliter l'interprétation des dispositions du testament.

Au titre des désavantages, l'on soulignera que les motifs permettent de contester plus facilement la disposition pour cause de mort pour erreur. Prenons l'exemple du de cujus qui hésite entre son fils et sa fille pour l'attribution de son entreprise et choisit finalement son fils, parce que celui-ci envisage d'étudier les sciences économiques; ce dernier se dirige toutefois finalement vers un autre domaine, tandis que la fille, qui n'a pas suivi d'études supérieures, est professionnellement active dans le domaine d'activités de son défunt père. Une clause testamentaire indiquant que l'entreprise est attribuée au fils parce que ce dernier «aura des connaissances en économie qui lui seront utiles» risque, dans un tel cas, d'être entachée d'une erreur. L'on remarquera, en outre, que l'indication d'un motif qui consiste en un événement futur et incertain peut lui donner l'apparence d'une condition ce qui exigera une interprétation du testament.

2.2 Tentative de check-list

Formuler une check-list est un exercice difficile. Le contenu d'un testament varie en effet selon les circonstances du cas d'espèce, notamment la situation personnelle et/ou familiale du testateur, ainsi que les dispositions testamentaires envisagées. Il est, de plus, quasiment impossible d'être complet. Il ne s'agit, dès lors, ici, que d'une tentative, inévitablement imparfaite. La liste est envisagée en tenant compte des activités de conseil du notaire.

Nous distinguerons entre, d'une part, les points auxquels il convient de songer pour rechercher la volonté du de cujus et le conseiller dans la situation actuelle et, d'autre part, les circonstances qui sont sujettes à évolution.

2.2.1 Les éléments relevant de la situation actuelle

Ces éléments peuvent être classés en quatre catégories. Nous les concrétiserons sous la forme de questions.

La *première catégorie* a trait aux potentiels bénéficiaires des dispositions pour cause de mort, à leurs droits dans la succession, et à des caractéristiques personnelles pouvant avoir une influence sur les volontés du de cujus. Y a-t-il des héritiers légaux? Quelles sont leurs réserves? Pour l'enfant mineur succédant au de cujus, faut-il envisager de libérer certains biens que le de cujus souhaite lui attribuer de l'administration des père et mère? L'espérance de vie des différents héritiers est également pertinente, selon les circonstances.

La *deuxième catégorie* a trait à tout ce qui concerne l'objet de la volonté du testateur. Il s'agit de regarder sur quoi portent les libéralités. Quels en sont les motifs et faut-il expressément les mentionner, voire les formuler sous forme de conditions? Faut-il prévoir des règles de partage? Doit-on définir également l'usage des biens de la succession par l'un ou l'autre des héritiers, par exemple le conjoint survivant, avant le partage? Un exécuteur testamentaire doit-il être désigné?

La *troisième catégorie* vise l'acte pour cause de mort lui-même. Il s'agit surtout de regarder si le disposant a déjà, antérieurement, adopté d'autres dispositions testamentaires. En règle générale, l'officier public adopte une clause révoquant expressément toutes dispositions antérieures, afin d'éviter que l'on puisse considérer des dispositions qui réapparaîtraient comme complémentaires, au sens de l'art. 511 al. 1 CC.

L'on peut, enfin, insérer dans une *quatrième catégorie* divers autres aspects. Que l'on songe par exemple à d'éventuels éléments d'extranéité ou aux considérations fiscales des dispositions prises par le disposant. Il est important d'avoir connaissance également des éventuelles libéralités qui auraient été effectuées par le de cujus de son vivant et qui léseraient la réserve ou seraient sujettes à rapport. Le régime matrimonial des époux est également un élément à prendre en considération.

2.2.2 Les circonstances éventuellement sujettes à évolution

L'on peut distinguer ici entre les changements dans la situation personnelle des intéressés (de cujus, bénéficiaires ou exécuteur testamentaire) et l'évolution des circonstances envisagées par le disposant comme motifs ou conditions pour certaines libéralités pour cause de mort.

2.2.2.1 La situation personnelle des intéressés

Certaines circonstances peuvent avoir un impact sur la volonté du disposant et sont suffisamment probables pour que l'on puisse en discuter avec lui.

2.2.2.1.1 Le décès

L'officier public envisagera le prédécès d'un bénéficiaire (héritier ou légataire) ou de l'exécuteur testamentaire, proposant le cas échéant une clause de substitution.

Selon les circonstances, l'ordre des décès n'est pas non plus sans importance et pourrait entraîner une modification de certaines libéralités ou l'introduction de conditions. Pensons, par exemple, au sort des biens du de cujus selon qu'il décède ou non avant son conjoint (l'un des époux ayant, par hypothèse, des enfants non communs ou le couple n'ayant aucun descendant).

2.2.2.1.2 Le mariage ou le partenariat enregistré

Le notaire envisagera une éventuelle nouvelle union (mariage, partenariat enregistré, respectivement remariage ou nouveau partenariat enregistré) du conjoint ou partenaire survivant, respectivement celle d'un autre bénéficiaire.

La question se pose surtout lorsque le testateur souhaite que les biens restent dans la famille. Les instruments utiles sont alors en particulier l'usufruit, la substitution fidéicommissaire, ou encore les conditions résolutoires.

2.2.2.1.3 Le divorce

La loi règle les conséquences du divorce en matière successorale; il est toutefois possible d'y déroger, en prévoyant expressément une libéralité en faveur de l'ex-conjoint. Dans cette hypothèse, il convient de prêter particulièrement attention aux aspects fiscaux.

La perspective d'un divorce peut, de plus, avoir des conséquences sur la volonté du de cujus d'avantager un ou plusieurs membres de la parenté du conjoint. L'on peut ainsi avoir un disposant qui souhaite avantager les enfants de son conjoint, à la condition qu'un divorce ou une séparation n'intervienne pas.

Quant à la séparation, elle pose la question d'une réduction du conjoint à sa réserve dès ce moment-là.

2.2.2.1.4 Un nouvel héritier

Un nouvel enfant – déjà né ou conçu au jour du décès ou de la substitution fidéicommissaire, ou dont le lien de filiation est établi a posteriori avec effet rétroactif – pose la question de ses droits dans la succession, en particulier ses droits réservataires, mais aussi de l'éventuelle volonté du de cujus d'avantager certains enfants par rapport à d'autres ou de respecter au contraire l'égalité de traitement.

A cet égard, il est usuel de formuler de manière abstraite les dispositions pour cause de mort avantageant une catégorie d'héritier qui succède par tête, de manière à éviter tout problème d'interprétation en cas de nouveau lien de filiation. La disposition fera ainsi référence aux «descendants» ou aux «neveux et nièces».

2.2.2.1.5 Le changement de domicile

Un changement de domicile a, en principe, une influence sur le droit applicable. Ainsi, pour le client qui vient s'établir en Suisse, il convient de revoir avec lui sa planification successorale. Selon l'art. 90 al. 1 LDIP, la succession est soumise au droit du dernier domicile en Suisse, soit le droit suisse. Si le client est de nationalité étrangère, il peut choisir de soumettre sa succession au droit de l'un de ses Etats nationaux par le biais d'une professio juris (art. 90 al. 2 LDIP). Dans tous les cas, il convient de prêter attention aux conventions internationales signées par la Suisse, qui peuvent déroger à ce régime[19].

La succession d'un Suisse domicilié à l'étranger obéit aux règles de droit international privé de l'Etat dans lequel il était domicilié au moment du décès (art. 91 al. 1 LDIP). Le notaire peut toutefois proposer à l'intéressé de soumettre au droit suisse l'entier de sa succession ou la partie de celle-ci se trouvant en Suisse, en vertu de l'art. 87 al. 2 LDIP[20]; il n'est, par contre, pas possible de soumettre au droit suisse une partie seulement des biens situés en Suisse, ou uniquement les biens situés à l'étranger[21]. A noter toutefois qu'il convient de se montrer prudent avec un tel choix qui, selon les circonstances, ne permettra pas de produire le résultat escompté et pourrait engendrer des complications dont il convient de tenir compte à l'avance[22].

2.2.2.2 *Les motifs ou les conditions des libéralités du de cujus*

Le notaire évoquera avec son client les motifs fondant les libéralités effectuées, les règles de partage ou encore le choix de l'exécuteur testamentaire, et examinera avec lui s'il est opportun de les formuler de manière expresse ou non. Selon les circonstances, il donnera la préférence à la formulation d'une condition.

3. L'interprétation des testaments

Le Code civil ne contient aucune disposition générale relative à l'interprétation des testaments. L'on trouve cependant, ci et là, quelques règles spéciales, et divers principes ont été dégagés par la doctrine et la jurisprudence.

---

[19] A titre d'exemples, l'on mentionnera le Traité du 25.11.1850 conclu entre la Suisse et les Etats-Unis d'Amérique du Nord (RS 0.142.113.361) ou encore la Convention d'établissement et consulaire entre la Suisse et l'Italie du 22.7.1868 (RS 0.142.114.541).
[20] CR-*Bucher*, N. 14 ad art. 87 LDIP.
[21] CR-*Bucher*, N. 14 ad art. 87 LDIP; *Dutoit*, N. 5 ad art. 87 LDIP.
[22] CR-*Bucher*, N. 12 ad art. 87 LDIP; BSK-*Schnyder/Liatowitsch*, N. 14 ad art. 87 LDIP.

3.1 Quelques règles posées par la loi dans des cas particuliers

La loi prévoit un certain nombre de règles interprétatives et de règles supplétives ponctuelles[23]. Elles permettent sur un point précis de donner un sens à la volonté exprimée par le testateur ou complètent cette volonté. Le plus souvent, il s'agit de présomptions réfragables. Ces règles, s'appuyant sur l'expérience générale de la vie, ont l'avantage d'éviter de devoir établir *in concreto* la volonté du de cujus. Il est cependant toujours possible de prouver que, dans le cas d'espèce, telle n'était pas sa volonté.

A titre d'exemples, l'on peut citer la présomption de l'art. 483 al. 2 CC selon laquelle toute disposition portant sur l'universalité ou une quote-part de la succession est réputée institution d'héritier ou l'art. 482 al. 2 CC en vertu duquel les conditions et charges illicites ou contraires aux mœurs sont frappées de nullité, les parties ayant la possibilité de prouver que le de cujus aurait préféré maintenir la disposition sans la charge ou la condition. L'al. 4 du même article est également une règle interprétative; elle présume que la libéralité en faveur d'un animal, affectée de nullité, doit être convertie en une charge pour les héritiers respectivement les légataires concernés. D'autres exemples peuvent encore être mentionnés. Ainsi, l'art. 608 al. 3 CC exprime la présomption selon laquelle l'attribution d'un objet de la succession à l'un des héritiers n'est pas un legs, mais une simple règle de partage. L'art. 484 al. 3 CC présume, quant à lui, que le débiteur du legs d'une chose déterminée qui ne se retrouve pas dans la succession est libéré. L'art. 511 al. 1 CC, qui prévoit que les dispositions postérieures qui ne révoquent pas expressément les précédentes les remplacent dans la mesure où elles ne sont pas indubitablement des clauses complémentaires, constitue également une présomption à valeur interprétative. L'on citera encore les présomptions posées en matière de rapport (art. 626, 629 et 631 CC). Enfin, l'on mentionnera comme dernier exemple l'art. 543 al. 2 CC en vertu duquel, en cas de prédécès, le legs profite à celui qui eût été chargé de s'en acquitter.

Ces règles sont peu nombreuses. Elles sont souvent le reflet de ce que, selon l'expérience générale de la vie, la plupart des individus auraient souhaité, s'ils avaient pu s'exprimer.

---

[23] *Guinand/Stettler/Leuba*, N. 396; *Leuba*, p. 27; *Steinauer*, N. 288; PraxKomm-*Schröder*, N. 39 ad Intro. ad art. 467 ss CC.

3.2 Les principes dégagés par la doctrine et la jurisprudence

3.2.1 La théorie de la volonté

Les testaments sont à interpréter selon la théorie de la volonté[24], comme pour l'interprétation des actes unilatéraux non soumis à réception. Il s'agit de rechercher la volonté manifestée par le de cujus[25].

3.2.2 Primauté du texte

L'interprétation a pour premier et principal moyen le texte dont le de cujus est l'auteur[26]. Les mots auxquels il recourt sont le fondement de l'interprétation.

Par analogie avec les règles posées pour les autres actes juridiques (art. 18 CO), sauf indices contraires, l'on partira de l'idée que le de cujus a utilisé les mots dans leur sens habituel, à l'époque où le testament a été rédigé, par quoi il faut entendre le «sens dans le langage courant, vulgaire, laïque»[27]. Il n'est pas exclu toutefois que l'on retienne le sens juridique de certains termes. Ce sera le cas si le testateur était lui-même juriste[28]. A notre sens, cela vaut, en principe, également pour les termes juridiques mentionnés dans le testament public; le notaire a en effet, dans une telle hypothèse, un devoir d'information et doit expliquer au testateur le sens des termes utilisés. En cas de testament olographe rédigé par un non-juriste, l'on se référera par contre à la règle de base selon laquelle il convient de s'en remettre au sens courant.

---

[24] *Leuba*, p. 26 s.; *Guinand/Stettler/Leuba*, N. 388; *Steinauer*, N. 287; PraxKomm-*Schröder*, N. 6 ad Intro. ad art. 467 ss CC; BK-*Weimar*, N. 60 ss ad Intro. ad art. 467 ss CC; BSK-*Breitschmid*, N. 3, 24 ad art. 469 CC.

[25] A la différence de la théorie de la confiance qui s'applique aux contrats, mais aussi à l'interprétation des clauses bilatérales des pactes successoraux, la théorie de la volonté vise à rechercher la volonté du de cujus, sans égard à la manière dont cette volonté peut être comprise des tiers, en particulier des bénéficiaires des libéralités. Cf. *Guinand/Stettler/Leuba*, N. 388; *Tuor/Schnyder/Schmid/Rumo-Jungo*, § 71 N. 5; PraxKomm-*Schröder*, N. 6 et références y mentionnées ad. Intro. ad art. 467 ss CC; *Gauch/Schluep/Schmid/Rey/Emmenegger*, N. 1244; *Schwenzer*, N. 33.06; *Huguenin*, N. 282 ss.

[26] *Guinand/Stettler/Leuba*, N. 390; *Leuba*, p. 27; *Steinauer*, N. 290; PraxKomm-*Schröder*, N. 14 ad Intro. ad art. 467 ss CC.

[27] ATF 59 II 318; ATF 104 II 281; CR-*Winiger*, N. 26 ad. Art. 18 CO.

[28] ATF 100 II 440 consid. 7.b.

Préférence sera donnée, enfin, à l'interprétation qui s'appuie sur tous les mots du texte plutôt qu'à celle qui n'en retient qu'une partie[29].

3.2.3 La logique interne

Le lien existant entre les différentes dispositions, la systématique du testament de même que le sens que l'on peut attribuer aux termes utilisés au regard de l'objectif poursuivi par le testateur ou du sens général du testament sont autant d'éléments pouvant être utiles à l'interprétation[30].

3.2.4 Favor testamenti

Le testament doit est interprété «favor testamenti». Entre deux interprétations possibles dont l'une conduit à l'invalidité du texte ou de la clause et l'autre à son maintien, l'on donnera la préférence à la seconde[31].

L'on tire de ce principe la règle dégagée par la jurisprudence selon laquelle un testament annulable peut être converti en un acte valable, si cela correspond à la volonté hypothétique de l'auteur.

3.2.5 Préférences au sens qui suit les règles de la dévolution légale

Si l'une des compréhensions possibles du texte correspond aux règles de la dévolution légale, dans le doute, l'on donnera la préférence à cette interprétation-là[32]. C'est une règle que l'on retrouve également aux art. 522 al. 2 et 608 al. 3 CC en vertu desquels les dispositions relatives aux lots des héritiers sont présumées constituer de simples règles de partage plutôt que des legs préciputaires.

---

[29] ATF 133 III 406 c. 3.3; *Leuba*, p. 27; PraxKomm-*Schröder*, N. 34 ad Intro. ad art. 467 ss CC; *Steinauer*, N. 294.
[30] *Steinauer*, N. 291; PraxKomm-*Schröder*, N. 17 ad Intro. ad art. 467 ss CC; BSK-*Breitschmid*, N. 22 ad art. 469 CC.
[31] Arrêt du TF 5A_850/2010 du 4 mai 2011; ATF 124 III 414 consid. 3; 89 II 185 consid. 3; 89 II 437 consid. 1a; *Guinand/Stettler/Leuba*, N. 397; *Leuba*, p. 27; *Steinauer*, N. 294; PraxKomm-*Schröder*, N. 31 ad Intro. ad art. 467 ss CC; *Tuor/Schnyder/Schmid/Rumo-Jungo*, § 71 N. 8.
[32] *Piotet*, p. 211; Arrêt du TF 5C.183/2003 du 9 décembre 2003 consid. 2.2.3; cf. également ATF 91 II 264.

Une doctrine plus récente remet ce principe en discussion[33]. Il convient en effet de ne pas oublier qu'en adoptant un testament le de cujus a voulu régler lui-même sa succession, en s'écartant en principe de la dévolution prévue par la loi, sous réserve d'une simple confirmation des règles de la dévolution légale. L'on doit à notre avis considérer, avec Breitschmid, qu'il n'y a pas de préférence générale en faveur d'une confirmation des règles de la dévolution légale, mais qu'il faut bien plutôt y voir une règle subsidiaire que l'on applique uniquement si l'on ne peut dégager du testament une volonté contraire[34].

3.2.6 L'expérience générale de la vie

Le Tribunal fédéral mentionne parfois l'expérience générale de la vie comme étant une règle d'interprétation, sans toutefois s'appuyer uniquement sur ce principe-là pour orienter l'interprétation du testament[35]. Il n'est pas exclu que cette règle puisse, selon les circonstances, fonder une présomption réfragable de la volonté du de cujus.

3.3 Questions actuelles

3.3.1 Les conditions du recours à des éléments extrinsèques (la règle du texte clair ou règle de l'univocité)

Selon la règle, il n'y a pas de place pour une interprétation lorsque le texte est clair[36]. Ce n'est que si les dispositions testamentaires sont formulées de telle sorte qu'elles peuvent être comprises dans un sens comme dans un autre, ou si plusieurs interprétations sont de bonne foi possibles, que le juge peut interpréter les termes du testament au moyen d'éléments extrinsèques[37].

---

[33] BSK-*Breitschmid*, N. 27 ad art. 469 CC; PraxKomm-*Schröder*, N. 35 ad Intro. ad art. 467 ss CC; *Tuor/Schnyder/Schmid/Rumo-Jungo*, § 71 N. 9.
[34] BSK-*Breitschmid*, N. 27 *in fine* ad art. CC 469 CC.
[35] ATF 91 II 94 consid. 3; 124 III 414 consid. 3.
[36] Pour un exemple: ATF 101 II 31 c. 2. Voir aussi BSK-*Breitschmid*, N. 26 ad art. 469 CC; *Guinand/Stettler/Leuba*, N. 392; *Raselli*, p. 1263–1264.
[37] ATF 131 III 106 consid. 1.1; 131 III 601 consid. 3.1; voir aussi *Tuor/Schnyder/Schmid/Rumo-Jungo*, § 71 N. 7.

Cette règle est critiquée en doctrine par de nombreux auteurs[38]. Appliquée strictement, la règle peut aboutir au résultat absurde que des mots en soi clairs mais ne reflétant pas la volonté du de cujus doivent être compris dans le sens du texte, sans que des éléments extrinsèques probants ne permettent d'établir la réelle volonté du de cujus! C'est l'exemple classique[39] du testateur qui lègue sa «bibliothèque», par quoi il entend sa cave à vin comme il serait possible de l'établir par des éléments extrinsèques.

Elle a longtemps été utilisée par le Tribunal fédéral dans sa jurisprudence en matière d'interprétation des contrats[40]. Elle repose sur l'idée qu'un texte clair est le reflet d'une volonté claire. Le Tribunal fédéral s'en est désormais écarté en matière contractuelle[41] et pour l'interprétation des pactes successoraux[42]. Il s'y réfère toujours en matière de testament[43]. Sa jurisprudence plus récente s'est toutefois enrichie d'un considérant supplémentaire[44]. Le Tribunal fédéral met désormais en évidence qu'il convient de présumer que ce qui est déclaré dans le texte correspond à ce qui a été voulu, dans la mesure où, normalement, le disposant comprend les mots qu'il a écrits selon le sens général de la langue (langage courant, langage juridique). Notre Haute Cour souligne qu'il n'est pas exclu qu'un terme ou une expression utilisés par le disposant soient ambigus ou inexacts, en raison d'une simple faute d'orthographe ou parce que l'expression a été employée dans un sens différent de celui qu'elle a dans la langue courante ou dans le langage juridique. Selon le Tribunal fédéral, il convient le cas échéant d'appliquer par analogie la règle de l'art. 18 al. 1 CO et de rechercher la volonté réelle du disposant, sans s'arrêter aux expressions et dénominations inexactes dont il a pu se servir[45], afin de renverser la présomption d'exactitude. Le fardeau de la preuve est alors à celui qui se prévaut d'une compréhension du texte qui s'éloigne de son sens objectif[46].

---

[38] *Guinand/Stettler/Leuba*, N. 394; *Leuba*, p. 30 ss; *Steinauer*, N. 290; BSK-*Breitschmid*, N. 26 ad art. 469 CC; PraxKomm-*Schröder*, N. 27 ss ad Intro. ad art. 467 ss CC et références y mentionnées; BK-*Weimar*, N. 69 ss ad Intro. ad art. 467 ss CC; *Raselli*, p. 1265 ss.
[39] Exemple cité notamment par CR-*Winiger*, N. 30 ad art. 18 CO; *Leuba*, p. 42 ou encore BK-*Weimar*, N. 74 ad Intro. 74 ad art. 467 ss CC.
[40] *Chappuis*, p. 8 ss.
[41] ATF 130 III 417 consid. 3.2 et références y mentionnées.
[42] Arrêt du TF 5C.256/2004 du 2 juin 2005 consid. 3.1; ATF 127 III 529 consid. 3.c.
[43] ATF 117 II 142 consid. 2.a; 115 II 323 consid. 1.a.
[44] ATF 131 III 106 consid. 1.1; Arrêt du TF 5C.183/2003 du 9 décembre 2003 consid. 1.1.
[45] ATF 131 III 106 consid. 1.1, 1.2; Arrêt du TF 5A_850/2010 du 4 mai 2011 consid. 3.1.1.
[46] ATF 131 III 106 consid. 1.2.

Dans le cadre de cette légère évolution de sa jurisprudence, le Tribunal fédéral maintient le principe du texte clair, qui prend toutefois désormais la forme d'une présomption d'exactitude pouvant être renversée par la preuve du contraire. La règle est ainsi relativisée puisqu'il est alors possible d'établir, au besoin par le biais d'éléments extrinsèques, le sens véritable des mots utilisés. Le maintien de la règle sous la forme d'une présomption met toutefois en évidence qu'il convient de faire preuve de retenue dans la recherche d'une volonté qui a trouvé un sens immédiat et clair dans le texte, ce qui doit être approuvé.

3.3.2 La règle du lien avec le texte

Selon la règle du lien avec le texte, la volonté du de cujus ne peut être rétablie au moyen d'éléments extrinsèques que si elle a trouvé un ancrage dans le texte, c'est-à-dire si, d'une manière ou d'une autre, elle a été exprimée par le disposant dans son testament[47]. Ces éléments permettent seulement d'élucider ou de corroborer une indication contenue dans le texte, d'éclairer la volonté manifestée dans les formes légales par le testateur[48]. Ils ne peuvent conduire à insérer dans le testament une volonté que le testateur n'a pas manifestée. Plus récemment, le Tribunal fédéral a quelque peu relativisé la règle du lien avec le texte, admettant que ce lien pouvait être incomplet ou résulter d'indices[49].

Cette règle est contestée par une partie non négligeable de la doctrine[50]. C'est une règle qui mélange interprétation et règles de forme, bien qu'elles aient pourtant des objectifs différents. Les règles de forme exigent que la volonté du testateur soit manifestée dans les formes voulues par la loi; elles ont pour but d'éviter que le testateur ne dispose dans la hâte, sans avoir pris le temps de la réflexion; elles favorisent également la sécurité juridique, contribuant à déterminer plus aisément qui est testateur, quel document est

---

[47] BSK-*Breitschmid*, N. 24 ss ad art. 469 CC; *Guinand/Stettler/Leuba*, N. 395; *Leuba*, p. 30; Steinauer, N. 289; PraxKomm-*Schröder*, N. 20 ss ad Intro. ad art. 467 ss CC et références y mentionnées.
[48] ATF 45 II 150; 101 II 34 consid. 3; 108 II consid. 4a; 115 II 323 consid. 2a; 117 II 142 consid. 2a; 131 III 106 consid. 1.1; 131 III 601.
[49] ATF 122 III 361; 125 III 305; 127 III 529 laissant la question ouverte en matière de testament (consid. 3.c.).
[50] *Leuba*, p. 30 ss; *Raselli*, p. 1266–1267; BSK-*Breitschmid*, N. 3 et 24 ad art. 469 CC; PraxKomm-*Schröder*, N. 21 ad Intro. Ad art. 467 ss CC et références y mentionnées; *Tuor/Schnyder/Schmid/Rumo-Jungo*, § 71 N. 7; *Gauch/Schluep/Schmid/Rey/Emmenegger*, N. 1245 ss.

un testament et quel en est le contenu[51]. L'interprétation permet, quant à elle, pour les testaments, de retrouver la véritable volonté du de cujus.

Il y a un équilibre délicat à trouver entre rétablissement d'une volonté du de cujus que l'on peut dégager d'autres éléments que le texte et respect des règles de forme. Avec une bonne partie de la doctrine[52], nous considérons qu'il est juste de rechercher d'abord la volonté que le de cujus a voulu manifester dans le texte. Puis, dans un deuxième temps, de regarder si celle-ci satisfait suffisamment aux exigences de forme. Cette démarche en deux temps permet d'éviter que, par le biais des règles de forme, on limite artificiellement la recherche de la volonté que le testateur voulait exprimer dans son testament[53].

Un récent arrêt du Tribunal fédéral a, une fois encore, montré le résultat insatisfaisant auquel l'on arrivait avec une application stricte de la règle du lien avec le texte. Il s'agit de l'ATF 131 III 601. En quelques mots, les faits étaient les suivants: Mme Madeleine Arthauld a manifesté devant son gestionnaire de fortune et un témoin sa volonté de laisser ses avoirs bancaires à l'Eglise protestante genevoise pour le fonds Cathédrale. Son gestionnaire, tenant compte des difficultés de vue de la testatrice, rédige à la machine une partie du testament, soit celle qui indique expressément la volonté de laisser pour cause de mort lesdits avoirs. Il demande à la testatrice de compléter à la main le document, ce qu'elle fait en ajoutant «En totalité à l'Eglise protestante pour fonds Cathédrale». Puis elle date et signe. Les éléments extrinsèques prouvent ici, sans doute possible, la volonté de la testatrice de laisser pour cause de mort ces avoirs-là à la bénéficiaire. Pourtant, selon le Tribunal fédéral, les mots «En totalité pour …», soit le texte rédigé à la main par Mme Arthauld, n'ont pas de sens en eux-mêmes et ne manifestent pas d'*animus testandi*.

---

[51] BSK-*Breitschmid*, N. 6 ad art. 498 CC; PraxKomm-*Lenz*, N 18 ad art. 498 CC.
[52] PraxKomm-*Schröder*, N. 2 ad Intro. ad art. 467 ss CC; BSK-*Breitschmid*, N. 3 ad art. 469 CC; *Raselli*, p. 1266–1267; *Tuor/Schnyder/Schmid/Rumo-Jungo*, § 71 N. 7; *Gauch/Schluep/Schmid/Rey/Emmenegger*, N. 1247.
[53] La règle du lien avec le texte a d'ailleurs été expressément écartée par le Tribunal fédéral pour d'autres actes soumis à des exigences de forme, notamment les pactes successoraux: ATF 127 III 529; 133 III 414; voir aussi ATF 122 III 361 consid. 4; 125 III 305 c. 2.b; *Schwenzer*, N. 33.09; *Gauch/Schluep/Schmid/Rey/Emmenegger*, N. 1247; *Bucher* AT, p. 183 ss; ZK-*Jäggi/Gauch*, N. 479 ss; *Huguenin*, N. 298.

Cet arrêt a été approuvé par une partie de la doctrine[54], mais fut également critiqué[55]. Le Tribunal fédéral s'en tient en effet à une application rigoureuse de la règle du lien avec le texte et mélange interprétation – qui permet de rétablir la volonté de la testatrice – et règle de forme. Or, si l'interprétation permet de rétablir, au moyen d'éléments extrinsèques, non seulement l'*animus testandi,* mais aussi le contenu de la volonté du disposant et le fait que celui-ci souhaitait bel et bien manifester cette volonté dans cet acte, alors la volonté, même minimale, manifestée dans le testament, satisfait en principe aux exigences de forme. Ceci est la conséquence logique du principe de la volonté, qui veut que la compréhension du texte se fonde sur la volonté que l'auteur a voulu manifester dans le texte et permet que cette volonté puisse être rétablie, au besoin, au moyen d'éléments extrinsèques. C'est le rôle des règles sur la preuve d'apporter, à cet égard, des limites à ce qu'il est possible d'établir. Limiter la recherche de la volonté par le biais des règles sur la forme revient à exiger que le contenu de l'acte soit suffisamment reconnaissable pour les tiers. Ce faisant, l'on s'approche toutefois d'une interprétation selon le principe de la confiance. Il convient, à notre avis, de revenir à une application stricte du principe de la volonté. La preuve du fait que le disposant, avec la formulation adoptée, a voulu manifester dans l'acte lui-même la volonté que l'on a (r)établie par éléments extrinsèques, n'est pas facile à apporter et constitue en soi une limite suffisante à l'interprétation des testaments. Le cas de Mme Arthaud est, à cet égard, un cas d'école, qui ne se reproduira pas de sitôt.

3.3.3 Quelle place pour l'interprétation complétive?

La jurisprudence[56] et la doctrine[57] n'admettent pas le complètement des testaments. Il ne saurait être question de corriger une disposition pour cause de mort inéquitable ou de compléter un acte incomplet.

Une partie de la doctrine soutient toutefois non pas le complètement, mais l'interprétation complétive[58]. Selon ces auteurs, en certaines circonstances,

---

[54] *Steinauer,* Jusletter 27 février 2006.
[55] *Fankhauser,* p. 752 ss.
[56] ATF 117 II 142 consid. 2.a; 83 II 142 consid. 1.a.
[57] *Guinand/Stettler/Leuba,* N. 399; *Leuba,* p. 35–36; PraxKomm-*Schröder,* N. 20 ad Intro. ad art. 467 ss CC; BK-*Weimar,* N. 71 ad Intro. ad art. 467 ss CC; *Steinauer,* N. 289.
[58] BSK-*Breitschmid,* N. 29–30 ad art. 469 CC; *Druey,* p. 156 ss; PraxKomm-*Schröder,* N. 50 ss ad Intro. ad art. 467 ss CC et références y mentionnées. On parle aussi à ce propos de complètement subjectif, cf. *Leuba,* p. 34 ss.

en particulier lorsque le testament est affecté d'un vice et qu'une annulation est demandée, le maintien de la clause en l'état ou sa suppression, suivie d'une application des règles de la dévolution légale, sont des options insatisfaisantes lorsqu'il existe des éléments suffisants permettant de rétablir une volonté hypothétique différente du de cujus. Prenons l'exemple du testateur qui a pour seuls parents deux sœurs, dont l'une avec laquelle il ne s'entend pas, et qui est très proche de son filleul avec lequel il n'a pas de lien de parenté. En admettant qu'il envisage de répartir sa succession entre sa sœur préférée et son filleul, mais y renonce finalement et attribue le tout à sa sœur, pensant à tort que son filleul est déjà suffisamment fortuné, il y a erreur sur les motifs. Une annulation aurait pour conséquence de répartir la succession entre les deux sœurs; cela ne correspond toutefois pas à la volonté hypothétique du disposant et n'est donc pas envisageable. Mais le maintien de la disposition ne permet, quant à lui, pas d'offrir une solution qui soit conforme à une volonté hypothétique qui est, par hypothèse, établie avec suffisamment de vraisemblance.

Nous partageons cette position doctrinale[59]. Il convient toutefois, à notre avis, d'établir avec rigueur la volonté hypothétique du de cujus[60], car il s'agit d'éviter de basculer dans le complètement de testament. L'on doit pouvoir fonder cette volonté sur un ensemble de faits permettant de rétablir de manière suffisamment convaincante cette volonté hypothétique, comme le but poursuivi par le disposant, l'esprit dans lequel il a adopté le testament, ses motifs, les relations qu'il entretenait avec ses héritiers légaux, etc.[61]. Il convient, en outre, de se demander si le testateur aurait préféré cette solution à une application des règles de la dévolution légale. Enfin, les cas dans lesquels une interprétation complétive peut être envisagée doivent se limiter aux situations de testaments présentant un vice ou un défaut patent[62].

4. Conclusions

Le testament est un acte juridique important. En l'adoptant, le disposant accepte en règle générale la finitude de sa vie et envisage ce qu'il advien-

---

[59] *Leuba,* p. 34 ss.
[60] *Leuba,* p. 39 ss.
[61] *Leuba,* p. 39.
[62] *Leuba,* p. 37 ss; dans le même sens: PraxKomm-*Schröder,* N. 42 ad Intro. ad art. 467 ss CC; BSK-*Breitschmid,* N. 29 s ad art. 469 CC.

dra des seules choses qu'il laisse derrière lui, ses biens. C'est un acte hautement personnel, intime même. La volonté manifestée a, ainsi, une grande importance et l'exprimer dans un acte n'est pas chose facile. Les mots couchés sur papier, réceptacle de la volonté du de cujus, constitueront la source de cette volonté au jour de l'ouverture de la succession, tout en en représentant également les limites. Il n'est, en effet, alors plus possible de chercher confirmation de cette volonté auprès du disposant lui-même et les circonstances auront évolué, pas nécessairement dans le sens envisagé au moment de la rédaction de l'acte.

Le notaire a, en la matière, un rôle important à jouer. A travers ses questions et les informations qu'il fournit, il contribue à révéler la véritable volonté du disposant et à la clarifier. Il permet à ce dernier de se déterminer au regard non seulement de l'environnement personnel et familial dans lequel il se trouve au moment de l'adoption de l'acte, mais aussi de l'évolution possible d'un certain nombre de circonstances importantes pour lui.

Les tribunaux contribuent également à la réalisation de la volonté du de cujus, notamment par une interprétation de l'acte selon le principe de la volonté. Les règles de l'univocité, d'une part, et du lien avec le texte, d'autre part, posées dans une jurisprudence désormais ancienne, tout comme le refus de l'interprétation complétive, font toutefois obstacle à ce que cette volonté soit respectée dans la plus large mesure possible. Quelques décisions plus récentes ont permis de faire un progrès intéressant en ce qui concerne la possibilité de recourir à des éléments extrinsèques d'interprétation, mais la situation n'est toujours pas optimale lorsque la volonté manifestée par le de cujus dans son testament ne trouve pas un ancrage objectif dans le texte, perceptible à la seule lecture, ou lorsqu'il s'agit de remédier à un vice ou un défaut patent de l'acte.

Efficacité et inefficacité des testaments

PAUL-HENRI STEINAUER*

Sommaire

Bibliographie	73
Introduction	75
1. Les causes légales d'inefficacité des testaments	75
2. Le sort des testaments inefficaces dans la liquidation de la succession	77
2.1 Remise à l'autorité compétente (art. 556 CC)?	77
2.2 Ouverture et communication aux ayants droit (art. 557 et 558 CC)?	79
2.3 Délivrance du certificat d'héritier (art. 559 CC)?	82
2.4 Exécuteur testamentaire d'un testament inefficace?	83
2.5 Devoir d'information du notaire?	84
2.5.1 Le notaire exécuteur testamentaire	84
2.5.2 Le notaire dépositaire	85
2.5.3 Le notaire conseil	85
3. Quelques conséquences pratiques	86
3.1 Importance de la suppression physique des testaments révoqués	86
3.2 Importance de la substitution vulgaire	87
3.3 Eviter toute forme de disposition pour cause de mort par délégation	88
3.4 Mesures de nature à renforcer l'efficacité des testaments efficaces	88

Bibliographie

Isabelle Boson, Les mesures de sûretés en droit successoral – Art. 551–559 CC, RVJ 2010 p. 102 ss; *la même,* Le certificat d'héritier, RVJ 2003 p. 203 ss (cité *Boson,* Le certificat); *Sabrina Carlin,* Etude de l'article 473 CC – Spécialement les problèmes liés à la quotité disponible, thèse, Zurich/Bâle/Genève 2011; *Jacques Chausson,* Le certificat d'héritier, thèse, Lausanne 1924; *Bernhard Christ/Mark Eichner,* Art. 517–518, in Daniel Abt/Thomas Weibel (édit.), Erbrecht, Praxiskommentar, 2ème éd., Bâle 2011 (cité PraxKomm-*Christ/Eichner*); *Fiorenzo Cotti,* Art. 509–518, in Antoine Eigenmann/ Nicolas Rouiller (édit.), Commentaire du droit des successions, Berne 2012; *Andrea Dorjee-Good,* Das Anwaltsgeheimnis ist auch gegenüber den Erben des Klienten zu wahren – BGE 135 III 597, successio 2010 p. 299 ss; *Jean Nicolas Druey,* Grundriss des Erbrecht, 5ème éd., Berne 2002 (cité *Druey,* Grundriss); *le même,* Der Anspruch des Erben auf Information, BJM 1988 p. 113 ss; *Frank Emmel,* Art. 551–559, in Daniel Abt/Thomas Weibel (édit.), Erbrecht, Praxiskommentar, 2ème éd., Bâle 2011 (cité PraxKomm-*Emmel*); *Arnold Escher,* Das Erbrecht, Der Erbgang (Art. 537–640), Commentaire zurichois, T. III/2, 3ème éd., Zurich 1960 (ZK-*Escher*); *Rolando Forni/*

---

* Avec la collaboration de *Valentin Piccinin,* assistant à la Faculté de droit de Fribourg.

Giorgio Piatti, Art. 519–520, in Heinrich Honsell/Nedim Peter Vogt/Thomas Geiser (édit.), Commentaire bâlois, Zivilgesetzbuch II, 4ème éd., Bâle 2011 (cité BSK-*Forni/Piatti*); *Adrian Glatthard,* Testamente und Erbverträge – Neuerungen im bernischen Notariatsrecht zur «Aufbewahrung», «Eröffnung» und «Mitteilung» von Testamenten und Erbverträgen, NB 2008 p. 261 ss; *Jean Guinand/Martin Stettler/Audrey Leuba,* Droit civil suisse, Droit des successions (art. 457–640 CC), 6ème éd., Genève/Bâle/Zurich 2005; *Peter Herzer,* Die Eröffnung von Verfügungen von Todes wegen, thèse, Zurich 1976; *Anouchka Hubert-Froideveaux,* Art. 551–565, in Antoine Eigenmann/Nicolas Rouiller (édit.), Commentaire du droit des successions, Berne 2012; *Bruno Huwiler,* Art. 484–486, in Heinrich Honsell/ Nedim Peter Vogt/Thomas Geiser (édit.), Commentaire bâlois, Zivilgesetzbuch II, 4ème éd., Bâle 2011 (cité BSK-*Huwiler*); *Icone,* Les consultations d'Icone, Bulle 2000/2001 (cité *Icone*); *Martin Karrer,* Testamentseröffnung – Ausstellung/Abänderung Erbbescheinigung – BGE 5A_255/2011, successio 2012 p. 113 ss; *Martin Karrer/Nedim Peter Vogt/Daniel Leu,* Art. 517–518, 551–559, in Heinrich Honsell/Nedim Peter Vogt/Thomas Geiser (édit.), Commentaire bâlois, Zivilgesetzbuch II, 4ème éd., Bâle 2011 (cité BSK-*Karrer/Vogt/Leu*); *Hans Rainer Künzle,* Das Erbrecht, Die Erben, Die Verfügungen von Todes wegen, Die Willensvollstrecker (art. 517–518), Commentaire bernois, T. III/2/2/2, Berne 2011 (cité BK-*Künzle*); *Michel Mooser,* Droit notarial vs droit successoral, successio 2010 p. 12 ss; *le même,* Le droit notarial en Suisse, Berne 2004 (cité *Mooser,* Le droit notarial); *Peter Muntwyler/Roland Pfäffli,* Der Erbenschein in der Praxis, in Stephan Wolf (édit.), Aktuelle Fragen aus dem Erbrecht, Berne 2009, p. 103 ss; *Said Oenen,* De la révocation des testaments en droit suisse, thèse, Lausanne 1941; *Georges Philippe,* A propos des dispositions légales sur la communication et l'ouverture des testaments révoqués, JdT 1959 p. 354 ss; *Denis Piotet,* Les inefficacités des dispositions à cause de mort en droit suisse, in Quelques actions en annulation, Faculté de droit de Neuchâtel, Neuchâtel 2007, p. 51 ss (cité *D. Piotet*); *Paul Piotet,* Droit successoral, Traité de droit privé suisse, T. IV, Fribourg 1975; *Hans Michael Riemer,* Nichtige (unwirksame) Testamente und Erbverträge, in Festschrift für Max Keller zum 65. Geburtstag, Zurich 1989, p. 245 ss; *Richard Rodriguez,* La révocation du testament public et ses conséquences du point de vue de la communication de l'acte, Not@lex 2009 p. 51 ss; *Claude Rossier,* La forme authentique des testaments, thèse, Lausanne 1964; *Peter Ruf,* Art. 499–504, in Heinrich Honsell/Nedim Peter Vogt/Thomas Geiser (édit.), Commentaire bâlois, Zivilgesetzbuch II, 4ème éd., Bâle 2011 (cité BSK-*Ruf*); *le même,* Notariatsrecht, Langenthal 1995 (cité *Ruf,* Notariatsrecht); *Bernhard Schnyder,* Die Eröffnung von Testament und Erbvertrag, in Peter Breitschmid (édit.), Testament und Erbvertrag, Berne/Stuttgart 1991, p. 101 ss; *Caroline Schuler-Buche,* L'exécuteur testamentaire, l'administrateur officiel et le liquidateur officiel: étude et comparaison, thèse, Lausanne 2003; *Urs Schwaller,* Die Unwirksamkeit des eigenhändigen Testamentes (Art. 505 ZGB), thèse, Fribourg 1981; *Paul-Henri Steinauer,* Le droit des successions, Berne 2006 (cité *Steinauer*); *le même,* Application en droit matrimonial et successoral, in L'obligation d'informer du notaire, Zurich/Bâle/ Genève 2006 (cité *Steinauer,* Application); *Paul-Henri Steinauer/Lise Favre/Michel Mooser,* L'exécution testamentaire, in Icone (édit.), Bulle 1998; *Peter Tuor/Vito Picenoni,* Das Erbrecht, Der Erbgang (art. 537–640), Commentaire bernois, T. III/2, 2ème éd., Berne 1964 (réimp. 1984) (cité BK-*Tuor/Picenoni*); *Tamara Monika Völk,* Die Pflicht zur Einlieferung von Testamenten (Art. 556 ZGB) und Erbverträgen und ihre Missachtung, thèse, Zurich/ Bâle/Genève 2003; *Stephan Wolf,* Die Sicherungsmassregeln im Erbgang (Art. 551–559 ZGB), RJB 1999 p. 181 ss; *Stephan Wolf/Christian Wild,* Zur Aufhebung der letztwilligen Verfügung durch Vernichtung, successio 2010 p. 77 ss.

Introduction

Il est relativement facile de déterminer quand un testament est inefficace, c'est-à-dire quand il est – ou au moins peut être – privé d'effets de par la loi. Il est en revanche beaucoup plus difficile de savoir quand un testament est vraiment efficace, c'est-à-dire quand il permet effectivement d'atteindre les objectifs que s'était fixés le testateur. Je vais commencer par le plus facile, c'est-à-dire par rappeler les causes légales d'inefficacité des testaments (infra 1). Je m'arrêterai ensuite aux problèmes que posent, en particulier aux notaires, ces testaments inefficaces ou, au moins, menacés d'inefficacité (infra 2). Enfin, j'essaierai de tirer de ces éléments quelques conséquences pratiques, notamment pour renforcer l'efficacité des testaments qui ne sont pas légalement inefficaces (infra 3).

1. Les causes légales d'inefficacité des testaments

Le Code ne régit spécifiquement que la nullité (plus exactement: l'annulabilité) et la réduction des dispositions testamentaires (art. 519 à 533 CC), soit deux cas où un testament peut être tenu en échec parce qu'il ne remplit pas les conditions légales. La loi énonce aussi, plus au moins explicitement, un certain nombre de cas où un testament pourtant initialement valable ne produit finalement pas d'effets, parce qu'il est entre-temps devenu caduc: soit il a été révoqué (art. 509 à 511 CC), soit sa durée de validité est échue (art. 508, en cas de testaments oraux), soit encore une autre condition légale ou volontaire de son efficacité n'est pas remplie (prédécès du gratifié, indignité, etc.).

Ces causes légales d'inefficacité des testaments recouvrent les cas les plus importants, mais pas toutes les hypothèses dans lesquelles, selon la jurisprudence et la doctrine, un testament peut ne pas produire d'effets. On peut ainsi donner la vue d'ensemble suivante des cas d'inefficacité des testaments:

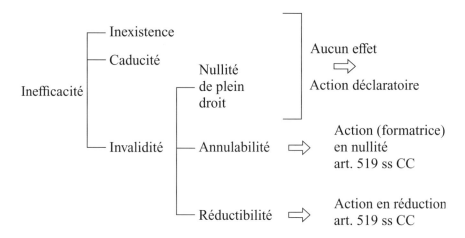

Je laisse de côté pour cette présentation le cas spécial des dispositions réductibles, qui sont en elles-mêmes valables, mais peuvent être limitées dans leurs effets dans la mesure où elles lèsent les réserves héréditaires.

Les quatre cas légaux d'annulabilité des testaments sont bien connus: il s'agit de l'incapacité de disposer du testateur (art. 519 al. 1 ch. 1 et 467 CC), d'un vice de la volonté (art. 519 al. 1 ch. 2 et 469 CC), de l'illicéité du mode de disposer (art. 519 al. 1 ch. 3 et 482 à 493 CC) et d'un vice de forme (art. 520 sv. et 498 à 507 CC). L'important pour la présente analyse est surtout que, dans tous ces cas, le testament est valable aussi longtemps qu'il n'a pas été attaqué avec succès. A la fois valable et menacé d'invalidité, il pose donc un problème particulier en vue de la liquidation de la succession, du moins aussi longtemps que le délai pour l'attaquer n'est pas échu.

Même si la loi ne fait pas état de tels cas, jurisprudence et doctrine admettent que certaines dispositions testamentaires sont affectées de vices si graves qu'elles sont non pas annulables, mais purement et simplement nulles de plein droit: elles sont d'emblée privées de tout effet juridique et tout intéressé peut, en tout temps, en faire constater l'inefficacité par une action déclaratoire. Le Tribunal fédéral a ainsi admis la nullité absolue d'une clause testamentaire qui laisse à un tiers le soin de décider de certaines libéralités[1], ou

---

[1] ATF 108 II 405/408 = SJ 1983 p. 305/307; ATF 100 II 98/102 = JdT 1975 I 377/378*; ATF 81 II 22/28 = JdT 1955 I 584/588; ATF 68 II 155/165 sv. = JdT 1942 I 618/626; ATF 48 II 308/313 = JdT 1923 I 290/294.

encore du legs d'une chose dont le testateur n'était propriétaire qu'au titre d'héritier grevé d'une substitution fidéicommissaire[2].[3]

De ces dispositions testamentaires nulles de plein droit, on peut encore rapprocher celles qui n'existent même pas en tant que telles, parce qu'il leur manque un élément constitutif. Le cas le plus fréquent est le document qui n'est qu'un projet de testament. Mais il n'y a pas non plus de testament s'il peut être démontré que le testateur a rédigé ses dispositions sous l'effet d'une contrainte physique absolue, s'il n'a exprimé qu'un simple vœu[4], ou encore s'il s'est exprimé d'une manière si confuse que l'on ne peut pas déterminer avec certitude quelle a été sa volonté[5].

Enfin, ne produisent pas non plus d'effets les dispositions testamentaires devenues caduques. Parmi elles, on doit cependant faire encore une distinction. Certaines sont définitivement inefficaces, en ce sens que la cause de la caducité ne peut pas être remise en question par la suite (prédécès du gratifié, jugement de divorce entré en force qui rend caduque une attribution faite à l'ex-conjoint, destruction volontaire de la chose léguée, etc.). En revanche, une disposition caduque par révocation peut éventuellement retrouver son efficacité si, par la suite, la révocation est invalidée ou à son tour révoquée; tout en étant sans effets, le testament révoqué pose donc, lui aussi, un problème particulier en vue de la liquidation de la succession.

2. Le sort des testaments inefficaces dans la liquidation de la succession

2.1 Remise à l'autorité compétente (art. 556 CC)?

Selon l'art. 556 al. 1 CC, un testament doit être remis à l'autorité compétente «même s'il paraît entaché de nullité». Bien que les textes français et italien utilisent les termes «nullité» et «nullo» (voir le texte allemand plus large: «ungültig»), cette disposition ne vise pas seulement des dispositions annulables au sens des art. 519 ss CC, mais, selon la doctrine, plus globa-

---

[2] ATF 90 II 476/479 ss = JdT 1965 I 585/587 ss.
[3] Voir en outre BSK-*Forni/Piatti*, n. 4 ad art. 519/520 CC; *D. Piotet*, p. 57 ss; *Guinand/Stettler/Leuba*, n. 401; *Schwaller*, p. 42 ss; *Riemer*, p. 245 ss; *Piotet*, p. 248 ss; *Steinauer*, n. 750.
[4] Voir ATF 90 II 476/480 = JdT 1965 I 585/589.
[5] Voir ATF 89 II 182/184 = JdT 1963 I 626.

lement toutes les dispositions inefficaces. Les testaments révoqués (y compris s'ils sont en contradiction avec un ou plusieurs testaments ultérieurs)[6] ou caducs pour une autre raison[7], les testaments frappés d'une nullité absolue[8] et même les testaments inexistants au sens indiqué ci-dessus[9] doivent être remis à l'autorité compétente. Pour les testaments révoqués, la forme de la révocation n'est pas déterminante: il peut s'agir d'une révocation proprement dite, d'une disposition pour cause de mort ultérieure contradictoire ou d'un biffage. L'acte ordonnant la révocation doit également être remis à l'autorité compétente[10].

En définitive, tout document dont le contenu ressemble de près ou de loin à une disposition pour cause de mort doit être remis à l'autorité[11]. Peu importe sa forme (il peut aussi s'agir d'une lettre, d'une copie du testament original, d'indications figurant sur un objet, de notes, d'un journal intime, etc.). Peu importe également que le document soit ou non compréhensible[12]. En cas de doute sur la nature du document, celui-ci doit être remis à l'autorité[13]. Seuls échappent à l'obligation de remise, les actes qui n'ont pas le caractère d'une disposition pour cause de mort, par exemple ceux qui documentent des libéralités entre vifs[14].

Les raisons de cette interprétation large de l'art. 556 CC se comprennent aisément: il n'appartient pas au dépositaire de décider de la portée du document qu'il détient. Il en est ainsi même lorsque le dépositaire est un officier public qui a les compétences professionnelles pour analyser le document[15], car il n'est pas nécessairement en possession des éléments suffisants pour juger de la validité de la disposition pour cause de mort. Par ailleurs, même

---

[6] ATF 91 II 327/334 = JdT 1966 I 232/236; BSK-*Karrer/Vogt/Leu*, n. 8 ad art. 556 CC; *Emmel*, n. 5 ad art. 556 CC; *Völk*, p. 24; *Schnyder*, p. 106; *Philippe*, p. 355.
[7] *Völk*, p. 26.
[8] BSK-*Karrer/Vogt/Leu*, n. 8 ad art. 556 CC; *Dorjee-Good*, p. 307; *Völk*, p. 24 sv.; *Schwaller*, p. 80 sv.; *Schnyder*, p. 106.
[9] *Hubert-Froidevaux*, n. 6 ad art. 556 CC; *Piotet*, p. 638; *Schwaller*, p. 80 sv.; *Völk*, p. 24 sv., qui ne distingue pas entre testaments inexistants et testaments nuls.
[10] Cf. ATF 91 II 327/334 = JdT 1966 I 232/236.
[11] *Boson*, p. 102; *Völk*, p. 23; *Piotet*, p. 638; BSK-*Karrer/Vogt/Leu*, n. 7 ad art. 556 CC. La violation du devoir de remettre les dispositions pour cause de mort n'a pas pour effet de rendre ces dispositions invalides (ATF 90 II 210).
[12] BK-*Tuor/Piconeni*, n. 4 ad art. 556 CC.
[13] *Boson*, p. 102; *Völk*, p. 25 sv.; BSK-*Karrer/Vogt/Leu*, n. 7 ad art. 556 CC.
[14] BK-*Tuor/Piconeni*, n. 4 ad art. 556 CC; *Dorjee-Good*, p. 307.
[15] Cf. ATF 91 II 327/332 = JdT 1966 I 232/236; *Glatthard*, p. 271; *Wolf*, p. 206 sv.; *Ruf*, Notariatsrecht, n. 1040; ZK-*Escher*, n. 5 ad art. 556 CC; *Schnyder*, p. 106; *Völk*, p. 23; BK-*Tuor/Piconeni*, n. 4 ad art. 556 CC.

inefficace, une disposition pour cause de mort peut fournir des éléments d'interprétation pour d'autres dispositions[16]. Enfin, il est toujours possible que, notamment par piété filiale, les héritiers décident de respecter une disposition frappée d'inefficacité[17].

A noter enfin que l'obligation de remise des testaments n'est pas limitée dans le temps[18]. Un testament (inefficace) doit donc être remis même s'il a été découvert longtemps après le décès, même si, entre-temps, il y a eu l'ouverture d'autres dispositions et même si la succession a déjà été liquidée. En lui-même, le moment où un testament est ouvert n'est apparemment pas un obstacle à sa prise en compte car, selon l'art. 600 al. 1 CC, l'action en pétition d'hérédité ne commence à se prescrire que dès l'ouverture du testament. Mais on peut quand-même se demander s'il ne devrait pas y avoir une limite temporelle absolue pour faire valoir des prétentions successorales; la question est controversée en doctrine[19].

2.2 Ouverture et communication aux ayants droit (art. 557 et 558 CC)?

L'autorité doit convoquer toutes les personnes qui sont héritières légales et/ou instituées, que leur vocation soit valable ou non[20], ainsi qu'un éventuel exécuteur testamentaire désigné par le de cujus[21]. Les héritiers ou l'exécuteur testamentaire que le de cujus a institués, respectivement désigné, dans un testament inefficace, notamment dans un testament révoqué, doivent donc également être convoqués[22].

Afin de déterminer qui doit être convoqué, l'autorité doit procéder à une analyse sommaire des dispositions pour cause de mort, en particulier pour déterminer s'il y a des héritiers légaux et pour distinguer les institutions d'héritiers et les legs (les légataires n'étant pas conviés à la séance)[23]. En cas de doute sur l'interprétation à donner aux dispositions pour cause de

---

[16] Voir *Völk*, p. 26; *Dorjee-Good*, p. 307.
[17] *Schwaller*, p. 81; *Völk*, p. 26.
[18] BSK-*Karrer/Vogt/Leu*, n. 3 ad art. 556 CC; *Völk*, p. 37.
[19] Cf. *Schnyder*, p. 107, avec réf.; *Völk*, p. 146 ss.
[20] *Hubert-Froidevaux*, n. 4 ad art. 557 CC; BSK-*Karrer/Vogt/Leu*, n. 8 ad art. 557 CC.
[21] *Hubert-Froidevaux*, n. 4 ad art. 557 CC; BSK-*Karrer/Vogt/Leu*, n. 8 ad art. 557 CC; *Boson*, p. 123.
[22] BSK-*Karrer/Vogt/Leu*, n. 10 ad art. 557 CC.
[23] ZR 1967 p. 190.

mort, l'autorité doit convoquer toute personne qui peut être héritier ou exécuteur testamentaire. Une erreur dans l'interprétation des dispositions pour cause de mort, et par conséquent quant aux personnes convoquées, n'a toutefois d'incidence ni sur la validité des testaments, ni sur les droits des véritables successeurs, ni sur la validité de la procédure d'ouverture[24]. Inversement, la procédure d'ouverture n'a pas pour effet de rendre valide une disposition invalide[25]. Par ailleurs, le fait qu'un testament n'ait pas été ouvert n'a pas de conséquences sur la possibilité pour les héritiers d'intenter une action en nullité[26].

L'autorité en charge d'ouvrir le testament n'a pas à se demander si les dispositions pour cause de mort sont valables, ni d'ailleurs si elles ont été révoquées[27]. Tous les documents remis à l'autorité doivent être lus, y compris les copies (évidemment signalées comme telles)[28], sans préjuger de leur validité ou de leur ordre de priorité (art. 557 al. 3 CC)[29]. L'autorité n'a donc qu'une attribution de pure forme[30]; c'est au tribunal qu'il appartient, en cas de litige, de déterminer quelles dispositions doivent être exécutées[31].

Comme pour l'obligation de remise de l'art. 556 al. 1 CC, l'autorité en charge d'ouvrir le testament ne peut en principe écarter que les documents qui, après un examen prima facie, ne sont de toute évidence pas des dispositions pour cause de mort[32]. La doctrine se demande cependant si cette autorité ne devrait pas avoir un pouvoir d'appréciation plus grand que la personne qui doit lui remettre le testament et si elle ne peut pas se dispenser d'ouvrir les dispositions à l'évidence sans objet (offensichtlich gegenstandslose Verfügungen)[33]. Il s'agit finalement d'éviter des démarches officielles qui n'ont aucun sens mais qui sont coûteuses. La pratique de plusieurs cantons admet ce genre de liquidations simplifiées des procédures

---

[24] ATF 55 II 210 sv. = JdT 1927 I 613/615; BSK-*Karrer/Vogt/Leu*, n. 9 ad art. 557 CC; ZK-*Escher*, n. 1 ad art. 557 CC; BK-*Tuor/Picenoni*, n. 3 ad art. 557 CC; *Schnyder*, p. 113.
[25] *Herzer*, p. 33.
[26] ATF 99 II 246/259 = JdT 1974 I 236/245.
[27] JdT 1970 III 37; ZR 1978 p. 295; 1967 190/191; *Icone*, p. 20; ZK-*Escher*, n. 1 ad art. 557 CC.
[28] *Karrer*, p. 115.
[29] RNRF 84 p. 351; *Völk*, p. 43; *Hubert-Froidevaux*, n. 2 ad art. 557; BSK-*Karrer/Vogt/Leu*, n. 8 ad art. 557 CC; BK-*Tuor/Picenoni*, n. 4 ad art. 557 CC.
[30] *Philippe*, p. 356.
[31] BSK-*Karrer/Vogt/Leu*, n. 11 ad art. 557 CC; ZK-*Escher*, n. 5 ad art. 556 CC; *Piotet*, p. 638; *Wolf*, p. 207.
[32] ZR 1978 p. 295; ZK-*Escher*, n. 1 ad art. 557 CC; *Piotet*, p. 638.
[33] Favorable: *Schnyder*, p. 110. Contre: *Völk*, p. 44; *Herzer*, p. 73 ss (favorable *de lege ferenda*). Très prudents: BSK-*Karrer/Vogt/Leu*, n. 11 ad art. 557 CC.

(kalte Liquidation); le canton de Zurich l'a même officialisée (§ 130 de la Notariatsverordnung du 23 novembre 1960[34]). En l'état, une telle pratique paraît néanmoins difficilement compatible avec le droit fédéral; il serait aussi malaisé d'en cerner le champ d'application. Au demeurant, ne pas soumettre un document à la procédure d'ouverture est déjà une décision de l'autorité, qui devrait être communiquée et contre laquelle un recours est possible[35].

Autre est la question des modalités d'enregistrement des dispositions ayant fait l'objet de la procédure d'ouverture. A cet égard, l'enregistrement simplifié prévu à l'art. 129 al. 4 du Code de droit privé judiciaire vaudois (les testaments expressément révoqués par un acte postérieur dont la validité n'est pas contestée ne sont pas transcrits au registre, mais simplement paraphés par le juge et déposés à l'onglet) apporte déjà un allégement bienvenu à la procédure.

La communication prévue à l'art. 558 CC doit porter sur toutes les dispositions qui ont donné lieu à la procédure d'ouverture (voir le texte allemand de l'art. 558 al. 1 CC)[36]. Les remarques ci-dessus valent donc par analogie. La communication doit porter également sur les testaments inefficaces, notamment sur les testaments révoqués[37]. En outre, l'exécuteur testamentaire doit être informé même si la clause qui le désigne paraît nulle ou annulable[38].

S'il existe un ou plusieurs testaments révoqué(s), l'autorité doit envoyer une copie de ces dispositions à toutes les personnes concernées par elles[39] (héritiers, légataires, exécuteurs testamentaires[40]), car sinon ces personnes n'auraient pas les éléments suffisants pour déterminer si la clause de révocation est valable. Afin que les intéressés puissent évaluer les chances de succès d'une action en justice, les dispositions ultérieures qui révoquent l'acte doivent également être portées à leur connaissance[41]. En vue d'une éven-

---

[34] «Offenbar gegenstandslos gewordene letztwillige Verfügungen sind nach Einholung einer Ermächtigung des Notariatsinspektors in der Testamentskontrolle und in der Testatorenkartei unter Angabe dieses Umstandes abzuschreiben und zu den Akten der Testamentskontrolle abzulegen.»
[35] Voir l'avis de *M. Mooser, in Icone,* p. 22.
[36] PKG 1990 p. 52; BSK-*Karrer/Vogt/Leu,* n. 7 ad art. 558 CC; *Herzer,* p. 125; BK-*Tuor/Picenoni,* n. 1 ad art. 558 CC.
[37] ZR 1967 p. 190; BK-*Tuor/Picenoni,* n. 1 ad art. 558 CC.
[38] RNRF 84 p. 351; BSK-*Karrer/Vogt/Leu,* n. 11 ad art. 517 CC; BK-*Künzle,* n. 26 ad art. 517–518 CC.
[39] *Rodriguez,* p. 59.
[40] ZR 1967 p. 190.
[41] ZK-*Escher,* n. 2 ad art. 558 CC; *Philippe,* p. 357; *Icone,* p. 20.

tuelle action, les personnes qui profitent de la révocation (héritiers légaux ou personnes gratifiées par un nouveau testament) doivent aussi en obtenir une copie[42].

2.3 Délivrance du certificat d'héritier (art. 559 CC)?

L'autorité compétente ne peut délivrer un certificat d'héritier fondé sur un testament que si les droits des héritiers institués n'ont été contestés ni dans le mois qui suit la communication aux ayants droits, ni par la suite jusqu'au moment de sa délivrance[43]. Par ailleurs, si contestation il y a eu, le certificat peut être délivré lorsque l'opposant n'a pas ouvert action (en réduction ou en nullité) pour faire reconnaître ses droits dans le délai d'un an[44].

Le certificat d'héritier est une pièce de légitimation provisoire, qui ne prouve pas définitivement la qualité d'héritier des personnes qui y sont désignées[45]. Les héritiers légaux gardent le droit d'intenter une action en nullité ou en pétition d'hérédité (art. 559 al. 1 CC). Les questions de fond liées à l'interprétation des dispositions pour cause de mort ou à la qualité d'héritier sont du ressort du tribunal ordinaire[46].

L'autorité en droit de délivrer un certificat sur la base d'un testament doit vérifier si les personnes qui le demandent sont des héritiers institués du de cujus. Pour cela, elle doit procéder à un examen sommaire et provisoire des dispositions pour cause de mort, afin de déterminer qui, selon toute vraisemblance, peut être qualifié d'héritier[47]. Son examen doit rechercher le sens évident des dispositions, «sans avoir à les interpréter ou à les apprécier»[48]. Cela ne signifie pas que l'autorité doit s'arrêter à un examen

---

[42] *Philippe,* p. 356.
[43] La possibilité de faire opposition à la délivrance du certificat après l'échéance du délai d'un mois de l'art. 559 al. 1 est très controversée en doctrine; elle doit être admise à mon sens, car la loi ne règle que le délai que les ayant droits doivent respecter avant de demander le certificat, non le délai pour faire opposition. Dans ce sens, JdT 1997 III 120/122; *Hubert-Froidevaux,* n. 17 ad art. 559 CC; BSK-*Karrer/Vogt/Leu,* n. 11 ad art. 559 CC; *Chausson,* p. 53 sv. De l'avis contraire: *Völk,* p. 56; *Boson,* Le certificat, p. 207; *Druey,* Grundriss, n. 15.16; *Piotet,* p. 647; BK-*Tuor/Picenoni,* n. 6 ad art. 559 CC; *Herzer,* p. 40 sv.
[44] ATF 128 III 318/322 = JdT 2002 I 479/483.
[45] *Völk,* p. 57; BSK-*Karrer/Vogt/Leu,* n. 2 et 45 ad art. 559 CC; *Boson,* Le certificat, p. 204; ZK-*Escher,* n. 1 ad art. 559 CC.
[46] TF, 5A_255/2011 cons. 5; 5A_495/2010 cons. 2.3.2.
[47] JdT 1997 III 120/123; 1977 III 4/6; *Hubert-Froidevaux,* n. 12 ad art. 559 CC; *Völk,* p. 57.
[48] JdT 1997 III 120/123; 1977 III 4/6.

purement littéral de l'acte[49], mais elle ne saurait procéder à une analyse de la situation de droit matériel[50]. En cas de doute sur l'interprétation à donner à une disposition (notamment pour différentier un legs d'une institution d'héritier), l'autorité doit, si les héritiers n'arrivent pas à se mettre d'accord, suspendre la procédure de délivrance du certificat[51].

L'autorité ne peut donc pas trancher quant au fond sur l'existence d'une cause d'invalidité du testament[52] ou sur la validité d'une révocation[53]. Même si le testament paraît nul pour vice de forme, elle doit délivrer le certificat aux héritiers institués par ce testament[54]. Il revient aux personnes qui contestent le certificat d'héritier d'ouvrir action au fond pour faire prononcer ou constater la nullité éventuelle de la disposition sur laquelle celui-ci se fonde. L'autorité qui a délivré le certificat d'héritier a la possibilité par la suite de l'annuler s'il se révèle matériellement infondé[55].

2.4 Exécuteur testamentaire d'un testament inefficace?

Comme on l'a vu, l'exécuteur testamentaire désigné par une disposition inefficace doit aussi être avisé par l'autorité. S'il accepte sa mission, il peut se saisir de la succession et prendre les mesures nécessaires au maintien de celle-ci, jusqu'à droit connu sur la validité du testament[56]. Lorsqu'une action en nullité est pendante, il doit toutefois se limiter à prendre des mesures conservatoires et n'accomplir que les actes d'administration courants; il ne procédera à des aliénations que si des raisons pressantes l'exigent[57].

Si une disposition pour cause de mort soulève des difficultés d'interprétation ou si elle paraît nulle parce qu'elle n'a pas de sens ou est impossible à mettre en œuvre, l'exécuteur doit renoncer à l'exécuter[58]. S'il se trompe

---

[49] JdT 1977 III 4/6.
[50] ATF 128 III 318/323 = JdT 2002 I 479/484; ATF 118 II 108/111 = JdT 1993 p. 351*.
[51] *Hubert-Froidevaux*, n. 12 ad art. 559 CC; *Boson*, Le certificat, p. 206.
[52] *Chausson*, p. 68.
[53] *Chausson*, p. 68.
[54] ATF 98 Ib 92/99 = JdT 1973 I 48/56; *Muntwyler/Pfäffli*, p. 123.
[55] TF, 5P.15/2005 cons. 3; BSK-*Karrer/Vogt/Leu*, n. 45 ad art. 559 CC; PraxKomm-*Emmel*, n. 33 ad art. 559 CC.
[56] ATF 91 II 177/179 = JdT 1966 I 150/151; ATF 74 I 423 ss = JdT 1949 I 359 sv.; *Steinauer/Favre/Mooser*, p. 7.
[57] ATF 91 II 177/181 sv. = JdT 1966 I 150/153 sv.; ATF 74 I 423/425 = JdT 1949 I 359/360; ZK-*Escher*, n. 15 ad art. 518 CC; *Piotet*, p. 144.
[58] *Guillaume*, p. 12.

dans l'interprétation ou exécute une disposition invalide, il engage sa responsabilité[59].

L'autorité cantonale chargée de délivrer un certificat d'exécuteur testamentaire n'a pas à se prononcer sur la validité du testament[60]. En cas de contestation de la validité par un héritier, le certificat délivré à l'exécuteur doit indiquer que la désignation de celui-ci est contestée[61]. Selon une partie de la doctrine, l'autorité peut refuser la délivrance du certificat lorsque la clause testamentaire qui le désigne est clairement nulle[62]. A mon sens, comme en matière de certificat d'héritier, l'autorité n'a pas à déterminer si la clause est valable ou non; elle doit délivrer l'attestation même si le testament lui paraît nul.

2.5 Devoir d'information du notaire?

2.5.1 Le notaire exécuteur testamentaire

S'il est exécuteur testamentaire, le notaire doit, comme tout exécuteur, renseigner les héritiers sur les éléments de fait et de droit qui peuvent les concerner[63]. Il ne doit pas les conseiller[64], mais leur donner les informations qui leur permettent d'apprécier leurs droits successoraux et les actions qu'ils peuvent intenter[65]. S'il juge le testament inefficace, l'exécuteur testamentaire doit indiquer aux héritiers ce qui lui laisse à penser que le testament est invalide, sans les inviter à ouvrir action[66]. Il n'est pas obligé de se prononcer sur les chances de succès d'une action ou d'expliquer les différentes étapes du procès[67].

---

[59] *Guillaume*, p. 21.
[60] ATF 91 II 177/181 = JdT 1966 I 150/153; *Piotet*, p. 144; *Steinauer/Favre/Mooser*, p. 7.
[61] ATF 91 II 177/182 = JdT 1966 I 150/154; *Cotti*, n. 38 ad art. 517 CC.
[62] Voir *Cotti*, n. 39 ad art. 517 CC, ainsi que BK-*Künzle*, n. 42 ad art. 517–518 CC, qui prend comme exemples le vice de forme du testament et l'incapacité de tester du disposant.
[63] *Druey*, p. 132.
[64] *Cotti*, n. 119 ad art. 518 CC; BK-*Künzle*, n. 225 ad art. 517–518 CC.
[65] ATF 90 II 365/373 = JdT 1965 I 325/330; *Schuler-Buche*, p. 91; ZK-*Escher*, n. 15 ad art. 518 CC; BK-*Künzle*, n. 224 ad art. 517–518 CC; PraxKomm-*Christ/Eichner*, n. 34 ad art. 518 CC.
[66] BK-*Künzle*, n. 223 ad art. 517–518 CC.
[67] BK-*Künzle*, n. 223 ad art. 517–518 CC. Plus exigeants: PraxKomm-*Christ/Eichner*, n. 34 ad art. 518 CC, pour qui l'exécuteur doit indiquer à chaque héritier les actions possibles ainsi que les chances de succès de chacune d'elles.

S'il omet de renseigner les héritiers ou fournit des renseignements erronés, l'exécuteur engage sa responsabilité[68].

2.5.2 Le notaire dépositaire

Le notaire doit s'assurer que les dispositions pour cause dont il a la garde soient ouvertes à la mort du de cujus[69]. Il est dans l'intérêt des bénéficiaires du testament que le notaire requière l'enregistrement de celui-ci au Registre central des testaments; mais il ne devrait pas le faire sans le consentement du testateur[70].

Selon *Mooser*[71], le notaire dépositaire d'un testament olographe assume aussi une obligation quant au contenu du testament qui lui est confié, cela même si le testateur a rédigé seul son testament: lorsqu'il reçoit un testament en dépôt, le notaire doit ainsi, par un examen prima facie, s'assurer que le testament répond aux exigences de forme prescrites par la loi; si tel n'est pas le cas, il doit en informer son client; si le testament est sous pli fermé, le notaire devrait même, ce qui est très exigeant, requérir du testateur la permission d'en prendre connaissance et, en cas de refus, préciser par écrit qu'aucun contrôle n'a pu être effectué.

2.5.3 Le notaire conseil

Lorsque, après le décès du de cujus, les héritiers consultent un notaire pour obtenir des informations relatives à la succession et/ou préparer le partage, le notaire doit renseigner les héritiers en toute impartialité sur la solution qui découle des dispositions prises par le de cujus et des dispositions légales[72]. Il doit se prononcer objectivement sur la validité des dispositions pour cause de mort, comme le ferait vraisemblablement un juge chargé de trancher le cas. Il doit par ailleurs mentionner aux différents héritiers les moyens légaux dont ceux-ci disposent pour contester les dispositions testamentaires[73].

---

[68] *Guillaume*, p. 22.
[69] *Ruf,* Notariatsrecht, n. 1041.
[70] *Ruf,* Notariatsrecht, n. 1041; moins restrictif: *Mooser,* Le droit notarial, n. 255.
[71] *Mooser,* p. 18.
[72] *Mooser,* p. 19.
[73] Voir en outre *Steinauer,* Application, p. 106.

3. Quelques conséquences pratiques

3.1 Importance de la suppression physique des testaments révoqués

Le système mis en place par les art. 556 ss CC au sujet des testaments révoqués est bien compréhensible d'un point de vue normatif. Mais il n'est pas besoin d'insister sur les complications et les coûts qu'il peut engendrer, sans parler des faux espoirs qu'il peut susciter et des tensions familiales qu'il peut créer. En cas de révocation d'un testament – mais à vrai dire, s'il en a l'occasion, déjà au moment de la confection du testament – le notaire doit donc attirer l'attention du testateur sur l'importance de la suppression physique du testament révoqué et sur les conséquences qu'il y a à ne pas le faire[74]. Cette destruction physique est la seule façon de garantir que le contenu des dispositions révoquées ne sera pas connu à l'ouverture de la succession[75]. Même une révocation partielle peut parfois susciter bien des rancœurs, des soupçons, voire des conflits; mieux vaut donc rédiger un nouveau testament et détruire l'ancien, au moins lorsqu'il n'est pas possible de rendre véritablement illisibles les passages supprimés.

Il faut rappeler à ce sujet que la destruction totale du testament doit être possible, de par le droit fédéral, quelle que soit la forme de ce testament (art. 510 al. 1, qui ne fait pas de nuances à cet égard)[76]. La destruction totale doit donc aussi être possible pour les testaments publics. Elle implique la destruction de l'original du testament[77], mais aussi des copies, projets et fichiers informatiques car, si ces documents préparatoires ou complémentaires ne sont pas détruits, ils devront être remis à l'autorité conformément à l'art. 556 CC et soumis à la procédure d'ouverture[78].

Le droit cantonal doit permettre cette destruction tout en mettant l'officier public à l'abri d'une violation de son devoir de conservation des testaments qu'il a reçus (art. 504 CC). La destruction doit donc avoir lieu en présence du notaire, qui consigne l'opération dans un procès-verbal. Le notaire a le devoir d'offrir au testateur une telle possibilité, ce qui signifie aussi qu'il doit organiser l'instrumentation du testament public et la conservation de sa

---

[74] *Mooser*, p. 18.
[75] *Rodriguez*, p. 60.
[76] *Wolf/Wild*, p. 79; *BK-Tuor*, n. 11 ad art. 509–511 CC.
[77] ATF 83 II 500/505 sv. = JdT 1958 I 514*; *Piotet*, p. 229 sv.
[78] *Wolf/Wild*, p. 83.

documentation de telle façon que toute trace du contenu de celui-ci – mais non le fait même qu'il y a eu un testament – puisse être par la suite supprimée[79].

3.2 Importance de la substitution vulgaire

Le Code met à la disposition du testateur un moyen d'éviter les conséquences de la caducité de ses dispositions pour cause de mort: la substitution vulgaire. Il incombe au notaire d'attirer l'attention du testateur sur le risque de caducité, sur les conséquences de celle-ci et sur la possibilité d'une substitution vulgaire.

Le cas le plus important est sans doute celui d'un éventuel prédécès de l'héritier institué ou du légataire. En cas de prédécès du gratifié, la disposition est caduque: la part de l'héritier institué prédécédé revient aux héritiers légaux du de cujus (art. 481 al. 2 et 572 al. 2 CC par analogie) et le legs profite à la personne ou aux personnes qui étaient tenues de le délivrer (art. 543 al. 2 CC). Si cela ne correspond pas à la volonté du testateur (ce qui est presque toujours le cas), celui-ci peut prévoir une substitution vulgaire (art. 487 CC). Une telle substitution vulgaire devrait ainsi être systématiquement envisagée et presque toujours prévue en cas d'institution d'héritier ou de legs.

Il en va de même en cas de désignation d'un exécuteur testamentaire (qui peut lui aussi décéder avant le testateur ou refuser la mission que celui-ci voulait lui confier) et, même si le risque est moindre, lorsque le gratifié est une personne morale.

Dans le même esprit, le testateur peut, dans ce type de cas, anticiper une répudiation (art. 572 al. 2 CC), voire un cas d'indignité du gratifié. Le mieux est ainsi de formuler la substitution vulgaire de telle façon qu'elle couvre tous les cas où le gratifié ne recueille finalement pas la succession ou le legs.

---

[79] Voir en outre *Wolf/Wild*, p. 82 ss; *Mooser*, p. 18; *Mooser*, Le droit notarial, n. 272; *Ruf*, n. 6 ss ad art. 504 CC; *Ruf*, Notariatsrecht, n. 1653; *Piotet*, p. 229 sv.; *Oenen*, p. 66 sv.; *Rossier*, p. 105 sv.; ZK-*Escher*, n. 1 ad art. 504 CC.

3.3 Eviter toute forme de disposition pour cause de mort par délégation

Sous peine de nullité, les dispositions testamentaires doivent émaner du testateur lui-même (supra 1). Il va de soi que le testateur ne peut pas valablement charger un tiers (par exemple, son conjoint ou l'exécuteur testamentaire) de décider du principe d'une libéralité, ni même le laisser choisir le légataire parmi plusieurs personnes désignées par le testateur[80]. Il ne peut pas non plus valablement soumettre une libéralité à la ratification d'un tiers. Serait sans doute aussi nulle l'utilisation du terme «héritiers» pour désigner les bénéficiaires d'une substitution vulgaire ou fidéicommissaire («à mon neveu Albert ou à ses héritiers», «au décès du grevé, le solde de ma succession reviendra aux héritiers de mon épouse»), car il permet à un tiers, en instituant des héritiers, de décider du sort des biens du testateur[81]; en revanche, sont valables les expressions «ou à ses descendants», respectivement «ou à ses héritiers légaux».

Pour autant qu'il en ait fixé suffisamment précisément le cadre, le testateur peut cependant laisser au gratifié la possibilité de choisir une libéralité plutôt qu'une autre. Il est ainsi admis qu'un époux peut laisser à son conjoint en concours avec des descendants communs la possibilité de choisir entre l'usufruit de toute la succession et la propriété de la moitié (voire de la réserve de $\frac{1}{4}$ et de la quotité disponible de $\frac{3}{8}$)[82]. De même, le testateur peut-il laisser le légataire choisir entre plusieurs objets suffisamment précisément désignés (par exemple, «un des tableaux du salon»)[83].

3.4 Mesures de nature à renforcer l'efficacité des testaments efficaces

Certaines dispositions testamentaires peuvent ne pas être efficaces même si elles ne sont pas affectées d'un vice qui les rend inefficaces au sens juridique. Souvent, la source des difficultés est purement factuelle et les mesures qui permettent d'éviter les problèmes le sont aussi. Elles n'en sont pas moins

---

[80] Voir ATF 81 II 22/28 = JdT 1955 I 584/588; ATF 68 II 155/165 sv. = JdT 1942 I 618/626.
[81] Question laissée ouverte dans TF, 5C.54/2006, cons. 3 et 4.
[82] Pour plus de détails, voir notamment *Carlin*, p. 352 ss. Dans la dernière édition du commentaire bernois, *P. Weimar* s'est rallié à cette opinion (n. 11 ad art. 473 CC).
[83] Pour plus de détails, voir notamment BSK-*Huwiler*, n. 89 ss ad art. 484 CC.

importantes pour autant. Parmi les nombreuses mesures de ce genre, on peut citer:

- celles relatives à la conservation du testament lorsqu'il ne s'agit pas d'un testament public que le notaire doit conserver lui-même ou remettre à l'autorité compétente selon l'art. 504 CC;
- la possibilité de faire inscrire l'existence du testament au Registre central des testaments;
- la désignation d'un exécuteur testamentaire, en particulier lorsque le testateur a prévu des legs ou lorsque la liquidation de la succession risque d'être difficile ou simplement de s'étendre sur une longue période (cas des substitutions fidéicommissaires) ou sur plusieurs Etats;
- l'information à donner du vivant du testateur déjà, pour que certaines dispositions ne soient pas connues trop tard (charges relatives aux obsèques, charges relatives aux animaux de compagnie, etc.);
- les mesures de sûretés à prendre du vivant du testateur déjà (dépôt en lieu sûr d'objets de valeur).

Les legs et les charges successorales

Denis Piotet

Sommaire

Bibliographie	92
1. Les legs en général	93
1.1 La notion de legs	93
1.1.1 L'acquisition à cause de mort à titre universel et à titre particulier	93
1.1.2 Legs et institution d'héritier: critères	94
1.1.3 Legs et charge successorale	97
1.1.4 Legs et règles de partage	98
1.2 Le cadre impératif à respecter	100
1.2.1 Introduction	100
1.2.2 Numerus clausus	100
1.2.3 Le caractère strictement personnel de l'attribution	101
1.2.4 Le risque de réduction en général	102
1.2.5 Les règles de la LDFR	103
1.3 Les règles dispositives à anticiper	103
1.3.1 La personne du gratifié	104
1.3.2 La personne de l'obligé	105
1.3.3 Le sort du legs en cas d'insuffisance de la succession ou de la part du débiteur	106
1.3.4 L'exigibilité du legs différé	107
1.3.5 Le maintien du legs en cas de répudiation de la qualité d'héritier du gratifié	108
1.3.6 L'objet ne se retrouve pas dans la succession (renvoi)	108
2. Quelques thématiques propres aux legs	109
2.1 Le legs de rente ou d'usufruit	109
2.1.1 Rente entre vifs ou legs de rente à cause de mort?	109
2.1.2 L'art. 530 CC et son champ d'application	110
2.1.3 Caractère dispositif de l'option des réservataires	112
2.2 L'inexécution du legs	112
2.2.1 Différences entre legs testamentaire et celui dérivant d'un pacte successoral	112
2.2.2 Créance, demeure et passage des risques: la liberté de manœuvre du disposant	113
2.2.3 Le legs d'un bien hors succession	115
2.2.3.1 Le legs voulu pour une valeur hors de la succession: hypothèses	115
2.2.3.2 Modalités du legs hors succession et réduction	116
2.2.3.3 La stipulation pour autrui à cause de mort	117
3. La charge successorale	119
3.1 La charge distinguée de la simple modalité d'attribution (conditions)	119
3.2 La durée de la charge	119

3.3 Le droit subjectif non patrimonial de l'intéressé à l'exécution: effets certains et incertains d'une classification incertaine 120

Bibliographie

Daniel Abt, Praxiskommentar, Erbrecht, Bâle 2011; *Alexander Beck,* Grundriss des schweizerischen Erbrechts, Berne 1976; *Ralph Benziger,* Das Vermächtnis im schweizerischen ZGB, Diss. Zurich, Einsiedeln 1917; *Balthasar Bessenich,* Commentaire bâlois, ZGB II, 2011; *Peter Breitschmid,* Commentaire bâlois, ZGB II, 2011; *Christian Brückner/Thomas Weibel,* Die erbrechtlichen Klagen, Bâle 2006; *Walter Bühler/Karl Spühler,* Commentaire bernois, 1980; *Sabrina Carlin,* Étude de l'art. 473 CC, thèse Lausanne, Zurich 2011; *Christoph Burckhardt,* Die Vermächtnisforderung, Zurich 1986; *Fabian Burkart,* Praxiskommentar Erbrecht, Bâle 2011; *Jean Nicolas Druey,* Grundriss des Erbrechts, Berne 2002 (zit. Grundriss); *le même,* in «Testament und Erbvertrag», Berne 1991; *Antoine Eigenmann,* in Commentaire du droit des successions, Berne 2012 (zit. Testament); *Arnold Escher,* Commentaire zurichoise, 1959; *Roland Fankhauser,* Die Ehekrise als Grenze des Ehegattenerbrechts, Berne 2011; *Rolando Forni/Giorgio Piatti,* Commentaire bâlois, 2011, ZGB II; *Heinz Hausheer/ Regina E. Aebi-Müller,* Das Personenrecht des schweizerischen Zivilgesetzbuches, 3ᵉ éd. Berne 2012; *Paul Eitel,* Commentaire bernois, 2004; *Arnold Escher,* Commentaire zurichois, 1959/1960; *Johann Gilliéron,* La liberté de disposer à cause de mort au regard de la LDFR, Lausanne 2004; *Stefan Grundmann,* Praxiskommentar Erbrecht, Bâle 2011; *Jean Guinand/Martin Stettler/Audrey Leuba,* Droit des successions, Genève 2005; *Matthias Häuptli,* Praxiskommentar Erbrecht, Bâle 2011; *Hans Hinderling/Daniel Steck,* Das schweizerische Ehescheidungsrecht, 4ᵉ éd. Zurich 1995; *Arnold Hirtz,* Das Vermächtnis im schweizerischen ZGB, Zurich 1937; *Anouchka Hubert-Froidevaux,* L'attribution d'un bien à cause de mort, en particulier à une valeur déterminée, thèse Lausanne 2009 (zit. Thèse); *la même,* in Commentaire du droit des successions, Berne 2012; Stephanie Hrubesch-Millauer, Praxiskommentar Erbrecht, Bâle 2011; *la même,* Der Erbvertrag: Bindung und Sicherung des (letzten) Willens des Erblassers, Zurich 2008 (zit. Erbvertrag); *Bruno Huwiler,* Commentaire bâlois, ZGB II, 2011; *Jean Krayenbühl,* Étude sur les legs, Lausanne 1916; *Peter Liatowitsch Mordasini,* FamKommentar Scheidung, II, Bâle 2011; *Franz Müller,* Die erbrechtliche Auflage beim Testament, Fribourg 1981; *Christoph Nertz,* Praxiskommentar Erbrecht, Bâle 2011; *Pascal Pichonnaz,* Commentaire romand, CC I, Bâle 2010; *Armand Maurice Pfammatter,* Die erblasserischen Teilungsvorschriften, Zurich 1993; *Denis Piotet,* Les inefficacités des dispositions à cause de mort en droit suisse in «Quelques actions en annulation», Neuchâtel 2007 (zit. inefficacités); *le même,* La clause arbitrale fondée sur l'acte à cause de mort et la nouvelle procédure civile, successio 2011 (successio 2011); *le même,* La prétention hors de la personnalité et hors du patrimoine, contribution à la systématique des droits privés subjectifs, Mélanges I. Schwenzer, Bâle 2011 (zit. Mélanges Schwenzer); *Paul Piotet,* Droit successoral, Traité de droit privé suisse, IV, Fribourg 1988 (zit. TDP); *le même,* L'estimation d'un bien par le de cujus favorisant un ou des héritiers et la réduction, Mélanges J.M. Grossen, Bâle 1992 (zit. Mélanges Grossen); *le même,* Les usufruits du conjoint survivant en droit successoral suisse, Berne 1970 (zit. usufruits); *le même,* Rapports successoraux et calcul des réserves, Berne 1995 (zit. Rapports); *Ombline de Poret,* Le statut de l'animal en droit civil, Fribourg 2006; *Hans Michael Riemer,* Nichtige (unwirksame) Testamente und Erbverträge, Festschrift M. Keller, Zurich 1989; *Alexandra Rumo-Jungo,* Einredeweise Geltendmachung des Herabsetzungsanspruchs bei einem Rentenlegat, successio 2010; *Jürg Christian Schärer,* Der Grundsatz der materiellen Höchstpersönlichkeit der letztwilligen Verfügungen, Berne 1973; *Ingeborg Schwenzer,* FamKommentar Scheidung, I, Berne 2011; *Karl Spiro,* Die Begrenzung privater Rechte durch Verjährungs-, Verwirkungs- und Fatalfristen, Berne 1975

II; *Annette Spycher/Urs Gloor,* Commentaire bâlois, ZGB I, 2010; *Daniel Staehelin,* Commentaire bâlois, ZGB II, 2011; *Paul-Henri Steinauer,* Le droit des successions, Berne 2006; *le même,* L'art. 473 du code civil, RNRF 84/2003 p. 333; *Thomas Sutter/Dieter Freiburghaus,* Kommentar zum neuen Scheidungsrecht, Zurich 1999; *Thomas Sutter-Somm/Nicolas Gut,* Schiedsgerichte in Erbsachen: die Sicht des Zivilprozessrechts, insbesondere die Frage der Zulässigkeit einseitiger (testamentarischer) Schiedsklauseln, in «Schiedgerichte in Erbsachen», Zurich 2012; *Stéphane Spahr,* Valeur et valorisme en matière de liquidation successorale, Fribourg 1994; *Peter Tuor,* Commentaire bernois, 1952; *Peter Tuor/Vito Picenoni,* Commentaire bernois, 1964; *Beatrice Uffer-Tobler,* Die erbrechtliche Auflage, Berne 1982; *Christoph Wildisen,* Das Erbrecht des überlebenden Ehegatten, Fribourg 1997; *Stephan Wolf/ Gian Sandro Genna,* Erbrecht, Schweizerisches Privatrecht, IV/1, Bâle 2012.

1. Les legs en général

1.1 La notion de legs

1.1.1 L'acquisition à cause de mort à titre universel et à titre particulier

Le legs est l'un des deux titres d'acquisition à cause de mort du droit suisse, à côté de l'institution d'héritier ou du titre légal d'héritier.

La distinction entre ces deux titres successoraux tient dans les modalités de l'acquisition: l'héritier acquiert à cause de mort, mais à titre universel, c'est-à-dire selon un processus exceptionnel où l'accomplissement d'un mode pour chaque élément du patrimoine successoral n'a pas à être accompli spécifiquement. L'acquisition s'opère alors légalement, au jour de l'ouverture de la succession (art. 537 al. 1 CC), sans qu'il y ait lieu à transfert de la possession ou à l'inscription au registre foncier (art. 560 CC).

A l'opposé, le légataire acquiert certes à l'ouverture de la succession une créance en délivrance du ou des biens légués, mais il ne devient titulaire du droit sur de tels biens qu'une fois accomplie la formalité nécessaire à leur transfert à titre particulier (transfert de la possession pour les meubles, inscription au registre foncier pour les immeubles, ou encore cession écrite pour les créances, comme enfin remise de dette pour le legs portant sur l'extinction d'une obligation).

A cette différence fondamentale se lie celle qui touche à la responsabilité pour le passif successoral. L'héritier répond non seulement de l'acquittement des legs qui sont à sa charge, mais encore du règlement de tous les passifs successoraux (dettes du défunt) et de la masse successorale (dettes de la succession nées après l'ouverture de celle-ci), et cela, le cas échéant, même après partage accompli selon les articles 639 et 640 CC.

A l'opposé, le légataire n'a à répondre que d'éventuels sous-legs à sa charge, mais nullement des passifs successoraux, qu'il s'agisse des dettes du défunt ou de la masse successorale.

On ajoutera à cette double différenciation que le légataire, contrairement à l'héritier, n'a jamais de titre légal d'acquisition. Son titre d'acquisition est en effet toujours purement volontaire, et il repose sur un acte à cause de mort. Il y a certes des créanciers des héritiers qui disposent d'un titre successoral légal: on parle alors de prélèvements légaux, et il s'agit de dettes de la masse successorale (art. 605 al. 2, 606, 631 al. 2 CC). Le créancier du prélèvement légal concourt prioritairement face au légataire tant qu'il y a séparation des patrimoines (art. 564 al. 1 CC) et il ne peut donner lieu à application de l'art. 486 CC, «les forces de la succession» ici décisives étant déjà diminuées du montant du prélèvement: loin de compter parmi les attributions réductibles, le prélèvement légal devra être déduit pour la détermination de la quotité disponible et des réserves[1]. A vrai dire, il est généralement admis que le disposant puisse faire un legs d'une valeur au moins égale au prélèvement légal, dans la mesure du moins où ce dernier est impératif[2]. Dans cette mesure, il faut, dans le cadre du calcul des réserves et de la quotité disponible, toujours retrancher la créance légale (art. 474 al. 2 CC), l'attribution n'apparaissant être à titre gratuit qu'au-delà du montant impératif minimal résultant de la loi: le legs ne sera réductible, cas échéant, qu'au-delà de la mesure légale.

1.1.2 Legs et institution d'héritier: critères

Les conséquences fondamentales de la qualification de la désignation d'un successeur à cause de mort quant aux modalités d'acquisition, respectivement quant à la responsabilité pour le passif successoral, justifient une grande précision dans le libellé du texte de l'acte à cause de mort.

---

[1] Il ne s'agit donc pas de legs «légaux»: cf. *Piotet,* TDP, p. 66 et 63: *Escher,* n. 13 ad 631 CC et n. 8 ad 606 CC; *Tuor/Picenoni,* n. 19 ad 631 CC et n. 9 ad 605 CC; *Eitel,* n. 29 ad 631 et n. 15 ad 605 CC, comme n. 9 in fine ad 606 CC.

[2] *P. Piotet,* TDP, p. 63, 66; *Steinauer,* n. 205c, p. 164 et n. 267 d, p. 166; *Escher,* n. 17 ad 631 CC, n. 10 ad 605 CC; *Tuor/Picenoni,* n. 19 ad 631 CC et n. 11 ad 605 CC; *Eitel,* n. 29 ad 631 CC.

La jurisprudence a déjà dégagé des critères de distinction à partir des principes généraux valant pour l'interprétation des testaments ou des pactes successoraux. La loi fixe elle-même une présomption générale, à savoir que toute désignation à cause de mort d'un successeur portant sur la succession entière ou une fraction de cette universalité est réputée valoir institution d'héritier, et non de légataire (art. 483 al. 2 CC): *a contrario*, la désignation d'un successeur au décès pour un bien déterminé est réputé legs et non institution d'héritier, le legs lui-même le cédant face à la qualification de règle de partage[3].

Il arrive souvent que le doute sur la portée de la formule utilisée par le testateur[4] donne lieu à difficulté: face à un texte olographe rédigé par un non-juriste, la volonté du testateur peut alors dicter, contrairement au texte littéral, une autre qualification que le vocable utilisé par le disposant[5].

Le tribunal saisi d'un contentieux entre successeurs appréhendera avec plus de retenue la terminologie utilisée dans l'acte à cause de mort par un officier public, qui ne peut guère être soupçonné d'utiliser une qualification juridique technique à contre-emploi. Ainsi, une formule telle que «je lègue la quotité disponible de ma succession à X» rédigée par l'officier public ne peut être considérée comme illustrant la présomption de l'art. 483 al. 2 CC dans la mesure où l'expression utilisée de «je lègue» n'implique ordinairement pas une acquisition à titre universel du gratifié, alors même que la quotité disponible n'est pas un ou des biens déterminés. Cette formulation ambiguë est certainement à proscrire.

Evidemment, en Suisse romande, l'expression trompeuse du droit français que constituent les termes «légataire à titre universel» doit-elle être absolument proscrite des actes publics soumis au droit suisse, car se rapportant à une institution d'héritiers et non de légataires[6].

Le principe du *favor negotii* guide encore l'interprétation: comme le legs par revendication n'existe pas en droit suisse, l'attribution au décès d'un droit direct sur une valeur déterminée au gratifié doit être convertie, même si elle n'a pas été réellement voulue, en une créance en faveur d'un léga-

---

[3] ATF 50 II 332; cf. *infra* 1.1.4; art. 608 al. 3 CC.
[4] Par exemple: «le restant de mon argent» (après déduction d'autres libéralités), cf. ATF 100 II 98 = JdT 1975 I 377.
[5] Cf. aussi P. *Piotet,* TDP, p. 82–83; *Steinauer,* n. 527a, p. 267 s; *Guinand/Stettler/Leuba,* n. 302, p. 149.
[6] *Guinand/Stettler/Leuba,* n. 302, p. 149; *Steinauer,* n. 527 a, p. 267; *Hubert-Froidevaux,* n. 7 ad 483 CC.

taire, cela pour autant que le disposant, s'il avait connu l'inefficacité de sa disposition, eût maintenu l'attribution envisagée. De même, l'attribution d'un usufruit à cause de mort, même s'il est désigné comme portant dès le décès sur une universalité, doit être converti aux mêmes conditions comme un legs d'usufruit, soit comme étant un titre valable pour l'acquisition à titre particulier sur les différentes valeurs de l'universalité: si le disposant entendait effectivement rendre l'usufruitier également coresponsable des passifs successoraux, il faut entendre alors l'usufruit comme une règle de partage, ou à défaut encore comme un legs précipuitaire, l'attributaire ayant alors également la qualité de successeur à titre universel, même si cette situation n'est pas présumée[7].

La loi elle-même procède à la correction de certaines institutions de successeurs viciées, par exemple de l'impossibilité d'instituer un animal héritier ou légataire[8], ou encore en cas d'impossibilité d'instituer une multitude de légataires ou d'héritiers[9].

Si l'on devait sur cette difficulté trouver une recommandation générale à l'intention des praticiens, le point essentiel est certainement d'utiliser avec la plus grande précision les termes d'«héritiers», «légataires» et les verbes «léguer» et «instituer», et à proscrire absolument les formules insuffisamment précises qui ne rendent pas clairement la volonté du testateur tels que par exemple les termes «je laisse ... à X», «X recevra...».

La seconde préoccupation du rédacteur de l'acte à cause de mort sera certainement d'assurer un rapport raisonnable entre héritiers et légataires. Si les legs épuisent l'actif prévisible de la succession, et que le testateur ne désigne pas d'héritier, le ou les héritiers légaux par la suite appelés *ab intestat* à la succession vont selon toute vraisemblance répudier la succession, laquelle sera liquidée par l'office des faillites (art. 573 CC), et où les légataires ne prendront rang qu'après les créanciers successoraux (art. 564 al. 1 CC). Telle n'est pas nécessairement la volonté du de cujus s'il n'a pas été orienté sur cette probabilité. Si le droit de l'héritier est certes de nature qualitative et non quantitative, soit qu'il peut être amené à acquérir selon la volonté du disposant moins qu'un légataire, il n'en reste pas moins absolument logique de présumer, par l'interprétation, que lorsque l'objet du legs vide la substance de la succession, une institution d'héritier a été voulue pour un tel gratifié, cela pour éviter les probabilités d'une faillite, à moins

---

[7] Cf. *infra* 1.1.4.
[8] Charges successorales légales (art. 482 al. 4 CC).
[9] Fondation à cause de mort légale, art. 539 al. 2 CC.

que cette éventualité ait été dûment acceptée par le disposant. La volonté du disposant l'emporte sur la fixité des termes, selon les règles générales du droit de l'interprétation[10].

L'officier public nous paraît ainsi clairement devoir indiquer au disposant les risques d'une répudiation des héritiers en cas de legs relativement importants par rapport à la masse totale de la succession, de façon également à éviter l'emploi d'une terminologie trompeuse sur les intentions réelles du disposant.

1.1.3 Legs et charge successorale

Si le legs doit se distinguer de l'institution d'héritier par l'acquisition à titre particulier qu'il entraîne, il doit se distinguer de la charge successorale non pas par sa nature de droit relatif à une prestation, commune aux deux institutions, mais par le caractère patrimonial du droit du légataire et le caractère non patrimonial de l'intérêt à l'exécution de la charge successorale.

Le legs fait acquérir une créance à cause de mort au gratifié: l'exécution de cette créance (art. 562 al. 3 CC) suit en principe les mêmes règles applicables aux créances entre vifs, notamment s'agissant de la délivrance, des intérêts moratoires et des dommages-intérêts en cas d'inexécution. Le légataire a ainsi un droit patrimonial à ce que le legs soit délivré: le défaut de cette délivrance justifie une responsabilité pour la perte patrimoniale qui en serait la conséquence.

A l'opposé, la charge successorale n'est pas une créance, et par là n'entre pas dans le patrimoine de celui qui a un intérêt à son exécution. Selon l'art. 482 al. 1 CC, l'intéressé à l'exécution de la charge a une action en justice contre l'obligé pour assurer une exécution en nature, mais ce droit personnel ou relatif ne vaut pas à l'égard des tiers, et ne justifie pas de dommages-intérêts en cas d'inexécution ou de mauvaise exécution[11]. On ne peut ainsi parler de «créance» en exécution de la charge[12].

Du point de vue de la distinction des personnes bénéficiaires de la charge successorale, s'il en existe (un animal au sens de l'art. 482 al. 4 CC don-

---

[10] P. *Piotet,* TDP, p. 83; *contra* Hubert-Froidevaux, n. 8 ad 483 CC, p. 128.
[11] Cf. notamment ATF 105 II 253 = JdT 1980 I 305; ATF 99 II 375 = JdT 1974 I 330; ATF 94 II 88 = JdT 1969 I 179; question encore laissée indécise pour la charge du droit de la donation entre vifs, ATF 133 II 421, c. 4.2.
[12] Cf. *infra* 3.3.

nant un exemple où il n'y a pas de bénéficiaire direct), le risque de confusion entre legs et charge successorale est naturellement évident lorsque les bénéficiaires sont nommément définis par le disposant; il n'existe pas si le bénéficiaire est désigné comme étant le public en général, ou un nombre indéterminé de personnes: si une véritable créance à cause de mort a été délibérément instituée en faveur d'un nombre indéterminé de personnes, l'art. 539 al. 2 CC permet une conversion légale en fondation pour assurer l'exécution d'une telle volonté.

La fixation nominative d'un bénéficiaire est un indice de l'attribution d'un droit de créance, soit d'un legs; mais, dans le doute, on présumera toutefois une charge successorale et non un legs, le doute profitant au débiteur (art. 8 CC)[13]. On peut toutefois présumer d'expérience que la contrepartie d'un pacte successoral onéreux dont doit bénéficier le cocontractant du disposant a le caractère d'un legs plutôt que d'une charge.

Là encore, lorsque l'acte à cause de mort est un acte public, l'officier public ou le notaire chargé de la rédaction doit être extrêmement précis dans l'emploi des termes techniques: il doit parler par exemple de sous-legs lorsque le légataire est lui-même grevé d'une créance à cause de mort, et non simplement utiliser une formule telle que: «à charge pour lui de ...».

1.1.4 Legs et règles de partage

Lorsque, par acte à cause de mort, une valeur successorale est attribuée au sein de biens extants à l'un des héritiers, le legs de cette valeur n'est pas présumé: la loi présume en effet qu'il n'y a pas de legs préciputaire[14]. En d'autres termes, l'attribution d'un bien à un des membres de l'hoirie est présumée ne pas modifier les parts successorales de chaque héritier, dans la mesure où la valeur du bien en cause n'est qu'un élément compris dans la part de l'héritier, ou si tel n'est pas le cas, doit donner lieu à l'attribution d'une soulte aux cohéritiers (art. 608 al. 2 CC)[15]. Là encore, l'emploi de termes explicites est recommandé pour éviter un litige sur la nature préciputaire de l'attribution, tels que «en plus de sa part» ou «sans imputation de valeur sur sa part», permettant à l'attributaire de justifier un renversement de la présomption légale.

---

[13] Autre avis, *Wolf/Genna,* p. 240.
[14] Art. 608 al. 3 CC; cf. aussi l'art. 522 al. 2 CC.
[15] Cf. aussi ATF 100 II 440 = JdT 1975 I 544; ATF 85 II 554 = JdT 1960 I 521.

Une règle de partage peut, comme un legs, atteindre la part réservataire d'héritiers légaux: cela est possible même avec attribution de la valeur en cause à un montant prédéterminé et même sans fixer le gratifié (par exemple, le testament qui fixe pour l'entreprise du disposant une valeur de rendement dans le partage, par hypothèse distincte de la valeur de liquidation vénale, quel que soit l'héritier attributaire de cette entreprise). Si la différence entre la valeur préfixée par le disposant et la valeur vénale par hypothèse supérieure lors du décès excède la quotité disponible, cette règle de partage doit pouvoir être réduite, car il n'y a pas alors «simple» règle de partage au sens de l'art. 522 al. 2 CC, ce que le réservataire lésé doit établir.

Lorsque, comme c'est usuel, la fixation d'une valeur d'attribution est combinée avec la désignation d'un attributaire, la jurisprudence et l'opinion dominante retiennent la combinaison d'un legs avec une règle de partage[16]. Or, nombreuses sont les configurations pratiques où il est impossible de construire une prétention en délivrance d'un legs du bien dont la valeur est préfixée par le disposant: il est beaucoup plus exact de ne retenir ici qu'une règle de partage, personne ne contestant que le disposant puisse, sans se heurter au *numerus clausus* du contenu des dispositions à cause de mort, fixer une valeur d'attribution, qu'il y ait ou non désignation d'un gratifié[17].

Les conséquences de cette qualification sont importantes: le débiteur du legs successoral supporte les conséquences d'une éventuelle demeure, et peut se prévaloir de la prescription, situation étrangère à la règle de partage, parmi d'autres différences. Comme il s'agit de qualifications présumées, il est tout à fait essentiel que l'acte soit clairement rédigé sur cette question.

---

[16] ATF 101 II 36 = JdT 1976 I 159; ATF 103 II 88 = JdT 1978 I 38 c. 3b; ATF 100 II 440 = JdT 1975 I 544 c. 5d et 7d; *Escher,* n. 1 ad 608 CC; *Tuor/Picenoni,* n. 14 ad 608 CC; *Pfammatter,* p. 103 ss, ne retenant cette qualification qu'en cas de valeur fixée en-dessous de la valeur légale au décès (critique justifiée sur ce point chez *Hubert-Froidevaux,* thèse, p. 150 ss, 169 ss).

[17] Contradictoire sur ce point *Hubert-Froidevaux,* thèse, p. 101 ss, comparées à p. 162 ss; argumentation complète pour le surplus in *P. Piotet,* Mélanges Grossen, p. 267 ss; idem, *Druey,* Grundriss, n. 16/72, p. 249.

1.2 Le cadre impératif à respecter

1.2.1 Introduction

Le cadre de l'institution étant fixé dans les lignes qui précèdent, il reste à déterminer l'autonomie du disposant. Nous nous proposons de voir en premier lieu les contraintes impératives de l'ordre juridique que le disposant ne peut éviter, puis d'apprécier l'étendue des règles dispositives qu'il peut modifier à sa guise.

Les contraintes imposées au disposant peuvent tenir à la mise en œuvre d'un intérêt général, soit de la protection impérative d'intérêts privés, notamment de réservataires ou de créanciers; vis-à-vis des créanciers, particulièrement des créanciers existants ou à venir du disposant lui-même, les règles qui protègent ces derniers ne peuvent être écartées par le de cujus seul, par exemple s'agissant de la postposition des créances des légataires lorsque la succession est encore un patrimoine séparé (art. 564 al. 1 CC). Les règles protégeant les réserves ne peuvent être elles-mêmes écartées, sauf à démontrer les conditions d'une exhérédation (art. 477 à 480 CC). Quant aux limites générales de l'ordre public, celles-ci s'expriment d'abord par la prohibition des legs illicites ou immoraux: la sanction en est, selon que la règle violée relève de l'ordre public interne ou de la protection des tiers[18], la nullité absolue, donnant lieu à une action constatatoire sans limite dans le temps, ou l'annulation judiciaire des art. 519 ss CC (art. 519 al. 1 ch. 3 CC).

Il est enfin admis que lorsque l'objet du legs est déjà impossible à exécuter lorsque l'acte à cause de mort est dressé, la nullité de l'art. 20 CO est applicable par renvoi de l'art. 7 CC[19].

Nous nous proposons de nous arrêter sur cinq contraintes spécifiques.

1.2.2 Numerus clausus

Comme on le sait, le contenu possible des actes à cause de mort est limitativement fixé par la loi, de même que les types et les formes des actes à cause

---

[18] Sur les critères utilisables, cf. *D. Piotet,* inefficacités, n. 20 ss, p. 59 ss et les références.
[19] *P. Piotet,* TDP, p. 169; *Steinauer,* n. 750, p. 370; *Guinand/Stettler/Leuba,* n. 401, p. 189; *Abt,* n. 7 ad 519 CC; *Riemer,* p. 251; *D. Piotet,* inefficacités, n. 17, p. 58.

de mort. Pour ce qui concerne le contenu matériel possible, il est généralement admis que l'acte que la loi n'a pas prévu est absolument nul[20].

Le droit suisse n'autorise pas le successeur à titre particulier qu'est le légataire (1.1.1) à acquérir au décès un droit *in rem* sur l'objet attribué, vulgairement appelé *legs per vindicationem* tel que connu du droit romain comme de plusieurs droits latins: par exemple, même lorsque le legs consiste en une remise de dette du légataire envers le de cujus, la libération n'intervient pas au décès, mais seulement par la remise par le débiteur du legs. La seule prétention susceptible d'exercice par le légataire directement, sans délivrance par l'héritier ou le légataire principal, est celle de la créance contre l'assureur-vie objet d'un legs (art. 563 al. 2 CC), cas susceptible d'extension analogique dans le seul cercle limité des assurances-vie[21].

Sans doute, la stipulation d'un tel legs hors cette exception pourra-t-elle être convertie en un legs régulier selon la volonté présumée du disposant: mais cette difficulté devrait être prévenue autant que possible.

1.2.3 Le caractère strictement personnel de l'attribution

Contrairement aux dispositions autorisées par les droits de «common law», le droit suisse astreint le disposant à émettre lui-même ses dernières volontés, et lui interdit de déléguer l'émission de celles-ci à un tiers, fût-il l'un de ses proches. L'émission des dispositions à cause de mort est au demeurant un acte strictement personnel absolu, n'autorisant pas la représentation en droit suisse[22]. Là encore, la sanction d'une transgression de cette règle est la nullité absolue[23].

Pratiquement, la distinction est difficile à opérer, d'autant que des voix s'élèvent, aujourd'hui plus encore sous l'influence des droits de systèmes anglo-saxons, pour l'assouplissement de la règle. Si le disposant peut parfaitement s'en remettre à un tiers pour un tirage au sort de l'attribution, il

---

[20] Dans la mesure où le défaut d'engager l'action de l'art. 519 al. 1 ch. 3 CC ne devrait pas permettre à un acte réprouvé de déployer des effets; cf. notamment, *Druey*, Grundriss, n. 12/64, p. 168; *Steinauer*, n. 750, p. 370; *P. Piotet*, TDP, p. 249–250; *D. Piotet*, inefficacités, n. 23, p. 60; *Riemer*, p. 252 s.; *Guinand/Stettler/Leuba*, n. 401, p. 190.

[21] *Breitschmid*, n. 7 ad 563 CC; *P. Piotet*, TDP, p. 125; *Steinauer*, n. 1081 a, p. 516 note 3.

[22] *Steinauer*, n. 306, p. 184; *P. Piotet*, TDP, p. 198; cf. l'art. 19c al. 2, *in fine*, CC, par exemple *Hausheer/Aebi-Müller*, n. 07/32 p. 71.

[23] ATF 81 II 22 = JdT 1955 I 584; ATF 68 II 155 = JdT 1942 I 618 = SJ 1942 p. 583; non encore formulé dans ce sens, ATF 48 II 308 = JdT 1923 I 290; cf. *Eigenmann*, n. 4 ad 519 CC et les références.

peut également arrêter une estimation de l'attribution à celle que fixera ultérieurement un expert. Mais peut-il laisser pour autant le choix par exemple entre trois objets légués hors part, à l'un des trois légataires sur les deux autres? Ou encore confier le choix de l'objet à attribuer à chacun à l'exécuteur testamentaire? La réponse est en principe négative sur cette difficulté; du moins dans la mesure où aucun critère objectif d'attribution n'est fixé par le disposant lui-même, comme cela pourrait être le cas dans une expertise-arbitrage, alors qu'à l'opposé, le disposant se défausse par hypothèse de la responsabilité de l'attribution[24]. Il devrait être ainsi possible, selon cette doctrine, d'attribuer un bien par exemple «à celui de (x personnes) que l'exécuteur testamentaire estimera présenter les meilleures garanties de maintien de l'objet dans la famille» ou encore de confier à l'exécuteur ou à tout autre tiers, le soin de confirmer l'accomplissement d'une condition[25]; le disposant peut encore subordonner le droit de l'héritier ou légataire appelé à ce qu'il soit désigné comme successeur par le grevé[26]: on est à la limite entre une condition potestative liant la désignation, en soi licite, et une délégation de celle-ci à un tiers du gratifié, en principe proscrite.

Au vu de la délicatesse de la distinction, certains auteurs proposent de n'admettre, dans les cas de violation peu graves du principe de la personnalité de l'acte à cause de mort, une simple action en annulation judiciaire, et non une action en constatation de la nullité[27]; c'est à notre sens ajouter là à la difficulté du tracé de la licéité la difficulté supplémentaire de devoir séparer les cas graves et les cas moins graves.

1.2.4 Le risque de réduction en général

En présence d'héritiers réservataires, l'attributaire d'un ou de plusieurs legs peut naturellement déborder la quotité disponible et atteindre la ou les réserves d'héritiers légaux: cela dépendra notamment de l'évolution du patrimoine successoral jusqu'au jour de l'ouverture de la succession.

Attributaire à cause de mort, le légataire s'expose alors à l'action en réduction du réservataire sur le même pied que les autres gratifiés à cause de

---

[24] Sur l'ensemble, *Breitschmid,* n. 13 ad 498 CC; *Druey,* Testament, p. 17–19; *Schärer,* p. 31 ss (critiques de la solution traditionnelle), 61 ss et 88 ss.
[25] *P. Piotet,* TDP, p. 76–77.
[26] *Weimar,* Einleitung n. 38 ad 467 ss CC.
[27] *Wolf/Genna,* p. 176.

mort[28]. En effet, le réservataire succède à la position de l'héritier réduit obligé à la délivrance du legs, et doit par conséquent également délivrer le legs pour sa part réservataire, soit dispose, face à la prétention du légataire dirigée contre lui, également de l'exception en réduction. Ce n'est que si le legs est déjà délivré que l'héritier qui subit seul la réduction peut alors se retourner contre le légataire pour réclamer la valeur de son attribution à titre particulier, correspondant à la part réservataire (art. 525 al. 2 CC); cette solution est la seule possible également dans les cas où le réservataire n'acquiert pas, par la réduction, la qualité d'héritier. Le risque de réduction doit typiquement faire l'objet d'une information juridique par l'officier public amené à instrumenter le legs en la forme authentique.

1.2.5 Les règles de la LDFR

Dans le champ d'application du droit foncier rural, la présence d'un héritier réservataire capable d'exploiter lui-même l'entreprise agricole successorale empêche le disposant d'attribuer, en propriété ou jouissance, tout ou partie de cette entreprise à un tiers dans la dévolution successorale (art. 19 al. 2 LDFR), cas d'exhérédation justifiée excepté. Le même mécanisme vaut pour les immeubles agricoles isolés de la succession, aux conditions de l'art. 21 al. 1 LDFR (art. 21 al. 2 *in fine* LDFR).

Sur de tels biens, le legs d'un usufruit est par exemple exclu, notamment en faveur du conjoint survivant[29]. La sanction en est, à notre avis, une action en annulation judiciaire au sens de l'art. 519 al. 1 ch. 3 CC, le cas échéant combinée avec une action en réduction si le réservataire est évincé de la succession[30].

1.3 Les règles dispositives à anticiper

La planification successorale doit naturellement prendre en compte les normes impératives fixées par la loi. Mais tout l'art du planificateur tient certainement à l'anticipation judicieuse des difficultés relevant de l'applica-

---

[28] Art. 525 al. 1 CC: «Au marc le franc», cf. notamment *P. Piotet,* TDP, p. 448–449; *Steinauer,* n. 649 d–e, p. 410.
[29] FF 1988 III 937; *Steinauer,* n. 451a, p. 230 s; *Eigenmann,* n. 8 ad 473 CC; ATF 108 II 177 = JdT 1983 I 505.
[30] Question controversée, cf. *D. Piotet,* inefficacités, n. 40, p. 80–81 et les références citées, dont *Gilliéron,* n. 75 ss, p. 354 s.

tion éventuelle de règles dispositives de la loi. Nous ne pouvons ici qu'évoquer pour partie cette vaste problématique, en éveillant l'attention des planificateurs sur certains points, mais sans pouvoir prétendre à l'exhaustivité.

1.3.1 La personne du gratifié

La désignation du légataire, soit du titulaire de la créance acquise à cause de mort en délivrance de l'objet du legs, est évidemment un point essentiel de l'institution du legs. La cotitularité entre légataires suit le cas échéant les règles générales du code des obligations (par exemple, l'art. 70 CO), la solidarité active n'étant pas présumée (art. 150 CO). Une acquisition en mains communes entre légataires n'est pas envisageable, dès lors que le *numerus clausus* des cas d'acquisition dépend d'un contrat fixant une communauté entre vifs, l'hoirie étant exceptée: mais le disposant peut conditionner l'acquisition par les colégataires à la constitution entre eux d'une société simple; à ce défaut, les colégataires ne peuvent qu'acquérir le bien en copropriété[31].

La substitution de légataire peut être prévue vulgairement (art. 487 CC) ou fidéicommissairement, dans les limites de la loi (art. 488 al. 3 CC). Une attention doit naturellement tout particulièrement être portée sur le risque pour un légataire désigné de se voir dans l'impossibilité de recueillir, notamment en raison d'un prédécès. C'est particulièrement dans le cas où il y a plusieurs légataires gratifiés du même objet que cette difficulté doit attirer l'attention du disposant. Le prédécès d'un d'entre eux n'est pas présumé en effet accroître la part des autres légataires, mais profite aux héritiers débiteurs du legs, libérés ainsi au pro rata de la part de celui qui ne peut recueillir. La clause dite d'«accroissement» permet au cogratifié de reprendre la part de celui ou ceux d'entre eux qui ne peut recueillir la libéralité, une substitution vulgaire sous cette forme permettant ainsi d'écarter les héritiers légaux tant qu'un seul des colégataires est à même de recueillir l'objet du legs. La clause d'accroissement toutefois ne se présume pas[32].

Le gratifié légataire, contrairement à l'héritier, n'a pas à exister nécessairement à l'ouverture de la succession (ou de la substitution s'il est appelé): la naissance de la créance en délivrance du legs peut être en effet reportée à la date de la conception du légataire, s'il naît par la suite vivant. Il est

---

[31] *Steinauer*, n. 535a, p. 271; *P. Piotet*, TDP, p. 117; *Hubert-Froidevaux*, n. 20 ad 484 CC.
[32] *P. Piotet*, TDP, p. 93; *Tuor*, n. 7 ad 487 CC; *Escher*, n. 5 ad 487 CC; *Bessenich*, n. 6 ad 487 CC.

ainsi concevable, si le disposant ne veut pas créer à cause de mort une fondation qui soit son héritière à titre universel, que par charge ou condition, il puisse obliger ses successeurs à la création d'une fondation, afin de lui attribuer une créance en délivrance de legs[33]: à plus forte raison est-il possible de créer directement la fondation à cause de mort, et de ne la doter que d'une créance de légataire à la charge des héritiers, sans pour autant l'instituer héritière elle-même. Comme pour la fondation instituée héritière, cette fondation est bien la légataire au jour du décès sous la condition résolutoire qu'elle ne soit pas en définitive inscrite au registre du commerce si la loi l'exige[34].

1.3.2 La personne de l'obligé

La loi civile astreint le disposant à désigner comme débiteur du legs un ou des héritiers, ou encore un légataire (dans le cas du sous-legs), soit un successeur à cause de mort, si l'on excepte le cas du legs des assurances-vie[35]. Mais, dans ce cadre ainsi défini, le disposant fixe librement la personne du ou des débiteurs.

Selon l'art. 486 al. 2 CC, si les successeurs désignés ne recueillent pas à cause de mort, à défaut de substitution d'héritier ou de légataire principal prévue, le legs subsiste selon la loi pour grever la part de celui qui recueille à la place du débiteur désigné à l'origine[36]. Certains auteurs admettent que le légataire ne peut pas profiter de cette substitution de débiteur, par exemple qu'il continue à s'exposer à réduction du legs parce que la personne du débiteur désigné à l'origine pouvait être atteinte dans sa réserve, alors même que celui qui a recueilli à la place du débiteur désigné à l'origine, défaillant, ne serait pas atteint lui-même quant à sa part réservataire par la délivrance du legs. Cette présomption tirée du droit allemand (§ 2187 al. 2 BGB) est reprise par plusieurs auteurs en droit suisse[37]. Nous pensons au contraire qu'en l'absence de présomption légale en droit suisse, c'est la volonté du disposant qui reste décisive, et que d'expérience l'on partira plu-

---

[33] Ainsi, ATF 99 II 246 = JdT 1974 I 236; *Huwiler,* n. 28 ad 484 CC et les références.
[34] Sur la question dans son ensemble, ATF 99 II 246 = JdT 1974 I 236; ATF 103 Ib 6 = JdT 1978 I 283; *P. Piotet,* TDP, p. 112; *Steinauer,* n. 579 a, p. 295 et les références.
[35] Art. 563 al. 2 CC, cf. *supra* 1.2.2.
[36] Héritier légal à défaut de l'héritier institué prédécédé, ou tout autre repreneur de la part successorale, cf. art. 541 al. 2, 572 CC.
[37] *Huwiler,* n. 19 ad 486 CC; *Hirtz,* p. 27; idem *Escher,* n. 7 ad 486 CC; *Steinauer,* n. 536e, p. 272.

tôt d'une volonté de maintenir l'intégralité du legs que de se fixer sur l'obstacle à cette volonté qu'était la réserve de la personne débitrice désignée à l'origine.

Toutes ces règles restent dispositives: si le disposant ne fixe pas un débiteur ou des débiteurs du legs, ceux-ci sont présumés être tous les héritiers membres de l'hoirie, solidairement à l'égard du légataire[38]. Le disposant peut n'obliger qu'un héritier, ou en obliger plusieurs en écartant la solidarité à l'égard du légataire par exemple. Il peut, en cas de débiteur prédécédé, indigne ou répudiant, non seulement désigner un débiteur de substitution, mais encore régler les conséquences de cette substitution en déterminant quelles exceptions restent ouvertes entre débiteurs et légataires pour la délivrance de l'objet de cette créance.

Le disposant peut encore naturellement attacher le maintien du legs à la personne de son débiteur, soit prévoir que le legs devient caduc si le débiteur du legs ne recueille pas à cause de mort. De même, lorsque la prestation léguée a un caractère strictement personnel pour l'obligé, l'on partira de l'idée que le legs est caduc si cet obligé ne recueille pas[39].

Toutes ces options ouvertes doivent attirer l'attention du planificateur en matière de succession, particulièrement de l'officier public ou du notaire appelé à la rédaction d'un acte à cause de mort portant délivrance d'un legs.

1.3.3 Le sort du legs en cas d'insuffisance de la succession ou de la part du débiteur

La loi permet, à l'art. 486 al. 1 CC, au débiteur du legs de faire réduire ce dernier à concurrence des forces de la succession, respectivement de l'acquisition successorale qui lui est acquise: contrairement à l'action en réduction également visée par le texte légal (excès de la «quotité disponible»), cette faculté est de droit dispositif, soit peut être écartée par le disposant[40]. En d'autres termes, le disposant peut obliger le débiteur du legs à choisir entre répudier, ou succéder et délivrer alors le legs en son entier: il peut encore, à plus forte raison, fixer les modalités de la réduction (par ailleurs

---

[38] Art. 603 al. 1 CC, applicable par analogie, cf. notamment ATF 59 II 119 c. 3 = JdT 1934 I 514; ATF 101 II 218 = JdT 1976 I 601.
[39] Cf. aussi, *Burckhardt,* p. 115–116.
[40] *Huwiler,* n. 16 ad 486 CC; *P. Piotet,* TDP, p. 133; *Weimar,* n. 11 ad 486 CC; *Burkart,* n. 9 ad 486 CC; apparemment en sens contraire, *Burkhardt,* p. 97–98.

controversée) de l'art. 486 al. 1 CC, en jouant par exemple sur les valeurs décisives, ou sur l'existence d'autres légataires à charge du débiteur.

Cette liberté, moyennant due information sur les risques de la répudiation, peut s'avérer utile au disposant particulièrement lorsqu'un successeur présomptif est attaché à certaines valeurs successorales au-delà de leur valeur vénale.

1.3.4 L'exigibilité du legs différé

La liberté du disposant est très importante pour le moment de l'exigibilité de la créance du légataire. La loi présume que le moment de l'exigibilité coïncide avec l'acceptation (ou la déchéance du droit de répudier)[41] du ou des héritiers débiteurs du legs. L'exigibilité du legs est présumée en outre entraîner celle du sous-legs à la charge du légataire principal[42].

Ce point d'exigibilité peut être reporté, ce qui peut se déduire encore implicitement d'une prestation léguée qui ne peut objectivement s'exécuter que passé un certain délai pour que le terme présumé à l'art. 562 al. 2 CC puisse être implicitement écarté[43]. La doctrine largement dominante admet que ce point peut être également anticipé, soit intervenir à l'ouverture de la succession, ou à tout le moins avant l'acceptation par le débiteur de sa qualité de successeur[44].

---

[41] Certains auteurs paraissent exiger, à notre sens à tort, que tous les héritiers présomptifs débiteurs du legs aient accepté la succession (*Huwiler,* n. 9 ad 562 CC et les références citées). L'appel analogique à la règle de la solidarité entre héritiers à l'égard du légataire n'a pas pour but de défavoriser ce dernier, soit de reporter l'exigibilité de sa prestation en fonction des aléas qui peuvent toucher à l'acceptation de l'un des codébiteurs (art. 569 CC par exemple) et la solidarité comme telle n'implique en rien une exigibilité commune et simultanée de chaque dette identique portant sur la même fourniture de prestation.
[42] Bull. Stén. CN 1906 p. 291; Procès-verbaux de la Grande Commission d'experts, 15.3.1902, II, p. 186; *P. Piotet,* TDP, p. 122; *Escher,* n. 9 ad 562 CC; *Huwiler,* n. 10 ad 562 CC.
[43] Sur les cas tenant à la personne du gratifié, cf. *supra* 1.3.1.
[44] *Escher,* n. 10 ad 562 CC; *P. Piotet,* TDP, p. 122; *Huwiler,* n. 6 ad 562 CC; *Häuptli,* n. 3 ad 562 CC; *Krayenbühl,* p. 221 ss; *Benziger,* p. 34 ss; *Burkhardt,* p. 125; il n'y a alors pas de déchéance au sens de l'art. 571 al. 2 CC pour le débiteur du legs qui s'en acquitte avant acceptation.

1.3.5 Le maintien du legs en cas de répudiation de la qualité d'héritier du gratifié

Après avoir présumé le maintien du legs au cas où le débiteur du legs ne recueille pas à cause de mort[45], la loi civile présume ensuite le maintien du legs préciputaire lorsque l'héritier gratifié de la sorte répudie, cela bien sûr pour autant que la qualité préciputaire du legs ne soit pas douteuse[46]; cette présomption naturellement ne fonctionne que dans le cas de la répudiation par l'héritier, et non dans l'hypothèse de l'indignité, du prédécès, ou d'une autre incapacité à recueillir.

Il ne s'agit toutefois que d'une présomption. Le disposant peut parfaitement prévoir la suppression du legs préciputaire au cas où le gratifié répudierait, n'admettant pas ainsi cette délivrance par exemple dans l'hypothèse où le gratifié ne prendrait pas sa part des passifs successoraux. C'est là encore un point important qui devrait attirer l'attention du planificateur successoral dans la stipulation des legs préciputaires en faveur d'un héritier.

1.3.6 L'objet ne se retrouve pas dans la succession (renvoi)

Enfin, un des domaines les plus significatifs de la liberté du disposant vise l'hypothèse du legs d'un objet matériel qui, après l'acte à cause de mort, ne se retrouve plus dans le patrimoine du disposant: la loi présume la caducité du legs (art. 484 al. 3 CC), soit la révocation par un acte entre vifs ultérieur en cas d'aliénation volontaire (art. 511 al. 2 CC), du moins lorsque l'objet légué ne l'est pas en vertu d'une obligation contractuelle contenue dans un pacte successoral[47]. Nous reviendrons sous chiffre 2.2.3 ci-dessous sur les différentes hypothèses relevant de cette situation, notamment du point de vue de la planification successorale.

---

[45] Art. 486 al. 2 CC, cf. *supra* 1.3.3.
[46] Art. 486 al. 3 CC, cf. *supra* 1.1.4.
[47] Cf. *infra* 2.2.1.

2. Quelques thématiques propres aux legs

2.1 Le legs de rente ou d'usufruit

2.1.1 Rente entre vifs ou legs de rente à cause de mort?

Le cas sans doute le plus fréquent de legs, du moins sur le plan statistique, est celui d'un usufruit ou d'une rente. Cette situation est si fréquente qu'elle mérite certainement que l'on s'attarde sur quelques-unes de ses spécificités.

A vrai dire, les problèmes tiennent déjà à la circonscription du domaine du legs de rente ou d'usufruit dans le droit des successions, soit de la distinction, pour le legs d'une rente en particulier, entre un acte entre vifs et un acte à cause de mort. Il n'y a ainsi un legs, et non stipulation d'une rente entre vifs, que lorsque le disposant convient avec le bénéficiaire d'une rente due à raison du décès du stipulant: l'art. 245 al. 2 CO, pour faciliter la preuve de la cause de mort de la libéralité, se contente en effet de la simple exécution au décès comme critère de distinction. Ce critère vaut par ailleurs pour toutes les stipulations contractuelles à titre gratuit, même s'il n'y a pas de donation au sens de l'art. 239 CO[48].

A l'opposé, si le gratifié a déjà un droit personnel à l'exécution avant le décès du stipulant, la libéralité doit être qualifiée d'acte entre vifs.

Cette distinction est évidemment essentielle pour la forme de l'acte à passer. Et on y est confronté relativement souvent, pour des stipulations contractuelles liées aux suites d'un divorce ou d'une séparation judiciaire entre conjoints, ou entre partenaires enregistrés, lorsque ces stipulations sont non seulement maintenues en cas de divorce ou de dissolution, mais encore que la charge de la rente stipulée passe aux héritiers du débirentier, en dérogeant par là de façon caractérisée à la réglementation légale (art. 130 al. 1 et 127 CC). En principe, l'acte est valablement stipulé par écrit, cas échéant avec l'homologation par le juge matrimonial, dans la mesure où il est stipulé entre vifs: tel est à tout le moins le sens de la solution de la doctrine traditionnelle[49]. La doctrine récente considère en revanche que la dérogation à l'art. 130 CC constitue en soi une libéralité à cause de mort, puisque

---

[48] Cf. *P. Piotet,* TDP, p. 179; cf. aussi ATF 58 II 423 = JdT 1933 I 340; ATF 67 II 88 = JdT 1941 I 612; ATF 89 II 87 = JdT 1963 I 599.
[49] *Bühler/Spühler,* n. 19, 28 ad 153 anc. CC; *Hinderling/Steck,* p. 346–347, note 2 c.; *Liatowitsch Mordasini,* n. 184, p. 547.

cette dérogation prend effet avec le décès[50], certains auteurs se contentent toutefois de l'homologation par le juge matrimonial en lieu et place de la forme de l'acte à cause de mort le cas échéant[51]. A vrai dire, l'homologation du juge matrimonial ne poursuit pas exactement les mêmes objectifs que la forme authentique de l'acte à cause de mort telle que celle du pacte successoral; la question tient en réalité au caractère de libéralité de la stipulation. Si ce caractère est acquis, le critère général de l'art. 245 al. 2 CO doit s'appliquer, de sorte que la libéralité dont l'exécution est fixée au décès, et qui emporte aussi la dérogation sans contreprestation à l'art. 130 al. 1 CC, doit être soumise à la forme du pacte successoral, sans qu'il y ait lieu de rechercher si la cause de cette libéralité est véritablement le décès ou le divorce quant à ses effets accessoires.

Quoi qu'il en soit, la prudence, en l'absence de jurisprudence pouvant faire référence, doit pousser les praticiens à faire instrumenter sous la forme du pacte successoral un tel engagement de l'un des ex-conjoints ou partenaires, quitte à ce qu'il soit encore conditionné à l'homologation par le juge matrimonial le cas échéant[52].

2.1.2 L'art. 530 CC et son champ d'application

Une des caractéristiques du legs de rente ou d'usufruit tient dans les modalités de sa réduction éventuelle en présence d'un droit réservataire face au légataire. Nous n'entendons pas ici analyser le mode d'estimation et la capitalisation de la rente ou de l'usufruit pour le calcul des réserves et de la quotité disponible, qui dépasserait le cadre de cet exposé, mais souligner que l'art. 530 CC institue une obligation de restitution alternative à la charge du crédirentier ou de l'usufruitier réduit par un réservataire: ce débiteur s'acquitte de son dû à l'égard du réservataire soit par la réduction de son droit[53],

---

[50] *Fankhauser,* n. 430, p. 213 ss.; *Schwenzer,* n. 11 ad 130 CC; *Spycher/Gloor,* n. 14 ad art. 130 CC.
[51] *Sutter/Freiburghaus,* n. 14 ad 130 CC; *Pichonnaz,* n. 26 ad art. 130 CC.
[52] A vrai dire, nous considérons que l'homologation par le juge du divorce ne porte pas sur des engagements à cause de mort, et par là que la forme du jugement ne remplace pas la forme authentique, mais qu'une homologation d'autres engagements réciproques des conjoints sur les effets accessoires justifie qu'il y soit joint des obligations stipulées à cause de mort, pour permettre au juge matrimonial d'apprécier l'équilibre d'ensemble de la convention.
[53] Une rente peut être réduite soit proportionnellement par amputation correspondant à la lésion de la réserve pour chaque montant périodique, soit par arrêt des versements lorsque le total des paiements atteint la réserve: cf. *Tuor,* n. 15 ad art. 530 CC. L'opinion

soit par l'«abandon du disponible», à savoir par le règlement en espèces de la valeur dont est frustré le réservataire. Cette option protège le réservataire débiteur du legs en ce sens qu'il n'est pas contraint, lors de l'exercice de la réduction contre lui, de spéculer sur la coïncidence de la durée effective de son obligation par rapport à sa «durée présumable» selon la capitalisation prévue pour une telle attribution. L'art. 530 CC est applicable à toutes les rentes et usufruits stipulés à cause de mort (2.1.1 *supra*): il ne vise que les rentes et usufruits de durée indéterminée et s'étend aux legs de droit d'habitation ou d'autres servitudes d'usage de valeurs successorales si elles ont également une durée indéterminée; les servitudes léguées pour une durée déterminée en revanche sont traitées face à la réduction selon l'art. 526 CC, lequel prescrit une option cette fois-ci en faveur du légataire, et non du débiteur du legs[54].

S'il est ainsi important de distinguer la règle de l'art. 530 CC par rapport à celle de l'art. 526 CC, il est aussi essentiel de souligner que, lorsque l'usufruit est conféré au conjoint survivant selon l'art. 473 CC, les débiteurs réservataires que sont les enfants non communs ont seuls l'option de l'art. 530 CC (et non les enfants communs), l'option des premiers pouvant s'exercer face au conjoint survivant légataire d'un tel usufruit sur une fraction seulement de la succession[55].

L'on sait enfin que lorsque l'art. 473 CC l'a fait bénéficier d'un usufruit étendu sur la réserve des enfants communs, le remariage de l'usufruitier a pour effet de restreindre l'usufruit aux limites de la quotité disponible «selon les règles ordinaires» (soit trois-huitièmes, et non plus un quart), le cas échéant additionnée de la réserve du conjoint survivant, cela sans pouvoir désormais atteindre la réserve des enfants communs (art. 473 al. 3 CC). Lorsque les enfants communs exercent leur réserve après remariage

---

dominante exclut cependant cette seconde possibilité à notre avis à tort (cf. notamment *Escher*, n. 2 ad art. 530 CC; *Forni/Piatti*, n. 4 ad art. 530 CC; *Rumo-Jungo*, p. 43–44; *Hrubesch-Millauer*, n. 6 ad art. 530 CC), car ce que sanctionne le Tribunal fédéral n'est pas le procédé en tant que tel, mais l'absence d'avertissement ou d'annonce suffisamment anticipée pour que l'on ne puisse admettre de bonne foi une renonciation à la réduction, ATF 138 III 97 = JdT 2009 I 635.

54 Sur l'ensemble, *P. Piotet*, TDP, p. 474 ss; *Steinauer*, n. 842b–842c, p. 402; *Forni/Piatti*, n. 3 ad art. 530 CC et n. 3 ad art. 526 CC; *Hrubesch-Millauer*, n. 2 ad art. 530 CC; *Eigenmann*, n. 4 ad art. 530 CC.

55 Cf. notamment *Weimar*, n. 44 ad art. 473 CC; *Steinauer*, RNRF 84/2003 p. 348 s; *P. Piotet*, TDP, p. 372–373; *Carlin*, p. 201; *Wildisen*, p. 252; *Wolf/Genna*, p. 275; l'idée que l'art. 530 CC est inapplicable face à l'art. 473 CC devrait dans ce sens être nuancée (ainsi par exemple, *Eigenmann*, n. 10 ad art. 530 CC).

de l'usufruitier selon l'art. 473 CC, l'option de l'art. 530 CC ne devrait pas «renaître» en leur faveur, à défaut de quoi le conjoint survivant pourrait se voir imposer de prendre sa réserve en propriété, alors qu'il avait opté pour sa couverture sous la forme du legs d'usufruit[56].

2.1.3 Caractère dispositif de l'option des réservataires

Il est admis à l'art. 526 CC[57] que le droit d'option ne porte pas comme tel atteinte à la valeur de la réserve, mais aux seules modalités de règlement de sa lésion par le gratifié, et est par là de droit dispositif. Il résulte en effet du système général (art. 525 CC) que les libéralités à cause de mort peuvent voir leurs modalités de réduction fixées par le de cujus, et à plus forte raison encore leur ordre[58]. Il en résulte que le choix de l'art. 530 CC peut être restreint ou supprimé par le disposant; il est certainement utile, au vu de la distinction aléatoire dans la pratique, entre le champ d'application de l'art. 530 CC et celui de l'art. 473 CC, de tenir compte de cette possibilité permettant d'uniformiser la situation tant à l'égard des enfants non communs qu'à l'égard des enfants communs en cas de remariage.

2.2 L'inexécution du legs

2.2.1 Différences entre legs testamentaire et celui dérivant d'un pacte successoral

Nous n'avons pas jusqu'ici pu mettre l'accent sur les différences entre le simple legs testamentaire, librement révocable, et le legs contractuel inséré dans un pacte successoral positif, qu'il soit conclu à titre onéreux ou à titre gratuit.

Il faut évidemment se rappeler ici que l'obligation assumée contractuellement par le de cujus de disposer d'une valeur à cause de mort n'est pas seulement sanctionnée par l'action en délivrance du legs de l'art. 562 CC, mais encore par celle de l'art. 494 al. 3 CC face au successeur, si le disposant a, en violation de son obligation assumée à cause de mort, disposé ou détruit

---

[56] Dans ce sens, *P. Piotet,* usufruits, p. 169; *Carlin,* p. 264–265; *contra* mais sans justification, *Wolf/Genna,* p. 290; *Weimar,* n. 45 ad art. 473 CC et les références.
[57] Cf. notamment *P. Piotet,* TDP, p. 474; *Forni/Piatti,* n. 4 ad art. 526 CC; *Escher,* n. 4 ad art. 526 CC; *Tuor,* n. 7 ad art. 526 CC; *Eigenmann,* n. 2 ad art. 526 CC; *Spahr,* p. 276.
[58] *P. Piotet,* TDP, p. 457.

l'objet individualisé qui devait être légué, le legs contractuel ne laissant pas place, par définition, à la présomption de l'art. 484 al. 3 CC[59].

Cette différence ayant été rappelée, nous nous concentrerons, du point de vue de la planification successorale sur la liberté du disposant en matière de configuration des droits du légataire à la délivrance, soit au caractère dispositif de la réglementation de la créance du légataire.

2.2.2 Créance, demeure et passage des risques: la liberté de manœuvre du disposant

Comme on l'a déjà relevé, le légataire acquiert à cause de mort une créance dirigée contre un héritier (ou un légataire pour le sous-legs)[60], l'art. 562 CC traitant de l'action «personnelle» du légataire en exécution de cette créance.

Or, la configuration de cette prétention est à l'entière liberté du disposant: il est ainsi même parfaitement envisageable que le disposant ne laisse au légataire qu'une créance sans droit d'action, soit une simple obligation naturelle[61]. Dans cette mesure, l'art. 562 al. 1 CC doit n'être compris que comme une présomption, et non comme une règle impérative.

Le droit d'ester en justice lui-même doit suivre les règles impératives de la procédure applicable (qu'il s'agisse de la procédure civile ou de l'exécution forcée) s'il est consacré comme le dit le système légal. Une clause arbitrale ou une prorogation de for ne peuvent être unilatéralement imposées, n'étant prévues sous cette forme unilatérale ni par le code de procédure civile fédéral, ni par le droit de l'arbitrage international ou interne[62]: il ne peut y avoir qu'un sauvetage d'une telle clause nulle par conversion en une condition en une charge au sens du droit successoral matériel, selon la volonté présumée du disposant[63].

Si le disposant ne permet au légataire que d'exiger une exécution en nature du legs, à l'exclusion de tous dommages-intérêts, contrairement à ce que

---

[59] Cf. *P. Piotet,* TDP, p. 166; *Grundmann,* n. 22 ad art. 494 CC; *Steinauer,* n. 636a, p. 319; *Hrubesch-Millauer,* Erbvertrag, n. 561 ss, p. 223 ss; *contra Escher,* n. 12 ad art. 494 CC; *Tuor,* n. 24 ad art. 424 CC; *Druey,* Grundriss, n. 16/38, p. 136.

[60] Cf. *supra* 1.1.1 et 1.1.2.

[61] Cf. *Burckhardt,* p. 86–87, qui finit par écarter à tort cette possibilité en confondant obligation naturelle et condition potestative du débiteur.

[62] *Sutter-Somm/Gut,* p. 150 ss et les références, p. 144 ss; *D. Piotet,* successio 2011 p. 164 ss et les références.

[63] Sur les conséquences de droit de cette éventuelle conversion, *D. Piotet,* ibidem, p. 167 s.

prévoit l'art. 562 al. 3 CC, de droit dispositif, la distinction d'avec une charge successorale devient plus difficile: le point décisif reste cependant de savoir si le droit du gratifié entre dans son patrimoine ou non, ce qui peut notamment ressortir de la question de savoir si ce droit peut être remis en jouissance ou aliéné à un tiers auquel cas il s'agira toujours d'un legs, et non d'une charge successorale (1.1.3 *supra*).

En réalité, la liberté de configuration de la créance du légataire est en droit matériel complète, dans les limites de l'ordre public et des bonnes mœurs, et sous réserve de la protection par le législateur des intérêts de tiers, tels les créanciers successoraux (par exemple à l'art. 564 al. 1 CC) ou encore d'un locataire ou d'un fermier de la chose à transférer au légataire[64].

Les droits présumés du légataire peuvent être ainsi amputés, notamment:

- par l'exclusion de tout intérêt moratoire[65], ou par la suppression de prétention à des dommages-intérêts pour inexécution ou mauvaise exécution en général;
- en remettant des accroissements de l'objet légué depuis le décès aux héritiers et non aux légataires, ou encore en repoussant le passage des risques en défaveur du légataire après le jour de l'ouverture de la succession, par exemple en l'astreignant à recevoir l'objet dans l'état où il se trouve au moment de l'exécution du legs; à défaut, l'art. 485 al. 1 CC doit s'appliquer[66];
- en supprimant la subrogation au cas où l'objet légué était grevé d'un gage en faveur d'un tiers, et que le légataire doit payer la dette principale de l'héritier pour éviter la réalisation à ses dépens de l'objet légué (art. 827 CC et 110 ch. 1 CO)[67];
- en supprimant les mesures de sûretés en faveur des légataires de l'art. 594 al. 2 CC, comme il peut le faire pour l'action en justice du légataire elle-même.

L'inverse est aussi possible, mais, au moins du point de vue pratique, peut-être plus délicate: par l'adoption de telles clauses, le débiteur du legs est

---

[64] Par exemple, *Burkart,* n. 15 ad art. 485 CC; *Huwiler,* n. 14 ss ad art. 485 CC et les références.
[65] Cf. à défaut de suppression volontaire: ATF 111 II 421 = JdT 1986 I 621.
[66] Par exemple: ATF 49 II 12 = JdT 1924 I 2: dévaluation du mark allemand.
[67] Cf. à défaut, ATF 104 II 337 = JdT 1979 I 503; sur l'obligation (dispositive) du débiteur du legs de libérer de cette charge le légataire grevé, l'ATF 115 II 323 = JdT 1991 I 143 met en cause la solution retenue à l'ATF 45 II 155 = JdT 1919 I 418.

défavorisé à l'avantage des légataires, et ce désavantage a une valeur patrimoniale dont il faut également tenir compte dans la dévolution successorale: le cas échéant, ces clauses peuvent être réductibles si le débiteur du legs est atteint dans sa réserve.

Cette favorisation des légataires tient le plus souvent dans la pratique à faire reprendre la charge fiscale qui devrait normalement les frapper pour la délivrance du legs, ou encore à assurer aux légataires la délivrance d'un objet légué exempt de toute charge d'entretien par exemple en cas d'usufruit ou de droit d'habitation. Civilement, la valeur du legs est ainsi augmentée en fonction de cette reprise par le débiteur du legs des charges de l'objet, le cas échéant capitalisées pour l'entretien futur.

Mais on peut également imposer que le légataire ait un droit à la garantie du chef d'éviction ou des défauts, même pour une période qui pourrait remonter à la date de la disposition à cause de mort, soit avant le décès; ce dernier cas de figure reste licite, car la créance en réparation ainsi léguée ne naît pas avant le décès, même si son montant se fixe en fonction d'une évaluation d'une situation de fait antérieure.

Moins incisive, et peut-être plus pratique, la clause obligeant à subrogation patrimoniale pour les objets légués qui forment une universalité (particulièrement une entreprise dans la succession) oblige les héritiers à favoriser un légataire à raison de valeurs qui se sont substituées aux valeurs d'origine de l'universalité, et cela depuis un point chronologique fixé par le disposant; elle ne résulte pas de la loi pour les legs, faute de patrimoine séparé acquis à titre universel.

Nous croyons devoir arrêter ici cette énumération, sans souci d'exhaustivité, qui n'a que pour but d'attirer l'attention sur l'éventail des possibilités ouvertes.

2.2.3 Le legs d'un bien hors succession

2.2.3.1 Le legs voulu pour une valeur hors de la succession: hypothèses

Contrairement aux acquisitions à titre universel des héritiers, les légataires peuvent se voir attribuer une valeur hors de la succession ouverte, soit hors des biens extants. L'art. 484 al. 3 CC témoigne de cette possibilité légalement ouverte en permettant à un disposant à cause de mort de maintenir le legs, alors même que la valeur léguée n'est pas (plus) dans le patrimoine successoral: le système légal témoigne ainsi de la licéité d'une acquisition à cause de mort portant sur la valeur incluse dans le patrimoine d'un tiers, et qui n'appartient ainsi plus au de cujus.

Evidemment, pour que le tiers, ayant droit sur la valeur en question, soit obligé à la délivrance du legs, il faut qu'il ait soit accepté cette qualité (en tant qu'héritier ou en tant que légataire) à cause de mort, ou, par opposition, soit qu'il se soit obligé par acte entre vifs, envers le de cujus à transmettre au décès de ce dernier la valeur au légataire désigné. Le premier cas de figure est celui typique de l'art. 484 al. 3 CC, alors que le second cas de figure est celui d'une stipulation pour autrui à cause de mort[68].

Il y a, évidemment, un troisième cas de figure: celui où l'ayant droit n'est pas obligé, ni à cause de mort, ni entre vifs, à remettre l'objet légué au légataire désigné si le legs était possible lors de la disposition testamentaire en cause[69]. Lorsque l'objet du legs appartenait au disposant lorsque l'acte à cause de mort a été dressé, il est présumé alors avoir voulu que le legs devienne caduc lorsqu'il dispose volontairement de cet objet entre vifs (art. 511 al. 2 CC) ou lorsque, de toute autre manière, l'objet ne se retrouve plus dans son patrimoine (art. 484 al. 3 CC). Mais la volonté du disposant, une fois établie, peut écarter cette présomption et maintenir le legs («Verschaffungsvermächtnis»): l'obligé doit alors tenter de se procurer l'objet individualisé légué auprès de son ayant droit, et s'il échoue, doit de pleins dommages-intérêts au légataire.

2.2.3.2 Modalités du legs hors succession et réduction

Si la présomption de l'art. 484 al. 3 CC (art. 511 al. 2 CC) est renversée, le legs d'une valeur hors succession est susceptible d'exécution en nature dans la mesure où l'ayant droit sur la valeur est lui-même un héritier ayant accepté la succession ou un légataire qui n'a pas répudié son legs. La volonté du disposant implique, dans ce cas de figure, que seul l'ayant droit est le débiteur du legs, et non pas les cohéritiers solidairement, le cas échéant (sauf stipulation contraire expresse). Comme la délivrance du legs s'opère hors des biens extants dans ce cas de figure, on doit en déduire que

---

[68] *Infra* ch. 2.3.2; sur ces hypothèses, également *Huwiler,* n. 84–85 ad art. 484 CC.
[69] S*upra,* 2.2.1.

le disposant a implicitement écarté l'art. 486 al. 1 CC, permettant la réduction du legs à concurrence de la part successorale reçue[70].

Pour ce qui concerne en revanche la présence d'héritiers réservataires, le legs hors patrimoine successoral oblige à ajouter, pour le calcul des réserves et de la quotité disponible, outre les biens extants nets, augmentés des rapports, et les objets des réunions (art. 475 CC), les valeurs léguées hors succession, ce que l'on oublie très généralement d'énoncer[71]; cette solution démontre encore une fois que la fixation de la masse de calcul des réserves et de la quotité disponible peut dépendre de la volonté du disposant, contrairement à des idées préconçues[72].

Cet ajout («réunion») ne modifie au demeurant pas la nature à cause de mort de l'attribution, et elle se réduit, sauf volonté contraire du disposant, sur pied d'égalité avec les autres attributions à cause de mort (art. 525 CC).

2.2.3.3 La stipulation pour autrui à cause de mort

Une forme particulière de legs d'un bien non compris dans la succession est constituée par la stipulation pour autrui (cf. 2.3.1). Cette situation se caractérise par l'obligation assumée entre vifs par l'acquéreur de la valeur du disposant de la remettre au décès de ce dernier au gratifié: l'obligé n'est ici, contrairement au cas du legs proprement dit, ni un héritier, ni un légataire principal, mais une personne extérieure ne revêtant pas la qualité de successeur.

Comme dans tout rapport d'assignation acceptée, il faut distinguer le rapport de couverture, liant l'aliénateur/disposant avec le tiers acquéreur/obligé, et le rapport de valeur ou de provision, liant le disposant au gratifié, constituant la cause du rapport de couverture. Alors que l'assignation acceptée, soit le rapport de couverture, constitue clairement une relation juridique entre vifs, développant déjà des effets du vivant des parties, et pouvant conférer un droit (entre vifs) au gratifié envers l'assigné qui l'accepte, le rapport de valeur est lui un acte à cause de mort, dans la mesure où le disposant ne prévoit l'attribution de la valeur qu'à son décès, sans que le gratifié n'acquière envers lui un droit de son vivant, la question de l'ap-

---

[70] Apparemment contraire, *Huwiler,* n. 86 ad art. 484 CC; cf. *supra* 1.3.3 sur le caractère dispositif de cette dernière règle.
[71] Cf. notamment *Steinauer,* n. 453, p. 235; *Weimar,* n. 4 ad art. 474 CC et n. 2–3 ad art. 475 CC; *Staehelin,* n. 1 ad 474 CC; *Nertz,* n. 1 ad art. 474 CC.
[72] Ainsi également, *P. Piotet,* Rapports, n. 1 ss, p. 13 ss.

partenance à un tiers du bien légué n'étant, au vu de l'art. 484 al. 3 CC, pas décisive pour la qualification d'acte à cause de mort.

Il est ainsi essentiel que la gratification soit exprimée dans les formes d'un acte à cause de mort[73]. Le Tribunal fédéral a retenu cette solution dans l'hypothèse d'un contrat de dépôt stipulé à cause de mort en faveur d'un tiers[74] et la doctrine dominante admet également cette solution[75]. Il n'est pas possible de discuter de cette jurisprudence en se contentant d'affirmer l'efficacité abstraite du rapport de couverture, et l'acquisition ainsi réalisée entre vifs par le gratifié[76], parce que dans les rapports entre le disposant et le gratifié, il manque un rapport de provision efficace. En d'autres termes, si le gratifié acquiert bien du tiers obligé la valeur léguée au décès, cette acquisition reste illégitime au sein de la succession, faute d'acte à cause de mort la fondant: le gratifié apparent doit alors restituer cette valeur à la succession, soit à ses cohéritiers, sur la base de l'enrichissement illégitime[77].

Pour illustrer cette situation juridique triangulaire et complexe, que l'on rencontre cependant dans la pratique, l'on prendra l'exemple suivant: le disposant X fait donation entre vifs d'un immeuble à son petit-enfant A, et se réserve l'usufruit de l'immeuble. L'acte de donation immobilière stipule qu'au décès du donateur et usufruitier, le petit-enfant A aura à charge de constituer un usufruit en faveur de son parent B, soit de l'un des enfants de X, ce que le petit-enfant donataire A accepte. Efficace entre vifs, cet usufruit à constituer sur une valeur qui n'appartient pas à la succession, n'est légitime au regard des autres héritiers de X que s'il a été stipulé à cause de mort de façon efficace, la donation immobilière n'y suffisant pas. C'est un point qui devrait particulièrement attirer l'attention des notaires et officiers publics.

---

[73] *P. Piotet*, TDP, p. 180 s.
[74] ATF 67 II 88 = JdT 1941 I 612.
[75] *Beck*, p. 87; *Weimar*, n. 121 ad art. 467 ss CC; *P. Piotet*, TDP, p. 179 ss.
[76] *Wolf/Genna*, I, p. 158, 159 s.
[77] *P. Piotet*, TDP, p. 180.

3. La charge successorale

3.1 La charge distinguée de la simple modalité d'attribution (conditions)

La charge successorale a été distinguée de l'institution du legs (*supra* 1.1.3). Elle est cependant traitée par le législateur avec la condition, à l'art. 482 CC, renforçant ainsi une possibilité de confusion qui n'a pas lieu d'être. La charge est en effet une disposition à cause de mort pour elle-même, donnant naissance à un droit relatif non patrimonial à l'exécution[78]; la condition, qu'elle soit suspensive ou résolutoire, n'est pas une institution successorale en elle-même: elle ne fait que modaliser une disposition à cause de mort, sans créer un droit propre: une institution d'héritier peut être conditionnelle, comme un legs, ou encore comme une charge successorale elle-même.

Facile à énoncer, la distinction est peut-être plus délicate à opérer dans la pratique. Là encore, il est essentiel que la formulation de l'acte à cause de mort soit particulièrement claire: si la condition suspensive ne survient pas, ou si la condition résolutoire se produit, l'acquisition à cause de mort n'est pas réalisée. S'il n'y avait qu'une charge, l'acquisition s'accomplirait en toute hypothèse, mais l'acquéreur s'exposerait à l'action en exécution d'un intéressé. Il est ainsi décisif de savoir si le legs d'un terrain à une commune n'intervient pas si la condition qu'il soit ouvert au public n'est pas réalisée, ou au contraire, que cette acquisition intervient de toute manière en faveur de la commune, sauf pour cette dernière à s'exposer à l'exécution de la charge à la demande d'un intéressé.

3.2 La durée de la charge

Parmi les nombreuses difficultés liées à la charge successorale, la question de la durée de son efficacité est fréquemment posée. Cent ans après l'entrée en vigueur de l'art. 482 CC, une jurisprudence décisive est encore attendue sur cette difficulté; s'il y a en effet unanimité sur l'impossibilité de stipuler une charge successorale sans limite dans le temps (les charges de l'ancien droit successoral étant cependant réservées sur ce point, selon l'art. 15 Tit. fin. CC, le droit cantonal ancien pouvant connaître des charges perpétuelles

---

[78] *Supra* 1.1.3.

au même titre que des fidéicommis perpétuels), la doctrine hésite, selon les circonstances[79], entre trente, cinquante à septante ans, ou encore cent ans[80].

Le disposant doit également prendre en compte le fait que la charge ne durera pas nécessairement aussi longtemps, dans la mesure où seul l'obligé désigné par lui, héritier ou légataire de la succession, est astreint à son respect. Il n'y a pas de possibilité de transmettre la charge du côté passif soit à titre particulier, soit même à titre universel, notamment en cas de décès de l'obligé[81]. Si le disposant entend véritablement amener tout détenteur de la valeur successorale au respect de la charge y afférente, il doit le cas échéant léguer une servitude, si cela est possible, ou prévoir encore une condition résolutoire en cas de non respect de la charge, qui pourrait avoir un effet plus dissuasif; une autre solution serait également d'instituer une exécution testamentaire prolongée pour assurer le respect de la charge[82].

3.3 Le droit subjectif non patrimonial de l'intéressé à l'exécution: effets certains et incertains d'une classification incertaine

La charge successorale peut avoir pour objet toutes prestations, le cas échéant même sans procurer un avantage économique comme pour le legs: et il n'est pas nécessaire que la charge ne puisse être satisfaite qu'avec les moyens de la succession[83]. Sous réserve ainsi des charges purement vexatoires (art. 482 al. 3 CC) et des charges illicites ou immorales (art. 482 al. 2 CC), le contenu possible d'une charge est aussi beaucoup plus vaste que pour le contenu d'un legs. La limite en reste l'absence d'intégration aux droits patrimoniaux des bénéficiaires de l'exécution des avantages procurés par l'exécution de la charge successorale. Le disposant peut désigner les intéressés à l'exécution de la charge (ou au contraire en écarter certains), et même fixer un ordre successif des intéressés: il n'y a pas pour autant alors

---

[79] Coût de l'exécution de la charge, nature de celle-ci, comme par exemple une simple abstention par rapport à un objet.
[80] *Spiro,* n. 466, p. 1285–1286; *Staehelin,* n. 32 ad art. 482 CC; *Steinauer,* n. 594c, p. 303; *Druey,* Grundriss, n. 11/35, p. 150; *Brückner/Weibel,* n. 178, p. 115; *Uffer-Tobler,* p. 96; cf. aussi ATF 87 II 355, JdT 1962 I 354.
[81] ATF 76 II 202 = JdT 1951 I 162.
[82] *P. Piotet,* TDP, p. 136.
[83] ATF 101 II 25 = JdT 1975 I 564 c. 2, revenant sur ATF 94 II 88 = JdT 1969 I 179 et ATF 97 II 201 c. 4 = JdT 1972 I 255.

de transmission du droit à l'exécution de la charge, que ce soit à titre particulier ou à titre universel.

Cette absence d'intégration au patrimoine du côté des intéressés explique que le même intéressé peut bien devoir défendre à l'action en réduction de la charge par un réservataire, mais si cette charge a déjà été en tout ou partie exécutée, il n'est pas légitimé à restituer après réduction successorale, faute de tout avantage patrimonial, et cela contrairement au légataire. Cette conception va de paire avec l'absence de dommages-intérêts dus à l'intéressé en cas d'inexécution ou de mauvaise exécution de la charge[84].

La nature non patrimoniale du droit à l'exécution de la charge de l'intéressé soulève aussi le problème de la prescription extinctive du droit à l'exécution, qu'il faut distinguer de celui de la durée du droit lui-même[85]. La charge successorale ne donnant pas naissance à une créance en exécution, la doctrine largement dominante admet à juste titre qu'il n'y a pas lieu à prescription extinctive[86]: il résulte du système général que la prescription ne vise que l'extinction du droit à l'exécution des créances, et non pas les autres droits privés subjectifs[87], et une application de l'art. 601 CC ne nous paraît possible que par analogie, dans certaines situations[88]. A notre avis, le disposant peut modaliser l'action en exécution de la charge, notamment en lui assignant un délai de prescription ou de péremption en dérogation au système général de la loi.

A l'opposé, du côté de l'obligé, le coût de l'exécution de la charge diminue d'autant la valeur de son acquisition successorale, et cette valeur doit se décompter non seulement pour déterminer si la quotité disponible est dépassée par l'exécution de la charge, mais encore, le cas échéant, si la part de l'obligé n'y suffit pas, en application analogique de l'art. 486 al. 1 CC[89]. Il faut toutefois se rappeler sur ce point que l'art. 486 CC est de droit dispositif[90]. Avec l'échéance de la charge successorale, et le maintien de la charge au cas où l'obligé ne succède pas[91], ce sont les seuls points où legs et charges successorales coïncident dans leur mise en œuvre.

---

[84] Cf 1.1.3 *supra*.
[85] *Supra* 3.2.
[86] *Escher,* n. 22 ad art. 482 CC *Steinauer,* n. 594a, p. 303, *Müller,* p. 245; *Staehelin,* n. 31 ad art. 482 CC; *Brückner/Weibel,* n. 279, p. 115–116; *de Poret,* n. 451, p. 151.
[87] D. *Piotet,* Mélanges Schwenzer, p. 1430 ss.
[88] Cf. RJB 1937 p. 88 et *P. Piotet,* TDP, p. 138.
[89] ATF 76 II 202 = JdT 1951 I 162.
[90] Cf. *supra* 1.3.3.
[91] Art. 486 al. 2 CC; cf. 1.3.2 *supra*.

Zusammenwirken von Güterrecht und Erbrecht

ALEXANDRA RUMO-JUNGO*

Inhaltsübersicht

Literatur	123
1. Überblick über die Fälle des Zusammenwirkens	125
1.1 Obligatorische Ansprüche aus Güterrecht und ihre Bedeutung im Nachlass	126
1.2 Dingliche Ansprüche aus Güterrecht und ihre Bedeutung im Nachlass	126
2. Erbrechtliche Relevanz güterrechtlicher Vereinbarungen	127
2.1 Güterrechtliche Vereinbarungen im Allgemeinen	127
2.2 Volle Vorschlags- oder Gesamtgutszuweisung insbesondere	128
2.2.1 Vorschlagszuweisung als Rechtsgeschäft unter Lebenden	128
2.2.2 Pflichtteilsberechnungsmasse	129
3. Güter- und erbrechtliche Relevanz lebzeitiger Zuwendungen	131
3.1 Güter- und erbrechtliche Hinzurechnung	131
3.2 Zusammenspiel der Hinzurechnungen	133
4. Gesetzliche und ehevertragliche Teilungsregeln	136
4.1 Gesetzliche Teilungsregeln im Güter- und Erbrecht	136
4.2 Gütergemeinschaft mit vertraglicher Teilungsregel	137
4.3 Ehegattengesellschaft mit vertraglicher Teilungsregel	138
5. Wertbestimmung	139
5.1 Massgebender Wert	139
5.2 Massgebender Zeitpunkt	140
6. Zusammenfassung	140

Literatur

Regina E. Aebi-Müller, Die optimale Begünstigung des überlebenden Ehegatten, Güter-, erb-, obligationen- und versicherungsrechtliche Vorkehren, unter Berücksichtigung des Steuerrechts, Diss. Bern 2000; *Philip R. Bornhauser,* Die Rechtsnatur der Vorschlagszuweisung und deren Folgen für die Erbteilung – Urteilsanmerkung zu BGE 137 III 113, in: successio 2011 S. 318 ff.; *Peter Breitschmid/Paul Eitel/Roland Fankhauser/Thomas Geiser/Alexandra Rumo-Jungo,* Erbrecht litera B, Zürich/Basel/Genf 2010; *Henri Deschenaux/Paul-Henri Steinauer/Margareta Baddeley,* Les effets du marriage, 2. Aufl., Bern 2009; *Paul Eitel,* Berner Kommentar, Kommentar zum Schweizerischen Privatrecht, Band III: Das Erbrecht, 2. Abteilung: Der Erbgang, 3. Teilband: Die Ausgleichung, Kommen-

---

* Ich danke Dr. *Lucie Mazenauer,* Oberassistentin, sowie MLaw *Sybille Gassner,* wissenschaftliche Mitarbeiterin, für die wertvollen inhaltlichen Hinweise zum Text sowie die Bearbeitung des Fussnotenapparats.

tar zu Art. 626–632 ZGB, Bern 2004 (zit. BK-*Eitel*); *Heinz Hausheer/Regina E. Aebi-Müller,* Kommentar zu Art. 181–251 ZGB, in: Heinrich Honsell/Nedim Peter Vogt/Thomas Geiser (Hrsg.), Basler Kommentar, Schweizerisches Zivilgesetzbuch I, Art. 1–456 ZGB, 4. Aufl., Basel 2010 (BSK-*Hausheer/Aebi-Müller*); *Heinz Hausheer/Thomas Geiser/Regina E. Aebi-Müller,* Das Familienrecht des Schweizerischen Zivilgesetzbuches, Eheschliessung, Scheidung, Allgemeine Wirkungen der Ehe, Güterrecht, Kindesrecht, Vormundschaftsrecht, Erwachsenenschutzrecht, eingetragene Partnerschaft, 4. Aufl., Bern 2010; *Heinz Hausheer/Ruth Reusser/Thomas Geiser,* Berner Kommentar, Kommentar zum Schweizerischen Privatrecht, Band II: Das Familienrecht, 1. Abteilung: Das Eherecht, 3. Teilband: Das Güterrecht der Ehegatten, 1. Unterteilband: Allgemeine Vorschriften, Kommentar zu Art. 181–195a ZGB, Der ordentliche Güterstand der Errungenschaftsbeteiligung, Kommentar zu Art. 196–220 ZGB, Bern 1992 (zit. BK-*Hausheer/Reusser/ Geiser*); *Regula Masanti-Müller,* Verwaltung und Vertretung in der Gütergemeinschaft, Dogmatische Grundlagen und praktische Konsequenzen, Diss. Bern 1995; *Thomas Meyer,* Kommentar zu Art. 607–625 ZGB, Art. 11–35 BGBB, in: Peter Breitschmid/Alexandra Rumo-Jungo (Hrsg.), Handkommentar zum Schweizer Privatrecht, Erbrecht, 2. Aufl., Zürich/Basel/Genf 2012 (zit. HandKomm-*Meyer*); *Michel Mooser,* Régimes matrimoniaux et droit successoral: enfants communs et non communs – Approche pratique, in: Pascal Pichonnaz/Alexandra Rumo-Jungo (Hrsg.), Enfant et divorce, Symposium en droit de la famille, Zürich 2006, S. 189 ff.; *Roland Pfäffli,* Erbrechtliche Auswirkungen auf das Immobiliarsachenrecht, successio 2009 S. 32 ff.; *Paul Piotet,* Die Errungenschaftsbeteiligung nach schweizerischem Ehegüterrecht, Bern 1987; *Wolfgang Portmann,* Pflichtteilsschutz bei Errungenschaftsbeteiligung – Schnittstelle zwischen Erbrecht und Eherecht, recht 1997 S. 9 ff.; *Alexandra Rumo-Jungo,* Die Vorschlagszuweisung an den überlebenden Ehegatten als Rechtsgeschäft unter Lebenden: eine Qualifikation mit weitreichenden Folgen, successio 2007 S. 158 ff.; *dieselbe,* Kommentar zu Art. 181–251 ZGB, in: Peter Breitschmid/Alexandra Rumo-Jungo (Hrsg.), Handkommentar zum Schweizer Privatrecht, Personen- und Familienrecht inkl. Kindes- und Erwachsenenschutzrecht, 2. Aufl., Zürich/ Basel/Genf 2012 (zit. HandKomm-*Rumo-Jungo*); *Alexandra Rumo-Jungo/Nadja Majid,* Lebzeitige Zuwendungen im Spannungsfeld zwischen Güter- und Erbrecht, successio 2013 S. 323 ff.; *Peter C.Schaufelberger/Katrin Keller Lüscher,* Kommentar zu Art. 602–619 ZGB, in: Heinrich Honsell/Nedim Peter Vogt/ Thomas Geiser (Hrsg.), Basler Kommentar, Schweizerisches Zivilgesetzbuch II, Art. 457–977 ZGB, Art. 1–61 SchlT ZGB, 4. Aufl., Basel 2011 (zit. BSK-*Schaufelberger/Keller Lüscher*); *Daniel Steck,* Kommentar zu Art. 196–220 ZGB, in: Ingeborg Schwenzer (Hrsg.), Fam Kommentar, Scheidung, Band I: ZGB, 2. Aufl., Bern 2011 (zit. FamKomm-*Steck*); *Paul-Henri Steinauer,* Le droit des successions, Bern 2005; *derselbe,* Enfants communs et non communs en droit des successions et des régimes matrimoniaux, in: Pascal Pichonnaz/Alexandra Rumo-Jungo (Hrsg.), Enfant et divorce, Symposium en droit de la famille, Zürich 2006, S. 171 ff. (zit. *Steinauer,* successions et régimes matrimoniaux); *derselbe,* Le calcul des réserves héréditaires et de la quotité disponible en cas de répartition conventionnelle du bénéfice dans la participation aux acquêts (art. 216 al. 2 CC), in: François Dessemontet/Paul Piotet (Hrsg.), Mélanges Pierre Engel, Lausanne 1989, S. 403 ff. (*Steinauer,* Mélanges Engel); *Martin Stettler/Fabien Waelti,* Le régime matrimonial: les dispositions générales (art. 181 à 195a CC), la participation aux acquêts (art. 196 à 220 CC), 2. Aufl., Freiburg i.Ue. 1997; *Daniel Trachsel,* Schnittstellen zwischen Güter- und Erbrecht, mit einem Seitenblick auf die Behandlung von Guthaben in der Zweiten und in der gebundenen Dritten Säule a, AJP 2013 S. 169 ff.; *Peter Weimar,* Zur Herabsetzung ehevertraglicher Vorschlagszuweisungen, Zugleich eine Besprechung von BGE 128 III 314, in: Heinrich Honsell/Wolfgang Portmann/Roger Zäch/Dieter Zobl (Hrsg.), Aktuelle Aspekte des Schuld- und Sachenrechts, Festschrift für Heinz Rey zum 60. Geburtstag, Zürich 2003, S. 597 ff.; *Stephan Wolf,* Vorschlags- und Gesamtgutszuweisung an den überlebenden Ehegatten, mit Berücksichtigung der grundbuchrechtlichen Auswirkungen, Diss. Bern 1996; *derselbe,* Notarielle Feststellung von ausserbuchlichen Eigentumsübergängen, Der bernische Notar 1998 S. 251 f. (zit. *Wolf,* Eigentumsübergänge).

1. Überblick über die Fälle des Zusammenwirkens

Güterrecht und Erbrecht wirken immer dann zusammen, wenn eine *verheiratete Person stirbt*. Im Zeitpunkt des Todes wird gleichzeitig der Güterstand aufgelöst (Art. 204 Abs. 1 ZGB) und der Erbgang eröffnet (Art. 537 Abs. 1 ZGB). Unterstanden die Eheleute dem Güterstand der Gütertrennung, ist keine güterrechtliche Auseinandersetzung erforderlich und der Nachlass besteht aus dem Vermögen des/der Verstorbenen. Unterstanden die Eheleute dem Güterstand der Errungenschaftsbeteiligung (Art. 196 ff. ZGB) oder der Gütergemeinschaft (Art. 221 ff. ZGB), setzt die Bestimmung des Nachlasses die güterrechtliche Auseinandersetzung voraus. Der Nachlass einer unter dem Güterstand der Errungenschaftsbeteiligung verheirateten Person setzt sich *wertmässig* aus dem Ergebnis der güterrechtlichen Auseinandersetzung (Art. 215 ZGB) und dem Eigengut (Art. 198 ZGB) zusammen. *Sachenrechtlich* setzt sich der Nachlass aus allen Vermögenswerten im Eigentum der Erblasserin oder des Erblassers zusammen, unabhängig davon, ob diese dem Eigengut oder der Errungenschaft zugehören. Bei der güterrechtlichen Auseinandersetzung sind ferner einerseits die Forderungen gegenüber Dritten und andererseits die gegenseitigen Forderungen und Schulden zwischen den Eheleuten (Art. 205 Abs. 3 ZGB) zu berücksichtigen. In diesem Zeitpunkt entstehen auch die Mehrwertbeteiligungsforderung (Art. 206 ZGB) sowie die Vorschlagsbeteiligungsforderung (Art. 215 ZGB).

Das Zusammenwirken von Güter- und Erbrecht ist somit von Bedeutung für die *wertmässige Beteiligung* am Nachlass (1.1), grundsätzlich aber nicht für die *sachenrechtliche Beteiligung* (1.2).

1.1 Obligatorische Ansprüche aus Güterrecht und ihre Bedeutung im Nachlass

Wie andere lebzeitige Verfügungen[1] können auch *güterrechtliche Vereinbarungen* den *Umfang des Nachlasses* und folglich auch des gesetzlichen Erbteils sowie des Pflichtteils beeinflussen. Folgende güterrechtlichen Vereinbarungen (2.1) kommen infrage: Güterstandswechsel, Modifikationen innerhalb des Güterstands, Zuweisung bestimmter Vermögenswerte zum Eigengut und ehevertragliche Teilungsregeln.

Mit Ausnahme von einigen vom Gesetzgeber explizit geregelten Fällen ist diesen Vorkehrungen durch das erbrechtliche Pflichtteilsrecht keine Schranke gesetzt. Das heisst, güterrechtliche Vorkehrungen sind grundsätzlich unbeschränkt zulässig und daher auch nicht herabsetzbar (Art. 527 ZGB), und zwar auch dann nicht, wenn sie unter den Ehegatten zu erheblichen Wertverschiebungen führen. Ausnahmen von diesem Grundsatz stellen die volle Vorschlags- bzw. Gesamtgutszuweisung dar (2.2).[2]

Güter- und Erbrecht begegnen sich auch im Bereich der Hinzurechnung gewisser lebzeitiger Zuwendungen (Art. 208 und 527 ZGB). Das Verhältnis dieser beiden Hinzurechnungen bleibt zu klären (3.).

1.2 Dingliche Ansprüche aus Güterrecht und ihre Bedeutung im Nachlass

Die güterrechtliche Auseinandersetzung regelt einzig die obligatorische (wertmässige) Berechtigung und begründet grundsätzlich eine blosse Beteiligungsforderung bzw. -schuld, jedoch keinen dinglichen Anspruch. Von diesem Grundsatz gibt es eine Ausnahme, nämlich im Fall der Gütergemeinschaft mit Gesamtgutszuweisung (4.2). Sodann besteht eine uneigentliche Ausnahme dann, wenn die Ehegatten für ihre Liegenschaft eine einfache Gesellschaft gegründet haben. Die Liegenschaft steht diesfalls aufgrund der einfachen Gesellschaft im Gesamteigentum der Ehegatten und ausserhalb des Güterrechts (4.3).

---

[1] Güterrechtliche Vereinbarungen sind stets lebzeitige Rechtsgeschäfte: so *Rumo-Jungo*, S. 161 ff.; a.M. *Aebi-Müller*, N. 6.23; BK-*Hausheer/Reusser/Geiser*, N. 34 zu Art. 216 ZGB; *Portmann*, S. 12 f.; FamKomm-*Steck*, N. 14 zu Art. 216 ZGB; *Stettler/Waelti*, N. 437.

[2] *Breitschmid/Eitel/Fankhauser/Geiser/Rumo-Jungo*, S. 243 Rz. 23.

2. Erbrechtliche Relevanz güterrechtlicher Vereinbarungen

2.1 Güterrechtliche Vereinbarungen im Allgemeinen

Güterrechtliche Vereinbarungen unterstehen grundsätzlich der Formvorschrift des Ehevertrags (Art. 182 i.V.m. 184 ZGB). Ausgenommen ist die Abänderung der gesetzlichen Mehrwertbeteiligung, welche schriftlich möglich ist (Art. 206 Abs. 3 ZGB).

Ehevertraglich kann der Güterstand entweder (erstmals) gewählt, abgeändert oder modifiziert werden. So kann beispielsweise die Gütertrennung oder die Gütergemeinschaft gewählt werden. Auch die Errungenschaftsbeteiligung kann vertraglich vereinbart werden, wenn bisher ein anderer Güterstand galt. Sodann können gesetzlich vorgesehene Modifikationen vereinbart werden, nämlich die Zuweisung der Erträge aus dem Eigengut oder eines Betriebs zum Eigengut. Im Güterstand der Gütergemeinschaft können Eigengut und Gesamtgut frei bestimmt werden (Art. 223 ff. ZGB).

Mit diesen güterrechtlichen Vereinbarungen können *erhebliche Vermögenswerte* unter den Eheleuten verschoben werden, was im Fall des Todes eines Ehegatten Auswirkungen auf die Pflichtteile der Nachkommen oder Eltern haben kann. Das Gesetz kennt aber grundsätzlich keine Beschränkung der güterrechtlichen Vereinbarungen.

Beispiel: Ein Ehepaar untersteht der Gütertrennung. Der schwer kranke Ehemann hat sich mit seinen vorehelichen Kindern stark zerstritten und will sie möglichst benachteiligen. Sein Vermögen ist erheblich (CHF 10 Mio.), jenes seiner Ehefrau ist gering (gegen null). Zwei Monate vor dem Tod wird ehevertraglich die allgemeine Gütergemeinschaft (Art. 222 ZGB) vereinbart. Damit fällt das gesamte Vermögen der Ehegatten in das Gesamtgut (CHF 10 Mio.). Güterrechtlich erhält die überlebende Ehefrau schon einmal die Hälfte davon. Die andere Hälfte fällt in den Nachlass des verstorbenen Ehemannes. (Das Eigengut i.S.v. Art. 225 Abs. 2 ZGB ist zu vernachlässigen.) Erbrechtlich setzt der Ehemann nun seine Nachkommen auf den Pflichtteil. Sie erhalten also vom Nachlass des Ehemannes $3/8$, das sind $3/16$ seines Gesamtvermögens. Bei Gütertrennung hätten die Nachkommen des Ehemannes als Pflichtteil $3/8$ seines Gesamtvermögens erhalten. Durch die güterrechtliche Vorkehr wird ihnen mithin die

Hälfte ihres Pflichtteils entzogen. Das Gesetz schützt die Nachkommen vor dieser Vereinbarung nicht.³

Ausgenommen vom Grundsatz der unbeschränkt zulässigen güterrechtlichen Vermögensverschiebung sind die Vereinbarungen der vollen Vorschlags- und Gesamtgutszuweisung (Art. 216 Abs. 2 und 241 Abs. 3 ZGB). Sie schützen die nichtgemeinsamen bzw. auch die gemeinsamen Nachkommen vor voller Vorschlags- oder Gesamtgutszuweisung.

2.2 Volle Vorschlags- oder Gesamtgutszuweisung insbesondere

Ehevertraglich kann von der hälftigen gesetzlichen Vorschlags- oder Gesamtgutszuweisung abgewichen werden. Gegenüber solchen Vereinbarungen sind die Pflichtteile der nichtgemeinsamen Nachkommen (Art. 216 Abs. 2 ZGB für die Errungenschaftsbeteiligung) bzw. der Nachkommen insgesamt (Art. 241 Abs. 3 ZGB für die Gütergemeinschaft) geschützt. Hier greift also ausnahmsweise der erbrechtliche Pflichtteilsschutz gegenüber güterrechtlichen Vereinbarungen durch. Die Frage, wie der Pflichtteilsschutz gemäss Art. 216 Abs. 2 ZGB für die gemeinsamen und die nichtgemeinsamen Nachkommen im Einzelnen wirkt, ist in zweierlei Hinsicht umstritten:

Umstritten ist zunächst die Frage, ob die Vorschlagszuweisung ein Rechtsgeschäft unter Lebenden oder eine Verfügung von Todes wegen ist. Diese Frage stellt sich auch im Zusammenhang mit der Gesamtgutszuweisung (Art. 241 ZGB) (2.2.1). Ferner ist umstritten, von welcher Pflichtteilsberechnungsmasse die Pflichtteile der gemeinsamen Kinder zu berechnen seien (2.2.2).

2.2.1 Vorschlagszuweisung als Rechtsgeschäft unter Lebenden

Die Berechnung der Beteiligungsforderung gestützt auf Art. 215 bzw. auf 216 ZGB erfolgt im Rahmen der güterrechtlichen Auseinandersetzung. Daraus entsteht zu Lebzeiten der Eheleute eine Beteiligungsforderung oder eine Beteiligungsschuld (Art. 215 ZGB), die nach dem Gesagten (oben 1.)

---

³ Vergleiche dazu auch die Beispiele bei *Trachsel*, S. 172 f. Siehe auch *Steinauer*, N. 494.

in den Nachlass fällt.[4] Folglich hat die vertragliche Zuweisung des Vorschlags Rechtswirkungen bereits zu Lebzeiten; es handelt sich demnach um ein Rechtsgeschäft unter Lebenden. Das gilt unabhängig davon, ob die vertragliche Begünstigung dem überlebenden Ehegatten oder dem Nachlass des versterbenden Ehegatten zugute kommt. Die güterrechtliche Auseinandersetzung findet unabhängig von der Person des Begünstigten stets vor der erbrechtlichen statt. Eine Begünstigung unter Lebenden scheint auch das Bundesgericht zu bejahen, wenn es in BGE 127 II 396 erklärt, bei voller Vorschlagszuweisung an den überlebenden Ehegatten bestehe die Teilungsmasse bloss noch aus dem Eigengut des Erblassers.[5] Ein Teil der Lehre qualifiziert demgegenüber die volle Vorschlagszuweisung dann, und nur dann als Verfügung von Todes wegen, wenn sie dem überlebenden Ehegatten zugute kommen soll (sog. Überlebensklausel).[6]

2.2.2 Pflichtteilsberechnungsmasse

Handelt es sich bei der übergesetzlichen Vorschlagszuweisung an den überlebenden Ehegatten um ein Rechtsgeschäft unter Lebenden, ist zu prüfen, ob diese Zuwendung i.S.v. Art. 475 ZGB der Herabsetzungsklage unterstellt ist. Diese Frage wird in Art. 527 ZGB im Allgemeinen und in Art. 216 Abs. 2 ZGB im Besonderen beantwortet.[7] Nach der hier einschlägigen Bestimmung von Art. 216 Abs. 2 ZGB sind die Pflichtteile der nichtgemeinsamen Nachkommen gegenüber übergesetzlichen Vorschlagszuweisungen geschützt. Folglich ist für die Berechnung ihres Pflichtteils die Zuwendung zum Vermögen des Erblassers (Art. 474 ZGB) hinzuzurechnen (Art. 475 ZGB). Für die übrigen Pflichtteilserben, also die gemeinsamen Nachkommen und die Eltern, kennt Art. 216 Abs. 2 ZGB keinen

---

[4] Ausführlich dazu *Rumo-Jungo,* S. 161, mit Hinweis auf BGE 127 III 399 E. 2; *Bornhauser,* S. 322; *Mooser,* S. 198; *Steinauer,* successions et régimes matrimoniaux, S. 176; ders., N. 495 ff.; *Deschenaux/Steinauer/Baddeley,* N. 1462 ff.; *Steinauer,* Mélanges Engel, S. 411 f.; *Weimar,* S. 600; *Wolf,* S. 135 f.
[5] *Rumo-Jungo,* S. 161, Fn. 19; nun auch *Bornhauser,* S. 323. Im Fall der Begünstigung des Nachlasses des versterbenden Ehegatten bejaht das Bundesgericht das Vorliegen eines Rechtsgeschäfts unter Lebenden explizit: BGE 128 III 314 ff.
[6] BSK-*Hausheer/Aebi-Müller,* N. 27 zu Art. 216 ZGB; BK-*Hausheer/Reusser/Geiser,* N. 34 zu Art. 216 ZGB; *Steck,* FamKomm, N. 15 zu Art. 216 ZGB; *Aebi-Müller,* N. 6.23.
[7] Im Fall der vollen Vorschlagszuweisung an den Nachlass des verstorbenen Ehegatten spricht sich das Bundesgericht für die Anwendung von Art. 527 i.V.m. 216 ZGB aus: BGE 128 III 314 ff.

Pflichtteilsschutz; folglich ist für die Berechnung der Pflichtteilsberechnungsmasse auch keine Hinzurechnung vorzunehmen.[8]

Nach anderer Auffassung handelt es sich bei der vollen Vorschlagszuweisung an den überlebenden Ehegatten (und nur dann) um eine Verfügung von Todes wegen, sodass die übergesetzliche Begünstigung (wie ein Vermächtnis) erst im Nachlass des Erblassers zu berücksichtigen ist.[9] In diesem Fall erfolgt die Zuweisung des Vorschlags aus Mitteln des Nachlasses und ist die Pflichtteilsberechnungsmasse für alle Pflichtteilserben dieselbe, also für die Nachkommen (die gemeinsamen sowie die nichtgemeinsamen) sowie (und das wird in diesem Zusammenhang in der Lehre übersehen) für die Eltern des Erblassers.[10]

Die beiden Auffassungen lassen sich durch folgendes Beispiel[11] veranschaulichen:

Effi und Theodor sind Eltern der gemeinsamen Tochter Tina. Stefan ist der voreheliche Sohn von Effi. Die Ehegatten haben ehevertraglich vereinbart, den Vorschlag im Todesfall des einen voll dem/der überlebenden Ehegatten/Ehegattin zuzuweisen. Effi hinterlässt bei ihrem Tod ein Eigengut von CHF 200 000 und einen Vorschlag von CHF 400 000. Der Vorschlag von Theodor beträgt ebenfalls CHF 400 000. Aufgrund der ehevertraglichen Vereinbarung geht nun der gesamte Vorschlag von Effi an den überlebenden Theodor. Ihr Nachlass beträgt – erachtet man die volle Vorschlagszuweisung als Rechtsgeschäft unter Lebenden – deshalb noch CHF 200 000.

Da keine Verfügung von Todes wegen vorliegt, ist auf den Nachlass das gesetzliche Erbrecht anzuwenden: Theodor erhält CHF 100 000, Tina und Stefan je CHF 50 000 (Art. 462 i.V.m. 457 ZGB). Zu prüfen bleibt, ob der Ehevertrag als Rechtsgeschäft unter Lebenden Pflichtteile verletzt hat:

Für Stefan beträgt die Berechnungsmasse CHF 600 000, weil gemäss Art. 475 i.V.m. 216 Abs. 2 ZGB für ihn ein Hinzurechnungstatbestand gegeben ist: Die gesetzliche Vorschlagszuteilung hätte aufgrund der Verrechnung der gegenseitigen Forderungen (Art. 215 Abs. 2 ZGB) zu einer Beteiligungsforderung von null geführt und der gesamte Vorschlag von Effi (CHF 400 000) wäre in ihren Nachlass gefallen. Zusammen mit dem

---

[8] *Rumo-Jungo,* S. 164 f.
[9] *Aebi-Müller,* N. 6.23; BK-*Hausheer/Reusser/Geiser,* N. 34 zu Art. 216 ZGB; *Portmann,* S. 12 f.; *Steck,* FamKomm, N. 14 zu Art. 216 ZGB; *Stettler/Waelti,* N. 437.
[10] *Rumo-Jungo,* S. 165.
[11] Unverändert übernommen aus *Rumo-Jungo,* S. 164.

Eigengut in der Höhe von CHF 200 000 hätte der Nachlass von Gesetzes wegen CHF 600 000 betragen. Der Pflichtteil von Stefan aus dieser Berechnungsmasse beträgt ¾ von ¼ und damit CHF 112 500. Stefan ist folglich im Pflichtteil verletzt und kann grundsätzlich die Herabsetzung der ehevertraglichen Zuwendung um CHF 62 500 verlangen.

Für Tina beträgt die Berechnungsmasse CHF 200 000, da gemäss Art. 475 i.V.m. 216 Abs. 2 ZGB für sie als gemeinsames Kind kein Hinzurechnungstatbestand gegeben ist. Der Pflichtteil von Tina beträgt damit ¾ von CHF 50 000, das heisst CHF 37 500 und ist nicht verletzt.

Nach abweichender Auffassung beträgt die Berechnungsmasse für Tina gleich viel wie für Stefan. Das ist folgerichtig, wenn die volle Vorschlagszuweisung als Verfügung von Todes wegen aufgefasst wird. Denn diesfalls umfasst der Nachlass (und mithin auch die Pflichtteilsberechnungsmasse) CHF 600 000 und erfolgt die volle Vorschlagszuweisung erst aus dem Nachlass.

3. Güter- und erbrechtliche Relevanz lebzeitiger Zuwendungen

3.1 Güter- und erbrechtliche Hinzurechnung

Erfolgt die Auflösung des Güterstandes durch den Tod des einen Ehegatten, können bei einer vor dem Tod vorgenommenen unentgeltlichen Zuwendung oder einer Vermögensentäusserung sowohl die güterrechtliche Hinzurechnung nach Art. 208 ZGB als auch die Ausgleichung nach Art. 626 ZGB oder die erbrechtliche Hinzurechnung nach Art. 475 i.V.m. 527 ZGB[12] infrage kommen. In Bezug auf das Verhältnis dieser drei Institute ist Folgendes zu beachten:

---

[12] Gemäss Art. 475 ZGB werden Zuwendungen unter Lebenden insoweit zum Vermögen hinzugerechnet, als sie der Herabsetzungsklage gemäss Art. 527 ZGB unterstellt sind. Art. 527 ZGB regelt zwar die Herabsetzung lebzeitiger Zuwendungen. Diese müssen aber in einem ersten Schritt und gemäss Art. 475 ZGB zum reinen Nachlass hinzugerechnet werden. Art. 527 ZGB enthält mithin Hinzurechnungstatbestände zur Ermittlung der Pflichtteilsberechnungsmasse. Damit wird nicht verkannt, dass die Folge der (rein rechnerischen) Hinzurechnung gegebenenfalls die Herabsetzung ist.

1. Die erbrechtliche Hinzurechnung ist subsidiär zur Ausgleichung: Sofern und soweit die Ausgleichung (Art. 626 ZGB) stattfindet, ist die Hinzurechnung ausgeschlossen (Art. 527 Ziff. 1 ZGB).
2. Die güterrechtliche Hinzurechnung gemäss Art. 208 ZGB weist zahlreiche *Parallelen* zur erbrechtlichen Herabsetzung gemäss Art. 527 Ziff. 1–3 ZGB auf. In beiden Bestimmungen werden nicht nur Schenkungen im eigentlichen Sinn, sondern auch Zuwendungen zum Zweck der Erbabfindung (Heiratsgut, Ausstattung oder Vermögensabtretung) oder des Erbvorbezugs hinzugerechnet. Hier wie dort sind Gelegenheitsgeschenke nicht erfasst.[13]

Im *Unterschied* zur erbrechtlichen Hinzurechnung setzt die güterrechtliche erstens generell voraus, dass die Zuwendungen in den letzten fünf Jahren vor Auflösung des Güterstandes vorgenommen wurden. Die erbrechtliche Hinzurechnung ist nur im Fall von Schenkungen (Ziff. 3) zeitlich beschränkt. Erbabfindungen und Zuwendungen auf Anrechnung an den Erbanteil nach Ziff. 1 und 2 sind zeitlich unbeschränkt hinzuzurechnen. Zweitens ist die güterrechtliche Hinzurechnung nur dann möglich, wenn der Ehegatte der unentgeltlichen Zuwendung an einen Dritten nicht zugestimmt hat. Eine solche Voraussetzung findet sich im Erbrecht nicht. Drittens verfolgt die güterrechtliche Hinzurechnung einen anderen Zweck als die erbrechtliche: Erstere dient primär dem Schutz des Anspruchs der gesetzlichen Beteiligung am Vorschlag und letztere dem Schutz des Pflichtteilsrechts.

Weiter entspricht der Rechtsmissbrauchstatbestand in Art. 208 Abs. 1 Ziff. 2 ZGB der parallelen Bestimmung im Zusammenhang mit der erbrechtlichen Hinzurechnung, nämlich Art. 527 Ziff. 4 ZGB. Aber auch hier bestehen Unterschiede: So wird bei der güterrechtlichen Hinzurechnung, im Gegensatz zur erbrechtlichen, nicht eine offenbare Schmälerungsabsicht des Vermögens gefordert, womit auch eventualvorsätzliches Handeln erfasst ist.

---

[13] Zum Tatbestand von Art. 208 Abs. 1 Ziff. 1 ZGB siehe im Einzelnen *Rumo-Jungo/Majid,* S. 325.

3.2 Zusammenspiel der Hinzurechnungen

Hat der Erblasser lebzeitig aus der Errungenschaft zugunsten einer Drittperson, von Nachkommen oder der Ehegattin verfügt, stellt sich die Frage, ob und inwiefern diese Zuwendung güter- und/oder erbrechtlich relevant ist.

Mit Blick auf Art. 208 ZGB ist zu unterscheiden, ob die Zuwendung mit oder ohne Zustimmung der Ehegattin vorgenommen wurde[14]: Hat die Ehegattin zugestimmt, ist Art. 208 ZGB nicht anwendbar. Ebenso wenig kommt diese Bestimmung zur Anwendung, wenn die Ehegattin selber die Zuwendung erhalten hat, da der Anwendungsbereich dieser Bestimmung nur eröffnet ist, wenn die Zuwendung an einen Dritten geleistet wird.[15] Diesfalls ist die Zuwendung allein unter dem Titel der erbrechtlichen Ausgleichung (Art. 626 ZGB) bzw. der Herabsetzung (Art. 527 ZGB) zu beurteilen. Hat die Ehegattin nicht zugestimmt, ist die Zuwendung sowohl güter- wie erbrechtlich zu berücksichtigen. Da die güterrechtliche Auseinandersetzung vor der erbrechtlichen vorgenommen wird, erfolgt die güterrechtliche Hinzurechnung vor der erbrechtlichen Ausgleichung oder Hinzurechnung. Ist die Zuwendung bereits güterrechtlich hinzugerechnet worden, erübrigt sich eine erbrechtliche Berücksichtigung.

Das soll anhand eines Beispiels dargestellt werden:

Hugo hinterlässt seine Tochter Tanja und seine Ehefrau Elke. Zu Lebzeiten hat er seinem *Freund Sven* CHF 200 000 geschenkt. Im Zeitpunkt seines Todes beträgt die Errungenschaft CHF 100 000, das Eigengut null.

Hat Elke der Zuwendung an Sven *nicht zugestimmt,* kommt Art. 208 Abs. 1 Ziff. 1 ZGB zur Anwendung: Die zugewendeten CHF 200 000 sind güterrechtlich der Errungenschaft hinzuzurechnen. Folglich beträgt die Pflichtteilsberechnungsmasse CHF 150 000.

Hat Elke der Zuwendung an Sven *zugestimmt,* kommt Art. 208 ZGB nicht zur Anwendung. Die Zuwendung ist damit lediglich erbrechtlich zu berücksichtigen. Da Sven kein Erbe von Hugo ist, kommen auch die Regeln über die Ausgleichung nicht zur Anwendung (Art. 626 ZGB). Allerdings unterliegt die Schenkung gemäss Art. 527 Ziff. 3 ZGB der Her-

---

[14] Siehe ausführlich dazu *Rumo-Jungo/Majid* (insbesondere S. 327 ff.).
[15] BK-*Hausheer/Reusser/Geiser,* N. 23 zu Art. 208 ZGB; BSK-*Hausheer/Aebi-Müller,* N. 17 zu Art. 208 ZGB; *Steck,* FamKomm, N. 13 zu Art. 208 ZGB; *Rumo-Jungo,* HandKomm, N. 6 zu Art. 208 ZGB; ausführlich dazu *Rumo-Jungo/Majid,* S. 325.

absetzung, weshalb sie hinzugerechnet werden muss (Art. 475 ZGB). Die Berechnungsmasse für die Pflichtteile der Ehefrau und der Nachkommen beträgt CHF 250 000 (Teilung der Errungenschaft von CHF 100 000, d.h. CHF 50 000, und Hinzurechnung von CHF 200 000).

Es stellt sich allerdings die Frage, ob Elke mit ihrer Zustimmung zur Schenkung an Sven nicht (teilweise, nämlich im Rahmen dessen, worauf sie güterrechtlich keinen Anspruch erhebt) auf die Herabsetzung zu ihren eigenen Gunsten verzichtet hat. Das ist zu verneinen, weil der Verzicht auf Pflichtteile formbedürftig ist (Art. 495 i.V.m. Art. 512 ZGB), während die blosse Zustimmung zur Schenkung (Art. 208 ZGB) keiner Form unterliegt.[16]

- Variante 1: Hugo hat die CHF 200 000 nicht Sven, sondern seiner *Tochter Tina* zugewendet.
  Hat Elke der Zuwendung an Tina *nicht zugestimmt,* ist die Zuwendung gestützt auf Art. 208 Abs. 1 Ziff. 1 ZGB der Errungenschaft hinzuzurechnen, und die Pflichtteilsberechnungsmasse beträgt CHF 150 000.
  Hat Elke der Zuwendung an Tina *zugestimmt,* fällt Art. 208 ZGB ausser Betracht. Zur Anwendung gelangt dagegen Art. 626 Abs. 2 ZGB, soweit Hugo Tina nicht ausdrücklich von der Ausgleichung dispensiert hat: Die zugewendeten CHF 200 000 sind auszugleichen, womit die Teilungsmasse CHF 250 000 beträgt. Obwohl Elke der Zuwendung zugestimmt hat, profitiert sie über das gesetzliche Erbrecht daran, indem sie nach herrschender Lehre und Rechtsprechung an der Ausgleichung der Nachkommen partizipiert und gesetzlich die Hälfte des Nachlasses erhält.[17] Dies steht im Prinzip mit der Zustimmung zur Zuwendung im Widerspruch. Deshalb stellt sich die Frage, ob Elke mit der Zustimmung zur Zuwendung auf die Partizipation an der Ausgleichung verzichtet. Gegebenenfalls gilt der Verzicht nur für sie selber, nicht aber für die nicht begünstigten Nachkommen.[18]
  Hat Hugo Tina ausdrücklich von der Ausgleichung befreit, kommt Art. 527 Ziff. 3 ZGB zur Anwendung und die Pflichtteilsberechnungsmasse beträgt CHF 250 000. Auch hier stellt sich die Frage, ob Elke mit ihrer Zustimmung zur Schenkung an Tina nicht (teilweise, nämlich im Rahmen dessen, worauf sie güterrechtlich keinen Anspruch erhebt)

---

[16] *Rumo-Jungo/Majid,* S. 333, mit Hinweis auf BGE 127 III 396 (400), E. 2b.
[17] BK-*Eitel,* N. 146 ff. zu Art. 626 ZGB, mit Darstellung der abweichenden Meinung, wonach Ehegatten bei der Ausgleichung der Nachkommen des Erblassers nicht Ausgleichungsgläubiger sind.
[18] *Rumo-Jungo/Majid,* S. 332.

auf die Herabsetzung zu ihren eigenen Gunsten verzichtet. Das ist zu verneinen, weil der Verzicht auf Pflichtteile formbedürftig ist (Art. 495 i.V.m. Art. 512 ZGB), während die blosse Zustimmung zur Schenkung (Art. 208 ZGB) keiner Form unterliegt.[19]

– Variante 2: Hugo wendet die CHF 200 000 seiner *Ehefrau Elke* zu.
Da die Anwendung von Art. 208 ZGB voraussetzt, dass die Zuwendung an Dritte ausgerichtet wird, fällt diese Bestimmung bei dieser Variante ausser Betracht. Auch die Anwendung von Art. 626 ZGB fällt häufig ausser Betracht, da gemäss Abs. 1 nur das ausgeglichen werden muss, was der Erblasser auf Anrechnung an den Erbteil zugewendet hat. Mit anderen Worten muss der Erblasser die Ausgleichungspflicht angeordnet haben. Hat der Erblasser nichts über eine Ausgleichung gesagt, gelangt Art. 527 Ziff. 3 ZGB zur Anwendung, und die Zuwendung unterliegt der Herabsetzung. Nach Auffassung des Bundesgerichts umfasst die Hinzurechnung den gesamten Betrag der Zuwendung. Das wird von der Lehre zu Recht kritisiert, da die Ehegattin mit der vollen Hinzurechnung des geschenkten Betrages schlechter gestellt ist, als wenn sie überhaupt keine Schenkung erhalten hätte. Zu Recht wird daher postuliert, die Ehegattin habe nur die Hälfte des geschenkten Betrages hinzuzurechnen:[20]

Volle Hinzurechnung: Die Pflichtteilsberechnungsmasse beträgt CHF 250 000, die Pflichtteile der Nachkommen CHF 93 750. Die Ehegattin erhält erbrechtlich maximal CHF 156 250, total (mit dem güterrechtlichen Anspruch von CHF 50 000) also CHF 206 250.

Ohne Schenkung: Güterrechtlich erhält die Ehegattin CHF 150 000, erbrechtlich maximal ⅝ von CHF 150 000, d.h., CHF 93 750, total also CHF 243 750. Die Nachkommen erhalten einen Pflichtteil von CHF 56 250.

Hälftige Hinzurechnung: Die Pflichtteilsberechnungsmasse beträgt CHF 150 000. Den Nachkommen steht folglich ein Pflichtteil von CHF 56 250 zu. Die Ehegattin erhält erbrechtlich maximal CHF 93 750, total (mit dem güterrechtlichen Anspruch von CHF 50 000 sowie dem nicht hinzugerechneten Teil der Schenkung von CHF 100 000) CHF 243 750.

---

[19] Siehe Fn. 17.
[20] BK-*Hausheer/Reusser/Geiser*, N. 59 zu Art. 208 ZGB; *Aebi-Müller*, N. 8.45 f.; *Rumo-Jungo/Majid*, S. 331; *Rumo-Jungo*, Handkomm, N. 7 zu Art. 208 ZGB.

Hat der Ehegatte die Ausgleichung angeordnet, hat die Ehegattin nach vorliegender Auffassung nur das auszugleichen, was sie nicht güterrechtlich ohnehin erhalten hätte. Ähnlich dem Vorgehen bei der Hinzurechnung ist nur die Hälfte der Zuwendung und damit CHF 100 000 auszugleichen. Diesfalls beträgt die Teilungsmasse CHF 150 000. Davon erhält sie erbrechtlich CHF 75 000, kann die CHF 100 000 behalten und hat güterrechtlich bereits CHF 50 000 erhalten, total also CHF 225 000. Andernfalls stünde sie wiederum schlechter da als ohne Schenkung. Sie müsste nämlich CHF 200 000 ausgleichen, wonach die Teilungsmasse CHF 250 000 betragen würde. Davon würde sie CHF 125 000 erhalten. Zusammen mit dem güterrechtlichen Anspruch von CHF 50 000 würde sie total CHF 175 000 erhalten. Ohne Schenkung hätte sie güterrechtlich CHF 150 000 erhalten und würde erbrechtlich weitere CHF 75 000 erhalten, total also CHF 225 000.

4. Gesetzliche und ehevertragliche Teilungsregeln

Die Beteiligung am Vorschlag ist stets eine wertmässige Beteiligung und begründet bloss eine Forderung und keinen dinglichen Anspruch.[21] In bestimmten Konstellationen können allerdings vertraglich dingliche Ansprüche vereinbart werden (4.2 und 4.3), während die gesetzlichen Teilungsregeln rein obligatorische Zuteilungsansprüche begründen (4.1).

4.1 Gesetzliche Teilungsregeln im Güter- und Erbrecht

In Abweichung vom Grundsatz, wonach bei Auflösung des Güterstandes keine Sachansprüche, sondern nur Wertansprüche bestehen, gewähren Art. 219 (im Güterstand der Errungenschaftsbeteiligung) und Art. 244 ZGB (im Güterstand der Gütergemeinschaft) unter bestimmten Voraussetzungen das Recht auf Zuteilung des ehelichen Hauses, der Wohnung und der Hausratsgegenstände. Diese güterrechtlichen Teilungsregeln ergänzen die erbrechtliche Teilungsregel in Art. 612a ZGB. Alle drei Teilungsregeln sind im Fall des Todes eines Ehegatten anwendbar. Die güterrechtli-

---

[21] *Breitschmid/Eitel/Fankhauser/Geiser/Rumo-Jungo*, S. 242 Rz. 21.

chen Teilungsregeln setzen eine güterrechtliche Beteiligungsforderung[22] voraus, die erbrechtliche Teilungsregel einen erbrechtlichen Anspruch. Während Art. 244 und 612a ZGB einen primären Anspruch auf Zuteilung des Hauses oder der Wohnung zu Eigentum vorsehen, besteht nach Art. 219 ZGB ein primärer Anspruch auf Zuteilung zu Nutzniessung oder im Wohnrecht. Nur sekundär, wenn es die Umstände rechtfertigen, steht ein Anspruch auf Zuteilung des Eigentums an Haus oder Wohnung zu.[23] Die Voraussetzungen der güterrechtlichen und der erbrechtlichen Zuteilung können gleichzeitig erfüllt sein. Diesfalls steht es dem überlebenden Ehegatten frei, auf welche Bestimmung er sich berufen will.[24]

Neben dem Schutz der eigenen Wohnräume durch die Art. 219, 244 und 612a ZGB kennt das Gesetz weitere Teilungsregeln, die nicht auf ganz konkrete Vermögenswerte fokussieren, sondern den Zuteilungsanspruch an Vermögenswerten aufgrund deren Bezug zu einem der beiden Ehegatten begründen. Es handelt sich im Güterstand der Errungenschaftsbeteiligung und der Gütergemeinschaft einerseits um Vermögenswerte im Mit- bzw. im Gesamteigentum, an deren Zuteilung der überlebende Ehegatte ein besonderes Interesse hat (Art. 205 und 245 ZGB). Das Interesse kann dabei sozial, familiär, beruflich, ökonomisch oder affektiv begründet sein. Im Güterstand der Gütergemeinschaft handelt es sich andererseits überdies um Vermögenswerte, die im Güterstand der Errungenschaftsbeteiligung Eigengut wären, also primär um eingebrachte und geerbte Vermögenswerte (Art. 243 i.V.m. Art. 198 ZGB).

Diese höchstpersönlichen Ansprüche sind *obligatorischer Natur* und wirken nicht dinglich. Sie müssen gegenüber der Erbengemeinschaft des verstorbenen Ehegatten geltend gemacht werden.[25]

4.2 Gütergemeinschaft mit vertraglicher Teilungsregel

Im Güterstand der Gütergemeinschaft vereinigt das Gesamtgut das Vermögen und die Einkünfte der Ehegatten, mit Ausnahme der Vermögenswerte, die ins Eigengut fallen (Art. 225 ZGB). Am Gesamtgut sind die Ehegatten «ungeteilt», also gesamthänderisch berechtigt. Die Ehegatten sind somit

---

[22] Oder einer Mehrwertforderung: *Rumo-Jungo,* HandKomm, N. 6 zu Art. 219, m.w.H.; a.M. *Deschenaux/Steinauer/Baddeley,* N. 1384a Fn. 20; *Piotet,* S. 168.
[23] *Masanti-Müller,* S. 30 ff.; *Rumo-Jungo,* HandKomm, N. 10 zu Art. 219 ZGB.
[24] *Rumo-Jungo,* HandKomm, N. 14 zu Art. 219 ZGB.
[25] *Rumo-Jungo,* HandKomm, N. 4 zu Art. 243 ZGB.

Gesamteigentümer der Liegenschaften und Gesamthänder in Bezug auf die beschränkten dinglichen und obligatorischen Rechte.[26] Mit der Auflösung des Güterstandes verwandelt sich das Gesamthandverhältnis unter den Ehegatten in eine Liquidationsgemeinschaft unter den Ehegatten bzw. unter einem Ehegatten und den Erben des anderen, mit dem Ziel, das Gesamteigentum in Alleineigentum zu überführen.[27] Bei Auflösung der Gütergemeinschaft durch Tod eines Ehegatten fällt jedem Ehegatten bzw. dessen Erben – vorbehältlich einer anderen Vereinbarung – von Gesetzes wegen die Hälfte am Gesamtgut zu. Im Ergebnis stehen dem überlebenden Ehegatten gesetzlich ¾ und den Nachkommen ¼ des Gesamtguts zu. Damit ist die umfangmässige Berechtigung am Gesamtgut festgelegt. Die sachliche Zuteilung einzelner Vermögenswerte ist dagegen Gegenstand von Art. 243–245 ZGB. Diese wertmässige bzw. sachliche Berechtigung belastet den Nachlass, wirkt also rein *obligatorisch*. Die effektive Zuweisung der einzelnen Gegenstände erfolgt im Zusammenwirken zwischen dem überlebenden Ehegatten und den übrigen Erben. Etwas anderes gilt im Fall der vertraglichen vollen Gesamtgutszuweisung an den überlebenden Ehegatten: Der berechtigte Ehegatte erwirbt im Zeitpunkt des Todes per Anwachsung Alleineigentum am bisherigen Gesamtgut.[28] Diese *dingliche Berechtigung* erfolgt ex lege und ausserbuchlich.[29] Eine Mitwirkung der übrigen Erben ist mithin nicht erforderlich.

4.3 Ehegattengesellschaft mit vertraglicher Teilungsregel

Leben die Ehegatten unter dem Güterstand der Errungenschaftsbeteiligung, können sie an Vermögenswerten, namentlich an Liegenschaften, vertraglich Miteigentum begründen. In einigen Kantonen ist darüber hinaus mit Bezug auf Liegenschaften die Begründung einer einfachen Gesellschaft üblich. Damit entsteht an diesen Liegenschaften Gesamteigentum, was sonst nur unter dem Güterstand der Gütergemeinschaft möglich ist. Diese sogenannte Ehegattengesellschaft, auch Liegenschaftsgesellschaft genannt, gehört zum Vermögen der Ehegatten, ist also den jeweiligen Gütermassen zuzuteilen. Das gilt zunächst einmal für die Gesell-

---

[26] *Rumo-Jungo,* HandKomm, N. 6 zu Art. 221–222 ZGB.
[27] BK-*Hausheer/Reusser/Geiser,* N. 14 zu Art. 241 ZGB; *Masanti-Müller,* S. 20; *Rumo-Jungo,* HandKomm, N. 1 zu Art. 241 ZGB; *Wolf,* S. 210 ff.
[28] BK-*Hausheer/Reusser/Geiser,* N. 36 zu Art. 241 ZGB; *Masanti-Müller,* S. 30 ff.; *Pfäffli,* S. 41; *Wolf,* S. 59 f. und S. 213 f.; *derselbe,* Eigentumsübergänge, S. 251 f.
[29] *Pfäffli,* S. 41; *Wolf,* S. 213 ff.

schaftseinlagen, die als Aktivum jener Gütermasse zugeteilt werden, die sie (vollständig oder falls verschiedene Einlagen zur Einlage beigetragen haben, überwiegend) geleistet hat. Bei Auflösung der Gesellschaft entsteht (wie im Fall der Gütergemeinschaft) zunächst eine Liquidationsgesellschaft.[30] Zur Liquidation sind vorerst die Schulden der Gesellschaft und Auslagen und Verwendungen der Gesellschafter zu decken und deren Einlagen zurückzuerstatten (Art. 548 OR). Ein daraus entstehender Gewinn bzw. Verlust fällt (grundsätzlich verteilt nach Köpfen, nicht nach Höhe der Einlagen: Art. 533 OR) in jene Gütermasse, welche die Einlage geleistet hat. Gegebenenfalls werden Gewinn oder Verlust proportional auf die beteiligten Gütermassen verteilt.[31]

Im Rahmen einer einfachen Gesellschaft kann für den Fall der Auflösung die Anwachsung des Gesellschaftsanteils an eine Gesellschafterin vereinbart werden. Diesfalls entsteht bei Auflösung der Gesellschaft keine Liquidationsgesellschaft, sondern ex lege Alleineigentum des überlebenden Ehegatten am gesamten Gesellschaftsvermögen, auch an Grundstücken. Diese werden gegebenenfalls ausserbuchlich übertragen.[32] Solche Vereinbarungen kommen im Zusammenhang mit Ehegattengesellschaften bzw. Liegenschaftsgesellschaften häufig vor. Wie im Fall der Gesamtgutszuweisung bei Gütergemeinschaft ist die Mitwirkung der übrigen Erben für den Erwerb und die Zuweisung des Wohnhauses nicht erforderlich.

5. Wertbestimmung

5.1 Massgebender Wert

Im Güter- wie im Erbrecht ist für die Wertbemessung grundsätzlich der Verkehrswert massgeblich. Das bestimmen Art. 211 ZGB für die Errungenschaftsbeteiligung und Art. 617 ZGB für die erbrechtliche Auseinandersetzung. Letztere Bestimmung bezieht sich nach ihrem Wortlaut zwar nur auf Grundstücke, ist allerdings nach h.L. allgemein auf alle Vermögenswerte anwendbar.[33] Der Verkehrswert gilt auch im Güterstand der

---

[30] *Pfäffli*, S. 42; *Wolf*, S. 210 ff.
[31] *Hausheer/Geiser/Aebi-Müller*, N. 11.41 f., Anhang IV.
[32] *Pfäffli*, S. 43.
[33] BSK-*Schaufelberger/Keller Lüscher*, N. 1 zu Art. 617 ZGB; *Meyer*, HandKomm, N. 1 zu Art. 617 ZGB.

Gütergemeinschaft, obwohl das Gesetz dazu keine Regelung enthält.[34] Ausnahmsweise ist der Ertragswert massgeblich: Art. 212 bzw. Art. 619 ZGB, mit Hinweis auf das Bundesgesetz über das bäuerliche Bodenrecht.

5.2 Massgebender Zeitpunkt

Die Wertbestimmung erfolgt im Zeitpunkt der güterrechtlichen Auseinandersetzung (Art. 214, Art. 240 ZGB) bzw. im Zeitpunkt der erbrechtlichen Teilung (Art. 617 ZGB). Im Fall der Auflösung des Güterstandes durch Tod fallen diese Zeitpunkte faktisch zusammen, findet doch die güterrechtliche Auseinandersetzung in der juristischen Sekunde vor dem Tod, also vor der erbrechtlichen Auseinandersetzung statt.

6. Zusammenfassung

a) Güterrechtliche Vereinbarungen können zu grossen Vermögensverschiebungen unter den Eheleuten führen. Das Gesetz schützt die Nachkommen vor solchen Vereinbarungen grundsätzlich nicht. Ausgenommen vom Grundsatz der unbeschränkt zulässigen güterrechtlichen Vermögensverschiebung sind die Vereinbarungen der vollen Vorschlags- und Gesamtgutszuweisung (Art. 216 Abs. 2 und 241 Abs. 3 ZGB).

b) Lebzeitige Zuwendungen eines Ehegatten an Nachkommen oder Dritte können güter- und erbrechtlich relevant sein, und zwar dann, wenn sie aus der Errungenschaft erfolgen. Stimmt der andere Ehegatte der lebzeitigen Zuwendung nicht zu, erfolgt eine güterrechtliche Hinzurechnung. Stimmt der andere Ehegatte der lebzeitigen Zuwendung zu, ist diese allenfalls erbrechtlich auszugleichen bzw. herabzusetzen. Fraglich ist, welche Bedeutung die Zustimmung des Ehegatten für dessen eigenen Ausgleichungs- und Herabsetzungsanspruch hat: Grundsätzlich ist es widersprüchlich, zunächst die Zustimmung zur lebzeitigen Zuwendung zu erteilen und später, beim Tod des Zuwenders, im Rahmen der Ausgleichung bzw. der Herabsetzung den eigenen Anspruch (auf den güterrechtlich mit der Zustimmung verzichtet wurde) geltend zu machen. Im Rahmen der Ausgleichung gilt daher eine Zustimmung

---

[34] *Rumo-Jungo,* HandKomm, N. 3 zu Art. 240 ZGB.

grundsätzlich auch als Verzicht auf die entsprechende Ausgleichung zu eigenen Gunsten. Dagegen kann die Zustimmung zur lebzeitigen Zuwendung nicht auch als Verzicht für die Geltendmachung der Herabsetzung gelten, denn eine bloss mündliche oder schriftliche Zustimmung erfüllt die Formvorschriften für den Erbverzicht nicht.

Soweit die Ehefrau selber Empfängerin der Zuwendung war, hat sie bloss die Hälfte der Zuwendung herabzusetzen, da sie andernfalls schlechter gestellt ist, als wenn sie überhaupt keine Zuwendung erhalten hätte.

c) Zum Schutz der eigenen Wohnräume sieht das Gesetz unter bestimmten Voraussetzungen die Zuteilung von beschränkten dinglichen Rechten (Nutzniessung oder Wohnrecht) oder von Eigentum an diesen Wohnräumen vor. Ferner können solche Rechte vertraglich bestimmt werden: durch Vereinbarung der Gütergemeinschaft oder einer einfachen Gesellschaft. In beiden Fällen kann die Akkreszenz bei Tod des Partners/der Partnerin vereinbart werden. Sie führt gegebenenfalls zum unmittelbaren ausserbuchlichen Erwerb des Eigentums ohne Zutun der anderen Erben.

d) Sowohl die Bestimmung des massgebenden Werts (Verkehrswert oder Ertragswert) sowie die Bestimmung des Bewertungszeitpunkts (Tod oder unmittelbar vorher) sind im Güter- und im Erbrecht gesetzlich parallel geregelt.

Assurances et successions (2e et 3e piliers)

Christian Terrier

Sommaire

Bibliographie	144
1. Introduction	145
1.1 Les héritiers et les bénéficiaires de prestations échues au décès	145
1.2 Assurances et planification successorale	147
1.3 Plan de l'exposé	149
2. Les bénéficiaires	150
2.1 Prévoyance individuelle libre (3e pilier B)	150
2.1.1 Cercle des bénéficiaires	150
2.1.2 Modes de désignation des bénéficiaires	151
2.1.3 Nature juridique des désignations de bénéficiaires	152
2.2 Prévoyance professionnelle (2e pilier)	153
2.2.1 Cercle des bénéficiaires de la prévoyance obligatoire (2e pilier A)	153
2.2.2 Cercle des bénéficiaires de la prévoyance plus étendue (2e pilier B)	154
2.2.3 Cercle des bénéficiaires du libre passage	157
2.2.4 Modes de désignation des bénéficiaires	159
2.2.5 Nature juridique des désignations de bénéficiaires	161
2.3 Prévoyance individuelle liée (3e pilier A)	161
2.3.1 Cercle des bénéficiaires	161
2.3.2 Modes de désignation des bénéficiaires	163
2.3.3 Nature juridique des désignations de bénéficiaires	164
3. Les prestations rapportables	164
3.1 Prévoyance individuelle libre (3e pilier B)	165
3.2 Prévoyance professionnelle (2e pilier)	167
3.3 Prévoyance individuelle liée (3e pilier A)	169
4. Les prestations susceptibles de réunion et de réduction	169
4.1 Prévoyance individuelle libre (3e pilier B)	170
4.1.1 Bases légales	170
4.1.2 Polices concernées	171
4.1.3 Valeur à prendre en considération	172
4.2 Prévoyance professionnelle (2e pilier)	175
4.2.1 Prévoyance obligatoire (2e pilier A)	175
4.2.2 Prévoyance plus étendue (2e pilier B)	175
4.2.3 Libre passage	178
4.3 Prévoyance individuelle liée (3e pilier A)	179
4.3.1 Qualification successorale	179
4.3.2 Valeur à prendre en considération	180
5. Conclusions	180
5.1 Tableau récapitulatif	180

5.2 Comparaisons 181
  5.2.1 Conjoint survivant en concours avec les enfants d'un premier
        mariage 182
  5.2.2 Concubin en concours avec le conjoint survivant et les enfants ... 182
  5.2.3 Concubin en concours avec les enfants 183
5.3 Recommandations 184
  5.3.1 Rôle du notaire 184
  5.3.2 Testament et désignation de bénéficiaire 185

Bibliographie

Daniel Abt/Thomas Weibel (édit.), Praxis Kommentar Erbrecht, Bâle 2011 (cité PraxKomm-*Auteur*); *Regina E. Aebi-Müller,* Die drei Säulen der Vorsorge und ihr Verhältnis zum Güter- und Erbrecht des ZGB, successio 2009 p. 4 ss; *Margareta Baddeley,* L'assurance-vie en rapport avec le régime matrimonial et le droit successoral, in Semaine judiciaire, 2000 II 511 ss; *François Bianchi,* Rapport et réduction d'une donation avec réserve d'un usufruit ou d'un droit d'habitation, Not@lex 2011 p. 85 ss; *Philip R. Bornhauser,* Zusammenspiel erbrechtlicher und sonstiger durch den Tod ausgelöster Ansprüche, in Jusletter 10.2.2005; *Peter Breitschmid,* Ehe- und erbrechtliche Planung an den Schnittstellen zu BVG, VVG und Sozialversicherung, insbesondere in Patchworksituationen, successio 2010 p. 259 ss; *Paul Eitel,* Lebensversicherung und erbrechtliche Ausgleichung, ZBJV 139/2003 p. 335 ss (cité *Eitel,* Lebensversicherung); *le même,* Berner Kommentar, Bd. III/2/3, Die Ausgleichung, Art. 626–632 ZGB, Berne 2004 (cité BK-*Eitel; Rolando Forni/Giorgio Piatti,* Basler Kommentar, Zivilgesetzbuch II, Bâle 2011; *Thomas Gabathüler,* Freizügigkeitsleistungen und Güterrecht – Stehen Freizügigkeitsleistungen der 2. Säule in allen Fällen ausserhalb des Güterrechts?, FamPra.ch 2011 p. 120 ss (cité *Gabathüler,* Freizügigkeitsleistungen); *le même,* Vom Einfluss der beruflichen Vorsorge auf die güter- und erbrechtliche Auseinandersetzung, insbesondere bei Einmaleinlagen und Kapitalbezügen, FamPra.ch 2011 p. 385 ss (cité *Gabathüler,* Einmaleinlagen); *Jean Guinand/Audrey Leuba/Martin Stettler,* Droit des successions, 6e éd., Zurich 2005; *Heinz Hausheer/Regina E. Aebi-Müller,* Das Familienvermögen im Lichte der Schnittstellen von ehelichem Güterrecht, erbrechtlichem Pflichtteilsrecht und Sozialversicherungsrecht, successio 2010 p. 62 ss; *Pierre Izzo,* Lebensversicherungsansprüche und -anwartschaften bei der güter- und erbrechtlichen Auseinandersetzung (unter Berücksichtigung der beruflichen Vorsorge), Fribourg 1999; *Alfred Koller,* Schweizerisches Obligationenrecht – Allgemeiner Teil, Berne 2009; *Jolanta Kren Kostkiewicz/Peter Nobel/Ivo Schwander/Stephan Wolf* (édit.), ZGB Kommentar, 2e éd., Zurich 2011 (cité ZGB Kommentar-*Auteur*); *Gladys Laffely Maillard,* Planification matrimoniale et successorale en matière d'assurance des 2e et 3e piliers – Aspects de droit fiscal, Not@lex 2011 p. 45 ss; Office fédéral des assurances sociales OFAS, Bulletins de la prévoyance professionnelle: Compilation des indications et prises de position de l'OFAS et de la jurisprudence sur les bénéficiaires dans les 2e et 3e piliers (État le 29 mars 2012) (cité OFAS Compilation); *Paul Piotet,* Réunion aux acquêts des libéralités relatives aux assurances-vie (cité *Piotet,* Réunion), et Stipulations pour autrui, prévoyance professionnelle et droit successoral (cité *Piotet,* Stipulations), in Contributions choisies. Recueil offert par la Faculté de droit de l'Université de Lausanne à l'occasion de son 80ème anniversaire, Zurich 2004, respectivement p. 64 ss et p. 366 ss; *Stefan Plattner,* Wen begünstigt eigentlich eine Begünstigungsklausel? – Das Recht, eine Begünstigungsklausel zu widerrufen, erlischt mit dem Tod des VN und geht nicht auf die Erben über, wogegen das Rückkaufsrecht mit dem Tod des VN gleichwohl auf die Erben übergeht, in Stephan Fuhrer (édit.), Schweizerische Gesellschaft für Haftpflicht- und Versicherungsrecht – Festschrift zum fünfzigjährigen Bestehen/Société suisse du droit de la responsabilité civile et des assurances – Mélanges à l'occasion de son cinquantième anniversaire, Zurich 2010, p. 455 ss; *Hans Michael Riemer/Gabriela Riemer-Kafka,* Das Recht der beruflichen Vorsorge in der Schweiz, 2e éd., Berne 2006; *Jacques-André Schneider/Thomas Geiser/Thomas Gächter* (édit.), Commentaire Stämpfli, LPP et LFLP – Lois fédérales sur la prévoyance professionnelle vieillesse, survivants et invalidité et sur le libre passage dans la prévoyance professionnelle vieillesse, survivants et invalidité, Berne 2010 (cité Commentaire Stämpfli-*Auteur*); *Daniel Staehelin,* Basler Kommentar, Zivilgesetzbuch II, Bâle 2011; *Paul-Henri Steinauer,* Le droit des successions, Berne 2006; *Laure Thonney,* Prévoyance professionnelle et acquisition immobilière, in François Bianchi (édit.), Mélanges de l'Association des Notaires Vaudois, Zurich 2005, p. 173 ss; *Marta Trigo Trindade,* Prévoyance professionnelle, divorce et succession, Semaine judiciaire 2000 II 467 ss; *Peter Weimar,* Berner Kommentar, Bd. III/1/1/1, Die gesetzlichen Erben, Die Verfügungen von Todes wegen, Die Verfügungsfähigkeit, Die Verfügungsfreiheit, Die Verfügungsarten, Die Verfügungsformen, Art. 457–516 ZGB, Berne 2009; *Stephan Wolf/Gian Sandro Genna,* Schweizerisches Privatrecht, Bd. IV/1, Erbrecht, 1. Teil, Bâle 2012; *Werner Zumbrunn,* Private Lebensversicherungen in der Erbteilungspraxis, AJP 2006 p. 1207 ss.

1. Introduction

1.1 Les héritiers et les bénéficiaires de prestations échues au décès

Suite à un décès, diverses personnes sont susceptibles d'acquérir des droits:

- les héritiers, de par la loi ou les dispositions de dernières volontés du défunt;
  ils acquièrent le patrimoine du défunt à titre universel;

- les légataires, uniquement de par les dispositions de dernières volontés du défunt;
  ils acquièrent des prétentions en délivrance de legs contre les héritiers, à titre particulier;

- les bénéficiaires de prestations découlant de l'AVS (1er pilier), de par la loi;
  ils acquièrent des prétentions directes à l'encontre de la caisse AVS;

- les bénéficiaires de prestations découlant de la prévoyance professionnelle du défunt (2e pilier), de par la loi et, parfois, de par les volontés exprimées par le défunt;
  ils acquièrent des prétentions directes à l'encontre de l'institution LPP;

- les bénéficiaires de prestations découlant de contrats d'assurance de prévoyance individuelle liée conclus par le défunt (3e pilier A), de par la loi et, parfois, de par les volontés exprimées par le défunt;
  ils acquièrent des prétentions directes à l'encontre de la compagnie d'assurance;

- les bénéficiaires de prestations découlant de contrats d'assurance de prévoyance individuelle libre conclus par le défunt (3e pilier B), de par les volontés exprimées par le défunt;
  ils acquièrent des prétentions directes à l'encontre de la compagnie d'assurance;

- les bénéficiaires de prestations découlant de contrats d'assurance-accidents, obligatoire ou libre, conclus par le défunt, de par la loi ou les volontés exprimées par le défunt;
  ils acquièrent des prétentions directes à l'encontre de la compagnie d'assurance;

- les bénéficiaires de prestations découlant notamment du droit de la responsabilité civile, de par la loi;
  ils acquièrent des prétentions directes à l'encontre du responsable et de la compagnie d'assurance.

Les héritiers et les bénéficiaires de certaines prestations spécifiques sont parfois les mêmes personnes. Néanmoins, il importe de bien définir la source de leurs prétentions. Notamment, pour savoir si, en acceptant certaines prestations, les bénéficiaires perdent le droit de répudier la succession et, partant, s'exposent à devoir en assumer les passifs. En outre, il se peut que les quotes-parts des bénéficiaires ne soient pas identiques en vertu des règles de droit successoral et à teneur des dispositions spécifiques qui régissent certaines assurances.

Nous laisserons de côté les prétentions du 1er pilier, du fait qu'elles sont déterminées exclusivement par la loi. Nous laisserons aussi de côté les prétentions découlant de contrats d'assurance-accidents ou du droit de la responsabilité civile, car elles portent sur des situations exceptionnelles.

Cet exposé sera donc axé sur les relations entre le droit successoral proprement dit, qui régit les droits des héritiers et des légataires, et les prétentions issues des polices d'assurance des 2e et 3e piliers. Dans la suite du texte, nous utiliserons les termes «polices d'assurance» ou «assurances» pour désigner d'une façon générale les contrats d'assurance relevant des 2e et 3e piliers.

On peut affirmer sans autre que, de nos jours, une part importante, voire prépondérante, de l'épargne au sens large accumulée par la classe moyenne se trouve investie dans le 2ᵉ pilier et dans la prévoyance individuelle liée. Quant aux polices de capitaux de la prévoyance individuelle libre, qu'il s'agisse d'assurances sur la vie ou de rentes viagères, elles restent fréquentes, notamment chez les indépendants.

Il est donc indispensable que le notaire maîtrise ces divers instruments aussi bien lorsqu'il s'occupe de planification successorale que lorsqu'il règle une succession. Sa tâche est cependant rendue singulièrement difficile par le fait:

- que ces instruments sont régis tantôt par le droit privé (Code civil suisse, CC; Loi fédérale sur le contrat d'assurance, LCA), tantôt par le droit public (Loi fédérale sur la prévoyance professionnelle vieillesse, survivants et invalidité, LPP; Ordonnance fédérale sur les déductions admises fiscalement pour les cotisations versées à des formes reconnues de prévoyance, OPP 3), tantôt par les deux;
- que les règles applicables sont mal coordonnées;
- qu'elles manquent souvent de clarté;
- que toutes les questions en résultant n'ont pas été tranchées par la jurisprudence et qu'elles font l'objet de nombreuses controverses dans la doctrine[1].

1.2 Assurances et planification successorale

Les assurances de capitaux des 2ᵉ et 3ᵉ piliers sont avant tout:
- des instruments de prévoyance: elles visent à prémunir certaines personnes (en premier lieu l'assuré lui-même) contre les conséquences d'une invalidité, de la vieillesse ou d'un décès.

Mais ces assurances sont aussi:
- des moyens d'optimisation fiscale; dans bien des cas, il s'agit même de l'objectif primordial, la prévoyance étant d'un intérêt très subsidiaire;

---

[1] *Cf.* BK-*Eitel,* n. 130 ad art. 626 CC.

- des mesures de protection du patrimoine *(asset protection)*, notamment à l'égard des créanciers[2];
- des instruments de planification successorale.

C'est ce dernier aspect qui retiendra notre attention. Nous laisserons de côté les questions fiscales[3], même si elles doivent bien entendu être prises en considération dans toute réflexion successorale. Nous n'aborderons pas non plus les avantages que présentent les polices d'assurance des 2e et 3e piliers face notamment aux créanciers du preneur.

En matière de planification successorale, l'intérêt des polices d'assurance réside dans le fait qu'elles échappent – à tout le moins dans une certaine mesure – au droit successoral proprement dit:

- généralement, elles n'entrent pas dans la masse successorale; contrairement à l'héritier ou au légataire, le bénéficiaire d'une assurance n'est tributaire ni du partage de la succession, ni de la délivrance de son bien par les héritiers; il peut faire valoir immédiatement un droit propre et inconditionnel envers l'assureur; par ailleurs, il peut encaisser les prestations d'une police d'assurance tout en répudiant parallèlement la succession; dans certaines situations, il s'agit d'avantages considérables[4];
- les prétentions des bénéficiaires d'assurances ne constituent, pour certaines, pas du tout et, pour d'autres, seulement de façon partielle des libéralités rapportables ou réductibles; il est donc possible, dans une certaine mesure, d'échapper aux règles sur les réserves légales.

Cela s'explique à tout le moins partiellement par le fait que les polices d'assurance visent prioritairement un but spécifique – la prévoyance – qui est différent du but fondamental du droit successoral – la transmission du patrimoine[5]. Les parties prenantes ne sont pas forcément les mêmes, ou pas nécessairement dans les mêmes proportions.

Pour les polices d'assurance libres (3e pilier B), les possibilités d'utilisation dans le cadre d'une planification successorale sont généralement bien connues. La prévoyance individuelle liée (3e pilier A) suscite surtout de l'intérêt pour les avantages fiscaux qu'elle présente. On ignore souvent que

---

[2] *Cf. Gladys Laffely Maillard,* p. 48, 49 et 54; PraxKomm-*Künzle,* n. 122 et 131 ad Introduction.
[3] Ces questions sont traitées en détail par *Laffely Maillard,* p. 45 et ss.
[4] *Cf.* PraxKomm-*Nertz,* n. 1 ad art. 476 CC.
[5] *Cf. Trindade,* p. 496.

le preneur a la faculté – certes fortement limitée – d'en désigner les bénéficiaires. Quant au 2ᵉ pilier, il importe de se rappeler qu'il ne se constitue pas seulement de la prévoyance professionnelle obligatoire (2ᵉ pilier A), mais aussi de la prévoyance professionnelle plus étendue, sur-obligatoire (2ᵉ pilier B). Ce second volet offre d'assez larges possibilités d'aménagement personnalisé, notamment pour les indépendants.

Naturellement, la tentation peut être grande d'utiliser les véhicules attitrés de la prévoyance pour s'affranchir de certaines restrictions du droit successoral, jugées trop contraignantes. Lorsque des solutions d'assurance sont clairement détournées de leur but premier, une réaction s'impose. Néanmoins, il subsiste une marge de manœuvre qui peut être mise à profit dans le cadre d'une planification successorale avisée.

1.3 Plan de l'exposé

Pour mieux connaître les possibilités offertes par les assurances des 2ᵉ et 3ᵉ piliers et savoir comment les prendre en considération dans le règlement d'une succession, nous déterminerons en premier lieu quels sont leurs bénéficiaires respectifs (ch. 2.).

Nous examinerons ensuite si, et le cas échéant dans quelle mesure, les prestations issues de ces assurances sont susceptibles de constituer des libéralités rapportables au sens du droit successoral (ch. 3.).

Enfin, nous vérifierons si, et le cas échéant dans quelle mesure, ces prestations doivent être réunies aux biens successoraux pour le calcul des réserves légales et sont susceptibles de faire l'objet d'une réduction (ch. 4.).

Notre exposé étant limité aux aspects d'ordre successoral, nous n'y aborderons pas les questions soulevées par les polices d'assurance dans le cadre de la liquidation du régime matrimonial, notamment celui de la participation aux acquêts[6].

---

[6] *Cf.* à ce propos les contributions citées en bibliographie de *Izzo; Baddeley; Trigo Trindade; Piotet; Aebi-Müller; Breitschmid; Hausheer/Aebi-Müller; Gabathüler.*

2. Les bénéficiaires

Nous nous intéresserons tout d'abord aux bénéficiaires des polices d'assurance libres (3ᵉ pilier B). Nous évoquerons ensuite les bénéficiaires des polices de prévoyance professionnelle (2ᵉ pilier). Compte tenu du caractère hybride des polices de prévoyance individuelle liée (3ᵉ pilier A), nous en définirons les bénéficiaires en dernier lieu.

2.1 Prévoyance individuelle libre (3ᵉ pilier B)

2.1.1 Cercle des bénéficiaires

Les polices ordinaires d'assurance sur la vie représentent des contrats de droit privé, régis par le Code des obligations (CO) et plus spécifiquement par la Loi fédérale sur le contrat d'assurance.

Les prestations assurées peuvent se constituer de capitaux ou de rentes, voire d'une combinaison des deux. En l'absence de *numerus clausus,* les contrats les plus divers se rencontrent dans la pratique[7]. Nous ne nous préoccuperons ici que des polices impliquant le versement d'un capital au décès du preneur ainsi que de celles, plus rares, dont le décès du preneur fait débuter le service d'une rente en faveur d'un tiers[8].

À l'origine, le bénéficiaire d'une police d'assurance sur la vie est le preneur lui-même, soit la personne qui conclut le contrat. Lorsque le risque assuré est le décès du preneur, la prestation exigible devrait donc entrer dans la masse successorale et se partager entre les héritiers[9].

En vertu de l'art. 76 LCA, le preneur a toutefois le droit de désigner un tiers comme bénéficiaire, sans avoir à recueillir l'assentiment de l'assureur, soit par acte unilatéral[10]. La désignation de bénéficiaire est ainsi une stipulation pour autrui parfaite au sens de l'art. 112 al. 2 CO, tout en étant soumise aux dispositions spéciales de la Loi fédérale sur le contrat d'assurance[11].

---

[7] *Baddeley,* p. 516.
[8] Telle qu'une police de rente viagère en faveur du preneur, réversible sur son conjoint lors du décès du preneur.
[9] *Steinauer,* n. 481.
[10] *Baddeley,* p. 527 et s.; *Koller,* § 73, n. 10.
[11] *Plattner,* p. 460; *Wolf/Genna,* p. 162.

À l'art. 78 LCA, il est précisé que la clause bénéficiaire crée au profit du bénéficiaire un droit propre sur la créance que cette clause lui attribue. Ainsi, la prestation exigible échappe à la masse successorale et, partant, aux héritiers[12].

Pour une police d'assurance non liée, le cercle des bénéficiaires potentiels est illimité.

2.1.2 Modes de désignation des bénéficiaires

La désignation de bénéficiaire peut intervenir en tout temps et elle n'est soumise à aucune forme quelconque[13]. Un simple appel téléphonique à l'assureur pourrait suffire. Habituellement, la clause bénéficiaire figure par écrit dans le contrat d'assurance. Mais elle peut aussi apparaître dans un testament. De même, la forme de la révocation est libre[14].

Une désignation de bénéficiaire peut intervenir à titre révocable ou irrévocable. Pour que la renonciation à la révocation devienne définitive, il importe qu'elle ait lieu par écrit signé dans la police même et que celle-ci soit remise au bénéficiaire (art. 77 al. 2 LCA).

Tant qu'il n'a pas procédé à une désignation de bénéficiaire irrévocable, le preneur a aussi la possibilité de céder l'assurance à un tiers ou de la mettre en gage. La validité de ces actes est également conditionnée au respect de la forme écrite et à la remise de la police. La loi exige en outre un avis écrit à l'assureur (art. 73 al. 1 LCA). Le cas échéant, la prestation exigible est versée au cessionnaire lors du décès du preneur. Sur le plan successoral, les conséquences d'une cession sont donc les mêmes que celles d'une désignation de bénéficiaire[15], étant précisé que la forme de la cession n'est que rarement utilisée dans un but de libéralité[16].

Le preneur est encore en droit de léguer le capital assuré. La prestation exigible devrait alors être versée aux héritiers, à charge pour ces derniers de délivrer le legs. Le législateur a cependant assimilé ce legs à une désigna-

---

[12] *Baddeley,* p. 529 et 536; *Eitel,* Lebensversicherung, p. 342; *Zumbrunn,* p. 1207; *Staehelin,* n. 14 ad art. 476 CC; PraxKomm-*Nertz,* n. 23 s. ad art. 476 CC.
[13] *Baddeley,* p. 528; *Plattner,* p. 460; PraxKomm-*Nertz,* n. 25 ad art. 476 CC.
[14] *Cf. Baddeley,* p. 528 et s.
[15] PraxKomm-*Nertz,* n. 26 ad art. 476 CC.
[16] BK-*Eitel,* n. 131 ad art. 626 CC.

tion de bénéficiaire ordinaire, en prescrivant à l'art. 563 al. 2 CC que le légataire peut faire valoir directement ses droits envers l'assureur.

2.1.3 Nature juridique des désignations de bénéficiaires

La désignation d'un bénéficiaire intervient en règle générale à titre gratuit. Elle constitue alors une libéralité. La question de savoir si une clause bénéficiaire doit être traitée comme une libéralité entre vifs ou, au contraire, comme une libéralité pour cause de mort agite la doctrine depuis de nombreuses années. Jusqu'à ce jour, elle n'a pas trouvé une réponse définitive.

Pourtant, de la réponse à cette question dépendent les modalités de la prise en considération d'une désignation de bénéficiaire aussi bien dans la liquidation du régime matrimonial que dans le règlement de la succession[17]. Ainsi, une libéralité entre vifs n'est que potentiellement réductible, alors que l'objet d'une attribution pour cause de mort relève nécessairement du patrimoine successoral. Par ailleurs, les libéralités entre vifs et pour cause de mort ne sont pas traitées sur un pied d'égalité en matière de réductions, notamment pour ce qui est de l'ordre de celles-ci.

Il est largement admis que la clause bénéficiaire irrévocable représente une libéralité entre vifs, car le preneur d'assurance abandonne définitivement ses droits sur la police au moment où il renonce à la révocation[18]. Il en va *a fortiori* de même pour la cession de la police d'assurance[19].

À l'inverse, le legs du capital d'une assurance correspond clairement à une disposition pour cause de mort, quand bien même il donne au bénéficiaire un droit direct contre l'assureur en vertu de l'art. 563 al. 2 CC[20].

S'agissant de la clause bénéficiaire révocable, la controverse règne entre les auteurs jusqu'à la question de savoir quel est le courant dominant. Pour *Breitschmid*[21], la doctrine actuelle s'accorderait largement pour reconnaître à cette clause le caractère de disposition pour cause de mort, quand bien même la matière relève de la Loi fédérale sur le contrat d'assurance. Cette opinion est partagée notamment par *Izzo*[22] qui, à l'issue d'une étude minu-

---

[17] *Cf. Baddeley*, p. 530 et ss.
[18] *Izzo*, p. 56; *Baddeley*, p. 531; BK-*Eitel*, n. 133 ad art. 626 CC.
[19] *Eitel*, Lebensversicherung, p. 335.
[20] *Steinauer*, n. 484. Contra: *Izzo*, p. 374 ss; *Weimar*, n. 22 ad art. 476 CC; *Wolf/Genna*, p. 164.
[21] P. 269, n. 37.
[22] P. 96.

tieuse des positions exprimées, retient comme élément décisif le fait que, jusqu'à la mort du preneur, le bénéficiaire ne jouit que d'une espérance, et non d'un droit.

Pour *Zumbrunn*[23], la prépondérance de la doctrine contraire, qui considère la clause bénéficiaire comme une libéralité entre vifs, est évidente et s'impose au praticien. Et il est vrai que, notamment au cours des dernières années, nombreux ont été les auteurs à soutenir la même position[24]. Celle-ci a du reste été approuvée par le Tribunal fédéral dans l'arrêt Pinkas[25]. Nous nous y rallions car, dans l'esprit du preneur d'assurance, dès le moment où il a désigné un bénéficiaire, la valeur de la police ne rentre plus dans le patrimoine qui fera l'objet de sa succession. Il en a déjà disposé, puisqu'il a d'emblée accordé un droit direct au bénéficiaire contre l'assureur (art. 78 LCA). Peu importe qu'il ait conservé la faculté de modifier ou de révoquer la clause bénéficiaire, ou même qu'il ait envisagé principalement d'encaisser lui-même le capital assuré en cas de survie à l'échéance, dans l'hypothèse d'une police d'assurance sur la vie de type mixte. Il y a donc bien un acte d'attribution – certes, sous condition résolutoire[26] – accompli par le preneur de son vivant. Et cet acte est valable sans l'assentiment de l'assureur ou du bénéficiaire[27].

2.2 Prévoyance professionnelle (2ᵉ pilier)

2.2.1 Cercle des bénéficiaires de la prévoyance obligatoire (2ᵉ pilier A)

Les assurances de prévoyance professionnelle ne relèvent pas du droit privé, mais de la Loi fédérale sur la prévoyance professionnelle vieillesse, survivants et invalidité, soit du droit public. Elles constituent un effet accessoire obligatoire du rapport de travail[28].

---

[23] P. 1207.
[24] *Cf.* entre autres *Eitel*, Lebensversicherung, p. 349; BK-*Eitel*, n. 133 ad art. 626 CC; *Steinauer*, n. 482; *Aebi-Müller*, p. 25; *Weimar*, n. 112 s. ad Introduction au titre XIV CC; *Plattner*, p. 460; PraxKomm-*Künzle*, n. 129 ad Introduction; PraxKomm-*Nertz*, n. 24 ad art. 476 CC; *Forni/Piatti*, n. 2 ad art. 529 CC et n. 13 ad art. 626 CC; *Staehelin*, n. 13 ad art. 626 CC; *Wolf/Genna*, p. 162 et s.
[25] ATF 112 II 157 = JdT 1987 I 103.
[26] *Cf. Forni/Piatti*, n. 2 ad art. 529 CC.
[27] *Baddeley*, p. 527 s., qui définit l'attribution faite au bénéficiaire comme «*un acte formateur de disposition à caractère unilatéral*»; *Eitel*, Lebensversicherung, p. 340.
[28] ATF 129 III 305 = JdT 2003 I 305 cons. 2.1.

Conformément au but défini à l'art. 1 al. 1 LPP – maintenir le niveau de vie des bénéficiaires lors de la réalisation d'un cas d'assurance vieillesse, décès ou invalidité –, les prestations assurées se constituent de rentes.

Les salariés qui ont plus de 17 ans et reçoivent d'un même employeur un salaire annuel supérieur à CHF 21 060, ainsi que d'autres catégories de personnes, sont soumis à l'assurance obligatoire[29]. Les salariés et les indépendants qui ne sont pas soumis à l'assurance obligatoire peuvent se faire assurer à titre facultatif conformément à la loi; les dispositions sur l'assurance obligatoire s'appliquent alors par analogie à l'assurance facultative[30].

L'assuré n'est pas en droit de désigner lui-même les bénéficiaires de prestations de la prévoyance professionnelle obligatoire, ni même d'exercer une quelconque influence sur la répartition des prestations entre les ayants droit. Ceux-ci sont déterminés de façon impérative par la loi. Ils acquièrent des droits propres à l'encontre de l'institution[31].

En cas de décès de l'assuré, les bénéficiaires désignés par la loi sont le conjoint survivant (art. 19 LPP), auquel est assimilé le partenaire enregistré (art. 19 a LPP), ainsi que les orphelins[32] (art. 20 LPP).

L'assuré ne dispose d'aucun moyen de détourner son 2ᵉ pilier obligatoire du but de prévoyance auquel il est voué de par la loi. Il ne peut que prendre acte dans sa planification successorale des prestations dont ses proches sont susceptibles de bénéficier à ce titre. Il peut éventuellement les ajuster au niveau actuel de ses revenus en versant des contributions de rachat[33].

2.2.2 Cercle des bénéficiaires de la prévoyance plus étendue (2ᵉ pilier B)

Une institution de prévoyance professionnelle peut prévoir dans son règlement des prestations qui dépassent le minimum légal. Cette prévoyance plus étendue[34], sous forme de rentes ou de capital, n'est soumise qu'à une par-

---

[29] Art. 2 et 3 LPP.
[30] Art. 4 LPP. *cf. Bornhauser*, n. 9 s.
[31] *Trigo Trindade*, p. 498; *Bornhauser*, n. 11; *Riemer/Riemer-Kafka*, p. 157; Commentaire Stämpfli-*Scartazzini*, n. 7 ad art. 20a LPP.
[32] Au plus jusqu'à l'âge de 25 ans (art. 22 al. 3 LPP).
[33] Art. 79b LPP.
[34] La prévoyance professionnelle plus étendue englobe la prévoyance sur-obligatoire, sous-obligatoire et pré-obligatoire (Commentaire Stämpfli-*Gächter/Kaspar Saner*, n. 10 ad art. 49 LPP).

tie des règles applicables à la prévoyance obligatoire, soit notamment celles portant sur la définition et les principes de la prévoyance professionnelle ainsi que sur le salaire ou le revenu assuré[35]. Pour le surplus, elle obéit aux règles du Code des obligations[36].

On notera que, depuis 2005, les indépendants ont la faculté de conclure un contrat de prévoyance relevant exclusivement du 2e pilier B; ils n'ont plus l'obligation de se soumettre simultanément à la prévoyance professionnelle obligatoire[37].

Dans ce domaine de la prévoyance professionnelle plus étendue, la relation juridique entre l'institution de prévoyance et le preneur de prévoyance est fondée sur un contrat de prévoyance de droit privé[38]. Le Tribunal fédéral rattache ce contrat d'un point de vue dogmatique aux contrats innommés et, d'un point de vue fonctionnel, au contrat d'assurance sur la vie de la Loi fédérale sur le contrat d'assurance[39]. Le règlement de prévoyance est le contenu préformé du contrat de prévoyance, à savoir ses conditions générales[40].

À l'instar des bénéficiaires d'une police d'assurance sur la vie ordinaire, les ayants droit du 2e pilier B font valoir leurs prétentions contre l'institution de prévoyance en vertu d'un droit propre[41]. Ce droit se fonde sur l'art. 112 al. 2 CO, et les prestations de l'institution de prévoyance ne tombent par conséquent pas dans la masse successorale[42].

L'ordre des bénéficiaires du 2e pilier B est défini de façon privée et autonome par le règlement de l'institution de prévoyance et par le contrat de prévoyance, qui est censé exprimer la volonté libre du preneur de prévoyance[43]. Néanmoins, s'agissant des institutions inscrites au registre de la prévoyance

---

[35] Art. 49 LPP.
[36] ATF 129 III 305 = JdT 2003 I 305 cons. 2.3.
[37] Art. 4 al. 3 LPP. *Cf.* arrêt du Tribunal fédéral du 10 février 2011 2C_189/2010, 2C_190/2010.
[38] À tout le moins si le contrat est conclu avec une institution de droit privé.
[39] ATF 129 III 305 = JdT 2003 I 305 cons. 2.2; *Bornhauser,* n. 14; Commentaire Stämpfli-*Gächter/Kaspar Saner,* n. 16 ad art. 49 LPP.
[40] ATF 112 II 245, cons. I b).
[41] *Izzo,* p. 313; *Riemer/Riemer-Kafka,* p. 157.
[42] ATF 129 III 305 = JdT 2003 I 305 cons. 2.2; Commentaire Stämpfli-*Scartazzini,* n. 7 et 11 ad art. 20a LPP; *Wolf/Genna,* p. 70 s.
[43] ATF 129 III 305 = JdT 2003 I 305 cons. 2.3; *Bornhauser,* n. 18.

professionnelle[44], le droit public fixe un cadre à cette liberté. En cas de décès de l'assuré, les prestations de la prévoyance professionnelle plus étendue peuvent aller, outre aux bénéficiaires de la prévoyance obligatoire (art. 19, 19a et 20 LPP), à un cercle de personnes défini de façon limitative par la loi (art. 20a al. 1 LPP[45]), soit:

a. les personnes à charge du défunt, ou la personne qui a formé avec ce dernier une communauté de vie ininterrompue d'au moins cinq ans immédiatement avant le décès ou qui doit subvenir à l'entretien d'un ou de plusieurs enfants communs;
b. à défaut des bénéficiaires prévus à la lettre a: les enfants du défunt qui ne remplissent pas les conditions de l'art. 20 LPP, les parents ou les frères et sœurs;
c. à défaut des bénéficiaires prévus aux lettres a et b: les autres héritiers légaux, à l'exclusion des collectivités publiques, à concurrence:
 1. des cotisations payées par l'assuré ou
 2. de 50% du capital de prévoyance.

Il est donc possible d'allouer, à certaines conditions, des prestations à la personne qui faisait ménage commun avec l'assuré. Peu importe que cette personne ait été à la charge de l'assuré. Au surplus, les enfants qui ne remplissent plus les conditions nécessaires pour obtenir des allocations d'orphelin peuvent aussi bénéficier de prestations du 2e pilier B, mais uniquement en l'absence de bénéficiaires de la catégorie précédente (personnes à charge du défunt ou personne ayant formé une communauté de vie avec le défunt). Quant aux autres héritiers légaux, ils ne peuvent accéder à des prestations partielles qu'en l'absence de bénéficiaires des autres catégories.

Au demeurant, même dans le cadre légal, rares sont les assurés en mesure de déterminer avec une large marge de liberté les bénéficiaires des prestations de leur 2e pilier B. Seuls certains cadres supérieurs et des indépendants parviennent à conclure des contrats de prévoyance façonnés spécifiquement en fonction de leurs souhaits. La plupart des assurés sont soumis à un règlement qui ne leur donne guère de possibilités de personnalisation, étant rappelé que l'institution de prévoyance n'est pas tenue d'offrir à ses

---

[44] À savoir celles qui entendent participer à l'application du régime de l'assurance obligatoire (art. 48 al. 1 LPP). Les institutions de prévoyance non enregistrées sont soumises à l'art. 89bis al. 6 CC, qui reprend, à quelques exceptions près, le contenu de l'art. 49 al. 2 LPP.
[45] Entré en vigueur le 1er janvier 2005. Pour des précisions concernant l'interprétation de l'art. 20a LPP, cf. OFAS Compilation, p. 28 ss.

assurés toutes les facultés prévues dans la loi[46]. Souvent, le preneur de prévoyance ne décide librement ni de la conclusion ou du contenu du contrat, ni du choix du cocontractant, ni de la désignation des bénéficiaires[47]. En définitive, l'autonomie contractuelle n'existe guère qu'en faveur de l'institution de prévoyance[48].

Dans tous les cas, le règlement et la convention de prévoyance doivent respecter les principes généraux de la prévoyance professionnelle[49], soit notamment les notions d'adéquation, de collectivité, d'égalité de traitement, de planification et le principe d'assurance[50].

Le 2e pilier B offre à l'assuré quelques possibilités de planification en cas de décès. Toutefois, ces possibilités ne sont nullement comparables dans leur étendue à celles de la prévoyance individuelle libre. Elles sont limitées à la fois par un cadre légal impératif et par les prescriptions parfois restrictives des règlements et conventions de prévoyance, qui s'imposent souvent à l'assuré. On constate néanmoins que les prestations du 2e pilier B peuvent aussi bénéficier à des personnes qui n'étaient pas à proprement parler à la charge du défunt. On sort donc, dans ces cas, du cadre strict de la couverture des besoins de prévoyance.

2.2.3 Cercle des bénéficiaires du libre passage

En vertu de la Loi fédérale sur le libre passage dans la prévoyance professionnelle vieillesse, survivants et invalidité (LFLP), l'assuré qui sort de l'institution de prévoyance avant la survenance d'un cas de prévoyance (cas de libre passage) a droit à une prestation de sortie (art. 2 al. 1), tant pour la prévoyance obligatoire que pour la prévoyance plus étendue[51].

Si l'assuré entre dans une nouvelle institution de prévoyance, l'ancienne doit verser la prestation de sortie à la nouvelle (art. 3 al. 1 LFLP). Si l'as-

---

[46] Selon l'état de ses finances, l'institution de prévoyance peut être réticente à ouvrir le cercle des ayants droit potentiels, puisqu'elle conserve l'avoir accumulé par les assurés venant à décéder sans laisser de bénéficiaires, aux dépens des héritiers. Cf. *Thonney*, p. 181; Commentaire Stämpfli-*Scartazzini*, n. 7 ad art. 20a LPP; ATF 136 V 127 cons. 4.4.
[47] ATF 129 III 305 = JdT 2003 I 305 cons. 2.3.
[48] Commentaire Stämpfli-*Gächter/Saner*, n. 15 ad art. 49 LPP.
[49] En vertu de l'art. 49 al. 2 ch. 1 LPP. Commentaire Stämpfli-*Gächter/Saner*, n. 31 ad art. 49 LPP.
[50] Art. 1 al. 3 LPP. Cf. *Bornhauser*, n. 19.
[51] ATF 129 III 305 = JdT 2003 I 305 cons. 3.4; *Aebi-Müller*, p. 10.

suré n'entre pas dans une autre institution de prévoyance, et s'il n'exige pas le paiement en espèces de la prestation de sortie ou ne remplit pas les conditions requises (art. 5 al. 1 LFLP), la prestation de sortie doit être transférée dans une institution de libre passage désignée par l'assuré ou, à défaut de notification, à l'institution supplétive (art. 4 al. 1 et 2 LFLP et art. 60 LPP). La prévoyance est alors maintenue au moyen soit d'une police de libre passage, soit d'un compte de libre passage (art. 10 al. 1 de l'Ordonnance fédérale sur le libre passage dans la prévoyance professionnelle vieillesse, survivants et invalidité, OLP).

Les ayants droit font valoir leurs prétentions contre l'institution de libre passage en vertu d'un droit propre fondé sur les dispositions de la Loi et de l'Ordonnance fédérale sur le libre passage, ainsi que sur le contrat conclu par l'assuré. À l'instar de celles du 2ᵉ pilier, les prestations du libre passage ne tombent donc pas dans la masse successorale[52].

Le contrat de droit privé conclu entre l'institution de libre passage et son client présente la caractéristique d'être affecté exclusivement et irrévocablement à la prévoyance (art. 10 al. 2 et 3 OLP). Il en résulte que les bénéficiaires potentiels sont définis de façon limitative par le droit public (art. 15 OLP). En cas de décès de l'assuré, les bénéficiaires sont[53]:

1. les survivants au sens des art. 19, 19a et 20 LPP, soit les bénéficiaires de la prévoyance obligatoire;
2. les personnes à l'entretien desquelles l'assuré subvenait de façon substantielle, ou la personne qui avait formé avec lui une communauté de vie ininterrompue d'au moins cinq ans immédiatement avant le décès ou qui doit subvenir à l'entretien d'un ou de plusieurs enfants communs;
3. les enfants du défunt qui ne remplissent pas les conditions de l'article 20 LPP, les parents ou les frères et sœurs;
4. les autres héritiers légaux, à l'exclusion des collectivités publiques.

Par rapport aux dispositions applicables en matière de prévoyance professionnelle plus étendue, on constate que les bénéficiaires des prestations du libre passage sont déterminés directement dans le texte légal; les institutions de libre passage n'ont aucune marge de manœuvre pour étendre ou non le bénéfice de leurs prestations à des personnes autres que les bénéficiaires de la prévoyance obligatoire. On note en outre que, le cas échéant, les autres héritiers légaux ont droit à l'intégralité des prestations exigibles,

---

[52] *Aebi-Müller*, p. 22; PraxKomm-*Künzle*, n. 113 ad Introduction; *Wolf/Genna*, p. 71.
[53] Art. 15 al. 1 lit. b OLP.

et non pas seulement à une partie de celles-ci comme dans le 2ᵉ pilier B. Aucune partie du capital ne restera auprès de l'institution de libre passage[54]. Cela s'explique par le fait que les institutions de libre passage ne sont soumises ni aux règles de la planification et de l'adaptation, ni au principe de collectivité qui règnent dans le domaine de la prévoyance professionnelle[55].

Les quatre catégories de bénéficiaires doivent être considérées dans leur ordre respectif: chacune des premières exclut les autres[56]. L'assuré a cependant la possibilité d'inclure les bénéficiaires de la deuxième catégorie dans le cercle de la première; il peut en outre préciser les droits de chacun des bénéficiaires (art. 15 al. 2 OLP). En revanche, il ne lui est pas permis de faire bénéficier de son libre passage une personne de la troisième catégorie – par exemple, un enfant de 26 ans – s'il existe au moins un bénéficiaire des deux premières catégories – par exemple, un enfant aux études de 24 ans[57]. Cette restriction peut aboutir à des résultats choquants[58]. Au surplus, l'assuré n'est pas en droit de réduire à néant la part de l'un des bénéficiaires[59].

En présence de plusieurs bénéficiaires de la même catégorie, et en l'absence de précisions fournies par l'assuré, les prestations doivent être réparties par parts égales entre les ayants droit, indépendamment de leurs besoins effectifs de prévoyance[60].

Les possibilités de planification en cas de décès offertes par le libre passage sont sensiblement les mêmes que celles définies pour le 2ᵉ pilier B. Conformément au but légal de prévoyance, les bénéficiaires sont principalement des personnes à la charge de l'assuré.

2.2.4 Modes de désignation des bénéficiaires

Dans le contexte de la prévoyance professionnelle obligatoire, les bénéficiaires sont déterminés par la loi, sans aucune intervention possible de l'assuré. Une cession ou une mise en gage du droit aux prestations n'est pas davantage concevable aussi longtemps que celles-ci ne sont pas exigibles

---

[54] ATF 129 III 305 = JdT 2003 I 305 cons. 3.2.
[55] ATF 129 III 305 = JdT 2003 I 305 cons. 3.2; *Bornhauser*, n. 23.
[56] *Cf.* art. 15 al. 1 litt. b: «dans l'ordre suivant».
[57] *Bornhauser*, n. 27.
[58] *Cf.* ATF 129 III 305 = JdT 2003 I 305 cons. 3.2; *Bornhauser*, n. 27.
[59] OFAS Compilation, p. 31.
[60] ATF 129 III 305 = JdT 2003 I 305 cons. 3.3; *Bornhauser*, n. 26.

(art. 39 al. 1 LPP), sous la seule réserve des dispositions en matière d'encouragement à la propriété du logement (art. 30a ss LPP).

Dans le 2e pilier B comme en matière de libre passage, l'assuré a la faculté, certes restreinte, de désigner les bénéficiaires des prestations exigibles en cas de décès.

En matière de prévoyance professionnelle plus étendue, les institutions de prévoyance sont libres d'ouvrir à leurs assurés tout ou partie des possibilités offertes par l'art. 20a LPP[61]. Le cas échéant, elles peuvent le faire de façon limitative. De même, elles peuvent exiger dans leur règlement une déclaration de volonté exprimée par l'assuré dans une certaine forme[62]. Cette exigence ne constitue pas une condition matérielle supplémentaire.

Néanmoins, le Tribunal fédéral des assurances[63] est d'avis que le règlement ne saurait poser des exigences formelles trop hautes pour une demande valable de modification de l'ordre des priorités. Il suffit que l'on puisse constater une volonté suffisamment claire de modifier l'ordre des bénéficiaires. Il n'est pas indispensable non plus que la demande soit faite du vivant de l'assuré. Une disposition de dernière volonté déposée seulement après la mort de l'assuré peut également contenir une demande de modification de l'ordre des priorités qui soit valable et qui déploie des effets juridiques.

Cette absence de formalisme, qui caractérise également les désignations de bénéficiaires pour les polices du 3e pilier B, devrait valoir *a fortiori* pour les déclarations de l'assuré dans le domaine du libre passage[64]. Cependant, la loi exige que ces déclarations soient faites «dans le contrat» de libre passage (art. 15 al. 2 OLP). La forme écrite est donc requise et la forme testamentaire semble exclue.

Les restrictions en matière de cession et de mise en gage du droit aux prestations ne figurent pas parmi les dispositions légales impérativement appli-

---

[61] ATF 136 V 127 cons. 4.4.
[62] ATF 136 V 127 cons. 4.5 et 4.6.
[63] Arrêt B 92/04 du 27 octobre 1995.
[64] Dans l'arrêt cité, le Tribunal fédéral des assurances se réfère expressément à l'art. 15 OLP (dans sa teneur antérieure), qui «ne prévoit pas d'exigence pour demander la prise en considération de personnes physiques qui bénéficiaient d'un soutien important de la personne assurée».

cables à la prévoyance professionnelle plus étendue[65]. En revanche, on les retrouve à l'art. 331b CO, qui régit les rapports de prévoyance des salariés[66].

Dans le libre passage, le capital de prévoyance et le droit aux prestations non exigibles ne peuvent être ni cédés ni mis en gage (art. 17 OLP). Les dispositions en matière d'encouragement à la propriété du logement sont, là aussi, réservées.

Dans l'ensemble du domaine de la prévoyance professionnelle, l'assuré se trouve privé de toute possibilité d'attribuer les prestations exigibles par le biais de dispositions à cause de mort, puisque ces prestations n'entrent jamais dans la masse successorale.

2.2.5 Nature juridique des désignations de bénéficiaires

On ne trouve guère d'indications dans la jurisprudence et dans la doctrine au sujet de la nature juridique des désignations de bénéficiaires dans le domaine de la prévoyance professionnelle.

Pourvoir à l'entretien d'une personne dont on a la charge ne constitue pas une libéralité[67]. Il nous apparaît ainsi que les désignations de bénéficiaires du 2e pilier B et du libre passage ne sont guère susceptibles d'être tenues pour des dispositions à cause de mort en tant qu'elles favorisent des personnes à l'entretien desquelles l'assuré contribue de façon substantielle.

Dans les rares cas où les bénéficiaires ne sont pas des personnes à la charge de l'assuré, la question peut se poser au même titre que pour les désignations de bénéficiaires dans le domaine de la prévoyance individuelle libre.

2.3 Prévoyance individuelle liée (3e pilier A)

2.3.1 Cercle des bénéficiaires

Les polices de prévoyance individuelle liée sont des contrats d'assurance de capital ou de rentes de droit privé, qui relèvent à la base du Code des obligations et de la Loi fédérale sur le contrat d'assurance[68]. Elles sont cepen-

---

[65] *Cf.* art. 49 al. 2 LPP.
[66] Commentaire Stämpfli-*Gächter/Saner,* n. 43 ad art. 49 LPP.
[67] *Trigo Trindade,* p. 499.
[68] *Aebi-Müller,* p. 11 ss; *Hausheer/Aebi-Müller,* p. 66.

dant soumises à certaines conditions particulières en vertu desquelles les assurés bénéficient d'avantages fiscaux. Ces conditions garantissent l'affectation exclusive et irrévocable des cotisations à la prévoyance (art. 82 LPP et art. 1 al. 2 lit. b OPP 3).

Avec les polices du 3e pilier A, on se trouve donc purement et simplement dans le domaine du droit privé des assurances. Le droit public se borne à définir les critères auxquels ces polices doivent répondre pour être privilégiées sur le plan fiscal.

Parmi ces critères figure la liste des bénéficiaires potentiels (art. 2 OPP 3). Cette liste s'inspire de celles que l'on rencontre dans le domaine de la prévoyance professionnelle, avec toutefois un cercle substantiellement élargi. Cela s'explique notamment par le fait que le 3e pilier A est destiné prioritairement à favoriser la prévoyance personnelle de l'assuré[69], au-delà de ses besoins les plus élémentaires et de ceux de ses proches. En outre, les principes de solidarité et de collectivité ne s'appliquent pas aux polices individuelles[70].

En cas de décès de l'assuré, les bénéficiaires, par ordre de subsidiarité, sont[71]:

1. le conjoint survivant ou le partenaire enregistré survivant;
2. les descendants directs ainsi que les personnes à l'entretien desquelles le défunt subvenait de façon substantielle, ou la personne qui avait formé avec lui une communauté de vie ininterrompue d'au moins cinq ans immédiatement avant le décès ou qui doit subvenir à l'entretien d'un ou de plusieurs enfants communs;
3. les parents;
4. les frères et sœurs;
5. les autres héritiers.

Par rapport à la liste la plus libérale en matière de prévoyance professionnelle, soit celle du libre passage, on constate qu'une priorité est donnée au conjoint ou partenaire enregistré survivant, au détriment des autres bénéficiaires de la prévoyance professionnelle obligatoire, à savoir les orphelins.

Il n'est fait aucune distinction entre ces derniers et les autres enfants, voire l'ensemble des descendants directs de l'assuré, qui apparaissent en deu-

---

[69] *Aebi-Müller*, p. 22.
[70] *Aebi-Müller*, p. 12.
[71] Art. 2 al. 1 lit. b OPP 3.

xième ligne, avec toutes les autres personnes à charge du défunt et le concubin. Les parents sont placés en troisième position, avant les frères et sœurs. En dernier lieu, viennent tous les autres héritiers, et non plus seulement les héritiers légaux. Les collectivités publiques ne sont pas exclues. Le capital ne reste donc jamais acquis à l'assureur.

Le preneur de prévoyance dispose de deux possibilités de personnalisation (art. 2 al. 2 et 3 OPP 3):

1. parmi les bénéficiaires de la deuxième catégorie (descendants, personnes à charge et concubin), il peut désigner un ou plusieurs bénéficiaires et préciser leurs droits;
2. il est en droit de modifier l'ordre des bénéficiaires des catégories suivantes et, en outre, de préciser leurs droits.

Les polices de prévoyance individuelle liée étant soumises à la Loi fédérale sur le contrat d'assurance, les bénéficiaires jouissent d'un droit propre sur les prestations assurées, qui n'entrent pas dans la succession[72].

Sous l'angle de la planification successorale, les polices d'assurance du 3e pilier A offrent des possibilités un peu plus étendues que le 2e pilier B et le libre passage. On constate néanmoins que le but de prévoyance reste prédominant. Ce n'est pratiquement qu'en l'absence de conjoint, de descendants et de personnes à charge que l'assuré jouit d'une liberté assimilable à celle dont il dispose avec des assurances du 3e pilier B.

2.3.2 Modes de désignation des bénéficiaires

Sur le plan formel, la désignation des bénéficiaires d'une police de prévoyance individuelle liée suit les principes définis plus haut en matière de prévoyance libre[73].

Cependant, certains bénéficiaires sont nécessairement désignés de façon immuable lors de la conclusion du contrat d'assurance, afin de répondre aux exigences légales. En outre, les polices du 3e pilier A ne peuvent comporter de clause bénéficiaire irrévocable, puisque le preneur reste, de par la loi, le bénéficiaire prioritaire[74].

---

[72] *Baddeley,* p. 530 et 536; *Aebi-Müller,* p. 23.
[73] Ch. 2.1.2.
[74] *Baddeley,* p. 534 et 536.

En matière de cession et de mise en gage, les mêmes restrictions s'appliquent que pour la prévoyance professionnelle (art. 39 al. 1 LPP, par renvoi de l'art. 4 al. 1 OPP 3).

Enfin, à l'instar des prestations de la prévoyance professionnelle, celles de la prévoyance individuelle liée ne tombent pas dans la succession. Elles ne sauraient donc être attribuées par la voie de dispositions à cause de mort.

2.3.3 Nature juridique des désignations de bénéficiaires

Dans le domaine du 3e pilier A, la question de la nature juridique de la désignation des ayants droit se pose uniquement pour la clause bénéficiaire révocable. La problématique est la même que pour les polices d'assurance libres[75]. Certains auteurs assimilent toutefois les clauses bénéficiaires des polices de prévoyance liée à des désignations irrévocables, en raison des contraintes propres au 3e pilier A[76]. Il s'agirait donc toujours de libéralités entre vifs[77].

3. Les prestations rapportables

Les polices d'assurance ont pour la plupart des bénéficiaires désignés soit par le preneur, soit par la loi. Seules font exception quelques rares polices du 3e pilier B qui n'ont pas donné lieu à une désignation de bénéficiaire par le preneur et qui soit tombent purement et simplement dans la succession, soit sont léguées par dispositions pour cause de mort.

En cas de décès du preneur, tous les bénéficiaires de polices d'assurance, que celles-ci relèvent de la prévoyance individuelle libre ou liée, ou encore de la prévoyance professionnelle, acquièrent des droits propres à l'encontre de l'assureur, de telle sorte que les prestations exigibles n'entrent pas dans le patrimoine successoral.

---

[75] *Cf.* ch. 2.1.3.
[76] *Bornhauser,* n. 33; *Weimar,* n. 50 ad art. 476 CC. À notre sens, ces auteurs perdent de vue le fait que l'assuré du 3e pilier A ne se dessaisit pas véritablement de la police au moment de la conclusion de celle-ci, ni des primes lors de leur paiement, puisqu'il reste toujours le premier bénéficiaire de l'assurance.
[77] Du même avis: *Wolf/Genna,* p. 72.

Pour qui considère les clauses bénéficiaires (révocables et irrévocables) comme des libéralités entre vifs[78], se pose la question de savoir si, et le cas échéant dans quelle mesure, les bénéficiaires ayant la qualité d'héritiers sont tenus de rapporter les prestations perçues à la succession, lors du partage de celle-ci[79].

On cherchera vainement dans les art. 626 ss CC, qui traitent du rapport, des dispositions réglant spécifiquement cette question. Il convient donc d'appliquer aux assurances les règles ordinaires en matière de rapport.

En droit suisse, un acte d'attribution entre vifs ne constitue un avancement d'hoirie qu'en présence d'une ordonnance de rapport[80]. Celle-ci peut être légale (art. 626 al. 2 CC) ou volontaire (art. 626 al. 1 CC). L'avancement d'hoirie n'est rapportable que si le bénéficiaire de la libéralité est devenu héritier et qu'il a toujours cette qualité au moment du partage (débiteur du rapport). Il importe en outre qu'un ou plusieurs autres héritiers soient en droit d'exiger le rapport de la libéralité (créanciers du rapport).

Comme dans le chapitre précédent, nous examinerons la question des prestations rapportables en abordant successivement les polices d'assurance libres (3ᵉ pilier B), les polices de prévoyance professionnelle (2ᵉ pilier) et les polices de prévoyance individuelle liée (3ᵉ pilier A).

3.1 Prévoyance individuelle libre (3ᵉ pilier B)

Lors de la conclusion d'une police d'assurance sur la vie ou de l'établissement d'une clause bénéficiaire, le preneur ne se prononcera qu'exceptionnellement sur le caractère rapportable ou non de l'attribution. Cependant, l'ordonnance de rapport n'est soumise à aucune forme et, de surcroît, elle n'a pas à être expresse[81]. Il est donc tout à fait concevable que l'on puisse parvenir à la conclusion que le preneur avait implicitement la volonté de faire rapporter à sa succession la libéralité représentée par la clause bénéficiaire de sa police d'assurance.

---

[78] *Cf.* ch. 2.1.3.
[79] Cette question ne se pose pas si l'on retient que les clauses bénéficiaires révocables constituent des dispositions pour cause de mort. En revanche, on doit alors se demander, comme pour les legs portant sur des assurances (art. 563 al. 2 CC), si les attributions faites à des héritiers interviennent hors parts ou à valoir sur leurs parts. Les attributions sont présumées correspondre à de simples règles de partage (art. 608 al. 3 CC).
[80] *Cf. Steinauer,* n. 174 ss.
[81] *Steinauer,* n. 197.

En l'absence d'indications, ou à tout le moins d'indices laissés par le défunt, le rapport ne peut intervenir que sur la base de l'ordonnance légale contenue à l'art. 626 al. 2 CC, ordonnance visant exclusivement les dotations *(Ausstattungen)* en faveur de descendants dans le cadre des successions légales ou assimilées[82]. Traditionnellement, le Tribunal fédéral retenait comme dotations les libéralités qui, dans l'intention du *de cujus,* devaient créer, assurer, améliorer ou faciliter l'établissement du donataire dans l'existence[83]. Depuis peu, il admet que des libéralités portant sur des immeubles d'une certaine importance constituent toujours des dotations[84]. On note dans la doctrine et la jurisprudence un glissement de la *Versorgungskollation* vers la *Schenkungskollation*[85], toute attribution d'une certaine importance étant censée représenter une dotation. Compte tenu de cette évolution, la plupart des polices d'assurance devraient tomber sous le coup de l'art. 626 al. 2 CC[86].

La désignation même d'un bénéficiaire par le preneur d'assurance pourrait être considérée comme le signe implicite d'une volonté de favoriser l'attributaire et, partant, de le libérer du rapport légal[87]. Cependant, on ne saurait perdre de vue le fait que seule une dispense expresse permet au bénéficiaire d'une dotation d'échapper au rapport. La seule désignation d'un bénéficiaire ne suffit pas à renverser la présomption légale[88].

Il n'est donc nullement exclu qu'une police d'assurance sur la vie doive être rapportée à la succession par l'héritier bénéficiaire. En vertu de l'art. 630 al. 1 CC, le rapport a lieu d'après la valeur des libéralités au jour de l'ouverture de la succession. La doctrine est une nouvelle fois divisée sur la question de savoir quelle est la valeur déterminante pour une police d'assurance: le capital versé au bénéficiaire ou la valeur de rachat de l'art. 90 al. 2 LCA? Compte tenu notamment du besoin de prévoyance auquel répondent généralement les polices d'assurance sur la vie, il paraît légitime de prendre en considération la valeur que représentait la police dans le patrimoine du preneur, du vivant de ce dernier, à savoir la valeur de rachat. La différence

---

[82] Soit les successions volontaires dans lesquelles les proportions entre héritiers légaux sont respectées.
[83] *Cf.* arrêt 5A_338/2010 du 4 octobre 2010 cons. 9.1.1, et la jurisprudence citée.
[84] ATF 131 III 49 = JdT 2006 I 282 cons. 4.1.2.
[85] *Cf. Bianchi,* p. 87 et les références citées.
[86] *Cf.* BK-*Eitel,* n. 133 ad art. 626 CC.
[87] *Cf. Izzo,* p. 358 et s.
[88] *Eitel,* Lebensversicherung, p. 358 s.; *Zumbrunn,* p. 1210 s.; *Staehelin,* n. 15 ad art. 476 CC.

entre cette valeur de rachat et le capital versé au bénéficiaire correspond au montant pour lequel le risque de décès était assuré, montant qui doit revenir spécifiquement au destinataire de la mesure de prévoyance, à tout le moins si le *de cujus* n'a pas exprimé une intention différente. Les auteurs préconisant de retenir la valeur de rachat semblent former aujourd'hui la doctrine dominante[89].

Dans l'hypothèse où le montant à rapporter dépasserait la part héréditaire du bénéficiaire, ce dernier peut invoquer l'art. 629 al. 1 CC pour éviter de devoir rapporter l'excédent. Il lui appartient alors d'établir que telle était la volonté du disposant. Il n'est toutefois pas nécessaire que cette volonté ait été manifestée de façon expresse. On devrait pouvoir admettre, en règle générale, que le *de cujus* n'avait pas l'intention de faire rapporter un éventuel montant excédentaire par le bénéficiaire de l'assurance[90].

3.2 Prévoyance professionnelle (2e pilier)

Sans libéralité, il ne saurait y avoir d'avancement d'hoirie[91]. Comme la prévoyance professionnelle obligatoire (2e pilier A) est destinée à maintenir le niveau de vie auquel les proches du défunt ont été habitués et que les prestations servies relèvent du devoir d'entretien légal[92], il ne subsiste, même en cas d'affiliation volontaire, aucune place pour une libéralité et, partant, pour le rapport successoral des prestations par les héritiers bénéficiaires[93].

S'agissant de la prévoyance professionnelle plus étendue (2e pilier B), la question de l'existence d'une libéralité se pose. En effet, on ne peut d'emblée exclure que des prestations soient servies à des bénéficiaires envers lesquels le preneur de prévoyance n'avait aucun devoir légal ou même seu-

---

[89] *Cf. Eitel,* Lebensversicherung, p. 358 ss; BK-*Eitel,* n. 24 ad art. 630 CC, *Zumbrunn,* p. 1211 s.; *Staehelin,* n. 15 ad art. 476 CC. *Contra: Izzo,* p. 362 s.; *Baddeley,* p. 538. Pour les polices de risque pur, dépourvues de valeur de rachat, il est concevable que le rapport intervienne sur la base du montant des primes payées; *cf. Eitel,* Lebensversicherung, p. 360 n. 161; BK-*Eitel,* n. 25 ad art. 630 CC; et ci-dessous, ch. 4.1.3.
[90] *Zumbrunn,* p. 1211 s.
[91] L'art. 631 al. 1 CC constitue un exemple d'application de ce principe, puisqu'il confirme que «Les dépenses faites pour l'éducation et l'instruction des enfants ne sont rapportables, si une intention contraire du défunt n'est pas prouvée, que dans la mesure où elles excèdent les frais usuels». Cf. *Baddeley,* p. 538.
[92] *Trigo-Trindade,* p. 496 et 499.
[93] *Trigo-Trindade,* p. 497–499; BK-*Eitel,* n. 31 ad art. 626 CC; *Zumbrunn,* p. 1216; *Staehelin,* n. 12 ad art. 626 CC.

lement moral d'entretien, ni que certaines personnes qui dépendaient effectivement du preneur pour leur entretien reçoivent des prestations dépassant celles qui seraient nécessaires au maintien de leur niveau de vie antérieur.

La doctrine s'est surtout intéressée à cette question sous l'angle de la réunion et de la réduction successorales. Comme nous le verrons plus bas[94], la doctrine dominante, confirmée par le Tribunal fédéral, admet que les prestations du 2e pilier B échappent en principe au droit successoral, tout en réservant les cas particuliers dans lesquels les allocations n'ont plus aucun rapport avec les objectifs de la législation en matière de prévoyance professionnelle.

L'affiliation à un programme de prévoyance enveloppant (2e pilier A et B) ne résulte généralement pas d'un choix de l'assuré, mais constitue un élément du contrat de travail sur lequel le salarié n'a que pas ou peu d'emprise. Il ne s'agit pas d'un acte visant à favoriser certains proches avec conscience et volonté, même si les prestations prévues sont particulièrement généreuses.

L'on doit néanmoins réserver certains cas tout à fait exceptionnels, dans lesquels le 2e pilier B est utilisé à des fins qui ne relèvent plus de la prévoyance professionnelle, même étendue, mais de la pure planification fiscale, proche de l'abus de droit (art. 2 al. 2 CC)[95]. Il est alors envisageable de qualifier une partie des prestations de libéralités soumises au droit successoral. De telles libéralités ne seront cependant soumises au rapport que si l'assuré le prescrit (art. 626 al. 1 CC)[96] – ou si elles représentent des dotations (art. 626 al. 2 CC)[97].

Les prestations versées par des institutions de libre passage en cas de décès de l'assuré sont assimilées à celles résultant de la prévoyance professionnelle, compte tenu notamment de la provenance des fonds et du but même du libre passage, qui est normalement d'assurer la transition entre deux affiliations à des institutions de prévoyance professionnelle[98].

---

[94] *Cf.* ch. 4.2.2.
[95] *Trigo-Trindade,* p. 505.
[96] On pourrait penser à des situations dans lesquelles un cadre de haut niveau ou un indépendant alimente son 2e pilier, notamment par le biais de rachats, dans un but d'optimisation fiscale, tout en souhaitant «redresser» la situation des bénéficiaires respectifs dans le cadre du partage successoral.
[97] Par exemple, si un ou plusieurs enfants à charge du preneur de prévoyance bénéficient de prestations excédant leurs besoins, alors que d'autres, déjà indépendants, n'en profitent aucunement.
[98] *Cf. Izzo,* p. 3333; *Trigo-Trindade,* p. 507 s.

3.3 Prévoyance individuelle liée (3ᵉ pilier A)

Les polices de prévoyance individuelle liée ne se distinguent des polices individuelles libres que par les avantages fiscaux dont bénéficie leur preneur, avantages conditionnés à la limitation du cercle des bénéficiaires potentiels[99]. Il n'y a donc aucune raison d'exclure ces polices du champ d'application du droit successoral[100].

Il conviendra néanmoins de vérifier attentivement dans chaque cas d'espèce si les prestations provenant du 3ᵉ pilier A sont constitutives de véritables libéralités ou si elles ne relèvent pas plutôt du devoir d'entretien du *de cujus* envers les bénéficiaires. Il ne sera pas toujours facile de répondre à cette question[101]. En présence de réelles libéralités, on appliquera les principes définis pour les polices individuelles libres[102].

En pratique, les polices de prévoyance individuelle liée ne donneront que rarement lieu à un rapport. En effet, on se souvient que les bénéficiaires sont en première ligne le conjoint survivant ou le partenaire enregistré survivant[103], qui ne sont tenus à rapporter les libéralités entre vifs qu'en présence d'une ordonnance volontaire (art. 626 al. 1 CC). En outre, en l'absence de conjoint ou de partenaire survivant, les descendants, qui sont visés par l'ordonnance légale de rapport (art. 626 al. 2 CC), jouissent de droits égaux, à moins d'une volonté différente exprimée par le preneur – ce qui ne se produira qu'exceptionnellement.

4. Les prestations susceptibles de réunion et de réduction

Le droit successoral suisse protège les plus proches parents en leur accordant une part minimale du patrimoine du défunt et en imposant la réunion à ce patrimoine de certaines libéralités consenties par le défunt de son vivant, quand bien même ces libéralités ne seraient pas soumises au rapport. Les règles sur les réserves légales ont notamment pour but de protéger les proches qui, suite au décès, peuvent se trouver privées de la personne dont

---

[99] *Cf. Eite,* Lebensversicherung, p. 350 n. 116.
[100] *Baddeley,* p. 537; *Zumbrunn,* p. 1216.
[101] *Cf. Eitel,* Lebensversicherung, p. 354 s.
[102] *Cf.* ch. 3.1.
[103] *Cf.* ch. 2.3.1.

dépendaient leurs moyens d'existence. Ces règles participent donc de notre système légal de prévoyance.

En matière d'assurances, se pose la question de savoir si les prestations versées aux bénéficiaires sont susceptibles d'être réunies aux biens laissés par le défunt pour le calcul des réserves et, dans l'affirmative, pour quel montant.

Nous aborderons cette question en premier lieu sous l'angle des polices d'assurance libres (3e pilier B), puis verrons dans quelle mesure les polices de prévoyance professionnelle (2e pilier) et les polices de prévoyance individuelle liée (3e pilier A) sont également concernées.

4.1 Prévoyance individuelle libre (3e pilier B)

4.1.1 Bases légales

Alors qu'il n'existe aucune règle légale concernant les assurances en matière de rapport successoral, le Code civil suisse en contient deux dans le domaine des réserves, à savoir:

- L'art. 476 CC, qui impose la réunion de certaines polices: «Les assurances en cas de décès constituées sur la tête du défunt et qu'il a contractées ou dont il a disposé en faveur d'un tiers, par acte entre vifs ou pour cause de mort, ou qu'il a cédées gratuitement à une tierce personne de son vivant, ne sont comprises dans la succession que pour la valeur de rachat calculée au moment de la mort.»

- L'art. 529 CC, qui permet la réduction des polices visées à l'art. 476 CC: «Les assurances en cas de décès constituées sur la tête du défunt et qu'il a contractées ou dont il a disposé en faveur d'un tiers par acte entre vifs ou pour cause de mort, ou qu'il a cédées gratuitement à une tierce personne de son vivant, sont sujettes à réduction pour leur valeur de rachat.»

Les art. 476 et 529 CC sont tenus par une partie prépondérante de la doctrine pour des règles spéciales par rapport aux dispositions générales des art. 475 et 527 CC[104]. La réunion et la réduction des polices visées devraient donc intervenir uniquement en fonction de ces normes spécifiques.

---

[104] *Cf. Izzo,* p. 299; PraxKomm-*Nertz,* n. 5 ad art. 476 CC; ZGB Kommentar-*Bürgi,* p. 686; *Staehelin,* n. 13 ad art. 476 CC.

Bien entendu, les art. 476 et 529 CC ne s'appliquent que si la désignation de bénéficiaire constitue une libéralité du défunt[105]. Tel n'est pas le cas lorsque les primes de la police ont été payées par le bénéficiaire lui-même ou par un tiers. En cas de contre-prestation partielle de la part du bénéficiaire, une part proportionnelle de la valeur de rachat de la police doit être prise en considération.

Il n'y a pas de libéralité non plus lorsque la désignation d'un bénéficiaire est faite en accomplissement du devoir d'entretien du preneur[106].

4.1.2 Polices concernées

Ne sont soumises aux art. 476 et 529 CC que les polices d'assurance sur la vie *couvrant le risque du décès,* dont le défunt était à la fois *le preneur* et *l'assuré,* à l'exclusion de toutes autres formes d'assurance[107].

Le type d'assurance sur la vie que le législateur avait à l'esprit est celui de la police de risque pur de durée indéterminée: la prestation est échue au décès de l'assuré, dont le contrat couvre toute la durée de vie[108]. Le versement de la prestation étant certain, la police bénéficie d'une valeur de rachat si les primes ont été payées pour trois ans au moins, en vertu de l'art. 90 al. 2 LCA. De nos jours, l'assurance sur la vie entière n'est plus guère pratiquée; dans tous les cas, les compagnies fixent un âge limite auquel le capital assuré est versé au preneur lorsque celui-ci n'est pas décédé auparavant[109].

Les assurances sur la vie les plus courantes sont aujourd'hui de type mixte[110]. Il s'agit de polices dont la prestation est échue soit en cas de décès durant la période d'assurance, soit au plus tard en cas de vie du preneur à l'issue de cette période. Si l'on s'en tient au texte littéral des art. 476 et 529 CC, de telles polices ne sont pas visées par ces dispositions. La doctrine

---

[105] *Cf. Izzo,* p. 349 et ss; *Staehelin,* n. 7 ad art. 476 CC.
[106] *Baddeley,* p. 530 et s.
[107] Soit en particulier les polices de rente viagère, même celles à capital réservé. *Cf.* Prax-Komm-*Nertz,* n. 36 ad art. 476 CC. Une exception: la police de rente viagère à capital réservé qui accorde à une deuxième personne le bénéfice de la rente après le décès du preneur. En effet, une pareille police dispose d'une valeur de rachat et la prestation prévue en faveur du bénéficiaire est rendue exigible par le décès du preneur. *Cf. Izzo,* p. 278 ss.
[108] *Cf.* PraxKomm-*Nertz,* n. 9 ad art. 476 CC, et les références citées.
[109] *Cf. Weimar,* n. 24 ad art. 476 CC.
[110] *Cf. Baddeley,* p. 517.

dominante et la pratique admettent néanmoins qu'elles sont soumises aux art. 476 et 529 CC[111].

Les polices de risque pur à durée déterminée sont également fréquentes, car le montant des primes est avantageux. Comme la réalisation de l'événement assuré n'est pas certain, ces polices ne possèdent pas de valeur de rachat au sens de l'art. 90 al. 2 LCA. Selon une large partie de la doctrine, les art. 476 et 529 CC ne leur sont pas applicables[112].

On notera que la portée de l'art. 529 CC n'est pas limitée par l'art. 527 ch. 3 CC: est également réductible la police dont le bénéficiaire avait été désigné de façon irrévocable plus de cinq ans avant l'ouverture de la succession[113]. À l'inverse, les prestations provenant d'une assurance sortant du champ d'application des art. 476 et 529 CC peuvent faire l'objet d'une réunion et d'une réduction en vertu des dispositions des art. 475 et 527 CC[114].

4.1.3 Valeur à prendre en considération

Les polices concernées par les art. 476 et 529 CC sont réunies à la masse successorale pour le calcul des réserves légales, et au besoin réduites, à concurrence de leur valeur de rachat à l'ouverture de la succession[115]. Le montant déterminant est donc celui pour lequel les polices figuraient dans le patrimoine du défunt à l'instant où le décès est survenu. Il correspond à

---

[111] *Cf. Izzo*, p. 285 ss; *Weimar*, n. 26 ad art. 476 CC; *Staehelin*, n. 24 ad art. 476 CC. *Contra: Piotet*, Réunion, p. 78, et Stipulation, p. 375 ss, avec les références citées à ses publications antérieures.

[112] *Izzo*, p. 290 ss; *Aebi-Müller*, p. 24; PraxKomm-*Künzle*, n. 130 ad Introduction, et PraxKomm-*Nertz*, n. 34 ad art. 476 CC. *Contra: Bornhauser*, n. 48; *Zumbrunn*, p. 1214; *Weimar*, n. 5 ad art. 476 CC; *Staehelin*, n. 25 ad art. 476 CC; ZGB Kommentar-*Bürgi*, p. 686; *Wolf/Genna*, p. 486.

[113] *Zumbrunn*, p. 1214; *Staehelin*, n. 11 ad art. 476 CC.

[114] *Guinand/Leuba/Stettler*, p. 61 s., relèvent que la valeur entière des polices qui ne constituent pas des assurances décès (telles que les polices de rente viagère) est retenue.

[115] On notera que la police d'assurance conclue par le *de cujus* en faveur de son conjoint est aussi soumise à réunion et réduction (ATF 107 II 119 = JdT 1982 I 9 consid. 3b). Le montant déterminant correspondrait normalement à l'intégralité de la valeur de rachat, alors même que les primes auraient été payées au moyen d'acquêts (dans le régime matrimonial de la participation aux acquêts) ou de biens communs (dans le régime de la communauté de biens). Dans de tels cas, il semble se justifier de ne prendre en considération que la moitié de la valeur de rachat, comme le propose *Regina Aebi-Müller* (Die optimale Begünstigung des überlebenden Ehegatten, Berne 2007, Rz. 03.63 et 08.45 ss).

la composante «épargne» des primes payées par le preneur dans un but de prévoyance individuelle[116].

La différence entre la valeur de rachat et les prestations effectivement touchées par le ou les bénéficiaires échappe à la réunion. La composante «risque» des primes n'est pas prise en considération. Cela peut s'expliquer par le fait que l'assurance contractée pour couvrir le risque de décès n'est pas tenue pour une libéralité en faveur des bénéficiaires, car elle relève habituellement du devoir du *de cujus* de veiller à ce que ses proches disposent de moyens d'existence suffisants au cas où il viendrait à disparaître prématurément.

Selon la loi fédérale sur le contrat d'assurance, les polices de risque pur sont dépourvues de valeur de rachat. Cela explique qu'elles soient écartées par nombre d'auteurs du champ d'application des art. 476 et 529 CC. Lorsque de telles polices incorporent néanmoins une valeur de rachat accordée contractuellement par certaines compagnies, c'est en raison du fait que le montant des primes est réparti linéairement sur toute la durée du contrat, alors même que le risque couvert s'accroît au fil des ans[117].

On peut se demander si la réunion, voire la réduction, des prestations provenant d'une police de risque pur peut intervenir sur la base des dispositions ordinaires des art. 475 et 527 CC. Normalement, tel n'est pas le cas, puisque les primes couvrent uniquement le risque de décès et que leur paiement s'inscrit dans le cadre de la prévoyance en faveur des proches[118]. À cet égard, il n'y a pas de raison de traiter une police de risque pur différemment de la composante «risque» d'une police mixte, dont la réunion ou la réduction est limitée à la valeur de rachat par les art. 476 et 529 CC[119].

Dans certains cas particuliers, il se justifie néanmoins de prendre en considération le montant des primes payées en tant que donation réductible au sens de l'art. 527 ch. 4 CC, qui vise «les aliénations faites par le défunt dans l'intention manifeste d'éluder les règles concernant la réserve». Cela se justifie lorsque le bénéficiaire de la police ne fait pas partie des personnes à

---

[116] *Eitel*, Lebensversicherung, p. 354 s.
[117] *Cf. Baddeley*, p. 517.
[118] *Eitel*, Lebensversicherung, p. 353.
[119] Ce qui amène d'ailleurs certains auteurs à inclure les polices de risque pur dans le champ d'application – considéré comme exclusif – des art. 476 et 529 CC. *Cf. Zumbrunn*, p. 1214 s.; *Weimar*, n. 27 ad art. 476 CC.

l'entretien desquelles le défunt étant censé contribuer ou que la couverture d'assurance dépasse sensiblement les besoins d'entretien du bénéficiaire[120].

Dans de telles situations, le même raisonnement nous paraît applicable à la composante «risque» d'une police mixte, cette part des primes pouvant tomber exceptionnellement sous le coup de l'art. 527 ch. 4 CC[121]. Les art. 476 et 529 CC ne sont manifestement pas destinés à protéger les bénéficiaires au détriment des héritiers réservataires en cas d'utilisation abusive d'une police d'assurance.

---

[120] *Izzo,* p. 307; *Guinand/Leuba/Stettler,* p. 63 n. 167; PraxKomm-*Nertz,* n. 34 ad art. 476 CC; *Forni/Piatti,* n. 3 ad art. 529 CC. Pour S*teinauer,* n. 493a, et *Aebi-Müller,* p. 24, la réunion doit même porter sur l'entier du montant reçu par le bénéficiaire lorsque l'assurance n'est pas visée par l'art. 476 CC, conformément aux art. 475 et 527 ch. 3 ou 4 CC. ZGB Kommentar-*Bürgi,* p. 686, préconise aussi la prise en considération de la somme d'assurance totale en cas d'abus de droit, en vertu de l'art. 527 ch. 4 CC. Pour *Piotet,* Stipulations, p. 376, «Il serait évidemment scandaleux que les libéralités, souvent très élevées, faites au moyen d'une assurance sans valeur de rachat échappent à la réduction et il ne peut être question de réduire le montant des primes payées.» Cet auteur défend la réunion/réduction pour l'entier du capital assuré, tant pour les polices de risque pur à durée déterminée que pour les polices mixtes. *Staehelin,* n. 15 et 25 ad art. 476 CC, est du même avis. Il nous apparaît cependant que l'on ne saurait traiter différemment une police d'assurance conclue par le défunt en faveur d'un tiers bénéficiaire et une police dont ce tiers serait lui-même le preneur et dont le *de cujus* serait l'assuré et le payeur de primes. Pour cette seconde police, il ne fait aucun doute que seules les primes payées par le défunt peuvent donner lieu à une réunion.

[121] *Cf. Breitschmid,* p. 265 et 268, qui réserve l'application de l'art. 527 CC à certains produits d'assurance atypiques et relève notamment ce qui suit (p. 265): «es zeigt sich, dass Erwerbsersatzeinkommen in einer gewissen Relation zu einem realen Einkommen stehen muss. Dieses versicherungstypische Äquivalenzprinzip, dass versichertes Risiko und Versicherungssumme in einer sinnvollen Relation stehen müssen, wird in Grenzfällen zwangsläufig auch das Kriterium bei der Abgrenzung bilden, ob Versicherungsprodukte als Konstrukte zur Pflichtteils- oder Steuerumgehung zu qualifizieren sind oder zweckentsprechend eingesetzt wurden.»; ou encore (p. 268): «Zentrale Bedeutung für die erb- (wie wohl auch die steuer-)rechtliche Qualifikation hat die ‹versicherungsmässige Indikation› der Anordnung: Eine in vorsorge- bzw. versicherungsvertraglichen Strukturen erfolgte Begünstigung ist nicht per se schützenswerte Versicherung, sondern kann auch erbrechtliches Umgehungsgeschäft sein, womit sie ohne Weiteres Art. 527 Ziff. 4 ZGB unterliegt.»

4.2 Prévoyance professionnelle (2ᵉ pilier)

4.2.1 Prévoyance obligatoire (2ᵉ pilier A)

Les objectifs du droit de la prévoyance professionnelle ne se recoupent pas parfaitement avec ceux du droit successoral. Ce dernier vise à assurer la transmission d'un patrimoine devenu sans maître, alors que le rôle de la prévoyance professionnelle consiste, dans l'hypothèse du décès de l'assuré, à pourvoir prioritairement aux besoins d'entretien de ses proches. Le cercle des bénéficiaires potentiels n'est pas nécessairement identique, même si les règles du droit successoral en matière de réserves se justifient partiellement par les besoins d'entretien des héritiers réservataires.

Il en résulte logiquement qu'en cas de décès de l'assuré, les prestations de la prévoyance professionnelle obligatoire (2ᵉ pilier A) échappent complètement aux règles du droit successoral, y compris celles sur les réserves. Les bénéficiaires des prestations éventuelles sont désignés exclusivement par la Loi fédérale sur la prévoyance professionnelle, qui est une loi postérieure et spéciale par rapport au Code civil suisse. Au demeurant, l'affiliation à une institution de prévoyance procède d'un devoir d'entretien légal et des prestations faites en vertu d'un devoir légal ne sont jamais des acquisitions réductibles[122]. Les opinions exprimées dans la doctrine convergent pleinement dans ce sens[123] et le Tribunal fédéral en a confirmé le bien-fondé[124].

4.2.2 Prévoyance plus étendue (2ᵉ pilier B)

Dans la prévoyance professionnelle sur-obligatoire (2ᵉ pilier B), la législation est plus souple[125]. Certains règlements sont largement taillés en fonction des souhaits spécifiques de l'assuré. Le cas échéant, il incombe néanmoins à ce dernier de démontrer à l'organe compétent de la fondation que les clauses prévues sont plus adéquates que les dispositions habituelles, en regard des objectifs de la prévoyance professionnelle et de sa situation particulière.

---

[122] *Piotet,* Stipulations, p. 367 s.
[123] *Izzo,* p. 312 s.; *Aebi-Müller,* p. 20; *Weimar,* n. 242 ad art. 476 CC; *Staehelin,* n. 17 ad art. 476 CC; PraxKomm-*Nertz,* n. 40 ad art. 476 CC; *Wolf/Genna,* p. 71.
[124] ATF 129 III 305 = JdT 2003 I 265 consid. 2.1.
[125] *Cf.* ch. 2.2.2 ci-dessus.

La doctrine a hésité à exclure sans autre les prétentions découlant du 2ᵉ pilier B du champ d'application des règles sur les réserves successorales. Une large majorité d'auteurs admet à tout le moins que les prestations de la prévoyance professionnelle plus étendue échappent légitimement aux règles du droit successoral en tant qu'elles visent exclusivement à assurer aux bénéficiaires le maintien de leur niveau de vie antérieur[126].

Le Tribunal fédéral va plus loin: il admet que le 2ᵉ pilier B doit être traité de la même manière que le 2ᵉ pilier A du point de vue du droit successoral, et que les prestations qui en découlent ne doivent pas être soumises à réduction, dans tous les cas où le travailleur n'est de fait pas libre quant à la conclusion et au contenu de la prévoyance, et où un règlement décrit de façon générale et abstraite les modalités de la prestation ainsi que les destinataires[127].

Pour notre Haute Cour[128], est décisif le fait qu'il n'existe aucune différence entre le 2ᵉ pilier A et le 2ᵉ pilier B du point de vue de la technique d'assurance. Tous deux obéissent aux principes fondamentaux de proportionnalité, d'égalité et d'interdiction de l'arbitraire, et tous deux sont soumis aux règles de la planification et de l'adaptation, comme à celles de la solidarité et de la collectivité. Dans les cas où le preneur de prévoyance meurt sans laisser d'ayants droit au sens du règlement, le capital restant profite à l'institution de prévoyance et alimente les prestations dues aux autres preneurs de prévoyance. Le Tribunal fédéral relève qu'il n'y a pas non plus de différences entre le 2ᵉ pilier A et le 2ᵉ pilier B du point de vue fonctionnel: la prévoyance professionnelle, dans son entier, doit assurer le maintien du niveau de vie antérieur après la cessation de l'activité professionnelle. Or ce but même de prévoyance pourrait être sérieusement remis en question si les personnes entretenues par le preneur de prévoyance pouvaient, après le décès de celui-ci, être attaquées en réduction par les autres héritiers légaux et testamentaires.

Seuls les contrats de prévoyance conclus individuellement et ceux dépassant considérablement la prévoyance habituelle ne sont pas d'emblée exclus par les juges fédéraux du champ d'application des règles du droit successoral.

---

[126] *Izzo*, p. 331; *Trigo-Trindade*, p. 505; *Aebi-Müller*, p. 21; *Weimar*, n. 45 ad art. 476 CC; *Staehelin*, n. 19 ad art. 476 CC; *Wolf/Genna*, p. 71.
[127] ATF 129 III 305 = JdT 2003 I 265 consid. 2.7.
[128] ATF 129 III 305 = JdT 2003 I 265 consid. 2.5.

Une partie de la doctrine pousse à l'ouverture de cette porte laissée à peine entrebâillée par la jurisprudence. Après une analyse des positions exprimées par d'autres auteurs, *Gabathüler*[129] arrive à la conclusion que l'on doit prendre au sérieux la possibilité de soumettre certains contrats du 2ᵉ pilier B aux règles sur les réserves successorales, faute de quoi l'on pourrait tout aussi bien abolir celles-ci.

Toute la difficulté consiste à déterminer la limite au-delà de laquelle le 2ᵉ pilier B entrerait dans le champ d'application du droit successoral. *Gabathüler*[130] suggère de se référer aux normes définissant l'aisance en matière d'obligation alimentaire, soit CHF 120 000 pour une personne seule et CHF 180 000 pour un couple, selon les lignes directrices de la Conférence suisse des institutions d'action sociale[131], appliquées dans ce domaine par le Tribunal fédéral[132].

Il nous apparaît cependant que cette proposition méconnaît le fait que la Loi fédérale sur la prévoyance professionnelle fixe le salaire ou revenu annuel assurable à CHF 842 400[133] et valide donc expressément le besoin de couverture jusqu'à cette hauteur de gains. À notre sens, l'application des règles du droit successoral à des prestations du 2ᵉ pilier B doit être réservée aux cas dans lesquels la prévoyance professionnelle est clairement détournée de ses objectifs constitutionnels. Soit qu'il y ait eu «intention manifeste d'éluder les règles concernant la réserve»[134]. Soit qu'un compte du 2ᵉ pilier B ait été alimenté au-delà de ce qui était raisonnablement nécessaire à la couverture du train de vie habituel de l'assuré et de ses proches[135]. Il ne s'avère donc pas possible de définir une limite claire et générale. Au contraire, l'étude de chaque cas d'espèce est indispensable, afin de déterminer si l'on se trouve face à un abus.

Des situations d'abus peuvent se produire en particulier lorsque des contributions de rachat importantes ont été versées[136]. Il s'agit alors toujours de

---

[129] *Gabathüler*, Einmaleinlagen, p. 398 s.
[130] *Gabathüler*, Einmaleinlagen, p. 400.
[131] www.skos.ch.
[132] ATF 136 III 1 = JdT 2010 I 327.
[133] Art. 79c (dix fois le maximum du salaire annuel coordonné, fixé pour 2013 à CHF 84 240, selon l'art. 8 al. 1 LPP).
[134] Art. 527 ch. 4 CC.
[135] *Cf.* l'exemple donné par *Izzo*, p. 330 s., de l'employeur qui assure l'intégralité de son gain annuel de CHF 500 000, alors qu'il dépose chaque année un montant de CHF 200 000 sur un compte d'épargne.
[136] *Cf.* PraxKomm-*Nertz*, n. 43 ad art. 476 CC.

contributions volontaires, raison pour laquelle il y a lieu de vérifier avec une vigilance accrue si elles participent à proprement parler de la couverture des besoins de prévoyance du preneur et de ses proches, ou si elles relèvent davantage d'un placement de fonds fiscalement privilégié, voire d'une planification successorale s'écartant des règles légales ordinaires[137].

Il nous paraît que l'existence d'un abus doit en outre être admise avec une certaine souplesse dans les situations où une lésion de la réserve est invoquée par le bénéficiaire même des prestations du 2ᵉ pilier B. Par exemple, si le conjoint survivant, dont les besoins sont très largement assurés par la prévoyance professionnelle du conjoint décédé, tente de faire réduire les polices d'assurance sur la vie libres conclues par le défunt en faveur de ses enfants de plus de 25 ans.

4.2.3 Libre passage

Le Tribunal fédéral[138] a relevé que, n'étant pas soumises aux mêmes contraintes que les institutions de prévoyance professionnelle, les institutions de libre passage se rapprochent de la prévoyance liée: en cas de décès de l'assuré, le capital ne reste pas auprès de l'institution de libre passage, mais il est versé aux destinataires dans l'ordre énoncé à l'art. 15 OLP, auxquels appartiennent en dernière ligne tous les héritiers légaux[139] – ce qui est atypique du point de vue de la conception de la prévoyance.

Néanmoins, les polices de libre passage présentent d'autres caractéristiques typiques de la prévoyance professionnelle: elles n'obéissent pas à un principe de liberté du point de vue de la conclusion du contrat et, surtout, les bénéficiaires potentiels sont définis de façon limitative par le droit public. Le Tribunal fédéral[140] en a conclu que les prestations de libre passage ne tombent pas dans la succession et échappent également à la réduction successorale.

Il convient de réserver les cas dans lesquels les avoirs transférés sur une police de libre passage ont été accumulés de façon abusive dans le cadre d'une prévoyance professionnelle plus étendue[141].

---

[137] *Cf.* Gabathüler, Einmaleinlagen, p. 393 s., 397 et 400.
[138] ATF 129 III 305 = JdT 2003 I 305 cons. 3.2.
[139] *Cf.* ch. 2.2.3 ci-dessus.
[140] ATF 129 III 305 = JdT 2003 I 305 cons. 3.3 à 3.5. Du même avis: *Wolf/Genna*, p. 71.
[141] *Cf.* ch. 4.2.2 ci-dessus.

Il ne fait aucun doute que les prestations échues du vivant de l'assuré, mais non encore sollicitées au moment de son décès ne se trouvent plus soumises aux règles spécifiques de la prévoyance professionnelle, car il s'agit de créances ordinaires qui relèvent de la masse successorale[142]. Mais qu'en est-il de la possibilité offerte à l'assuré par l'art. 16 al. 1 OLP de procéder à l'encaissement des prestations de vieillesse cinq ans au plus tôt avant qu'il n'atteigne l'âge ordinaire de la retraite ou au contraire de différer cet encaissement de cinq ans au plus? Avec *Gabathüler*[143], nous admettons que, dès le moment où les prestations sont libérées de leur affectation exclusive et irrévocable à la prévoyance, elles deviennent exigibles. Leur versement effectif ne dépend plus que de la volonté de l'assuré. Le fait que ce dernier ait décidé de différer l'encaissement ne doit pas empêcher l'application des règles du droit civil en matière de réserves successorales[144].

4.3 Prévoyance individuelle liée (3ᵉ pilier A)

4.3.1 Qualification successorale

Jusqu'à présent, le Tribunal fédéral n'a pas eu l'occasion de se prononcer sur la question de savoir si les prestations provenant de polices de prévoyance individuelle liée sont susceptibles de réunion et de réduction en vertu des art. 476 et 529 CC.

Selon la doctrine dominante[145], ces prestations ne sont pas exclues du champ d'application des règles du droit successoral. Sur ce plan, les polices du 3ᵉ pilier A sont donc assimilées à celles du 3ᵉ pilier B[146], et non pas à la prévoyance professionnelle. Cela s'explique en particulier par le fait que les polices de prévoyance individuelle liée sont toujours conclues sur une base purement volontaire et qu'elles sont avant tout destinées à couvrir les besoins propres de l'assuré.

---

[142] *Riemer/Riemer-Kafka*, p. 157 s.
[143] *Gabathüler*, Freizügigkeitsleistungen, p. 127 s.
[144] *Gabathüler*, Freizügigkeitsleistungen, p. 129 s.
[145] *Izzo*, p. 310 s.; *Steinauer*, n. 132; *Zumbrunn*, p. 1216; *Aebi-Müller*, p. 22 s.; *Hausheer/Aebi-Müller*, p. 67 s.; *Staehelin*, n. 21 ss ad art. 476 CC; PraxKomm-*Nertz*, n. 44 ad art. 476 CC; *Wolf/Genna*, p. 72. *Contra: Bornhauser*, n. 33; *Weimar*, n. 50 ad art. 476 CC.
[146] *Cf.* ch. 4.1 ci-dessus.

4.3.2 Valeur à prendre en considération

S'agissant de la valeur à prendre en considération pour la réunion ou la réduction des prétentions issues de la prévoyance individuelle liée, le régime applicable est le même que pour les polices du 3e pilier B[147].

Les polices de type mixte sont réunies à la masse successorale, et au besoin réduites, à concurrence de leur valeur de rachat à l'ouverture de la succession. À cet égard, on relèvera que l'absence de possibilité de rachat – *Rückkaufsrecht* – ne prive pas les contrats de toute valeur de rachat – *Rückkaufswert*[148].

Comme dans le 3e pilier B, une réunion ou réduction des polices de risque pur du 3e pilier A peut intervenir à concurrence des primes payées dans les cas d'abus de droit[149]. De même, les primes de risque d'une police de type mixte à caractère excessif pourraient être prises en considération.

5. Conclusions

5.1 Tableau récapitulatif

Type d'assurance	Dans masse successorale	Créance propre des bénéficiaires	Rapport	Réunion Réduction
3e pilier B				
– vie entière	non (sauf absence de bénéficiaire désigné)	oui	possible (valeur de rachat)	oui (valeur de rachat)
– vie mixte	non (sauf absence de bénéficiaire désigné)	oui	possible (valeur de rachat)	oui (valeur de rachat)
– risque pur	non (sauf absence de bénéficiaire désigné)	oui	non, sauf cas exceptionnel (montant des primes)	non, sauf cas exceptionnel (montant des primes)

---

[147] *Cf.* ch. 4.1.3 ci-dessus.
[148] *Izzo*, p. 311.
[149] *Cf. Aebi-Müller*, p. 24, qui envisage même la réunion/réduction de toute la somme assurée.

2ᵉ pilier A	non	oui	non	non
2ᵉ pilier B	non	oui	non, sauf cas exceptionnel (montant des primes)	non, sauf cas exceptionnel (montant des primes)
Libre passage	non	oui	non, sauf cas exceptionnel (montant des primes)	non, sauf cas exceptionnel (montant des primes) et sauf si exigible avant décès (entier du capital)
3ᵉ pilier A				
– vie mixte	non (sauf absence de bénéficiaire désigné)	oui	non, sauf cas exceptionnel (valeur de rachat)	oui (valeur de rachat)
– risque pur	non (sauf absence de bénéficiaire désigné)	oui	non, sauf cas exceptionnel (montant des primes)	non, sauf cas exceptionnel (montant des primes)

5.2 Comparaisons

Du fait que les polices d'assurance sur la vie libres et les contrats de prévoyance professionnelle ont des cercles de bénéficiaires potentiels différents et sont soumis pour les premières ou ne sont pas soumis pour les seconds aux règles du droit successoral en matière de réserves, le choix du véhicule d'assurance joue un rôle substantiel dans le domaine de la planification successorale, même si ce rôle est souvent subsidiaire par rapport aux incitations fiscales.

Nous le démontrerons à l'aide de quelques exemples, qui mettent en lumière les avantages que peut procurer à un conjoint ou à un concubin l'option du 2ᵉ pilier par rapport à celle du 3ᵉ pilier.

5.2.1 Conjoint survivant en concours avec les enfants d'un premier mariage

Le *de cujus,* chef d'entreprise, marié sous le régime de la séparation de biens, a comme seuls héritiers légaux son conjoint (deuxième mariage) et les enfants issus de son premier mariage, tous âgés de plus de 25 ans. Par testament, il attribue toute la quotité disponible au conjoint.

À son décès, il laisse des biens d'une valeur nette de CHF 500 000. En outre, il a accumulé des avoirs d'assurance, à savoir:

- hypothèse A: une police d'assurance sur la vie libre, dont la valeur de rachat est de CHF 500 000 et dont le conjoint survivant est l'unique bénéficiaire;
- hypothèse B: une police de prévoyance professionnelle, qui présente un capital-décès de CHF 500 000 (2e pilier A et B) et dont le conjoint survivant est l'unique bénéficiaire.

Dans l'hypothèse A, la valeur de rachat de la police d'assurance s'ajoute à celle des biens extants pour la détermination de la masse de calcul des réserves. Celle-ci s'élève ainsi à CHF 1 000 000. Le conjoint survivant a droit à sa réserve de $1/4$ et à la quotité disponible de $3/8$, soit à une part de $5/8$ au total, ce qui représente CHF 625 000.

Dans l'hypothèse B, les réserves se calculent exclusivement sur la base des biens extants, de CHF 500 000. Le conjoint survivant a droit à $5/8$ de ceux-ci, soit CHF 312 500. Il perçoit en outre la totalité du capital-décès du 2e pilier, par CHF 500 000. Au total, ses prétentions atteignent CHF 812 500.

Le présent exemple, comme les suivants, fait abstraction de la différence entre la valeur de rachat de l'assurance sur la vie et le capital versé en cas de décès, différence qui peut varier sensiblement en fonction notamment de l'âge de l'assuré lors du décès. Les aspects fiscaux sont également laissés de côté.

5.2.2 Concubin en concours avec le conjoint survivant et les enfants

Le *de cujus,* chef d'entreprise, marié sous le régime de la séparation de biens, a comme seuls héritiers légaux son conjoint, dont il vit séparé depuis plusieurs années, ainsi que leurs enfants, tous âgés de plus de 25 ans. Par testament, il attribue toute la quotité disponible à la personne avec laquelle il forme une communauté de vie depuis plus de cinq ans.

À son décès, il laisse des biens d'une valeur nette de CHF 500 000. En outre, il a accumulé des avoirs d'assurance, à savoir:

- hypothèse A: une police d'assurance sur la vie libre, dont la valeur de rachat est de CHF 500 000 et dont la personne vivant en ménage commun avec le *de cujus* est l'unique bénéficiaire;
- hypothèse B: une police de prévoyance professionnelle, qui présente un capital-décès de CHF 500 000, soit CHF 250 000 pour le 2e pilier A qui va au conjoint survivant et CHF 250 000 pour le 2e pilier B qui va à la personne vivant en ménage commun avec le *de cujus*.

Dans l'hypothèse A, la valeur de rachat de la police d'assurance s'ajoute à celle des biens extants pour la détermination de la masse de calcul des réserves. La quotité disponible de $3/8$ représente CHF 375 000. Le concubin devra donc rétrocéder une partie du capital perçu au titre de l'assurance sur la vie.

Dans l'hypothèse B, les réserves se calculent exclusivement sur la base des biens extants, de CHF 500 000. La quotité disponible représente CHF 187 500. Le concubin perçoit en outre le capital-décès du 2e pilier B, par CHF 250 000. Au total, ses prétentions atteignent CHF 437 500.

5.2.3 Concubin en concours avec les enfants

Le *de cujus,* chef d'entreprise, veuf, a comme seuls héritiers légaux ses enfants, tous âgés de plus de 25 ans. Par testament, il attribue toute la quotité disponible à la personne avec laquelle il forme une communauté de vie depuis plus de cinq ans.

À son décès, il laisse des biens d'une valeur nette de CHF 500 000. En outre, il a accumulé des avoirs d'assurance, à savoir:

- hypothèse A: une police d'assurance sur la vie libre, dont la valeur de rachat est de CHF 500 000 et dont la personne vivant en ménage commun avec le *de cujus* est l'unique bénéficiaire;
- hypothèse B: une police de prévoyance professionnelle, qui présente un capital-décès de CHF 500 000 (2e pilier A et B), réparti à raison de CHF 250 000 pour les enfants et de CHF 250 000 pour la personne vivant en ménage commun avec le *de cujus*.

Dans l'hypothèse A, la valeur de rachat de la police d'assurance s'ajoute à celle des biens extants pour la détermination de la masse de calcul des réserves. La quotité disponible de ¼ représente CHF 250 000. Le concubin devra donc rétrocéder une partie du capital perçu au titre de l'assurance sur la vie.

Dans l'hypothèse B, les réserves se calculent exclusivement sur la base des biens extants, de CHF 500 000. La quotité disponible représente CHF 125 000. Le concubin perçoit en outre la demie du capital-décès du 2e pilier, soit CHF 250 000. Au total, ses prétentions atteignent CHF 375 000.

5.3 Recommandations

5.3.1 Rôle du notaire

La conclusion de contrats d'assurance des 2e et 3e piliers devrait répondre prioritairement à des besoins de prévoyance envers les proches de l'assuré. Elle devrait en outre être intégrée à la planification successorale du preneur.

Il apparaît malheureusement que, trop souvent, des assurances sur la vie sont contractées à l'incitation de courtiers qui ne disposent pas nécessairement de compétences suffisantes pour apprécier l'ensemble des enjeux, et qui n'ont pas toujours la volonté de s'enquérir de façon sérieuse de la situation, des souhaits et des besoins spécifiques de leur client. Les avantages fiscaux jouent régulièrement un rôle décisif, quand ils ne constituent pas l'objectif unique. L'adéquation du contrat par rapport à la situation du décès de l'assuré n'est que rarement vérifiée; la discussion porte primordialement sur les profits escomptés par le preneur lui-même dans l'hypothèse espérée de sa survie au terme du contrat. À cela s'ajoute le fait que la plupart des contrats du 2e pilier sont conclus par simple adhésion au plan de prévoyance de l'employeur, sans examen des options potentielles, notamment en relation avec la désignation des bénéficiaires[150].

De leur côté, les notaires, lorsqu'ils sont chargés par leurs clients de rédiger leurs dispositions de dernières volontés, ne s'intéressent guère aux polices d'assurance des 2e et 3e piliers, sous le prétexte qu'elles ont des bénéficiaires propres. Cependant, chaque fois que l'on conseille un testateur possédant des contrats d'assurance en cours, il est indispensable de prendre ceux-ci

---

[150] *Cf.* sur ce sujet les réflexions menées notamment par *Aebi-Müller*, p. 27; *Breitschmid*, p. 267; *Gabathüler*, Einmaleinlagen, p. 397.

en considération dans la planification successorale. Avant de chercher, par exemple, par quel moyen successoral on pourrait avantager le conjoint survivant, il importe de se demander notamment quelles seront les prestations servies au titre de la prévoyance professionnelle du *de cujus* et si ces prestations ne suffisent pas à satisfaire, complètement ou dans une large mesure, les besoins du conjoint. Dans des situations plus complexes, en particulier en présence d'un concubin et/ou d'enfants issus de plusieurs lits, il importe avant tout d'examiner la situation et les possibilités sur le plan des contrats d'assurance existants, puis d'adapter les dispositions successorales en fonction de ces contrats.

Au surplus, on ne saurait trop recommander aux testateurs de revoir leur situation régulièrement, mais en tout cas à chaque changement d'ordre familial ou professionnel (passage dans une autre institution de prévoyance professionnelle, transfert de l'avoir de prévoyance dans une police de libre passage, encaissement de l'avoir, etc.), et suite à la conclusion de nouveaux contrats d'assurance sur la vie ou de rente viagère. Un édifice soigneusement mis en place par rapport à une situation donnée peut s'effondrer ou se trouver déséquilibré en raison d'un tel changement.

S'agissant du 2e pilier, il importe de consulter le règlement de l'institution de prévoyance, afin de connaître les possibilités de personnalisation qui sont offertes et les formalités à accomplir pour en faire usage.

5.3.2 Testament et désignation de bénéficiaire

La désignation du bénéficiaire d'une police d'assurance du 3e pilier B peut prendre la forme d'une disposition pour cause de mort, quand bien même il s'agit d'une libéralité entre vifs si l'on suit le Tribunal fédéral et une part importante de la doctrine[151]. Il en va de même pour les désignations de bénéficiaires dans le 2e pilier et dans le 3e pilier A[152].

Compte tenu du fait que les attributaires vont acquérir des droits propres contre les institutions d'assurance ou de prévoyance concernées, et que les prestations exigibles ne vont pas entrer dans la succession, il est peu opportun de procéder à des désignations de bénéficiaires par voie testamentaire.

On courra d'ailleurs le risque, si la formulation de la clause n'est pas parfaitement claire, que la disposition soit comprise comme une règle de par-

---

[151] *Cf.* ch. 2.1.3 ci-dessus.
[152] *Cf.* ch. 2.2.5 et 2.3.3 ci-dessus.

tage, le capital versé tombant alors dans la succession, faute de bénéficiaire désigné en tant que tel, et ledit capital étant imputé en totalité sur la part héréditaire de l'attributaire[153]. Il se pourrait en outre que la compagnie d'assurance ne prenne connaissance d'une clause bénéficiaire figurant dans un testament qu'après avoir déjà versé le capital au bénéficiaire original indiqué dans la police ou communiqué antérieurement à l'institution.

La révocation d'une clause bénéficiaire par le biais de dispositions de dernières volontés présente des dangers similaires. Une révocation générale des dispositions antérieures n'aura aucune incidence sur les clauses bénéficiaires des polices des 2e et 3e piliers. Quant à une révocation spécifique de ces clauses par voie testamentaire, elle demeurera sans effet si le capital a déjà été versé à l'ayant droit connu de l'institution.

Dans le domaine du 2e pilier, et tout particulièrement du libre passage, il importera que le testateur spécific sans ambiguïté, dans les limites autorisées par la loi et le règlement de l'institution, qu'il dispose du capital-décès ou capital de prévoyance[154].

On suggérera enfin au testateur de préciser dans ses dispositions s'il ordonne le rapport des prestations acquises par les bénéficiaires de ses polices du 3e pilier B, voire du 3e pilier A, ou si au contraire il en dispense les attributaires[155].

---

[153] *Cf.* PraxKomm-*Nertz,* n. 28 et 33 ad art. 476 CC.
[154] *Trigo Trindade,* p. 501.
[155] *Cf.* ch. 3.1 et 3.3 ci-dessus ainsi que *Zumbrunn,* p. 1210.

Erbrecht und Versicherungen

Nicht-Lebensversicherungen

STEPHAN FUHRER

Inhaltsübersicht

Literatur	187
1. Vorbemerkungen	188
1.1 Nicht-Lebensversicherung	188
1.2 Handänderung (Art. 54 VVG)	188
1.3 Zweckfortfall	190
1.4 Allgemeine Versicherungsbedingungen	190
2. Tod des Versicherungsnehmers	191
2.1 Hausratversicherung	191
2.1.1 Unverheirateter Versicherungsnehmer	191
2.1.2 Verheirateter Versicherter	191
2.2 Privat-Haftpflichtversicherung	194
2.2.1 Unverheirateter Versicherungsnehmer	194
2.2.2 Verheirateter Versicherter	194
2.3 Motorfahrzeugversicherung	195
2.4 Übrige Sach- und Vermögensversicherungen	195
2.5 Unfall- und Krankenversicherung	196
3. Teilung der Erbschaft	196
3.1 Hausratversicherung	196
3.2 Privat-Haftpflichtversicherung	196

Literatur

Vincent Brulhart, Droit des assurances privées, Bern 2008; *Stephan Fuhrer,* Schweizerisches Privatversicherungsrecht, Zürich 2011; *Willy Koenig,* Schweizerisches Privatversicherungsrecht, 3. Aufl., Bern 1967; *Karl Larenz/Claus-Wilhelm Canaris,* Methodenlehre der Rechtswissenschaft, 3. Aufl., Berlin/Heidelberg 1995; *Alfred Maurer,* Schweizerisches Privatversicherungsrecht, 3. Aufl., Bern 1995; *Rolf H. Weber/Patrick Umbach,* Versicherungsaufsichtsrecht, Bern 2006; *Stephan Wolf/Gian Sandro Genna,* Erbrecht, in: Schweizerisches Privatrecht, Band 4, 1. Teilband, Basel 2012.

1. Vorbemerkungen

Zur Darstellung des Verhältnisses von Erbrecht und (Nicht-Lebens-)Versicherungen sind vorweg einige Vorbemerkungen erforderlich.

1.1 Nicht-Lebensversicherung

Die nachfolgenden Ausführungen beschränken sich auf die sog. Nicht-Lebensversicherung[1]. Aufgrund ihres unterschiedlichen Risikoprofils unterscheidet das Aufsichtsrecht zwischen der Lebensversicherung und den übrigen Versicherungszweigen. Dies zeigt sich u.a. am Grundsatz der Spartentrennung (Art. 12 VAG), wonach die Versicherer das Leben- und das Nicht-Leben-Geschäft in zwei verschiedenen juristischen Personen betreiben müssen[2]. Eine unterschiedliche Behandlung erfahren die beiden Arten von Versicherungen auch im internationalen Kontext. So betrifft das Versicherungsabkommen zwischen der Schweiz und der EU lediglich die Nicht-Lebensversicherung[3].

1.2 Handänderung (Art. 54 VVG)[4]

Eine Handänderung liegt vor, wenn der Eigentümer einer versicherten Sache wechselt. Zur Regelung der Handänderung stehen zwei Lösungen zur Verfügung: Entweder geht der Vertrag auf den Erwerber über oder er erlischt. Was vorzuziehen ist, wird immer wieder kontrovers diskutiert. Wie die meisten europäischen Rechtsordnungen lässt das VVG den Vertrag auf den Erwerber der Sache übergehen (Art. 54 VVG)[5].

---

[1] Zum Verhältnis Erbrecht – Lebensversicherung vgl. den Beitrag von *Stefan Plattner*.
[2] *Weber/Umbach* S. 78.
[3] Abkommen vom 10.10.1989 zwischen der Schweizerischen Eidgenossenschaft und der EWG betreffend die Direktversicherung mit Ausnahme der Lebensversicherung, SR 0.961.1, AS 1992 S. 1894.
[4] *Fuhrer,* N. 13.12 ff. Vgl. auch *Koenig,* S. 237 ff.; *Maurer,* S. 277 ff. (beide zur Rechtslage vor 2006; zur wechselvollen Geschichte von Art. 54 VVG: unten Fn. 5); *Brulhart,* N. 700 ff. (zur Rechtslage zwischen 2006 und 2009).
[5] Mit der Teilrevision 2004 (in Kraft seit 1.1.2006) hat das Parlament eine Systemänderung beschlossen. Demnach sollte der Vertrag mit der Handänderung erlöschen. Die Änderung schuf mehr Probleme als sie löste, weshalb das Parlament mit Bundesgesetz vom 29.12.2008 (AS 2009 S. 2799; in Kraft seit 1.7.2009) wieder zurück zum alten System wechselte.

Die gesetzliche Regelung der Handänderung gilt zunächst einmal für die *Sachversicherung.* Sie hatte der Gesetzgeber vor Augen, als er Art. 54 VVG erliess. Trotz des engen Wortlauts des Gesetzes ist der Anwendungsbereich jedoch nicht auf die Sachversicherung beschränkt, sondern umfasst auch die *Vermögensversicherung,* sofern diese so eng an das Eigentum an einer Sache oder einer Sachgesamtheit anknüpft, dass sie für den Veräusserer nutzlos wird, wenn ein Dritter das Eigentum an der Sache oder der Sachgesamtheit erwirbt. Im Vordergrund steht dabei die Betriebs- oder die Gebäude-Haftpflichtversicherung. Es besteht jedoch kein Grund, Gleiches nicht auch für die übrigen Zweige der Vermögensversicherungen anzunehmen, wie z.B. Ertragsausfall-, Rechtsschutz- oder Vertrauensschadenversicherungen. Auf andere Versicherungsverträge ist Art. 54 VVG nicht anwendbar. Dies gilt für alle *Personenversicherungen,* aber auch für Vermögensversicherungen, die nicht einer Sache oder einer Sachgesamtheit zugeordnet werden können (z.B. Privat-Haftpflichtversicherung).

Umfasst eine Sachversicherung mehrere Gegenstände (wie z.B. die Hausratversicherung), so liegt nur dann eine Handänderung nach Art. 54 VVG vor, wenn *alle* versicherten Sachen auf den gleichen neuen Eigentümer übergehen.

Mit dem Übergang des Eigentums geht der Versicherungsvertrag auf den Erwerber der Sache über. Die (neuen) Parteien müssen sich mit dem Vertragsübergang nicht abfinden. Sie haben beide ein allerdings unterschiedlich ausgestaltetes Lösungsrecht:

– Der Erwerber der Sache kann durch eine schriftliche Erklärung den Übergang des Vertrages ablehnen. Macht er von diesem Recht Gebrauch, so erlischt der Vertrag rückwirkend auf das Datum des Eigentumsübergangs. Der Erwerber der Sache wird in diesem Fall nie Vertragspartner des Versicherers. Für die Ausübung dieses Rechts hat der Erwerber 30 Tage Zeit. Die Frist beginnt mit dem Eigentumsübergang zu laufen und ist gewahrt, wenn die Erklärung spätestens am letzten Tag dem Versicherer zugeht. Bei der Frist handelt es sich um eine Verwirkungsfrist.

– Der Versicherer kann den Übergang des Vertrages nicht verhindern. Erfährt er von der Handänderung, so kann er den Vertrag lediglich kündigen. Er hat dazu 14 Tage Zeit. Die Frist beginnt nicht mit dem Eigentumsübergang, sondern erst dann zu laufen, wenn der Versicherer die Person des Erwerbers kennt. Der Vertrag erlischt 30 Tage nach dem Zugang der Kündigung beim neuen Versicherungsnehmer.

1.3 Zweckfortfall[6]

Ein Zweckfortfall liegt vor, wenn der Zweck des Vertrages aufgrund einer unvorhergesehenen Änderung der Verhältnisse, welche die Parteien nicht zu vertreten haben, nicht mehr erreicht werden kann. Beim Versicherungsvertrag liegt ein Zweckfortfall vor, wenn nach Vertragsbeginn das versicherte Interesse oder die versicherte Gefahr (vollständig) wegfallen. Der Versicherer trägt dann kein Risiko mehr. Dies trifft grundsätzlich auch auf den Fall der Handänderung zu. Das Gesetz sieht jedoch für diesen Fall eine abweichende Rechtsfolge vor. Im schweizerischen Recht fehlt allerdings – im Gegensatz z.B. zum deutschen Recht (§ 80 d-VVG) – eine den Fall des Zweckfortfalls regelnde Bestimmung. Da weitere Leistungen des Versicherers unmöglich sind, fällt der Vertrag gemäss Art. 119 OR dahin[7].

Das Erlöschen des Vertrages erfolgt von Gesetzes wegen, ohne dass es dazu einer Erklärung bedarf. Der Versicherungsnehmer ist jedoch nach Treu und Glauben verpflichtet, den Versicherer umgehend zu informieren, wenn ein solcher Fall eintritt (gesetzliche Nebenpflicht). Verletzt er diese Pflicht, so haftet er nach den Regeln von Art. 97 OR für einen allfälligen darauf zurückzuführenden Schaden des Versicherers (z.B. Kosten einer weitergeführten fakultativen Rückversicherung). Die Prämie ist nach dem Grundsatz ihrer Teilbarkeit (Art. 24 VVG) pro rata temporis bis zum Erlöschen des Vertrages geschuldet (Gleiches folgt aus Art. 119 Abs. 2 OR).

1.4 Allgemeine Versicherungsbedingungen

Das VVG regelt die Rechtsverhältnisse zwischen den Parteien nur sehr lückenhaft. Zu zahlreichen Details finden sich die anwendbaren Regelungen ausschliesslich in den Allgemeinen Versicherungsbedingungen (AVB). Im Einzelfall können verbindliche Aussagen zur Rechtslage deshalb oftmals nur durch Beizug der anwendbaren AVB gemacht werden[8].

---

[6] *Fuhrer*, N. 14.34 ff.
[7] Die Anwendung des Unmöglichkeitstatbestandes setzt voraus, dass die Leistung durch Umstände, die der Schuldner nicht zu vertreten hat, unmöglich geworden ist. Da man Geld grundsätzlich zu haben hat (Prinzip der unbeschränkten Vermögenshaftung), kann die Leistung des Versicherungsnehmers (Prämienzahlung) nicht unmöglich werden. Die Unmöglichkeit bezieht sich somit auf die Leistung des Versicherers (Risikoübernahme).
[8] Eine Sammlung mit einer Auswahl gängiger Bedingungswerke kann von der Homepage des Autors (www.stephan-fuhrer.ch/avb/) heruntergeladen werden.

2. Tod des Versicherungsnehmers

Darzustellen ist, welche Wirkungen der Tod des Versicherungsnehmers (bzw. eines Versicherten) auf dessen Versicherungsverträge hat. Dabei ist einerseits nach den verschiedenen Versicherungszweigen[9] und andererseits – bei der Hausrat- und der Privat-Haftpflichtversicherung – nach dem Zivilstand des Versicherungsnehmers zu unterscheiden. Dies wird nachfolgend an Hand derjenigen Versicherungsverträge dargestellt, die von Privaten üblicherweise abgeschlossen werden.

2.1 Hausratversicherung

2.1.1 Unverheirateter Versicherungsnehmer

Unproblematisch ist die Hausratversicherung des nicht verheirateten Versicherungsnehmers. Mit dessen Tod geht das Eigentum an der Gesamtheit seines Hausrates auf die Erbengemeinschaft über (Art. 560 ZGB). Dies stellt eine Handänderung dar, womit nach Art. 54 VVG auch die Hausratversicherung auf die Erbengemeinschaft übergeht.

2.1.2 Verheirateter Versicherter

Schwieriger zu beantworten ist die Frage, was mit der Hausratversicherung des verheirateten Versicherten (in diesem Fall muss zwischen der Stellung des Verstorbenen als Versicherten und als Versicherungsnehmer unterschieden werden) geschieht. Mit dem Tod eines Ehepartners wird der Güterstand zwischen den Ehegatten aufgelöst (Art. 204 ZGB) und das Vermögen zwischen ihnen aufgeteilt (Art. 205 ff. ZGB). Der dem Verstorbenen gehörende Teil bildet die Erbmasse, die ebenfalls zum Zeitpunkt des Todes auf die Erbengemeinschaft übergeht (Art. 560 ZGB). Der dem Verstorbenen gehörende Teil des Hausrats wechselt somit den Eigentümer. Da dies jedoch nur einen Teil des früheren Hausrates betrifft, liegt keine Handänderung nach Art. 54 VVG vor.

Im Folgenden ist danach zu differenzieren, wer Versicherungsnehmer (d.h. Vertragspartner des Versicherers) ist. Denkbar sind: (1.) Der überlebende, (2.) der verstorbene oder (3.) beide Ehegatten.

---

[9] Die Gliederung der Versicherungszweige findet sich in Anhang I zur AVO.

1. Ist der überlebende Ehegatte Vertragspartner des Versicherers, so ändert sich an seiner vertragsrechtlichen Stellung mit dem Tod seines Gatten nichts. Die dem verstorbenen gehörenden Sachen bleiben, solange sie sich im (ehemals gemeinsamen) Haushalt befinden, versichert. Es handelt sich dann um (von der Erbengemeinschaft dem überlebenden Ehegatten) sog. anvertraute Sachen, die in der Hausratversicherung üblicherweise mitversichert sind. Allerdings: Die Mitversicherung anvertrauter Sachen entspricht lediglich dem heutigen Marktstandard, es gibt keinen Rechtsanspruch auf diese Deckung. Die Rechtslage ist die Gleiche, wie wenn bei den Eltern ausgezogene junge Erwachsene noch Sachen in deren Haus aufbewahren (z.B. eine Skiausrüstung auf dem Estrich). Auch diese Sachen sind i.d.R. durch die Hausratversicherung der Eltern gedeckt.

2. Stirbt der Versicherungsnehmer, so geht der Vertrag (nicht aufgrund einer Handänderung nach Art. 54 VVG, sondern) als Teil des Nachlasses nach Art. 560 ZGB auf die Erbengemeinschaft über[10]. Damit bleibt die Erbengemeinschaft für die ihr gehörenden Sachen gedeckt. Versichert sind üblicherweise die mit dem Versicherungsnehmer in Hausgemeinschaft lebenden Personen. Zwischen der Erbengemeinschaft und dem überlebenden Ehegatten besteht keine Hausgemeinschaft. Es fällt auch schwer anzunehmen, die Sachen des (nicht mehr zum Kreis der versicherten Personen gehörenden) überlebenden Ehegatten seien der (versicherten) Erbengemeinschaft anvertraut. Dies bedeutet, dass im Ergebnis zwar das Eigentum des verstorbenen, nicht aber jenes des überlebenden Ehegatten weiterhin versichert ist.

Dass der überlebende Ehegatte mit dem Tod seines Partners quasi aus dem Versicherungsschutz herausfällt, kann nicht dem Willen der Vertragsparteien entsprechen. Die Parteien wollten mit dem Abschluss des Vertrages die Interessen beider Ehegatten schützen. Nach dem Tod des einen Ehegatten hat der überlebende weiterhin ein Interesse an der Erhaltung der in seinem Eigentum verbleibenden Sachen.

Es ist deshalb zu prüfen, ob von einer Lücke des Gesetzes auszugehen ist, die durch eine analoge Anwendung von Art. 54 VVG zu schliessen ist. Eine solche analoge Anwendung setzt voraus, dass der zu regelnde Tatbestand in Bezug auf die für die rechtliche Bewertung massgebenden Verhältnisse mit dem geregelten Tatbestand übereinstimmt. Die analoge Anwendung entspricht in diesem Fall dem Gebot der Gerechtigkeit,

---

[10] *Wolf/Genna,* S. 24 f. und 40 ff.

Gleichartiges gleich zu behandeln[11]. Der heikle Punkt einer solchen analogen Anwendung eines Rechtssatzes ist, die in der zu übernehmenden Regel zum Ausdruck kommende Bewertung der massgebenden Verhältnisse klar herauszuarbeiten[12]. Analog übernommen werden soll vorliegend der Vertragsübergang nach dem Institut der Handänderung auf den Erwerber einer Sache (Art. 54 VVG). Zweck dieses Übergangs ist die Verhinderung von Lücken im Versicherungsschutz. Eine vergleichbare Schutzlücke entsteht, wenn ein Ehegatte mit dem Tod seines Partners aus dem Versicherungsschutz herausfällt. In gleicher Weise ginge der Erwerber einer Sache ohne den Tatbestand der Handänderung des Versicherungsschutzes verlustig. Damit sind die Voraussetzungen einer analogen Rechtsanwendung erfüllt. Vorliegend wird deshalb postuliert, dass der Versicherungsvertrag nach den Regeln der Handänderung (d.h. auch unter Wahrung des beidseitigen Kündigungsrechts) durch eine analoge Anwendung von Art. 54 VVG auf den überlebenden Ehegatten übergehen soll.

Der überlebende Ehegatte würde damit Versicherungsnehmer und sein Hausrat bliebe versichert. Der der Erbengemeinschaft gehörende Teil des Hausrats bleibt so lange versichert, wie er im Haushalt des überlebenden Ehegatten untergebracht ist (nach den gleichen Regeln, wie im Falle des Todes des Ehegatten, der *nicht* Versicherungsnehmer ist). Für diese Lösung spricht auch der Umstand, dass in der Praxis der überlebende Ehegatte in der Regel die Prämie der Versicherung weiterhin bezahlt und damit seinen Willen zur Weiterführung des Vertrages in eigenem Namen zum Ausdruck bringt.

3. Sind beide Ehegatten Versicherungsnehmer, so gelten *mutatis mutandis* die gleichen Regeln, wie wenn der überlebende Ehegatte Versicherungsnehmer ist.

Hinweis: Der überlebende Ehegatte kann nach Art. 219 Abs. 2 ZGB verlangen, dass ihm der gesamte Hausrat (unter entsprechender Kürzung seines Anspruchs bei der Teilung der Erbmasse) zu Eigentum zugeteilt wird. Auch

---

[11] Oder in den Worten des BGer: «Der Analogieschluss setzt ... hinreichend gleich gelagerte Verhältnisse voraus. Die Analogie hat somit zu berücksichtigen, dass jener Regelungszusammenhang, für den eine Vorschrift im positiven Recht existiert, und jene Thematik, welche durch das Fehlen einer gesetzlichen Norm gekennzeichnet ist und für die sich die Frage der analogieweisen Heranziehung der anderen Regel stellt, hinreichende sachliche Gemeinsamkeiten aufweisen müssen.» BGE 129 V 345, 346 E. 4.1; vgl. auch 129 V 27, 30 f. E. 2.2; 115 V 77, 79 E. 5 und 107 Ia 112, 117.
[12] *Larenz/Canaris,* 202.

in diesem Fall muss – wenn der Versicherungsnehmer verstirbt – der Vertrag auf den überlebenden Ehegatten übergehen (eine Handänderung im Sinne von Art. 54 VVG liegt nicht vor, weil nicht der gesamte Hausrat, sondern nur die früher dem verstorbenen Partner gehörenden Sachen den Eigentümer wechseln – eine analoge Anwendung von Art. 54 VVG rechtfertigt sich aber umso mehr, als in diesem Fall nach der Zuteilung der gesamte Hausrat dem überlebenden Ehegatten gehört). Tritt vor der Erbteilung ein Schaden ein, so hat der überlebende Ehegatte versicherungsrechtlich einen Anspruch auf Ersatz des Neuwertes, muss sich aber erbrechtlich nur den Zeitwert anrechnen lassen.

2.2 Privat-Haftpflichtversicherung

2.2.1 Unverheirateter Versicherungsnehmer

Die *Privat-Haftpflichtversicherung* des *nicht verheirateten Versicherungsnehmers* erlischt mit dessen Tod wegen Zweckfortfalls. Sie geht nicht auf die Erbengemeinschaft über. Dies ist auch nicht erforderlich, da die Erben in den meisten Fällen über eine eigene Privat-Haftpflichtversicherung verfügen, die sie auch dann schützt, wenn sie aus dem Miteigentum an den der Erbengemeinschaft gehörenden Sachen in Anspruch genommen werden (z.B. Schaden wegen eines Werkmangels an einer im Eigentum der Erbengemeinschaft stehenden Sache).

2.2.2 Verheirateter Versicherter

Beim *verheirateten Versicherungsnehmer* stellen sich ähnliche Fragen wie bei der Hausratversicherung. Ist der überlebende Ehegatte Versicherungsnehmer, so bleibt der Vertrag in Kraft. Im umgekehrten Fall hat der bisher mitversicherte überlebende Ehegatte ein grosses Interesse an der Weiterführung der Versicherung. Aus den zur Hausratversicherung ausgeführten Gründen sollte auch bei der Privat-Haftpflichtversicherung in analoger Anwendung von Art. 54 VVG davon ausgegangen werden, dass der Versicherungsvertrag auf den überlebenden Ehegatten übergeht (nicht aber auf die übrigen Mitglieder der Erbengemeinschaft).

Damit wird der überlebende Ehegatte in beiden Fällen Versicherungsnehmer. Er wird (sofern keine Kinder mehr im gemeinsamen Haushalt leben) dem Versicherer beantragen, den Kollektivvertrag (für die ganze Familie) in einen Einzelvertrag umzuwandeln.

2.3 Motorfahrzeugversicherung

Die Motorfahrzeugversicherung ist der typische Fall eines Bündelungsvertrages, d.h. einer zusammenfassenden Darstellung mehrerer rechtlich selbständiger Verträge[13]. Die verschiedenen Teilverträge sind deshalb gesondert zu betrachten. Zu prüfen ist, was mit dem Versicherungsvertrag geschieht, wenn der versicherte Halter/Eigentümer stirbt.

Für die Haftpflichtversicherung gilt nach Art. 67 SVG eine spezialgesetzliche Sonderbestimmung. Demnach geht der Vertrag auf den neuen Halter über und erlischt erst, wenn ein neuer Versicherungsnachweis beim Strassenverkehrsamt hinterlegt wird.

Die Kaskoversicherung geht mit dem Tod des Eigentümers auf die Erbengemeinschaft über.

2.4 Übrige Sach- und Vermögensversicherungen

Aus den oben dargestellten Regeln lässt sich auch ableiten, wie andere Sach- und Vermögensversicherungsverträge zu behandeln sind:

– Eine *Gebäudeversicherung* (sowie Gebäude-Haftpflicht- oder Gebäude-Rechtsschutzversicherungen) gehen mit dem Tod des Gebäudeeigentümers auf die Erbengemeinschaft über.

– Das Gleiche gilt für *Wertsachenversicherungen* (z.B. Schmuck der Ehefrau).

– Bei *Firmenversicherungen* ist nach der Rechtsform zu differenzieren. Die Versicherungen einer juristischen Person werden durch den Tod des Hauptaktionärs nicht tangiert. Bei Einzelfirmen gehen die Verträge entweder auf den Erwerber der Betriebsmittel über oder erlöschen wegen Zweckfortfalls (v.a. Personenversicherungen für das Personal, z.B. Kollektive Krankentaggeldversicherung).

---

[13] Details: *Fuhrer,* N. 2.91.

2.5 Unfall- und Krankenversicherung

Diese erlöschen mit dem Tod des Versicherungsnehmers wegen Zweckfortfalls.

3. Teilung der Erbschaft

3.1 Hausratversicherung

Im Falle des unverheirateten Versicherungsnehmers geht der Vertrag mit dessen Tod auf die Erbengemeinschaft über. Übernimmt ein Erbe den gesamten Hausrat, so liegt eine erneute Handänderung vor, was bewirkt, dass der Vertrag auf diesen Erben übergeht. Wird die Erbschaft aufgeteilt, so erlischt der Vertrag wegen Zweckfortfalls.

Stirbt ein verheirateter Versicherter, so bleibt oder wird der überlebende Ehegatte Versicherungsnehmer. Die Erbteilung hat in diesem Fall keine Auswirkungen auf den Versicherungsvertrag.

3.2 Privat-Haftpflichtversicherung

Auch in diesem Fall wird oder bleibt der überlebende Ehegatte Versicherungsnehmer, sodass die Erbteilung ohne Auswirkungen auf den Versicherungsvertrag bleibt.

Erbrecht und Versicherungen

Die Lebensversicherung der Säulen 3a und 3b als Instrument der Nachlassplanung und Nachlassteilung

STEFAN PLATTNER

Inhaltsübersicht

Literatur	198
1. Einleitung	199
1.1 Bedürfnis nach Verfügungen ausserhalb des Erbrechts	199
1.2 Die versicherungsrechtliche Begünstigung	201
2. Begünstigungsrecht in der Lebensversicherung	203
2.1 Arten und Formen von Lebensversicherungen	203
2.2 Rechtsnatur und Wesen der Begünstigung	205
2.3 Begünstigung als Rechtsgeschäft unter Lebenden	206
2.4 Direktes Forderungsrecht des Begünstigten	207
2.5 Widerrufliche und unwiderrufliche Begünstigung	208
3. Begünstigungsrecht und Güterrecht	210
3.1 Lebensversicherung und güterrechtliche Auseinandersetzung	210
3.2 Güterrechtliche Behandlung von Todesfallleistungen aus der Säule 3b	212
3.2.1 Begünstigung eines Dritten bei einer wider- oder unwiderruflichen Begünstigung	212
3.2.2 Begünstigung des Ehegatten bei einer wider- oder unwiderruflichen Begünstigung	215
3.3 Güterrechtliche Behandlung von Todesfallleistungen aus der Säule 3a	216
3.4 Exkurs: Gebundenes Banksparen der Säule 3a und Güterrecht	217
4. Begünstigungsrecht und Erbrecht	220
4.1 Lebensversicherung und Nachlass	220
4.2 Frage der erbrechtlichen «Hinzurechnung» und «Herabsetzung»	221
4.3 Exkurs: Gebundenes Banksparen der Säule 3a und Erbrecht	224
4.4 Begünstigungsrecht in der Säule 3b und im Erbrecht	226
4.5 Begünstigung in der Säule 3a und Erbrecht	229
5. Lebensversicherung und Nachlassplanung	232
5.1 Verfügungsmöglichkeiten und Besonderheiten	232
5.1.1 Begünstigungserklärung gegenüber dem Versicherer	232
5.1.2 Begünstigungserklärung in einer letztwilligen Verfügung	232
5.1.3 Testamentarische Erbeinsetzung oder Legat über die Versicherungsleistung	233
5.1.4 Abtretung von Versicherungsleistungen oder des Versicherungsvertrages	234
5.1.4.1 Die Abtretung von Versicherungsansprüchen nach Art. 73 VVG	235

5.1.4.2 Die Abtretung des Versicherungsvertrages im Sinne der
Schuldübernahme (Art. 175 OR) 236
5.1.4.3 Die Abtretung des Versicherungsvertrages auf den Todesfall 237
5.2 Vorteile einer Lebensversicherung nach VVG gegenüber dem Erbrecht ... 238
6. Schlussbetrachtung 239

Literatur

Regina E. Aebi-Müller, Die optimale Begünstigung des überlebenden Ehegatten, Güter-, erb-, obligationen- und versicherungsrechtliche Vorkehren, unter Berücksichtigung des Steuerrechts, 2. Aufl., Bern 2007 (zit. *Aebi-Müller,* Begünstigung); *dieselbe,* Die drei Säulen der Vorsorge und ihr Verhältnis zum Güter- und Erbrecht des ZGB, successio 2009 S. 4–31 (zit. *Aebi-Müller,* successio); *Margareta Baddeley,* Les économies, l'assurance-vie et le 3e pilier du couple marié, Conférence donnée à l'occasion de la Journée des Notaires romands, Fribourg, le 16 mai 2001, Jusletter vom 3. Dezember 2001; *Konrad Bloch,* Die rechtliche Natur der Begünstigung bei der Lebensversicherung und die Herabsetzung von Lebensversicherungsansprüchen im schweizerischen Erbrecht, SJZ 58/1962 S.145 ff.; *Philip R. Bornhauser,* Zusammenspiel erbrechtlicher und sonstiger durch den Tod ausgelöster Ansprüche, in: Jusletter 10. Januar 2005; *Henri Deschenaux/Paul-Henri Steinauer/Margareta Baddeley,* Les effets du mariage, Bern 2000; *Jean Nicolas Druey,* Grundriss des Erbrechts, 5. Aufl., Bern 2002; *Paul Eitel,* Lebensversicherungsansprüche und erbrechtliche Ausgleichung, ZBJV 139/2003 S. 325 ff.; *Arnold Escher,* Zürcher Kommentar zum Schweizerischen Zivilgesetzbuch, Band III: Das Erbrecht, 1. Teilband: Erste Abteilung: Die Erben (Art. 457–536 ZGB), 3. Aufl., Zürich 1959; *Rolando Forni/Giorgio Piatti,* Kommentierung von Art. 519–536 ZGB, in: Heinrich Honsell/Nedim Peter Vogt/Thomas Geiser, Basler Kommentar, Zivilgesetzbuch II, Art. 457–977 ZGB, Art. 1–61 SchlT ZGB, 3. Aufl., Basel 2007; *Stephan Fuhrer,* Schweizerisches Privatversicherungsrecht, Zürich, Bern, Basel 2011; *Stefan Grundmann,* Kommentar zu Art. 494–497 ZGB, Praxiskommentar Erbrecht (Hrsg. v. Daniel Abt und Thomas Weibel), Basel 2007; *Michael Hamm/Robert Flury,* Zuwendungen im Todesfall: Wie können die Verfügungsfreiheit erweitert und die Gefangenschaft in der Erbengemeinschaft vermieden werden?, Schweizer Treuhänder (ST) 2002 S. 33 ff.; *Heinz Hausheer/Ruth Reusser/Thomas Geiser,* Schweizerisches Zivilgesetzbuch, Berner Kommentar, Band II: Das Familienrecht, 1. Abteilung: Das Eherecht, 3. Teilband: Das Güterrecht der Ehegatten, 1. Unterteilband: Allgemeine Vorschriften/Der ordentliche Güterstand der Errungenschaftsbeteiligung, Art. 181–220 ZGB, Bern 1992; *Heinz Hausheer,* Die Abgrenzung der Verfügungen von Todes wegen von den Verfügungen unter Lebenden, in: Peter Breitschmid (Hrsg.), Testament und Erbvertrag, Praktische Probleme im Lichte der aktuellen Rechtsentwicklung, Bern/Stuttgart 1991 (St. Galler Studien zum Privat-, Handels- und Wirtschaftsrecht, Bd. 26), S. 79 ff.; *Pierre Izzo,* Lebensversicherungsansprüche und -anwartschaften bei der güter- und erbrechtlichen Auseinandersetzung (unter Berücksichtigung der beruflichen Vorsorge), Diss. Freiburg 1999; *Willy Koenig,* Der Versicherungsvertrag, Schweizerisches Privatrecht (SPR), Bd. VII/2, Basel 1979, S. 481–730; *Thomas Koller,* Familien- und Erbrecht und Vorsorge, recht, Studienheft Nr. 4 (1997) S. 1 ff. (zit. *Koller,* Vorsorge); *derselbe,* Sind Ansprüche von Hinterbliebenen aus der beruflichen Vorsorge des Verstorbenen erbrechtlich relevant?, Jusletter vom 2. Juni 2003 (zit. *Koller,* Jusletter); *Moritz Kuhn,* Der Einfluss der Renten- und reinen Risikoversicherungen auf die Pflichtteilsbestimmungen des Erbrechts, SVZ 1984 S. 193 ff. (zit. *Kuhn,* SVZ); *derselbe,* Kommentierung von Art. 73 VVG, Heinrich Honsell/Nedim Peter Vogt/Anton K. Schnyder (Hrsg.), Kommentar zum Schweizerischen Privatrecht, Bundesgesetz über den Versicherungsvertrag, Basel, Genf, München 2001 (zit. BSK-*Kuhn*); *Rudolf Küng,* Kommentierung von Art. 76–86 VVG, in: Heinrich Honsell/Nedim Peter Vogt/Anton K. Schnyder (Hrsg.), Kommentar zum Schweizerischen Privatrecht, Bundesgesetz über den Versicherungsvertrag, Basel, Genf, München 2001 (zit. BSK-*Küng*); *Hans Rainer Künzle,* Lebensversicherung als Instrument der Nachlassplanung, in: Festschrift Moritz W. Kuhn, Versicherungsbranche im Wandel, Bern 2009, S. 249–250; *Alfred Maurer,* Schweizerisches Privatversicherungsrecht, 3. Aufl., Bern 1995; *Werner Nussbaum,* Die Ansprüche der Hinterlassenen nach Erbrecht und aus beruflicher Vorsorge bzw. gebundener Selbstvorsorge, SZS 32/1988 S. 197 ff.; *Paul Piotet,* Réunion aux acquêts des libéralités relatives aux assurances, in: Mélanges Pierre Engel, Lausanne 1989, S. 279 ff. (zit. *Piotet,* Réunion); *derselbe,* Schweizerisches Privatrecht, Bd. IV: Erbrecht, 1. Halbband, Basel und Stuttgart 1978 (zit. *Piotet,* SPR); *Stefan Plattner,* Wen begünstigt eigentlich eine Begünstigungsklausel? in: Festschrift Schweizerische Gesellschaft für Haftpflicht- und Versicherungsrecht (SGHVR), Festschrift zum 50-jährigen Bestehen, Zürich, Basel, Bern 2010; *Alfred Reber/Thomas Meili,* Todesfallleistungen aus über- und ausserobligatorischer beruflicher Vorsorge und Pflichtteilsschutz, SJZ 92/1996 S. 117 ff.; *Hans Roelli/Carl Jaeger,* Kommentar zum Schweizerischen Bundesgesetz über den Versicherungsvertrag, Bd. I, Bern 1914/Bd. II, 1932/Bd. III, Bern 1933/Bd. IV, Bern 1933; *Daniel Staehelin,* Kommentierung von Art. 457–466, 470–476, 481–483, 842–874 ZGB, in: Heinrich Honsell/Nedim Peter Vogt/Thomas Geiser (Hrsg.), Kommentar zum Schweizerischen Privatrecht, Schweizerisches Zivilgesetzbuch II, (Art. 457–977 ZGB, Art. 1–61 SchlT ZGB), 2. Aufl., Basel 2003; *Paul-Henri Steinauer,* Le droit des successions, Bern 2006; *Daniel R. Trachsel,* Schnittstellen zwischen Güter- und Erbrecht, mit einem Seitenblick auf die Behandlung von Guthaben in der Zweiten und in der gebundenen Dritten Säule a, AJP 2013 S. 169–181; *Peter Weimar,* Schweizerisches Zivilgesetzbuch, Berner Kommentar, 3. Band: Das Erbrecht, 1. Abteilung: Die Erben, 1. Teilband: Die gesetzlichen Erben, 1. Teil: Art. 457–480 ZGB, Bern 2000; *Werner Zumbrunn,* Private Lebensversicherungen in der Erbteilungspraxis, AJP 2006 S. 1207 ff.

1. Einleitung

1.1 Bedürfnis nach Verfügungen ausserhalb des Erbrechts

Die Möglichkeit, Dritte ausserhalb des Erbrechts bzw. Nachlasses zu begünstigen, ist heute nicht einfach Abbild von Sympathie oder letztwilliger Eigentumsfreiheit, sondern entspricht aufgrund des demografisch-gesellschaftlichen Wandels einem reellen Bedürfnis. Längeres Leben sowie die weltweite Vernetzung verschaffen heute mehr Möglichkeiten zu persönlichen Kontakten, was letztlich verschiedene Beziehungsformen begünstigt. Moralische oder finanzielle Abhängigkeit in Ehen oder Partnerschaften stellen heute keinen Grund mehr dar, unbefriedigende Beziehungen einfach fortzuführen, und das Scheitern einer Beziehung muss nicht einfach das Ende jeglicher Verbindung bedeuten, sondern es können daraus emotionale und geldwerte Verpflichtungen und Bedürfnisse hervorgehen, die freiwillig oder zwingend an- und fortdauern und welche in finanzieller Hinsicht geregelt sein wollen.

Das Erbrecht gibt bekanntlich, insbesondere mit dem Pflichtteilsrecht, feste Vorgaben, überlässt es aber auch dem Erblasser, in einem gewissen Rahmen über sein Vermögen frei verfügen zu können. Nicht vom Erbrecht erfasst sind entsprechend dem gesetzgeberischen Willen Vermögensteile, die direkt der Vorsorge für sich oder nahestehende Personen dienen. Im Wesentlichen handelt es sich hierbei um Versicherungsansprüche aus der beruflichen und privaten Vorsorge[1]. Diese Vorsorgevermögen werden nicht vom Erbrecht, sondern vorwiegend vom Begünstigungsrecht mit seinen festen, aber auch teilweise sehr flexiblen Vorgaben bestimmt. Durch das versicherungsrechtliche Institut der Begünstigung erhält der Versicherungsnehmer (VN) bzw. der Versicherte also eine Vielzahl von Möglichkeiten, eine mit dem Erbrecht, der staatlichen Altersvorsorge (AHV), der beruflichen Vorsorge (BVG) und der privaten Selbstvorsorge (Säule 3a/3b) koordinierte, umfassende Vor- und Fürsorge für die Familie, die Lebensgemeinschaft oder für Angehörige und Freunde aufzubauen.

Bei Lebensversicherungen muss man sich aber stets bewusst sein, dass eine Zuwendung durch Begünstigung zugleich auch Wegnahme bedeuten kann, indem durch eine Begünstigung dem Güterrecht und insbesondere dem Nachlass und damit den Erben regelmässig Vermögenssubstrate entzogen werden[2]. Dennoch ist das Konstrukt der Begünstigung ein legales Instrument der *Vorsorge- und Nachlassplanung,* oftmals einhergehend mit Steueroptimierung, welches ermöglicht, Erben und Nachkommen wie auch gesetzlich nicht vorgesehenen Erben wie Freunden, Lebenspartner, Mätressen oder Stiefkindern im Todesfall rasch und unkompliziert Vermögenswerte in Form von Versicherungsleistungen, vorwiegend durch Tod ausgelöste Renten- oder Kapitalleistungen, zukommen zu lassen.

Im Fokus des vorliegenden Tagungsbeitrages steht die klassische privatversicherungsrechtliche Begünstigung nach Art. 76 ff. VVG sowie die Begünstigungsordnung in der gebundenen Vorsorge (Säule 3a) gemäss Art. 2

---

[1] In concreto geht es um die Ansprüche aus der beruflichen Vorsorge (BVG), aus Freizügigkeitskonten oder Freizügigkeitspolicen (FZG) sowie aus Lebensversicherungen der Säule 3a (BVG/BVV3/VVG) oder Säule 3b (VVG).

[2] Bei rückkaufsfähigen Lebensversicherungen (Art. 90 Abs. 2 VVG) ist darauf zu achten, dass mit der Begünstigungsklausel mathematisch nicht die Pflichtteile und damit das Pflichtteilsrecht der Erben oder Gläubigerrechte verletzt werden (vgl. dazu Art. 476, Art. 529 ZGB, Art. 82 VVG, Art. 286 ff. SchKG).

BVV3 und ihr Verhältnis zum VVG und Erbrecht bzw. ihr Einbezug als Instrument in eine ganzheitliche und nachhaltige Nachlassplanung. Nicht Gegenstand hingegen bildet das Verhältnis zwischen dem Erbrecht und den Sozialversicherungen, insbesondere der beruflichen Vorsorge[3], sowie die Frage, ob Versicherungsleistungen an einen versicherungsrechtlich begünstigten Nachkommen der erbrechtlichen Ausgleichung zugunsten der anderen Nachkommen und des überlebenden Ehegatten unterliegen[4].

1.2 Die versicherungsrechtliche Begünstigung

Neben dem Ehe- und Erbrecht bieten insbesondere Versicherungen zusätzliche Möglichkeiten, Vermögenswerte im Todesfall an Personen weiterzugeben. Dabei gilt es zu beachten, dass eine Todesfallsumme aus einer Versicherung, je nach Vorsorgeform, nicht zwingend an den überlebenden Ehegatten oder an die Nachkommen auszurichten ist, sondern der VN die Möglichkeit besitzt, auch eine beliebige Drittperson als Begünstigte für den Fall seines Todes einzusetzen.

Die Möglichkeit der Begünstigung als Besonderheit der Personenversicherung findet sich in verschiedensten Formen und Ausgestaltungen im schweizerischen Sozial- und Privatversicherungsrecht. Grundsätzlich kann zwischen dem Konstrukt der privatversicherungs- und sozialversicherungsrechtlichen Begünstigung bzw. der freien (privatautonomen) und der beschränkten (zwingenden) Begünstigung unterschieden werden, wobei diese Terminologie aufgrund der in der 2. und 3. Säule vorherrschenden Komplexität weder deckungsgleich noch einheitlich ist. So unterstehen beispielsweise Lebensversicherungen der Säule 3a und Freizügigkeitspolicen grundsätzlich dem VVG, deren Begünstigungsmöglichkeiten richten sich aber, gestützt auf Art. 99 VVG i.V.m. Art. 82 Abs. 2 BVG, ausschliesslich

---

[3] Nachdem die güter- und erbrechtliche Behandlung von Versicherungsleistungen aus der beruflichen Vorsorge lange Zeit kontrovers diskutiert wurden, hat das Bundesgericht mit den Entscheiden BGE 129 II 305 und 130 I 205 insofern Klarheit geschaffen, als Auszahlungen von Hinterlassenenleistungen des Erblassers aus der obligatorischen und überobligatorischen Vorsorge (Säule 2a/2b) für die güter- und erbrechtliche Auseinandersetzung irrelevant sind. Ebenfalls keine Rolle in der Erbteilung spielen Freizügigkeitsleistungen nach FZG, die nicht in den Nachlass des Erblassers fallen (*Koller*, Jusletter, Rz. 6 ff.; *Zumbrunn*, Erbteilungspraxis, S. 1216; *Aebi-Müller*, successio, S. 20; BGE 129 III 305 ff., E. 2; Urteil des Bundesgerichts vom 18. November 1997, SZS 1999 S. 236 ff. (S. 238).

[4] Vgl. dazu *Eitel*, S. 325 ff.; *Zumbrunn*, S. 1210 ff.

nach den zwingenden vorsorgerechtlichen Vorgaben in Art. 2 BVV3 bzw. Art. 15 FZV, die eine privatautonome Begünstigungsordnung nur in sehr begrenztem Umfang zulassen.

Der Grund hierfür liegt im Umstand, dass diese steuerprivilegierten Vorsorgeformen – jedenfalls für Selbständigerwerbende – dem Erhalt des beruflichen Vorsorgeschutzes dienen und damit gemäss Doktrin zur 2. Säule gehören[5]. Demgegenüber findet im Obligatorium der beruflichen Vorsorge (2. Säule) grundsätzlich die zwingende Begünstigungsordnung nach Art. 18 ff. BVG Anwendung, wogegen ein Teil der Lehre den überobligatorischen Teil einer umhüllenden beruflichen Vorsorge oder ein reines Überobligatorium (Säule 2b) als privatrechtlichen Vertrag unter die Anwendbarkeit des VVG stellt[6]. Aber auch hier sind die Destinatäre in der Ausgestaltung ihrer Begünstigungsordnung nicht einfach autonom, sondern an die jeweils anwendbaren Reglementbestimmungen der Vorsorgeeinrichtung, die den Anforderung des BVG genügen müssen, gebunden[7].

Aufgrund der Komplexität der Verhältnisse in der Personenversicherung und mithin zwischen Privat- und Sozialversicherung und der daraus resultierenden dogmatischen Inkonsistenz, wonach Privatversicherungen nicht einfach der Begünstigung nach Art. 76 ff. VVG unterstehen und umgekehrt Sozialversicherungen nicht gänzlich vom Anwendungsbereich des VVG ausgeschlossen sind, gilt es im Einzelfall jeweils die Möglichkeit, Sinnhaftigkeit und Durchführbarkeit einer Begünstigung sorgfältig zu prüfen. Gerade im Zuge einer individuell-konkreten Vorsorge- und Nachlassplanung ist eine solche Prüfung unter Berücksichtigung der Schnittstellen zum Erbrecht und Steuerrecht unerlässlich.

---

[5] BSK-*Küng*, N. 5 und 18–19 zu Art. 76 VVG.
[6] Das BGer spricht in der Säule 2b von einem privatrechtlichen Vorsorgevertrag, der den Innominatkontrakten zuzuordnen ist (BGE 129 III 305 E. 2.2); vgl. dazu auch BK-*Weimar*, N. 43 zu Art. 476 ZGB; *Bornhauser*, Rz. 14–15.
[7] BGE 129 III 305 E. 2.3.

2. Begünstigungsrecht in der Lebensversicherung

2.1 Arten und Formen von Lebensversicherungen

Lebensversicherungen nach VVG können grob in Kapital- und Rentenversicherungen unterteilt werden. Beide Formen können mit oder ohne Rückkaufswert[8] bzw. Rückgewährsumme[9] und sowohl in der steuerprivilegierten gebundenen Vorsorge (Säule 3a) wie auch in der freien Vorsorge (Säule 3b) abgeschlossen werden, wobei Leibrentenprodukte der Säule 3a in der Praxis kaum vorkommen.

Kapitalversicherungen gibt es als *reine Risikoversicherungen,* insbesondere in Form der temporären Todesfallversicherung[10], sowie als vermögensbildende Versicherungen, insbesondere in Form der *gemischten Lebensversicherung,* bei welcher das Kapital bei Erreichen eines bestimmten Alters des VN an diesen als Erlebensfallleistung oder, bei dessen vorzeitigem Tod, an einen oder an mehrere Begünstigte als Todesfallleistung ausbezahlt wird. Der Eintritt des versicherten Ereignisses und damit die Auszahlung der Ver-

---

[8] Der Rückkaufswert bezeichnet den Betrag, den der Versicherer an den VN bei vorzeitiger Kündigung zurückzahlt. Dieser Betrag besteht im Wesentlichen aus den Sparbeträgen, den erwirtschafteten Zinsen und Überschüssen. Von diesem Betrag werden aber zusätzlich Unkosten für Abschluss, Verwaltung sowie für die vorzeitige Kündigung abgezogen. Nach einem anderen Formulierungsansatz entspricht der Rückkaufswert dem Wert der künftigen Rechte des VN aus dem Vertrag und der Versicherer kauft diese künftigen Rechte zu ihrem Verkehrswert zurück. Demnach stellt der Rückkaufswert quasi den Verkehrswert des Versicherungsanspruchs im Vermögen des VN dar, den er einem Dritten abtreten oder verpfänden kann und den er im Vermögen seiner Steuererklärung zu deklarieren hat. Ein Rückkaufswert ist weder von der Art der Leistung noch vom versicherten Risiko abhängig und setzt einzig voraus, dass das künftige Ereignis gewiss ist.

[9] Mit Rückgewährsumme wird derjenige Vermögensteil der Rentenversicherung bezeichnet, welcher bei vorzeitiger Beendigung des Rentenversicherungsvertrages infolge Tod der versicherten Person oder Rückkauf der Rentenversicherung noch vorhanden ist. Dabei handelt es sich um die nicht verbrauchten zugesicherten Renten (i.w.S. Prämien), abzüglich Abschluss- und Verwaltungskosten.

[10] Die temporäre Todesfallversicherung ist eine befristete Todesfallversicherung. Die Versicherungssumme kommt nur zur Auszahlung, wenn der Tod vor Ablauf der Versicherungsdauer bzw. während der Vertragslaufzeit resp. Risikodeckung eintritt. Die temporäre Todesfallversicherung weist üblicherweise keinen Rückkaufswert auf. Zu den nicht rückkaufsfähigen Versicherungen, bei welchen der Eintritt des versicherten Ereignisses während der Vertragsdauer ungewiss ist, gehört auch die reine Erlebensfallversicherung, bei welcher das versicherte Kapital nur dann ausbezahlt wird, wenn die versicherte Person den im Vertrag vereinbarten Zeitpunkt erlebt.

sicherungssumme erfolgt somit in jedem Fall[11]. Bei dieser Art von Lebensversicherungen hat der VN das Recht, den Vertrag vorzeitig aufzulösen und vom Versicherer den Rückkaufswert zu verlangen, sofern er die Versicherungsprämie für mindestens 3 Jahre entrichtet hat[12]. Als vermögensbildende bzw. rückkaufsfähige Versicherungen gelten neben der traditionellen gemischten Versicherung auch die fondsanteilgebundene[13] und anlagegebundene[14] Lebensversicherung sowie die Erlebensfallversicherung mit Rückgewähr[15] und die Versicherung auf einen festen Termin[16].

Als Rentenversicherungen werden Versicherungsprodukte bezeichnet, bei welchen ab dem vereinbarten Fälligkeitstermin eine festgelegte Rente ausbezahlt wird. Rückkaufsfähige Rentenversicherungen sind die Leibrente[17] sowie die Zeitrente[18], nicht rückkaufsfähig hingegen sind die Leibrente

---

[11] Bei rückkaufsfähigen Lebensversicherungen ist der Eintritt des versicherten Ereignisses während der Vertragsdauer stets gewiss, da sich eines der versicherten Risiken (Tod oder Erleben) immer verwirklicht. Nur der Zeitpunkt des Eintritts ist unbestimmt.

[12] Nach Art. 90 Abs. 2 VVG muss der Versicherer diejenige Lebensversicherung, bei welcher der Eintritt des versicherten Ereignisses gewiss ist, auf Verlangen des Anspruchsberechtigten ganz oder teilweise zurückkaufen, sofern die Prämien wenigstens für 3 Jahre entrichtet worden sind. Mit Eintritt des Versicherungsfalles kann die Versicherung nicht mehr zurückgekauft werden.

[13] Fondsanteilgebundene Lebensversicherungen garantieren in der Regel nur ein bestimmtes Todesfallkapital. Mit dem Sparteil der Prämien werden Anlagefondsanteile gekauft. Die Performance der fondsgebundenen Versicherung hängt von der Wertentwicklung der gewählten Anlagefonds ab. Der Versicherungsnehmer, welcher in der Regel das Anlagerisiko der Fondsanteile trägt, weiss nicht, mit welcher Leistung er im Erlebensfall genau rechnen kann.

[14] Anteilgebundene Lebensversicherungen sind Lebensversicherungsverträge, bei denen die Erlebensfallleistung und die Abfindungswerte von der Wertentwicklung von Wertpapieren, anderen Aktiven oder Indices (sog. unterliegende Aktiven) abhängen. Dabei sind die Wertpapiere, anderen Aktiven oder Indices dem Kunden bekannt.

[15] Die versicherte Summe wird nur dann ausbezahlt, wenn die versicherte Person einen zum Voraus bestimmten Zeitpunkt erlebt. Beim vorzeitigen Ableben werden die bis zum Todestag bezahlten Prämien zurückerstattet. Der Versicherer trägt kein Todesfallrisiko.

[16] Der Versicherer verpflichtet sich, die Versicherungssumme an einem bestimmten Termin («term-fix») zu bezahlen, unabhängig davon, ob die versicherte Person noch lebt oder nicht. Stirbt die versicherte Person vor diesem Zeitpunkt, übernimmt der Versicherer die Prämienzahlung.

[17] Die Leibrente ist eine periodisch wiederkehrende, in der Regel gleich bleibende und auf das Leben einer oder mehrerer Personen gestellte Leistung. Vertraglich kann vereinbart werden, dass die Rente sofort (sofort beginnende Leibrente), zu einem späteren Zeitpunkt (aufgeschobene Leibrente) oder während eines bestimmten Zeitraumes (temporäre Leibrente) fliesst.

[18] Als Zeitrente gilt die periodische Rückzahlung eines verzinslichen Kapitals. Es handelt sich dabei nicht um eine echte Rente, sondern bloss um eine Kapitalrückzahlung.

ohne Rückgewähr[19], die Erwerbsunfähigkeitsversicherung[20] sowie die Überlebensrentenversicherung[21].

2.2 Rechtsnatur und Wesen der Begünstigung

Die Begünstigung als einseitige, jedoch nicht empfangsbedürftige Willenserklärung[22] wird durch das Versicherungsrecht und nicht etwa durch das Erbrecht geregelt[23]. Die Möglichkeit der Statuierung einer Begünstigungsordnung zugunsten einer oder mehrerer begünstigter Personen, sei es auf gleicher Ebene nach Quoten, Beträgen oder nach einer Rang- bzw. Reihenfolge (Kaskadenordnung) oder gar in Kombination miteinander, ist eines der Kernelemente eines Lebensversicherungsvertrages.

Das Institut der Begünstigung in der Personenversicherung, mit der Möglichkeit, eine andere Person als den VN im Versicherungsfall zu begünstigen, ist vom Konstrukt her dem echten Vertrag zugunsten Dritter im Sinne von Art. 112 Abs. 2 OR nachgebildet. Dennoch bestehen markante Unterschiede zwischen diesen beiden Instituten. Einerseits handelt es sich bei der Begünstigung nicht um einen Vertrag, sondern um eine formlose einseitige Willenserklärung des VN[24]. Andererseits besitzt der Begünstigte, im Unterschied zum Dritten im echten Vertrag zugunsten Dritter, lediglich ein bedingtes Forderungsrecht, welches er erst mit Eintritt des Versicherungs-

---

[19] Bei Leibrentenversicherungen ohne Prämienrückgewähr im Todesfall werden die Renten nur ausbezahlt, wenn die versicherte Person den im Vertrag vereinbarten Zeitpunkt erlebt und nur solange sie lebt.

[20] Die Erwerbsunfähigkeitsversicherung garantiert eine bestimmte Leistung (meistens Rente) im Falle einer eingetretenen vertraglich definierten Erwerbsunfähigkeit. Es handelt sich dabei stets um eine Risikoversicherung, auch wenn sie als Zusatzversicherung innerhalb einer gemischten Versicherung ausgestaltet ist.

[21] Die begünstigte Person erhält eine Rente, wenn die versicherte Person vor Ablauf des Versicherungsvertrages stirbt.

[22] Gegenüber dem Begünstigten ist die Begünstigungserklärung auch ohne Mitteilung an den Versicherer wirksam. Dies gilt jedoch nicht gegenüber dem Versicherer. Der gutgläubige Versicherer kann die Versicherungsleistung, sobald sie fällig geworden ist, mit befreiender Wirkung an den ihm bekannten Begünstigten ausrichten. Er hat nicht abzuklären, ob die Begünstigung inzwischen ohne sein Wissen abgeändert worden ist. Zur Vermeidung von Umtrieben und Kosten sollte die Begünstigungserklärung dem Versicherer jedoch eingeschrieben zugestellt werden (BSK-*Küng*, N. 24 zu Art. 76 VVG).

[23] BSK-*Staehelin*, N. 4 zu Art. 476 ZGB; BGE 130 I 205 E. 8; BGer 5C.165/2001 vom 30.8.2001.

[24] *Bloch*, S.145 ff.

falles selbständig geltend machen kann[25]. Bis dahin besitzt der VN das höchstpersönliche Recht, seine Begünstigung jederzeit zu widerrufen, was wiederum dem Vertrag zugunsten Dritter fremd ist. Daher ist die Rechtsstellung des Begünstigten in den Art. 76 ff. VVG abweichend vom Vertrag zugunsten Dritter im Obligationenrecht geregelt[26].

Gemäss Art. 76 Abs. 1 VVG ist der VN befugt, ohne Zustimmung des Versicherers, einen Dritten als Begünstigten zu bezeichnen. Die Festlegung und Änderung einer Begünstigung gilt denn auch von Gesetzes wegen als *höchstpersönliches und unentziehbares Recht des VN,* welches analog zum Vertragsschluss Handlungsfähigkeit voraussetzt[27]. Hat der VN von seinem Recht, jemanden zu begünstigen, Gebrauch gemacht, so kann er trotzdem nach Art. 77 Abs. 1 VVG durch einseitige Willenserklärung jederzeit und formfrei über den Anspruch aus der Versicherung unter Lebenden wie auch von Todes wegen neu verfügen, es sei denn, er habe in der Police einen schriftlichen Widerrufsverzicht nach Art. 77 Abs. 2 VVG abgegeben und diese dem Begünstigten übergeben[28].

2.3 Begünstigung als Rechtsgeschäft unter Lebenden

Gemeinhin begründen Rechtsgeschäfte unter Lebenden schon vor dem Tod des Erklärenden rechtliche Bindungen, bei letztwilligen Verfügungen hingegen entsteht die Verpflichtung bzw. Wirkung grundsätzlich erst mit dem Tod des Erblassers. Vereinfacht lässt sich sagen, dass Rechtsgeschäfte unter Lebenden das Vermögen des Verpflichteten zu Lebzeiten tangieren, wogegen Verfügungen von Todes wegen dessen Nachlass betreffen. Demnach wären einseitige und auf den Tod des Verfügenden suspendierte Rechtsgeschäfte grundsätzlich als Verfügungen von Todes wegen zu qualifizieren[29].

Eine Ausnahme bildet die Begünstigungserklärung in der Personenversicherung zugunsten eines Dritten. Obgleich die Todesfallsumme erst mit dem Ableben des Erblassers zur Auszahlung gelangt und damit an den Tod des Erblassers anknüpft, gilt die verfügte Begünstigung nach Art. 76 ff. VVG nach der Rechtsprechung des Bundesgericht sowie der herrschenden

---

[25] *Izzo,* S. 52.
[26] BSK-*Küng,* N. 34 zu Art. 76 VVG; *Koenig,* § 95 S. 697; *Bornhauser,* Rz. 36 u. 53.
[27] Art. 98 Abs. 1 VVG; vgl. dazu BSK-*Küng,* N. 21 zu Art. 76 VVG.
[28] BSK-*Küng,* N. 3 ff. zu Art. 77 VVG; *Maurer,* S. 452; BGE 131 III 646 E. 2.2.
[29] Vgl. *Hausheer,* S. 89 ff.

Lehre als Rechtsgeschäft unter Lebenden[30]. Sie begründet für den Begünstigten ein eigenes Recht, auf den ihm zugewiesenen Versicherungsanspruch und damit eine eigene Forderung gegenüber dem Versicherer ausserhalb des Nachlasses des Erblassers, sodass beispielsweise ein allfälliger Nachlasskonkurs diesen Anspruch unberührt lässt. Zudem kann eine Begünstigung auch in einem Testament enthalten sein, geniesst aber deswegen kein Vorrang gegenüber jüngeren Begünstigungserklärungen. Die Begünstigung bedarf also nicht der Form einer Verfügung von Todes wegen und könnte daher auch mündlich erfolgen[31].

Der versicherungsvertragliche Leistungsanspruch wird bei Tod des VN als Folge der Qualifizierung der Begünstigung als Rechtsgeschäft unter Lebenden unmittelbar vom Begünstigten selbst erworben und fällt nicht in den Nachlass des VN. Genau genommen handelt es sich damit um eine Schenkung unter Lebenden, die erst beim Tod des Schenkers ausgeführt wird. Das gilt auch für den Fall, dass der VN noch zu seinen Lebzeiten seine Rechte aus dem Lebensversicherungsvertrag an den Begünstigten unentgeltlich abgetreten, die Prämien jedoch weiterhin bezahlt hat. Die Qualifizierung der Begünstigungserklärung nach Art. 76 ff. VVG als Verfügung bzw. Rechtsgeschäft unter Lebenden ist für die Beantwortung verschiedener Rechtsfragen in der Lebensversicherung sowie in der güter- und erbrechtlichen Auseinandersetzung von Bedeutung bzw. richtungsweisend, insbesondere wird die Reihenfolge der erbrechtlichen Herabsetzung gemäss Art. 532 ZGB hierdurch beeinflusst[32].

2.4 Direktes Forderungsrecht des Begünstigten

Der versicherungsrechtlich Begünstigte einer Lebensversicherung hat bei Eintritt des Versicherungsfalls gemäss Art. 78 VVG ein *eigenes direktes Forderungsrecht* gegenüber dem Versicherer, welches weder vom Eherecht

---

[30] Das Bundesgericht betrachtet die widerrufliche und unwiderrufliche Begünstigungserklärung des VN in BGE 112 II 157 als lebzeitige Verfügung. Diese Ansicht vertritt auch die vorherrschende Lehre (vgl. dazu *Koenig,* Der Versicherungsvertrag, S. 705; *Steinauer,* N. 482; BK-*Weimar,* N. 112 der Einleitung zu Art. 467 ZGB; *Eitel,* S. 335 ff.; *Aebi-Müller,* Begünstigung, Rz. 09.81). Für die Qualifikation der widerruflichen Begünstigung als Verfügung von Todes wegen sprechen sich insbesondere *Piotet,* SPR, S. 200 und *Izzo,* S. 71 ff. aus.
[31] BSK-*Küng,* N. 3 zu Art. 77 VVG; BGer, 24.5.1973, SVA XIII, Nr. 109, S. 555.
[32] BSK-*Forni/Piatti,* N. 2 zu Art. 529 ZGB; ZK-*Escher,* N. 17 zu Art. 476 ZGB m.w.H.; BGE 61 II 280; 71 II 147.

noch vom Erbrecht abhängig ist, und zwar unabhängig davon, ob es sich im Einzelfall um eine widerrufliche oder unwiderrufliche Begünstigung handelt oder ob diese unter Lebenden oder von Todes wegen verfügt worden ist[33]. Jedoch ist die Rechtsposition und mithin das Forderungsrecht des Begünstigten grundsätzlich nicht vererblich[34].

Nach der Praxis des Bundesgerichts entsteht schon mit der Bezeichnung des Begünstigten dessen eigenes Forderungsrecht, und zwar unabhängig vom Eintritt des versicherten Ereignisses, da sich der Versicherungsanspruch ab diesem Zeitpunkt schon im Vermögen des Begünstigten befinde[35]. Diese Auffassung ist insofern problematisch, als der Anspruch des Begünstigten einerseits suspensiv und andererseits in zweifacher Hinsicht resolutiv bedingt ist. Nach Art. 78 VVG kann der Begünstigte, welcher natürlich auch zugleich Erbe sein kann, den Anspruch im eigenen Namen gegenüber dem Versicherer erst einfordern, wenn der Versicherungsfall eingetreten ist. In diesem Zeitpunkt muss die Begünstigung einerseits bestehen, d.h., der VN darf sein jederzeitiges und formfreies Widerrufs- oder Rückkaufsrecht nicht vorgängig ausgeübt haben[36]. Andererseits muss der Begünstigte den Versicherungsfall selbst erleben. Ist der Begünstigte zugleich Erbe im Sinne von Art. 85 VVG, so kann er den Direktanspruch selbst dann geltend machen, wenn er die Erbschaft nicht antritt bzw. ausschlägt.

2.5 Widerrufliche und unwiderrufliche Begünstigung

Das Gesetz unterscheidet in Art. 77 VVG zwischen der widerruflichen und der unwiderruflichen Begünstigung. Die widerrufliche Begünstigung ist formlos gültig und kann jederzeit zu Lebzeiten während des laufenden Versicherungsvertrages durch den VN geändert werden, wogegen die unwiderrufliche Begünstigung, welche lediglich in der freien Vorsorge möglich ist, an zwingende Formvorschriften gebunden ist. Werden diese im Einzelfall nicht erfüllt, bleibt die Begünstigung zwar bestehen, aber es handelt sich dann um eine widerrufliche. Die Einhaltung der Formvorschriften ist Sache des VN.

---

[33] BSK-*Küng*, N. 1 zu Art. 78 VVG; *Kuhn*, SVZ, S. 194.
[34] BSK-*Küng*, N. 35 zu Art. 76 VVG; *Roelli/Jaeger*, Bd. III, N. 27 zu Art. 76 VVG.
[35] BGE 112 II 157 E.1a = Pra 76 Nr. 149 S. 524 = SVA XVI No. 42 S. 258 ff.
[36] BSK-*Küng*, N. 1–2 zu Art. 78 VVG; BGE 112 II 157 E. 1b = Pra 76 Nr. 149 S. 524.

Gemäss Art. 77 Abs. 2 VVG kann der VN auf sein Recht, die Begünstigung einseitig zu widerrufen, gegenüber einem Dritten verzichten. Tut er dies, muss er in der Versicherungspolice auf die Widerrufbarkeit seines Begünstigungsrechts durch einfache Schriftlichkeit verzichten und die Police dem unwiderruflich Begünstigten physisch übergeben. Hierdurch wird die Begünstigung unwiderruflich und der VN verliert grundsätzlich sein Recht, die Begünstigung zu ändern. Dies bewirkt für den VN eine Vielzahl zusätzlicher Einschränkungen, die seine übrigen vertraglichen Rechte tangieren.

Durch die Statuierung einer unwiderruflichen Begünstigung, die mitunter zur Absicherung lebzeitig eingegangener Verpflichtungen abgegeben werden kann, stärkt der VN die Rechtsposition des Begünstigten. Dieser erwirbt hierdurch eine Art Besitzstandsgarantie. So kann der VN bspw. nur noch mit Leistung an den unwiderruflich Begünstigten den Rückkauf des Vertrages verlangen oder nur mit dessen Einverständnis künftige Versicherungsleistungen an Dritte abtreten oder verpfänden[37]. Jedoch ist diese Besitzstandsgarantie eine trügerische, wenn die unwiderrufliche Begünstigung lediglich für den Todesfall begründet worden ist. Hier besitzt der VN nach wie vor jederzeit das Recht zum Rückkauf der Versicherung mit Leistung an sich selbst, wodurch der Sicherungsaspekt ausgehebelt wird[38].

Neben der formbedürftigen Begründung nach Art. 77 Abs. 2 VVG kann eine Begünstigung auch durch den Tod des VN unwiderruflich werden. In BGE 133 III 669 aus dem Jahre 2007 hat das Bundesgericht seine Rechtsprechung zur höchstpersönlichen Natur der Begünstigung aus dem Jahre 1915 bestätigt und entschieden, dass das Recht, eine Begünstigungsklausel zu widerrufen, mit dem Tod des VN nicht auf die Erben übergeht, selbst wenn sein Tod zeitlich nicht mit dem versicherten Ereignis zusammenfällt. Eine Begünstigung wird somit auch mit dem Tod des VN stets unwiderruflich[39].

---

[37] Besteht eine unwiderrufliche Begünstigung, so setzt eine nachträgliche Verpfändung der Versicherungsansprüche das Einverständnis des unwiderruflichen Begünstigten und die Übergabe der Police an den Pfandgläubiger voraus (vgl. dazu BSK-*Küng*, N. 17 zu Art. 77 VVG).

[38] BSK-*Küng*, N. 18 zu Art. 77 VVG.

[39] In seiner Begründung führt das Bundesgericht aus, dass der VN die Begünstigungsklausel zeitlebens widerrufen kann, und dies selbst nach Eintritt des versicherten Ereignisses, solange der Versicherer nicht an den bezeichneten Begünstigten geleistet hat. Der Eintritt des versicherten Ereignisses hat also keine Auswirkung auf die Begünstigungsklausel. Hinzu komme, dass der VN den Begünstigten auf verschiedene Arten bestimmen kann, unter anderem mittels Verfügung von Todes wegen, und dass die Erben grundsätzlich nicht berechtigt sind, eine derartige vom Erblasser getroffene Verfügung nach

Im Ausmass der unwiderruflichen Begünstigung scheidet die Versicherung aus dem Vermögen des VN aus. Demnach können weder der VN noch seine Erben im Versicherungsfall Leistungen aus dem Versicherungsvertrag einfordern. Aus diesem Grund unterliegen gemäss Art. 79 VVG Versicherungsansprüche auch nicht der Zwangsvollstreckung zugunsten der Gläubiger des VN. Besteht eine unwiderrufliche Begünstigung über den gesamten Versicherungsanspruch, verbleiben dem VN nur noch diejenigen Verfügungsrechte, welche untrennbar mit seiner Rechtsstellung als VN verbunden sind[40].

3. Begünstigungsrecht und Güterrecht

3.1 Lebensversicherung und güterrechtliche Auseinandersetzung

Nachstehend werden lediglich die Fragen über die güterrechtliche Behandlung von Versicherungsleistungen aus der dritten Säule unter dem ordentlichen Güterstand der Errungenschaftsbeteiligung beleuchtet, welche infolge Tod des VN zur Auszahlung an die versicherungsrechtlich begünstigten Personen gelangen. Der Güterstand der Gütergemeinschaft, die Gütertrennung sowie die Auflösung des Güterstandes infolge Scheidung bilden nicht Gegenstand der nachfolgenden Ausführungen.

Bekanntlich ist dem Erbrecht das eheliche Güterrecht vorgelagert. Dies bedeutet für Verheiratete, dass bei Auflösung der Ehe durch Tod zuerst die güterrechtliche Auseinandersetzung zwischen den Ehegatten zu erfolgen hat, bevor die vom Erbrecht betroffene Vermögensmasse und mithin die Pflichtteilsansprüche sowie die freie Quote festgestellt und bestimmt wer-

---

freiem Ermessen abzuändern. Demnach sei nicht einzusehen, weshalb die Erben berechtigt sein sollten, eine Begünstigungsklausel abzuändern oder zu widerrufen, wenn diese nicht von Todes wegen verfügt wird, sondern bereits vor der Eröffnung des Erbganges rechtsgültig geworden ist (BGE 133 III 669 = Pra 97 Nr. 141; BGE 82 I 119 E. 2 = Pra 45 Nr. 148; BGE 61 II 274 E. 3 = Pra 24 Nr. 185).

[40] Der VN besitzt weiterhin das Recht zum Rückkauf, jedoch ist der Rückkaufswert zwingend an den unwiderruflichen Begünstigten zu leisten. Zudem besitz der VN das Recht zum Rücktritt sowie zur Umwandlung einer prämienpflichtigen in eine prämienfreie Versicherung. Dieser Vorgang beeinträchtigt jedoch die Substanz der Versicherung zulasten des unwiderruflich Begünstigten (vgl. dazu BSK-*Küng,* N. 16 zu Art. 77 VVG).

den können[41]. In diesem Zusammenhang stellt sich jedoch vorab insbesondere die Frage, ob Todesfallleistungen aus Lebensversicherungen der Säule 3a/3b, welche mit dem Tod des VN direkt an den bzw. die Begünstigten ausgerichtet werden, vor oder nach der güterrechtlichen Auseinandersetzung aus dem Vermögen des Erblassers auszusondern sind. Die Krux bildet der Umstand, dass im Zeitpunkt des Todes des VN der Begünstigte ein eigenes Forderungsrecht erwirbt und zur rechtlich genau gleichen Zeit der eheliche Güterstand aufzulösen ist[42]. Die Lehre ist sich daher uneins über den massgebenden Zeitpunkt, in dem die Versicherungsleistung aus dem Vermögen des VN ausgeschieden und dem Begünstigten zuzurechnen ist.

Ein Teil der Lehre vertritt die Ansicht, dass im Zeitpunkt des Todes zuerst der Versicherungsanspruch, über den zu Lebzeiten mittels versicherungsrechtlicher Begünstigung verfügt worden ist, aus dem Vermögen des Erblassers ausgeschieden werde und erst danach die güterrechtliche Teilung und zuletzt die erbrechtliche Auseinandersetzung zu erfolgen habe. Begründet wird diese Ansicht mit dem direkten Anspruch des Begünstigten gegenüber dem Versicherer aus Art. 78 VVG, wonach sich im Zeitpunkt der Auflösung des Güterstandes die Ansprüche nicht mehr im Vermögen des VN, sondern bereits im Vermögen des Begünstigten befinden sollen. Demnach seien Todesfallleistungen in Kapital- und Rentenform aus der dritten Säule für die Vorschlagsberechnung nie zu berücksichtigen, und zwar ungeachtet von ihrer Finanzierung[43]. Ein anderer Teil der Lehre befürwortet eine andere Reihen- bzw. Abfolge, wonach zunächst die güterrechtliche Auseinandersetzung erfolgen soll, dann die Versicherungsansprüche ausgeschieden werden und erst anschliessend die erbrechtlichen Bestimmungen Anwendung finden sollen. Dies ergebe sich schon aus dem Gesetz, welches die Auseinandersetzung mit dem Begünstigten dem Erbrecht zuteile. Beim ordentlichen Güterstand führe dies dazu, dass dem überlebenden Ehegatten die Hälfte des Rückkaufswertes einer gemischten Lebensversicherung

---

[41] Bei der güterrechtlichen Auseinandersetzung werden zwei Vermögensmassen gebildet, diejenige des überlebenden Ehegatten aus dessen Eigengut und dessen güterrechtlichen Ansprüchen und diejenige des Erblassers aus dessen Eigengut und seinen güterrechtlichen Ansprüchen. Die Berechnung von Eigengut und Errungenschaft jedes Ehegatten erfolgt nach dem Vermögensstand zum Zeitpunkt des Todes eines Ehegatten (Art. 207 Abs. 1 i.V.m. Art. 204 Abs. 1 ZGB).
[42] *Izzo*, S. 118 ff.
[43] Vgl. dazu *Aebi-Müller*, successio, Ziffer 3.5.2; *Aebi-Müller*, Begünstigung, Rz. 03.58 ff.; BK-*Hausheer/Reusser/Geiser*, N. 80 zu Art. 197 ZGB; *Baddeley*, Rz. 81 sowie *Izzo*, S. 120 ff. u. 259 ff.; vgl. dazu auch BGE 82 II 94 E. 4b S. 99 ff.

bereits in der Vorschlagsberechnung zuzurechnen sei[44]. Im Schrifttum finden sich denn auch zur güterrechtlichen Behandlung von Versicherungsleistungen aus der Säule 3a/3b eine Vielzahl von Meinungen und Differenzierungen, welche im Ergebnis letztlich allesamt gewisse Inkonsistenzen zur Dogmatik aufweisen. Nachfolgend soll deshalb ein pragmatischer Lösungsweg aufgezeigt werden, welcher sowohl dem Güterrecht wie auch der versicherungsrechtlichen Begünstigung gehörig Rechnung trägt.

3.2 Güterrechtliche Behandlung von Todesfallleistungen aus der Säule 3b

3.2.1 Begünstigung eines Dritten bei einer wider- oder unwiderruflichen Begünstigung

Nach der hier vertretenen Auffassung rechtfertigt es sich nicht, eine güterrechtliche Berücksichtigung von Todesfallleistungen aus Lebensversicherungen der freien Vorsorge bei Begünstigung einer Drittperson mit der rein dogmatischen Begründung abzulehnen, der Versicherungsanspruch befände sich zufolge der versicherungsrechtlichen Begünstigung im Zeitpunkt des Todes des VN bereits nicht mehr in dessen Vermögen und somit fiele eine güterrechtliche Hinzurechnung gänzlich ausser Betracht. Eine solche Argumentation greift gerade dann zu kurz, wenn der Sparanteil bzw. der Rückkaufswert einer gemischten Versicherung durch die Errungenschaft angespart worden ist und der überlebende und mitfinanzierende Ehegatte gerade nicht in den Genuss dieser Leistungen kommt. Hier muss schon aus Gerechtigkeitsüberlegungen von einer güterrechtlichen Hinzurechnung ausgegangen werden. Diese Ansicht vertritt wohl auch die eher vorherrschende Lehre, welche die güterrechtliche Hinzurechnung jedoch mit der Begünstigung als Rechtsgeschäft unter Lebenden begründet[45].

Eine Lebensversicherung der Säule 3b ist im Zuge der güterrechtlichen Auseinandersetzung infolge Tod des VN jedoch nur dann in der Vorschlagsberechnung mittels güterrechtliche Hinzurechnung gemäss Art. 208 ZGB zu berücksichtigen, sofern der Versicherungsanspruch überhaupt zur Errungenschaft gehört. Für die Zuordnung zur Errungenschaft oder zum Eigengut ist nach dem güterrechtlichen Surrogationsprinzip grundsätzlich auf das

---

[44] Vgl. dazu *Fuhrer*, N. 22.66; *Piotet*, Réunion, S. 279 ff.
[45] *Zumbrunn*, S. 1208; *Izzo*, S. 245 ff., 253; *Fuhrer*, N. 22.66; BK-*Haussheer/Reusser/Geiser*, N. 22 zu Art. 208 ZGB m.w.H.

Übergewicht der investierten Mittel abzustellen[46]. Bei einer vor der Eheschliessung abgeschlossenen Lebensversicherung stellt der vorhandene Versicherungsanspruch aber stets Eigengut des Erblassers dar und eine güterrechtliche Hinzurechnung ist ausgeschlossen[47]. Der anderen Gütermasse steht aber immerhin eine entsprechende Ersatzforderung für allfällige während der Ehe aus Errungenschaft bezahlte Prämien zu[48].

War also der verstorbene VN unter dem ordentlichen Güterstand verheiratet und kann die Lebensversicherung der Errungenschaft zugeordnet werden, untersteht der Versicherungsanspruch aus einer Lebensversicherung der Säule 3b bei Begünstigung eines Dritten im Todesfall grundsätzlich der güterrechtlichen Hinzurechnung nach Abzug der Ersatzforderung für nachweislich aus dem Eigengut finanzierte Prämien. In diesem Zusammenhang stellt sich nunmehr die Frage, welcher Wert einer Hinzurechnung nach Art. 208 ZGB unterliegt. Nach Art. 207 Abs. 1 ZGB findet die vorzunehmende güterrechtliche Auseinandersetzung nach dem Stand des Vermögens im Zeitpunkt der Auflösung des Güterstandes statt. Massgebende Grösse ist, analog zur erbrechtlichen Hinzurechnung, der Substanz- bzw. Rückkaufswert[49] der Versicherung im Zeitpunkt des Todes des VN und nicht etwa die während der Ehe einbezahlten Prämien oder gar die zur Auszahlung gelangende Todesfallsumme. Es können demnach für die güterrechtliche Hinzurechnung die gleichen Überlegungen herangezogen werden, welche den Art. 476/529 ZGB zugrunde liegen[50]. Diese Lösung erscheint insofern sachgerecht, als die mit Mitteln der Errungenschaft einbezahlten Prämien mit dem Rückkaufswert gehörig im Vermögen des überlebenden Ehegatten Berücksichtigung finden. Weist die Versicherung im Todesfall hingegen keinen Rückkaufswert auf, weil es sich beispielsweise um eine reine Risikoversicherung handelt, entfällt eine güterrechtliche Hinzurechnung nach Art. 208 ZGB.

Ein Einbezug des Rückkaufwertes in die güterrechtliche Vorschlagsberechnung bei Tod des VN ist jedoch lediglich unter den Voraussetzungen in Art. 208 ZGB möglich. Sind die Anforderungen nicht erfüllt, entfällt wie-

---

[46] Art. 197 Abs. 2 Ziff. 5 ZGB und Art. 198 Ziff. 4 ZGB.
[47] *Izzo*, S. 248.
[48] Die Ersatzforderung beinhaltete denjenigen Teil des Rückkaufswertes per Todestag, welcher aus Errungenschaftmitteln finanziert worden ist – also die Differenz zwischen dem Rückkaufswert am Todestag abzüglich eines allfällig bestehenden Rückkaufswertes per Eheschluss und abzüglich der aus Errungenschaft während der Ehe bezahlten Prämien.
[49] Vgl. zum Begriff des Rückkaufswertes Fn. 8.
[50] *Zumbrunn*, S. 1209.

derum eine güterrechtliche Berücksichtigung. Dieser Schluss ergibt sich notwendigerweise aus der rechtlichen Qualifikation der versicherungsrechtlichen Begünstigung als Rechtsgeschäft unter Lebenden[51]. Bezüglich der Hinzurechnung nach Art. 208 Abs. 1 Ziff. 2 ZGB stellen Lebensversicherungsansprüche keine Besonderheiten dar[52]. Anders verhält es sich bei den *unentgeltlichen Zuwendungen* nach Art. 208 Abs. 1 Ziff. 1 ZGB. Hier setzt eine güterrechtliche Hinzurechnung voraus, dass die Zuwendung innert fünf Jahren vor dem Tod des Erblassers vorgenommen worden ist. Da bei einer *widerruflichen Begünstigung* erst im Zeitpunkt des Todes des VN von einer erfolgten Zuwendung ausgegangen werden kann, ist der massgebende Zeitpunkt für den Beginn der Fünfjahresfrist der Tod des VN bzw. der Eintritt der Unwiderruflichkeit der Begünstigung[53]. Mit der wohl überwiegenden Lehrmeinung ist demnach davon auszugehen, dass rückkaufsfähige Lebensversicherungen mit *widerruflicher Begünstigung* unabhängig vom Zeitpunkt der Abgabe der Begünstigungserklärung grundsätzlich der güterrechtlichen Hinzurechnung mit ihrem Rückkaufswert unterliegen[54].

Bei Vorliegen einer *unwiderruflichen Begünstigung* zugunsten eines Dritten ist jedoch der Zeitpunkt der Statuierung der formbedürftigen *unwiderruflichen Begünstigung* für den Beginn der Fünfjahresfrist massgebend. Hat der VN bzw. Erblasser innerhalb der letzten fünf Jahre vor seinem Tod auf den Widerruf in der Police unterschriftlich verzichtet, ist der Rückkaufswert – analog zu Art. 214 Abs. 2 ZGB – im Zeitpunkt des Widerrufsverzichts güterrechtlich hinzuzurechnen. Denn im Zeitpunkt der Begründung des Widerrufsverzichts wird die Substanz, d.h. der Verkehrswert des Anspruchs und damit der Rückkaufswert definitiv aus dem Vermögen des VN ausgeschieden. Danach fällt eine güterrechtliche Berücksichtigung einer rück-

---

[51] *Zumbrunn*, S. 1208.

[52] Die gesetzliche Regelung über die hälftige Teilung des während der Ehedauer erwirtschafteten Vermögens nach Art. 215 ZGB könnte durch eine unentgeltliche Zuwendung mittels einer rückkaufsfähigen Versicherung kurze Zeit vor dem Tod durch eine Drittbegünstigung des VN umgangen bzw. verwässert werden. Um einen derartigen Missbrauch zu verhindern, hat der Gesetzgeber Art. 208 Abs. 1 Ziff. 2 ZGB erlassen (vgl. BBl 1979 II 1316 ff.). Hat demnach der Erblasser nachweislich die Drittbegünstigung in der Absicht vorgenommen, den Beteiligungsanspruch seines Ehegatten zu schmälern, so ist eine Hinzurechnung auch nach Ablauf der Fünfjahresfrist in Art. 208 Abs. 1 Ziff. 1 ZGB noch möglich.

[53] *Izzo* stellt für den massgebenden Zeitpunkt auf denjenigen der Begünstigungserklärung ab, da anderenfalls die Fünfjahresfrist bei der widerruflichen Begünstigung nie zur Anwendung gelange (*Izzo*, S. 253 ff.).

[54] *Deschenaux/Steinauer/Baddeley*, § 22 Fn. 42; BK-*Hausheer/Reusser/Geiser*, N. 28 zu Art. 208 ZGB.

kaufsfähigen Lebensversicherung mit unwiderruflicher Begünstigung bei Tod des VN ausser Betracht. Immerhin sind aber die in den letzten fünf Jahren vor dem Tod des VN aus Errungenschaft erbrachten Prämienzahlungen güterrechtlich hinzuzurechnen, sofern der Grund der *unwiderruflichen Begünstigung* kein Sicherungsgeschäft zugunsten des Erblassers beinhaltete, ansonsten von einer entgeltlichen Zuwendung auszugehen ist[55].

Schliesslich ist eine Hinzurechnung des Rückkaufwertes im Zuge der güterrechtlichen Auseinandersetzung nach Art. 208 Abs. 1 Ziff. 1 ZGB lediglich dann möglich, wenn der Ehegatte des Erblassers der widerruflichen oder unwiderruflichen Begünstigung eines Dritten nicht ausdrücklich, stillschweigend oder konkludent zugestimmt hat. Beweispflichtig für die Zustimmung des Ehegatten sind im Übrigen die Erben des VN, was die Verhinderung der Hinzurechnung nicht eben begünstigt[56].

Im Ergebnis kann also festgehalten werden, dass Todesfallleistungen aus Lebensversicherungen der Säule 3 bei Vorliegen einer *(widerruflichen) Drittbegünstigung* beim Ableben eines unter dem ordentlichen Güterstand lebenden VN der güterrechtlichen Hinzurechnung mit ihrem Rückkaufswert unterliegen, falls der überlebende Ehegatte der Drittbegünstigung nicht zugestimmt hat.

3.2.2 Begünstigung des Ehegatten bei einer wider- oder unwiderruflichen Begünstigung

Die Allgemeinen Versicherungsbedingungen (AVB) der Versicherer beinhalten meist eine standardmässig vorformulierte *Begünstigungserklärung*, wonach der Ehegatte im Versicherungsfall bei Tod des VN als begünstigte Person gilt. In der Praxis wird diese Standardbegünstigung durch den VN oftmals nicht abgeändert bzw. widerrufen. Die dem überlebenden Ehegatten ausgerichtete Todesfallleistung fällt gemäss Art. 198 Ziff. 2 ZGB in ihr Eigengut[57].

Nach der Lehre kommt eine güterrechtliche Hinzurechnung des Rückkaufswertes an den begünstigten Ehegatten bei einer widerruflichen Begünstigung aber schon deshalb nicht zur Anwendung, weil dieser sonst in doppelter Weise profitieren würde. Einerseits fällt die Todesfallleistung zuerst

---

[55] Vgl. zum Ganzen *Izzo,* Lebensversicherungsansprüche, S. 257.
[56] *Zumbrunn,* S. 1209.
[57] Art. 198 lit. b ZGB «...oder sonstwie unentgeltlich zufallen.».

in ihr Eigengut und andererseits würde der Rückkaufswert der Versicherung im Zeitpunkt des Todes im Rahmen der güterrechtlichen Hinzurechnung nach Art. 208 ZGB zusätzlich in die Vorschlagsberechnung Eingang finden, sodass die Versicherungsleistung ein zweites Mal berücksichtigt würde. Zudem ist einer güterrechtlichen Hinzurechnung des Rückkaufswertes in die Vorschlagsberechnung bei einer an den begünstigten Ehegatten ausgerichteten Todesfallleistung auch deshalb nicht zuzustimmen, da im Allgemeinen davon ausgegangen werden darf, dass der Ehegatte seiner Zuwendung im Sinne von Art. 208 Ziff. 1 ZGB zugestimmt hat. Dasselbe muss in der Praxis auch im eher seltenen Fall, in welchem der Ehegatte in der Police als *unwiderruflich begünstigte Person* aufgeführt ist, gelten. Hier ist die Zustimmung des Ehegatten durch die Entgegennahme der Police manifestiert. Eine güterrechtliche Hinzurechnung würde einzig dort sinnvoll erscheinen, wo sich der Ehegatte die erbrechtliche Herabsetzung der Erben nach Art. 476/Art. 529 ZGB gefallen lassen muss[58].

Im Ergebnis kann also festgehalten werden, dass Todesfallleistungen aus Lebensversicherungen der Säule 3b an den widerruflich oder unwiderruflich begünstigten Ehegatten nie der güterrechtlichen Hinzurechnung nach Art. 208 ZGB mit ihrem Rückkaufswert im Rahmen der güterrechtlichen Auseinandersetzung unterliegen.

3.3 Güterrechtliche Behandlung von Todesfallleistungen aus der Säule 3a

Todesfallleistungen aus Lebensversicherungen der Säule 3a gehen aufgrund der zwingenden Begünstigungsordnung in Art. 2 BVV3 i.V.m. Art. 76 ff. VVG an den überlebenden Ehegatten des VN als erstrangig begünstigte Person, und zwar unabhängig davon, ob die Todesfallleistung aus einer reinen Risikoversicherung oder gemischten Versicherung stammt[59]. Ist der Ehegatte bereits vorverstorben und kommt die nachrangige Anspruchsgruppe in den Genuss des Versicherungsanspruchs, stellt sich die Frage nach der güterrechtlichen Berücksichtigung naturgemäss nicht mehr. In Anlehnung an die güterrechtliche Behandlung von Todesfall- bzw. Hinterlassenenleistungen aus der 1. und 2. Säule sind nach der hier vertretenen Auffassung

---

[58] *Zumbrunn,* S. 1209 (Fn. 18).
[59] Das Institut der unwiderruflichen Begünstigung gilt nicht für die Säule 3a. Bei einer abweichenden Begünstigungserklärung im Rahmen von Art. 2 BVV3 i.V.m. Art. 76 ff. VVG handelt es sich immer um eine widerrufliche Begünstigung.

Todesfallleistungen aus der gebundenen Selbstvorsorge der Säule 3a, die mit dem Tod des Vorsorgenehmers zur Zahlung an den überlebenden Ehegatten fällig werden, in güterrechtlicher Hinsicht nie zu berücksichtigen, und zwar ungeachtet ihrer Finanzierung.

Diese Lösung trägt einerseits der Nähe der gebundenen Vorsorge bzw. der Säule 3a zur 2. Säule, welche beide ausschliesslich und unwiderruflich der Vorsorge dienen[60], sowie andererseits der zwingenden Begünstigung an den überlebenden Ehegatten angemessen Rechnung. Zudem trennt sich der Vorsorgenehmer bei Versicherungen mit Sparanteil – analog zur 2. Säule – bereits zu Lebzeiten von seinen Vermögenswerten bzw. Sparprämien zugunsten des Begünstigten für den Fall seines vorzeitigen Ablebens. Schliesslich wird eine güterrechtliche Berücksichtigung bei Zuwendung an den überlebenden Ehegatten aufgrund des direkten Forderungsrechts sowie der Qualifizierung der Begünstigung als Rechtsgeschäft unter Lebenden von der vorherrschenden Lehre abgelehnt[61].

Im Ergebnis kann also festgehalten werden, dass Todesfallleistungen an den überlebenden Ehegatten aus der gebundenen Vorsorge der Säule 3a in Kapital- oder Rentenform nie der güterrechtlichen Hinzurechnung unterliegen. Hierzu fehlt jedoch bis dato eine entsprechende Rechtsprechung und die Lehre ist sich in Bezug auf die güterrechtliche Behandlung von Todesfallleistungen aus der Säule 3a uneins[62], jedoch sprechen die dogmatischen Überlegungen zur Säule 3a für diese sachgerechte Lösung.

3.4 Exkurs: Gebundenes Banksparen der Säule 3a und Güterrecht

Gemäss Art. 1 BVV3 kann die Säule 3a in Form eines privatrechtlichen Vorsorgevertrags des Vorsorgenehmers mit einer Bankstiftung oder einer Versicherungseinrichtung abgeschlossen werden. Erfüllt ein solcher Bankspar-

---

[60] Art. 1 Abs. 2 lit. b BVV3.
[61] Dieser Ansicht ist zuzustimmen, da der überlebende Ehegatte ansonsten doppelt profitieren würde (vgl. dazu *Zumbrunn,* S. 1209; BK-*Hausheer/Reusser/Geiser,* N. 23 zu Art. 208 ZGB, m.w.H.). Die vorherrschende Lehre begründet diese Ansicht jedoch damit, dass sich der Versicherungsanspruch aufgrund der versicherungsrechtlichen Begünstigungsklausel bei Tod des Vorsorgenehmers bereits nicht mehr in dessen Vermögen befinde und damit eine güterrechtliche Hinzurechnung ausser Betracht falle (vgl. dazu Fn. 44, insbes. auch *Aebi-Müller,* successio, S.19).
[62] Vgl. dazu *Koller,* Vorsorge, S. 10 ff. m.w.H. auf die Lehre.

oder Versicherungsvertrag die steuerlichen Vorgaben der Verordnung über die steuerliche Abzugsberechtigung für Beiträge an anerkannte Vorsorgeformen (BVV3), kann der Vorsorgenehmer die einbezahlten Beträge bis zu einem bestimmten Maximalbetrag vom steuerbaren Einkommen in Abzug bringen[63]. Die eingebrachten Mittel sind aber dem Zugriff des Vorsorgenehmers grundsätzlich entzogen, da sie ausschliesslich und unwiderruflich der Vorsorge dienen[64].

Wird der ordentliche Güterstand durch Tod eines Ehegatten aufgelöst, so sei das gebundene Banksparen verschieden vom gebundenen Versicherungssparen zu behandeln[65]. Im Unterschied zum Versicherungssparen geht die herrschende Lehre beim Banksparen nämlich davon aus, dass der gesamte ausbezahlte Betrag in den Nachlass fällt, da es sich bei der gebundenen Vorsorgevereinbarung mit der Bankstiftung um eine Zuwendung von Todes wegen handle[66]. Diese Ansicht wird damit begründet, dass der zwingend begünstigte überlebende Ehegatte kein direktes Forderungsrecht gegenüber der Bankstiftung besitze und es sich bei der Begünstigung aus einer gebundenen Vorsorgevereinbarung mit einer Bankstiftung nicht um eine eigentliche «Hinterlassenenleistung» handle, da sich diese Vermögenswerte bereits zu Lebzeiten des Vorsorgenehmers in dessen Vermögen befänden. Daraus ergebe sich, dass Hinterlassenenleistungen aus dem gebundenen Banksparen wie freies Vermögen zu behandeln und in Ermangelung eines Direktanspruchs des Begünstigten vollständig in die güterrechtliche Auseinandersetzung einzubeziehen[67] und damit die durch die Bank infolge Tod des Vorsorgenehmers ausbezahlten Leistungen bereits zur Hälfte im Güterrecht zu berücksichtigen seien[68].

---

[63] Vertragsmodelle für gebundene Vorsorgeversicherungen und -vereinbarungen sind der Eidgenössischen Steuerverwaltung (ESTV) zur Prüfung und Genehmigung einzureichen. Sie entscheidet mit beschwerdefähiger Verfügung, ob Form und Inhalt den gesetzlichen Vorschriften entsprechen (Art. 1 Abs. 4 BVV3; BGE 124 II 383 ff. E. 2 u. 3).
[64] Gebundene Vorsorgeversicherungen der Säule 3a im Sinne von Art. 82 BVG dienen genauso wie die Vorsorgeverträge nach BVG ausschliesslich und unwiderruflich der Vorsorge (vgl. BK-*Weimar*, N. 50 Art. 476 ZGB mit Verweis auf Art. 1 BVV3).
[65] *Trachsel*, S. 180.
[66] BK-*Hausheer/Reusser/Geiser*, N. 80 zu Art. 197 ZGB; *Izzo*, S. 120 ff.; *Aebi-Müller*, Begünstigung, Rz. 03.58 ff., insbes. Rz. 03.61; vgl. auch BGE 82 II 94 ff., 99 ff.), E. 4b.
[67] BK-*Hausheer/Reusser/Geiser*, N. 66 zu Art. 197 ZGB; *Aebi-Müller*, Begünstigung, Rz. 03.31; *dieselbe,* successio, S. 24.
[68] Je nach Herkunft der eingebrachten Mittel handle es sich dabei um Errungenschaft oder um Eigengut. Erfolgten die steuerlich abzugsfähigen Einzahlungen aus der Errungenschaft, sei der überlebende Ehegatte an der Hinterlassenenleistung aus dem gebundenen Banksparen bereits aus Güterrecht hälftig zu berechtigen, sodass das gebundene Vorsor-

Dogmatisch vermag diese Begründung nicht vollends zu überzeugen. Einerseits ist nicht davon auszugehen, dass die gebundenen Vermögenswerte der Säule 3a sich bereits zu Lebzeiten des Vorsorgenehmers in dessen Vermögen befinden. Dagegen spricht, dass die Vermögenswerte der Säule 3a während des Sparvorgangs steuerlich im Vermögen nicht zu deklarieren sind und der Vorsorgenehmer das gebundene Vorsorgekapital nur sehr restriktiv – nämlich nur in analoger Weise zur beruflichen Vorsorge –, einsetzen kann[69]. Hier unterscheidet sich das gebundene Banksparen nicht vom gebundenen Versicherungssparen. Der Vorsorgenehmer trennt sich auch beim gebundenen Banksparen bereits zu Lebzeiten, analog zur beruflichen Vorsorge, von seinen Vermögenswerten zugunsten der Begünstigten für den Fall seines vorzeitigen Ablebens und hat diese daher nicht mehr im eigentlichen Sinne in seinem Vermögen zur Verfügung[70]. Andererseits spricht auch die Praxis der Banken gegen die Annahme, dass es sich beim gebundenen Banksparvermögen um freies Vermögen des Vorsorgenehmers handle. Die Banken zahlen bei Tod des Vorsorgenehmers das Sparkapital der Säule 3a aufgrund des Gesetzes regelmässig direkt an die begünstigten Personen aus, obwohl die Begünstigungsregelung in Art. 2 BVV3 nach einem Teil der Lehre für das gebundene Banksparen keine materiellrechtliche Wirkungen entfalte[71]. Schliesslich vermag auch das Argument der «Freiwilligkeit» in Bezug auf die Begründung einer gebundenen Vorsorge, aufgrund dessen die Säule 3a zur beruflichen Vorsorge *wesentlich anders* sei, nicht zu überzeugen. Auch gewisse Erwerbstätige können sich, um ihr Vorsorgebedürfnis zu decken, anstatt eine Säule 3a zu begründen, freiwillig in der beruflichen Vorsorge versichern, mit der Konsequenz, dass sie zwingend den gesetzlichen Regelungen des BVG unterstehen[72].

Demzufolge gilt es m.E. aber, die eher vorherrschende Lehrmeinung, wonach beim gebundenen Banksparen bei Tod des Vorsorgenehmers (in Ermangelung einer klaren gesetzlichen Regelung oder Rechtsprechung in

---

gevermögen im Nachlass lediglich mit der Hälfte der effektiven Hinterlassenenleistung zu berücksichtigen sei (vgl. dazu *Aebi-Müller,* successio, S. 19; *Trachsel,* S. 180).
[69] Art. 3 u. Art. 4 BVV3 mit Verweis auf Art. 39 BVG.
[70] Anderer Meinung insbes. *Koller,* Vorsorge, S. 30.
[71] «Streng genommen wäre die Bank nicht berechtigt, das Sparkapital den Erben vorzuenthalten und direkt der begünstigten Person auszubezahlen» (*Trachsel,* S. 180).
[72] Auf freiwilliger Basis versichern können sich bspw. Selbständigerwerbende (vgl. AHV/IV-Merkblatt 2.09), Arbeitnehmer, deren Arbeitgeber gegenüber der AHV nicht beitragspflichtig ist oder aber auch Arbeitnehmer mit mehreren Arbeitgebern, deren Jahreslohn insgesamt über 21 060 Franken liegt, sofern sie nicht bereits obligatorisch versichert sind (vgl. AHV/IV-Merkblatt 6.06).

Bezug auf einen Direktanspruch des Begünstigten gegenüber der Bankstiftung aus Art. 2 BVV3) das angesparte Vorsorgevermögen in der vorgängigen güterrechtlichen Auseinandersetzung zu berücksichtigen sei, zu überdenken[73]. Nach der hier vertretenen Auffassung sind Vorsorgeleistungen aus dem gebundenen Banksparen, welche infolge Tod an den überlebenden Ehegatten ausgerichtet werden, aufgrund der Gebundenheit des Vermögens und mithin der Zweckbindung an den Vorsorgecharakter einheitlich und, in Analogie zur 2. Säule, nie in der vorgängigen güterrechtlichen Auseinandersetzung zwischen den Ehegatten zu berücksichtigen[74]. Insofern ist aufgrund der zwingenden Begünstigungsregelung in Art. 2 BVV3 dem überlebenden Ehegatten ein Direktanspruch *iure proprio* gegenüber der Bankstiftung auf Ausrichtung der Hinterlassenenleistung einzuräumen[75].

4. Begünstigungsrecht und Erbrecht

4.1 Lebensversicherung und Nachlass

Todesfallleistungen aus Lebensversicherungen der Säule 3a und 3b fallen grundsätzlich nicht in den Nachlass des Erblassers[76]. Hat aber der VN in der freien Vorsorge keinerlei Verfügungen über die Todesfallleistung aus seinem Versicherungsvertrag getroffen oder über seinen Versicherungsanspruch von Todes wegen mittels Erbeinsetzung oder Versicherungslegat

---

[73] Die eher vorherrschende Lehrmeinung mag für die Ehescheidung die richtige sein, rechtfertigt sich aber m.E. für den Todesfall des Vorsorgenehmers nicht. Auch die Ansicht, wonach das in der Säule 3a angesparte und von Gesetzes wegen gebundene Kapital «in jeder Beziehung» wie freies Vermögen zu behandeln sei, sowie die Auffassung, wonach Art. 2 BVV3 keine materiellrechtliche Wirkung entfalte, sind m.E. nicht haltbar (vgl. *Aebi-Müller*, successio, S. 19 u. 25).

[74] Vgl. dazu auch Fn. 3.

[75] Dies ist auch die Meinung von *Weimar*, welcher davon ausgeht, dass die Hinterlassenen die Forderung auf Auszahlung des Vorsorgekapitals aus der Säule 3a *iure proprio* erwerben (vgl. dazu BK-*Weimar*, N. 51 zu Art. 476 ZGB). Einer ähnlichen Argumentation folgt zudem das Zürcher Verwaltungsgericht im Entscheid vom 20. April 2005, Rechenschaftsbericht des Verwaltungsgerichts Zürich 2005 Nr. 83.

[76] Vgl. dazu BGE 112 II 157 f. Erw. 1c = JdT 135 I 103, bestätigt in: Bundesgericht vom 29.7.2008 (A/1623/2008) Erw. 6c; LGVE 1978 II 61 Erw. 1; *Reber/Meili*, S. 121; BSK-*Staehelin*, N. 4 zu Art. 476 ZGB; *Grundmann*, N. 33 der Vorbem. zu Art. 494 ff. ZGB; *Koller*, Vorsorge, S. 27; *Künzle*, S. 249 ff.

verfügt, so fällt diese in seinen Nachlass[77]. Lebensversicherungen ohne Begünstigung kommen heute in der Praxis aber kaum mehr vor, da die Versicherungsverträge regelmässig vorformulierte Standard-Begünstigungsklauseln enthalten, für den Fall, dass der VN von seinem Begünstigungsrecht keinen Gebrauch macht[78].

Im Gegensatz zu Lebensversicherungen der Säule 3a, welche immer mit dem Tod des VN und der Ausrichtung der Todesfallsumme enden[79], kann eine Lebensversicherung der freien Vorsorge auch bei Tod des VN bis zum vereinbarten Vertragsende weiterlaufen, sei es aufgrund des Vorhandenseins einer vom VN verschiedenen versicherten Person oder von mehreren versicherten Personen. In diesen Fällen tritt die Erbengemeinschaft kraft Universalsukzession in die Rechtsposition des VN als Vertragspartner in den Versicherungsvertrag ein und ist damit berechtigt, sämtliche Rechte aus dem Versicherungsvertrag auszuüben[80]. Insofern fällt ein über den Tod des VN hinaus laufender Lebensversicherungsvertrag in seinen Nachlass: Im Zuge der Nachlassteilung ist ein Wechsel der Vertragspartei (VN-Wechsel) auf einen oder mehrere Erben vorzunehmen[81].

4.2 Frage der erbrechtlichen «Hinzurechnung» und «Herabsetzung»

Obwohl Todesfallleistungen aus Lebensversicherungen grundsätzlich nicht in den Nachlass des VN zugunsten der Erben und Erbmasse fallen, sondern am Nachlass vorbei direkt an die Begünstigten ausgerichtet werden,

---

[77] BGE 20 II 115; 43 II 258; ZK-*Escher*, N. 19 zu Art. 476 ZGB; BK-*Weimar*, N. 8 zu Art. 476 ZGB.
[78] In der gebundenen Vorsorge kann die Todesfallsumme seit der Anpassung der bundesrätlichen Verordnung über die steuerliche Abzugsberechtigung für Beiträge an anerkannte Vorsorgeformen (BVV3) per 1.1.2005 nie in den Nachlass des VN fallen, da gemäss Art. 2 Abs. 1 lit. b Ziff. 5 BVV3 am Ende der Kaskade in jedem Fall ein Erbe begünstigt ist.
[79] Aufgrund der steuerprivilegierten Ausgestaltung der gebundenen Vorsorge muss der VN auch immer identisch mit der versicherten Person sein. Mehrere VN oder gar mehrere versicherte Personen können aufgrund der Vorgaben durch die ESTV an das Steuerprivileg im Rahmen der Säule 3a nicht in den Versicherungsvertrag aufgenommen werden.
[80] BSK-*Küng*, N. 8 zu Art. 77 VVG.
[81] Die Erben besitzen trotz der durch den Tod des VN unwiderruflich gewordenen Begünstigung (BGE 133 III 669) das Recht zum Rückkauf der Lebensversicherung. In diesem Fall ist jedoch der Rückkaufswert zwingend dem unwiderruflich Begünstigten auszurichten (BSK-*Küng*, N. 17 zu Art. 77 VVG; *Roelli/Jaeger*, Bd. III, N. 10 zu Art. 78 VVG).

unterliegen Lebensversicherungen der Säule 3b wie auch nach der überwiegenden Lehre der Säule 3a bei Tod des VN der erbrechtlichen «Hinzurechnung» und «Herabsetzung» zugunsten der pflichtteilgeschützten Erben. Selbstredend finden die erbrechtlichen Regelungen über die «Hinzurechnung» und «Herabsetzung» keine Anwendung, falls die Todesfallsumme nicht am Nachlass vorbeigeht, sondern Gegenstand des Nachlasses bildet[82].

Meines Erachtens sollten jedoch Versicherungsleistungen der Säule 3a infolge Tod des Vorsorgenehmers – in Analogie zur 2. Säule – entgegen der überwiegenden Lehrmeinung nicht der «Hinzurechnung» und «Herabsetzung» unterliegen[83]. Erstens dienen die steuerlich zum Abzug berechtigten Beiträge ausschliesslich und unwiderruflich der Vorsorge. Zweitens ist die Begünstigungsordnung in Art. 2 BVV3 mit wenigen Gestaltungsmöglichkeiten zwingender Natur. Und drittens trennt sich der VN schon zu Lebzeiten von den Beiträgen zu seinen bzw. zugunsten seiner Begünstigten. Würde die Todesfallleistung aus der Säule 3a der erbrechtlichen «Hinzurechnung» und «Herabsetzung» unterliegen, wird m.E. der Vorsorgezweck verletzt. Hinzu kommt, dass aufgrund der Begrenzung der abzugsberechtigten Beträge in der Säule 3a kaum die Gefahr der Umgehung des Pflichtteilrechts besteht[84].

Nach Art. 476 ZGB wird der Rückkaufswert und nicht etwa die zur Auszahlung gelangende Todesfallsumme im Zeitpunkt des Todes des Erblassers zu dessen Vermögen und mithin zur Festlegung der freien Quote hinzugerechnet, sofern ein auf den Tod des Erblassers gestellter Versicherungsanspruch mit Verfügung unter Lebenden oder von Todes wegen zugunsten eines Dritten begründet oder bei Lebzeiten des Erblassers unentgeltlich auf einen Dritten übertragen worden ist[85]. Solche «auf den Tod des Erblas-

---

[82] Dies ist der Fall, falls keine Begünstigungserklärung vorhanden ist oder durch letztwillige Verfügung von Todes wegen eine Erbeinsetzung auf den Versicherungsanspruch oder ein Versicherungslegat begründet bzw. verfügt worden ist.
[83] Es ist in der Lehre strittig, ob Lebensversicherungen der Säule 3a bei Tod des VN der erbrechtlichen «Hinzurechnung» und «Herabsetzung» unterliegen (vgl. zum Lehrstreit BK-*Weimar*, N. 50 zu Art. 476 ZGB, m.w.H.).
[84] BK-*Weimar*, N. 51 zu Art. 476 ZGB; *Reber/Meili*, S. 122; *Bornhauser*, Rz. 33.
[85] Die Lehre ist sich einig, dass die Bestimmungen in Art. 476/529 ZGB über die erbrechtliche «Hinzurechnung» und «Herabsetzung» nicht nur auf die einfache Todesfallversicherung, sondern analog auch auf die gemischte Lebensversicherung mit einem Erlebensteil Anwendung finden (vgl. BK-*Weimar*, N. 25 zu Art. 476 ZGB,; *Izzo*, S. 285 ff.; ZK-*Escher*, N. 16 zu Art. 476 ZGB; *Bloch*, S. 151; *Blauenstein*, 1979, S. 266 ff.) Anderer Meinung ist insbesondere *Piotet* (vgl. *Piotet*, SPR, S. 472 ff.) und zweifelnd *Druey* (vgl. § 13, N. 35).

sers gestellte» Versicherungsleistungen unterliegen sodann gemäss Art. 529 ZGB der Herabsetzung mit ihrem Rückkaufswert, wobei für die Durchführung der Herabsetzung wiederum auf denselben Rückkaufswert wie bei der Hinzurechnung nach Art. 476 ZGB abzustellen ist[86]. Unstrittig ist, dass dem Begünstigten nach Art. 76 VVG die Differenz zwischen Todesfallsumme und Rückkaufswert zugute kommt. Strittig ist hingegen, ob für eine «Hinzurechnung» und «Herabsetzung» der Erblasser die geleisteten Prämien selbst bezahlt haben muss[87].

Der Wortlaut in Art. 476/Art. 529 ZGB «auf den Tod des Erblassers gestellt» umfasst streng genommen lediglich die heute eher seltene *einfache Todesfallversicherung* mit lebenslänglicher Vertragsdauer, bei welcher die Todesfallsumme immer, wenn auch erst im Zeitpunkt des Todes des VN, ausgerichtet wird. Es ist aber heute weitestgehend anerkannt, dass Art. 476/ Art. 529 ZGB auf alle rückkaufsfähigen Lebensversicherungen Anwendung findet, insbesondere auch auf die Versicherung auf Lebenszeit, die gemischte Lebensversicherung, die Versicherung auf festen Termin, sofern der Tod vor Vertragsablauf eintritt, sowie auf die temporäre Todesfallversicherung[88].

Der Schutz der Pflichtteilsberechtigten erfolgt, indem der Rückkaufswert zur Herabsetzungsberechnungsmasse hinzugerechnet wird. Herabgesetzt wird – unter Zugrundelegung des Rückkaufswertes – der Versicherungsanspruch bis zur Höhe der verfügbaren Quote nach Art. 474 ZGB. Im Verhältnis zu den übrigen Verfügungen des Erblassers unterliegen nach Art. 532 ZGB zuerst die Verfügungen von Todes wegen und erst anschliessend die lebzeitigen Verfügungen in der umgekehrten Reihenfolge ihrer zeitlichen Vornahme der Herabsetzung[89]. Dies bedeutet, dass Todesfall-

---

[86] BSK-*Forni/Piatti*, N. 1 zu Art. 529 ZGB.
[87] Nach BGE 107 II 119 und 127 III 396 ist der gesamte Rückkaufswert für die Pflichtteilsberechnung zum Nachlass hinzuzurechnen, unabhängig davon, ob die Prämien ganz oder teilweise aus der Errungenschaft des VN bezahlt wurden, und zwar auch dort, wo keine güterrechtliche Hinzurechnung nach Art. 208 ZGB erfolgte. Dies führt zu einer Besserstellung der pflichtteilsgeschützten Erben (vgl. *Zumbrunn*, S. 1212 m.w.H.).
[88] Die temporäre Todesfallversicherung hat üblicherweise keinen Rückkaufswert und damit erfolgt grundsätzlich keine «Hinzurechnung» und «Herabsetzung». Aufgrund der Nivellierung der Prämien kann sich jedoch ein versicherungstechnisches Deckungskapital ergeben, welches in Ausnahmefällen (kleine Summen nach Prämienfreistellung infolge Kündigung) zu einer vertraglichen Ausrichtung eines Rückkaufswertes führen kann. Zudem können temporäre Todesfallversicherungen nach der herrschenden Lehre gemäss Art. 475 ZGB bei Umgehungsabsicht zum Nachlass hinzugerechnet werden (vgl. dazu BSK-*Forni/Piatti*, N. 3 zu Art. 529 ZGB; BK-*Weimar*, N. 27 zu Art. 476 ZGB).
[89] *Izzo*, S. 368; *Zumbrunn*, S. 1213.

summen aus Lebensversicherungen erst dann gegenüber Begünstigten herabgesetzt werden können, wenn keine Pflichtteilsverletzungen durch letztwillige Verfügungen von Todes wegen (mehr) vorliegen. Dies resultiert aus der Anerkennung der versicherungsrechtlichen Begünstigungsklausel als Rechtsgeschäft unter Lebenden, welche mitunter die Reihenfolge der Herabsetzung nach Art. 532 ZGB beeinflusst[90].

Schliesslich ist Art. 529 ZGB bei Vorliegen einer versicherungsrechtlichen Begünstigung stets als lex specialis zu Art. 527 ZGB über die allgemeine Herabsetzungsregelung bei Verfügung unter Lebenden zu verstehen. Eine via Begünstigung ausgerichtete Todesfallsumme unterliegt bei Erfüllung der Voraussetzungen grundsätzlich immer der Herabsetzung mit ihrem Rückkaufswert. Nicht massgebend ist, ob der Versicherungsanspruch erst in den letzten 5 Jahren vor dem Tod des Erblassers schenkungshalber begründet wurde oder ob der Erblasser damit einen Umgehungszweck verfolgte[91]. Der Herabsetzungsanspruch ist im Übrigen gegenüber den begünstigten Personen und nicht etwa gegenüber dem Versicherer geltend zu machen, wobei bei Vorliegen von mehreren Begünstigten die jeweiligen Quoten proportional im Verhältnis zueinander herabzusetzen sind[92].

Im Ergebnis kann also festgehalten werden, dass lediglich Todesfallleistungen aus der freien Vorsorge der Säule 3b in Kapital- oder Rentenform, welche auf den Tod des Erblasser gestellt sind, der erbrechtlichen «Hinzurechnung» und «Herabsetzung» mit ihrem Rückkaufswert unterliegen. Todesfallleistungen aus gebundenen Lebensversicherungen der Säule 3a unterliegen hingegen m.E. nie der erbrechtlichen «Hinzurechnung» und «Herabsetzung» nach Art. 476 bzw. Art. 529 ZGB.

4.3 Exkurs: Gebundenes Banksparen der Säule 3a und Erbrecht

Gebundene Vorsorgevereinbarungen mit Bankstiftungen sind besondere Sparverträge und unterstehen nicht dem VVG bzw. der versicherungsrechtlichen Begünstigungsregelung. Sie können aber durch Risiko-Vorsorgeversicherungen ergänzt werden, was aber nichts daran ändert, dass sie aus-

---

[90] BGE 61 II 280; 71 II 147, S. 152 (vgl. dazu BSK-*Forni/Piatti*, N. 2 zu Art. 529 ZGB).
[91] Anderer Meinung und offenbar für eine parallele Anwendung von Art. 527 Abs. 3 u. 4 ZGB bei Vorliegen von Versicherungsansprüchen ist *Künzle* (vgl. dazu S. 253).
[92] *Izzo*, S. 368.

schliesslich und unwiderruflich der Vorsorge dienen[93]. Nach überwiegender Lehre fällt jedoch beim gebundenen Banksparen die Hinterlassenleistung bei Tod des Vorsorgenehmers in Ermangelung eines gesetzlichen oder durch die Rechtsprechung begründeten Direktanspruchs des Begünstigten in den Nachlass des Vorsorgenehmers und bildet demnach Bestandteil seiner Erbmasse. Ein Teil Lehre spricht sich deshalb dafür aus, dass Hinterlassenenleistungen aus der gebundenen Bankvorsorge der Säule 3a in erbrechtlicher Hinsicht wie freies Vermögen bzw. wie ein Bankkonto zu behandeln seien[94]. Folgerichtig könne die Ausschlagung der Erbschaft zum Wegfall der Hinterlassenenansprüche aus der Vorsorgevereinbarung mit der Bankstiftung führen, wenn die Bankbegünstigungserklärung nicht als Vermächtnis ausgestaltet würde[95]. Zudem könne eine Ausschlagung der Erbschaft in der Praxis zu einer Doppelzahlungspflicht der Bank gegenüber Erbschaftsgläubigern führen, sofern die Bank die Hinterlassenenleistung bereits vorab nach der zwingend anwendbaren Begünstigungsordnung in Art. 2 BVV3 rechtmässig direkt an den Begünstigten ausgerichtet hat. Schliesslich gehen Lehrmeinungen dogmatisch so weit, dass eine im Rahmen der beschränkten Verfügungsmöglichkeit nach Art. 2 BVV3 ergangene Bankbegünstigung nur in Form einer letztwilligen Verfügung von Todes wegen zu erfolgen habe, anderenfalls die Begünstigung im Umkehrschluss nichtig infolge Formwidrigkeit sei[96].

Nach der hier vertretenen Auffassung fallen Vorsorge- bzw. Hinterlassenenleistungen aus dem gebundenen Banksparen, analog zum Versicherungssparen in der Säule 3a, welche infolge Tod an den überlebenden Ehegatten ausgerichtet werden, aufgrund der Gebundenheit des Vermögens und mithin der Zweckbindung an den Vorsorgecharakter einheitlich und in Analogie zur 2. Säule nicht in den Nachlass des Vorsorgenehmers und finden damit auch in erbrechtlicher Hinsicht keine Berücksichtigung. Insofern ist – wie es die Banken im Übrigen in ihrer Praxis vorsehen – aufgrund der zwingenden Begünstigungsregelung in Art. 2 BVV3 dem überlebenden Ehegatten einen Direktanspruch *iure proprio* auf Ausrichtung der Vorsorge- bzw. Hinterlassenenleistung einzuräumen. Im Ergebnis ist somit *Weimar* zu fol-

---

[93] *Bornhauser*, Rz. 35.
[94] *Zumbrunn*, S. 1216; *Aebi-Müller*, successio, S. 24; *dieselbe*, Begünstigung, Rz. 03.61.
[95] Liegt ein Vermächtnis vor, kann der Begünstigte als Vermächtnisnehmer dieses auch dann beanspruchen, wenn er die Erbschaft als Erbe ausschlägt (Art. 486 Abs. 3 ZGB) (vgl. dazu *Trachsel*, S. 180, und *Aebi-Müller*, Begünstigung, Rz. 03.61).
[96] BSK-*Staehelin*, N. 5 zu Art. 476 ZGB,; *Koller*, Vorsorge, S. 28 ff; *Hamm/Flury*, S. 38; *Trachsel*, S. 180; *Aebi-Müller*, successio, S. 25; a.M. *Nussbaum*, S. 203; *Reber/Meili*, S. 122; *Bornhauser*, Rz. 37; BK-*Weimar*, N. 51 zu Art. 476 ZGB.

gen, für den eine erbrechtliche Hinzurechnung nach Art. 475 ZGB ausser Betracht fällt, da die Zuwendung nicht der Herabsetzungsklage unterstellt sei, weil die Möglichkeit einer Herabsetzung den Vorsorgezweck verletzen würde[97].

4.4 Begünstigungsrecht in der Säule 3b und im Erbrecht

Nach Art. 76 Abs. 2 VVG ist die Begünstigung *teilbar,* d.h. der VN besitzt das Recht, die im Versicherungsfall auszurichtende Versicherungsleistung auf einen oder mehrere Begünstigte oder Gruppen von Begünstigten nach Anteilen oder Beträgen aufzuteilen wie auch nach in einer bestimmten Reihenfolge auszurichten. Zudem ist es auch möglich, die Begünstigung je nach Art des versicherten Ereignisses unterschiedlich zu regeln[98]. In diesem Zusammenhang hat das VVG in den Art. 83 und 84 komplexe subsidiäre Auslegungsregelungen in Bezug auf die begünstigten Personen sowie deren Anteile aufgestellt. Diese Normierungen dienen mitunter dazu, die Begünstigungsordnung sicherzustellen, wenn ein Begünstigter bei Vorhandensein mehrerer Begünstigter vorverstirbt und keine Nach- oder Ersatzbegünstigung durch den VN getroffen wurde. Insbesondere geht es um die Frage, ob bei Vorversterben eines Begünstigten auf gleicher Ebene sein Anteil den übrigen Begünstigten anwächst, in den Nachlass des VN oder aber gar «vererbt» wird.

Zumindest klar erscheint die Konstellation, wenn ein Begünstigter nach Eintritt des Versicherungsfalles, aber vor Ausrichtung der Versicherungsleistung stirbt. Hier fällt die Todesfallsumme, da der vorverstorbene Begünstigte seinen Versicherungsanspruch erlebt bzw. bereits erworben hat, in den Nachlass des Begünstigten und es finden die erbrechtlichen Bestimmungen auf seinen Nachlass entsprechend Anwendung. Stirbt hingegen ein alleiniger Begünstigter oder die letzte begünstigte Person auf gleicher Stufe vor Eintritt des Versicherungsfalles, ist im Versicherungsfall zuerst auf eine eventuell vorhandene Nach- oder Ersatzbegünstigung abzustellen[99].

Ist keine Kaskadenordnung (nachrangige Begünstigungsordnung) durch den VN verfügt worden und kein Begünstigter mehr vorhanden, fällt die Versicherungsleistung in seinen Nachlass und unterliegt den erbrechtlichen

---

[97] BK-*Weimar,* N. 51 zu Art. 476 ZGB.
[98] Z.B. im Erlebensfall die Person A, im Todesfall die Personen B u. C.
[99] Z.B. gilt als Begünstigter der Ehegatte, bei Fehlen die Kinder, bei Fehlen die Erben.

Bestimmungen, da die Position des Begünstigten grundsätzlich nicht vererbbar ist[100]. Wurde hingegen eine oder mehrere Kaskaden bzw. Begünstigungsrangabfolgen durch den VN in seiner Begünstigungserklärung stipuliert, kommen die Begünstigten der nachfolgenden Kaskade in den Genuss der Versicherungssumme, sei es anteilsmässig nach Köpfen oder nach einer verfügten individuellen Quote. Demnach gilt bei einer verfügten Kaskadenordnung der Grundsatz, dass vorrangige Begünstigte sämtliche nachrangigen Begünstigten ausschliessen. Solange in einem bestimmten Rang noch Begünstigte vorhanden sind, erhalten die nachrangig Begünstigten nichts. Sind also nachrangige Begünstigte vorverstorben, tangiert dies die Ansprüche der vorrangig begünstigten Personen und deren Anteile nicht[101].

Komplexer erscheinen die Konstellationen bei Vorhandensein mehrerer begünstigter Personen auf gleicher Ebene und wenn einer dieser Begünstigten vor dem Versicherungsfall vorverstorben ist, ohne dass die Begünstigungserklärung entsprechend angepasst oder eine entsprechende Ersatzbegünstigung für den Fall des Vorversterbens des betreffenden Begünstigten verfügt worden wäre. Hier stehen sämtliche Begünstigte auf gleicher Stufe bzw. Ebene und es stellt sich die Frage, was mit dem «vorverstorbenen» Teil, sei es eine Quote oder einfach ein namentlich aufgeführter Begünstigter, geschieht. Der Gesetzgeber unterscheidet nun, ob der vorverstorbene Begünstigte erbberechtigt ist oder nicht und stellt für diese erforderliche Eigenschaft auf den Zeitpunkt des Eintritts des Versicherungsfalles ab[102].

War der vorverstorbene Begünstigte *nicht zugleich erbberechtigt* und wurde ihm eine individuelle Quote an der Versicherungsleistung (und damit namentlich) zugewiesen, die er nicht erlebte, so fällt seine Quote bei Eintritt des Versicherungsfalles bzw. Tod des VN in dessen Nachlass, es sei denn, es bestünde eine Ersatzbegünstigung[103]. Anders verhält es sich, wenn der VN keine individuellen Quoten verfügt hat. In diesen Fällen wird die Versicherungssumme gemäss Art. 84 Abs. 3 VVG auf die im Versicherungsfall noch vorhandenen Begünstigten anteilsmässig nach Köpfen aufgeteilt. Eine Aufteilung in Anlehnung an das Erbrecht kommt nicht infrage[104]. Entgegen dem Wortlaut des Gesetzes ist es unerheblich, ob die übrigen vorhandenen Begünstigten erbberechtigt sind oder nicht. Entscheidend ist, dass der vorverstorbene Begünstigte nicht erbberechtigt war. Keine Rolle spielt zudem,

---

[100] BSK-*Küng*, N. 35 zu Art. 76 VVG.
[101] BSK-*Küng*, N. 12 zu Art. 84 VVG.
[102] BSK-*Küng*, N. 3 zu Art. 84 VVG.
[103] BSK-*Küng*, N. 4 zu Art. 84 VVG.
[104] BSK-*Küng*, N. 11 zu Art. 84 VVG; sog. Akkreszenz- oder Anwachsungsprinzip.

ob die Begünstigten als Personenkategorie oder mit Namen bezeichnet wurden.

War jedoch der vor Eintritt des Versicherungsfalles vorverstorbene Begünstigte *zugleich erbberechtigt* und sind nunmehr mehrere begünstigte Personen auf gleicher Ebene und somit gleichrangig vorhanden, gibt es zwei unterschiedliche Konstellationen im Versicherungsfall zu unterscheiden.

– Sind die *erbberechtigten Begünstigten mit Namen* aufgeführt[105], ist es möglich, dass der VN Quoten mittels Begünstigungserklärung verfügt. Wurde eine bestimmte Quote in der Begünstigungserklärung zugunsten eines namentlich aufgeführten, erbberechtigten Begünstigten verfügt, welcher im Versicherungsfall bereits vorverstorben war, so fällt seine frei gewordene Quote zurück in den Nachlass des VN und es finden die erbrechtlichen Bestimmungen Anwendung[106]. Sind hingegen die erbberechtigten Begünstigten mit Namen, aber ohne Quoten als Begünstigte aufgeführt, so hat das Bundesgericht in BGE 77 II 170 entschieden, dass der Anteil des vorverstorbenen Begünstigten den übrigen Begünstigten nach dem Akkreszenzprinzip, d.h. anteilsmässig nach Köpfen, zukommt[107].

– Sind die *erbberechtigten Begünstigten ohne Namen* bezeichnet[108], sind unter ihnen, da nicht namentlich zuweisbar, logischerweise keine Quoten verfügbar. Hier gilt es die spezielle Regelung für namentlich nicht genannte begünstigte Erben nach Art. 83 VVG zu beachten. Wenn als Begünstigte die «Kinder», «Nachkommen» oder «Erben» bestimmt wurden, ist Art. 84 Abs. 4 VVG, in welchem das Akkreszenzprinzip verankert ist, nicht anwendbar[109]. Das Bundesgericht hat in BGE 57 II 213 bei Vorliegen eines vorverstorbenen, namentlich nicht genannten, jedoch erbberechtigten Begünstigten, entschieden, dass seine Begünstigung «vererbt» wird, indem der verstorbene Begünstigte automatisch durch seine Nachkommen ersetzt wird, welche sodann den Kopfanteil an der Versicherungssumme des vorverstorbenen Elternteils zugespro-

---

[105] Z.B.: Begünstigt sind «meine Kinder Fritz und Helga», «mein Sohn Freddy» oder einfach «Heidi Müller» (als Tochter).
[106] BSK-*Küng*, N. 13 zu Art. 84 VVG.
[107] BGE 77 II 170.
[108] Z.B.: Begünstigt sind «mein Ehegatte», «meine Eltern», «meine Kinder», «meine Nachkommen», «meine Erben» etc.
[109] BSK-*Küng*, N. 14 zu Art. 84 VVG.

chen erhalten[110]. Diese ältere Rechtsprechung wurde bis anhin jedoch nicht mehr bestätigt.

Die vorstehenden eher komplexen Zuweisungskonstellationen bei Vorversterben eines Begünstigten können natürlich durch eine explizite Nach- bzw. Ersatzbegünstigung durch den VN im Einzelfall geändert bzw. vermieden werden. Dies empfiehlt sich auch, da die Rechtsfolgen in den vorstehenden Konstellationen nicht wirklich immer schlüssig und damit für den VN absehbar sind.

4.5 Begünstigung in der Säule 3a und Erbrecht

Aufgrund ihrer steuerlichen Privilegierung ist die gebundene Selbstvorsorge im Rahmen der Säule 3a sehr beliebt und hat in der Praxis an Bedeutung gewonnen. Gemäss Art. 1 BVV3 gilt als anerkannte Vorsorgeform im Sinne von Art. 82 BVG, neben der gebundenen Vorsorgevereinbarung bei Bankstiftungen, die gebundene Vorsorgeversicherung bei Versicherungseinrichtungen[111]. Eine solche liegt bei besonderen Kapital- und Rentenversicherungen auf den Erlebens-, Invaliditäts- oder Todesfall vor, einschliesslich allfälliger Zusatzversicherungen für Unfalltod oder Invalidität, die mit einer der Versicherungsaufsicht unterstellten oder mit einer öffentlich-rechtlichen Versicherungseinrichtung gemäss Art. 67 Abs. 1 BVG abgeschlossen werden und ausschliesslich und unwiderruflich der Vorsorge dienen[112]. Produkte für gebundene Vorsorgeversicherungen werden durch die Eidgenössische Steuerverwaltung (ESTV) vorab jeweils auf ihre Vorsorge- und damit Steuerkonformität hin überprüft.

Die im Rahmen der gebundenen Selbstvorsorge angesparten Altersleistungen gelangen grundsätzlich erst mit dem Erreichen des ordentlichen AHV-Rentenalters zur Auszahlung und mithin in diesem Zeitpunkt zu einer privilegierten reduzierten Besteuerung. Stirbt der Vorsorge- bzw. Versicherungsnehmer jedoch vor dem Zeitpunkt für ein zulässiges Auszahlungsbe-

---

[110] BGE 57 II 213 S. 220 ff. = SVA VII, Nr. 283 S. 499 ff. = Pra 1931 S. 339 S. 346 ff.; BSK-*Küng*, N. 14 zu Art. 84 VVG.
[111] Im Jahre 1985 hat der Bundesrat die Verordnung über die steuerliche Abzugsfähigkeit für Beiträge an anerkannte Vorsorgeformen (BVV3; SR 831.461.3) erlassen. Seit diesem Zeitpunkt ist die gebundene Vorsorgeversicherung fester Bestandteil des Drei-Säulen-Konzepts der Alters-, Hinterlassenen- und Invalidenvorsorge (vgl. dazu Art. 111 Abs. 1 BV).
[112] Die einbezahlten Gelder können auch zum Erwerb von Wohneigentum verpfändet bzw. zum Aufschub der Amortisation von Hypotheken benützt werden (Art. 4 Abs. 2 BVV 3).

gehren nach Art. 3 Abs. 1 BVV3, kommt zwingend die Begünstigungsordnung gemäss Art. 2 BVV3 zur Anwendung. Der Kreis der Begünstigten wird in Art. 2 Abs. 1 BVV3 zwar bestimmt, der Vorsorgenehmer kann aber im Rahmen der gesetzlichen Vorgaben die Begünstigten letztlich selbst mitbestimmen und sogar ihre Ansprüche näher bezeichnen, was dazu führt, dass Leistungen aus der Säule 3a als unentgeltliche Zuwendungen anzusehen sind. Die Begünstigungsordnung in der Säule 3a sieht folgende Regelungen vor:

1. Als Begünstigte sind folgende Personen zugelassen:
   a. im Erlebensfall der Vorsorgenehmer;
   b. nach dessen Ableben die folgenden Personen in nachstehender Reihenfolge:
      1. der überlebende Ehegatte oder die überlebende eingetragene Partnerin oder der überlebende eingetragene Partner,
      2. die direkten Nachkommen sowie die natürlichen Personen, die von der verstorbenen Person in erheblichem Masse unterstützt worden sind, oder die Person, die mit dieser in den letzten fünf Jahren bis zu ihrem Tod ununterbrochen eine Lebensgemeinschaft geführt hat oder die für den Unterhalt eines oder mehrerer gemeinsamer Kinder aufkommen muss,
      3. die Eltern,
      4. die Geschwister,
      5. die übrigen Erben.
2. Der Vorsorgenehmer kann eine oder mehrere begünstigte Personen unter den in Absatz 1 Buchstabe b Ziffer 2 genannten Begünstigten bestimmen und deren Ansprüche näher bezeichnen.
3. Der Vorsorgenehmer hat das Recht, die Reihenfolge der Begünstigten nach Absatz 1 Buchstabe b Ziffern 3–5 zu ändern und deren Ansprüche näher zu bezeichnen.

Die vorstehende Reihenfolge der Begünstigten weicht deutlich vom gesetzlichen Erbrecht nach Art. 457 ff. ZGB ab. In der «Pole-Position» steht der überlebende Ehegatte bzw. der eingetragene Partner, welcher – falls er den Versicherungsfall erlebt –, alle nachfolgenden möglichen Begünstigten ausschliesst und demnach alleine auf die Todesfallsumme berechtigt ist und nicht zu teilen hat. In diesem Zusammenhang stellt sich mitunter die Frage, ob ein überlebender Ehegatte bzw. eingetragener Partner zugunsten der nachfolgenden Kaskade rechtsgültig auf die Versicherungsleistung verzichten kann, auch wenn hierdurch der Vorsorgezweck allenfalls verletzt würde und unter Umständen letztlich der Steuerzahler zur Kasse gebeten würde.

In der zweiten Kaskade stehen vier Personengruppen auf gleicher Ebene, die sich die Todesfallsumme anteilsmässig unter den Gruppen (und nicht etwa unter den Personen) aufzuteilen haben, falls der Erblasser keine spezifische Begünstigungsordnung im Rahmen seiner Verfügungsmöglichkeiten festgelegt hat. Bei den Anspruchs- bzw. Personengruppen gemäss Art. 2 Abs. 1 lit. b Ziff. 2 BVV3 handelt es sich um (1) die direkten Nachkommen des Erblassers, (2) die natürlichen Personen, die vom Erblasser in erheblichem Masse unterstützt worden sind, und (3) die Person, die mit dem Erblasser in den letzten fünf Jahren bis zu seinem Tod ununterbrochen eine Lebensgemeinschaft geführt hat sowie (4) die Person, die für den Unterhalt eines oder mehrerer gemeinsamer Kinder aufkommen muss.

Sodann besitzt der VN bzw. Vorsorgenehmer nach Art. 2 Abs. 2 BVV3 das Recht, eine oder mehrere begünstigte Personen in den vier Personengruppen in Ziff. 2 eingehender zu bestimmen bzw. aus dem Kreis der Begünstigten auszuschliessen. Darüber hinaus besitzt der VN die Möglichkeit, die Ansprüche der individualisierten Personen in Form von Quoten oder Beträgen näher zu regeln bzw. festzusetzen. Von dieser Möglichkeit wird im Rahmen der Säule 3a heute jedoch wenig Gebrauch gemacht, sodass die gesetzliche Regelung Platz greift und alle Personengruppen anteilsmässig zu gleichen Teilen begünstigt sind. Diese Anteile sind dann wiederum auf die vorhandenen begünstigten Personen in den verschiedenen Personengruppen entsprechend aufzuteilen.

In Anbetracht, dass von der beschränkten Verfügungsmöglichkeit in der Praxis wenig Gebrauch gemacht wird, stellen sich in Bezug auf die begünstigten Personengruppen heikle Fragen: Beispielsweise, ob ein geschiedener Ehegatte mit seinem im gerichtlichen Verfahren erwirkten Ehegattenunterhalt quasi via Scheidungsurteil durch die Hintertür wieder in den Kreis der Begünstigten Einlass findet, da er hierdurch regelmässig in erheblichem Masse unterstützt wird, oder ob ein geschiedener Ehegatte, welcher in einem Teilzeitarbeitspensum steht und für gemeinsame Kinder mitaufkommt, wiederum zum Kreis der Begünstigten zu zählen und damit dem Konkubinatspartner des Erblasser trotz Scheidung gleichgestellt ist. Eine verbindliche Rechtsprechung zu diesen Fragen existiert bis heute nicht.

In den Kaskaden 3–5, welche lediglich zum Zuge kommen, wenn keine begünstigten Personen in der Kaskade 1 und 2 vorhanden sind, stehen die Eltern an dritter Stelle, die Geschwister an vierter und die übrigen Erben an letzter Stelle. Der VN und Vorsorgenehmer hat gemäss Art. 2 Abs. 3 BVV3 das Recht, die Reihenfolge der Begünstigten in den Kaskaden 3–5 beliebig zu ändern und deren Ansprüche näher zu bezeichnen. Jedoch gilt auch hier wiederum, dass begünstigte Personen einer Kaskade die nachbegünstigten Personen der nachfolgenden Kaskade von der Begünstigung ausschliessen.

Im Übrigen finden im Rahmen der gesetzlichen Verfügungsmöglichkeiten auf die Form und Ausgestaltung der Begünstigungserklärung die Bestimmungen in Art. 76 ff. VVG Anwendung, wobei die Statuierung einer unwiderruflichen Begünstigung in der gebundenen Vorsorge nicht möglich ist.

5. Lebensversicherung und Nachlassplanung

5.1 Verfügungsmöglichkeiten und Besonderheiten

Die Begünstigung einer oder mehrerer Personen im Rahmen einer Lebensversicherung, sei dies ein Dritter oder gar ein Erbe, kann auf verschiedene Art und Weise erfolgen.

5.1.1 Begünstigungserklärung gegenüber dem Versicherer

Der VN ist nach Art. 76 Abs. 1 VVG im Sinne eines Rechtsgeschäfts unter Lebenden befugt, einen oder mehrere Begünstigte nach seiner Wahl oder im Rahmen der Säule 3a innerhalb der gesetzlichen Verfügungsmöglichkeiten gemäss Art. 2 BVV3 mittels formloser Erklärung einzusetzen und deren Ansprüche rang-, quoten- oder betragsmässig näher zu regeln[113]. Dies ist in der Praxis der Regelfall. Darüber hinaus kann der VN in der freien Vorsorge, nicht aber in der gebundenen Vorsorge, gegenüber dem Begünstigten auf einen Widerruf seiner Begünstigungserklärung gemäss Art. 77 Abs. 2 VVG schriftlich bzw. unterschriftlich verzichten[114].

5.1.2 Begünstigungserklärung in einer letztwilligen Verfügung

Im Weiteren kann die Begünstigung im Rahmen einer Verfügung von Todes wegen nach Art. 76 Abs. 1 VVG erklärt oder jederzeit geändert werden. Hierdurch fällt die Todesfallsumme nicht etwa in den Nachlass des Erblassers,

---

[113] Gewisse Lehrmeinungen postulieren, dass die Errichtung einer Begünstigungserklärung in der gebundenen Bankvorsorge der Säule 3a als letztwillige Verfügung auszugestalten ist (vgl. BSK-*Staehelin*, N. 5 zu Art. 476 ZGB; *Trachsel*, S. 180; *Aebi-Müller*, Vorsorge, S. 25). Diese Ansicht wird im vorliegenden Beitrag nicht vertreten.

[114] BSK-*Staehelin*, N. 3 zu Art. 476 ZGB; BSK-*Küng*, N. 11 zu Art. 77 VVG; vgl. dazu auch S. 7.

sondern geht am Nachlass vorbei direkt an den oder die Begünstigten[115]. Sodann geht eine später ergangene versicherungsrechtliche Begünstigung einer früheren testamentarisch festgelegten Begünstigung vor, jedoch nicht umgekehrt[116]. Der VN ist nicht an die einmal gewählte Verfügungsform gebunden[117]. In diesem Zusammenhang kann sich jedoch die Frage stellen, ob eine später ergangene Begünstigungserklärung des VN einen früher abgeschlossenen Erbvertrag zwischen den Parteien verletzt. Schliesslich ist in der Praxis beim Verfassen einer Begünstigung im Rahmen einer testamentarischen Verfügung darauf zu achten, dass die Formulierung eine versicherungsrechtliche Begünstigung klar zum Ausdruck bringt, ansonsten letztlich durch Auslegung des Testaments nach dem Wortlaut und dem Willensprinzip ermittelt werden muss, ob eine Begünstigungserklärung nach VVG oder eine erbrechtliche Verfügung (Legat oder Erbeinsetzung mit Teilungsvorschrift) vorliegt und damit die Versicherungsleistung zunächst Gegenstand des Nachlasses bildet[118].

5.1.3 Testamentarische Erbeinsetzung oder Legat über die Versicherungsleistung

Zusätzliche Verfügungsmöglichkeiten bietet das Erbecht. Der Erblasser kann über seinen Versicherungsanspruch als Teil der Nachlassaktiven auch mittels letztwilliger Verfügung von Todes wegen verfügen, was einen rein erbrechtlichen Vorgang darstellt. Er kann dies mittels Erbeinsetzung (Art. 483 ZGB) oder Ausrichtung eines Vermächtnisses (Art. 484 ff. ZGB) erreichen[119]. Hat der Erblasser über seinen Versicherungsanspruch durch Erbeinsetzung mit Teilungsvorschrift oder Legat verfügt, fällt die ganze Versicherungsleistung und nicht etwa bloss der Rückkaufswert zuerst in den Nachlass[120]. Der Vermächtnisnehmer kann jedoch im Anschluss

---

[115] BGE 112 II 157 ff.; 71 II 147, S. 152; 82 II 94, S. 98.
[116] Umgekehrt muss eine später ergangene testamentarische Begünstigungserklärung auch dann Gültigkeit haben, wenn die letztwillige Verfügung von Todes wegen infolge Formmangel ungültig ist. Das Bundesgericht gelangte jedoch in BGE 61 II 274 (SVA VIII, Nr. 293 S. 534 ff. = Pra 1935 S. 491 ff.) zu einer anderen Auffassung, welche in der Lehre heftig kritisiert wird (vgl. dazu BSK-*Küng*, N. 14 zu Art. 77 VVG; *Fuhrer*, § 22, N. 22.45).
[117] BSK-*Küng*, N. 3 zu Art. 77 VVG; BGer 24.5.1973, SVA XIII, Nr. 109, S. 555.
[118] Vgl. ZK-*Escher*, N. 7 zu Art. 476 ZGB; BSK-*Küng*, N. 32 zu Art. 77 VVG.
[119] Vgl. BSK-*Staehelin*, N. 3 zu Art. 476 ZGB; ZK-*Escher*, N. 9 zu Art. 476 ZGB; a.M. BK-*Weimar*, N. 21 zu Art. 476 ZGB.
[120] ZK-*Escher*, N. 4 zu Art. 563 ZGB; BSK-*Staehelin*, N. 5 zu Art. 476 ZGB; a.M. BK-*Weimar*, N. 21 zu Art. 476 ZGB.

die Todesfallleistung gegen den Versicherer selbständig geltend machen (Art. 563 Abs. 2 ZGB), auch wenn er die Erbschaft als Erbe ausgeschlagen hat (Art. 486 Abs. 3 ZGB)[121]. Schliesslich erfasst eine Erbeinsetzung oder ein Versicherungsvermächtnis den Versicherungsanspruch nur, wenn er zum Nachlass gehört. Dies bedingt, dass im Zeitpunkt des Todes keine versicherungsrechtliche Begünstigung nach Art. 476 ZGB existiert oder eine Abtretung nach Art. 73 VVG vorliegt[122]. Eine versicherungsrechtliche Begünstigung ist daher bei Erbeinsetzung oder bei Einräumung eines Versicherungsvermächtnisses auf die Versicherungsleistung ausdrücklich zu widerrufen, dabei kann der Widerruf in der letztwilligen Verfügung von Todes wegen selbst enthalten sein. Existiert jedoch bei Tod eine früher oder später ergangene versicherungsrechtliche Begünstigung, muss diese einer Erbeinsetzung oder einem Versicherungsvermächtnis grundsätzlich vorgehen. Im Übrigen steht einer Erbeinsetzung auf den Versicherungsanspruch oder einem Versicherungslegat immer die unwiderrufliche Begünstigung entgegen, unabhängig davon, wann diese begründet wurde.

5.1.4 Abtretung von Versicherungsleistungen oder des Versicherungsvertrages

In Zusammenhang mit dem Rechtsinstitut der Abtretung gilt es im Lebensversicherungsgeschäft zwei Konstellationen zu unterscheiden. Einerseits ist es möglich, dass der VN zu Lebzeiten einzelne Versicherungsansprüche aus seinem Versicherungsvertrag an einen Dritten abtritt. Andererseits besitzt der VN aber auch die Möglichkeit, den Versicherungsvertrag insgesamt und mithin die VN-Position zu Lebzeiten oder von Todes wegen auf einen Dritten zu übertragen.

5.1.4.1 *Die Abtretung von Versicherungsansprüchen nach Art. 73 VVG*

Der VN kann zu Lebzeiten seinen Anspruch auf Versicherungsleistungen aus Personenversicherungen mittels einer Zession abtreten oder mittels eines Pfandvertrages verpfänden, was gemäss Art. 73 Abs. 1 VVG einfache Schriftlichkeit, Übergabe der Police und Anzeige an den Versicherer erfor-

---

[121] Nach *Weimar* kann der Vermächtnisnehmer, dem ein Versicherungsanspruch auf den Tod des Erblassers vermacht ist, diesen unmittelbar geltend machen. Er erwerbe den Anspruch gegen den Versicherer analog zur Begünstigung unter Lebenden am Nachlass vorbei (N. 21 zu Art. 476 ZGB; vgl. auch BSK-*Staehelin,* N. 5 zu Art. 476 ZGB).
[122] BK-*Weimar,* N. 20 zu Art. 476 ZGB; vgl. dazu auch BSK-*Küng,* N. 22 zu Art. 76 VVG.

dert[123]. Unbestritten ist, dass Versicherungsansprüche sowohl vor wie auch nach Eintritt des versicherten Ereignisses abgetreten werden können[124]. Der Versicherungsanspruch beinhaltet die Forderungsrechte auf Bezahlung der Versicherungssumme, inklusive des Umwandlungs- bzw. Rückkaufswertes und gegebenenfalls Gewinn- und Überschussbeteiligung[125]. Gemischte Lebensversicherungen besitzen bekanntlich während der Laufzeit einen Rückkaufswert und stellen daher ein beliebtes Mittel zur Kreditabsicherung mittels Zession oder Verpfändung dar[126].

Bei der Abtretung nach Art. 73 VVG handelt es sich um ein Rechtsgeschäft unter Lebenden, mit welchem grundsätzlich die (widerrufliche) Begünstigung erlischt[127], genauer jedoch suspendiert bzw. reduziert wird. Der Zessionar auf den die abgetretenen Ansprüche übergehen, ist nicht Rechtsnachfolger des VN. Er wird lediglich Anspruchsberechtigter. Der Zedent bleibt VN und als solcher der aus dem Versicherungsvertrag Verpflichtete sowie Rechtsinhaber der nicht zedierten Rechte[128]. Ein gesetzlicher Anwendungsfall findet sich in Art. 86 VVG. Unterliegt der Anspruch aus einem Lebensversicherungsvertrag, den der Schuldner auf sein eigenes Leben abgeschlossen hat, der betreibungs- oder konkursrechtlichen Verwertung, so können der Ehegatte, der eingetragene Partner oder die Nachkommen des Schuldners bzw. des VN mit dessen Zustimmung verlangen, dass der Versicherungsanspruch ihnen gegen Erstattung des Rückkaufswertes übertragen wird. Die Übertragung des Versicherungsanspruchs erfolgt aber nicht automatisch, sondern nur auf ausdrückliches Begehren der Berechtigten. Die Übertragung erfolgt ohne Rücksicht auf Art. 73 VVG durch das zuständige Betreibungs- und Konkursamt. Die Berechtigten sind hier lediglich Zessionare und nicht VN und erwerben einen unentziehbaren Anspruch auf Ausrichtung der Versicherungsleistung. Dieser geht stets den Ansprüchen der Begünstigten vor. Schliesslich kann der Zessionar die abgetretenen Leistun-

---

[123] BSK-*Kuhn,* N. 27 zu Art. 73 VVG.
[124] BSK-*Kuhn,* N. 4 zu Art. 73 VVG. Falls jedoch der VN zugleich einzige versicherte Person ist, endet mit dem Tod des VN der Versicherungsvertrag und die Todesfallsumme wird zur Auszahlung fällig. Eine Abtretung der Todesfallsumme mittels Testament, welche einer Begünstigung grundsätzlich vorgehen würde, ist nicht möglich, da sie regelmässig an der Erfüllung der Formvorschriften gemäss Art. 73 Abs. 1 VVG, insbesondere an der Übergabe der Police, scheitert.
[125] *Roelli/Jaeger,* Bd. II, N. 37 zu Art. 73 VVG. Nicht selbstständig abtretbar nach Art. 73 VVG sind sämtliche Gestaltungsrechte, die eine Änderung oder Aufhebung des Versicherungsvertragsverhältnisses bezwecken, bspw. Rückkauf, Umwandlung, Rücktritt etc.
[126] BSK-*Kuhn,* N. 5 zu Art. 73 VVG.
[127] BSK-*Kuhn,* N. 33 Art. 73 VVG m.w.H.
[128] BSK-*Kuhn,* N. 30 zu Art. 73 VVG.

gen seinerseits an Dritte übertragen oder vererben[129]. Eine eingeschränktere Regelung besteht im Rahmen der Säule 3a[130].

5.1.4.2 Die Abtretung des Versicherungsvertrages im Sinne der Schuldübernahme (Art. 175 OR)

In der Praxis weit mehr verbreitet als die Abtretung von Versicherungsansprüchen nach Art. 73 VVG ist die Übertragung des gesamten Versicherungsvertrages. In der Versicherungsindustrie wird daher unter «Abtretung» meist die Übertragung des gesamten Versicherungsvertrages durch den ursprünglichen auf einen neuen VN verstanden. Im Fachjargon spricht man von einem «VN-Wechsel», wobei Art. 73 VVG nicht zur Anwendung gelangt. Ein VN-Wechsel bedarf jedoch der Zustimmung des Versicherers, falls die Prämien nicht durch eine Einmalprämie zu Beginn finanziert wurden[131].

Einen gesetzlichen Anwendungsfall eines VN-Wechsels sieht Art. 81 VVG vor. Sind der Ehegatte, der eingetragene Partner oder Nachkommen des VN Begünstigte in einem Lebensversicherungsvertrag, so treten sie, sofern sie es nicht ausdrücklich ablehnen, im Zeitpunkt, in dem gegen den VN ein Verlustschein vorliegt oder über ihn der Konkurs eröffnet wird, an seiner Stelle in die Rechte und Pflichten aus dem Versicherungsvertrag ein. Hier bekleiden die neu eintretenden Begünstigten die VN-Position, d.h., der bisherige VN verliert sämtliche Rechte und scheidet aus dem Versicherungs-

---

[129] BSK-*Küng*, N. 8 zu Art. 86 VVG.
[130] In der gebundenen Vorsorge verweist Art. 4 Abs. 1 BVV3 für die Abtretung von Leistungsansprüchen ausdrücklich auf Art. 39 BVG, wonach der Leistungsanspruch vor Fälligkeit unter Vorbehalt von Art. 30b BVG nicht abgetreten werden kann. Nach Art. 39 Abs. 3 BVG sind Rechtsgeschäfte, welche diesen Bestimmungen widersprechen, nichtig. Dies bedeutet, dass vor der Fälligkeit von Ansprüchen aus Lebensversicherungen der Säule 3a eine Abtretung nach Art. 73 Abs. 1 VVG nichtig ist. Damit wird eine Abtretung von Versicherungsleistungen in der Säule 3a praktisch unmöglich, da mit dem Tod des VN die Versicherung grundsätzlich erlischt und die Begünstigungsordnung greift. Eine Ausnahme statuiert Art. 4 Abs. 3 BVV3, welcher vorsieht, dass der VN seinem Ehegatten Ansprüche auf Altersleistungen ganz oder teilweise abtreten kann. Solche Ansprüche können auch durch den Richter zugesprochen werden, wenn der Güterstand anders als durch Tod aufgelöst wird (vgl. dazu BSK-*Kuhn*, N. 56 ff. zu Art. 73 VVG).
[131] Die Abtretung einer prämienpflichtigen Versicherung unter Lebenden setzt die Zustimmung des Versicherers voraus, da es sich nicht bloss um eine Abtretung einer Forderung nach Art. 164 ff. OR, sondern in Bezug auf die Prämienzahlungspflicht zugleich um eine Schuldübernahme nach Art. 175 ff. OR handelt (BSK-*Küng*, N. 12 zu Art. 77 VVG).

vertrag aus[132]. Keine Anwendung findet Art. 81 VVG in der gebundenen Vorsorgeversicherung der Säule 3a[133].

5.1.4.3 Die Abtretung des Versicherungsvertrages auf den Todesfall

Ein Spezialfall des VN-Wechsels ist die Abtretung der Lebensversicherung auf den Todesfall. Voraussetzung hierfür ist, dass der Versicherungsvertrag über den Tod des VN hinaus läuft. Dies ist der Fall, wenn der VN eine Lebensversicherung auf das Leben einer Drittperson oder auf mehrere Personen abgeschlossen hat. Im Todesfall treten dann die Erben kraft Universalsukzession in die VN-Position ein. Der VN kann aber ein Interesse daran haben, dass der Versicherungsvertrag nicht an seine Erben fällt, sondern an eine Drittperson seines Vertrauens geht. In diesem Fall verfügt er in Einhaltung der erbrechtlichen Formvorschriften mittels Testament oder Erbvertrag, wer an seiner Stelle neu in den Versicherungsvertrag als VN nachfolgen bzw. eintreten soll[134]. Da die ursprüngliche Begünstigung durch den Tod des ehemaligen VN unwiderruflich geworden ist, ist der neue VN grundsätzlich an diese gebunden und kann sie m.E. künftig nicht abändern[135]. Dies bedeutet, dass der neue VN zwar in die VN-Position eingetreten ist, aber den Vertrag ohne Zustimmung des unwiderruflich Begünstigten nicht abtreten oder verpfänden kann. Zudem bedarf ein Policendarlehen dessen Zustimmung und ein Rückkauf kann nur mit Leistung an den unwiderruflich Begünstigten durchgeführt werden.

5.2 Vorteile einer Lebensversicherung nach VVG gegenüber dem Erbrecht

– *Hohe Flexibilität in der Einsetzung eines Begünstigten.* Der VN ist ohne Zustimmung des Versicherers oder Versicherten befugt, einen Dritten als Begünstigten auf die Versicherungsleistung zu bezeichnen. Der VN ist aber trotz Begünstigungserklärung berechtigt, über den Anspruch aus der Versicherung unter Lebenden und von Todes wegen erneut frei zu

---

[132] BSK-*Küng*, N. 5 zu Art. 81 VVG.
[133] Kein VN-Wechsel nach Art. 81 VVG findet in der gebundenen Vorsorgeversicherung statt, da eine solche immer nur auf das Leben des Vorsorgenehmers selber, nicht jedoch auf das Leben einer Drittperson abgeschlossen werden kann (vgl. dazu BSK-*Kuhn*, N. 16 zu Art. 81 VVG).
[134] BSK-*Küng*, N. 30 zu Art. 77 VVG.
[135] Vgl. dazu *Plattner*, S. 462.

verfügen. Der VN besitzt das jederzeitige Widerrufsrecht, wenn er darauf nicht unterschriftlich verzichtet hat. Höhere Formerfordernisse gelten im Erbrecht.

- *Der Begünstigte kommt schnell und einfach zu seinem Geld.* Der Begünstigte besitzt gegenüber dem Versicherungsunternehmen einen direkten Anspruch. Für die Auszahlung der Todesfallsumme verlangt der Versicherer nach den vertraglichen Bestimmungen meist lediglich die Versicherungs-Police und das Todesfallzeugnis bzw. den Todesschein. Dieses Vorgehen ist wesentlich einfacher als eine eventuell langjährige Auseinandersetzung unter den Erben über die Erbteilung und mithin über die Ausrichtung der Versicherungsleistung.

- *Überschuldung des Nachlasses.* Ist der Nachlass überschuldet, fällt die Versicherungsleistung nicht den Gläubigern zu. Der Begünstigte erhält die Todesfallsumme unabhängig davon, ob der Nachlass des Erblassers überschuldet ist. Die Versicherungsleistung geht am Nachlass des VN vorbei direkt an den Begünstigten.

- *Erbausschlagung.* Erbberechtigte Nachkommen, Ehegatten, Eltern, Grosseltern oder Geschwister behalten den Anspruch auf die Versicherungsleistung, wenn sie begünstigt sind, selbst dann, wenn sie die Erbschaft ausschlagen bzw. nicht antreten.

- *Erbverzicht.* Der versicherungsrechtlich begünstigte Erbe kann die Versicherungsleistung auch dann beanspruchen, wenn er auf das Erbe erbvertraglich verzichtet hat.

- *Zwangsvollstreckungsprivileg.* Sind der Ehegatte, der eingetragene Partner oder die Nachkommen des VN Begünstigte, so unterliegt (vorbehältlich allfälliger Pfandrechte) weder der Versicherungsanspruch des Begünstigten noch derjenige des VN der Zwangsvollstreckung zugunsten der Gläubiger des VN und der Ehegatte, der eingetragene Partner oder die Nachkommen des VN besitzen ein Eintrittsrecht. Sie treten im Zeitpunkt, in dem gegen den VN ein Verlustschein vorliegt oder über ihn der Konkurs eröffnet wird, an seiner Stelle in die Rechte und Pflichten aus dem Versicherungsvertrag ein («VN-Wechsel»), sofern sie es nicht ausdrücklich ablehnen.

- *Keine Zwangsvollstreckung bei Vorliegen einer unwiderruflichen Begünstigung.* Hat der Versicherungsnehmer auf das Recht, die Begünstigung zu widerrufen, verzichtet, so unterliegt der durch die Begünstigung begründete Versicherungsanspruch nicht der Zwangsvollstreckung zugunsten der Gläubiger des VN.

- *Alternative zur Schenkung.* Lebensversicherungen sind eine veritable Alternative zur Schenkung, da sie nicht Gegenstand des Nachlasses bilden. So sind bspw. übermässige Schenkungen an Kinder aufgrund von absehbaren hohen Pflegekosten im Alter, welche durch die Sozialversicherungen (Zusatzleistungen) nicht anerkannt werden und dazu führen, dass die Gemeinde (Sozialhilfe) oder Verwandte aushelfen müssen, bei Tod oftmals in den Nachlass zurückzuführen. Wird die Schenkungssumme mittels Lebensversicherung ausgerichtet, ist sie dem Zugriff des Gemeinwesens entzogen.

- *Steuerlicher Anreiz.* Lebensversicherungen werden zum Teil auch benutzt, um Begünstigungen, welche auch durch Ehe- und Erbvertrag oder Testament erstellt werden könnten, auf anderem Wege zu realisieren, um damit steuerliche Vorteile beim Anspruchsberechtigten zu erzielen.

6. Schlussbetrachtung

Der Erblasser, welcher eine Vorsorge bzw. Absicherung von bestimmten Personen mithilfe einer Lebensversicherung plant, muss auf vielfältige Regeln und anspruchsvolle Nuancen achten, die sich gerade auch für den Laien reichlich komplex darstellen und nicht immer leicht zu verstehen sind. Lebensversicherungen mit ihren Instituten der widerruflichen und unwiderruflichen Begünstigung bieten aber zusätzliche veritable Möglichkeiten für sinnvolle Begünstigungen neben dem Ehe- und Erbrecht.

Schliesslich können Lebensversicherungen im Rahmen der Nachlass- und Vorsorgeplanung von zentraler Bedeutung sein, da sie dem Erblasser die Möglichkeit einräumen, unter Umständen fernab des Pflichtteilsschutzes beliebige Personen als Begünstigte einzusetzen, um so die beim Tod des VN fällig werdenden Todesfallsummen «am Erbrecht vorbei» ausrichten zu können. Dies auch deshalb, weil die versicherungsvertragliche Begünstigung aufgrund von Art. 532 ZGB erst in letzter Priorität herabgesetzt wird. Mitunter zeigt dieses Beispiel deutlich, dass Versicherungslösungen aus der Nachlass- und Vorsorgeplanung heute nicht mehr wegzudenken sind. Welche Versicherungslösungen sich als Planungsinstrumente auch in Berücksichtigung ihrer güter-, erb- und steuerrechtlichen Auswirkungen als ideal erweisen, kann jedoch nur im Einzelfall individuell-konkret und oft auch nur als Momentaufnahme bestimmt werden. Aufgabe des beratenden Anwalts oder Notars ist es daher, rechtzeitig auf mögliche Konsequenzen von Entscheidungen im Bereich der Nachlass- und Vorsorgeplanung hinzuweisen und bereits bestehende Anwartschaften und Ansprüche in den Gesamtkontext der individuell-konkreten Nachlassplanung einzubeziehen.

Der vorliegende aus versicherungsrechtlicher Optik verfasste Beitrag versteht sich auch als Gegenpol zur familienrechtlichen Optik, welche in den letzten Jahren durch diverse Fachpublikationen in Bezug auf Versicherungs- und Vorsorgeansprüche und deren güter- und erbrechtliche Behandlung rechtsdogmatisch wie auch rechtspolitisch in eine falsche Richtung steuert. *Einerseits* rechtfertigt sich die Gleichstellung bzw. Gleichbehandlung der freien und gebundenen Vorsorge der Säule 3a/3b in güter- und erbrechtlicher Hinsicht aus rechtsdogmatischen Gesichtspunkten nicht. *Andererseits* ist nicht einzusehen, warum Vorsorgeansprüche aus der Säule 3a, welche infolge Tod des Vorsorgenehmers zur Auszahlung (i.d.R. an den überlebenden Ehegatten) gelangen, beim gebundenen Versicherungssparen in güter- und erbrechtlicher Hinsicht anders als beim gebundenen Banksparen behandelt werden sollen. Es wird daher die Aufgabe der Rechtsprechung sein, sich konsistent für die eine oder andere Optik zu entscheiden, insofern ist diese Entwicklung noch nicht abgeschlossen. Dieser Umstand stellt für Anwälte und Notare wie auch für Lebensversicherungsgesellschaften in der Praxis eine besondere Herausforderung, aber auch schwierige Aufgabe dar, sich immer wieder auf kurzfristige Änderungen in der Rechtsprechung einstellen zu müssen.

Nachstehend eine Kurzzusammenfassung der im Todesfall ausgerichteten Vorsorge- und Versicherungsleistungen der Säule 3a und 3b und ihre güter- und erbrechtliche Behandlung aus versicherungsrechtlicher Optik:

	Güterrechtliche Behandlung bei Tod	Erbrechtliche Behandlung

Säule 3b: Todesfallleistungen aus rückkaufsfähigen Lebensversicherungen bei Vorliegen einer *widerruflichen Begünstigung:*	– Keine güterrechtliche Berücksichtigung, wenn überlebender Ehegatte im Todesfall begünstigt ist.
	– Güterrechtliche Hinzurechnung des Rückkaufswertes unter den Voraussetzungen in Art. 208 ZGB, wenn ein Dritter im Todesfall begünstigt ist.
		– Todesfallleistungen aus Lebensversicherungen der Säule 3b fallen dann nicht in den Nachlass, wenn ein Begünstigter vorhanden ist, der ein eigenes Forderungsrecht gegenüber der Versicherung (Art. 78 VVG) besitzt.
		– Erbrechtliche Hinzurechnung und Herabsetzung (Art. 476/529 ZGB) mit ihrem Rückkaufswert.
		– Auf den Tod des Erblassers gestellte Versicherungen mit Rückkaufswert:
		  – gemischte Lebensversicherungen
		  – reine oder lebenslängliche Todesfallversicherung
		  – Leibrenten mit Rückgewähr im Todesfall

Säule 3b: Todesfallleistungen aus nicht rückkaufsfähigen Lebensversicherungen bei Vorliegen einer *widerruflichen Begünstigung:*	– Keine güterrechtliche Berücksichtigung	– Todesfallleistungen aus Lebensversicherungen der Säule 3b fallen dann nicht in den Nachlass, wenn ein Begünstigter vorhanden ist, der ein eigenes Forderungsrecht gegenüber der Versicherung (Art. 78 VVG) besitzt.
		– Keine erbrechtliche Hinzurechnung und Herabsetzung (Art. 476/529 ZGB)
		– Auf den Tod des Erblassers gestellte Versicherungen ohne Rückkaufswert:
		  – Temporäre Todesfallversicherungen
		  – Leibrente ohne Rückgewähr im Todesfall
		– Nicht auf den Tod des Erblasser gestellte Versicherungen:
		  – Erlebensfallversicherung
		  – Erwerbsunfähigkeitsversicherung
		  – Terme-fix-Versicherungen
		  – Überlebensfallversicherung

Säule 3b: Todesfallleistungen bei Vorliegen einer *unwiderruflichen Begünstigung:* – Unwiderruflichkeit – durch Erklärung nach Art. 77 Abs. 2 VVG oder – durch den Tod des VN.	Keine güterrechtliche Berücksichtigung Allenfalls Berücksichtigung von Prämienzahlungen aus Errungenschaft nach Begründung der Unwiderrufbarkeit bis zum Tod des VN.	Keine erbrechtliche Berücksichtigung
Säule 3a: Todesfallleistungen aus gebundenem Versicherungssparen:	Keine güterrechtliche Berücksichtigung (analog zur 2. Säule und FZG)	Todesfallleistungen aus Lebensversicherungen der Säule 3a fallen nicht in den Nachlass. Keine erbrechtliche Hinzurechnung und Herabsetzung (Art. 476/529 ZGB)
Säule 3a: Todesfallleistungen aus gebundenem Banksparen:	Keine güterrechtliche Berücksichtigung (analog zur 2. Säule und FZG)	Keine erbrechtliche Hinzurechnung und Herabsetzung (Art. 475/527 ZGB)

Le pacte sur succession non ouverte

MICHEL MOOSER

Sommaire

Bibliographie	243
Introduction	244
1. Notion – Les utilités du pacte	244
2. Délimitations	246
2.1 Par rapport à la convention sur parts héréditaires	246
2.2 Par rapport au pacte successoral	247
2.3 Par rapport à d'autres contrats à connotation successorale	248
3. La conclusion du pacte	250
3.1 La forme du contrat	250
3.2 Le concours et l'assentiment du de cujus	250
3.3 Les parties au contrat	253
4. Le contenu du pacte	254
4.1 La cession de l'expectative successorale	255
4.2 La répartition de certains biens successoraux	255
5. Les effets du pacte	256
5.1 Du vivant du de cujus	256
5.2 Après l'ouverture de la succession	257
Conclusions	258

Bibliographie

Olivier Bloch, Les conventions d'actionnaires et le droit de la société anonyme en droit suisse, 2ème éd., Genève 2011; *Philip R. Bornhauser,* Der Ehe- und Erbvertrag – Dogmatische Grundlage für die Praxis, Zürich 2012; *Paul Eitel,* Vertrag über eine noch nicht angefallene Erbschaft im Verhältnis zu einem nachträglich errichteten Testament (mit privatorischer Klausel), Anmerkung zu BGE 128 III 163 ff., ZBJV 139 p. 909 ss; *Arnold Escher,* Das Erbrecht, Commentaire zurichois, Zürich 1960; *Tarkan Göksu,* in Handkommentar zum Schweizer Privatrecht, 2ème éd., Zürich 2012; *Ramon Mabillard,* in Erbrecht, 2ème éd., Zürich 2011; *Paul Piotet,* Droit successoral, TDS IV, Fribourg 1975; *Nicolas Rouiller,* in Commentaire du droit des successions, Eigenmann/Rouiller (édit.), Berne 2012; *Peter C. Schaufelberger/Katrin Keller Lüscher,* Zivilgesetzbuch II, Commentaire bâlois, 4ème éd., Bâle 2011 (cité BSK-*Schaufelberger*); *Eugen Spirig,* Nacherbeneinsetzung und Nachvermächtnis, in RNRF 58 p. 193 ss; *Paul-Henri Steinauer,* Le droit des successions, Berne 2006; *Peter Tuor/Vito Picenoni,* Das Erbrecht, Commentaire bernois, Berne 1964; *Dieter Zobl,* Das Fahrnispfand, Commentaire bernois, Berne 1996.

Introduction

Le Code civil[1] régit le pacte sur succession non ouverte en relation avec la clôture du partage (art. 634 ss CC; note marginale A.). Après avoir traité du contrat de partage (art. 634 CC), il régit la convention sur parts héréditaires (art. 635 CC) et le pacte sur successions non ouvertes à l'art. 636 CC. Cette disposition a la teneur suivante:

> [1] Sont nuls et de nul effet tous contrats passés au sujet d'une succession non ouverte, par un héritier avec ses cohéritiers ou un tiers, sans le concours et l'assentiment de celui dont l'hérédité a fait l'objet de la convention.
> [2] Les prestations faites en vertu d'une semblable convention sont sujettes à répétition.

Traduite en termes positifs, elle laisse entendre que les pactes sur succession non ouvertes sont valables si le de cujus y apporte son concours et son assentiment[2].

1. Notion – Les utilités du pacte

Le pacte sur succession non ouverte est un contrat *sui generis*[3] relatif à la part qui pourra revenir à un éventuel héritier dans la succession d'une personne qui n'est pas encore décédée[4].

En principe, des conventions passées dans la perspective du décès de la personne dont la succession est en cause sont considérées comme assez choquantes[5], voire immorales[6], du fait que l'on spécule sur sa succession[7] *(votum mortis)*. Pareille spéculation pourrait en outre mettre le de cujus dans une situation dangereuse[8]. De son côté, l'héritier présomptif pourrait être l'objet de pressions et accepter, comme victime d'usure, de céder

---

[1] Sauf indications contraires, les dispositions citées sont celles du Code civil.
[2] *Schaufelberger*, n. 2 ad art. 636 CC; *Tuor/Picenoni*, n. 2 ad art. 636 CC; ATF 98 II 281 = JdT 1973 I 242/243.
[3] ATF 98 II 281 = JdT 1973 I 342/346.
[4] *Rouiller*, n. 1 ad art. 636 CC.
[5] *Piotet*, p. 607.
[6] *Eitel*, p. 914 («wenig pietätvoll»); *Rouiller*, n. 2 ad art. 636 CC; *Schaufelberger*, n. 1 ad art. 636 CC; *Tuor/Picenoni* («odiöser Charakter»).
[7] *Steinauer*, p. 563, n. 1203.
[8] *Mabillard*, n. 1 ad art. 636 CC; cf. également *Escher*, n. 2 ad art. 636 CC («man wird dabei besonders an eine mögliche Gefahr für Leib und Leben des Erblassers gedacht haben»).

sa part successorale pour un prix dérisoire[9]; il pourrait également s'engager au-delà de ce que les forces de la succession lui permettront (infra 3.2). Adoptant une approche consistant à reconnaître aux individus autant de liberté contractuelle possible[10], et dans le but de répondre à une nécessité pratique[11], le législateur a néanmoins permis de telles conventions, à la condition que l'éventuel de cujus y concoure et y consente.

Le pacte sur succession non ouverte n'est pas utilisé très fréquemment. Il peut toutefois présenter *un intérêt* certain *à plusieurs égards:*

1° Il constitue un instrument de *planification successorale.* Son utilisation peut en particulier se révéler utile pour fixer le sort de certains biens après le décès de leur propriétaire, en déterminant du vivant de celui-ci la personne de leur attributaire et les modalités de cette attribution[12]. C'est le cas par exemple d'immeubles[13] ou d'actions d'une société anonyme de famille, dans le cadre d'une convention d'actionnaires[14].

2° L'héritier présomptif peut *disposer de son expectative* successorale. La cession de celle-ci peut intervenir à titre direct ou être consentie à titre de garantie[15]. Elle permet au cédant d'obtenir des liquidités qu'il ne pourrait pas obtenir autrement. C'est ainsi qu'un héritier qui s'expatrie pourrait convenir avec ses cohéritiers que ceux-ci le désintéressent définitivement[16] ou «vendre» sa part successorale à un tiers[17].

3° En *droit social,* la conclusion d'un pacte sur succession future peut intervenir de façon à céder à l'autorité chargée de l'aide sociale les prétentions résultant pour la personne assistée de la succession future de ses parents (dont le consentement est nécessaire); mais l'autorité ne peut pas faire dépendre de la conclusion d'un tel contrat l'aide sociale[18].

---

[9] ATF 56 II 347/350.
[10] ATF 56 II 347/350; 42 II 190.
[11] *Escher,* n. 1 ad art. 636 CC.
[12] Pour un cas d'application, ATF 57 II 21/22 = JdT 1931 I 418/419.
[13] Pour un cas d'application, ATF 128 III 163 = JdT 2002 I 536; ATF 57 II 21/22 = JdT 1931 I 418/419.
[14] Cf. *Bloch,* p. 42.
[15] *Rouiller,* n. 4 ad art. 636 CC.
[16] *Escher,* n. 1 ad art. 636 CC.
[17] *Tuor/Picenoni,* n. 5 ad art. 636 CC.
[18] Pour un cas d'application, Verwaltungsgericht Aargau, AGVE 2008 p. 259; l'arrêt précise: «Die Gemeinde kann aber weder durch den Erlass einer Verfügung die Verwandtenunterstützung festlegen noch einen Unterstützungspflichtigen mittels indirektem Zwang – hier unter Androhung von Kürzungen der Hilfeleistungen an den Sozialhilfebezüger – zu erbrechtlichen Verfügungen oder zur Zustimmung von Vereinbarungen gemäss Art. 636 ZGB zwingen».

2. Délimitations

Le pacte sur succession non ouverte se distingue de plusieurs institutions, dont il est pourtant proche. Ce sont principalement la convention sur parts héréditaires et le pacte successoral.

2.1 Par rapport à la convention sur parts héréditaires

Pacte sur succession non ouverte et convention sur parts héréditaires ont des *points communs:*

1° Dans les deux cas, il s'agit de conventions, non pas d'actes unilatéraux (à l'image des testaments).
2° La forme écrite est suffisante (infra 3.1); la forme authentique n'est pas exigée.
3° Le de cujus n'est pas partie à la convention (infra 3.2). Celle-ci est être passée entre un (futur) héritier et ses (futurs) cohéritiers ou avec des tiers.

Ils se *distinguent* toutefois sur des points importants; on citera les suivants:

1° La convention sur parts héréditaires est conclue après l'ouverture de la succession, tandis que le pacte sur succession non ouverte est conclu (comme son nom l'indique) avant la mort du de cujus[19].
2° Parce qu'il est conclu avant le décès du de cujus, le pacte sur succession non ouverte concerne la part qui pourra revenir à un éventuel héritier. Il ne porte donc que sur de simples expectatives successorales (infra 4.) et résulte d'une certaine spéculation sur la mort du de cujus. Dans le pacte sur succession non ouverte, la qualité d'héritier (présomptif) n'a donc pas à être donnée au moment de la conclusion du contrat. Elle doit l'être en relation avec la convention sur parts héréditaires.
3° L'art. 635 CC suppose l'existence d'une hoirie, alors que le pacte sur succession non ouverte peut être conclu par un héritier (présomptif) unique[20]. Dans le même sens, la convention sur parts héréditaires ne peut avoir pour objet qu'une part successorale, tandis que le pacte sur succession non ouverte passé par tous les héritiers présomptifs peut se rapporter à la succession tout entière[21] (la question étant régie, après l'ou-

---

[19] *Escher,* n. 2 ad art. 636 CC; *Rouiller,* n. 1 ad art. 636 CC; *Schaufelberger,* n. 1 ad art. 636 CC.
[20] Cf. *Piotet,* p. 608.
[21] *Tuor/Picenoni,* n. 4 ad art. 636 CC.

verture de la succession, non pas par l'art. 635 CC, mais par l'art. 181 CO)[22].

2.2 Par rapport au pacte successoral

Les *points communs* sont les suivants:

1° Les deux institutions consistent en des contrats, auxquels est associé (mais à un titre différent) le de cujus.
2° Dans les deux cas, la convention a pour objet une succession non encore ouverte.
3° Les deux institutions présentent un aspect spéculatif. Dans le pacte d'attribution, le bénéficiaire n'a pas l'assurance absolue d'acquérir ce qui lui est promis (art. 494 al. 2 CC); dans le pacte de renonciation, le renonçant (cpr le cédant) s'engage sans connaître l'importance de la succession (en termes de croissance ou de décroissance).

Au vu de ces points communs, il n'est pas toujours aisé de distinguer le pacte successoral du pacte sur succession non ouverte. Cette distinction est pourtant essentielle, en termes *d'exigences formelles* notamment. Tandis que le pacte successoral n'est valable que si la forme authentique (qualifiée) est observée, le pacte sur succession non ouverte peut être passé en la simple forme écrite.

Matériellement, les contrats sont de nature différente. Le pacte (d'attribution) a pour effet de conférer au cocontractant une prétention successorale dans la succession du disposant; celui-ci est partie à l'acte. Dans le pacte sur succession non ouverte, l'héritier présomptif cède ses prétentions; le de cujus se limite à donner son accord à cette cession[23].

La distinction réside en outre dans la force que chacun de ces deux contrats peut avoir. Cela se manifeste en tout cas sous trois aspects:

1° La forme du pacte successoral doit être respectée pour que l'acte contienne une renonciation valable à la réserve (cf. art. 495 CC). Un pacte sur succession non ouverte qui contiendrait une disposition conduisant à une lésion de réserve ne lie pas la partie qui l'a signé et n'est a fortiori pas opposable à ses descendants (cpr art. 495 al. 3 CC). Ainsi, si dans un pacte sur succession non ouverte, l'héritier présomptif convient qu'il se

---

[22] *Escher*, n. 2 ad art. 636 CC.
[23] *Escher*, n. 6 ad art. 636 CC.

satisfera de l'attribution d'un immeuble dans la succession du de cujus et renonce à faire valoir d'autres prétentions, cette convention ne l'empêchera pas, dans la mesure où sa réserve est en réalité lésée, de faire valoir celle-ci le jour de l'ouverture de la succession; il n'est en effet pas abusif d'invoquer la nullité formelle d'un acte.

2° Le cédant (du pacte sur succession non ouverte) devient héritier et ne confère, en cas de cession de sa part successorale, qu'une créance au cessionnaire (infra 5.2). Dans le pacte de renonciation, il n'acquerra jamais sa qualité d'héritier (la personne en faveur de laquelle il aura renoncé le cas échéant devenant elle-même directement héritière du disposant).

3° Dans le pacte successoral, le disposant peut s'engager à ne pas disposer de ses biens (art. 494 al. 3 CC). Dans le cas du pacte sur succession non ouverte, le de cujus ne prend aucun engagement et est libre de disposer comme il l'entend de sa succession (infra 5.2).

Pacte successoral et pacte sur succession non ouverte peuvent être combinés. Tel est le cas par exemple lorsque, si un de ses enfants s'expatrie, le de cujus prend acte de la renonciation à succession de celui-ci et institue ses autres enfants comme héritiers (pacte successoral) et que ces derniers désintéressent eux-mêmes immédiatement le renonçant (pacte sur succession non ouverte).

2.3 Par rapport à d'autres contrats à connotation successorale

L'art. 636 al. 1 CC vise «tous contrats passés au sujet d'une succession non ouverte». Il ne concerne toutefois pas certaines conventions qui portent sur une telle succession, mais pour lesquelles il est admis qu'elles sont valables quand bien même le de cujus n'aurait pas donné son accord. Ces conventions peuvent avoir pour objet (directement ou indirectement) une part successorale à échoir, mais il n'y a pas lieu, dans ces cas, d'exiger une protection spéciale sous forme d'accord du de cujus, pour notamment écarter le *votum mortis* qu'entendait éviter le législateur (supra 1.). D'une façon générale, l'art. 636 CC doit être interprété restrictivement, car il constitue une entrave à la liberté contractuelle[24]. Par ailleurs, la loi connaît de nombreux cas dans lesquels une personne peut spéculer sur le décès d'une autre et avoir «intérêt» à ce décès, sans qu'elle impose des mesures particulières de protection; (indépendamment de la situation de l'héritier) on peut citer

---

[24] ATF 56 II 347/350.

la situation du débirentier, du nu-propriétaire ou de l'appelé dans la substitution fidéicommissaire[25]. On peut citer dans ce sens les conventions suivantes:

- l'accord par lequel le donataire renonce expressément ou tacitement à la dispense de rapport[26], même du vivant du donateur; il s'agit de l'abandon de droits résultant d'une donation déjà effectuée, c'est-à-dire de droits acquis dont le titulaire peut disposer[27];

- la convention qui reporte l'exigibilité d'une dette au moment de l'ouverture de la succession; une telle convention n'a pas pour objet la succession future («l'hérédité»), celle-ci n'étant qu'une condition applicable à une convention ayant un autre fondement que la qualité d'héritier[28];

- le contrat par lequel un héritier présomptif promet de devoir un certain montant à un tiers, pour autant que les forces de la succession qu'il escompte le lui permettent[29].

En revanche, la promesse de payer une dette au moyen d'une succession future, par la cession au créancier des droits successoraux[30], doit pour être valable répondre aux exigences de l'art. 636 CC.

---

[25] Cf. ATF 42 II 190/196.
[26] ATF 44 II 356/360.
[27] De cet arrêt ATF 44 II 356; *Rouiller* (n. 6 ad art. 636 CC; cf. également *Mabillard,* n. 15 ad art. 636 CC) déduit que l'accord par lequel les héritiers futurs dispensent l'un ou l'autre d'entre eux de l'obligation de rapporter ne constitue pas un pacte sur succession non ouverte et peut être passé sans l'accord du de cujus. A mon avis, dans la mesure où cet accord conduit à une lésion de réserve, on est en présence d'une renonciation à succession; la forme du pacte successoral est requise et le de cujus doit donner son accord.
[28] *Rouiller,* n. 7 ad art. 636 CC; ATF 56 II 347/349.
[29] *Escher,* n. 2 ad art. 636 CC; ATF 40 II 190/296, où le Tribunal fédéral a estimé qu'une application analogique de l'art. 636 CC ne se justifiait pas.
[30] Tribunal fédéral, arrêt 5A_878/2011 du 5 mars 2012 cons. 4.1. En l'occurrence, le Tribunal fédéral a constaté que la clause selon laquelle le poursuivi déclarait céder au poursuivant «à due concurrence sa part dans la succession de sa mère» ne constituait pas une convention qui ne faisait que repousser l'exigibilité de la créance au décès de sa mère, mais qu'il s'agissait bien d'un pacte sur succession non ouverte.

3. La conclusion du pacte

3.1 La forme du contrat

Le Code civil ne contient aucune exigence de forme. Il est toutefois admis que le pacte sur succession non ouverte doit être passé *par écrit,* par analogie avec l'art. 635 al. 1 CC[31]. La forme authentique n'est pas exigée, même si la succession comprend des immeubles[32].

3.2 Le concours et l'assentiment du de cujus

La loi impose, comme condition de validité du pacte sur succession non ouverte, le concours et l'assentiment du de cujus. Cet accord enlève à de pareilles conventions le caractère choquant qu'elles peuvent avoir en raison d'une spéculation sur son décès et il offre parfois à l'héritier qui cède tout ou partie de ses droits successoraux futurs à un cohéritier ou à un tiers une certaine protection contre une exploitation usuraire[33] (supra 1.); c'est ainsi que le de cujus pourrait réagir en voyant le montant de la contre-prestation convenue par les parties et informer le cédant qu'elle paraît dérisoire, ou le cessionnaire qu'elle paraît démesurément importante[34].

Le terme de «concours» n'a pas véritablement de portée: il n'est pas nécessaire que le de cujus participe activement à l'élaboration du pacte relatif à son hérédité, ni qu'il devienne partie à ce contrat[35]. Le de cujus ne prend

---

[31] *Göksu,* n. 6 ad art. 636 CC; *Mabillard,* n. 12 ad art. 636 CC; *Rouiller,* n. 17 ad art. 636 CC; *Schaufelberger,* n. 5 ad art. 636 CC; *Steinauer,* p. 564, n. 1207; ATF 98 II 281 = JdT 1973 I 342/347, qui ajoute: «La protection contre toute précipitation et la constatation plus sûre du contenu du contrat, auxquelles sert la forme écrite, sont encore plus nécessaires pour une convention selon l'art. 636 CC que pour une convention selon l'art. 635 CC, parce que le pacte sur une succession non ouverte est un contrat aléatoire qui exige mûre réflexion et que l'ouverture de la succession, à laquelle le contrat produira son effet essentiel, n'intervient souvent que plusieurs années après la conclusion de l'acte». *Contra* : *Bornhauser,* p. 252, qui, fondé sur l'art. 11 CO en relation avec l'art. 7 CC, est de l'avis (isolé) qu'aucune forme n'est exigée.

[32] *Escher,* n. 10 ad art. 636 CC; *Rouiller,* n. 17 ad art. 636 CC; ATF 57 II 21/26.

[33] ATF 98 I 281 = JdT 1973 I 342/343; dans le même sens, voir *Bloch,* p. 42; *Mabillard,* n. 2 ad art. 636 CC; *Schaufelberger,* n. 2 ad art. 636 CC («Schutz vor wucherischer Ausbeutung»); *Steinauer,* p. 563, n. 1204.

[34] *Rouiller,* n. 4 ad art. 636 CC et nbp 6 ad art. 636 CC.

[35] *Bornhauser,* p. 252; *Escher,* n. 5 ad art. 636 CC; *Göksu,* n. 4 ad art. 636 CC; *Mabillard,* n. 7 et n. 9 ad art. 636 CC; *Rouiller,* n. 10 ad art. 636 CC; *Schaufelberger,* n. 8 ad art. 636 CC; *Steinauer,* p. 564, n. 1208a.

aucun engagement (infra 5.1). Le législateur a cependant tenu à marquer que le consentement doit faire l'objet d'un processus concret et être réel, et qu'il ne peut être présumé ou simplement déduit des circonstances[36]. A ce titre, le consentement doit être exprimé clairement[37]. Les exigences y relatives sont toutefois discutées. Le Tribunal fédéral[38] admet que le consentement puisse être donné par actes concluants pour autant que ceux-ci soient clairs et sans ambiguïté. La doctrine admet que cet accord puisse se déduire des circonstances[39], ce qui paraît dépasser le sens de la jurisprudence[40]. La jurisprudence antérieure, qui exigeait que le consentement soit donné par écrit[41] n'a donc plus cours, de sorte qu'il est admis que l'accord peut être donné sans forme[42]. Il n'en demeure pas moins que l'utilisation de la forme écrite ne peut qu'être recommandée en termes de preuve[43]. La signature du de cujus peut être apposée sur un document séparé du pacte.

Il est généralement admis que, comme il ne s'agit pas d'un acte qui «oblige» au sens de l'art. 19 CC, le de cujus capable de discernement, mais n'ayant pas l'exercice des droits civils, peut valablement donner son accord[44]. S'il n'a pas le discernement, l'acte peut, selon la doctrine majoritaire, être passé par le *représentant* légal[45] du fait qu'à la différence d'une disposition pour

---

[36] *Rouiller*, n. 10 ad art. 636 CC.
[37] *Rouiller*, n. 11 ad art. 636 CC; voir à ce propos l'arrêt non publié 5A_878/2011 du 5 mars 2012 cons. 4.1: «Le concours et l'assentiment du de cujus exigés pour la validité du contrat consistent dans le fait que le de cujus exprime clairement à l'égard des parties au contrat son accord avec le contenu de celui-ci. Il suffit qu'il donne son assentiment aux clauses du contrat qui ont été portées à sa connaissance d'une façon détaillée, par exemple par la remise d'un projet avant que les parties signent le contrat, ou qu'il se déclare d'accord avec le contrat conclu par les parties après en avoir pris connaissance. Cela suffit du moins lorsque, entre la conclusion du contrat par les parties et le moment où le de cujus a donné son assentiment, il ne s'est pas écoulé un temps si long ou qu'il n'est pas survenu d'autres circonstances telles que l'on ait des raisons de douter que le de cujus maintienne son accord ou que les parties maintiennent leur volonté de conclure le contrat (ATF 98 II 281 consid. 5e). Il n'est pas nécessaire que le de cujus fasse sa déclaration par écrit. Il suffit qu'il puisse décider en pleine connaissance de cause s'il veut donner son assentiment au contrat ou s'il ne le veut pas, et qu'il déclare son accord aux parties de façon claire et non équivoque, soit expressément ou par actes concluants».
[38] ATF 98 II 281 = JdT 1973 I 342/347; voir en outre note précédente.
[39] *Schaufelberger*, n. 9 ad art. 636 CC («sich aus den Umständen ergeben»).
[40] *Rouiller*, n. 11 ad art. 636 CC.
[41] ATF 57 II 21/26.
[42] *Göksu*, n. 5 ad art. 636 CC; *Mabillard*, n. 8 ad art. 636 CC; *Piotet*, p. 608; *Rouiller*, n. 11 ad art. 636 CC.
[43] *Steinauer*, p. 564, n. 1208a.
[44] *Piotet*, p. 608.
[45] *Piotet*, p. 608; *Tuor/Picenoni*, n. 13 ad art. 636 CC.

cause de mort, le consentement du de cujus ne consiste pas en un acte purement personnel[46]. Le consentement peut également faire l'objet d'une représentation volontaire[47].

Le consentement peut être *antérieur* à la conclusion du contrat (et être donné sur la base d'un projet) ou *suivre* la conclusion de celui-ci[48] (la convention étant dans l'intervalle imparfaite[49]); les parties peuvent convenir d'un délai pendant lequel le consentement doit être donné[50]. Il n'est pas nécessaire qu'il soit donné sur la base du document contractuel lui-même[51].

Le consentement du de cujus est *irrévocable*[52]. Le de cujus ne peut donc plus simplement changer d'avis et retirer son consentement (même si sa liberté de disposer n'est nullement amoindrie; infra 5.1); cela se justifie en particulier sous l'angle de la sécurité des transactions, notamment à l'égard du cessionnaire qui a fourni une contre-prestation[53]. Cela n'empêche pas que le consentement soit annulé s'il a été vicié, les art. 23 ss CO étant applicables[54], notamment en relation avec l'erreur de base ou le dol[55].

Du caractère irrévocable et clair du consentement, on pourrait admettre que ce consentement ne peut pas être soumis à condition (une telle *condition* étant de nature à amoindrir la protection du de cujus)[56]. On peut à mon sens en douter, dans la mesure où l'usage des conditions est reconnu d'une façon générale en matière contractuelle (art. 151 ss CO) et dans le domaine des dispositions pour cause de mort (art. 482 CC). Par ailleurs, l'aménagement de conditions donne des possibilités supplémentaires aux protago-

---

[46] *Escher*, n. 5 ad art. 636 CC.
[47] *Tuor/Picenoni*, n. 13 ad art. 636 CC.
[48] *Göksu*, n. 5 ad art. 636 CC; *Mabillard*, n. 6 ad art. 636 CC; *Piotet*, p. 608; *Rouiller*, n. 12 ad art. 636 CC; cf. note 37 ci-dessus.
[49] *Rouiller*, n. 22 ad art. 636 CC.
[50] *Rouiller*, n. 22 ad art. 636 CC. Les parties ne peuvent pas, sous l'angle de la licéité de leurs engagements, prévoir que l'une d'entre elles garantisse que le de cujus donnera son consentement et qu'elle assumera une responsabilité en cas de refus (*Rouiller*, n. 24 ad art. 636 CC).
[51] *Rouiller*, n. 12 ad art. 636 CC.
[52] *Göksu*, n. 5 ad art. 636 CC; *Mabillard*, n. 6 ad art. 636 CC; *Schaufelberger*, n. 8 et n. 10 ad art. 636 CC; *Steinauer*, p. 564, n. 1208b; ATF 128 III 163 = JdT 2002 I 536/540; ATF 57 II 21/27 = JdT 1931 I 418/423.
[53] *Rouiller*, n. 13 ad art. 636 CC.
[54] *Mabillard*, n. 4 ad art. 636 CC; *Rouiller*, n. 15 ad art. 636 CC; ATF 57 II 21/27 = JdT 1931 I 418/423.
[55] *Rouiller*, n. 15 ad art. 636 CC.
[56] *Rouiller*, n. 13 ad art. 636 CC.

nistes d'organiser leurs relations[57]; en outre, la conclusion même du pacte comprend un élément spéculatif (sur la qualité d'héritier et l'importance de la succession), de sorte qu'on ne voit pas pourquoi l'utilisation de conditions, qui viendrait s'ajouter à cette situation, conduirait à une insécurité juridique inadmissible.

A *défaut de consentement* du de cujus, le pacte sur succession non ouverte est absolument nul[58]. Les prestations faites peuvent être répétées. Cette règle, consacrée par l'art. 636 al. 2 CC, l'emporte en principe sur les dispositions générales prévues par le droit de l'enrichissement illégitime. La personne tenue à restitution doit restituer la valeur intégrale de ce qu'elle a reçu[59]; sa dette n'est pas limitée à son enrichissement au moment de la demande (cpr art. 64 CO); la règle de l'art. 636 al. 2 CC l'emporte sur celle de l'art. 66 CO[60]. S'agissant d'une règle édictée dans l'intérêt de l'ordre public et des mœurs[61], le moyen tiré de la nullité doit être soulevé d'office par le juge de la mainlevée[62].

3.3 Les parties au contrat

Le *cédant* est un héritier présomptif («par un héritier»). Il peut s'agir d'un héritier légal (le cas échéant réservataire ou éventuel, dont la vocation dépend par exemple du prédécès d'un héritier légal) ou d'un héritier institué (le cas échéant par pacte successoral)[63]. Il n'est pas nécessaire qu'il ait cette qualité au moment de la conclusion du contrat[64]. Le légataire présomptif, qui ne disposera le cas échéant que d'une créance contre les débiteurs du legs (en principe les héritiers; cf. art. 562 CC), peut céder sa préten-

---

[57] *Rouiller*, nbp 27 ad art. 636 CC.
[58] *Göksu*, n. 8 ad art. 636 CC; *Piotet*, p. 608; *Rouiller*, n. 21 ad art. 636 CC; *Schaufelberger*, n. 12 ad art. 636 CC.
[59] Cf. *Mabillard*, n. 18 ad art. 636 CC.
[60] *Göksu*, n. 9 ad art. 636 CC; *Piotet*, p. 608; *Steinauer*, p. 563, n. 1203.
[61] ATF 73 III 149/150 = JdT 1948 II 105/106; ATF 42 II 190/193.
[62] Tribunal fédéral, arrêt 5A_878/2011 du 5 mars 2012 cons. 2.2.
[63] *Escher*, n. 3 ad art. 636 CC; *Tuor/Picenoni*, n. 3 ad art. 636 CC.
[64] *Göksu*, n. 3 ad art. 636 CC: «Die Erbenstellung muss nicht (etwa durch Erbvertrag) gesichert sein».

tion[65], sans que la cession ne soit soumise aux exigences de l'art. 636 CC[66]; celle-ci a lieu selon la règle ordinaire de l'art. 164 CO[67].

Généralement, le *cocontractant* est un cohéritier présomptif; mais le contrat peut également être passé entre l'héritier présomptif et des tiers[68].

Normalement, le de cujus n'est pas partie (supra 2.); il se limite à donner son consentement. Toutefois, si le contrat contient des obligations en sa faveur (par exemple au titre de contre-prestation liée à l'obtention du consentement) ou des droits à sa charge, sa participation a lieu à un titre différent, le contrat (tripartite) ne se limitant plus à une cession[69].

En relation avec la substitution fidéicommissaire, la doctrine soutient que l'appelé et le grevé ne peuvent pas conclure de pacte sur succession non ouverte[70]. On peut toutefois en douter, dans la mesure où l'appelé est un héritier conditionnel.

4. Le contenu du pacte

Le pacte sur succession non ouverte peut concerner toute expectative successorale de l'héritier cédant[71]. On admet généralement qu'il peut avoir, comme dans le cas de l'art. 635 CC, deux objets principaux: la cession de l'expectative successorale et la répartition de certains biens successoraux.

---

[65] La question de savoir si la prétention tendant à la délivrance d'un legs peut faire l'objet d'une cession est discutée. *Schaufelberger* (n. 6 ad art. 636 CC) répond par la négative, estimant qu'une telle cession est illicite. On peut à mon avis en douter, dans la mesure où l'héritier peut faire cession de ses droits (qui peut le plus peut le moins); il n'y a par ailleurs pas d'intérêt public à interdire une telle forme de contrat. Cela est d'autant plus vrai qu'il est admis qu'un réservataire peut n'être désintéressé que sous forme de legs, la réserve devant être couverte en valeur.

[66] *Escher*, n. 3 ad art. 636 CC.

[67] *Göksu*, n. 3 ad art. 636 CC; *Mabillard*, n. 11 ad art. 636 CC. On ne peut à mon avis pas tirer de l'arrêt ATF 128 III 163 = JdT 2002 I 536 que la cession d'une créance liée à un legs obéit aussi au régime de l'art. 636 CC (dans ce sens, *Eitel*, p. 911), dans la mesure où l'objet de la convention était dans cet arrêt constitué par un immeuble successoral et que la convention était passée par les héritiers, propriétaires communs présomptifs de celui-ci (et non seulement au bénéfice d'une créance future).

[68] *Escher*, n. 2 ad art. 636 CC; *Göksu*, n. 4 ad art. 636 CC; *Mabillard*, n. 10 ad art. 636 CC; *Schaufelberger*, n. 7 ad art. 636 CC.

[69] *Rouiller*, nbp 34 ad art. 636 CC.

[70] *Spirig*, p. 210.

[71] *Steinauer*, p. 563, n. 1205.

Dans tous les cas, le contrat ne peut concerner qu'une expectative successorale[72]. Il ne donne lieu qu'à des prétentions de nature personnelle (infra 5.2). Compte tenu de sa nature, le pacte, au même titre que le pacte de renonciation, peut être conclu malgré le fait que la déterminabilité de la créance[73] peut faire difficulté sous l'angle contractuel[74].

4.1 La cession de l'expectative successorale

La cession peut se rapporter à l'ensemble de la succession; elle est alors réalisée par l'héritier (présomptif) unique[75] ou par tous les héritiers (présomptifs)[76]. Elle peut également ne concerner que la part d'un seul héritier[77].

L'héritier présomptif peut céder son expectative successorale à un (éventuel) cohéritier ou à un tiers[78].

L'héritier peut également constituer des droits réels limités, notamment mettre en gage cette expectative[79]; ou plutôt, en l'absence d'effet réel (infra 5.2), il peut promettre de constituer un gage ou un usufruit sur ce qu'il recevra dans le partage[80]. Le créancier a ainsi une prétention à la constitution d'un gage sur les biens qui seront attribués au constituant. En donnant son accord à la cession, le de cujus consent a fortiori à la constitution d'un droit limité sur la part[81]. En cas de défaillance du débiteur, le créancier devra néanmoins attendre l'ouverture de la succession.

---

[72] *Mabillard*, n. 10 ad art. 636 CC; *Rouiller*, n. 1 ad art. 636 CC; *Schaufelberger*, n. 3 ad art. 636 CC.
[73] Sur cette question, notamment ATF 113 II 163.
[74] Dans ce sens, *Bornhauser*, p. 252.
[75] *Steinauer*, p. 563, n. 1205.
[76] *Göksu*, n. 2 ad art. 636 CC; *Schaufelberger*, n. 3 ad art. 636 CC.
[77] *Göksu*, n. 2 ad art. 616 CC; *Schaufelberger*, n. 3 ad art. 636 CC.
[78] *Rouiller*, n. 5 ad art. 636 CC.
[79] *Göksu*, n. 2 ad art. 636 CC; *Rouiller*, nbp 4 ad art. 636 CC; *Schaufelberger*, n. 4 ad art. 636 CC.
[80] *Escher*, n. 16 ad art. 636 CC; *Piotet*, p. 609.
[81] *Rouiller*, nbp 4 ad art. 636 CC; *Steinauer*, p. 563, n. 1206. Plus réservé: ATF 73 III 149/151 = JdT 1948 II 105/107: pour le Tribunal fédéral, la saisie d'une expectative successorale pourrait présenter un caractère immoral.

4.2 La répartition de certains biens successoraux

Le texte large de l'art. 636 CC couvre également la possibilité pour les héritiers présomptifs de convenir de la répartition de certains biens successoraux[82] («vorgezogene Teilungsvereinbarung»[83]), par exemple de la reprise selon certaines modalités (prix, mode de paiement, convention de droit de quote-part au gain) d'un immeuble par un héritier présomptif[84]. L'objet de la cession consiste alors dans le droit du cédant à l'attribution du bien dans le partage[85].

5. Les effets du pacte

Il faut distinguer les effets du pacte sur succession non ouverte selon que l'on se trouve avant ou après l'ouverture de la succession.

5.1 Du vivant du de cujus

Les *parties* sont liées par le contrat qu'elles ont passé. Celui-ci confère de véritables droits de nature personnelle et conditionnelle (subordonnée à l'acquisition de la succession par le cédant).

Le *de cujus* qui a donné son consentement au pacte ne s'engage pas pour autant[86]. Même si son consentement est irrévocable (supra 3.2), il demeure libre de disposer de ses biens comme il l'entend, entre vifs ou pour cause de mort[87], ce qui rend les droits cédés très aléatoires[88]. Il n'a pas à se préoccuper de la compatibilité objective de ses dispositions avec le contrat auquel il a consenti. Même si le contrat a été conclu à titre onéreux, il peut donc tes-

---

[82] *Rouiller*, n. 8 ad art. 636 CC; *Schaufelberger*, n. 3 ad art. 636 CC.
[83] *Göksu*, n. 2 ad art. 636 CC.
[84] ATF 128 III 163 = JdT 2002 I 536/539, qui précise que «l'énumération de biens et de droits (futurs) compris dans la succession dans une convention au sens de l'art. 636 al. 1er CC peut aussi être envisagée comme une règle de partage anticipée (et approuvée par le disposant), telle que celui-ci aurait pu l'ordonner lui-même (art. 608 CC)».
[85] *Steinauer*, p. 563, n. 1205.
[86] *Schaufelberger*, n. 8 ad art. 636 CC; *Steinauer*, p. 564, n. 1208b; ATF 98 II 281 = JdT 1973 I 342/348.
[87] *Eitel*, p. 914; *Mabillard*, n. 3 ad art. 636 CC; *Rouiller*, n. 16 ad art. 636.
[88] *Escher*, n. 13 ad art. 636 CC; *Piotet*, p. 609.

ter ou conclure un pacte successoral d'une façon qui fait perdre son objet à ce pacte[89]; les dispositions pour cause de mort prises par le de cujus prévalent sur l'accord donné dans le pacte sur succession non ouverte[90]. Si les parties souhaitent exclure un tel risque, elles doivent passer avec le de cujus un pacte successoral (supra 2.2). Elles peuvent également prévoir, par une condition résolutoire (art. 154 CO), la caducité de la cession (et la restitution d'une contre-prestation éventuellement déjà reçue) si le cédant devait finalement ne pas hériter, la cession perdant son objet[91].

5.2 Après l'ouverture de la succession

Au même titre qu'en cas de convention sur parts héréditaires (art. 635 al. 2 CC)[92], le pacte sur succession non ouverte ne produit que des *effets personnels* entre les parties contractantes[93]. Qu'il soit conclu avec un futur cohéritier ou avec un tiers, l'acquéreur a uniquement une créance lui permettant d'exiger du cédant la part qui revient à ce dernier à l'issue du partage[94]. La situation successorale du cédant n'est pas affectée par le pacte[95].

Le cessionnaire a donc le droit, non pas de participer au partage, mais d'exiger du cédant qu'il lui cède sa part d'héritage[96]; de son côté, il doit libérer le cédant des dettes successorales[97]. Il n'est pas possible d'assurer au cessionnaire qu'il participera au partage de la même façon qu'un héritier (à moins d'employer la voie du pacte successoral)[98]. Lorsque l'héritier présomptif a mis en gage ses prétentions, le créancier n'acquiert également qu'une prétention à la constitution du gage sur les biens attribués à celui-ci (supra 4.1); une réalisation forcée n'est donc possible qu'après la survenance du décès et la constitution du gage; le créancier ne peut donc pas s'en prendre au patrimoine du de cujus de son vivant[99].

---

[89] *Göksu*, n. 4 ad art. 636 CC; *Rouiller*, n. 16 et n. 20 ad art. 636 CC.
[90] *Schaufelberger*, n. 8 ad art. 636 CC; ATF 128 III 163 = JdT 2002 I 536/541.
[91] *Rouiller*, n. 16 ad art. 636 CC.
[92] *Escher*, n. 13 ad art. 636 CC; *Schaufelberger*, n. 11 ad art. 636 CC; *Steinauer*, p. 564, n. 1209.
[93] *Escher*, n. 13 ad art. 636 CC; *Mabillard*, n. 17 ad art. 636 CC; *Rouiller*, n. 18 ad art. 636 CC; *Steinauer*, p. 564, n. 1209; ATF 98 II 281 = JdT 1973 I 342/346.
[94] *Göksu*, n. 7 ad art. 636 CC; *Schaufelberger*, n. 11 ad art. 636 CC.
[95] *Göksu*, n. 7 ad art. 636 CC; *Schaufelberger*, n. 11 ad art. 636 CC.
[96] Tribunal fédéral, arrêt 5A_878/2011 du 5 mars 2012 cons. 4.1.
[97] *Tuor/Picenoni*, n. 19 ad art. 636 CC.
[98] *Rouiller*, n. 19 ad art. 636 CC; *Tuor/Picenoni*, n. 18a ad art. 636 CC.
[99] *Zobl*, p. 250; ATF 73 III 149/151.

Le pacte sur succession non ouverte qui n'a pas fait l'objet du consentement du de cujus est nul (supra 3.2). Il en va de même, pour cause d'impossibilité juridique (art. 20 CO), si le cédant n'acquiert finalement pas la qualité d'héritier[100].

Conclusions

Au titre de conclusions, il y a lieu d'évoquer trois points, relatifs à la prudence dont le notaire doit faire preuve dans le domaine du pacte sur succession non ouverte:

1° Lorsqu'une convention a pour objet une succession future, elle a le plus souvent valeur de pacte sur succession non ouverte; sa validité suppose l'accord du de cujus.
2° Le pacte sur succession non ouverte n'a pas la force du pacte successoral. A ce titre, il n'est d'aucun secours lorsqu'il pourrait conduire à une lésion de réserve. Le fait pour un héritier de donner son accord au pacte sur succession non ouverte ne le prive donc pas de la faculté de réclamer le moment venu sa réserve.
3° Le pacte sur succession non ouverte peut être passé en la simple forme écrite. Mais si les parties choisissent de le faire recouvrir de la forme authentique, le notaire est tenu par une obligation de renseigner non seulement à l'égard des parties (cédant et cessionnaire), mais également à l'égard du de cujus, dans la mesure où celui-ci comparaît à l'acte; il faut en effet considérer que son accord est une condition de validité du contrat.

---

[100] *Schaufelberger,* n. 13 ad art. 636 CC.

Vollmachten und Vorsorgeauftrag

JÖRG SCHMID*

Inhaltsübersicht

Materialien und Literatur (Auswahl): 260
1. Einleitung 261
2. Die Vollmacht 262
   2.1 Allgemeines und Kennzeichen 262
   2.2 Vollmacht und Tod des Vollmachtgebers (Vollmacht über den Tod hinaus) 263
      2.2.1 Die Regelung von Art. 35 Abs. 1 OR im Allgemeinen 263
      2.2.2 Vollmachten für grundbuchliche Vorkehren insbesondere 267
      2.2.3 Bankvollmachten insbesondere 268
   2.3 Vollmacht und Verlust der Handlungsfähigkeit durch den Vollmachtgeber 270
   2.4 Die Rechtslage bei Interessenkollisionen 273
   2.5 Die neue auftragsrechtliche Vorschrift von Art. 397a OR 274
3. Der Vorsorgeauftrag 276
   3.1 Allgemeines und Kennzeichen 276
   3.2 Errichtung und Hinterlegung 279
      3.2.1 Übersicht 279
      3.2.2 Die öffentliche Beurkundung insbesondere 280
      3.2.3 Die Pflichten der Urkundsperson 285
   3.3 Feststellung der Wirksamkeit und Annahme des Vorsorgeauftrags 287
      3.3.1 Nachträgliche Urteilsunfähigkeit des Auftraggebers 287
      3.3.2 Tätigwerden der Erwachsenenschutzbehörde 287
      3.3.3 Annahme durch die beauftragte Person 288
   3.4 Wirkungen 289
      3.4.1 Im Allgemeinen 289
      3.4.2 Die Vertretung insbesondere 289
      3.4.3 Der Fall der Interessenkollision insbesondere 290
   3.5 Auslegung und Ergänzung 292
   3.6 Kündigung durch die beauftragte Person 293
4. Vorsorgeauftrag und vorbestehende Aufträge oder Vollmachten 293
   4.1 Allgemeine intertemporal-rechtliche Überlegungen 293
   4.2 Vor Inkrafttreten des neuen Rechts erteilte Aufträge oder Vollmachten 295
   4.3 Nach Inkrafttreten des neuen Rechts erteilte Aufträge oder Vollmachten .. 296
5. Zusammenfassung 297
   5.1 Die Vollmacht 297
   5.2 Der Vorsorgeauftrag 298

---

* Für die Mithilfe bei der Materialsammlung danke ich meinen Assistentinnen Rechtsanwältin *Mirjam Oberli*, MLaw, und *Livia Casanova*, BLaw. Das Manuskript wurde am 30. August 2013 abgeschlossen.

Materialien und Literatur (Auswahl):

Botschaft zur Änderung des Schweizerischen Zivilgesetzbuches (Erwachsenenschutz, Personenrecht und Kindesrecht) vom 28. Juni 2006, BBl 2006 S. 7001 ff. (zit. Botschaft BBl 2006); Amtliches Bulletin (AB) der Bundesversammlung 2007 StR, S. 820–825, 829–844; 2008 NR, S. 1509–1524, 1533–1544, 1796 f.; 2008 StR, S. 882 f. und 1058; 2008 NR, S. 1975.

Maurice Aubert, Procuration encore valable après décès, mandat post mortem, donation pour cause de mort et responsabilité de la banque après décès du client à l'égard des héritiers, Semjud 113/1991 S. 285 ff.; *Peter Breitschmid,* Meldepflicht des Beauftragten gemäss Art. 397a OR – in welchen Fällen zwingend?, SJZ 109/2013 S. 251 ff.; *Peter Breitschmid/Isabel Matt,* Im Vorfeld des Vorsorgeauftrags: Wirrungen um die (altrechtliche) Vorsorgevollmacht (BGE 134 III 385 ff.), Pflegerecht 2012 S. 223 ff.; *Christian Brückner,* Schweizerisches Beurkundungsrecht, Zürich 1993 (zit. *Brückner,* Schweizerisches Beurkundungsrecht); *derselbe,* Die Beurkundung von Vorsorgeaufträgen – eine kommende Aufgabe für Urkundspersonen in der Schweiz, BN 2011 S. 36 ff. (zit. *Brückner,* Die Beurkundung von Vorsorgeaufträgen); *Eugen Bucher,* Berner Kommentar, Kommentar zum schweizerischen Privatrecht, Band I: Einleitung und Personenrecht, 2. Abteilung: Die natürlichen Personen, 1. Teilband: Kommentar zu den Art. 11–26 ZGB, 3. Aufl., Bern 1976 (zit. BK-*Bucher*); *derselbe,* Schweizerisches Obligationenrecht, Allgemeiner Teil ohne Deliktsrecht, 2. Aufl., Zürich 1988 (zit. *Bucher,* OR AT); *Henri Deschenaux,* Das Grundbuch, in: Arthur Meier-Hayoz (Hrsg.), Schweizerisches Privatrecht, Band V/3.1, Basel 1988; *Urs Emch/Hugo Renz/Reto Arpagaus* (Hrsg.), Das Schweizerische Bankgeschäft, 7. Aufl., Zürich 2011; *Susan Emmenegger,* Erwachsenenschutzrecht und Meldepflicht der Bank (Art. 397a OR), in: Susan Emmenegger (Hrsg.), Das Bankkonto: Policy – Inhaltskontrolle – Erwachsenenschutz, Schweizerische Bankrechtstagung 2013, Basel 2013, S. 111 ff.; *Felix Erb,* Die Bankvollmacht, Freiburger Diss., Zürich 1974; *Lise Favre,* Nouveau droit de la protection de l'adulte – Le mandat pour cause d'inaptitude, ZBGR 94/2013 S. 145 ff.; *Christiana Fountoulakis/Christina Gaist,* Les mesures personnelles anticipées: les directives anticipées du patient et le mandat pour cause d'inaptitude, FamPra 2012 S. 867 ff.; *David W. Frei /Nicole Holderegger,* Der Vorsorgeauftrag im neuen Erwachsenenschutzrecht – Erste Erfahrungen ..., AJP 2013 S. 1224 ff.; *Peter Gauch/Walter R. Schluep/Jörg Schmid/Susan Emmenegger,* Schweizerisches Obligationenrecht Allgemeiner Teil ohne ausservertragliches Haftpflichtrecht, 9. Aufl., Zürich 2008 (zwei Bände; Band I zit. *Gauch/Schluep/Schmid;* Band II zit. *Gauch/Schluep/Emmenegger*); Thomas Geiser/Ruth Reusser (Hrsg.), Basler Kommentar, Erwachsenenschutz (Art. 360–456 ZGB; Art. 14, 14a SchlT ZGB), Basel 2012 (zit. BSK-*Bearbeiter*); *Daniel Guggenheim,* Die Verträge der schweizerischen Bankpraxis, 3. Aufl., Zürich 1986; *Heinz Hausheer/Thomas Geiser/Regina E. Aebi-Müller,* Das neue Erwachsenenschutzrecht, Bern 2010; Heinrich Honsell/Nedim Peter Vogt/Thomas Geiser (Hrsg.), Kommentar zum schweizerischen Privatrecht, Schweizerisches Zivilgesetzbuch II (Art. 457–977 ZGB, Art. 1–61 SchlT ZGB), 4. Aufl., Basel/Genf/München 2010 (zit. BSK-*Bearbeiter*); Heinrich Honsell/Nedim Peter Vogt/Wolfgang Wiegand (Hrsg.), Kommentar zum Schweizerischen Privatrecht, Obligationenrecht I, Art. 1–529 OR, 4. Aufl., Basel 2007 (zit. BSK-*Bearbeiter*); *Alfred Koller,* Schweizerisches Obligationenrecht Allgemeiner Teil, Handbuch des allgemeinen Schuldrechts ohne Deliktsrecht, 3. Aufl., Bern 2009; *Ernst Langenegger,* Kommentar zu Art. 360 ZGB, in: Daniel Rosch/Andrea Büchler/Dominique Jakob (Hrsg.), Das neue Erwachsenenschutzrecht, Einführung und Kommentar zu Art. 360 ff. ZGB, Basel 2011; *Audrey Leuba,* Le mandat pour cause d'inaptitude dans le projet de révision du code civil, in: Baddeley Margareta (éd.), Journée de droit civil 2006, En l'honneur du Professeur Martin Stettler, Genf/

Zürich/Basel 2007, S. 27 ff.; *Michel Mooser,* Le droit notarial en Suisse, Bern 2005 (zit. *Mooser,* Le droit notarial); *derselbe,* La responsabilité du notaire en relation avec le nouveau droit de la protection de l'adulte, ZBGR 94/2013 S. 161 ff. (zit. *Mooser,* La responsabilité); *Natascia Nussberger,* Das Vertretungsrecht und die Handlungsfähigkeit im neuen Erwachsenenschutzrecht, AJP 2012 S. 1677 ff.; *Alexandra Rumo-Jungo,* Private Schutzmassnahme – Der Vorsorgeauftrag, in: Susan Emmenegger (Hrsg.), Das Bankkonto: Policy – Inhaltskontrolle – Erwachsenenschutz, Schweizerische Bankrechtstagung 2013, Basel 2013, S. 217 ff. (zit. *Rumo-Jungo,* Private Schutzmassnahme); *Jörg Schmid,* Die öffentliche Beurkundung von Schuldverträgen, Ausgewählte bundesrechtliche Probleme, Diss. Freiburg 1988, AISUF Band 83 (zit. *Schmid,* Die öffentliche Beurkundung); *derselbe,* Grundlagen zur notariellen Belehrungs- und Beratungspflicht, in: Jürg Schmid (Hrsg.), Die Belehrungs- und Beratungspflicht des Notars/L'obligation d'informer du notaire, Zürich 2006, S. 3 ff. (zit. *Schmid,* Grundlagen zur notariellen Belehrungspflicht); *Hermann Schmid,* Erwachsenenschutz, Kommentar zu Art. 360–456 ZGB, Zürich/St. Gallen 2010 (zit. *Schmid,* Komm. Erwachsenenschutz); *Ansgar Schott,* Insichgeschäft und Interessenkonflikt, Diss. Zürich 2002; *Ingeborg Schwenzer,* Schweizerisches Obligationenrecht Allgemeiner Teil, 6. Aufl., Bern 2012; *Pierre Tercier/ Pascal G. Favre,* Les contrats spéciaux, 4. Aufl., Genf/Zürich/Basel 2009; Luc Thévenoz/ Franz Werro (Hrsg.), Commentaire Romand, Code des obligations I (...), 2. Aufl., Basel 2012 (zit. CR-*Bearbeiter*); *Andreas von Tuhr/Hans Peter,* Allgemeiner Teil des Schweizerischen Obligationenrechts, 1. Band, 3. Aufl., Zürich 1979; *Carmen Ladina Widmer Blum,* Urteilsfähigkeit, Vertretung und Selbstbestimmung – insbesondere: Patientenverfügung und Vorsorgeauftrag, Luzerner Diss., Zürich 2010 (zit. *Widmer Blum*); *dieselbe,* Kommentar zu Art. 360–369 ZGB, in: Peter Breitschmid/Alexandra Rumo-Jungo (Hrsg.), Handkommentar zum Schweizer Privatrecht, Personen- und Familienrecht inkl. Kindes- und Erwachsenenschutzrecht, 2. Aufl., Zürich 2012 (zit. *Widmer Blum,* Handkommentar); *Stephan Wolf,* Erwachsenenschutz und Notariat, ZBGR 91/2010 S. 73 ff.; *Roger Zäch,* Berner Kommentar, Kommentar zum schweizerischen Privatrecht, Band VI: Das Obligationenrecht, 1. Abteilung: Allgemeine Bestimmungen, 2. Teilband, 2. Unterteilband: Stellvertretung, Kommentar zu 32–40 OR, Bern 1990 (zit. BK-*Zäch*); *Dieter Zobl,* Probleme im Spannungsfeld von Bank-, Erb- und Schuldrecht, AJP 2001 S. 1007 ff.; *Georg Zondler/Patrick Näf,* Die Banken und das Erwachsenenschutzrecht, AJP 2013 S. 1232 ff.

1. Einleitung

1. *Vollmachten* – insbesondere auch Vollmachten über den Verlust der Handlungsfähigkeit und über den Tod hinaus – sind ein klassisches Thema, welches im Stellvertretungsrecht des Obligationenrechts (Art. 32 ff. OR) geregelt ist und auch die Notare seit mehr als 130 Jahren beschäftigt.[1] Der *Vorsorgeauftrag* im Sinn des neuen Erwachsenenschutzrechts stellt demgegenüber ein junges Rechtsinstitut dar; zu den Regeln von

---

[1] Das Stellvertretungsrecht war schon in den Art. 36 ff. aOR (1881) geregelt.

Art. 360 ff. ZGB, die am 1. Januar 2013 in Kraft getreten sind,[2] existieren noch keine Bundesgerichtsentscheide.

2. Beide Rechtsfiguren sind hier darzustellen – einerseits in ihren jeweiligen dogmatischen Grundlagen und andererseits in ihrer Gegenüberstellung. Damit *erweitert sich das Tagungsthema,* das sich sonst auf Nachlassplanung und -teilung bezieht. Im Vordergrund stehen Fragen, die für Notarinnen und Notare relevant sein können.

2. Die Vollmacht

2.1 Allgemeines und Kennzeichen

1. *Vollmacht* ist – wie es Art. 34 Abs. 1 OR ausdrückt – *die «durch Rechtsgeschäft» erteilte Ermächtigung.*[3] Sie erlaubt es der ermächtigten Person, rechtswirksam in fremdem Namen zu handeln und damit den Vertretenen zu binden (Art. 32 Abs. 1 OR).[4]

2. *Die Bevollmächtigung* (Vollmachterteilung) erweist sich als einseitige Willenserklärung,[5] durch welche der Vertretene (Vollmachtgeber) dem Vertreter erklärt, dieser Letztere sei (als Bevollmächtigter) befugt, ihn (den Vollmachtgeber) gegenüber Dritten zu vertreten.[6] Dieser enge Vollmachtsbegriff, der auch den Art. 32 ff. OR zugrunde liegt, wird gelegentlich auch als «interne Vollmacht» bezeichnet.
Davon zu unterscheiden sind Konstellationen, in denen jemand einem Dritten mitteilt, eine bestimmte andere Person sei zu seiner Vertretung befugt. Ein solches Verhalten – das gelegentlich als «externe Vollmacht» bezeichnet wird und das auch in der Ausstellung einer Vollmachtsurkunde zur Vorweisung an den Dritten bestehen kann[7] – begründet keine Vollmacht der anderen Person, schafft aber einen Grund, der es unter

---

[2] ZGB-Änderung vom 19. Dezember 2008 (Erwachsenenschutz, Personenrecht und Kindesrecht), in Kraft seit 1. Januar 2013 (AS 2011 S. 725 ff. und 767 [Inkrafttreten]).
[3] *Gauch/Schluep/Schmid,* Nr. 1322 und 1342 ff.; BK-*Zäch,* N. 28 zu Art. 33 OR; *Koller,* § 16 N. 7 und § 18 N. 14.
[4] Anstelle vieler BK-*Zäch,* N. 29 f. zu Art. 33 OR.
[5] BK-*Zäch,* N. 28 und 32 zu Art. 33 OR. So ausdrücklich auch die bundesrätliche Botschaft zum Erwachsenenschutz, BBl 2006 S. 7112.
[6] *Gauch/Schluep/Schmid,* Nr. 1343; BK-*Zäch,* N. 28 und 32 zu Art. 33 OR.
[7] BK-*Zäch,* N. 145 zu Art. 33 OR.

bestimmten Voraussetzungen rechtfertigt, den guten Glauben des Dritten an den Bestand einer Bevollmächtigung zu schützen.[8]

3. Weiter ist die (interne) Vollmacht abzugrenzen vom *Grundverhältnis* (Veranlassungsgeschäft) zwischen Vollmachtgeber und Bevollmächtigtem, auf dem sie regelmässig beruht. Häufig handelt es sich – im hier interessierenden Kontext – um einen *einfachen Auftrag* nach Art. 394 ff. OR.[9] Wird ein Auftrag erteilt, so sind darin nach Art. 396 Abs. 2 OR die Rechtshandlungen enthalten, die zur Auftragsausführung gehören.

4. Im Folgenden ist die Vollmachtgeberin stets eine *natürliche Person,* und es stehen nur «*bürgerliche*» Vollmachten zur Diskussion. Kaufmännische Vollmachten werden lediglich vereinzelt angesprochen. Prozessvollmachten werden ausgeklammert.[10]

2.2 Vollmacht und Tod des Vollmachtgebers (Vollmacht über den Tod hinaus)

2.2.1 Die Regelung von Art. 35 Abs. 1 OR im Allgemeinen

1. Stirbt der Vollmachtgeber, so *geht* nach Art. 35 Abs. 1 OR *die Vollmacht unter,* «sofern nicht das Gegenteil bestimmt ist oder aus der Natur des Geschäfts hervorgeht».[11] Die gesetzliche Regelung geht demnach vom Erlöschen der Vollmacht beim Tod des Vollmachtgebers aus. Sie ist jedoch, wie sich schon aus ihrem Wortlaut ergibt, *dispositiver Natur.*[12] Vollmachten, die über den Tod des Vollmachtgebers hinaus wirken (Vollmachten «post mortem»), sind demnach möglich. Nach Art. 35 Abs. 1

---

[8] *Gauch/Schluep/Schmid,* Nr. 1343, 1389 ff. und 1405 ff.; BK-*Zäch,* N. 32, 126 und 128 ff. zu Art. 33 OR; *Koller,* § 18 N. 16.

[9] *Gauch/Schluep/Schmid,* Nr. 1351; *Koller,* § 18 N. 2 ff.

[10] Vgl. dazu etwa BK-*Zäch,* N. 52 zu Art. 35 OR.

[11] Neue Fassung gemäss ZGB-Änderung vom 19. Dezember 2008 (Erwachsenenschutz, Personenrecht und Kindesrecht), in Kraft seit 1. Januar 2013 (AS 2011 S. 725 ff. und 767 [Inkrafttreten]). Zur problematischen Redaktion der früheren Fassung («... sofern nicht das Gegenteil vereinbart ist ...») vgl. etwa *von Tuhr/Peter,* S. 369, Fussnote 77; BK-*Zäch,* N. 42 zu Art. 35 OR.

[12] BK-*Zäch,* N. 2 und 40 ff. zu Art. 35 OR. Anders (nämlich ohne diese Ausnahmen) lautete noch Art. 42 Abs. 1 aOR (1881): «Die vertragsmässige Vollmacht erlischt durch den Tod, durch eingetretene Handlungsunfähigkeit und durch den Konkurs des Vollmachtgebers oder des Bevollmächtigten. Die Auflösung einer juristischen Person ...» (Schreibweise angepasst).

OR lassen sich zwei Gründe für ein solches Fortwirken der Vollmacht auseinanderhalten:

– Der Vollmachtgeber hat «bestimmt», dass die Vollmacht seinen Tod überdauere. Er kann dies ausdrücklich oder stillschweigend anordnen, und zwar in der Bevollmächtigung selber, in einer besonderen (separaten) Erklärung oder im Grundgeschäft.[13] Die Anordnung hat (wie die Vollmachterteilung selber) stets den Charakter eines einseitigen Rechtsgeschäfts,[14] insbesondere auch dann, wenn sie im Grundgeschäft (Auftrag) enthalten ist, und kann vom Vollmachtgeber (wie die Vollmacht selber, Art. 34 OR) jederzeit widerrufen werden. Nach ihrem Zweck soll eine solche Vollmacht es ermöglichen, unmittelbar nach dem Tod des Vollmachtgebers Geschäfte «mit Wirkung für den Nachlass» vorzunehmen und damit die Zeit bis zur Legitimation der Erben (etwa bis zur Ausstellung des Erbscheins) zu überbrücken.[15] Solche Anordnungen über das Fortwirken der Bevollmächtigung nach dem Tod des Vollmachtgebers kommen insbesondere im Bankwesen[16] und bei Anwaltsvollmachten[17] häufig vor.

Hier wird vom typischen, in Art. 35 Abs. 1 OR geregelten Fall ausgegangen, in welchem der Vollmachtgeber anordnet, eine schon zu seinen Lebzeiten geltende Vollmacht bestehe über seinen Tod hinaus fort *(Vollmacht über den Tod hinaus, vererbliche Vollmacht)*.[18] Möglich und rechtlich zulässig ist freilich auch, dass der Vollmachtgeber anordnet, die Vollmacht werde erst mit seinem Tod wirksam *(Vollmacht auf den Todesfall)*.[19] Beide Fälle werden heute unter dem Titel der «postmortalen Vollmacht» zusammengefasst und folgen grundsätzlich ähnlichen Regeln.[20] Doch ist die Vollmacht auf den Todesfall

---

[13] BK-*Zäch*, N. 42 zu Art. 35 OR.
[14] BK-*Zäch*, N. 42 zu Art. 35 OR.
[15] BK-*Zäch*, N. 55 zu Art. 35 OR; ZR 97/1998 Nr. 19 S. 57 ff. (58) E. 2c (Zürcher Aufsichtskommission über die Rechtsanwälte); für Bankkonten explizit BGer 4A_305/2012 vom 6. Februar 2013 E. 3.5.1 (ein Grund für die Erteilung einer Vollmacht über den Tod hinaus bestehe «gerade darin ..., dass nach dem Tod des Kontoinhabers ohne Erbformalitäten weiter über das Konto verfügt werden» könne); ähnlich *Emch/Renz/Arpagaus*, Nr. 845.
[16] Vgl. hinten 2.2.3.
[17] Beispiele: ZR 97/1998 Nr. 19 S. 57 ff. (Zürcher Aufsichtskommission über die Rechtsanwälte); ZR 97/1998 Nr. 24 S. 70 ff. (72) E. 6b (Zürcher Kassationsgericht).
[18] BK-*Zäch*, N. 46 f. zu Art. 35 OR. Die Bankpraxis spricht hier auch von transmortaler Vollmacht oder «T-Vollmacht» (*Zobl*, S. 1007 f.; *Emch/Renz/Arpagaus*, Nr. 845).
[19] *Von Tuhr/Peter*, S. 369; BK-*Zäch*, N. 46 ff. zu Art. 35 OR.
[20] BK-*Zäch*, N. 46 zu Art. 35 OR.

(anders als die Vollmacht über den Tod hinaus) nach der hier vertretenen Auffassung eine Verfügung von Todes wegen und bedarf deshalb der erbrechtlich vorgeschriebenen Form.[21]

Die Weitergeltung der Vollmacht über den Tod des Vollmachtgebers geht «aus der Natur des Geschäfts» hervor. Massgebend dafür sind nach der Rechtsprechung die Interessen des Vollmachtgebers und seiner Erben.[22] So ist der Fortbestand der Vollmacht etwa anzunehmen, ...

«... wenn diese in einem Betrieb oder Gewerbe erteilt ist, welches durch den Tod des Vollmachtgebers keine sofortige Unterbrechung erleidet, oder wenn es sich um Geschäfte handelt, die nach dem Tod des Vollmachtgebers zu einem vorläufigen Abschluss gebracht werden müssen (...). Das gleiche gilt, wenn eine Unterbrechung der Geschäftsführung dem Vollmachtgeber oder seinen Erben zum Schaden gereichen würde und sie selbst nicht rechtzeitig verfügen können (...). Demnach ist Zurückhaltung am Platz, auf die Vererblichkeit einer Vollmacht zu schliessen, wenn im Interesse des Vertreters Verfügungen getroffen werden sollen, die unwiderruflich in die Rechtsverhältnisse der Erben eingreifen (...).»[23]

Nach Lehre und Rechtsprechung lässt sich nur während einer gewissen (kurzen) Zeit nach dem Tod des Vollmachtgebers annehmen, die Vollmacht habe wegen «der Natur des Geschäfts» fortbestanden.[24]

2. Besteht die Vollmacht aus den genannten Gründen nach dem Tod des Vollmachtgebers weiter, so bindet der Vertreter durch sein Handeln nicht mehr den bisher Vertretenen (Verstorbenen), sondern dessen Erben.[25] Nach einem älteren Bundesgerichtsentscheid hat der Vertreter nach wie vor im Namen des Vollmachtgebers (Verstorbenen) zu handeln,[26] doch lassen Lehre[27] und kantonale Rechtsprechung[28] mit überzeugenden Gründen auch das Handeln im Namen der Erben (Rechtsnachfolger nach Art. 560 ZGB) zu. So oder so muss der postmortal Bevoll-

---

[21] Zutreffend BK-*Zäch,* N. 70 zu Art. 35 OR. Zur Kontroverse vgl. auch *von Tuhr/Peter,* S. 369 f., *Zobl,* S. 1009 f., und *Guggenheim,* S. 206 f.
[22] BGE 97 I 268 ff. (275) E. 4.
[23] BGE 97 I 268 ff. (275) E. 4; vgl. auch *von Tuhr/Peter,* S. 370.
[24] BK-*Zäch,* N. 42 zu Art. 35 OR, mit Hinweis auf BGE 97 I 268 ff. (275 f.) E. 4.
[25] BK-*Zäch,* N. 45 (lit. e) zu Art. 35 OR; ZR 97/1998 Nr. 24 S. 70 ff. (73) E. 6c (Zürcher Kassationsgericht).
[26] BGE 50 II 27 ff. (30) E. 1 für eine Prozessvollmacht.
[27] BK-*Zäch,* N. 45 (lit. e) zu Art. 35 OR; ihm folgend BSK-*Watter/Schneller,* N. 2 in fine zu Art. 35 OR.
[28] ZR 97/1998 Nr. 24 S. 70 ff. (73 f.) E. 6c (Zürcher Kassationsgericht).

mächtigte die Interessen der Erben wahren.[29] Die Vollmacht kann nicht rechtswirksam gegen deren mutmassliche Interessen verwendet werden; eine zweckwidrige Verwendung der postmortalen Vollmacht gilt nämlich als Vollmachtsüberschreitung und bindet nach Art. 38 Abs. 1 OR die Erben (mangels deren Genehmigung des Geschäfts) nicht.[30] Der Dritte, mit dem der Bevollmächtigte Rechtsgeschäfte abgeschlossen hat, kann sich demnach nicht an die Erben halten, sondern ist auf einen Schadenersatzanspruch aus Art. 39 OR gegenüber dem Bevollmächtigten («falsus procurator post mortem») verwiesen.[31]

3. Auch Vollmachten über den Tod hinaus können *widerrufen* werden (Art. 34 OR). Zunächst und vor allem steht dieses Recht dem Vollmachtgeber zu.[32]

Zum Widerruf berechtigt sind sodann auch – ein praktisch wichtiger Fall – die Erben.[33] Das Widerrufsrecht steht im Fall einer Erbengemeinschaft jedem einzelnen Erben (allein) zu.[34] Daher wird in der Lehre teilweise die Meinung vertreten, der Bevollmächtigte müsse nach dem Tod des Vollmachtgebers die ihm bekannten Erben über das Bestehen der postmortalen Vollmacht informieren und von ihnen Weisungen einholen.[35] Ein Widerrufsrecht haben schliesslich weitere Personen: der Willensvollstrecker, der Erbenvertreter und der Erbschaftsverwalter.[36]

---

[29] BK-*Zäch*, N. 56 und 59 zu Art. 35 OR (mit Ausführungen in N. 60 zur Frage, inwieweit allenfalls auch die Interessen des Erblassers zu berücksichtigen sind); *Zobl*, S. 1008; *Guggenheim*, S. 205.
[30] ZR 97/1998 Nr. 19 S. 57 ff. (58) E. 2b (Zürcher Aufsichtskommission über die Rechtsanwälte); BK-*Zäch*, N. 65 zu Art. 35 OR sowie N. 20 und 23 zu Art. 38 OR; *Zobl*, S. 1009; *Emch/Renz/Arpagaus*, Nr. 846; wohl auch *Guggenheim*, S. 209.
[31] BK-*Zäch*, N. 65 zu Art. 35 OR, N. 12 zu Art. 38 OR und N. 8 ff. zu Art. 39 ff. OR.
[32] BK-*Zäch*, N. 72 zu Art. 35 OR.
[33] BK-*Zäch*, N. 56 und 72 f. zu Art. 35 OR; *Zobl*, S. 1008.
[34] ZR 59/1960 Nr. 120 S. 282 (Zürcher Obergericht); ZR 97/1998 Nr. 19 S. 57 ff. (58) E. 2a (Zürcher Aufsichtskommission über die Rechtsanwälte); ZR 97/1998 Nr. 24 S. 70 ff. (74) E. 6c (Zürcher Kassationsgericht); BK-*Zäch*, N. 56 und 77 zu Art. 35 OR; *Zobl*, S. 1008; *Guggenheim*, S. 206; *Emch/Renz/Arpagaus*, Nr. 846; *Koller*, § 18 N. 23; *Schwenzer*, Nr. 42.25. Anders offenbar *Aubert*, S. 287, der für den Widerruf ein gemeinschaftliches Vorgehen der Erben verlangt, aber dem einzelnen Erben als dringliche Massnahme zur Interessenwahrung zubilligt, die vorläufige Aussetzung der Vertretungsmacht («la suspension des pouvoirs du représentant») bis zum Entscheid der Erbengemeinschaft zu verlangen.
[35] So etwa *Erb*, S. 278 f.; verneinend etwa BK-*Zäch*, N. 62 zu Art. 35 OR; Frage offen gelassen in ZR 97/1998 Nr. 19 S. 57 ff. (58) E. 2b (Zürcher Aufsichtskommission über die Rechtsanwälte).
[36] BK-*Zäch*, N. 72 zu Art. 35 OR mit Hinweisen.

Nach der Lehre führt ferner die Aufnahme eines öffentlichen Inventars (Art. 580 ff. ZGB) zur Sistierung bestehender Vollmachten (Art. 585 ZGB), die amtliche Liquidation (Art. 593 ff. ZGB) zu deren Erlöschen.[37]

4. Die *Regeln über die kaufmännischen Vollmachten* werden im allgemeinen Stellvertretungsrecht vorbehalten (Art. 40 OR). Art. 465 Abs. 2 OR ordnet an, dass der Tod des Geschäftsherrn nicht zum Erlöschen der Prokura und anderer Handelsvollmachten führt.

5. Wie bereits ausgeführt, ist von der Vollmacht das *Grundverhältnis* (zwischen Vollmachtgeber und Bevollmächtigtem) zu unterscheiden.[38] Besteht es in einem einfachen Auftrag im Sinn von Art. 394 ff. OR, so ist Art. 405 Abs. 1 OR zu beachten. Diese Bestimmung ordnet ebenfalls das Erlöschen des Auftrags mit dem Tod des Auftraggebers an, «sofern nicht das Gegenteil vereinbart ist oder aus der Natur des Geschäfts hervorgeht».

2.2.2 Vollmachten für grundbuchliche Vorkehren insbesondere

1. Stirbt ein grundbuchlich Verfügungsberechtigter (namentlich der Eigentümer und Verkäufer eines Grundstücks), bevor sein Stellvertreter die Grundbuchanmeldung abgegeben hat, und erfährt dies der Grundbuchverwalter vor Beendigung des Eintragungsverfahrens, so muss die Eintragung in das Hauptbuch nach der Rechtsprechung des Bundesgerichts abgewiesen werden. Begründet wird dies damit, dass die Vollmacht mit dem Tod des Verfügungsberechtigten «in der Regel» erlischt.[39] Die Bestimmung von Art. 37 OR (grundsätzliche Weitergeltung der Vollmacht, bis deren Erlöschen dem Bevollmächtigten bekannt geworden ist) findet im Verfahren auf Grundbucheintragung – im Blick auf Art. 965 und Art. 656 Abs. 2 ZGB – keine Anwendung.[40]

2. Die Frage, ob eine über den Tod hinaus erteilte Vollmacht im Verfahren auf Grundbucheintragung zu beachten wäre, hat das Bundesgericht bis jetzt offengelassen.[41] Zusammen mit zumindest einem Teil der Lehre und der kantonalen Praxis ist die Frage zu verneinen, weil dem Bevollmächtigten die hier vom Gesetz geforderte Verfügungsmacht (Art. 965 Abs. 1

---

[37] BK-*Zäch*, N. 72 zu Art. 35 OR.
[38] Vgl. vorne 2.1.
[39] BGE 111 II 39 ff. (40) E. 1.
[40] BGE 111 II 39 ff. (41) E. 2.
[41] BGE 97 I 268 ff. (274 ff.) E. 4; 111 II 39 ff. (40) E. 1.

und 2 ZGB) fehlt: Mit dem Tod des Erblassers gehen seine Grundstücke in das Eigentum der Erben über (Art. 560 und Art. 656 Abs. 2 ZGB), während der Bevollmächtigte seine Vertretungsmacht vom Verstorbenen herleitet, nicht von den nunmehr verfügungsberechtigten Personen.[42]

2.2.3 Bankvollmachten insbesondere

1. Die «vorgedruckten» Bankvollmachten ordnen regelmässig die Wirksamkeit über den Tod des Vollmachtgebers hinaus an.[43] Dogmatisch ist in diesem Zusammenhang vorweg darauf hinzuweisen, dass es sich in solchen Fällen häufig nicht um (interne) Vollmachten im juristischen Sinn, sondern um Mitteilungen an die Bank (über die Bevollmächtigung einer Person) handelt («externe Vollmacht»). Nach dem bereits Gesagten wird dadurch allein keine Vollmacht der anderen Person begründet, sondern ein Grund geschaffen, der es unter bestimmten Voraussetzungen rechtfertigt, den guten Glauben der Bank an den Bestand einer Bevollmächtigung zu schützen.[44]

2. Doch darf sich eine Bank nicht ohne Weiteres auf eine solche Vollmacht verlassen. Das hat einerseits stellvertretungsrechtliche und andererseits vertragsrechtliche (auftragsrechtliche) Gründe:
   – Unter dem Gesichtspunkt des *Stellvertretungsrechts* vermag nach dem bereits Gesagten der Bevollmächtigte, der über den Tod des Vollmachtgebers hinaus eine Ermächtigung erhalten hat, die Erben durch die zweckwidrige Verwendung der Vollmacht nicht zu binden; in diesen Fällen ist von einer Vollmachtsüberschreitung auszugehen, die den Regeln von Art. 38 f. OR untersteht.[45] Die Bank riskiert daher, aus dem Handeln des postmortal Bevollmächtigten keinen Anspruch gegen die Erben (sondern nur einen Schadenersatzanspruch aus Art. 39 OR gegen den Bevollmächtigten) zu haben.[46] Banken (und andere Dritte) handeln daher trotz dem Vorliegen postmortaler Voll-

---

[42] Überzeugend BK-*Zäch*, N. 53 zu Art. 35 OR; SJZ 79/1983 S. 246 f. (Schwyzer Kantonsgericht).
[43] BK-*Zäch*, N. 51 und 55 zu Art. 35 OR; *Zobl*, S. 1008; *Guggenheim*, S. 205. – Demgegenüber werden Vollmachten auf den Todesfall von den Banken überwiegend abgelehnt, da sie häufig zu Rechtsstreitigkeiten führen (*Zobl*, S. 1009; *Guggenheim*, S. 207; vgl. auch *Emch/Renz/Arpagaus*, Nr. 847 ff.).
[44] Vorne 2.1.
[45] Vgl. vorne 2.2.1.
[46] BK-*Zäch*, N. 65 zu Art. 35 OR. Vgl. auch *Guggenheim*, S. 200.

machten mit gutem Grund zurückhaltend, wenn die Interessen der Erben in Gefahr sind.[47]

Will der Bevollmächtigte Guthaben oder Wertpapiere des verstorbenen Vollmachtgebers auf sein eigenes Konto oder Depot übertragen lassen, liegt ein Fall von *Selbstkontrahieren* des Bevollmächtigten vor, was wegen der möglichen Interessenkollision nur unter engen Voraussetzungen zulässig ist.[48]

– Aus *vertragsrechtlicher (auftragsrechtlicher)* Perspektive ist zu bedenken, dass der Vollmacht regelmässig ein einfacher Auftrag (allenfalls gemischt mit hinterlegungsrechtlichen Elementen) zwischen dem Vollmachtgeber und der Bank zugrunde liegt, etwa dann, wenn die Bank Vermögen des Kunden verwaltet.[49] Da bei Bankgeschäften der Auftrag mit dem Tod des Auftraggebers grundsätzlich nicht erlischt (Art. 405 Abs. 1 OR), wird die Bank ab diesem Zeitpunkt zur Beauftragten der Erben des Vollmachtgebers; die aus Art. 398 Abs. 2 OR fliessenden Sorgfalts- und Treuepflichten bestehen mit anderen Worten gegenüber diesen Erben weiter.[50] Bezüglich der Konti, Depots und Schliessfächer des Erblassers muss die Bank demnach die Interessen der Erben wahren – insbesondere dann, wenn diese von der postmortalen Vollmacht keine Kenntnis haben.[51] Kennt die Bank die Erben nicht, so muss sie die verkehrsüblichen Nachforschungen betreiben, jedenfalls wenn alle Konten saldiert werden sollen und es um erhebliche Beträge geht.[52] Ziel ist es, in solchen Fällen die Zustimmung der Erben zur Vollmacht (oder zur Transaktion) einzuholen, was es notwendig macht, die vom Bevollmächtigten verlangten Überweisungen von Guthaben und Saldierungen von Konti

---

[47] BK-*Zäch*, N. 65 zu Art. 35 OR, zitiert auch in BGer 4C.234/1999 vom 12. Januar 2000 E. 3d = Pra 2002 Nr. 73 S. 420 ff. Vgl. auch *Zobl*, S. 1009; *Aubert*, S. 290 f.
[48] Vgl. hinten 2.4; teilweise anderer Meinung für das Bankgeschäft als Massengeschäft *Guggenheim*, S. 200.
[49] Beispiel: BGer 4C.234/1999 vom 12. Januar 2000 E. 3d = Pra 2002 Nr. 73 S. 420 ff., wo das Bundesgericht von einem reinen Auftrag ausgeht.
[50] BGer 4C.234/1999 vom 12. Januar 2000 E. 3d = Pra 2002 Nr. 73 S. 420 ff.
[51] BGer 4C.234/1999 vom 12. Januar 2000 E. 3d = Pra 2002 Nr. 73 S. 420 ff., u.a. mit Hinweis auf BK-*Zäch*, N. 63 und 65 zu Art. 35 OR; vgl. auch BGer vom 28. Oktober 1993, ZR 93/1994 Nr. 67 S. 181 ff. (185) E. a.
[52] BGer 4C.234/1999 vom 12. Januar 2000 E. 3e = Pra 2002 Nr. 73 S. 420 ff., mit Hinweisen. Für Nachforschungen sprach im konkreten Fall auch der Umstand, dass der Bevollmächtigte (und durch die Überweisungen Begünstigte) vor dem Tod des Vertretenen nie in Erscheinung getreten war.

einstweilen auszusetzen.[53] Die Verletzung dieser Sorgfalts- und Treuepflicht kann die Bank schadenersatzpflichtig machen, falls den Erben ein Schaden entsteht. Sie kann aber auch bedeutsam sein für die Beurteilung der Frage, ob sich die Bank auf den guten Glauben in eine ihr vorgelegte Vollmacht berufen darf (Art. 3 Abs. 2 OR).[54]

3. Für den *Widerruf der Vollmacht* (auch durch die Erben) sehen die Allgemeinen Geschäftsbedingungen der Banken regelmässig die Schriftform vor.[55] Ob solche Schriftformklauseln wirksam sind, beurteilt sich nach den allgemeinen Kontrollregeln für AGB, unter Einschluss von Art. 8 UWG. Selbst bei gültigem Schriftformvorbehalt zerstört jedoch eine mündliche Mitteilung des Vollmachtwiderrufs den guten Glauben der Bank.[56]

2.3 Vollmacht und Verlust der Handlungsfähigkeit durch den Vollmachtgeber

1. *Art. 35 Abs. 1 OR* sieht das Dahinfallen der Vollmacht ebenfalls «mit dem Dahinfallen der entsprechenden Handlungsfähigkeit» des Vollmachtgebers vor, «sofern nicht das Gegenteil bestimmt ist oder aus der Natur des Geschäfts hervorgeht».[57] Gemeint ist gemäss bundesrätlicher Botschaft neben der umfassenden Beistandschaft die Vertretungsbeistandschaft, welche «gerade jenen Bereich abdeckt, der im konkreten Fall Gegenstand der Vollmacht bildet».[58]

2. Auch bezüglich des Verlusts der Handlungsfähigkeit des Vollmachtgebers lässt der Wortlaut von Art. 35 Abs. 1 OR vermuten, die Bestimmung sei *dispositiver Natur.* Ein Teil der Lehre bejaht dies generell (für

---

[53] BGer vom 28. Oktober 1993, ZR 93/1994 Nr. 67 S. 181 ff. (185 f.) E. a und c.
[54] Vgl. ZR 93/1994 Nr. 67 S. 181 ff. (185) E. IV./2 (Zürcher Handelsgericht); zustimmend das BGer a.a.O. auf S. 185 f.
[55] *Guggenheim*, S. 201 f.
[56] Ebenso *Guggenheim*, S. 202 f., wonach in solchen Fällen «wenigstens vorsorglich» das Konto zu sperren ist.
[57] Neue Fassung gemäss ZGB-Änderung vom 19. Dezember 2008 (Erwachsenenschutz, Personenrecht und Kindesrecht), in Kraft seit 1. Januar 2013 (AS 2011 S. 725 ff. und 767 [Inkrafttreten]). Die Botschaft hatte noch die Formulierung «sofern nicht das Gegenteil *angeordnet* ist ...» enthalten (Botschaft BBl 2006 S. 7112 und 7184; Kursivdruck hinzugefügt).
[58] Botschaft BBl 2006 S. 7112.

alle Fälle der Handlungsunfähigkeit).[59] Andere Lehrmeinungen und teilweise auch die kantonale Rechtsprechung haben – unter dem bisherigen Vormundschaftsrecht – die Auffassung vertreten, bei Entmündigung des Vollmachtgebers ende die Vollmacht (zwingend) unter allen Umständen, also auch dann, wenn etwas anderes bestimmt sei.[60] Das Bundesgericht hat die Frage für den Fall der Entmündigung offengelassen und entschieden, dass in den sonstigen Fällen der (dauernden) Urteilsunfähigkeit das Fortdauern der Vollmacht wirksam vorgesehen werden oder sich aus der Natur des Geschäfts ergeben kann.[61]

3. Unter dem *Aspekt des neuen Erwachsenenschutzrechts* ist zu berücksichtigen, dass der Gesetzgeber einerseits den (dispositiv lautenden) Wortlaut von Art. 35 Abs. 1 OR (und Art. 405 Abs. 1 OR) leicht angepasst, im Wesentlichen aber beibehalten hat[62] und dass das neue Recht die Selbstbestimmung des Menschen – gerade auch für den Fall der eintretenden Urteilsunfähigkeit (Handlungsunfähigkeit) – stärken soll.[63] Von der Wirksamkeit von Weitergeltungsklauseln in bestehenden Aufträgen und Vollmachten ging namentlich auch die Expertenkommission für das Erwachsenenschutzrecht aus, die überdies in Art. 397a OR eine ausdrückliche gesetzliche Verankerung der Meldepflicht vorschlug.[64] Alle diese Überlegungen sprechen für die dispositive Natur von Art. 35

---

[59] Zum Beispiel BSK-*Watter/Schneller*, N. 4 zu Art. 35 OR; CR-*Chappuis*, N. 11 zu Art. 35 OR; *Koller*, § 18 N. 22; wohl auch *Widmer Blum*, S. 74.
[60] *Gauch/Schluep/Schmid*, Nr. 1371; SJZ 45/1949 S. 221 f. (Zürcher Kantonsgericht mit dem Hinweis, diese Auslegung stelle «klares Recht» dar, damit die gesetzliche Vertretungsmacht des Vormundes nicht unterlaufen werde); noch weiter gehend BK-*Zäch*, N. 16 und 83 zu Art. 35 OR, nach welchem Autor jeder Verlust der Handlungsfähigkeit aufseiten des Vollmachtgebers zwingender Erlöschungsgrund für Vollmachten ist.
[61] BGE 132 III 222 ff. (224 f.) E. 2.1 und 2.2.
[62] Ebenso *Langenegger*, N. 7 zu Art. 360 ZGB.
[63] Anstelle vieler Botschaft BBl 2006 S. 7011 f. Die bundesrätliche Botschaft nimmt an dieser Stelle (S. 7012, Fussnote 5) ausdrücklich Bezug auf BGE 132 III 222 ff. (= BGer 4C.263/2004).
[64] Vgl. insbesondere Expertenkommission für die Revision des Vormundschaftsrechts, Protokoll der 14. Sitzung vom 19./20. Oktober 2000 in Konolfingen, S. 1079 ff., insbesondere S. 1081 ff.; ausführlich *Emmenegger*, S. 124 ff., unter Hinweis auf die Arbeiten der Expertenkommission (1999–2003); dazu auch BSK-*Reusser*, N. 48 zu Art. 374 ZGB, und (als späteres Mitglied der Expertenkommission) bereits *Martin Stettler*, Les limites juridiques de l'aide extra-tutélaire apportée aux personnes âgées, ZVW 38/1983 S. 1 ff., besonders S. 3 ff. – Diesbezüglich bleibt freilich darauf hinzuweisen, dass die Protokolle der Expertenkommission der Öffentlichkeit nicht in allgemeiner Weise zugänglich waren/sind und sich in den *publizierten* Materialien (Botschaft, Protokolle der eidgenössischen Räte) keine nachvollziehbare Behandlung dieser spezifischen Thematik findet. Dieser Umstand wirft – so viel sei hier nur angedeutet – methodisch die Frage auf, ob und inwieweit die

Abs. 1 OR. Erteilt der Vollmachtgeber den bevollmächtigten Personen die Ermächtigung, ihn bei Urteilsunfähigkeit personensorge- und vermögenssorgerechtlich umfassend zu vertreten, kann man von einer «umfassenden Vorsorgevollmacht» sprechen.[65] Zu klären bleibt indessen das Verhältnis einer solchen Vollmacht zur (umfassenden) Beistandschaft nach neuem Recht; darauf ist zurückzukommen.[66]

4. Das Vorhandensein einer Vollmacht (und allenfalls eines Auftrags) über den Verlust der Handlungsfähigkeit hinaus stellt jedoch nach der bundesgerichtlichen Rechtsprechung (zum alten Vormundschaftsrecht) – jedenfalls bei andauernder Urteilsunfähigkeit und nicht ganz einfachen Vermögensverhältnissen – keinen Grund dar, auf erwachsenenschutzrechtliche Massnahmen zu verzichten. Solche Massnahmen sind vielmehr nur entbehrlich, «wenn der hilfsbedürftige Vollmachtgeber jederzeit in der Lage ist, die von ihm eingesetzten Personen wenigstens grundsätzlich zu kontrollieren und zu überwachen und nötigenfalls auch zu ersetzen».[67] Dies gilt auch dann, wenn der Vollmachtgeber (Auftraggeber) zwei Personen eingesetzt hat, zumal eine gegenseitige Kontrolle der bevollmächtigten Personen keine Gewähr dafür bietet, dass tatsächlich im Interesse des (permanent urteilsunfähigen) Vollmachtgebers gehandelt wird.[68] In solchen Fällen hat die Erwachsenenschutzbehörde demnach einzuschreiten und die angemessenen Massnahmen anzuordnen. Sie hat nach der Rechtsprechung auch die vom Vollmachtgeber erteilten «Vollmachten aller Art zu überprüfen (und gegebenenfalls abzuändern oder aufzuheben) und die betreffenden Mandatsverhältnisse zu überwachen».[69] Immerhin sind nach dem Grundsatz der Subsidiarität und Komplementarität behördlicher Massnahmen bisherige Vertretungsstrukturen wenn möglich weiterzuführen und in die gesamte Regelung zu integrieren.[70]

---

genannten (vertraulichen) Protokolle bei der Gesetzesauslegung im Rahmen des historischen Auslegungselements überhaupt mitberücksichtigt werden dürfen.

[65] *Breitschmid/Matt*, S. 225.
[66] Vgl. hinten 4.
[67] BGE 134 III 385 ff. (388 f.) E. 4.2 mit Hinweisen; bestätigt in BGer 5A_588/2008 E. 3.3.2. Zustimmend *Wolf/Schmid*, ZBJV 145/2009 S. 703 ff.; *Breitschmid/Matt*, S. 223 ff.
[68] BGE 134 III 385 ff. (388 f.) E. 4.2.
[69] BGer 5A_67/2008 und 5A_71/2008 vom 22. Mai 2008 E. 6 (insoweit nicht amtlich publiziert in BGE 134 III 385 ff.); bestätigt in BGer 5A_588/2008 vom 17. November 2008 E. 3.3.2 in fine.
[70] *Breitschmid/Matt*, S. 225.

5. *Erlangt* der Vollmachtgeber *wieder die Handlungsfähigkeit,* so lebt nach der Lehre – aus Gründen der Rechtssicherheit – die mit dem Eintritt der Handlungsunfähigkeit erloschene Vollmacht *nicht* wieder auf.[71]

6. Besteht das *Grundgeschäft,* das zur Vollmacht Anlass gegeben hat, in einem einfachen Auftrag, so ist wiederum Art. 405 Abs. 1 OR zu beachten. Danach erlischt der Auftrag «mit dem Verlust der entsprechenden Handlungsfähigkeit» des Auftraggebers, «sofern nicht das Gegenteil vereinbart ist oder aus der Natur des Geschäfts hervorgeht».[72]

2.4 Die Rechtslage bei Interessenkollisionen

1. Interessenkollisionen sind im Vertretungsrecht vor allem in den Fällen des Selbstkontrahierens und der Doppelvertretung aktuell.[73] Daher sind solche Geschäfte («Insichgeschäfte») dem Vertreter *in der Regel untersagt*[74] – mit der Folge, dass derartiges Handeln vollmachtlos ist und Art. 38 OR unterliegt.[75]

2. *Ausnahmsweise* sind «Insichgeschäfte» dem Vertreter aber *erlaubt* und binden den Vertretenen,[76] nämlich dort, «wo die Natur des Geschäfts die Gefahr der Benachteiligung des Vertretenen ausschliesst oder wo der Vertretene den Vertreter zum Geschäftsabschluss besonders ermächtigt ... hat».[77] Namentlich kann also der Vertretene (Vollmachtgeber) den Vertreter – innerhalb der Schranken der Privatautonomie – ermächtigen, rechtswirksam Geschäfte mit sich selbst abzuschliessen (auch wenn sie für den Vertretenen möglicherweise nachteilig sind).[78]

---

[71] BK-*Zäch*, N. 92 zu Art. 35 OR.
[72] Vgl. dazu BGE 132 III 222 ff. (225) E. 2.2 (zum Gesetzeswortlaut, wie er vor Inkrafttreten des neuen Erwachsenenschutzrechts galt).
[73] Zu diesen Konstellationen vgl. BK-*Zäch*, N. 78 ff. und 89 f. zu Art. 33 OR.
[74] Grundlegend BGE 39 II 561 ff. (568 f.) E. 3, mit Hinweis auf § 181 BGB; ferner *Gauch/Schluep/Schmid,* Nr. 1438 ff. mit Hinweisen; zum Selbstkontrahieren vgl. aus der jüngeren Rechtsprechung etwa BGE 138 III 755 ff. (772) E. 6.2.
[75] *Bucher,* OR AT, S. 640; BK-*Zäch*, N. 87 und 90 zu Art. 33 OR; *Koller,* § 21 N. 31; *Schott,* S. 113 ff.
[76] BK-*Zäch*, N. 87 und 90 zu Art. 33 OR.
[77] BGE 89 II 321 ff. (326) E. 5, für den Selbsteintritt; vgl. auch *von Tuhr/Peter,* S. 364; *Bucher,* OR AT, S. 638; BK-*Zäch*, N. 80 ff. und 90 zu Art. 33 OR. Zur Entwicklung der Rechtsprechung vgl. ausführlich *Schott,* S. 30 ff.
[78] BK-*Zäch*, N. 80 f. und 90 zu Art. 33 OR.

3. Handelt bei einem beurkundungsbedürftigen Rechtsgeschäft auf einer Seite (oder auf beiden Seiten) ein Vertreter und bestehen ernsthafte Anhaltspunkte für ein Insichgeschäft (Selbstkontrahieren oder Doppelvertretung), so wird die *Urkundsperson* regelmässig nicht zuverlässig abschätzen können, ob im konkreten Fall «die Natur des Geschäfts die Gefahr der Benachteiligung des Vertretenen ausschliesst». Die Notarin wird nach der hier vertretenen Auffassung daher – um nicht die Beurkundung eines schwebenden Rechtsgeschäfts (Art. 38 OR) zu riskieren – die Vorlage der spezifischen Ermächtigung des Vollmachtgebers verlangen.[79]

4. Bei der *Grundbuchanmeldung* hat der Grundbuchverwalter einerseits die Verfügungsmacht des Anmeldenden (einschliesslich allfälliger Vollmachten, Art. 965 Abs. 1 und 2 ZGB; Art. 83 Abs. 2 lit. d GBV) und andererseits den Rechtsgrund (Art. 965 Abs. 1 und 3 ZGB; Art. 83 Abs. 2 lit. g GBV) zu prüfen. Nach der Lehre fallen Selbstkontrahieren und Doppelvertretung unter diese Kognition.[80] Dies schliesst es nach der hier vertretenen Auffassung aus, bei einem öffentlich beurkundeten Rechtsgrund sich gänzlich auf die vorangehende Prüfung des Vertretungsverhältnisses durch die Urkundsperson zu verlassen. Vielmehr hat der Grundbuchverwalter zu prüfen, ob für das fragliche Insichgeschäft eine spezifische Vollmacht des Vertretenen vorliegt.[81]

2.5 Die neue auftragsrechtliche Vorschrift von Art. 397a OR

1. Art. 397a OR, in Kraft seit 1. Januar 2013, ordnet unter dem Randtitel *«Meldepflicht»* Folgendes an: «Wird der Auftraggeber voraussichtlich dauernd urteilsunfähig, so muss der Beauftragte die Erwachsenenschutzbehörde am Wohnsitz des Auftraggebers benachrichtigen, wenn eine solche Meldung zur Interessenwahrung angezeigt erscheint.» Systematisch steht diese Bestimmung bei den «Verpflichtungen des Beauf-

---

[79] Vgl. auch *Schott,* S. 193, mit Hinweis auf *Brückner,* Schweizerisches Beurkundungsrecht, Nr. 446 ff.

[80] *Deschenaux,* S. 493, Fussnote 27c mit Hinweisen (der dies zur Prüfung des Rechtsgrunds zählt); *Schott,* S. 193.

[81] So *Deschenaux,* S. 493, Fussnote 27c mit Hinweisen; *Schott,* S. 193. Vgl. auch *Bettina Deillon-Schegg,* Grundbuchanmeldung und Prüfungspflicht des Grundbuchverwalters im Eintragungsverfahren, Diss. Zürich 1997, S. 65, mit Hinweis auf *Christian Brückner,* Sorgfaltspflicht der Urkundsperson und Prüfungsbereich des Grundbuchführers bei Abfassung und Prüfung des Rechtsgrundausweises, ZBGR 64/1983 S. 65 ff., besonders S. 73.

tragten». Die bundesrätliche Botschaft führt dazu in aller Kürze aus, die Bestimmung diene dem Schutz von Hilfsbedürftigen.[82] Wie bereits ausgeführt,[83] wurde die Vorschrift – als Ausfluss und Konkretisierung der Sorgfaltspflicht der Mandatarin – von der Expertenkommission Erwachsenenschutzrecht im Zusammenhang mit der Diskussion um die Weitergeltung vorbestehender Aufträge und Vollmachten nach Verlust der Handlungsfähigkeit vorgeschlagen.[84]

2. Die Bestimmung gilt für *privatrechtliche Auftragsverhältnisse,* was sich wie folgt konkretisieren lässt:
   – Einerseits gilt Art. 397a OR für *alle* Auftragsverhältnisse, nicht nur für solche, deren Weitergeltung die Parteien für den Verlust der Handlungsfähigkeit des Auftraggebers vereinbart haben.[85]
   – Andererseits gilt die Vorschrift nach ihrem Wortlaut *nur* für privatrechtliche Auftragsverhältnisse, mithin nicht für das – dem öffentlichen Recht unterstehende – Verhältnis zwischen einer (hoheitlich handelnden) Urkundsperson und der Partei.[86] Für Urkundspersonen kann sich aber nach der hier vertretenen Auffassung eine Meldepflicht aus Art. 443 Abs. 2 ZGB ergeben.[87]

3. Die Pflicht des Beauftragten, die Erwachsenenschutzbehörde bei voraussichtlich dauernder Urteilsunfähigkeit des Auftraggebers[88] zu benachrichtigen, gilt nach dem Gesetzeswortlaut nur, «wenn eine solche Meldung zur Interessenwahrung angezeigt erscheint». Diese *Einschränkung der Meldepflicht* wird indessen nur selten greifen, denn: Ist eine Person (Auftraggeber) voraussichtlich auf Dauer urteilsunfähig geworden, so erweist sich die Überprüfung der Situation und Hilfsbedürftigkeit durch die Erwachsenenschutzbehörde in aller Regel als geboten, zumal die betroffene Person nicht mehr in der Lage ist, den Beauftragten zu instruieren, zu beaufsichtigen und das Auftragsverhältnis nötigenfalls zu kündigen. Die damit «abstrakt» geschaffene Gefahr der ungenügenden Interessenwahrung genügt.[89]

---

[82] Botschaft BBl 2006 S. 7112 f.
[83] Vgl. vorne 2.3.
[84] Ausführlich *Emmenegger,* S. 121 ff., auf die sich die nachfolgenden Ausführungen weitgehend abstützen.
[85] *Emmenegger,* S. 125.
[86] *Brückner,* Die Beurkundung von Vorsorgeaufträgen, S. 43, Fussnote 15.
[87] Vgl. dazu Botschaft BBl 2006 S. 7076.
[88] Vgl. zu dieser Voraussetzung ausführlich *Emmenegger,* S. 140 ff.
[89] Ausführlich und überzeugend *Emmenegger,* S. 152 ff.; einschränkend *Zondler/Näf,* S. 1237.

4. Art. 397a OR verpflichtet den Beauftragten zur Meldung an die Erwachsenenschutzbehörde, ohne *gesetzliche Geheimhaltungspflichten* (insbesondere das Anwalts- oder das Bankgeheimnis) vorzubehalten (anders der Vorbehalt in Art. 443 Abs. 1 ZGB für das allgemeine Melderecht[90]). Insoweit dient diese Bestimmung als Rechtfertigungsgrund für die entsprechende Meldung; haftungs-, straf- und aufsichtsrechtliche Sanktionen wegen Verletzung einer gesetzlichen Geheimhaltungspflicht treten demnach nicht ein.[91]

3. Der Vorsorgeauftrag

3.1 Allgemeines und Kennzeichen

1. Die Regeln über den Vorsorgeauftrag («le mandat pour cause d'inaptitude»; «il mandato precauzionale») sind Teil des Erwachsenenschutzrechts, das am 1. Januar 2013 in Kraft getreten ist. Sie stehen (zusammen mit der Patientenverfügung) unter dem Abschnittstitel «Die eigene Vorsorge» und bezwecken, die Selbstvorsorge des betroffenen Menschen im Hinblick auf seine Urteilsunfähigkeit zu stärken. Im System des neuen Erwachsenenschutzrechts hat die eigene Vorsorge einen hohen Stellenwert, denn:
   – Einerseits hat die eigene Vorsorge (und damit unter anderem der Vorsorgeauftrag) den Vorrang vor den «Massnahmen von Gesetzes wegen für urteilsunfähige Personen» (Art. 374 Abs. 1 ZGB).[92]
   – Andererseits sind die behördlichen Massnahmen subsidiär gegenüber der eigenen Vorsorge, soweit die Letztere «ausreichend» ist (Art. 389 Abs. 1 Ziff. 2 ZGB). Aus der genannten Vorschrift lässt sich weiter schliessen, dass auf behördliche Massnahmen selbst bei ungenügender eigener Vorsorge verzichtet werden soll, sofern die sogenannten Massnahmen von Gesetzes wegen (Art. 374–387 ZGB) genügen.

---

[90] Botschaft BBl 2006 S. 7076. Zu einem Sonderfall vgl. auch Art. 453 ZGB.
[91] *Emmenegger*, S. 157 ff.; zum Bankgeheimnis *Zondler/Näf*, S. 1237 (jedoch mit einschränkender Auslegung der Meldepflicht). – Unentschieden *Frei/Holderegger*, S. 1231, die einerseits die Meinung vertreten, eine Entbindung des Rechtsanwalts durch die Aufsichtsbehörde sei nicht nötig, aber andererseits dennoch ein solches Vorgehen vor der Meldung nach Art. 397a OR empfehlen.
[92] Vgl. auch *Rumo-Jungo,* Private Schutzmassnahme, S. 224.

2. Nach *Art. 360 Abs. 1 ZGB* kann eine handlungsfähige Person eine natürliche oder juristische Person «beauftragen, im Fall ihrer Urteilsunfähigkeit die Personensorge oder die Vermögenssorge zu übernehmen oder sie im Rechtsverkehr zu vertreten». Auf Zustandekommen, Art und Inhalt dieses «Auftrags» ist zurückzukommen. Nach dem zitierten Gesetzeswortlaut lässt sich vorweg Folgendes festhalten:
   - Der «Auftrag» wird vom Auftraggeber *für den Fall seiner Urteilsunfähigkeit* – also bedingt – erteilt (aufschiebende Bedingung). Art. 369 Abs. 1 ZGB ergänzt dazu, dass der Vertrag seine Wirksamkeit von Gesetzes wegen verliert, wenn der Auftraggeber wieder urteilsfähig wird.
   - Der Auftrag bezieht sich auf die Übernahme der «Sorge» (Personen- oder Vermögenssorge) für den Auftraggeber oder auf die Vertretung im Rechtsverkehr. Trotz der alternativen Formulierung (zweimal «oder») können diese Aufgaben dem Beauftragten kumulativ übertragen werden, was in der Praxis die Regel sein wird.
   Im vorliegenden Zusammenhang stehen die Vermögenssorge (allenfalls verbunden mit der Personensorge) und die Vertretung im Rechtsverkehr im Vordergrund. Insofern ergeben sich *stellvertretungs- und auftragsrechtliche Wirkungen* (Art. 365 Abs. 1 ZGB), die näher zu behandeln sind.

3. Der Vorsorgeauftrag ist in der zeitlichen Phase der «Erteilung» nach Art. 360 Abs. 1 ZGB – wie sich aus Art. 363 ZGB ergibt – nicht ein (abgeschlossener) Vertrag im Sinn von Art. 1 OR. Er besteht entgegen der gesetzlichen Bezeichnung «Auftrag» vielmehr zunächst darin, dass der «Auftraggeber» zunächst seinen rechtsgeschäftlichen Willen (in der gesetzlich vorgeschriebenen Form) äussert, einer anderen Person einen Vorsorgeauftrag mit bestimmtem Inhalt zu erteilen. In dieser Phase ist «der Vorsorgeauftrag» einstweilen nichts anderes als eine *einseitige Willenserklärung*.[93] Um als Auftrag im Rechtssinn Wirksamkeit entfalten zu können, sind nach dem gesetzlichen System weitere Schritte erforderlich, in Stichworten die folgenden:

---

[93] Zum Beispiel *Wolf,* S. 92; *Rumo-Jungo,* Private Schutzmassnahme, S. 225 f. – In aller Regel wird der Auftraggeber die Person, die er als Vorsorgebeauftragte ins Auge fasst, schon im Voraus kontaktieren und sich vergewissern, ob sie die Aufgabe voraussichtlich annehmen wird, oder die Initiative zum Vorsorgeauftrag wird gar von der letzteren Person ausgehen (*Brückner,* Die Beurkundung von Vorsorgeaufträgen, S. 44).

- Der Auftraggeber wird (dauernd) urteilsunfähig. Dies kann eine beträchtliche Zeit nach Abgabe der genannten einseitigen Erklärung eintreten.
- Die Erwachsenenschutzbehörde erfährt einerseits von dieser Urteilsunfähigkeit und andererseits (allenfalls gestützt auf eigene Nachforschungen) vom Vorliegen des Vorsorgeauftrags (Art. 363 Abs. 1 ZGB).
- Diese Behörde nimmt die in Art. 363 Abs. 2 ZGB vorgesehene Prüfung vor. Unter anderem prüft sie, ob die beauftragte Person für ihre Aufgaben geeignet ist (Art. 363 Abs. 2 Ziff. 3 ZGB).
- Erst jetzt nimmt die beauftragte Person – falls sie sich so entscheidet – den Vorsorgeauftrag an, und zwar durch eine Willenserklärung gegenüber der Erwachsenenschutzbehörde. Die Behörde weist die beauftragte Person auf ihre Pflichten hin und händigt ihr eine Urkunde aus, die ihre Befugnisse wiedergibt (Art. 363 Abs. 3 ZGB).[94]

4. Insgesamt werden die *obligationenrechtlichen Regeln über den Vertragsschluss* (Abschluss eines einfachen Auftrags) sowie die Auslegung und Ergänzung von Verträgen in mannigfacher Weise durch das Erwachsenenschutzrecht *modifiziert*.[95] Was den «Vertragsschluss» angeht, seien hier in aller Kürze drei wichtige Abweichungen des Erwachsenenschutzrechts von den vertragsrechtlichen Lehren erwähnt:
- Die Gegenseitigkeit der Willenserklärungen nach Art. 1 OR fehlt: Der Auftraggeber richtet seine Willenserklärung nicht (jedenfalls nicht notwendigerweise)[96] an die beauftragte Person (weshalb man nicht von Offerte im Rechtssinn sprechen kann), und diese Person wiederum erklärt die «Annahme» nicht gegenüber dem Auftraggeber, sondern gegenüber der Erwachsenenschutzbehörde (die ihrerseits nicht gesetzlicher Vertreter des Auftraggebers ist).[97]
- An einer Annahme im Rechtssinn fehlt es noch aus einem anderen Grund: Die «Annahmeerklärung» der beauftragten Person geht der

---

[94] Zu diesem Legitimationsausweis vgl. ausführlich *Rumo-Jungo,* Private Schutzmassnahme, S. 229 ff.
[95] Zur Auslegung und Ergänzung vgl. hinten 3.5.
[96] Richtet der Auftraggeber seine Willenserklärung auf Abschluss des Vorsorgevertrags demgegenüber (entgegen der gesetzlichen Modellvorstellung) direkt an jene Person, die er als Vorsorgebeauftragte wünscht, so könnte die Erklärung zwar als Antrag (Offerte) zu einem Vorsorgeauftrag verstanden werden. Die Annahme der Offerte kann jedoch rechtswirksam erst in einer späteren Phase geschehen (vgl. hinten 3.3.3).
[97] Ähnlich *Brückner,* Die Beurkundung von Vorsorgeaufträgen, S. 40; *Fountoulakis/Gaist,* S. 876.

Erwachsenenschutzbehörde in einem Zeitpunkt zu, in welchem der Auftraggeber bereits (dauernd) urteilsunfähig ist. Als empfangsbedürftige Willenserklärung kann eine Annahmeerklärung jedoch nach den allgemeinen vertragsrechtlichen Lehren nur wirksam werden, wenn sie einem urteilsfähigen Adressaten zugeht.[98]

– Auch die zeitliche Bezogenheit von Antrag und Annahme im Sinn der Art. 3 ff. OR fehlt, da zwischen der Willenserklärung des Auftraggebers und der «Annahme» der beauftragten Person viele Jahre vergehen können.

5. Dies alles ist zu bedenken, wenn nach der gesetzlichen Terminologie des Erwachsenenschutzrechts von «Vorsorgeauftrag» die Rede ist. Kraft Gesetzes entstehen zwar auftragsrechtliche Rechtsfolgen, die ihre Basis denn auch in einem Rechtsgeschäft (der Willenserklärung des Auftraggebers und der Annahmeerklärung der beauftragten Person) haben. Ein klassischer Vertragsschluss nach Art. 1 OR liegt jedoch nicht vor. Die Art. 360 ff. ZGB über die Entstehung des Vorsorgeauftrags machen ihn nach der hier vertretenen Auffassung zu einer *erwachsenenschutzrechtlichen Rechtsfigur eigener Art*.

3.2 Errichtung und Hinterlegung

3.2.1 Übersicht

1. Nach dem bereits zitierten Art. 360 Abs. 1 ZGB kann eine handlungsfähige Person eine natürliche oder juristische Person «beauftragen, im Fall ihrer Urteilsunfähigkeit die Personensorge oder die Vermögenssorge zu übernehmen oder sie im Rechtsverkehr zu vertreten». Die «Beauftragung» (verstanden als rechtsgeschäftliche Erklärung des Auftraggebers) geschieht, wie soeben ausgeführt, nach Art. 360 f. ZGB durch eine *einseitige Willenserklärung*.

2. Diese (einseitige) Willenserklärung ist *von Gesetzes wegen formbedürftig:* Sie ist nach Art. 361 Abs. 1 ZGB entweder eigenhändig zu errichten oder öffentlich beurkunden zu lassen. Die eigenhändige Erklärung ist vom Auftraggeber von Anfang bis Ende von Hand niederzuschreiben, zu

---

[98] BK-*Bucher*, N. 17 und 86 zu Art. 12 ZGB. Vgl. auch *von Tuhr/Peter*, S. 209; BK-*Kramer*, N. 94 zu Art. 1 OR.

datieren und zu unterzeichnen (Art. 361 Abs. 2 ZGB). Auf die öffentlich beurkundete Erklärung ist separat einzugehen.[99]

3. *Inhaltlich* liegt nach Art. 360 Abs. 1 ZGB nur dann ein Vorsorgeauftrag vor, wenn diese (formbedürftige) Willenserklärung des Auftraggebers sich auf die *Sorge (Personen- oder Vermögenssorge) und Vertretung im Fall der Urteilsunfähigkeit* bezieht. Der Auftraggeber muss nach Art. 360 Abs. 2 ZGB die Aufgaben umschreiben, die er der beauftragten Person übertragen will. Weiter kann der Auftraggeber:
   - der beauftragten Person Weisungen für die Erfüllung der Aufgaben erteilen (Art. 360 Abs. 2 in fine ZGB);
   - Ersatzverfügungen treffen für den Fall, dass die beauftragte Person für die Aufgaben nicht geeignet ist, den Auftrag nicht annimmt oder ihn kündigt (Art. 360 Abs. 3 ZGB);
   - dem Zivilstandsamt beantragen, die Tatsache, dass er einen Vorsorgeauftrag errichtet hat, und den Hinterlegungsort in die zentrale Datenbank einzutragen (Art. 361 Abs. 3 ZGB; Art. 8 lit. k Ziff. 1 ZStV).

4. Soll die beauftragte Person zur *Veräusserung oder Belastung von Grundstücken* ermächtigt sein, so stellt sich die Frage, ob ein allgemein gefasster Vorsorgeauftrag genügt oder ob – entsprechend Art. 396 Abs. 3 OR – der Auftraggeber hierfür eine «besondere Ermächtigung» erteilen muss. Nach der hier vertretenen Auffassung erfasst ein allgemeiner Vorsorgeauftrag (der keine vom Auftraggeber oder von der Erwachsenenschutzbehörde formulierten Einschränkungen enthält) auch die Ermächtigung zu solchen Grundstückgeschäften (Vorrang der Sondervorschriften des Erwachsenenschutzrechts).[100]

3.2.2 Die öffentliche Beurkundung insbesondere

1. Alternativ zur eigenhändigen Form ist gemäss Art. 361 Abs. 1 ZGB die *öffentliche Beurkundung der Erklärung des Auftraggebers* (des «Vorsorgeauftrags») vorgesehen. Es handelt sich diesfalls um die öffentliche Beurkundung einer einseitigen rechtsgeschäftlichen Erklärung (einseitige Willenserklärung) unter Lebenden.[101]

---

[99] Hinten 3.2.2 und 3.2.3.
[100] Vgl. hinten 3.4.2.
[101] *Wolf*, S. 93.

2. Das *Verfahren der öffentlichen Beurkundung* bestimmt sich nach dem kantonalen Beurkundungsrecht des Ortes der Vornahme (Art. 55 SchlT ZGB), unter Vorbehalt der ungeschriebenen Minimalanforderungen des Bundesrechts. Die Einhaltung der erbrechtlichen Vorschriften von Art. 499 ff. ZGB (insbesondere Beizug von zwei Zeugen[102]) ist nach der hier vertretenen Auffassung nicht erforderlich: Einerseits sieht der Wortlaut von Art. 361 Abs. 1 ZGB die Mitwirkung von Zeugen weder ausdrücklich noch durch Verweisung auf das Erbrecht vor; andererseits handelt es sich beim Vorsorgeauftrag nicht um eine letztwillige Verfügung, sondern um ein Rechtsgeschäft, das zu Lebzeiten des Auftraggebers Wirkung entfalten soll. Der Umstand, dass der Gesetzgeber alternativ die eigenhändige Erklärung ebenfalls als genügende Form anerkennt (was eine gewisse Parallele zum handschriftlichen Testament erkennen lässt), vermag Zusatzanforderungen an die «gewöhnliche» öffentliche Beurkundung nicht zu rechtfertigen. Diese Auffassung wird vom überwiegenden Teil der Lehre geteilt – namentlich auch vom Hauptverfasser der bundesrätlichen Botschaft, *Hermann Schmid*.[103]

Einzelne Autoren vertreten demgegenüber eine andere Auffassung:[104] So hält namentlich *Wolf* das erbrechtliche Beurkundungsverfahren nach Art. 499 ff. ZGB für anwendbar, den Beizug von zwei Zeugen demnach für unentbehrlich; er begründet diese Auffassung entstehungsgeschichtlich mit der bundesrätlichen Botschaft, systematisch mit der gesetzlichen Regelung von Errichtung und Widerruf des Vorsorgeauftrags sowie teleologisch mit dem Zweck, durch die beiden Zeugen zusätzliche Sicherheit zu schaffen für die Zeit, in welcher der Auftraggeber nicht mehr selber rechtsgeschäftlich handeln kann.[105] Da die Rechtslage durch die Gerichte noch nicht geklärt ist, sei den Urkundspersonen jedenfalls im Sinn der Vorsicht zum bundesrechtlichen Beurkundungs-

---

[102] Müssten die Vorschriften über das erbrechtliche Verfahren eingehalten werden, hätte dies auch Auswirkungen auf die Ausstandsregeln (Art. 503 ZGB; dazu *Wolf*, S. 98).

[103] *Schmid*, Komm. Erwachsenenschutz, N. 1 zu Art. 361 ZGB; ferner (jeweils mit weiteren Hinweisen) *Leuba*, S. 30; *Widmer Blum*, S. 303; *dieselbe*, Handkommentar, N. 3 zu Art. 361 ZGB; *Hausheer/Geiser/Aebi-Müller*, N. 2.14; *Brückner*, Die Beurkundung von Vorsorgeaufträgen, S. 47; BSK-*Rumo-Jungo*, N. 1 zu Art. 361 ZGB; *dieselbe*, Private Schutzmassnahme, S. 225; *Fountoulakis/Gaist*, S. 882; *Mooser*, La responsabilité, S. 168 f.; *Favre*, S. 157; *Emmenegger*, S. 225. Zusätzliche Literaturhinweise bei *Wolf*, S. 94 (Fussnote 125), der selber jedoch eine andere Auffassung vertritt.

[104] Vgl. die Literaturhinweise bei *Wolf*, S. 94 (124).

[105] *Wolf*, S. 93 ff.; ähnlich *Stephan Wolf/Martin Eggel*, Zum Beurkundungsverfahren beim Vorsorgeauftrag – aus der Sicht der Urkundsperson, Jusletter vom 6. Dezember 2010.

verfahren zu raten.[106] Dem lässt sich nach der hier vertretenen Auffassung Folgendes entgegenhalten:
- Der *Wortlaut* von Art. 361 Abs. 1 ZGB verlangt eigenhändige Errichtung oder öffentliche Beurkundung («... constitué en la forme olographe ou authentique»; «per atto olografo o per atto pubblico»). Bezüglich der öffentlichen Beurkundung besteht kein Zusatz, wonach die erbrechtliche Form einzuhalten oder der Beizug von Zeugen erforderlich sei.[107] Es verhält sich beim Vorsorgeauftrag demnach gerade anders als bei jenen Rechtsfiguren, die das Gesetz der erbrechtlichen Beurkundungsform unterstellt; dort schreibt es nämlich ausdrücklich vor, es gelte die Form des Erbvertrags (so Art. 522 Abs. 1 OR für den Verpfründungsvertrag) oder das Rechtsgeschäft unterstehe den Vorschriften über die Verfügungen von Todes wegen (so Art. 245 Abs. 2 OR für die Schenkung auf den Todesfall hin). Der Gesetzeswortlaut bezieht sich mit anderen Worten klar auf die «gewöhnliche» öffentliche Beurkundung, deren Verfahren nach kantonalem Recht (Art. 55 SchlT ZGB) sowie den bundesrechtlichen Minimalanforderungen bestimmt wird.
- Die *Entstehungsgeschichte* gibt auf die Streitfrage keine klare Antwort. Die bundesrätliche Botschaft bringt zwar einerseits in der Tat eine gewisse Parallelität des Vorsorgeauftrags zu den Verfügungen von Todes wegen zum Ausdruck.[108] Andererseits führt sie jedoch auch näher aus, wie die Urkundsperson vorgehen soll, und enthält dort keinerlei Hinweis auf den Beizug von Zeugen oder auf die Geltung der erbrechtlichen Form im Allgemeinen.[109] Auch die Ratsprotokolle klären diese Frage nicht: Im Ständerat führte Kommissionspräsident *Wicki* zwar aus, der Vorsorgeauftrag habe «den Formvorschriften für die letztwilligen Verfügungen» zu entsprechen (Eigenhändigkeit oder öffentliche Beurkundung);[110] ob damit aber über die beiden Formvarianten hinaus auch das erbrechtliche Beurkundungs*verfahren* gemeint war, wird nicht klar.[111]

---

[106] *Wolf,* S. 95 f.; ablehnend *Brückner,* Die Beurkundung von Vorsorgeaufträgen, S. 49.
[107] Das räumt auch *Wolf* (S. 93) ein.
[108] Botschaft BBl 2006 S. 7026, erster Absatz zu Art. 361 des Entwurfs.
[109] Botschaft BBl 2006 S. 7026, dritter Absatz zu Art. 361 des Entwurfs.
[110] AB 2007 StR S. 829. Zustimmung des Nationalrats (ohne Diskussion dieser Frage) in AB 2008 NR S. 1514.
[111] Kritisch zu diesen Äusserungen in Botschaft und parlamentarischer Beratung zu Recht auch *Brückner,* Die Beurkundung von Vorsorgeaufträgen, S. 48. Vgl. auch BSK-*Schmid,* N. 1 zu Art. 361 ZGB.

Zu beachten ist in diesem Zusammenhang, dass die Anordnung der erbrechtlichen Beurkundungsform (namentlich wegen des Zwangs zum Beizug zweier Zeugen) eine Einschränkung der Notariatskompetenzen der Kantone bedeutet hätte. Ein solcher gesetzgeberischer Wille kann angesichts der Umstände nicht vermutet werden. Die eidgenössischen Räte haben nämlich in einem anderen Punkt der Vorlage (Art. 362 Abs. 2 in fine und Art. 510 Abs. 1 in fine des Entwurfs: Verpflichtung des Vorsorgeauftraggebers und des Testators, der einen öffentlich beurkundeten Vorsorgeauftrag oder ein öffentliches Testament hat errichten lassen, bei Widerruf durch Vernichtung der Urkunde die Urkundsperson zu benachrichtigen[112]) ausdrücklich auf eine Regelung verzichtet, welche die Notariatshoheit der Kantone hätte tangieren können.[113]

- Unter dem Gesichtspunkt der *Gesetzessystematik* ist aus den Bestimmungen über (die Entstehung und) den Widerruf zwar auf eine gewisse Parallelität von Vorsorgeauftrag und Verfügung von Todes wegen zu schliessen. Ein umfassender Verweis auf die erbrechtliche Form und insbesondere auf das erbrechtliche Beurkundungsverfahren ergibt sich daraus jedoch nicht. Systematisch sprechen sodann die bereits genannten (abweichenden) Formulierungen in Art. 522 Abs. 1 und Art. 245 Abs. 2 OR gegen die erbrechtliche Beurkundungsform beim Vorsorgeauftrag. Letztere wäre denn auch systemwidrig, weil der Vorsorgeauftrag klarerweise ein Rechtsgeschäft unter Lebenden darstellt, die erbrechtliche Form aber naturgemäss nur für Verfügungen von Todes wegen vorgesehen ist.[114]

- In *teleologischer* Hinsicht stellt sich die Frage, ob der Beizug von zwei Zeugen zur öffentlichen Beurkundung zum Schutz des Auftraggebers notwendig ist. Im Erbrecht hat der Gesetzgeber diese Notwendigkeit (zum Schutz des Testators) vor mehr als 100 Jahren bejaht – und damit gleichzeitig gegenüber den Urkundspersonen ein gewisses Misstrauen bekundet. Beim Vorsorgeauftrag erweist sich ein solcher Schutz aus heutiger Sicht nicht als notwendig: Einerseits wird vonseiten des Auftraggebers nicht erbrechtlich verfügt, sondern eine beauftragte Person im Hinblick auf die Personen- oder Vermögenssorge

---

[112] BBl 2006 S. 7106 und 7178.
[113] AB 2007 StR S. 842 f. (Votum *Wicki*); AB 2008 NR S. 1515 f. (Votum *Schmid-Federer*); AB 2008 StR S. 882 (Votum *Janiak*).
[114] *Wolf* (S. 95, Fussnote 128) spricht (aus seiner Sicht) denn diesbezüglich auch von einem «Novum».

benannt (wobei diese Person dereinst überdies von der Erwachsenenschutzbehörde auf ihre Eignung überprüft werden wird; Art. 363 Abs. 2 Ziff. 3 ZGB). Andererseits hat im Vergleich zur Entstehungszeit des ZGB die Qualität der öffentlichen Beurkundung erheblich zugenommen: Die Beurkundung wird heute als bundesrechtliches Institut verstanden, für welches Rechtsprechung und Lehre auch hinsichtlich des Verfahrens bundesrechtliche Minimalanforderungen erarbeitet haben. Auch kantonale Normen über Aufsicht und Verantwortlichkeit der Urkundspersonen sind beträchtlich erweitert worden. Unter dem Gesichtspunkt der Schutzbedürftigkeit des Auftraggebers reicht demnach die Mitwirkung der Urkundsperson selber aus; der Beizug von Zeugen ist nicht notwendig.

– *Zusammenfassend* verlangt das Gesetz nach der hier vertretenen Auffassung die «gewöhnliche» öffentliche Beurkundung des Vorsorgeauftrags. Die Einhaltung der erbrechtlichen Form ist nicht notwendig (wenn auch möglich[115]).

3. Vorzubehalten ist immerhin ein *Sonderfall:* Der Auftraggeber kann den Vorsorgeauftrag von der Urkundsperson in die gleiche Urkunde aufnehmen lassen wie sein Testament.[116] In einem solchen Fall gelten – damit das *Testament* formgültig ist – die bundesrechtlichen Beurkundungsvorschriften von Art. 499 ff. ZGB. Von einer derartigen Beurkundung von Vorsorgeauftrag und Testament in einer einzigen öffentlichen Urkunde ist indessen abzuraten, da die beiden Rechtsfiguren unterschiedliche Fragen regeln und in die Zuständigkeit unterschiedlicher Behörden fallen.[117]

4. Selbst wenn der Vorsorgeauftrag ausdrücklich einen Auftrag zur Veräusserung eines Grundstücks oder zur Begründung einer Nutzniessung an einem solchen enthält, liegt darin *kein «Grundstücksgeschäft»* im Sinn jener kantonalen Vorschriften, die für Rechtsgeschäfte über dingliche Rechte an Grundstücken die exklusive Beurkundung durch eine Urkundsperson der gelegenen Sache anordnen. So oder so kann also der

---

[115] Dazu *Wolf,* S. 96.
[116] So bereits Botschaft BBl 2006 S. 7026.
[117] Ebenso *Wolf,* S. 91; *Brückner,* Die Beurkundung von Vorsorgeaufträgen, S. 49.

Vorsorgevertrag an einem beliebigen Ort der Schweiz[118] durch die dort zuständige Urkundsperson errichtet werden.[119]

3.2.3 Die Pflichten der Urkundsperson

Über das Verfahren hinaus lässt sich zu den Pflichten der Urkundsperson bei der Errichtung des Vorsorgeauftrags Folgendes festhalten:

1. Die Urkundsperson hat zunächst – nach den allgemeinen Regeln – die *Identität des Auftraggebers* und dessen *Handlungsfähigkeit* (Volljährigkeit und Urteilsfähigkeit) zu *prüfen*.[120]
2. Weiter hat die Urkundsperson den *Willen des Auftraggebers zu ermitteln*[121] und zu prüfen, ob der Vorsorgeauftrag den gesetzlichen Vorgaben (Art. 360 ZGB) entspricht. Dazu gehört nach der hier vertretenen Auffassung von Bundesrechts wegen auch die rechtliche Belehrung über die Folgen des Geschäfts. In diesem Zusammenhang sind weitere Belehrungen (Beratungen) aktuell, etwa über die Möglichkeiten, mehrere Personen (allenfalls auch eine juristische Person oder eine «Kontrollperson»[122]) zu beauftragen (Art. 360 Abs. 1 ZGB), besondere Weisungen zu erteilen (Art. 360 Abs. 2 ZGB), Ersatzverfügungen zu treffen (Art. 360 Abs. 3 ZGB) oder die Vergütungsfrage zu klären (Art. 366 ZGB).
Als Folge der Sorgfaltspflicht soll die Urkundsperson die Aufgaben, welche der Auftraggeber der beauftragten Person übertragen will, möglichst genau und (wo nicht die generelle Personen- und Vermögenssorge sowie die Vertretung gewollt ist) detailliert umschreiben.[123] Ebenso sollte die Urkundsperson den Auftraggeber dazu anhalten, Klarheit darüber zu schaffen, ob früher erteilte Aufträge (Vollmachten) neben dem Vorsorgeauftrag weitergelten sollen und welches Verhältnis zwischen

---

[118] Die vorliegenden Ausführungen beschränken sich auf die Schweiz und klammern Sachverhalte mit Auslandberührung aus. Zum internationalen Privatrecht des Vorsorgeauftrags vgl. insbesondere Art. 85 Abs. 2 IPRG sowie Art. 15 ff. des Haager Erwachsenenschutzübereinkommens vom 13. Januar 2000 (SR 0.211.232.1).
[119] Ebenso *Mooser,* La responsabilité, S. 169, Fussnote 56 in fine.
[120] *Wolf,* S. 97; *Brückner,* Die Beurkundung von Vorsorgeaufträgen, S. 45 f.; *Mooser,* La responsabilité, S. 166. Zur Prüfung der Urteilsfähigkeit vgl. auch BSK-*Schmid,* N. 4 zu Art. 361 ZGB.
[121] Ebenso *Mooser,* La responsabilité, S. 167.
[122] Zu Letzterem vgl. *Brückner,* Die Beurkundung von Vorsorgeaufträgen, S. 41.
[123] *Mooser,* La responsabilité, S. 167 f.

den verschiedenen Anordnungen besteht.[124] Weiter kann es sinnvoll sein, Personen, die unter einem gesetzlichen Berufsgeheimnis stehen, von der Geheimhaltungspflicht gegenüber dem Vorsorgebeauftragten zu befreien.

Was die Weisungen anbelangt, werden in der Lehre namentlich Anordnungen des Auftraggebers an die beauftragte Person zur periodischen Rechenschaftsablegung (an die Erwachsenenschutzbehörde oder an bestimmte Angehörige) empfohlen, wobei die Berichte auch über die Gesamtheit der verlangten oder bezogenen Honorare, Spesenvergütungen und weiteren geldwerten Leistungen Aufschluss geben sollen.[125] Ratsam kann es auch sein, wenn der Auftraggeber die Grundsätze der Vermögensverwaltung nach VBVV[126] für anwendbar erklärt.[127]

3. Nach Massgabe des kantonalen Rechts hat die Urkundsperson die öffentliche Urkunde *aufzubewahren* bzw. *zu archivieren*. Ist kraft Parteiwillens die Urkundsperson als Aufbewahrerin der Urkunde bestimmt und verliert der Auftraggeber (Urkundspartei) in der Folge die Urteilsfähigkeit, so hat die Urkundsperson den öffentlich beurkundeten Vorsorgeauftrag der Erwachsenenschutzbehörde auf Verlangen herauszugeben (Art. 363 Abs. 1 ZGB implizit).[128] So oder so wird die Urkundsperson auch ohne entsprechende kantonale Vorschrift gut daran tun, je ein Exemplar (gegebenenfalls eine beglaubigte Kopie bzw. nach Massgabe des kantonalen Rechts eine Ausfertigung) der Urkunde für den Auftraggeber, für die eigene Aktensammlung und – im Blick auf die Zukunft – für die Erwachsenenschutzbehörde sowie für die beauftragte Person anzufertigen.

4. Ob die Urkundsperson die öffentliche Beurkundung auch dann vornehmen kann, wenn der Auftraggeber sie selber als Vorsorgebeauftragte einsetzen will (oder ob diesfalls ein *Ausstandsgrund* vorliegt), bedarf weiterer Klärung. Für beide Lösungen lassen sich beachtliche Gründe anführen, doch rechtfertigt es sich nach der hier vertretenen Auffassung,

---

[124] Zur Geltung mehrerer Anordnungen und zu ihrem gegenseitigen Verhältnis vgl. hinten 4.2 und 4.3.
[125] *Brückner,* Die Beurkundung von Vorsorgeaufträgen, S. 41; ähnlich *Mooser,* La responsabilité, S. 169.
[126] Verordnung über die Vermögensverwaltung im Rahmen einer Beistandschaft oder Vormundschaft (VBVV) vom 4. Juli 2012 (SR 211.223.11).
[127] *Rumo-Jungo,* Private Schutzmassnahme, S. 238.
[128] Für ein generelles Recht zur Aushändigung an die Erwachsenenschutzbehörde *Mooser,* La responsabilité, S. 171 f.

die Urkundsperson hier zuzulassen, einen Ausstandsgrund also zu verneinen.[129]

5. Ob die *beauftragte Person* zur Annahme des Auftrags *bereit und dazu geeignet* ist, muss (und kann) die Urkundsperson regelmässig *nicht* prüfen.[130] Bei offensichtlicher Ungeeignetheit hat die Urkundsperson jedoch (kraft ihrer Rechtsbelehrungspflicht) zu intervenieren.[131] Zur Rechtsbelehrung gehört sodann auch der notarielle Hinweis an den Auftraggeber, dass dieser Letztere die Kenntnisnahme durch die Erwachsenenschutzbehörde (bei Eintritt der Urteilsunfähigkeit) sicherstellen soll, etwa durch die Mitteilung an das Zivilstandsamt im Sinn von Art. 361 Abs. 3 ZGB.[132]

3.3 Feststellung der Wirksamkeit und Annahme des Vorsorgeauftrags

3.3.1 Nachträgliche Urteilsunfähigkeit des Auftraggebers

1. Der Vorsorgeauftrag soll seiner Natur nach *erst beim Eintritt der Urteilsunfähigkeit des Auftraggebers* wirksam werden (Art. 360 Abs. 1 ZGB: «im Fall ihrer Urteilsunfähigkeit»). Der Eintritt dieser Urteilsunfähigkeit ist mit anderen Worten Bedingung dafür, dass der Vorsorgeauftrag Geltung erlangt.

2. Nach dem Gesagten[133] ist das *Weiterbestehen der Urteilsunfähigkeit* des Auftraggebers von Gesetzes wegen auch Voraussetzung für den Fortbestand des Vorsorgeauftrags (Art. 369 Abs. 1 ZGB).

3.3.2 Tätigwerden der Erwachsenenschutzbehörde

1. Erfährt die Erwachsenenschutzbehörde, dass eine Person urteilsunfähig geworden ist, und ist ihr nicht bekannt, ob ein Vorsorgeauftrag vorliegt, so *erkundigt sie sich beim Zivilstandsamt (Art. 363 Abs. 1 ZGB)*.

---

[129] Ebenso *Wolf,* S. 98; *Favre,* S. 152; *Mooser,* La responsabilité, S. 165.
[130] Botschaft BBl 2006 S. 7026; *Mooser,* La responsabilité, S. 166.
[131] Überzeugend *Wolf,* S. 97; ebenso *Mooser,* La responsabilité, S. 169.
[132] *Wolf,* S. 97 f.; *Mooser,* La responsabilité, S. 170.
[133] Vgl. vorne 3.1.

2. Ergibt sich, dass ein Vorsorgeauftrag vorliegt, so muss die Erwachsenenschutzbehörde nach Art. 363 Abs. 2 ZGB *prüfen,* ob der Auftrag gültig errichtet worden ist, ob die Voraussetzungen für seine Wirksamkeit eingetreten sind, ob die beauftragte Person für ihre Aufgaben geeignet ist und ob weitere Massnahmen des Erwachsenenschutzes erforderlich sind. Trifft Letzteres zu, schlägt sie das Verfahren zur Anordnung dieser Massnahmen ein.

3. Die Erwachsenenschutzbehörde *teilt dem Zivilstandsamt mit,* wenn für eine dauernd urteilsunfähige Person ein Vorsorgeauftrag wirksam wird (Art. 449c Ziff. 2 ZGB; Art. 8 lit. k Ziff. 2, Art. 23a und Art. 76 ff. ZStV).

3.3.3 Annahme durch die beauftragte Person

1. Das ZGB behandelt den Vorsorgeauftrag zwar weitgehend wie einen Vertrag (Auftrag). Der *Mechanismus zum Vertragsabschluss* (Art. 1 ff. OR) wird jedoch durch das Erwachsenenschutzrecht in mehrfacher Weise modifiziert:[134]
   - Wie bereits ausgeführt, prüft die Erwachsenenschutzbehörde, nachdem sie erfahren hat, dass der Auftraggeber urteilsunfähig geworden ist, unter anderem die Gültigkeit des Auftrags und die Eignung der beauftragten Person für die übertragenen Aufgaben (Art. 363 Abs. 2 ZGB).
   - Erst dann spricht das Gesetz davon, dass die beauftragte Person den Auftrag annimmt und was die Erwachsenenschutzbehörde in diesem Fall zu tun hat (Art. 363 Abs. 3 ZGB).
   - Die OR-Regeln, wonach ein Antrag rechtzeitig vom Antragsempfänger angenommen werden muss, um zu einem Vertrag zu führen (Art. 3 ff. OR), gelten nicht. Zwischen der Offerte und der Annahme können vielmehr zahlreiche Jahre vergehen.

2. Die dargestellte zeitliche Abfolge führt zur Frage, ob die beauftragte Person nicht auch *schon vor dem Eintritt der Urteilsunfähigkeit des Auftraggebers* und vor dem Tätigwerden der Erwachsenenschutzbehörde (Art. 363 Abs. 1 und 2 ZGB) die Offerte zu einem Vorsorgeauftrag *annehmen kann.* Eine Zustimmungserklärung der beauftragten Person (in beliebiger Form) ist zwar in diesem Zeitpunkt möglich; sie verleiht jedoch dem Vorsorgeauftrag im Sinn von Art. 360 ff. ZGB aus verschie-

---

[134] Vgl. bereits vorne 3.1.

denen Gründen noch keine Wirksamkeit[135] (auch wenn der Vertrag je nach Parteiwille allenfalls in einen gewöhnlichen Auftrag zur Vermögensverwaltung umgedeutet werden könnte). Zunächst muss vielmehr – nach Eintritt der Urteilsunfähigkeit des Auftraggebers – die Erwachsenenschutzbehörde ihre Prüfungspflichten wahrnehmen (Art. 363 ZGB), und erst anschliessend hat sich die betreffende Person über die Annahme des Auftrags auszusprechen.

3.4 Wirkungen

3.4.1 Im Allgemeinen

1. Ist der Vorsorgevertrag zustande gekommen (und ist namentlich die Bedingung der Urteilsunfähigkeit beim Auftraggeber eingetreten), so *vertritt* die beauftragte Person – im Rahmen des Vorsorgeauftrags – den Auftraggeber und nimmt ihre Aufgaben nach den auftragsrechtlichen Bestimmungen sorgfältig wahr (Art. 365 Abs. 1 ZGB).
2. Die *Ansprüche der Vorsorgebeauftragten* auf Vergütung (Entschädigung) und Ersatz der Spesen richten sich nach Art. 366 ZGB.
3. Sind die *Interessen* der auftraggebenden Person *gefährdet* oder nicht mehr gewahrt, schreitet die Erwachsenenschutzbehörde nach Massgabe von Art. 368 ZGB ein. Sie kann insbesondere der beauftragten Person Weisungen erteilen, sie zur Einreichung eines Inventars, zur periodischen Rechnungsablage und zur Berichterstattung verpflichten oder ihr die Befugnisse teilweise oder ganz entziehen (Art. 368 Abs. 2 ZGB).

3.4.2 Die Vertretung insbesondere

1. Nach dem bereits genannten Art. 365 Abs. 1 ZGB «vertritt» die beauftragte Person den Auftraggeber «im Rahmen des Vorsorgeauftrags». Sie verfügt demnach über *Vertretungsmacht* in dem Umfang, in welchem der Vorsorgeauftrag sie ihr einräumt. Aus den Rechtshandlungen, die sie im Namen des Auftraggebers vornimmt, wird der Letztere entsprechend den stellvertretungsrechtlichen Regeln berechtigt und verpflichtet

---

[135] Im Ergebnis ähnlich *Brückner,* Die Beurkundung von Vorsorgeaufträgen, S. 40, wonach die Annahme in diesem Fall verfrüht und an den falschen Adressaten gerichtet wäre; ähnlich *Rumo-Jungo,* Private Schutzmassnahme, S. 227.

(Art. 32 Abs. 1 OR).[136] Lautet der Auftrag auf umfassende Vermögenssorge, so kann die beauftragte Person den Auftraggeber vermögensrechtlich umfassend vertreten.

Indessen steht es nach den allgemeinen Grundsätzen dem Auftraggeber frei, die Bevollmächtigung an sich oder den Umfang der Vollmacht der beauftragten Person eigenständig – abweichend vom dem, was der Vorsorgeauftrag erwarten liesse – festzulegen.[137] Namentlich kann er die Vollmacht weiter fassen als den Auftrag, indem er etwa den Auftrag auf eine Verwaltung des unbeweglichen Vermögens beschränkt, aber dennoch eine Generalvollmacht erteilt.

2. Die beauftragte Person übt ihr Vertretungsrecht *selbständig* aus, ohne Mitwirkung der Erwachsenenschutzbehörde. Dies gilt nach der hier vertretenen Auffassung auch für die in Art. 416 ZGB aufgelisteten Geschäfte (unter anderem Erwerb, Veräusserung, Verpfändung und andere dingliche Belastung von Grundstücken), da diese Bestimmung nur die behördliche Zustimmung zu Geschäften des Beistands (nicht aber der vorsorgebeauftragten Person) verlangt.[138]

3. Bezieht sich der Vorsorgeauftrag auf die allgemeine Vermögenssorge und hat der Auftraggeber die Vollmacht nicht beschränkt, so umfasst der Vorsorgeauftrag insbesondere auch die *Ermächtigung zum Abschluss eines Vergleichs und zur Veräusserung oder Belastung von Grundstücken.*[139] Die Bestimmungen des Erwachsenenschutzrechts gehen nach der hier vertretenen Auffassung als Spezialnormen insoweit dem Art. 396 Abs. 3 OR vor.[140]

3.4.3 Der Fall der Interessenkollision insbesondere

1. Bei Interessenkollision *entfallen die Befugnisse* der beauftragten Person für das betreffende Geschäft von Gesetzes wegen (Art. 365 Abs. 3 ZGB).

---

[136] BSK-*Rumo-Jungo*, N. 1 f. zu Art. 365 ZGB.
[137] So wohl auch *Schmid,* Komm. Erwachsenenschutz, N. 9 zu Art. 360 ZGB.
[138] *Schmid,* Komm. Erwachsenenschutz, N. 1 zu Art. 365 ZGB; *Mooser,* La responsabilité, S. 171; a.M. BSK-*Rumo-Jungo,* N. 4 zu Art. 365 ZGB.
[139] Ebenso BSK-*Rumo-Jungo,* N. 8 zu Art. 365 ZGB, die jedoch für die in Art. 416 ZGB aufgelisteten Geschäfte (auch wenn sie nicht durch den Beistand, sondern durch den Vorsorgebeauftragten vorgenommen worden sind) die Zustimmung der Erwachsenenschutzbehörde verlangt.
[140] *Widmer Blum,* S. 289 f.; *dieselbe,* Handkommentar, N. 2 zu Art. 365 ZGB.

2. Tritt eine solche Kollision auf, ist die beauftragte Person *verpflichtet, umgehend die Erwachsenenschutzbehörde zu informieren* (Art. 365 Abs. 2 ZGB). Die Behörde kann auch aufgrund eigener Wahrnehmungen oder nach Hinweisen Dritter (insbesondere auf Antrag einer dem Auftraggeber nahestehenden Person) Massnahmen für notwendig ansehen und anordnen (Art. 368 Abs. 2 ZGB). Voraussehbare Interessenkollisionen können ausserdem schon bei der Eignungsprüfung (Art. 363 Abs. 2 Ziff. 3 ZGB) eine Rolle spielen.

3. Das Gesagte und insbesondere der Wegfall der Befugnisse der beauftragten Person gelten nur, wenn der Auftraggeber *die betreffende Interessenkollision nicht bewusst in Kauf genommen* hat.[141] Hat mit anderen Worten der Auftraggeber die Interessenkollision bei Auftragserteilung erkannt und bewusst in Kauf genommen, bleibt es bei den übertragenen Befugnissen der beauftragten Person, und die Meldepflicht gegenüber der Erwachsenenschutzbehörde entfällt – es sei denn, diese Behörde habe in ihrem Entscheid nach Art. 363 ZGB oder durch späteres Einschreiten (Art. 368 ZGB) ausdrücklich etwas anderes angeordnet.

4. Angesichts der gesetzlichen Vorschrift von Art. 365 Abs. 3 ZGB (Wegfall der Befugnisse der beauftragten Person bei Interessenkollision) stellt sich die Frage, wie *Urkundsperson und Grundbuchamt* reagieren sollen, wenn das konkrete Grundstücksgeschäft der beauftragten Person eine Interessenkollision in sich birgt oder bergen kann (Beispiel: Verkauf eines Grundstücks des Auftraggebers an eine dem Beauftragten nahestehende Person). Ähnlich wie beim Insichgeschäft (dem Paradebeispiel der Interessenkollision im Stellvertretungsrecht)[142] lässt sich Folgendes festhalten:
Die Urkundsperson hat im Rahmen ihrer Sorgfaltspflicht sicherzustellen, dass bei den von ihr beurkundeten Rechtsgeschäften (etwa einem Grundstückkauf) die notwendige Vertretungsmacht des Stellvertreters (beauftragte Person) vorliegt. Wirksamkeit des Rechtsgrunds und Vollmacht (Vertretungsmacht) der anmeldenden Person sind aber auch Fragen, welche in die Prüfungsbefugnis des Grundbuchamts fallen (Art. 965 ZGB; Art. 83 Abs. 2 lit. d und g GBV); die Vertretungsmacht ist von der anmeldenden Person nachzuweisen (Art. 49 Abs. 1 GBV). Der Grundbuchverwalter darf sich bei Anzeichen eines Interessenkonflikts daher nicht

---

[141] BSK-*Rumo-Jungo*, N. 23 f. zu Art. 365 ZGB. Zur entsprechenden Rechtslage beim Selbsteintritt und bei Doppelvertretung (Insichgeschäft) vgl. vorne 2.4.
[142] Vgl. vorne 2.4.

auf die vorangehende Prüfung der Urkundsperson verlassen. Vielmehr haben beide Stellen – Urkundsperson und Grundbuchamt – nach der hier vertretenen Auffassung die Frage zu prüfen und dabei wie folgt vorzugehen:
- Ergibt sich aus dem Ausweis der Erwachsenenschutzbehörde nach Art. 363 Abs. 3 ZGB (allenfalls samt Vorsorgeauftrag) klar, dass der Auftraggeber die (mögliche) Interessenkollision erkannt und in Kauf genommen hat, besteht kein Grund, einen Wegfall der Vertretungsmacht anzunehmen. In diesem Fall hat die Urkundsperson das Geschäft zu beurkunden und das Grundbuchamt der Anmeldung Folge zu leisten (sofern die übrigen Eintragungsvoraussetzungen erfüllt sind).
- Fehlt die genannte Klarheit, so ist ein Wegfall der Vertretungsmacht von Gesetzes wegen (Art. 365 Abs. 3 ZGB) möglich. Die Notarin oder der Notar muss den Vorsorgebeauftragten daher dazu auffordern, einen Entscheid der Erwachsenenschutzbehörde vorzulegen, welcher das Geschäft gutheisst (oder diesbezüglich einen Beistand ernennt und alsdann nach Art. 416 Abs. 1 Ziff. 4 ZGB zustimmt). Wird dieser Nachweis bei der Grundbuchanmeldung nicht aufgelegt, regelt das Gesetz die Folgen nicht ausdrücklich; namentlich ist durch das ZGB kein Aussetzen des Eintragungsverfahrens (Art. 88 GBV) vorgesehen. Ob diese Bestimmung analog angewendet werden kann, ist durch die Praxis noch ungeklärt. Verneint man die analoge Anwendbarkeit, muss das Grundbuchamt vom fehlenden Nachweis der Vertretungsmacht ausgehen und die Anmeldung des Vorsorgebeauftragten abweisen. Die Eintragung kann in solchen Fällen mit anderen Worten nur dann erfolgen, wenn der Vorsorgebeauftragte der Anmeldung einen Entscheid der Erwachsenenschutzbehörde beilegt, in welchem diese der Verfügung zustimmt.

3.5 Auslegung und Ergänzung

1. Auslegung und Ergänzung des Vorsorgeauftrags erfolgen nicht (jedenfalls nicht in jedem Fall) durch das Gericht. Vielmehr kann die beauftragte Person die *Erwachsenenschutzbehörde* um Auslegung des Vorsorgeauftrags und dessen Ergänzung in Nebenpunkten ersuchen (Art. 364 ZGB).
2. Der Grund für die Auslegungs- oder Ergänzungsbedürftigkeit kann auch darin liegen, dass sich die *Verhältnisse* seit der Errichtung des Vorsorge-

auftrags in gewissen Punkten unerwartet *geändert* haben.[143] Die Möglichkeit der Auslegung und Ergänzung durch die Erwachsenenschutzbehörde soll vermeiden, dass «für Nebensächlichkeiten zusätzlich zum Vorsorgeauftrag noch eine behördliche Massnahme angeordnet werden muss».[144]

3.6 Kündigung durch die beauftragte Person

1. Auch bezüglich der Kündigung des Vorsorgeauftrags *weicht* das Erwachsenenschutzrecht *von den auftragsrechtlichen Regeln (Art. 404 OR) teilweise ab:* Die beauftragte Person kann den Vorsorgeauftrag «jederzeit mit einer zweimonatigen Kündigungsfrist durch schriftliche Mitteilung an die Erwachsenenschutzbehörde kündigen» (Art. 367 Abs. 1 ZGB). Aus wichtigen Gründen kann sie den Auftrag (jederzeit) fristlos kündigen (Art. 367 Abs. 2 ZGB).

2. Ausserhalb wichtiger Gründe bestehen die *Besonderheiten* des Erwachsenenschutzrechts im Vergleich zum gewöhnlichen Auftragsrecht mit anderen Worten darin:
   – dass die Kündigung zwar jederzeit erfolgen kann, aber eine zweimonatige Kündigungsfrist zu wahren ist;
   – die Kündigung schriftlich zu erfolgen hat; und
   – die Kündigung an die Erwachsenenschutzbehörde zu richten ist.

4. Vorsorgeauftrag und vorbestehende Aufträge oder Vollmachten

4.1 Allgemeine intertemporal-rechtliche Überlegungen

1. Sind Aufträge (zur Vorsorge) und Vollmachten, die vor dem 1. Januar 2013 (Inkrafttreten des neuen Erwachsenenschutzrechts) erteilt worden sind, auch nach diesem Datum noch wirksam? Und können auch nach dem genannten Datum noch «gewöhnliche» Aufträge und Vollmachten (das heisst auch Aufträge ausserhalb der Art. 360 ff. ZGB) erteilt wer-

---

[143] Botschaft BBl 2006 S. 7028.
[144] Botschaft BBl 2006 S. 7028.

den? Diese intertemporal-rechtlichen Fragen sind – mangels Sondernormen zum intertemporalen Erwachsenenschutzrecht – nach den *Art. 1 ff. SchlT ZGB* zu lösen. Art. 1 Abs. 1 und 2 SchlT ZGB geht vom Grundsatz der Nichtrückwirkung aus: Die rechtlichen Wirkungen der vor dem 1. Januar 2013 eingetretenen Tatsachen sind demnach grundsätzlich nach den damals (zur Zeit ihres Eintritts) geltenden Normen zu behandeln; für die seit diesem Datum eingetretenen Tatsachen gilt demgegenüber grundsätzlich das neue Recht (Art. 1 Abs. 3 SchlT ZGB). Neues Recht gilt jedoch in zwei Sonderkonstellationen in jedem Fall (auch bei «alten» Tatsachen):

- einerseits bei Bestimmungen des neuen Rechts, die um der öffentlichen Ordnung und Sittlichkeit willen aufgestellt worden sind (Vorbehalt des «Ordre public»; Art. 2 SchlT ZGB);
- andererseits wenn es um Rechtsverhältnisse geht, deren Inhalt unabhängig vom Willen der Beteiligten durch das Gesetz umschrieben wird (Art. 3 SchlT ZGB).

2. Fälle von Art. 3 SchlT ZGB liegen bei Aufträgen (auch Vorsorgeaufträgen) und Vollmachten gerade nicht vor: Die Inhalte der betreffenden Rechtsverhältnisse bestimmen sich vielmehr nach dem *Parteiwillen,* nicht nach Gesetz.

3. Zahlreiche Normen des Erwachsenenschutzes – und insbesondere das System des Schutzes der schutzbedürftigen Personen – gehören zwar nach der hier vertretenen Auffassung (wie beim alten Vormundschaftsrecht) zum «Ordre public». Das ist jedoch bei jeder konkreten Frage zu prüfen und vermag die Weitergeltung der vor dem 1. Januar 2013 erteilten Aufträge und Vollmachten nicht generell aufzuheben. Diese Einschätzung lässt sich auch damit begründen, dass das neue Erwachsenenschutzrecht die eigene Vorsorge (und damit die Parteiautonomie) der betroffenen Person im Vergleich zum alten Recht stärken will.[145] Auszugehen ist für das Folgende demnach vom *Grundsatz der Nichtrückwirkung* (Art. 1 SchlT ZGB): «alte Tatsache – altes Recht; neue Tatsache – neues Recht».[146]

---

[145] Vgl. vorne 3.1.
[146] Ebenso *Widmer Blum,* Handkommentar, N. 28 zu Art. 360 ZGB.

4.2 Vor Inkrafttreten des neuen Rechts erteilte Aufträge oder Vollmachten

1. Aufträge und Vollmachten, die vor dem 1. Januar 2013 (Inkrafttreten des neuen Erwachsenenschutzrechts) mit der Anordnung des Fortbestands über den Verlust der Urteilsfähigkeit des Auftraggebers hinaus erteilt wurden, haben auch nach diesem Datum ihre *Gültigkeit grundsätzlich vollumfänglich behalten*.[147] Ob der Auftrag- bzw. Vollmachtgeber vor dem genannten Datum oder nachher urteilsunfähig geworden ist, spielt keine Rolle,[148] zumal die genannten Rechtsgeschäfte die gemäss Art. 1 Abs. 1 und 2 SchlT ZGB massgebenden Tatsachen bzw. Handlungen sind. Eine besondere Form des Auftrags war nach dem damaligen Recht auch dann nicht gefordert, wenn er vom Auftraggeber mit dem alleinigen Zweck der Interessenwahrung nach Eintritt seiner Urteilsunfähigkeit erteilt wurde. Auch die neuen Formvorschriften stehen der Wirksamkeit der früheren Verträge und Vollmachten demnach nicht entgegen (Art. 50 SchlT ZGB).

2. Seit dem genannten Datum steht indessen auch *Art. 397a OR* in Kraft; die beauftragte Person hat also unter diesen Voraussetzungen die Pflicht, die Erwachsenenschutzbehörde von der Urteilsunfähigkeit des Auftraggebers zu benachrichtigen.[149]

3. Ausserdem steht es der *Erwachsenenschutzbehörde* (die auf irgendwelchem Weg vom Verlust der Urteilsfähigkeit des Auftraggebers erfährt) offen, zu prüfen, ob mit dem Auftrag die Interessen des Auftraggebers genügend gewahrt sind, und gegebenenfalls erwachsenenschutzrechtliche Massnahmen anzuordnen.[150] Wie bereits ausgeführt,[151] hat die Behörde bereits nach der Rechtsprechung zum alten Recht auch die vom Vollmachtgeber erteilten Vollmachten aller Art zu überprüfen und die betreffenden Mandatsverhältnisse zu überwachen; nach dem Grundsatz der Subsidiarität und Komplementarität behördlicher Massnahmen sind immerhin die bisherigen Vertretungsstrukturen wenn möglich weiterzuführen und in die gesamte Regelung zu integrieren.

---

[147] *Widmer Blum*, S. 124; *Langenegger*, N. 7 zu Art. 360 ZGB; *Breitschmid/Matt*, S. 226; grundsätzlich auch BSK-*Rumo-Jungo*, N. 12 zu Art. 360 ZGB (mit Einschränkungen).
[148] *Langenegger*, N. 7 zu Art. 360 ZGB; *Breitschmid/Matt*, S. 226, Fussnote 28; anders BSK-*Rumo-Jungo*, N. 12 zu Art. 360 ZGB; *Fountoulakis/Gaist*, S. 886.
[149] Vgl. vorne 2.5.
[150] *Langenegger*, N. 7 in fine zu Art. 360 ZGB.
[151] Vgl. vorne 2.3.

4. Soweit und solange ein Auftrag (eine Vollmacht) über den Verlust der Handlungsfähigkeit *und* ein Vorsorgeauftrag gleichzeitig bestehen, ist deren gegenseitiges Verhältnis durch *Auslegung* zu ermitteln. Als Hilfsmittel rechtfertigt sich die analoge Anwendung der Vorrangregel von Art. 362 Abs. 3 ZGB (die das Gesetz für die Anordnung mehrerer Vorsorgeaufträge vorsieht), soweit der vorangehende Auftrag Angelegenheiten betrifft, die durch den Vorsorgeauftrag abgedeckt werden.[152] Die Unklarheiten, die diesbezüglich entstehen können, wirken auf die notariellen Belehrungspflichten bei Errichtung des Vorsorgeauftrags zurück: Die Urkundsperson soll den Auftraggeber dazu anhalten, Klarheit darüber zu schaffen, ob andere Aufträge (Vollmachten) weiter gelten sollen und welches Verhältnis zwischen den verschiedenen Anordnungen besteht.

Falls ein einfacher Auftrag neben einem (umfassenden) Vorsorgeauftrag weiter besteht, ist freilich davon auszugehen, dass die vorsorgebeauftragte Person den «gewöhnlichen» Beauftragten überwachen und ihm Auftrag und Vollmacht entziehen kann (Art. 34 Abs. 1 und Art. 404 Abs. 1 OR).[153]

4.3 Nach Inkrafttreten des neuen Rechts erteilte Aufträge oder Vollmachten

1. Obligationenrechtliche Verträge (Aufträge) mit angeordneter Fortgeltung über den Verlust der Urteilsfähigkeit des Auftraggebers hinaus können auch nach dem 1. Januar 2013 jedenfalls dann abgeschlossen werden, wenn sie *auch* darauf abzielen, vor einer dauernden Urteilsunfähigkeit des Auftraggebers Geltung zu erlangen.[154] Sie gelten diesfalls grundsätzlich auch dann weiter, wenn der Auftraggeber dauernd urteilsunfähig wird; Art. 397a OR und allfällige Massnahmen der Erwachsenenschutzbehörde bleiben vorbehalten.[155] Besteht gleichzeitig ein Vorsorgeauftrag, so lässt sich sagen, die beauftragte Person handle für den handlungsfähigen Auftraggeber kraft Vollmacht, für den handlungsunfähigen Auftraggeber dagegen kraft Vorsorgeauftrags.[156]

---

[152] Ähnlich *Fountoulakis/Gaist,* S. 885.
[153] *Rumo-Jungo,* Private Schutzmassnahme, S. 242; anderer Meinung *Fountoulakis/Gaist,* S. 885.
[154] *Langenegger,* N. 8 zu Art. 360 ZGB; *Breitschmid/Matt,* S. 226.
[155] *Langenegger,* N. 8 zu Art. 360 ZGB.
[156] *Brückner,* Die Beurkundung von Vorsorgeaufträgen, S. 43.

Auch hier bestimmt sich das Verhältnis zwischen gewöhnlichem Auftrag (Vollmacht) und gleichzeitig geltendem Vorsorgeauftrag nach der Auslegung dieser Rechtsgeschäfte.[157] Ebenso gelten die Ausführungen über das Kündigungsrecht der vorsorgebeauftragten Person.

2. Anders ist demgegenüber zu entscheiden, wenn der Auftrag *einzig* darauf abzielt, bei dauernder Urteilsunfähigkeit des Auftraggebers Wirkung zu erlangen; für diesen Fall stellen die *Art. 360 ff. ZGB eine Sonderregelung* dar, die insoweit den allgemeinen Grundsatz der Vertragsfreiheit beschränkt.[158]

5. Zusammenfassung

5.1 Die Vollmacht

1. Vollmachten, verstanden als die durch Rechtsgeschäft erteilten Ermächtigungen, erlöschen mit dem Tod des Vollmachtgebers, sofern nicht das Gegenteil bestimmt ist oder aus der Natur des Geschäfts hervorgeht (Art. 35 Abs. 1 OR). Vollmachten über den Tod hinaus kommen in der Praxis häufig vor, besonders im Bankwesen. In einem solchen Fall bindet nach dem Tod des Vollmachtgebers der Vertreter durch sein Handeln nicht mehr den bisher Vertretenen (Verstorbenen), sondern dessen Erben. Die Vollmacht kann nicht rechtswirksam gegen die mutmasslichen Interessen der Erben verwendet werden; eine zweckwidrige Verwendung der postmortalen Vollmacht gilt als Vollmachtsüberschreitung und bindet nach Art. 38 Abs. 1 OR die Erben nicht (soweit sie das abgeschlossene Geschäft nicht genehmigen). Aus stellvertretungs- wie auch aus auftragsrechtlichen Gründen (Sorgfaltspflicht und Haftung bei deren Verletzung) darf sich die bevollmächtigte Person – etwa eine Bank – nicht ohne Weiteres auf eine postmortale Vollmacht verlassen. Auch kann nach dem Tod des Vollmachtgebers jeder Erbe die Vollmacht widerrufen.

2. Vollmachten erlöschen nach Art. 35 Abs. 1 OR auch mit dem Dahinfallen der entsprechenden Handlungsfähigkeit des Vollmachtgebers, sofern nicht das Gegenteil bestimmt ist oder aus der Natur des Geschäfts her-

---

[157] Vgl. vorne 3.2.2 und 4.2 mit den Ausführungen zur notariellen Beratungspflicht.
[158] *Widmer Blum*, S. 124; *Langenegger*, N. 11 zu Art. 360 ZGB; *Breitschmid/Matt*, S. 226.

vorgeht. Unter Berücksichtigung der Ziele des neuen Erwachsenenschutzrechts (insbesondere Stärkung des Rechts auf Selbstbestimmung, gerade auch für den Fall eintretender Urteilsunfähigkeit) ist diese Norm als dispositiv anzusehen. Wurde eine Vollmacht (und allenfalls ein Auftrag) über den Verlust der Handlungsfähigkeit hinaus erteilt, so stellt dies jedoch nach der bundesgerichtlichen Rechtsprechung (zum alten Vormundschaftsrecht) keinen Grund dar, auf erwachsenenschutzrechtliche Massnahmen zu verzichten. In solchen Fällen hat die Erwachsenenschutzbehörde demnach die angemessenen Massnahmen anzuordnen. Sie hat nach der Rechtsprechung auch die vom Vollmachtgeber erteilten Vollmachten zu überprüfen (und gegebenenfalls abzuändern oder aufzuheben) und die betreffenden Mandatsverhältnisse zu überwachen.

3. Der neue Art. 397a OR verpflichtet den Beauftragten, die Erwachsenenschutzbehörde am Wohnsitz des Auftraggebers zu benachrichtigen, wenn dieser voraussichtlich dauernd urteilsunfähig wird und eine solche Meldung zur Interessenwahrung angezeigt erscheint. Die Bestimmung gilt für alle Auftragsverhältnisse, nicht nur für solche, deren Weitergeltung die Parteien für den Verlust der Handlungsfähigkeit des Auftraggebers vereinbart haben, und dient auch als Rechtfertigungsgrund, falls der Beauftragte einer gesetzlichen Geheimhaltungspflicht untersteht. Urkundspersonen fallen, soweit sie hoheitlich handeln, nicht unter diese Bestimmung, doch kann sich nach der hier vertretenen Auffassung eine Meldepflicht aus Art. 443 Abs. 2 ZGB ergeben.

5.2 Der Vorsorgeauftrag

1. Der Vorsorgeauftrag nach Art. 360 ff. ZGB soll die Selbstvorsorge des betroffenen Menschen im Hinblick auf seine Urteilsunfähigkeit stärken. Durch dieses Mittel kann eine handlungsfähige Person eine natürliche oder juristische Person beauftragen, im Fall ihrer Urteilsunfähigkeit die Personensorge oder die Vermögenssorge zu übernehmen oder sie im Rechtsverkehr zu vertreten (Art. 360 Abs. 1 ZGB). Der Vorsorgeauftrag stellt zunächst (bei seiner Erteilung) eine einseitige Willenserklärung dar und ist insgesamt nicht als obligationenrechtlicher Vertrag, sondern als erwachsenenschutzrechtliche Rechtsfigur eigener Art zu qualifizieren.

2. Die einseitige Willenserklärung, mit welcher eine Person den Vorsorgeauftrag erteilt, bedarf der eigenhändigen Errichtung oder der öffentli-

chen Beurkundung (Art. 361 Abs. 1 ZGB). Bei Letzterer richtet sich das Verfahren nach dem kantonalen Beurkundungsrecht des Ortes der Vornahme (Art. 55 SchlT ZGB), unter Vorbehalt der ungeschriebenen Minimalanforderungen des Bundesrechts. Die Einhaltung der erbrechtlichen Vorschriften von Art. 499 ff. ZGB (insbesondere Beizug von zwei Zeugen) ist nach der hier vertretenen Auffassung nicht erforderlich.

3. Für die Urkundsperson ergeben sich eine ganze Reihe von Pflichten (unter anderen zur Prüfung von Identität und Handlungsfähigkeit, Willensermittlung, Rechtsbelehrung, Aufbewahrung). Grundsätzlich nicht zu prüfen hat die Urkundsperson, ob die beauftragte Person zur Annahme des Auftrags bereit und dazu geeignet ist.

4. Erfährt die Erwachsenenschutzbehörde, dass eine Person urteilsunfähig geworden ist, und ist ihr nicht bekannt, ob ein Vorsorgeauftrag vorliegt, so erkundigt sie sich beim Zivilstandsamt (Art. 363 Abs. 1 ZGB). Ergibt sich, dass ein Vorsorgeauftrag vorhanden ist, so muss die Erwachsenenschutzbehörde prüfen, ob der Auftrag gültig errichtet worden ist, ob die Voraussetzungen für seine Wirksamkeit eingetreten sind, ob die beauftragte Person für ihre Aufgaben geeignet ist und ob weitere Massnahmen des Erwachsenenschutzes erforderlich sind (Art. 363 Abs. 2 ZGB). Trifft Letzteres zu, schlägt sie das Verfahren zur Anordnung dieser Massnahmen ein.

5. Nimmt die beauftragte Person den Vorsorgeauftrag an, weist die Behörde sie auf ihre Pflichten nach den auftragsrechtlichen Bestimmungen hin und händigt ihr eine Urkunde aus, die ihre Befugnisse wiedergibt (Art. 363 Abs. 3 ZGB). Alsdann vertritt die beauftragte Person – im Rahmen des Vorsorgeauftrags – den Auftraggeber und nimmt ihre Aufgaben nach den auftragsrechtlichen Bestimmungen sorgfältig wahr (Art. 365 Abs. 1 ZGB). Sie übt ihr Vertretungsrecht selbständig aus, ohne Mitwirkung der Erwachsenenschutzbehörde. Dies gilt nach der hier vertretenen Auffassung auch für die in Art. 416 ZGB aufgelisteten Geschäfte (unter anderem Erwerb, Veräusserung, Verpfändung und andere dingliche Belastung von Grundstücken). Bezieht sich der Vorsorgeauftrag auf die allgemeine Vermögenssorge und hat der Auftraggeber die Vollmacht nicht beschränkt, so umfasst der Vorsorgeauftrag insbesondere auch die Ermächtigung zum Abschluss eines Vergleichs und zur Veräusserung oder Belastung von Grundstücken; die Bestimmungen des Erwachsenenschutzrechts gehen nach der hier vertretenen Auffassung als Spezialnormen insoweit dem Art. 396 Abs. 3 OR vor.

6. Bei Interessenkollision entfallen die Befugnisse der beauftragten Person für das betreffende Geschäft von Gesetzes wegen (Art. 365 Abs. 3 ZGB), soweit der Auftraggeber diese Kollision nicht erkannt und in Kauf genommen hat. In Fällen der Interessenkollision ist die beauftragte Person verpflichtet, umgehend die Erwachsenenschutzbehörde zu informieren (Art. 365 Abs. 2 ZGB).

7. Aufträge und Vollmachten, die vor dem 1. Januar 2013 (Inkrafttreten des neuen Erwachsenenschutzrechts) mit der Anordnung des Fortbestands über den Verlust der Urteilsfähigkeit des Auftraggebers hinaus erteilt wurden, haben auch nach diesem Datum ihre Gültigkeit grundsätzlich vollumfänglich behalten. Zu beachten ist indessen Art. 397a OR. Ausserdem steht es der Erwachsenenschutzbehörde, die auf irgendwelchem Weg vom Verlust der Urteilsfähigkeit des Auftraggebers erfährt, offen zu prüfen, ob mit dem Auftrag die Interessen des Auftraggebers genügend gewahrt sind, und gegebenenfalls erwachsenenschutzrechtliche Massnahmen anzuordnen.

8. Obligationenrechtliche Aufträge mit angeordneter Fortgeltung über den Verlust der Urteilsfähigkeit des Auftraggebers hinaus können auch nach dem 1. Januar 2013 jedenfalls dann abgeschlossen werden, wenn sie *auch* darauf abzielen, vor einer dauernden Urteilsunfähigkeit des Auftraggebers Geltung zu erlangen. Zielt ein nach dem genannten Datum erteilter Auftrag demgegenüber *einzig* darauf ab, bei dauernder Urteilsunfähigkeit des Auftraggebers Wirkung zu erlangen, so stellen die Art. 360 ff. ZGB eine Sonderregelung dar, die insoweit den allgemeinen Grundsatz der Vertragsfreiheit beschränkt.

Cession de parts héréditaires et suspension du partage successoral

FLORENCE GUILLAUME

Sommaire

Bibliographie 301
1. Remarques introductives sur le partage de la succession 302
2. La convention sur part héréditaire 304
   2.1 La conclusion de la convention sur part héréditaire 305
      2.1.1 Les parties à la convention 305
      2.1.2 L'objet de la cession 305
      2.1.3 L'exigence de forme écrite 306
   2.2 Les effets de la convention sur part héréditaire 308
      2.2.1 La cession entre cohéritiers 308
      2.2.2 La cession à un tiers 311
      2.2.3 La cession par un héritier institué à un héritier légal 314
3. La suspension conventionnelle du partage 316
   3.1 La succession indivise 317
   3.2 L'indivision de famille 319

Bibliographie

Margareta Baddeley, L'indivision de famille (art. 336–348 CC), in: Mélanges publiés par l'Association des notaires vaudois à l'occasion de son centenaire, Genève/Zurich/Bâle 2005, p. 55–71; *Arnold Escher,* Zürcher Kommentar – Erbrecht, Zurich 1960; *Tarkan Göksu,* in: Breitschmid/Rumo-Jungo (édit.), Handkommentar zum Schweizer Privatrecht – Erbrecht, 2ème éd., Zurich/Bâle/Genève 2012; *Jean Guinand /Martin Stettler/Audrey Leuba,* Droit des successions, 6ème éd., Genève/Zurich/Bâle 2005; *Urs E. Kohler,* Die Abtretung angefallener Erbanteile, Thèse, Zurich 1976; *Urs Lehmann/Peter Hänseler,* in: Honsell/Vogt/Geiser (édit.), Basler Kommentar – Zivilgesetzbuch I, 4ème éd., Bâle 2010; *Jean Luthy,* Les cessions de parts héréditaires, Thèse Lausanne, 1955; *Ramon Mabillard,* in: Abt/Weibel (édit.), Praxiskommentar – Erbrecht, 2ème éd., Bâle 2011; *Denis Piotet,* in: Pichonnaz/Foëx (édit.), Commentaire romand – CC I, Bâle 2010; *Paul Piotet,* Du partage successoral conventionnel, in: Contributions choisies – Recueil offert par la Faculté de droit de l'Université de Lausanne à l'occasion de son 80ème anniversaire, Genève/Zurich/Bâle 2004, p. 295–302 (cité: «Partage»); *Paul Piotet,* Les actes de disposition de l'héritier ou du légataire grevés d'une substitution fidéicommissaire, in: Contributions choisies – Recueil offert par la Faculté de droit de l'Université de Lausanne à l'occasion de son 80ème anniversaire, Genève/ Zurich/Bâle 2004, p. 125–141 (cité: «Substitution»); *Paul Piotet,* Répudiation partielle et cession de parts héréditaires, JdT 1976 I 153–156 (cité: «Répudiation»); *Nicolas Rouiller,* in: Eigenmann/Rouiller (édit.), Commentaire du droit des successions, Berne 2012; *Alexandra Rumo-Jungo/Jörg Schmid/Bernhard Schnyder/Peter Tuor,* Das Schweizerische Zivilgesetzbuch, 13ème éd., Zurich/Bâle/Genève 2009; *Peter C. Schaufelberger/Katrin Keller Lüscher,* in: Honsell/Vogt/Geiser (édit.), Basler Kommentar – Zivilgesetzbuch II, 4ème éd., Bâle 2011; *Paul-Henri Steinauer,* Le droit des successions, Berne 2006; *Peter Tuor/Vito Picenoni,* Berner Kommentar, 2ème éd., Berne 1964; *François Vouilloz,* La clôture et les effets du partage successoral, in: Jusletter 21 novembre 2011; *Thomas Weibel,* in: Abt/Weibel (édit.), Praxiskommentar – Erbrecht, 2ème éd., Bâle 2011; *Stephan Wolf,* Grundfragen der Auflösung der Erbengemeinschaft, Berne 2004.

1. Remarques introductives sur le partage de la succession

Le décès d'une personne entraîne, de par la loi, la formation d'une communauté héréditaire réunissant tous les héritiers, que l'on désigne aussi par le terme «hoirie» (art. 602 al. 1 CC). Les membres de l'hoirie se retrouvent automatiquement propriétaires en commun de tous les droits et obligations compris dans la succession (art. 602 al. 2 CC et art. 652 ss CC). Cette indivision subsiste jusqu'au partage de la succession (art. 602 al. 1 CC).

Le partage est clôt lorsque les biens successoraux ont été remis «de main à main» à l'héritier auquel ils ont été attribués lors de la composition des lots[1]. La loi n'exige pas que l'opération soit formalisée par un document écrit, ce qui autorise un partage par actes concluants. Les héritiers peuvent ainsi procéder à un partage manuel, lequel est réalisé par la réception matérielle des biens composant chaque lot (art. 634 al. 1 CC). Une telle manière de procéder est réservée, en pratique, aux successions «simples», c'est-à-dire celles dont le patrimoine est composé de peu de biens ou de biens de valeur comparable[2].

Les héritiers peuvent néanmoins conclure une convention avant de répartir les biens manuellement entre eux. La convention de partage est soumise à la forme écrite (art. 634 al. 2 CC) et doit être signée par tous les héritiers (art. 13 al. 1 CO). La forme écrite suffit dans tous les cas, même si la succession comporte un immeuble[3]. L'accord conventionnel peut résulter d'un échange de lettres[4]. Le contenu exact de la convention de partage n'est pas prescrit par la loi. La doctrine et la jurisprudence n'ont pas un avis uniforme

---

[1] Voir art. 611 CC.
[2] *Rumo-Jungo/Schmid/Schnyder/Tuor,* § 85 n. 6.
[3] *Rouiller,* Commentaire du droit des successions, n. 22 ad art. 634 CC; *Steinauer,* n. 1394; Praxkomm-*Mabillard,* n. 18 ad art. 634 CC; *Rumo-Jungo/Schmid/Schnyder/Tuor,* § 85 n. 8; BSK-*Schaufelberger/Keller Lüscher,* n. 17 ad art. 634 CC.
[4] ATF 118 II 395 = JdT 1995 I 127.

sur cette question[5]. La convention de partage doit en tout cas établir clairement l'accord de tous les héritiers et décrire suffisamment précisément les modalités convenues, de manière à ce que le partage des biens puisse être effectué. Pour le surplus, la convention de partage est régie par les dispositions générales du droit des obligations relatives à la conclusion, aux effets et à l'extinction des contrats[6].

Le partage repose en principe uniquement sur un accord entre les héritiers. Sa validité n'est pas soumise à l'approbation d'une autorité[7]. L'exécuteur testamentaire n'a pas non plus le pouvoir d'imposer un partage aux héritiers, ni de signer la convention de partage en leur nom[8]. En cas de désaccord entre les héritiers, seul le juge est habilité à définir les modalités du partage à la demande de l'un d'entre eux qui l'a saisi au moyen d'une action en partage (art. 604 al. 1 CC). Les effets du jugement de partage dépendent des conclusions des parties. Le jugement peut, par exemple, avoir pour seul effet d'ordonner un partage partiel en autorisant l'héritier demandeur à sortir de l'hoirie. Dans ce cas, les autres héritiers peuvent maintenir la communauté héréditaire aussi longtemps qu'ils le souhaitent. Un héritier ne peut en effet pas contraindre ses cohéritiers à procéder au partage. Cette opération doit emporter l'agrément de tous[9]. Lorsqu'un héritier souhaite sortir prématurément de l'hoirie, il a également la possibilité d'aliéner sa part héréditaire, à certaines conditions, et de provoquer un partage partiel à son égard. Hormis ces cas particuliers, le partage implique en principe la participation de tous les héritiers.

Chaque héritier acquiert, à l'issue du partage, la propriété individuelle des biens et la titularité des droits qui lui ont été attribués. Le transfert de chaque élément dans le patrimoine personnel de l'héritier requiert les actes de disposition nécessaires. L'inscription au registre foncier en qualité de propriétaire individuel est ainsi exigée pour un immeuble[10]. La convention de partage ou, à défaut, la déclaration écrite constatant le consentement unanime des héritiers doit être produite au registre foncier (art. 64 al. 1 lit. b ORF).

---

[5] *Rouiller,* Commentaire du droit des successions, n. 23–28 ad art. 634 CC; *Steinauer,* n. 1393; *Göksu,* Handkommentar, n. 6 ad art. 634 CC; PraxKomm-*Mabillard,* n. 21–25 et n. 46 ad art. 634 CC pour un modèle de convention de partage; BSK-*Schaufelberger/ Keller Lüscher,* n. 19–30 ad art. 634 CC.
[6] Voir art. 7 CC.
[7] ATF 114 II 418 = JdT 1989 I 578.
[8] ATF 102 II 197 = JdT 1977 I 331.
[9] BK-*Tuor/Picenoni,* n. 1c ad art. 604 CC; ZK-*Escher,* n. 5e ad art. 604 CC.
[10] ATF 122 III 150 = JdT 1997 I 665.

La loi n'impose pas de délai pour partager la succession. Les héritiers ont néanmoins le droit de demander individuellement le partage de la succession «en tout temps» en saisissant le juge (art. 604 CC), avec les réserves qui ont été mentionnées ci-dessus. L'action en partage ne peut cependant pas être exercée par un héritier qui est «conventionnellement ou légalement tenu de demeurer dans l'indivision» (art. 604 al. 1 *in fine* CC). L'accord des héritiers de suspendre le partage peut s'exprimer de diverses manières. La plus simple consiste à repousser le moment du partage, ce qui a pour conséquence de prolonger l'indivision. Les héritiers peuvent également s'entendre pour formaliser leurs relations juridiques sous une autre forme que la communauté héréditaire, en constituant par exemple une indivision de famille.

La présente contribution examine plus particulièrement les questions soulevées par la cession d'une part héréditaire, dans le cadre d'une succession ouverte, ainsi que la suspension conventionnelle du partage.

2. La convention sur part héréditaire

En droit suisse, un héritier a la possibilité de céder ses droits dans une succession, aussi bien avant qu'après le décès de la personne dont l'hérédité est en cause (le «de cujus»).

Avant le décès du de cujus, chaque héritier a la possibilité de céder tout ou partie de son expectative successorale, mais uniquement avec le concours et l'assentiment du de cujus (art. 636 CC). La convention sur succession non ouverte requiert ainsi nécessairement l'implication du de cujus, même s'il n'est pas nécessaire qu'il soit formellement partie à l'accord[11]. Cette particularité permet de distinguer la convention sur succession non ouverte du pacte successoral, auquel le de cujus doit impérativement être partie (art. 494 et 495 CC).

Après le décès du de cujus, chaque héritier est libre de céder ses droits successoraux dans le cadre du partage de la succession (art. 635 CC). Cette possibilité qui est offerte aux héritiers d'entrer dans une convention sur part héréditaire (ou «convention sur succession ouverte») trouve sa justification notamment dans le fait qu'ils ne peuvent pas jouir des biens successoraux

---

[11] Voir la contribution de *Michel Mooser* dans le présent ouvrage.

à leur profit aussi longtemps que la succession n'est pas liquidée. Même si la fortune de chaque héritier s'accroît proportionnellement à sa part héréditaire, l'enrichissement n'est que virtuel dans la mesure où l'héritier ne peut pas en disposer jusqu'au partage. Or, en l'absence de délai imposé par la loi, la liquidation de la succession peut prendre plusieurs années. Les héritiers ont ainsi la possibilité de profiter immédiatement de la valeur économique de leur part héréditaire, sans attendre la clôture du partage, en cédant tout ou partie de leurs droits successoraux.

2.1 La conclusion de la convention sur part héréditaire

2.1.1 Les parties à la convention

La convention sur part héréditaire permet à un héritier (le «cédant») de céder l'intégralité ou une fraction de sa part héréditaire. Le cédant peut être aussi bien un héritier légal qu'un héritier institué. L'élément essentiel réside dans le fait qu'il a droit à une part dans la succession, en vertu de la loi ou de la volonté du de cujus. Son cocontractant (le «cessionnaire») peut être soit l'un de ses cohéritiers, soit un tiers.

2.1.2 L'objet de la cession

Le partage n'étant, par définition, pas encore intervenu, c'est bien la part héréditaire qui est l'objet de la cession, et non pas les biens ou les droits qui seront attribués à l'héritier lors du partage[12]. Les héritiers ne sont en effet pas habilités à disposer individuellement des biens et droits successoraux qui doivent rester indivis jusqu'au partage (art. 602 CC). Ce n'est qu'après la clôture du partage que la propriété commune de tous les héritiers sur l'ensemble des biens et droits successoraux se transformera en une propriété individuelle de chacun d'entre eux sur les biens et droits composant sa part héréditaire[13].

Même si les héritiers, qui sont membres d'une communauté en main commune[14], ne sont pas titulaires d'une quote-part individuelle, chacun d'entre

---

[12] *Rouiller*, Commentaire du droit des successions, n. 3 ad art. 635 CC; *Steinauer*, n. 1198; *Guinand/Stettler/Leuba*, n. 568; BSK-*Schaufelberger/Keller Lüscher*, n. 1 ad art. 635 CC.
[13] Voir *supra* 1.
[14] Contrairement à la situation des copropriétaires, lesquels sont titulaires d'une quote-part individuelle dont ils peuvent disposer librement (cf. art. 646 CC).

eux détient néanmoins une part héréditaire. La valeur de cette part correspond à la fraction des biens et droits qui seront attribués à l'héritier au moment du partage. Les parts héréditaires ont ainsi une valeur économique potentielle[15]. La loi en déduit la possibilité, pour chaque héritier, de négocier sa part héréditaire.

La «cession» de la part héréditaire prévue à l'art. 635 CC peut consister non seulement en l'aliénation, mais aussi en la constitution d'un droit réel limité, comme un usufruit ou un droit de gage[16]. Un héritier peut, par exemple, mettre sa part héréditaire en garantie d'un prêt contracté auprès d'une banque. La cession peut intervenir à titre onéreux ou gratuit. L'enfant du de cujus peut ainsi donner sa part héréditaire à sa mère dans la succession de son père.

2.1.3 L'exigence de forme écrite

La convention sur part héréditaire n'est formellement valable que si la forme écrite est respectée (art. 635 al. 1 CC). Cette exigence formelle s'applique aussi bien à la cession à un cohéritier (en vertu du texte légal) qu'à un tiers (par analogie)[17].

Dans la mesure où la forme écrite ne requiert la signature que des personnes auxquelles le contrat impose des obligations (art. 13 al. 1 CO), la signature du cessionnaire n'est pas formellement nécessaire lorsqu'il n'acquiert que des droits. Le respect d'une certaine forme est en effet imposé par la loi non seulement pour des raisons de preuve, mais aussi et surtout pour protéger les parties[18]. La forme écrite suffit même si un immeuble entrera, selon toute vraisemblance, dans la composition de la part cédée[19]. On retrouve ainsi la même exception aux règles ordinaires imposant la forme authentique, en matière de transfert d'immeuble, que pour la convention de partage[20].

---

[15] *Steinauer,* n. 1196 s.; ZK-*Escher,* n. 5 s. ad art. 602 CC.
[16] *Rouiller,* Commentaire du droit des successions, n. 2 ad art. 635 CC; PraxKomm-*Mabillard,* n. 23 ad art. 635 CC; *Rumo-Jungo/Schmid/Schnyder/Tuor,* § 85 n. 9; BSK-*Schaufelberger/Keller Lüscher,* n. 2 ad art. 635 CC.
[17] ATF 101 II 222 = JdT 1976 I 141; *Rouiller,* Commentaire du droit des successions, n. 6 ad art. 635 CC et réf. citées.
[18] Voir p. ex. ATF 118 II 514 = SJ 1993 p. 387.
[19] ATF 101 II 222 = JdT 1976 I 141; ATF 99 II 21 = JdT 1973 I 564.
[20] Voir *supra* 1.

En lien avec l'exigence de signature, le Tribunal fédéral a considéré que la signature du cessionnaire n'est pas nécessaire lorsque l'actif successoral est clairement suffisant pour le paiement de toutes les dettes successorales[21]. La portée de cet arrêt ne doit cependant pas être généralisée. Le Tribunal fédéral a relevé lui-même qu'il s'agissait en l'espèce d'«une situation de faits extrêmement favorable aux cohéritiers»[22]. L'héritier institué pour l'universalité de la succession avait en effet déclaré se satisfaire de sa part légale et souhaiter partager la succession avec les autres héritiers légaux (non réservataires), lesquels avaient ainsi «récupéré» leur vocation successorale dans le cadre d'une succession présentant un solde actif très important. A notre avis, l'exigence de signature du cessionnaire devrait uniquement dépendre de la question de savoir si la cession lui impose ou non des obligations. Il ne peut être fait abstraction de sa signature qu'en l'absence d'engagement de sa part. Tel sera le cas dans l'hypothèse où la part héréditaire est offerte au titre de cautionnement, ou plus simplement en cas de donation. Dans l'arrêt précité, le fait que les cessionnaires «récupéraient» leur qualité d'héritier et se retrouvaient ainsi potentiellement débiteurs des dettes successorales aurait dû suffire pour considérer qu'ils s'obligeaient, sans égard au fait qu'ils allaient vraisemblablement retirer un bénéfice de la cession. Ils auraient par conséquent dû signer la convention sur part héréditaire[23]. A notre avis, le Tribunal fédéral aurait dû considérer que les cessionnaires ne peuvent être dispensés de signer ladite convention que si la cession intervient tout au début de la procédure de liquidation, avant même que l'héritier institué pour l'universalité de la succession ne soit envoyé en possession des biens successoraux en application de l'art. 559 CC. Nous reviendrons sur ce cas particulier de cession de la part d'un héritier institué en faveur des héritiers légaux ci-dessous[24].

Pour le surplus, la convention sur part héréditaire est régie par les dispositions générales du droit des obligations relatives à la conclusion, aux effets et à l'extinction des contrats (cf. art. 7 CC). Les art. 1 ss CO sont ainsi applicables notamment aux questions relatives à l'interprétation de la convention (art. 18 CO), à sa nullité (art. 20 CO), ainsi qu'à son annulation en raison d'une lésion (art. 21 CO) ou d'un vice du consentement (art. 23 ss CO).

---

[21] ATF 101 II 222 = JdT 1976 I 141.
[22] ATF 101 II 222 = JdT 1976 I 141 (150).
[23] Du même avis: *P. Piotet,* Répudiation, p. 155.
[24] Voir *infra* 2.2.3.

2.2 Les effets de la convention sur part héréditaire

Le fait que le cessionnaire avait déjà des droits dans la même succession avant la conclusion de la convention sur part héréditaire n'a en soi aucune importance. Toutefois, les effets juridiques de la cession ont une portée différente lorsque le cessionnaire a également la qualité d'héritier. L'art. 635 CC distingue ainsi la cession entre cohéritiers et la cession à un tiers.

2.2.1 La cession entre cohéritiers

La cession entre cohéritiers intervient entre membres de la communauté héréditaire. Par exemple, les enfants d'un couple dont le mari est prédécédé donnent leurs parts héréditaires à leur mère. L'effet juridique n'est pas le même que celui d'une répudiation. A la différence de l'héritier répudiant qui est traité comme s'il n'avait pas survécu et donc pas hérité (art. 572 al. 1 CC), l'héritier cédant l'intégralité de sa part successorale a la qualité d'héritier. Ce n'est en effet qu'au moyen de la répudiation qu'un héritier peut échapper volontairement aux droits et obligations attachés à sa qualité d'héritier, et notamment à sa responsabilité pour les dettes successorales[25]. Il est important de distinguer clairement ces deux possibilités qui sont offertes aux héritiers, mais qui s'expriment à un stade différent de la liquidation de la succession.

La cession peut intervenir indifféremment en faveur d'un ou de plusieurs cohéritiers. On rappellera à ce sujet que le légataire n'a pas la qualité d'héritier. Une convention sur part héréditaire conclue avec un légataire est, par conséquent, qualifiée de cession à un tiers et est soumise aux conditions de l'art. 635 al. 2 CC[26]. En outre, dans l'hypothèse d'une substitution fidéicommissaire, seul le grevé a la qualité d'héritier jusqu'à l'ouverture de la substitution[27]. Avant ce terme, une cession de la part du grevé en faveur de l'appelé est traitée de la même manière qu'une cession à un tiers. L'art. 635 CC n'est, par ailleurs, pas applicable lorsque l'appelé cède ses droits héréditaires avant l'ouverture de la substitution[28]. Il ne peut en effet pas se prévaloir de cette disposition, dès lors qu'il n'a pas encore la qualité d'héritier.

---

[25] Un héritier peut, en outre, écarter sa responsabilité personnelle pour les dettes successorales en demandant une liquidation officielle de la succession (art. 593 CC).
[26] Voir *infra* 2.2.2.
[27] *Steinauer*, n. 1192; BSK-*Schaufelberger/Keller Lüscher*, n. 4 ad art. 602 CC.
[28] *P. Piotet,* Substitution, p. 129.

La convention sur part héréditaire ne requiert pas la participation de tous les héritiers, mais uniquement de ceux qui ont conclu un accord. L'assentiment des autres héritiers n'est pas requis. En particulier, lorsqu'un immeuble fait vraisemblablement partie de la part héréditaire cédée, le cessionnaire peut demander au registre foncier la radiation du cédant sans l'accord des autres héritiers[29].

Lorsque le cessionnaire est un héritier dans la même succession, la loi se contente de préciser que la convention sur part héréditaire doit respecter l'exigence de la forme écrite (art. 635 al. 1 CC)[30]. La situation juridique est en effet relativement simple, *prima facie,* la cession ayant simplement pour effet d'augmenter la part héréditaire de l'héritier cessionnaire dans la même mesure que diminue celle de l'héritier cédant. Il convient cependant de distinguer deux situations qui n'entraînent pas les mêmes effets juridiques.

La première situation est celle où l'héritier ne transfère qu'une partie de sa part héréditaire à un ou plusieurs cohéritiers. Par exemple, le cédant aliène une partie de sa part ou constitue un droit réel limité en faveur du ou des cessionnaires. Dans ce cas, l'opération a pour seul effet que le cédant perd une partie de ses droits sur les biens qui lui seront attribués au moment du partage. Pour le surplus, le cédant conserve tous les droits et obligations qui sont liés à sa qualité d'héritier. Autrement dit, il continue à faire partie de l'hoirie.

La situation juridique se complique lorsque l'héritier aliène l'intégralité de sa part héréditaire à un ou plusieurs cohéritiers. Par exemple, le cédant renonce à déposer une action en justice contre ses cohéritiers en échange du rachat de sa part héréditaire par ces derniers. Si cette situation était traitée de la même manière que celle où l'héritier ne cède qu'une fraction de sa part, l'hoirie comporterait un membre qui conserverait ses droits et obligations d'héritier mais qui serait privé de son droit à recevoir sa part de liquidation au moment du partage. Compte tenu de cette particularité, on pourrait considérer que la cession entraîne un partage partiel (personnel) de la succession, de sorte que le cédant perdrait sa qualité d'héritier. La situation est en effet comparable à celle où un héritier sort de l'hoirie consécutivement à une action en partage qu'il a intentée[31]. Après avoir été longtemps débattue[32], la question de l'effet juridique de la cession de l'intégralité de la

---

[29] ATF 102 Ib 321 = JdT 1978 I 343.
[30] Voir *supra* 2.1.3.
[31] ATF 96 II 325 = JdT 1972 I 72. Voir *supra* 1.
[32] Voir ATF 102 Ib 321 = JdT 1978 I 343 pour un résumé complet des tendances doctrinales.

part successorale entre cohéritiers est en train de trouver une issue en faveur de la solution consistant à admettre un partage partiel[33].

Le Tribunal fédéral a reconnu que l'aliénation par un héritier de l'intégralité de sa part héréditaire à un ou plusieurs de ses cohéritiers a un effet réel. Il en a déduit une perte de la qualité d'héritier et, par conséquent, un partage partiel (personnel) de la succession[34]. Autrement dit, la cession entraîne, dans ce cas particulier, la sortie du cédant de la communauté héréditaire. Le Tribunal fédéral a cependant réservé l'hypothèse où les parties à la convention sur part héréditaire ont convenu expressément que la cession n'a pas d'effet sur la participation du cédant au partage[35]. Cette précision, qui est approuvée par certains auteurs[36], n'emporte pas notre assentiment. Si l'on admet que la cession par un héritier de l'intégralité de sa part héréditaire à un ou plusieurs cohéritiers entraîne un partage partiel de la succession, cet effet devrait intervenir de par la loi. Il ne nous semble pas que les parties à la convention sur part héréditaire doivent se voir conférer le droit de décider que le cédant peut rester dans l'hoirie et, par voie de conséquence, le droit d'imposer ce choix aux autres cohéritiers. Il faut cependant, bien entendu, réserver le cas où tous les héritiers sont parties à la convention sur part héréditaire.

Dès lors que l'héritier cédant sort de la communauté héréditaire, il est dispensé de participer aux opérations de partage et de signer la convention de partage. En revanche, sa responsabilité pour les dettes successorales subsiste[37]. L'héritier qui a aliéné l'intégralité de sa part héréditaire nous paraît devoir être traité à cet égard de la même manière que ses cohéritiers. En particulier, le délai quinquennal de l'art. 639 al. 2 CC ne devrait pas commencer à courir plus tôt à son égard[38]. Mais la question du point de départ du délai quinquennal est controversée. Le Tribunal fédéral a, pour sa part, admis l'application de l'art. 639 CC à l'héritier cédant, sans pour autant

---

[33] *Rouiller,* Commentaire du droit des successions, n. 9 ad art. 635 CC; *Steinauer,* n. 1201; *Göksu,* Handkommentar, n. 7 ad art. 635 CC; PraxKomm-*Mabillard,* n. 7 ad art. 635 CC; BSK-*Schaufelberger/Keller Lüscher,* n. 12 ad art. 635 CC; *Wolf,* 138 ss; ZK-*Escher,* n. 9 ad art. 635 CC; *contra:* voir p. ex. *Luthy,* p. 52.

[34] ATF 102 Ib 321 = JdT 1978 I 343.

[35] Le partage partiel n'interviendrait ainsi qu' «à condition que les parties l'aient voulu expressément et aient clairement manifesté leur volonté»: ATF 102 Ib 321 = JdT 1978 I 343 (347).

[36] BSK-*Schaufelberger/Keller Lüscher,* n. 14 ad art. 635 CC; *Wolf,* 138.

[37] Voir ATF 101 II 222 = JdT 1976 I 141.

[38] Du même avis: *Rouiller,* Commentaire du droit des successions, n. 24 ad art. 639 CC; BSK-*Schaufelberger/Keller Lüscher,* n. 13 ad art. 635 CC.

trancher la question du point de départ du délai[39]. La situation juridique de l'héritier cédant devrait, à notre avis, être identique à celle d'un héritier qui a obtenu sa sortie de l'hoirie au moyen d'une action en partage[40]. Il y a en effet, dans les deux cas, un partage partiel (personnel) de la succession. Le délai quinquennal de l'art. 639 al. 2 CC devrait donc courir à compter du partage total de la succession. Les parties à la convention sur part héréditaire demeurent, bien entendu, libres de convenir d'une reprise de dette par le cessionnaire, laquelle peut être rendue opposable aux créanciers avec leur consentement (art. 639 al. 1 CC).

Il peut s'avérer difficile, en pratique, d'opérer la distinction entre un partage partiel (personnel) et une aliénation de l'intégralité de la part héréditaire. Par exemple, lorsque les deux héritiers d'une succession conviennent de ce que l'un d'entre eux se voit attribuer l'entreprise familiale, qui est l'unique bien de la succession, contre paiement d'une somme d'argent à l'autre, l'opération peut être qualifiée aussi bien de cession de part héréditaire entre cohéritiers à titre onéreux que de partage avec soulte[41]. La distinction a cependant perdu beaucoup de son intérêt, dès lors qu'il faut admettre que l'aliénation par un héritier de l'intégralité de sa part héréditaire à l'un de ses cohéritiers entraîne un partage partiel (personnel) de la succession.

2.2.2 La cession à un tiers

Lorsque le cessionnaire n'est pas héritier dans la même succession, il n'a «aucun droit d'intervenir dans le partage» et «ne peut prétendre qu'à la part attribuée à son cédant» (art. 635 al. 2 CC). Le tiers cessionnaire n'acquiert qu'un «droit personnel à la délivrance des biens reçus par le cédant dans le partage»[42]. Autrement dit, il devient titulaire d'une créance tendant au transfert des biens que le cédant recevra dans le partage[43].

---

[39] ATF 102 Ib 321 = JdT 1978 I 343.
[40] La doctrine admet que le délai de l'art. 639 al. 2 CC ne commence pas à courir au moment du partage partiel (personnel) de la succession consécutif à une action en partage: *Steinauer*, n. 1400; PraxKomm-*Mabillard*, n. 13 ad art. 639 CC; BSK-*Schaufelberger/Keller Lüscher*, n. 20 ad art. 639 CC; ZK-*Escher*, n. 14 ad art. 639 CC.
[41] Cet exemple est emprunté à *P. Piotet*, Partage, p. 297, lequel met en évidence le fait que la cession de part héréditaire et le partage sont des actes de même nature.
[42] ATF 134 I 263 (f) consid. 3.5.
[43] ATF 87 II 218 = JdT 1962 I 214.

Le tiers cessionnaire entre dans une relation juridique avec l'héritier cédant, sans en avoir aucune avec les autres héritiers[44]. La cession ne lui confère en effet pas la qualité d'héritier, cette qualité ne pouvant pas lui être transférée[45]. Le cessionnaire ne pourra entrer en possession des biens qui lui ont été cédés qu'au moment du partage. Avant ce terme, il n'est pas habilité à demander son inscription au registre foncier, ni conjointement ni à la place du cédant, même s'il est vraisemblable que l'immeuble fera partie du lot qui sera attribué au cédant. Le transfert de propriété – et donc l'inscription du cessionnaire au registre foncier – ne pourra intervenir, cas échéant, qu'après la clôture du partage[46].

La cession de part héréditaire à un tiers ayant un effet de nature purement obligatoire, cette opération n'entraîne pas de partage partiel de la succession. Le cédant conserve ainsi sa qualité d'héritier, de même que tous les droits et obligations qui y sont attachés. En particulier, sa responsabilité pour les dettes successorales est maintenue intégralement. Bien plus, les créanciers du cédant peuvent saisir sa part héréditaire, ainsi que les biens qui lui sont attribués dans le cadre du partage aussi longtemps qu'ils n'ont pas été transférés au cessionnaire[47].

L'héritier cédant participe au partage et signe la convention de partage. Il reçoit personnellement les biens et les droits entrant dans la composition de son lot, qu'il devra ensuite transférer au cessionnaire conformément aux termes de la convention sur part héréditaire[48]. Cas échéant, il lui appartiendra de réclamer à ses cohéritiers la délivrance des biens.

La loi exclut toute participation du cessionnaire aux opérations de partage. Il n'a par conséquent aucun droit d'intervenir pour définir la composition de la part héréditaire qui lui a été cédée[49], ni de demander la rescision de la convention de partage[50]. Il n'a pas non plus la qualité pour agir en responsa-

---

[44] *Rouiller,* Commentaire du droit des successions, n. 22 ad art. 635 CC; *Steinauer,* n. 1202a; *Guinand/Stettler/Leuba,* n. 570; BSK-*Schaufelberger/Keller Lüscher,* n. 15 ad art. 635 CC; *Wolf,* 137.
[45] ATF 134 I 263 (f) consid. 3.5; ATF 85 II 603 = JdT 1960 I 517.
[46] ATF 134 I 263 (f) consid. 3.5.
[47] ATF 88 III 55 = JdT 1962 II 90. Voir l'Ordonnance du Tribunal fédéral concernant la saisie et la réalisation des parts de communauté du 17.1.1923 (RS 281.41).
[48] ATF 87 II 218 = JdT 1962 I 214.
[49] ATF 85 II 603 = JdT 1960 I 517.
[50] Voir art. 638 CC. ATF 85 II 603 = JdT 1960 I 517; BSK-*Schaufelberger/Keller Lüscher,* n. 16 ad art. 635 CC.

bilité contre l'exécuteur testamentaire[51]. Le cessionnaire n'est pas légitimé à demander directement aux héritiers la remise des biens composant le lot attribué au cédant, «car cela constituerait une ingérence dans le partage»[52]. Il ne peut agir qu'à l'encontre du cédant. On précisera que la notification de la cession aux héritiers n'oblige pas ces derniers à remettre directement au cessionnaire la part attribuée au cédant[53]. Les art. 164 ss CO ne sont en effet pas applicables[54]. Bien plus, une telle notification n'autorise pas les héritiers à délivrer au cessionnaire les biens attribués au cédant, à moins que ce dernier n'ait autorisé le cessionnaire à le représenter dans le cadre du partage[55]. La notification de la cession de l'intégralité de la part a, tout au plus, pour effet d'empêcher les autres héritiers d'accepter à leur tour une cession en leur faveur de la part de leur cohéritier[56].

Le cédant endosse néanmoins une responsabilité à l'égard de son cocontractant, de nature contractuelle et délictuelle. Il doit ainsi veiller aux intérêts du cessionnaire conformément au principe de la bonne foi[57]. Le cessionnaire peut, en outre, améliorer sa situation juridique en définissant au sein de la convention l'étendue des obligations et de la responsabilité du cédant. Ce dernier peut ainsi, par exemple, s'engager à intenter toutes les démarches et actions requises pour préserver les droits de son cocontractant. Ce type de clause lui imposera notamment l'obligation d'intenter toutes les actions en justice nécessaires, telles que les actions en nullité, en réduction, en pétition d'hérédité ou en partage. La convention sur part héréditaire peut également contraindre le cédant à exiger le rapport de libéralités faites à ses cohéritiers. Les parties peuvent en outre prévoir que le cessionnaire représentera le cédant dans le cadre du partage[58], interviendra à ses côtés dans les procédures impliquant tout ou partie de la communauté héréditaire[59], ou toute autre mesure propre à permettre au cessionnaire de veiller personnellement à ses intérêts. En cas de besoin, le cessionnaire peut demander le concours

---

[51] ATF 101 II 47.
[52] ATF 87 II 218 = JdT 1962 I 214 (218).
[53] ATF 87 II 218 = JdT 1962 I 214.
[54] Voir toutefois ATF 101 II 122 = JdT 1987 I 141, dans lequel le Tribunal fédéral paraît admettre l'application de ces dispositions, tout au moins par analogie et s'agissant uniquement de l'exigence de forme écrite.
[55] ATF 87 II 218 = JdT 1962 I 214.
[56] ATF 87 II 218 = JdT 1962 I 214.
[57] *Rouiller,* Commentaire du droit des successions, n. 17 ad art. 635 CC et réf. citées.
[58] ATF 87 II 218 = JdT 1962 I 214.
[59] ATF 89 II 185 (f).

de l'autorité en la priant d'intervenir au partage en lieu et place de l'héritier cédant[60].

2.2.3 La cession par un héritier institué à un héritier légal

La cession faite par un héritier institué en faveur d'un ou de plusieurs héritiers légaux soulève des questions particulières. Lorsque les héritiers légaux sont en concours avec l'héritier institué pour une fraction de la succession[61] et que celui-ci cède une partie de sa part héréditaire à un ou plusieurs héritiers légaux, il s'agit clairement d'une cession entre cohéritiers. Mais qu'en est-il lorsque l'héritier institué pour l'universalité de la succession cède une partie de sa part héréditaire à un ou plusieurs héritiers légaux? S'agit-il d'une cession entre cohéritiers? La réponse devrait être, *a priori,* négative dès lors que l'institution d'un héritier universel écarte de la succession les héritiers qui auraient pu intervenir ab intestat, en tout cas dans l'hypothèse où aucun d'entre eux n'a droit à une réserve héréditaire[62].

Le Tribunal fédéral a pourtant estimé que l'opération par laquelle un héritier institué pour l'universalité de la succession cède une fraction de sa part héréditaire aux héritiers légaux qui n'avaient pas de vocation successorale avant la cession[63] doit être qualifiée de cession à un cohéritier[64]. Le raisonnement est vraisemblablement fondé sur le principe de la saisine, dont il résulte que tous les héritiers ont acquis cette qualité au moment du décès (art. 560 al. 1 CC). Les héritiers acquièrent en effet de plein droit l'universalité de la succession dès son ouverture[65], sans aucune distinction relative au fait qu'ils soient héritiers légaux ou institués[66]. Lorsqu'il y a des dispositions pour cause de mort, les héritiers ab intestat entrent d'abord en pos-

---

[60] Voir art. 609 CC. ATF 135 III 179 (f); ATF 129 III 316 = JdT 2003 I 277; ATF 87 II 218 = JdT 1962 I 214; ATF 85 II 603 = JdT 1960 I 517; ATF 63 II 231 = JdT 1938 I 102.
[61] Le concours entre les héritiers ab intestat et un ou plusieurs héritiers institués est possible en droit suisse. L'art. 481 al. 2 CC précise en effet que « [l]es biens dont le défunt n'a point disposé passent à ses héritiers légaux», lesquels héritent conformément aux règles applicables à la vocation successorale légale (art. 457 ss CC).
[62] Les héritiers réservataires sont les descendants, le père, la mère et le conjoint ou le partenaire enregistré du de cujus (art. 470 al. 1 CC). En l'absence d'héritier réservataire, la liberté du de cujus de disposer de sa succession est totale (art. 470 al. 2 CC).
[63] A savoir, des héritiers non réservataires.
[64] ATF 101 II 222 = JdT 1976 I 141.
[65] Voir art. 537 al. 1 CC: «La succession s'ouvre par la mort».
[66] ATF 101 II 222 = JdT 1976 I 141.

session provisoire des biens successoraux[67]. Quant aux héritiers institués, même si leur existence n'est connue qu'après l'ouverture du testament ou du pacte successoral, ils sont réputés avoir acquis la succession au jour du décès du de cujus[68]. Il se produit ainsi une sorte d'effet rétroactif de plein droit en leur faveur.

A notre avis, la qualification de la cession, par l'héritier unique institué, d'une fraction de sa part héréditaire aux héritiers qui auraient eu une vocation successorale ab intestat en l'absence d'institution d'héritier dépend du moment où la cession intervient. Si les héritiers légaux ont encore la possession (provisoire) des biens successoraux, ils sont encore formellement héritiers. Le cédant est, dans ce cas, un «cohéritier» des héritiers légaux et il s'agit bien d'une cession entre cohéritiers. Cette situation ne peut se réaliser, en principe, que dans les premiers mois suivant le décès, à savoir jusqu'à l'envoi de l'héritier institué en possession définitive des biens successoraux[69]. Les héritiers ab intestat perdent en effet leur vocation successorale à partir de ce moment-là. La cession aura notamment pour conséquence que le certificat d'héritier mentionnera non seulement l'héritier institué, mais aussi les héritiers légaux cessionnaires[70]. Pour ces derniers, la cession a pour effet qu'ils continuent à être membres de l'hoirie malgré l'institution par le de cujus d'un héritier universel. La cession ne leur impose pas d'obligation nouvelle, ni d'ailleurs ne leur octroie de droit supplémentaire. En particulier, leur responsabilité personnelle pour les dettes de la succession demeure identique. La survenance de cette situation en pratique n'est pas exclue, même si elle semble quelque peu théorique. La validité de la cession sera, cas échéant, conditionnée au fait que le cédant a bel et bien la qualité d'héritier.

En revanche, si la cession intervient *après* l'envoi de l'héritier institué en possession définitive des biens successoraux, les héritiers légaux (non réservataires) n'ont plus de vocation successorale. Ils ont en effet perdu leurs droits en raison de la désignation par le de cujus d'un héritier unique. Pour cette même raison, leurs noms ne devraient pas figurer sur le certificat d'héritier au moment où la cession intervient. Selon nous, la cession se produit, dans cette hypothèse, en faveur de tiers et non pas de cohéritiers. L'opéra-

---

[67] L'art. 556 al. 3 CC précise qu' «[a]près la remise du testament, l'autorité envoie les héritiers légaux en possession provisoire des biens [...]». Voir *Steinauer*, n. 885.
[68] En vertu de l'art. 560 al. 3 CC, «[l]'effet de l'acquisition par les héritiers institués remonte au jour du décès du disposant [...]».
[69] Voir art. 559 al. 2 CC.
[70] Voir art. 559 al. 1 CC.

tion fait-elle néanmoins renaître les droits et obligations des héritiers légaux dans la succession en leur restituant leur qualité d'héritier? Nous pensons que cela ne devrait pas être le cas. Le cessionnaire qui n'est pas membre de l'hoirie ne peut en effet acquérir qu'un droit personnel à la délivrance des biens (art. 635 al. 2 CC). Si le cédant et les cessionnaires sont libres de réglementer leurs relations contractuelles, ils ne peuvent pas pour autant convenir du transfert de la qualité d'héritier[71]. Toute solution contraire reviendrait à admettre une sorte de «partage partiel à l'envers», en vertu duquel les cessionnaires seraient réintégrés dans l'hoirie en compagnie de l'héritier cédant. Ce raisonnement ne nous paraît pas compatible avec l'institution de la cession de part héréditaire de l'art. 635 CC. A l'extrême, cela pourrait conduire à admettre que l'héritier institué pour l'universalité de la succession pourrait sortir de l'hoirie – en cédant l'intégralité de sa part héréditaire – et s'y faire remplacer par les héritiers ab intestat. Pareil raisonnement entraînerait un détournement de l'institution de la cession de part héréditaire qui n'est certainement pas souhaitable. Il convient d'admettre, par conséquent, que l'héritier universel qui souhaite sortir de l'hoirie au profit des héritiers ab intestat doit répudier la succession[72], et non pas leur céder sa part héréditaire.

On relèvera à ce sujet que le fait, pour un héritier institué pour l'universalité de la succession, de renoncer à tout ou partie de la part héréditaire que le de cujus a souhaité lui remettre, au profit des héritiers ab intestat, soulève des questions morales délicates. L'héritier institué et les héritiers légaux vont en effet clairement à l'encontre de ce qu'a exprimé le de cujus dans ses dernières volontés. Cette opération entre également en contradiction avec la règle qui interdit à un héritier – et à toute autre personne – de désigner les héritiers du de cujus[73]. En revanche, l'opération est parfaitement autorisée d'un point de vue juridique, dans les limites indiquées ci-dessus.

3. La suspension conventionnelle du partage

En droit suisse, les héritiers sont dans un régime d'indivision jusqu'au partage de la succession. Le moment auquel ils procèdent au partage peut être choisi librement, étant précisé qu'ils assument une responsabilité person-

---

[71] Voir *supra* 2.2.2.
[72] Voir art. 572 al. 2 CC.
[73] L'adoption de dispositions pour cause de mort est un acte strictement personnel absolu.

nelle et solidaire pour les dettes successorales jusqu'à la clôture du partage (art. 603 al. 1 CC). La clôture met un terme à l'hoirie et aux relations juridiques en découlant entre les cohéritiers. Ceux-ci assument néanmoins une obligation de garantie les uns envers les autres (art. 637 CC), ainsi qu'une responsabilité solidaire pour les dettes successorales pendant cinq ans, sauf accord contraire avec les créanciers (art. 639 CC).

Chaque héritier a, en principe, le droit de demander le partage de la succession en tout temps (art. 604 al. 1 CC). Ce droit au partage peut cependant être limité soit par une convention passée entre les héritiers, soit par une disposition légale (art. 604 al. 1 *in fine* CC). La suspension conventionnelle du partage peut intervenir, par exemple, consécutivement à l'accord des héritiers de prolonger l'hoirie ou de la «transformer» en une indivision de famille.

3.1 La succession indivise

Les héritiers ont la liberté de suspendre le partage et de maintenir la communauté héréditaire. La loi ne requiert pas de forme particulière pour ce type de convention, qui peut donc intervenir par actes concluants de l'ensemble des héritiers. Le partage peut être suspendu pour tout ou partie des biens successoraux. Par exemple, les héritiers peuvent décider de conserver un immeuble indivis et d'accorder à l'un d'entre eux un usufruit sur cet immeuble[74]. Si le partage n'est suspendu que pour une partie des biens successoraux, les héritiers procèdent à un partage partiel (matériel) pour les autres biens qu'ils ne souhaitent pas maintenir dans l'indivision.

Cette situation d'«hoirie prolongée» n'est pas censée être durable. Comme l'a bien exprimé un auteur, l'hoirie est «conçue comme une institution éphémère, destinée seulement à assurer la transition pendant la dévolution successorale»[75]. Lorsque les héritiers souhaitent maintenir indivis un bien successoral à long terme, la doctrine est d'avis qu'il convient de choisir une autre forme d'indivision, comme par exemple l'indivision de famille (art. 336 ss CC)[76]. Rien n'empêche cependant les héritiers de suspendre le partage sans créer pour autant une indivision de famille[77]. Dans cette hypo-

---

[74] ATF 100 Ib 121 = JdT 1975 I 153.
[75] *Steinauer*, n. 1190.
[76] Voir *infra* 3.2.
[77] ATF 61 II 164 = JdT 1936 I 5.

thèse, chacun d'entre eux conserve le droit de demander sa sortie de l'hoirie, au moyen d'une action en partage[78]. S'il est en effet possible de renoncer conventionnellement à demander le partage pendant un certain temps, une renonciation définitive ne serait en revanche pas valable[79].

De la suspension conventionnelle du partage, il convient de distinguer d'autres cas où le moment du partage est différé sans que cela dépende uniquement de la volonté des héritiers. Le de cujus lui-même peut prescrire une suspension du partage pendant une certaine durée ou jusqu'à un terme défini. Une telle règle (négative) de partage[80] n'est pas interdite par la loi[81]. Elle entraîne une situation de succession indivise. Les héritiers conservent néanmoins le droit de partager la succession sans tenir compte de la volonté de non-partage émise par le de cujus. Ils sont en effet libres de procéder au partage comme ils l'entendent, pour autant qu'ils soient tous d'accord[82]. Par ailleurs, une règle de non-partage prescrite par le de cujus ne peut en aucun cas léser les réserves héréditaires[83].

Parmi les dispositions légales susceptibles d'imposer la suspension du partage, on peut mentionner l'art. 605 al. 1 CC qui prévoit la possibilité d'ajourner le partage jusqu'à la naissance d'un enfant conçu susceptible d'avoir la qualité d'héritier. La suspension du partage permet de constater si l'enfant conçu peut hériter et, cas échéant, de prendre en compte ses droits dans la succession (art. 544 al. 1 CC). Chaque héritier peut, en outre, demander au juge d'ordonner un sursis provisoire au partage de tout ou partie des biens successoraux pour préserver leur valeur (art. 604 al. 2 CC). Cette règle permet d'éviter qu'une liquidation immédiate de biens successoraux intervienne en temps inopportun.

---

[78] Voir art. 604 al. 1 CC. PraxKomm-*Weibel,* n. 53 ad art. 604 CC; BSK-*Schaufelberger/Keller Lüscher,* n. 11 ad art. 604 CC.

[79] ATF 96 II 325 = JdT 1972 I 72; *Steinauer,* n. 1235a; *Guinand/Stettler/Leuba,* n. 544.

[80] La qualification d'une disposition pour cause de mort prescrivant une suspension du partage oscille entre la règle de partage selon l'art. 608 CC et la condition ou la charge selon l'art. 482 CC. Par exemple, le legs d'un immeuble à un héritier avec interdiction de le revendre pendant une certaine période peut être qualifié de legs avec charge. Dans ce cas, cependant, il y a bel et bien partage pour le bien concerné. Dans le doute, la loi pose une présomption en faveur de la règle de partage (art. 608 al. 3 CC et art. 522 al. 2 CC).

[81] ATF 96 III 10 = JdT 1971 II 19; ATF 85 II 554 = JdT 1960 I 521.

[82] Voir art. 607 al. 2 CC.

[83] *Steinauer,* n. 1236c; PraxKomm-*Weibel,* n. 56 ad art. 604 CC; BSK-*Schaufelberger/Keller Lüscher,* n. 10 ad art. 604 CC.

3.2 L'indivision de famille

Les héritiers qui envisagent une indivision sur le long terme peuvent constituer une indivision de famille à laquelle seront affectés tout ou partie des biens successoraux (art. 336 ss CC). La loi n'impose pas de but particulier pour l'indivision de famille. Cette institution se distingue ainsi de la fondation de famille, dont le but est strictement délimité par la loi (art. 335 CC).

La qualité de membre est très restrictive dans l'indivision de famille: seuls des parents ou alliés ont le droit d'en faire partie (art. 336 CC)[84]. Cette particularité est essentielle. L'indivision de famille n'a ainsi pas nécessairement la même composition que l'hoirie, dès lors que cette dernière peut être formée d'autres personnes que les parents ou les alliés du de cujus. Cas échéant, les héritiers parents ou alliés peuvent racheter la part des héritiers qui n'ont pas cette qualité avant de constituer l'indivision de famille. La cession de part héréditaire est ainsi un moyen permettant de faire sortir de l'hoirie les héritiers n'ayant pas la qualité requise pour devenir membres d'une indivision de famille. Cette institution entraîne en effet un partage partiel (personnel) de la succession[85]. En revanche, dans l'hypothèse où seules des personnes ayant la qualité d'héritiers légaux[86] sont membres de la communauté héréditaire, la «transformation» de celle-ci en une indivision de famille ne suscite pas de difficulté particulière eu égard à la qualité de membre.

La constitution d'une indivision de famille nécessite la conclusion d'un contrat passé en la forme authentique et signé par tous les membres (art. 337 CC)[87]. Cette exigence formelle permet de distinguer l'indivision de famille de la succession indivise, laquelle peut être créée par les héritiers sans forme particulière[88]. La communauté héréditaire résulte d'ailleurs, à l'origine, de la loi et non pas de la volonté des parties (art. 560 al. 1 CC). Les héritiers

---

[84] Même si l'art. 336 CC paraît restreindre la qualité de membre aux «parents», la majorité de la doctrine admet que ce terme englobe également les alliés. Voir *D. Piotet*, CR-CC I, n. 8 ad art. 336 CC; *Baddeley*, p. 57–60; BSK-*Lehmann/Hänseler*, n. 6 ad art. 336 CC.
[85] Voir *supra* 2.2.1.
[86] Voir art. 457 ss CC.
[87] A propos de l'exigence de forme authentique, voir *D. Piotet,* CR-CC I, n. 2 ad art. 337 CC.
[88] Voir *supra* 3.1.

ne devraient pas être dissuadés de constituer une indivision de famille par l'exigence de forme authentique[89].

Lorsqu'une hoirie composée de parents et/ou d'alliés souhaite conserver durablement un ou plusieurs biens successoraux en indivision, la constitution d'une indivision de famille devrait être préférée à la suspension du partage. On mentionnera le fait que si l'un des héritiers n'a pas la qualité requise de parent ou d'allié, la constitution d'une société simple permet d'atteindre le même objectif (art. 530 ss CO)[90]. La qualité de membre d'une société simple n'est pas restreinte. La forme de l'indivision de famille, plutôt que celle de la société simple, devrait toutefois être préférée lorsque les conditions sont réunies[91].

La situation juridique des membres de l'indivision de famille présente de nombreuses similitudes avec celle des membres de l'hoirie. Chaque membre de l'indivision est en effet titulaire d'une part de propriété collective en main commune (art. 342 al. 1 CC). Les dettes de l'indivision font l'objet d'un régime de responsabilité solidaire entre les indivis (art. 342 al. 2 CC). Ceux-ci peuvent, par ailleurs, disposer de leur part selon un mécanisme identique à celui de la cession de part héréditaire à un tiers[92]. Si la cession est autorisée, le cessionnaire ne peut cependant acquérir qu'un droit personnel à la créance de liquidation qui reviendra au cédant au moment de la dissolution de l'indivision. Sauf convention contraire entre les indivis, la cession ne permet pas au tiers cessionnaire d'acquérir le droit d'entrer dans l'indivision de famille, en raison du caractère fermé de cette institution (art. 339 al. 3 CC). En outre, la cession de part entre membres de l'indivision ne devrait être autorisée qu'avec l'accord de tous les autres[93]. Seuls les «actes de simple administration» peuvent en effet être effectués par un indivis sans l'assentiment des autres membres (art. 340 al. 2 CC). Si la cession implique la modification du contrat, par exemple lorsque les parts de chaque membre y sont expressément définies ou en cas de sortie d'un membre, l'exigence de forme authentique doit être respectée[94].

---

[89] Voir *D. Piotet,* CR-CC I, n. 3 ad art. 337 CC, lequel est d'avis que la forme authentique n'est pas requise lorsque les héritiers souhaitent affecter quelques biens successoraux à une indivision de famille.
[90] ATF 96 II 325 = JdT 1972 I 72.
[91] Du même avis: *D. Piotet,* CR-CC I, n. 12 ad art. 336 CC.
[92] Voir art. 635 al. 2 CC.
[93] Du même avis: *D. Piotet,* CR-CC I, n. 9 ad art. 339 CC.
[94] Ibid.

Lorsque l'indivision de famille est créée pour une durée indéterminée, ses membres ont le droit de dénoncer le contrat (art. 338 al. 2 CC). Ce droit peut cependant être écarté par convention, à l'exception des cas de justes motifs[95]. La dénonciation du contrat entraîne la dissolution de l'indivision de famille, sauf si un droit de sortie individuel est prévu[96]. En revanche, lorsque l'indivision de famille est constituée pour un terme ou pour une durée déterminée, les membres n'ont pas le droit de dénoncer le contrat (art. 338 al. 2 CC, *a contrario*). Sauf convention contraire, l'indivision de famille ne peut alors être dissoute que dans les cas prévus par la loi[97].

L'indivision de famille subsiste au décès de l'un de ses membres. La part d'indivision n'est en principe pas transmissible aux héritiers de l'indivis, lesquels ne peuvent demander que sa créance de liquidation (art. 345 al. 1 CC). La loi prévoit cependant une exception pour les descendants de l'indivis qui peuvent devenir membres de l'indivision de famille, à la place de leur ascendant, avec le consentement de tous les autres membres (art. 345 al. 2 CC).

L'indivision de famille pourrait jouer un rôle important comme outil de planification successorale. Il est regrettable qu'elle soit peu utilisée à cette fin en pratique. Cette situation ne peut vraisemblablement s'expliquer que par le fait que l'indivision de famille demeure, en grande partie, méconnue. Le principal intérêt de l'indivision de famille réside dans le fait qu'elle peut être constituée du vivant du de cujus et peut lui survivre, avec ses héritiers, après son décès[98]. En revanche, elle ne peut pas être constituée par disposition pour cause de mort, comme pourrait l'être une fondation au sens de l'art. 493 CC. L'indivision de famille complète ainsi utilement les outils de planification successorale existant en droit suisse.

---

[95] Voir art. 343 ch. 5 CC. *D. Piotet,* CR-CC I, n. 4 ad art. 338 CC.
[96] Voir art. 343 et 344 CC.
[97] Voir art. 343 CC.
[98] *Baddeley,* p. 64.

Grundfragen der Erbteilung

PAUL EITEL

Inhaltsübersicht

Literatur	324
1. Einleitung	326
1.1 Allgemeines	326
1.2 Ausblick	328
2. Der Bestand der Erbschaft bzw. die Ermittlung der Erbschaftsgegenstände (unter Berücksichtigung lebzeitiger Zuwendungen)	329
2.1 Inventare	329
2.2 Die erbrechtlichen Informationsansprüche	330
2.3 Kurzstellungnahme	332
3. Die Erbschaft im Zeitraum zwischen Erbgangseröffnung und Teilungsabschluss	333
3.1 Die Erbengemeinschaft und das Einstimmigkeitsprinzip	333
3.2 Ausblick	335
3.3 Die Abschichtung einzelner Erben	335
3.3.1 Vorbemerkungen	335
3.3.2 Abschichtung vor der Erbgangseröffnung	336
3.3.3 Abschichtung nach der Erbgangseröffnung	338
3.4 Die erbrechtlichen Ämter	339
3.5 Verschiedenes	341
3.6 Nebenansprüche	342
3.6.1 Allgemeines	342
3.6.2 Insbesondere: Verjährung	343
3.7 Surrogation?	344
4. Der Abschluss der Erbteilung	345
4.1 Vorbemerkungen	345
4.2 Bewertung	345
4.2.1 Ausgangspunkt: die massgebenden Prinzipien	345
4.2.2 Verkehrswertprinzip	346
4.2.2.1 Allgemeines	346
4.2.2.2 Insbesondere: Unternehmen	346
4.2.2.3 Insbesondere: Grundstücke	347
4.2.3 Teilungstagsprinzip (sowie Todestags- und Stichtagsprinzip)	348
4.3 Veräusserung	349
4.4 Zuweisung	350
4.4.1 Allgemeines/Prinzip der freien (privaten) Erbteilung	350
4.4.2 Gleichbehandlungsprinzip und Naturalteilungsprinzip	351
4.4.2.1 Grundsätzliches	351
4.4.2.2 Schranken	352
4.5 Teilungsvorschriften des Erblassers	354
5. Rechtsverhältnisse im Zeitraum nach dem Teilungsabschluss (Hinweise)	356
5.1 Vorbemerkungen	356

5.2 Nachteilung 356
5.3 Solidarische Haftbarkeit der Erben auch nach Teilungsabschluss 357

Literatur

Bernard Abrecht, Problèmes liés à la désignation d'un exécuteur testamentaire de substitution, successio 2008 S. 182 ff.; *Andreas Baumann,* Über die Bemessung des Streitwertes, insbesondere bei Teilungsklagen, successio 2009 S. 281 ff.; *Peter Breitschmid,* Art. 630 und 537 Abs. 2 ZGB. Behandlung von Wertänderungen bzw. Kaufkraftschwund zwischen Todestag und Teilung... [Besprechung von 5C.174/1995], AJP 1997 S. 1551 ff. (zit. *Breitschmid,* AJP 1997); *derselbe,* Wer schätzt nach Art. 618 ZGB? Bemerkungen aus Anlass der stillen Abdankung der zürcherischen Bezirksschätzungskommissionen – (k)ein Requiem, successio 2010 S. 248 ff. (zit. *Breitschmid,* successio 2010); *Peter Breitschmid/Isabel Matt,* Wille, Willensmängel und zuviel Wollen im Erbrecht, in: Alexandra Rumo-Jungo/Pascal Pichonnaz/Bettina Hürlimann-Kaup/Christiana Fountoulakis (Hrsg.), Mélanges en l'honneur de Paul-Henri Steinauer, édités au nom de la Faculté de droit de Fribourg, Bern 2013, S. 311 ff.; *Christian Brückner/Thomas Weibel,* Die erbrechtlichen Klagen, 3. Auflage, Zürich/Basel/Genf 2012; Basler Kommentar, Zivilgesetzbuch II, Art. 457–977 ZGB, Art. 1–61 SchlT ZGB, 4. Auflage, Basel 2011, Heinrich Honsell/Nedim Peter Vogt/Thomas Geiser (Hrsg.) (zit. BSK-*Bearbeiter); Andrea Dorjee Good,* Das Anwaltsgeheimnis ist auch gegenüber den Erben des Klienten zu wahren, BGE 135 III 597, successio 2010 S. 299 ff.; *Jean Nicolas Druey,* Die erbrechtliche Teilung, Übersichtsreferat, in: Jean Nicolas Druey/Peter Breitschmid (Hrsg.), Praktische Probleme der Erbteilung, Bern/Stuttgart/Wien 1997 (St. Galler Studien zum Privat-, Handels- und Wirtschaftsrecht, Band 46), S. 19 ff. (zit. *Druey); derselbe,* Das Informationsrecht des Erben – die Kunst, Einfaches kompliziert zu machen, successio 2011 S. 183 ff. (zit. *Druey,* successio 2011); *Martin Eggel,* Studie zur Surrogation im schweizerischen Zivilrecht, Diss. Bern 2013 (ASR Heft 795); *Paul Eitel,* Die Berücksichtigung lebzeitiger Zuwendungen im Erbrecht, Objekte und Subjekte von Ausgleichung und Herabsetzung, Bern 1998 (ASR 613) (zit. *Eitel,* Berücksichtigung lebzeitiger Zuwendungen); *derselbe,* Berner Kommentar zum schweizerischen Privatrecht, Band III: Das Erbrecht, 2. Abteilung: Der Erbgang, 3. Teilband: Die Ausgleichung, Art. 626–632 ZGB, Bern 2004 (zit. BK-*Eitel); derselbe,* Erbrecht für landwirtschaftliche Gewerbe vs. Unternehmenserbrecht im Allgemeinen, in: Jörg Schmid/Hansjörg Seiler (Hrsg.), Recht des ländlichen Raums, Festgabe der Rechtswissenschaftlichen Fakultät der Universität Luzern für Paul Richli zum 60. Geburtstag, Zürich/Basel/Genf 2006 (LBR Band 11), S. 93 ff. (zit. *Eitel,* FG Richli); *derselbe,* Informationsansprüche im Erbrecht – eine Standortbestimmung (Editorial), successio 2011 S. 176 f. (zit. *Eitel,* successio 2011); *derselbe,* Darlehen – Schenkung – Vorempfang, successio 2013 S. 202 ff. (zit. *Eitel,* successio 2013); *derselbe,* Testament und Ausgleichung, Festgabe zum 60. Geburtstag von Prof. Peter Breitschmid, successio 2013 S. 283 ff. (zit. *Eitel,* FG Breitschmid); *Fabienne Elmiger,* Das Unternehmen in der Erbteilung, Die Teilungsart (Art. 607–619 ZGB), Diss. Luzern 2012, Zürich/Basel/Genf 2012 (LBR Band 68); *Roberto Fornito,* Zeitpunkt der Bewertung von Grundstücken, die sich im Nachlass befinden, und Anspruch auf Neubewertung bei langer Verfahrensdauer, 5A_311/2009, successio 2011 S. 244 ff.; *Gian Sandro Genna,* Bundesgerichtliche Widersprüchlichkeiten zum Informationsanspruch im Erbrecht? BGE 136 III 461 und BGer 5A_638/2009, successio 2011 S. 203 ff.; *Michael Hamm/Yara Brusa,* Auskunftsrechte von Erben wirtschaftlich Berechtigter gegenüber Schweizer Banken? Trend zeigt Richtung Transparenz, ST 2013 S. 67 ff.; *Marc Häusler/Martina Pfister,* Nutzen und Ausgestaltung der behördlichen Mitwirkung bei der Erbteilung gemäss Art. 609 Abs. 1 ZGB, Jusletter

22.10.2012; *Bettina Hürlimann-Kaup/Alexandra Rumo-Jungo,* Eine Miterbin verfügt alleine über Erbschaftsgegenstände: erbrechtliche und sachenrechtliche Folgen, BGE 5A_87/2011 und 5A_88/2011, successio 2012 S. 288 ff. (zit. *Hürlimann-Kaup/Rumo-Jungo,* successio 2012); *dieselben,* Dingliche Surrogation bei Verfügungen des Miterben über Erbschaftsgegenstände, in: Alexandra Rumo-Jungo/Pascal Pichonnaz/Bettina Hürlimann-Kaup/Christiana Fountoulakis (Hrsg.), Mélanges en l'honneur de Paul-Henri Steinauer, édités au nom de la Faculté de droit de Fribourg, Bern 2013, S. 355 ff. (zit. *Hürlimann-Kaup/Rumo-Jungo,* Mélanges Steinauer); *Marc'Antonio Iten,* Die zivilrechtliche Verantwortlichkeit des Willensvollstreckers, Sorgfaltspflichten und andere ausgewählte Rechtsprobleme, Diss. Luzern 2012, Zürich/Basel/Genf 2012 (Schweizer Schriften zur Vermögensberatung und zum Vermögensrecht, Schriftenreihe von KENDRIS AG, Band 11); *Franz Keller,* Erbrechtliche Fragen bei Wertveränderungen, Diss. Freiburg, Zürich 1972; *Hans Rainer Künzle,* Der Willensvollstrecker im schweizerischen und US-amerikanischen Recht, Zürich 2000 (Schweizer Schriften zur Vermögensberatung und zum Vermögensrecht, Schriftenreihe von KPMG private, Band 1); *Audrey Leuba,* Le partage successoral en droit suisse, ZSR 2006 II 137 ff.; *François Logoz,* L'indemnité due par un héritier qui a la jouissance exclusive d'un actif propriété de l'hoirie, successio 2011 S. 75 ff.; *Hans Merz,* Zur Auslegung einiger erbrechtlicher Teilungsregeln, in: Zum schweizerischen Erbrecht, Festschrift zum 70. Geburtstag von Prof. Dr. Peter Tuor, Zürich 1946, S. 85 ff.; *Thomas Meyer,* Erbteilung im bäuerlichen Erbrecht, in: Stephan Wolf (Hrsg.), Ausgewählte Aspekte der Erbteilung, Bern 2005 (INR Band 2), S. 85 ff.; *Sibylle Pestalozzi-Früh,* Vorsorgliche Massnahmen und besondere Vorkehrungen im Erbrecht, AJP 2011 S. 599 ff.; *Armand Maurice Pfammatter,* Erblasserische Teilungsvorschriften (Art. 608 ZGB), Diss. Zürich 1993 (Zürcher Studien zum Privatrecht, Band 99); *Jennifer Picenoni,* Der Erbenvertreter nach Art. 602 Abs. 3 ZGB, Diss. Zürich 2004 (Zürcher Studien zum Privatrecht, Band 185); Praxiskommentar Erbrecht, Nachlassplanung, Nachlassabwicklung, Willensvollstreckung, Prozessführung, 2. Auflage, Basel 2011 (zit. Prax-Komm-*Bearbeiter*); *Markus Reber/Christoph Hurni,* Berner Kommentar zum schweizerischen Privatrecht, Band II: Materialien zum Zivilgesetzbuch, Die Erläuterungen von Eugen Huber, Text des Vorentwurfs von 1900, Bern 2007; *Alexandra Rumo-Jungo,* Nutzniessung in der Erbteilung, successio 2011 S. 5 ff.; *Michael Josef Schöbi,* Die erbrechtliche Bedeutung von Steuern, Diss. Freiburg, Au 1999; *Andreas Schröder,* Erbrechtliche Informationsansprüche oder: die Geister, die ich rief…, successio 2011 S. 189 ff.; *Caroline Schuler-Buche,* L'exécuteur testamentaire, l'administrateur officiel et le liquidateur officiel: étude et comparaison, Diss. Lausanne 2002 (Recherches juridiques lausannoises 11); *Lionel Harald Seeberger,* Die richterliche Erbteilung, Diss. Freiburg 1992 (AISUF 119); *Miguel Sogo,* Gestaltungsklagen und Gestaltungsurteile des materiellen Rechts und ihre Auswirkungen auf das Verfahren, Diss. Zürich 2007 (Zürcher Studien zum Verfahrensrecht, Band 152); *Annette Spycher,* Prozessuales zur Erbteilung und zur Erbteilungsklage, in: Stephan Wolf (Hrsg.), Ausgewählte Aspekte der Erbteilung, Bern 2005 (INR Band 2), S. 27 ff.; *Paul-Henri Steinauer,* Le droit des successions, Bern 2006 (zit. *Steinauer*); *derselbe,* Conséquences successorales du partage d'une succession seize ans après le décès du *de cujus:* comment tenir compte de l'usage qu'un héritier a fait des biens meubles servant à l'exploitation d'une entreprise, TF, 5A_776/2009, successio 2011 S. 123 ff. (zit. *Steinauer,* successio 2011); *Matthias Stein-Wigger,* Verbindlichkeit und Durchsetzbarkeit erblasserischer Teilungsvorschriften, AJP 2001 S. 1135 ff.; *Reto Strittmatter,* Ausschluss aus Rechtsgemeinschaften, Mit- und Stockwerkeigentümergemeinschaft, Kollektiv-, Kommandit- und einfache Gesellschaft, Erbengemeinschaft und Gemeinderschaft, Diss. Zürich 2002 (Zürcher Studien zum Privatrecht, Band 179); *Benno Studer,* Ausübung von Gestaltungsrechten durch die Erbengemeinschaft … (Besprechung von BGE 125 III 219), AJP 2000 S. 740 f.; *Thomas Sutter-Somm/Marco Chevalier,*

Die prozessualen Befugnisse des Willensvollstreckers, successio 2007 S. 20 ff.; *Thomas Sutter-Somm/Amir Moshe,* Die Erbschaftsklage des ZGB (Art. 598–600 ZGB), successio 2008 S. 268 ff.; *Peter Tuor/Bernhard Schnyder/Jörg Schmid/Alexandra Rumo-Jungo,* Das Schweizerische Zivilgesetzbuch, 13. Auflage, Zürich/Basel/Genf 2009; *François Vouilloz,* La clôture et les effets du partage successoral, Jusletter 21.11.2011; *Thomas Weibel,* Die Haftung der Erben, in: Stephan Wolf (Hrsg.), Ausgewählte Aspekte der Erbteilung, Bern 2005 (INR Band 2), S. 51 ff.; *Thomas Weibel/Lukas Heckendorn,* Erbteilung – praktische Probleme und aktuelle Entwicklungen, successio 2009 S. 218 ff.; *Judith Widmer,* Sozialhilfe bei Mitgliedern von Erbengemeinschaften, successio 2009 S. 130 ff.; *Stephan Wolf,* Erbschaftserwerb durch mehrere Erben und Erbteilungsrecht – Erbengemeinschaft – Erbteilung, ZSR 2006 S. 211 ff.

1. Einleitung

1.1 Allgemeines

Die Erbteilung oder «Die Teilung der Erbschaft» (so die Überschrift zum 17. Titel) ist in den Art. 602–640 ZGB geregelt. Das Erbteilungsrecht ist in vier Abschnitte gegliedert: «Die Gemeinschaft vor der Teilung» (Art. 602–606 ZGB), «Die Teilungsart» (Art. 607–619 ZGB), «Die Ausgleichung» (Art. 626–632 ZGB) und «Abschluss und Wirkung der Teilung» (Art. 634–640 ZGB).[1] Ein Seitenstück zu diesem allgemeinen (oder bürgerlichen) Erbteilungsrecht des ZGB ist das bäuerliche Erbrecht des BGBB (vgl. die Verweisung in Art. 619 ZGB), das im Wesentlichen eben Erbteilungsrecht ist.[2] Das bäuerliche Erbrecht[3] ist aber nicht Gegenstand des vorliegenden Beitrags, ebenso wenig wie das Ausgleichungsrecht[4] (das [je nach Standpunkt] im Gesetz auch an anderer Stelle seinen Platz hätte finden können)[5]. Auf sie wird vielmehr nur gelegentlich und beiläufig verwiesen.

Das Erbteilungsrecht hat spezifische «Mengenprobleme» zu lösen. Zum einen insofern, als oft die Ansprüche von mehr als zwei (mitunter sogar von sehr vielen) Rechtssubjekten (Erben) zu klären sind;[6] zum andern insofern, als diese Ansprüche sich auf ausserordentlich viele Gegenstände ganz

---

[1] Entsprechend wird unterschieden zwischen Teilung(srecht) im engeren und im weiteren Sinn; vgl. *Leuba,* S. 142 f.
[2] Vgl. *Eitel,* FG Richli, S. 95.
[3] Vgl. dazu *Meyer; Tuor/Schnyder/Schmid/Rumo-Jungo,* § 83; *Steinauer,* § 53; ferner auch *Elmiger,* § 6; *Eitel,* FG Richli.
[4] Vgl. dazu nur *Tuor/Schnyder/Schmid/Rumo-Jungo,* § 84.
[5] Vgl. *Eitel,* FG Breitschmid, N. 37.
[6] Vgl. *Spycher,* S. 31.

unterschiedlicher Art richten können (insbesondere ist weder die Erbengemeinschaft[7] noch die Erbschaft eine juristische Person). Diesen Herausforderungen begegnet das Erbteilungsrecht hauptsächlich in den Art. 607–619 ZGB («Die Teilungsart»), sowohl mit prozeduralen als auch mit materiellrechtlichen Bestimmungen,[8] die allerdings nicht immer hinreichend klar redigiert worden sind,[9] vor allem in Bezug auf den Umfang und die Abgrenzung der «Kompetenzbereiche» von Behörde und Gericht.

Die Erben bilden zusammen, «bis die Erbschaft geteilt wird, infolge des Erbganges [d.h. zwingend][10] eine Gemeinschaft aller Rechte und Pflichten[11] der Erbschaft» (Art. 602 Abs. 1 ZGB), die «Erbengemeinschaft»[12] (Randtitel zu Art. 602 ZGB). Diese ist mithin eine «Zwangsgemeinschaft» bzw. «Schicksalsgemeinschaft»[13]. Sie ist zwar auf Auflösung angelegt und damit im Grunde eine Liquidationsgemeinschaft.[14] Es besteht aber kein gesetzlicher «Auflösungszwang», denn die Erben können die Teilung aufschieben, da der «Teilungsanspruch» (Randtitel zu Art. 604 ZGB) von jedem Miterben grundsätzlich[15] «zu beliebiger Zeit» (Art. 604 Abs. 1 ZGB) geltend gemacht werden kann und damit unverjährbar ist.[16] Die Geltendmachung des Teilungsanspruchs erfolgt mit der Erbteilungsklage.[17] Diese gehört somit zu den wichtigsten erbrechtlichen Klagen (vgl. Art. 538 Abs. 2 aZGB, Art. 18 aGestG und nunmehr Art. 28 ZPO; ferner auch Art. 86 IPRG) und weist

---

[7] Vgl. *Wolf*, S. 252 f.; BSK-*Schaufelberger/Keller Lüscher*, N. 27 zu Art. 602 ZGB; *Steinauer*, N. 1194.
[8] Vgl. *Leuba*, S. 141, 183 (insbesondere zu Art. 611 ZGB); *Tuor/Schnyder/Schmid/Rumo-Jungo*, § 82 N. 1.
[9] Vgl. *Leuba*, S. 141 (ferner auch S. 210 mit dem Befund, dass der offen formulierte Gesetzestext zwar durchaus seine Vorzüge [gehabt] habe, *de lege ferenda* aber eine Verdeutlichung der Voraussetzungen für die Zuweisung bürgerlicher Unternehmen wünschenswert wäre, ebenso wie eine Neuredaktion so, dass der Sinn des Gesetzestexts klarer hervortrete); *Elmiger*, S. 73.
[10] Vgl. *Wolf*, S. 222.
[11] Vgl. dazu *Wolf*, S. 221.
[12] Einlässlich zur Rechtsnatur der Erbengemeinschaft *Wolf*, S. 251 ff.
[13] *Druey*, S. 21.
[14] Vgl. *Leuba*, S. 149; PraxKomm-*Weibel*, N. 7 zu Art. 602 ZGB.
[15] Vgl. zu den Ausnahmen Art. 604 Abs. 2 ZGB sowie die Art. 605 f. ZGB; *Leuba*, S. 149 f.; *Weibel/Heckendorn*, N. 12.
[16] Vgl. BSK-*Schaufelberger/Keller Lüscher*, N. 2 zu Art. 604 ZGB; PraxKomm-*Weibel*, N. 5 zu Art. 604 ZGB.
[17] Weiterführend (betreffend die in der Praxis letztlich sogar oft wichtigeren «Vorfragen» wie Grösse der Erbteile, Ausgleichung und Herabsetzung) *Druey*, S. 23; *Spycher*, S. 32; *Tuor/Schnyder/Schmid/Rumo-Jungo*, § 82 N. 11.

spezifische Eigenheiten auf (bspw. handelt es sich um eine *actio duplex*)[18]. Allerdings bedarf es für den Abschluss der erbrechtlichen Auseinandersetzung, anders als etwa bei der güterrechtlichen Auseinandersetzung zufolge Auflösung einer Ehe durch Scheidung (Art. 111 ff. ZGB), nicht zwingend eines gerichtlichen Urteils (und die Erbteilung wird auch nur selten mit einem Urteil abgeschlossen)[19]. Das Gesetz stellt vielmehr die aussergerichtliche, rechtsgeschäftliche Erbteilung in den Erscheinungsformen der (ebenfalls seltenen) Realteilung und des Erbteilungsvertrags[20] in den Vordergrund (Art. 634 ZGB).[21]

Nach hergebrachter Auffassung erfolgt der Abschluss[22] der Erbteilung bzw. die Auflösung der Erbengemeinschaft in Form einer Rechtsübertragung.[23] Nach einer neueren Ansicht handelt es sich dagegen um eine Rechtsaufgabe.

1.2 Ausblick

Die folgenden Ausführungen orientieren sich an der Zeitachse, d.h. am zeitlichen Ablauf der Erbteilung im Zeitraum, den das Gesetz als Erbgang bezeichnet (vgl. den Titel der zweiten der beiden Abteilungen des Erbrechts, beinhaltend die Art. 537–640 ZGB). Dieser wird eingegrenzt vom Zeitpunkt der Eröffnung des Erbgangs (dem Zeitpunkt des Todes des Erblassers; Art. 537 Abs. 1 ZGB) und dem Zeitpunkt des Abschlusses (und des Vollzugs) der Erbteilung (vgl. Art. 634 ZGB).[24] Entsprechend ist zu beginnen mit der Ermittlung des Bestandes der Erbschaft (2.). Hernach interessiert das Schicksal der Erbschaft im Zeitraum zwischen Erbgangseröffnung und Teilungsabschluss (3.). Beim Teilungsabschluss sodann steht die Zuweisung der Erbschaftsgegenstände und, im Hinblick darauf, deren Bewertung im

---

[18] Vgl. *Brückner/Weibel*, N. 203; *Spycher*, S. 39 f. Sodann gilt die Erbteilungsklage (hauptsächlich) als Gestaltungsklage (vgl. *Brückner/Weibel*, N. 200; *Spycher*, S. 38 f.; *Weibel/Heckendorn*, N. 80; *Sogo*, S. 78; *Seeberger*, S. 52 f., 84 ff.; *Steinauer*, N. 1240). Zum Streitwert einlässlich *Baumann*.
[19] Vgl. *Tuor/Schnyder/Schmid/Rumo-Jungo*, § 85 N. 2. Weiterführend *Spycher*, S. 31 f.
[20] Vgl. zu dessen Inhalt nur BSK-*Schaufelberger/Keller Lüscher*, N. 19 ff. zu Art. 634 ZGB; PraxKomm-*Mabillard*, N. 21 ff. zu Art. 634 ZGB.
[21] Vgl. *Leuba*, S. 143, 150; *Spycher*, S. 32; *Elmiger*, S. 12 f.; *Tuor/Schnyder/Schmid/Rumo-Jungo*, § 85 N. 2, 6; BSK-*Schaufelberger/Keller Lüscher*, N. 1 f. zu Art. 634 ZGB; PraxKomm-*Mabillard*, N. 1, 4 zu Art. 634 ZGB. Weiterführend *Wolf*, S. 265 f.
[22] Vgl. dazu *Leuba*, S. 151 ff.; *Wolf*, S. 276; *Tuor/Schnyder/Schmid/Rumo-Jungo*, § 85 N. 7.
[23] Vgl. dazu und zum Folgenden einlässlich *Wolf*, S. 266 ff.; zustimmend *Spycher*, S. 38 f.
[24] Vgl. *Druey*, S. 20.

Vordergrund (4.). Und zuletzt wird kurz auch noch auf die Rechtsverhältnisse im Zeitraum nach der Erbteilung eingegangen (5.).

2. Der Bestand der Erbschaft bzw. die Ermittlung der Erbschaftsgegenstände (unter Berücksichtigung lebzeitiger Zuwendungen)

2.1 Inventare

Ausgangspunkt und Grundlage jeder Erbteilung sind die Erbschaft (der Nachlass) bzw. deren Zusammensetzung (die Erbschafts- oder Nachlassgegenstände) im Zeitpunkt der Erbgangseröffnung. Dafür sind Inventare unverzichtbar. Allerdings interessieren nicht etwa nur die Aktiven, sondern auch die Passiven des Erblassers (vgl. nur Art. 560 ZGB); sowie überdies Vermögenswerte, die dem Erblasser zwar einmal gehört haben, die er aber vor seinem Ableben (ganz oder teilweise unentgeltlich) veräussert hat (vgl. nur Art. 537 Abs. 2 ZGB).

Das in Art. 553 ZGB vorgesehene «Inventar» (Randtitel) gehört zu den Sicherungsmassregeln (vgl. die Abschnittsüberschrift zu den Art. 551–559 ZGB). Es wird deshalb auch als Sicherungsinventar bezeichnet.[25] Bundesrechtlich ist es nur unter bestimmten Voraussetzungen zu errichten (Art. 553 Abs. 1 ZGB). Nach herrschender Auffassung sind einzig die Aktiven zu inventarisieren.[26] Die Einzelheiten der Inventaraufnahme sind allerdings kantonalrechtlich geregelt (Art. 553 Abs. 2 ZGB). Die Kantone können daher auch die Aufnahme von Passiven und sogar die Aufnahme von lebzeitigen Zuwendungen vorsehen.[27] Zudem kann die Aufnahme eines Sicherungsinventars «durch die kantonale Gesetzgebung für weitere Fälle vorgeschrieben werden» (Art. 553 Abs. 3 ZGB).

Ausser an diejenigen Inventare, deren gesetzliche Grundlage sich in öffentlich-rechtlichen (steuerrechtlichen) Erlassen findet, und an diejenigen, wel-

---

[25] Vgl. BSK-*Karrer/Vogt/Leu*, N. 6 zu Art. 553 ZGB; PraxKomm-*Emmel*, N. 1 zu Art. 553 ZGB.
[26] Vgl. BSK-*Karrer/Vogt/Leu*, N. 3 zu Art. 553 ZGB; PraxKomm-*Emmel*, N. 2 zu Art. 553 ZGB.
[27] Vgl. PraxKomm-*Emmel*, N. 4 zu Art. 553 ZGB.

che die Inhaber erbrechtlicher Ämter (insbesondere der Willensvollstrecker)[28] zu errichten haben, ist noch an das öffentliche Inventar zu denken (Art. 580–592 ZGB). Dieses beinhaltet schon von Bundesrechts wegen nicht nur die Aktiven, sondern auch die Passiven des Nachlasses (Art. 581–584 ZGB). Im Übrigen wird das öffentliche Inventar ebenfalls nach den Vorschriften des kantonalen Rechts errichtet (Art. 581 Abs. 1 ZGB). Somit ist auch beim öffentlichen Inventar die Aufnahme (bzw. Anmerkung) lebzeitiger Zuwendungen des Erblassers nicht ausgeschlossen.[29]

2.2 Die erbrechtlichen Informationsansprüche

Im Erbteilungsrecht selber stehen die Informationsansprüche der (Mit-)Erben gemäss den Art. 607 Abs. 3 und 610 Abs. 2 ZGB im Vordergrund.[30] Dabei ist, wie sich insbesondere auch aus den Materialien ergibt,[31] nicht zuletzt (bzw. wohl sogar in erster Linie) der Anspruch auf Information über lebzeitige Zuwendungen des Erblassers wichtig. Die Miterben haben einen Anspruch auf spontane Information[32] (mithin kennt das Erbteilungsrecht das Prinzip des automatischen Informationsaustauschs schon lange). Er kann auch prozessual geltend gemacht werden, entweder mittels einer selbständigen Klage oder als erster Teil einer Stufenklage (Art. 85 Abs. 2 ZPO).[33]

Nach dem Wortlaut der Art. 607 Abs. 3 und 610 Abs. 2 ZGB bestehen die Informationsansprüche der Erben einzig unter den Erben. *Per analogiam*

---

[28] Vgl. *Künzle*, S. 200 ff.; PraxKomm-*Christ/Eichner*, N. 31, 43 ff. zu Art. 518 ZGB.
[29] Vgl. PraxKomm-*Engler*, N. 13 zu Art. 581 ZGB.
[30] Vgl. zum Verhältnis der beiden Bestimmungen BSK-*Schaufelberger/Keller Lüscher*, N. 11 zu Art. 607 ZGB; PraxKomm-*Weibel*, N. 15 der Vorbem. zu Art. 607 ff. ZGB. Sie werden auch verstanden als Konkretisierung des Gleichbehandlungsprinzips (vgl. *Leuba*, S. 145; *Elmiger*, S. 7 [mit Hinweis auf *Schröder*]; BSK-*Schaufelberger/Keller Lüscher*, N. 3 Vor Art. 607–619 ZGB), als Grundlage für eine faire und gerechte Nachlassabwicklung (BSK-*Schaufelberger/Keller Lüscher*, N. 6 Vor Art. 602–640 ZGB; *Elmiger*, S. 7 [mit Hinweis auf *Schröder*]) oder als Voraussetzung für eine einvernehmliche Erbteilung (vgl. *Tuor/Schnyder/Schmid/Rumo-Jungo*, § 82 N. 2 [vgl. für die Willensmängelanfechtung bei Erbteilungsverträgen nur die Verweisung auf das OR in Art. 638 ZGB und dazu 5A_348/2007]).
[31] Vgl. den ausgleichungsrechtlichen Art. 633 des Vorentwurfs von 1900: *Reber/Hurni*, S. 1074 f.
[32] Vgl. BSK-*Schaufelberger/Keller Lüscher*, N. 11 zu Art. 607 ZGB; PraxKomm-*Weibel*, N. 17 der Vorbem. zu Art. 607 ff. ZGB.
[33] Vgl. *Brückner/Weibel*, N. 28 ff., 39.

bestehen sie aber auch gegenüber Dritten, sofern zumindest plausibel gemacht werden kann, dass diese Dritten vom Erblasser lebzeitige Zuwendungen erhalten haben.[34] Wird ein öffentliches Inventar errichtet, sind Dritte und Erben zudem gemäss Art. 581 Abs. 2 und 3 ZGB zur Auskunftserteilung verpflichtet. Und insbesondere sind Dritte den Erben auch dann auskunftspflichtig, wenn sie als Beauftragte für den Erblasser tätig waren, denn dessen Anspruch auf «Rechenschaftsablegung» (Randtitel zu Art. 400 OR) geht kraft Art. 560 ZGB auf die Erben über, wobei erst noch jeder Erbe diesen Anspruch allein geltend machen kann.[35]

Die vorstehend resümierte Rechtslage ist das Ergebnis einer bemerkenswerten Entwicklung in Judikatur und Literatur, geprägt insbesondere von der «informationsfreundlichen» («erbenfreundlichen») Praxis des Bundesgerichts,[36] auch und gerade bei internationalen Sachverhalten. Zur Verdeutlichung dieses Befundes seien zwei Entscheide herausgegriffen. In BGE 133 III 664 wurde eine Bank verpflichtet, den Erben nicht nur die noch vorhandenen Unterlagen zu vom Erblasser seinerzeit aufgelösten Konten auszuhändigen, sondern auch Auskunft zu erteilen über allfällige Bareinzahlungen und Überweisungen des Erblassers (nachdem die Kläger die Vermutung geäussert hatten, dass der Erblasser mit verschiedenen Transaktionen Geld bei zwei liechtensteinischen Stiftungen parkiert habe).[37] In 5C.291/2006 bejahte das Bundesgericht (gestützt auf Art. 88 Abs. 1 IPRG) Informationsansprüche einer von zwei Töchtern betreffend die Nachlässe eines Ehepaars mit ausschliesslich brasilianischer Staatsangehörigkeit und letztem Wohnsitz in Brasilien, dessen beide Töchter ebenfalls ausschliesslich brasilianischer Staatsangehörigkeit waren und ihren Wohnsitz in Brasilien hatten, wobei es auch nicht darauf ankam, ob sich im Zeitpunkt des Todes der Erblasser oder gar der Klageanhebung überhaupt noch Vermögenswerte in der Schweiz befunden hatten oder nicht.[38]

---

[34] Vgl. *Brückner/Weibel*, N. 31.
[35] Vgl. *Schröder*, N. 9 ff.; BSK-*Schaufelberger/Keller Lüscher*, N. 20 zu Art. 602 ZGB.
[36] Vgl. *Schröder*, N. 1; BSK-*Schaufelberger/Keller Lüscher*, N. 18 zu Art. 610 ZGB; *Eitel*, successio 2011 S. 177.
[37] Vgl. E. 2.4 ff.
[38] Vgl. Sachverhalt, B. und E. 4.2. Davon zu unterscheiden war und ist allerdings die Frage nach der Zuständigkeit der schweizerischen Behörden und Gerichte auch für die weitergehenden Rechtsbegehren auf Einforderung von Erbschaftsanteilen und Feststellung der Existenz erbrechtlicher Titel; vgl. die Entscheide in den Verfahren 5A_136/2012 (zwischen den beiden Töchtern) und 5A_137/2012 (zwischen einer Bank und einer Tochter), insbesondere 5A_136/2012 E. 3.

Allerdings sind den Informationsansprüchen der Erben nach einem Teil der Lehre[39] und in der Praxis des Bundesgerichts weiterhin Schranken gesetzt. So wurde in BGE 135 III 597 befunden, dass grundsätzlich zwar sowohl die Rechenschaftsablagepflicht gemäss Art. 400 Abs. 1 OR als auch die Treue- und Schweigepflicht gemäss Art. 398 Abs. 2 OR nach dem Ableben des Erblassers gegenüber dessen Erben fortbestünden; indessen gehe das Berufsgeheimnis des Anwalts (für dessen berufsspezifische Tätigkeiten), an das er sich kraft der Art. 321 StGB und 13 BGFA zu halten habe, nicht nur gegenüber jeglichen Dritten, sondern auch gegenüber den Erben des Klienten vor.[40] In der Literatur ist dieser Entscheid keineswegs auf vorbehaltlose Zustimmung gestossen.[41] Hält das Bundesgericht an seiner Praxis fest, ist allerdings anzunehmen, dass es bspw. mit Blick auf das Berufsgeheimnis von Medizinalpersonen ebenso entscheiden wird.[42] In der Lehre durchaus umstritten und vom Bundesgericht noch nicht abschliessend geklärt ist sodann die Frage, ob den Erben (bereits *de lege lata*) ein erbrechtlicher Informationsanspruch auch gegenüber solchen Dritten zustehe, mit denen der Erblasser weder in einer vertraglichen noch erbrechtlichen Beziehung stand, d.h. insbesondere ein Informationsanspruch gegenüber Banken usw. in Bezug auf «nur» wirtschaftliche («indirekte») Berechtigungen an bestimmten Vermögenswerten.[43]

2.3 Kurzstellungnahme

Meines Erachtens wäre *de lege ferenda* ernsthaft zu prüfen, ob nicht schon im Erbrecht des ZGB eine voraussetzungslose Aufnahme eines Inventars vorzusehen wäre, welches neben den Nachlassaktiven auch die Nachlasspassiven und die (ganz oder teilweise unentgeltlichen) lebzeitigen Zuwendungen des Erblassers beinhalten würde. Immerhin würde damit die Durchführung der Erbteilungen erleichtert, und zwar auf der Grundlage eines «schweizweit verdichteten Minimalstandards».

Ferner und vor allem wäre m.E. auch in Hinsicht auf die Berücksichtigung von Berufsgeheimnissen und wirtschaftlichen Berechtigungen eine «informationsfreundliche» (bzw. eine noch «informationsfreundli-

---

[39] Vgl. *Schröder*, N. 22 ff.; *Weibel/Heckendorn*, N. 58.
[40] Vgl. E. 3.3.
[41] Vgl. nur *Dorjee-Good* und *Druey*, successio 2011.
[42] Vgl. *Genna*, S. 206.
[43] Vgl. *Genna*, S. 206 (mit den Nachweisen); ferner zuletzt etwa *Hamm/Brusa*.

chere») Rechtsprechung zu begrüssen, soweit es dabei nur (aber eben immerhin) um Informationen vermögensrechtlicher Natur geht, d.h. um Hilfsansprüche[44] zur Geltendmachung vermögenswerter erbrechtlicher Ansprüche im Wege der «klassischen» erbrechtlichen Klagen. Denn so würde die Abklärung des Bestandes (oder eben des Nichtbestandes) legitimer Ansprüche gefördert, ohne dass deswegen die (im Übrigen durchaus schützenswerte) «Intimsphäre» des Erblassers (sowie Dritter) tangiert zu werden bräuchte.

3. Die Erbschaft im Zeitraum zwischen Erbgangseröffnung und Teilungsabschluss

3.1 Die Erbengemeinschaft und das Einstimmigkeitsprinzip

Ab dem Zeitpunkt der Erbgangseröffnung sind die Erben automatisch (vgl. Art. 560 ZGB) «Gesamteigentümer der Erbschaftsgegenstände und verfügen unter Vorbehalt der vertraglichen oder gesetzlichen Vertretungs- und Verwaltungsbefugnisse über die Rechte der Erbschaft gemeinsam» (Art. 602 Abs. 2 ZGB). Das dieser Regelung zugrunde liegende Einstimmigkeitsprinzip charakterisiert die Erbengemeinschaft.[45] Es schützt (in Verbindung mit dem Prinzip des Vonselbsterwerbs)[46] die Erben voreinander, kann sie aber auch zu Tyrannen machen[47]. Dies umso mehr, als es kein gesetzliches Ausschlussrecht gibt[48] und der in Art. 602 Abs. 2 ZGB enthaltene «Verfügungsbegriff» weit ausgelegt wird, indem das Erfordernis gemeinschaftlichen Handelns nicht etwa nur für (rechtsgeschäftliche) Verfügungen (und für die Prozessführung) gilt, sondern auch für Verwaltungshandlungen, mithin sowohl für rechtsgeschäftliches wie für faktisches Handeln.[49]

---

[44] Vgl. *Brückner/Weibel*, N. 39.
[45] Vgl. *Druey*, S. 21; *Wolf*, S. 259; *Weibel/Heckendorn*, N. 1 f.; BSK-*Schaufelberger/Keller Lüscher*, N. 11 zu Art. 602 ZGB; PraxKomm-*Weibel*, N. 21 zu Art. 602 ZGB.
[46] Vgl. *Wolf*, S. 235 (sowie S. 251 f., 260).
[47] Vgl. PraxKomm-*Weibel*, N. 23 zu Art. 602 ZGB.
[48] Vgl. *Strittmatter*, S. 182 ff.
[49] Vgl. *Wolf*, S. 259 f.; BSK-*Schaufelberger/Keller Lüscher*, N. 14 zu Art. 602 ZGB; PraxKomm-*Weibel*, N. 21, 24 ff. zu Art. 602 ZGB.

Die Tragweite des Einstimmigkeitsprinzips tritt besonders deutlich im «internen» Verhältnis unter den Erben zutage.[50] Die neuere Praxis des Bundesgerichts enthält dafür beredte Zeugnisse. So wurde in BGE 125 III 219 die Gültigkeit der Ausübung eines Gestaltungsrechts gegenüber einem Miterben durch die übrigen, also ohne dessen Mitwirkung, verneint (die überlebende Ehegattin und zehn Kinder hatten den vom Erblasser mit dem elften Kind abgeschlossenen Pachtvertrag gekündigt).[51] Entsprechend ist dem Entscheid in den Verfahren 5A_572/2010 und 5A_573/2010 zu entnehmen, dass auch ein Erbe, der eine zum Nachlass gehörende Wohnung mietet (durch Abschluss eines Mietvertrags mit der Erbengemeinschaft), gleichzeitig Mieter als Einzelperson und Vermieter als Mitglied der Erbengemeinschaft ist, weshalb eine anschliessend von den anderen Erben angestrebte Mietzinserhöhung grundsätzlich nurmehr möglich ist, wenn ihr auch der davon betroffene Erbe als Mieter und Mitglied der Erbengemeinschaft zustimmt.[52]

Immerhin genügt es bei Prozessen unter den Erben, dass sie alle entweder auf der Kläger- oder auf der Beklagtenseite in das Verfahren einbezogen sind.[53] Dies ergibt sich insbesondere schon aus BGE 54 II 243 betreffend die Geltendmachung einer Forderung des Erblassers gegen den einen Erben durch die beiden anderen.[54] Ohnehin zeigt sich das Wesen der Erbengemeinschaft gerade auch im Erbteilungsprozess.[55] Zunächst einmal gilt, dass grundsätzlich sämtliche Erben entweder auf der Klägerseite oder auf der Beklagtenseite am Prozess teilzunehmen haben[56] (anders verhält es sich nur, wenn einzelne Erben zuhanden des Gerichts erklärt haben, sie würden das Urteil, wie auch immer es ausfallen werde, anerkennen, oder sie seien mit den klägerischen Rechtsbegehren einverstanden)[57]. Ist diese Voraussetzung nicht erfüllt, muss die Erbteilungsklage abgewiesen werden. Immerhin liegt dann noch keine *res iudicata* vor. Ist aber erst einmal ein Urteil

---

[50] Wobei insbesondere auch die Geltendmachung von Ansprüchen gegen Dritte erschwert sein kann; vgl. zuletzt 5A_881/2012 (u.a. betreffend Rückforderung eines Willensvollstreckerhonorars).
[51] Vgl. *Wolf*, S. 262, Fn. 310; ferner die kritische Würdigung bei *Studer*.
[52] Vgl. E. 5.3.
[53] Vgl. *Wolf*, S. 262; BSK-*Schaufelberger/Keller Lüscher*, N. 19, 29 zu Art. 602 ZGB; PraxKomm-*Weibel*, N. 44 zu Art. 602 ZGB.
[54] Vgl. *Eitel*, successio 2013, N. 54.
[55] Vgl. PraxKomm-*Weibel*, N. 44 zu Art. 602 ZGB.
[56] Vgl. BSK-*Schaufelberger/Keller Lüscher*, N. 29 zu Art. 602 ZGB; PraxKomm-*Weibel*, N. 11 zu Art. 604 ZGB. Einlässlich sodann *Spycher*, S. 34 ff.
[57] Vgl. BSK-*Schaufelberger/Keller Lüscher*, N. 17 zu Art. 604 ZGB; PraxKomm-*Weibel*, N. 13 zu Art. 604 ZGB.

ergangen, so ist zu berücksichtigen, dass auch in allfälligen Rechtsmittelverfahren wiederum grundsätzlich sämtliche Erben entweder auf der Kläger- oder auf der Beklagtenseite aufzutreten haben bzw. aufzuführen sind, und zwar nötigenfalls auch in anderer Zusammensetzung als im erstinstanzlichen Verfahren.[58] Andernfalls wird, wie das Bundesgericht unlängst sogar wiederholt entscheiden musste, das Rechtsmittel abgewiesen, sodass das angefochtene Urteil in Rechtskraft erwächst.

3.2 Ausblick

Da das für die Rechtsbeziehungen unter den Erben charakteristische Einstimmigkeitsprinzip unerwünschte Auswirkungen zeitigen kann, soll im Folgenden (3.3–3.5) aufgezeigt werden, inwieweit allenfalls Abhilfe geschaffen werden kann,[59] insbesondere um (potenzielle) Störefriede, Querulanten (u.dgl.) unter den Miterben entweder ganz auszuschalten oder sie zumindest zurückzubinden. Überdies ist bei alledem stets zu bedenken, dass der Zeitraum zwischen Erbgangseröffnung und Teilungsabschluss ausgesprochen lang sein kann. Daher interessiert auch, wie mit (allfälligen) Erträgen und Veränderungen des Wertes und der Substanz der Erbschaftsgegenstände umzugehen ist (3.6–3.7).

3.3 Die Abschichtung einzelner Erben

3.3.1 Vorbemerkungen

Die Literatur zum alten deutschen Recht spricht von «Abschichtung» im Zusammenhang mit der vermögensrechtlichen Auseinandersetzung zwischen Gewalthaber und Hauskind (bzw. mit dessen vermögensrechtlicher

---

[58] Vgl. dazu und zum Folgenden BGE 130 III 550, 5A_372/2011 und 5A_809/2011; *Weibel/Heckendorn,* N. 22 f. (sowie weiterführend [zur Vertretung mehrerer Erben durch denselben Anwalt] N. 25 ff.); BSK-*Schaufelberger/Keller Lüscher,* N. 17 zu Art. 604 ZGB.

[59] Vgl. sodann auch *Wolf,* S. 260 ff.: Ausnahmen vom Grundsatz des gemeinsamen Handelns, unterteilt in unechte (gesetzliche Verwaltungs- und Verfügungsbefugnisse und vertragliche Verwaltungsbefugnisse) und echte (darunter auch nicht den Nachlass betreffende Handlungen: Auskunftsrechte und Sicherungsrechte); ferner die Frage nach der Pflicht eines Erben zur Zustimmung aus Art. 2 ZGB und weitere Korrektive (Art. 604 Abs. 1 und Art. 635 Abs. 1 ZGB).

Verselbständigung) als Vorstufe der späteren Kollation.[60] Demgegenüber werden im Folgenden unter «Abschichtung» verschiedenste rechtsgeschäftliche Gestaltungsmöglichkeiten verstanden, welche dazu führen, dass ein (potenzieller) Erbe entweder gar nicht Erbe (und demzufolge Mitglied der Erbengemeinschaft) wird oder es nicht (bis zum Abschluss der Erbteilung) bleibt.

3.3.2 Abschichtung vor der Erbgangseröffnung

Im Zeitraum vor der Erbgangseröffnung ist es in erster Linie der Erblasser, der eine Abschichtung herbeiführen kann. Dabei interessiert vor allem die Abschichtung von pflichtteilsberechtigten Erben.

Im Vordergrund steht der Abschluss eines Erbverzichtsvertrags zwischen dem Erblasser und einem oder mehreren potenziellen Pflichtteilserben (oder mit potenziellen Erben, die der Erblasser bereits erbvertraglich bedacht hat). In der Regel wird der verzichtende Erbe dafür eine Gegenleistung fordern (im Ergebnis entsprechend der alten deutschrechtlichen Abschichtung). Der Gesetzgeber hatte denn auch bei der Regelung des Erbverzichts wiederholt eine Gegenleistung in Form einer lebzeitigen Zuwendung des Erblassers im Auge. So ist in den Art. 495 Abs. 1, 497, 527 Ziff. 2 und 535 f. ZGB (sinngemäss) die Rede von «Erbauskauf», «Gegenleistung aus dem Vermögen des Erblassers», «Erbabfindungen und Auskaufsbeträgen» oder «lebzeitigen Leistungen des Erblassers».[61] Dabei ist der Erblasser gut beraten, wenn er dafür sorgt, dass der Verzichtende den Vertrag *«en connaissance des causes»* abschliesst, also mit hinreichender Kenntnis der Vermögensverhältnisse des Erblassers (es sei denn, der Verzichtende legt darauf gar keinen Wert), da andernfalls das Damoklesschwert der Willensmängelanfechtung über dem Erbverzichtsvertrag hängt.[62] Im Übrigen kann sich die Höhe der lebzeitigen Gegenleistung zwar als «übermässig» erweisen, da

---

[60] Vgl. *Eitel,* Berücksichtigung lebzeitiger Zuwendungen, § 3 Nr. 12 (mit den Nachweisen), § 5 Nr. 40.

[61] In einem weiteren Sinne kann eine «Gegenleistung» aber auch darin erblickt werden, dass der (potenzielle) Erbe in einem späteren Erbgang (möglicherweise) «umso mehr» erhält, wenn und weil er in einem früheren Erbgang verzichtet (Paradebeispiel: Erbvertrag zwischen den Ehegatten und ihren gemeinsamen Kindern, mit Alleinerbeneinsetzung des zweitversterbenden Ehegatten durch den vorversterbenden Ehegatten und Alleinerbeneinsetzung [Schlusserbeneinsetzung] der gemeinsamen Kinder durch den zweitversterbenden Ehegatten).

[62] Vgl. dazu nun *Breitschmid/Matt,* S. 313 ff.

sie in die Pflichtteilsberechnungsmasse zu integrieren ist und ihretwegen die Pflichtteile der anderen pflichtteilsberechtigten Erben verletzt sein können; je nachdem kann der Abschluss eines Erbverzichtsvertrags aber auch zu einer Erweiterung der Verfügungsfreiheit des Erblassers führen, da der Verzichtende (und sein Pflichtteil) bei der Ermittlung der Pflichtteilsansprüche der anderen pflichtteilsberechtigten Erben «mitgezählt» wird (vgl. die Art. 475/527 Ziff. 2 und 535 f. ZGB).[63]

Durchaus möglich[64] ist aber auch die Abschichtung eines Erben im Rahmen einer einseitigen Verfügung des Erblassers. Insbesondere ist dieser frei, einem gesetzlichen Erben die Erbenstellung zu entziehen, und zwar nach der nunmehr feststehenden Praxis des Bundesgerichts[65] auch dann, wenn es sich bei diesem Erben um einen pflichtteilsberechtigten Erben handelt. Dies bedeutet keineswegs, dass der betreffende «Nichterbe» leer ausgehen muss. Vielmehr kann der Erblasser ihm bspw. ein Vermächtnis zuwenden; und handelt es sich beim derart abgeschichteten Erben um einen pflichtteilsberechtigten Erben, so «genügt» es, wenn er seinen Pflichtteil «dem Werte nach» (Art. 522 Abs. 1 ZGB) in Form eines Vermächtnisses (oder eines Vorempfangs) erhält.[66]

Ebenfalls noch vor dem Ableben des Erblassers kommt der Abschluss eines Vertrags über eine noch nicht angefallene Erbschaft nach Art. 636 ZGB infrage (vgl. den Randtitel: «Verträge vor dem Erbgang»). Vertragspartner sind jedoch einzig die Erben (und allenfalls Dritte). Die Rolle des Erblassers beschränkt sich demgegenüber auf eine «Mitwirkung und Zustimmung» (Art. 636 Abs. 1 ZGB). Diese macht den Vertrag überhaupt erst «verbindlich», indem sie dessen Sittenwidrigkeit beseitigt.[67] Allerdings ist der Erblasser, anders als beim Abschluss eines Erbvertrags betreffend seinen dereinstigen Nachlass, trotzdem nicht an den Vertrag nach Art. 636 ZGB gebunden. Aus der Sicht der (nicht abzuschichtenden) Erben ist somit der Abschluss eines solchen Vertrags weniger «verlässlich» als der Abschluss

---

[63] Vgl. nur BGE 50 II 450, 458; *Eitel,* Berücksichtigung lebzeitiger Zuwendungen, § 29 Nr. 5 (m.w.N.).
[64] Einmal abgesehen von der Enterbung als einseitiger Entziehung des Pflichtteils (Art. 477 ZGB), deren Durchsetzbarkeit in der Regel scheitert; vgl. dazu die Kasuistik bei BSK-*Bessenich,* N. 14 zu Art. 477 ZGB und bei PraxKomm-*Fankhauser,* N. 19 f. zu Art. 477 ZGB.
[65] Vgl. BGE 138 III 354 und 139 V 1.
[66] Vgl. BSK-*Forni/Piatti,* N. 1 zu Art. 522 ZGB; PraxKomm-*Hrubesch-Millauer,* N. 4 zu Art. 522 ZGB. Zum Sonderfall des Nutzniessungsvermächtnisses BGE 70 II 142 bzw. zuletzt *Rumo-Jungo,* S. 11.
[67] Vgl. dazu und zum Folgenden BGE 128 III 163.

eines Erbverzichtsvertrags (sofern bei diesem nicht nur der Verzichtende, sondern auch sie selber Vertragspartei sind).

3.3.3 Abschichtung nach der Erbgangseröffnung

Ist der Erbgang eröffnet, bietet sich für die Abschichtung eines Erben in erster Linie der Abschluss eines «Vertrag[s] über angefallene Erbanteile» (Randtitel zu Art. 635 ZGB) an. Im Vordergrund steht der Abtretungsvertrag nach Abs. 1 von Art. 635 ZGB, d.h. die Abtretung des Erbanteils eines Erben an einen oder mehrere Miterben, da der übertragende Erbe in der Folge aus der Erbengemeinschaft ausscheidet.[68]

Der Abtretungsvertrag nach Abs. 2 von Art. 635 ZGB dagegen, d.h. die Abtretung des Erbanteils eines Miterben an einen Dritten (Nichterben), gibt «diesem kein Recht auf Mitwirkung bei der Teilung, sondern nur einen Anspruch auf den Anteil, der dem Erben aus der Teilung zugewiesen wird». Zwar kann der Erwerber an der Erbteilung teilnehmen, wenn er sich vom veräussernden Erben als Vertreter ermächtigen lässt.[69] So oder so besteht allerdings bei dieser Vertragsvariante die Gefahr, dass eine allfällige «Pattsituation» in der Erbteilung nicht nur nicht deblockiert, sondern sogar noch verstärkt wird (siehe aber auch Art. 609 Abs. 1 ZGB und dazu hinten 3.5).

Die Miterben sind somit gut beraten, den «austrittswilligen» Erben wenn möglich selber «auszukaufen». Dieser wiederum hat (nur, aber immerhin) mit dem «Restrisiko» zu leben, auch nach Abschluss und Vollzug des Abtretungsvertrags (in beiden Varianten) noch von Erblassergläubigern belangt zu werden[70] (mehr dazu hinten 5.3).

Die Abschichtung eines Miterben nach der Erbgangseröffnung gemäss Art. 635 Abs. 1 ZGB kann auch als subjektive partielle Erbteilung bezeichnet werden.[71] Soweit die (allfällige) Gegenleistung an den aus der Erbengemeinschaft austretenden Erben sich aus Nachlassgegenständen zusammen-

---

[68] Vgl. BSK-*Schaufelberger/Keller Lüscher*, N. 12 zu Art. 635 ZGB; PraxKomm-*Mabillard*, N. 15 ff. zu Art. 635 ZGB.
[69] Vgl. BSK-*Schaufelberger/Keller Lüscher*, N. 17 zu Art. 635 ZGB; PraxKomm-*Mabillard*, N. 32 zu Art. 635 ZGB; *Tuor/Schnyder/Schmid/Rumo-Jungo*, § 85 N. 13. Weiterführend *Steinauer*, N. 1202a f. Zur Abtretung nach Art. 635 Abs. 2 ZGB aus sozialhilferechtlichen Gründen sodann *Widmer*, S. 135 f.
[70] Vgl. BSK-*Schaufelberger/Keller Lüscher*, N. 13, 16 zu Art. 635 ZGB; PraxKomm-*Mabillard*, N. 18, 33 zu Art. 635 ZGB.
[71] Vgl. BSK-*Schaufelberger/Keller Lüscher*, N. 8, 12 zu Art. 635 ZGB; PraxKomm-*Mabillard*, N. 16 zu Art. 635 ZGB.

setzt, liegt gleichzeitig eine objektiv partielle Erbteilung vor (eine solche ist selbstverständlich auch insoweit möglich, als nur einzelne Nachlassgegenstände «geteilt» werden, ohne dass gleichzeitig einzelne Miterben aus der Erbengemeinschaft ausscheiden)[72].

3.4 Die erbrechtlichen Ämter[73]

Art. 602 Abs. 2 ZGB verweist u.a. auf gesetzliche Vertretungs- und Verwaltungsbefugnisse Dritter, hinter denen die Vertretungs- und Verwaltungsbefugnisse der Miterben zurückzustehen haben.[74] Angesprochen sind damit die Inhaber erbrechtlicher Ämter,[75] nämlich zunächst der gleich anschliessend (in Abs. 3 von Art. 602 ZGB) genannte Erbenvertreter, ferner der Willensvollstrecker (Art. 517 f. ZGB) und der Erbschaftsverwalter (Art. 554 f. ZGB; vgl. ausserdem den Erbschaftsverwalter als Erbschaftsliquidator bei der amtlichen Liquidation; Art. 593–597 ZGB). Diese Ämter sind privatrechtlicher Natur, ihre Inhaber üben keine öffentlich-rechtlichen Befugnisse aus und ihre Rechenschaftspflicht und Haftung richten sich nach Auftragsrecht; sie stehen aber unter behördlicher Aufsicht.[76]

Der Willensvollstrecker wird vom Erblasser beauftragt (Art. 517 Abs. 1 ZGB). Der Erblasser muss auch einen allfälligen Ersatzwillensvollstrecker bestimmen; er kann den Willensvollstrecker nicht ermächtigen, selber einen Nachfolger zu bezeichnen.[77] Der Erbenvertreter und der Erbschaftsverwalter werden hingegen von der zuständigen Behörde ernannt. Mitunter werden die Erben von der Behörde angehört, bevor sie den Amtsträger

---

[72] Vgl. BSK-*Schaufelberger/Keller Lüscher*, N. 34 zu Art. 602 ZGB (mit dem Anwendungsbeispiel der Akontozahlung); PraxKomm-*Mabillard*, N. 5 zu Art. 634 ZGB. Weiterführend *Druey*, S. 24, 47 f.
[73] Vgl. zu diesen einlässlich *Künzle*, *Picenoni* und *Schuler-Buche*.
[74] Vgl. dazu und zum Folgenden BSK-*Schaufelberger/Keller Lüscher*, N. 22 f. zu Art. 602 ZGB; PraxKomm-*Weibel*, N. 36 zu Art. 602 ZGB.
[75] Vgl. *Druey*, S. 20.
[76] Vgl. BSK-*Karrer/Vogt/Leu*, N. 2, 97 ff., 109 zu Art. 518 ZGB; PraxKomm-*Christ/Eichner*, N. 5 zu Art. 517 ZGB und N. 93 ff., 102 ff. zu Art. 518 ZGB; BSK-*Karrer/Vogt/Leu*, N. 61 ff., 67 zu Art. 554 ZGB, N. 38 zu Art. 595 ZGB; PraxKomm-*Emmel*, N. 3, 22, 37, 41 ff. zu Art. 554 ZGB; BSK-*Schaufelberger/Keller Lüscher*, N. 48, 49 ff. zu Art. 602 ZGB; PraxKomm-*Weibel*, N. 75, 76 ff. zu Art. 602 ZGB; ferner insbesondere zu den Rechtsbehelfen gegen den Willensvollstrecker *Brückner/Weibel*, N. 303 ff.
[77] Vgl. BSK-*Karrer/Vogt/Leu*, N. 6 zu Art. 517 ZGB; PraxKomm-*Christ/Eichner*, N. 16 zu Art. 518 ZGB. Einlässlich *Abrecht*.

bestimmt.[78] Zudem ist die Erbschaftsverwaltung dem Willensvollstrecker zu übertragen, wenn der Erblasser einen solchen bezeichnet hat (Art. 554 Abs. 2 ZGB).[79]

Die Pflichtenhefte der Inhaber der erbrechtlichen Ämter gleichen sich.[80] Die Amtsinhaber (namentlich der Willensvollstrecker) verfügen über einen relativ erheblichen Ermessensspielraum.[81] Als dessen «Kehrseite» erscheint die Sorgfaltspflicht bzw. die «Haftung für getreue Ausführung» (Randtitel) gemäss den Art. 398–401 OR *(per analogiam)*.[82] Indessen ist nach herrschender Auffassung nicht einmal (anders als der Gesetzeswortlaut dies nahezulegen scheint; Art. 518 Abs. 2 ZGB) der Willensvollstrecker befugt, die Erbteilung (unter Missachtung des Einstimmigkeitsprinzips) vorzunehmen.[83] Daher ist er insbesondere auch nicht (aktiv-)legitimiert zur Anhebung der Erbteilungsklage (was m.E. zumindest *de lege ferenda* zu überdenken ist).[84]

Im Grunde das anspruchsvollste erbrechtliche Amt ist dasjenige des Erbenvertreters. Denn ein Erbenvertreter wird nur ernannt, wenn weder ein Willensvollstrecker noch ein Erbschaftsverwalter amtet[85] und unter den Erben Uneinigkeit besteht.[86] Vor diesem Hintergrund werden seine Entscheidungen mehr oder weniger zwangsläufig nicht auf die ungeteilte Zustimmung sämtlicher Erben stossen.

Gelegentlich geht die Uneinigkeit unter den Erben sogar so weit, dass zwar ein gültiger Erbteilungsvertrag oder ein rechtskräftiges Teilungsurteil vorliegt, die «Umsetzung» aber am anhaltenden Widerstand einzelner Erben

---

[78] Vgl. PraxKomm-*Weibel*, N. 69 zu Art. 602 ZGB.
[79] Allerdings muss auch der Willensvollstrecker die persönlichen Anforderungen erfüllen; vgl. BSK-*Karrer/Vogt/Leu*, N. 25 zu Art. 554 ZGB; PraxKomm-*Emmel*, N. 12 zu Art. 554 ZGB.
[80] Vgl. *Brückner/Weibel*, N. 283.
[81] Vgl. BSK-*Karrer/Vogt/Leu*, N. 14 zu Art. 518 ZGB.
[82] Vgl. BSK-*Karrer/Vogt/Leu*, N. 109 ff. zu Art. 518 ZGB; PraxKomm-*Christ/Eichner*, N. 29, 102 ff. zu Art. 518 ZGB (ferner einlässlich *Iten*); BSK-*Karrer/Vogt/Leu*, N. 67 zu Art. 554, N. 38, 41 ff. zu Art. 595 ZGB; PraxKomm-*Emmel*, N. 37 zu Art. 554 ZGB; BSK-*Schaufelberger/Keller Lüscher*, N. 48 zu Art. 602 ZGB; PraxKomm-*Weibel*, N. 75 zu Art. 602 ZGB.
[83] Vgl. BSK-*Karrer/Vogt/Leu*, N. 52 zu Art. 518 ZGB; PraxKomm-*Christ/Eichner*, N. 72 zu Art. 518 ZGB.
[84] Vgl. *Spycher*, S. 37; *Brückner/Weibel*, N. 208, 307. A.M. namentlich *Sutter-Somm/Chevalier*, S. 30 ff.; BSK-*Karrer/Vogt/Leu*, N. 66, 84 zu Art. 518 ZGB.
[85] BSK-*Schaufelberger/Keller Lüscher*, N. 45 zu Art. 602 ZGB.
[86] Vgl. *Spycher*, S. 31.

scheitert. Diesfalls ist eine Klage auf Vollzug des Erbteilungsvertrags anzuheben[87] oder es sind Vollstreckungsmassnahmen gestützt auf die Art. 335 ZPO ff. zu beantragen (zudem haben die Miterben für ihre Forderung aus Teilung an den Grundstücken einen Anspruch auf Errichtung eines gesetzlichen Grundpfandes [Art. 837 Abs. 1 Ziff. 2 ZGB][88]). Entsprechend kann ein Erbenvertreter auch nur und erst im Hinblick auf den Vollzug eines Teilungsurteils eingesetzt werden.[89]

3.5 Verschiedenes

Einzelne Erben (und sogar Dritte) können immerhin stets dann auch selbständig für die Erbengemeinschaft handeln, wenn und solange Dringlichkeit gegeben und Gefahr im Verzug ist.[90] Durchaus möglich ist ferner die Bestellung eines Vertreters der Erben(gemeinschaft) durch alle Erben. Dieser ist als «gewöhnlicher» Beauftragter im Sinne der Art. 394–406 OR tätig.[91] Indessen kann das ihm erteilte Mandat (bzw. eine erteilte Vollmacht) möglicherweise jederzeit von jedem Erben allein widerrufen werden (Art. 404 OR).

Mitunter kommen den Erben auch besondere (je nach Standpunkt mehr oder weniger glückliche) Umstände zu Hilfe. So kann gelegentlich anstelle eines Erben die Behörde bei der Erbteilung mitwirken, nämlich auf Antrag eines Gläubigers, der den Anspruch eines Erben auf eine angefallene Erbschaft erworben (Art. 635 Abs. 2 ZGB) oder gepfändet hat oder gegen ihn Verlustscheine besitzt (Art. 609 Abs. 1 ZGB).[92]

Im Übrigen ist in diesem Kontext ganz allgemein an die Rolle von Behörden und Gerichten zu denken. So können die Kantone die amtliche Mitwirkung bei der Erbteilung noch für andere Fälle vorsehen (Art. 609 Abs. 2 ZGB). Und als *«ultima ratio»* bleibt stets die Anrufung des zuständigen Gerichts, dem bei hängigem Erbteilungsprozess (Art. 604 ZGB) oder bereits davor der Erlass vorsorglicher Massnahmen beantragt werden kann (Art. 261 ff.

---

[87] Vgl. BGE 137 III 369; *Spycher*, S. 33; *Brückner/Weibel*, N. 231 ff.
[88] Vgl. *Steinauer*, N. 1389.
[89] Vgl. 5D_133/2010 E. 4.2.
[90] Vgl. PraxKomm-*Weibel*, N. 40 f. zu Art. 602 ZGB; *Tuor/Schnyder/Schmid/Rumo-Jungo*, § 81 N. 9.
[91] Vgl. dazu und zum Folgenden PraxKomm-*Weibel*, N. 32 ff. zu Art. 602 ZGB; *Steinauer*, N. 1222a.
[92] Vgl. BGE 129 III 316 und 5A_126/2011; *Spycher*, S. 37 f.; ferner zuletzt *Häusler/Pfister*.

ZPO [vgl. zudem Art. 604 Abs. 3 ZGB, betreffend die Befugnis der «Miterben eines zahlungsunfähigen Erben..., zur Sicherung ihrer Ansprüche sofort nach dem Erbgange vorsorgliche Massregeln zu verlangen])[93].

3.6 Nebenansprüche

3.6.1 Allgemeines

Da der Anspruch der Erben auf die Teilung der Erbschaft unverjährbar ist, unterbleibt die Erbteilung manchmal während Jahren oder gar Jahrzehnten (je nachdem kann aber auch «nur» unklar sein, ob die Teilung in der Tat erfolgt sei oder nicht).[94] Diesfalls stellt sich die Frage nach den Nebenansprüchen,[95] die unter den Erben im Zusammenhang mit «Verwendungen und Schaden sowie bezogene[n] Früchte[n]» (so der Wortlaut des ausgleichungsrechtlichen Art. 630 Abs. 2 ZGB) bei bzw. von einzelnen Erbschaftsgegenständen entstehen. Das Gesetz enthält (auch) hierzu keine klare Regelung. In der Literatur werden die sich in diesem Zusammenhang stellenden Rechtsfragen, wenn überhaupt, vor dem Hintergrund von Art. 602 ZGB behandelt.[96] Denkbar wäre sodann, wie im Rahmen der Ausgleichung,[97] die (soweit überhaupt tunlich) analoge Heranziehung der Art. 938–940 ZGB über die Verantwortlichkeit des gut- bzw. bösgläubigen Besitzers; ferner die sinngemässe Anwendung der Regelungen einzelner Vertragsverhältnisse im Besonderen Teil des OR oder, aus dem Allgemeinen Teil des OR, der Art. 41/62/97.

Das Bundesgericht hat sich unlängst gleich mehrfach mit Nebenansprüchen der erwähnten Art befasst. Dabei hat es immerhin einiges klargestellt, m.E. allerdings ohne sich abschliessend zu der oder den massgebenden gesetzlichen Grundlage(n) zu äussern. In 5A_88/2011 wurde erwogen, dass sich die Verantwortlichkeit eines Miterben wegen der Veräusserung von Nachlassgegenständen aus erbrechtlichen Bestimmungen ergebe und nicht etwa aus sachenrechtlichen (insbesondere nicht aus den Art. 938 ff. ZGB).[98] In

---

[93] Weiterführend *Pestalozzi-Früh*.
[94] Vgl. BGE 134 III 586; ZR 2004 Nr. 34 S. 129 ff.
[95] Terminologie im Anschluss an diejenige zum ausgleichungsrechtlichen Art. 630 Abs. 2 ZGB; vgl. BK-*Eitel*, N. 5 zu Art. 630 ZGB.
[96] Vgl. BSK-*Schaufelberger/Keller Lüscher*, N. 10 zu Art. 602 ZGB; PraxKomm-*Weibel*, N. 14 zu Art. 602 ZGB (m.w.N.).
[97] Vgl. BSK-*Forni/Piatti*, N. 6 zu Art. 630 ZGB; BK-*Eitel*, N. 40 ff. zu Art. 630 ZGB.
[98] Vgl. E. 7.3.

5A_776/2009 wurde (unter Bezugnahme auf BGE 101 II 36) befunden, dass ein Erbe, welcher einen Nachlasswert bereits vor der Teilung nutzen könne, die übrigen Erben dafür entschädigen müsse, wobei die Nutzungsentschädigung *in concreto* in Form eines «Pachtzinses» erhoben werden konnte.[99] Und daran anschliessend wurde in 5A_341/2010 ausgeführt, dass ein Erbe, welcher einen Nachlassgegenstand bereits vor der Teilung allein gebrauchen und/oder nutzen könne, seinen Miterben dafür eine Entschädigung in Form eines marktkonformen Miet- oder Pachtzinses schulde,[100] wobei *in concreto* offen bleiben konnte, ob zwischen der Erbengemeinschaft und dem einen Miterben überhaupt ein (Pacht-)Vertrag abgeschlossen worden war oder nicht:[101] «En effet, en se fondant sur le rapport de droit successoral liant les membres de la communauté (art. 602 CC en lien avec les art. 652 ss CC), le recourant est tenu d'indemniser ses cohéritiers pour l'usage exclusif de l'exploitation agricole entre le décès de son père et le partage, le domaine agricole étant, durant cette période, propriété de la communauté héréditaire.»

3.6.2 Insbesondere: Verjährung

Der Teilungsanspruch als solcher ist zwar unverjährbar. Der Verjährung unterliegen aber nach der Praxis des Bundesgerichts Ansprüche der Erben gegen einen Miterben auf Nutzungsentschädigungen u.dgl., solange die Erbteilungsklage nicht angehoben ist. Jedenfalls wurden in 5A_776/2009 die vorinstanzlichen Erwägungen geschützt, wonach ein Erbe eine seit 1996 nicht mehr mögliche Nutzung des Rindviehbestandes selber zu verantworten habe und sich deshalb einen hypothetischen Pachtzins anrechnen lassen müsse, jedoch wegen der teilweise eingetretenen Verjährung (Art. 128 Ziff. 1 OR) lediglich für den Zeitraum von fünf Jahren vor Anhebung der Erbteilungsklage (durch eine Miterbin) bis zur Teilung.[102]

---

[99] Vgl. E. 10.4.1.
[100] Vgl. E. 6.1.
[101] E. 6.2.
[102] Vgl. E. 10.2 a.E. bzw. E. 10.4.1. Siehe dazu die teilweise divergierenden Auffassungen von *Logoz* bzw. *Steinauer,* successio 2011 (zu überlegen wäre noch, ob gestützt auf Art. 134 Abs. 1 Ziff. 5 OR *per analogiam* ein Verjährungsstillstand angenommen werden könnte).

3.7 Surrogation?[103]

Veräussert ein Miterbe einen Erbschaftsgegenstand, so stellt sich neben der Haftungsfrage auch diejenige nach einer allfälligen (dinglichen oder vermögensrechtlichen) Surrogation. In BGE 116 II 259 wurde ausgeführt, dass die Erbschaft auch die Ersatzwerte erfasse, zu denen nach den Grundsätzen der dinglichen Surrogation diejenigen Vermögensgegenstände gehörten, welche aus Mitteln der Erbschaft für diese erworben wurden.[104]

Die Lehre hat daher angenommen, dass das Surrogationsprinzip bei Bestandesänderungen der Erbschaft generell gelte.[105] Indessen ist diese Auffassung vom Bundesgericht (auch entgegen der Vorinstanz) in 5A_88/2011 relativiert worden.[106] Danach komme es zwar dann zu einer Surrogation *(«subrogation patrimoniale»)*, wenn die Miterben einvernehmlich einen Nachlassgegenstand veräussern; ausgeschlossen sei eine solche jedoch bei der Veräusserung eines Nachlassgegenstandes durch einen Miterben ohne entsprechende Ermächtigung bzw. Genehmigung der anderen Miterben.

In der Literatur ist dieser Entscheid differenziert gewürdigt worden.[107] Eine einlässliche Auseinandersetzung ist hier nicht möglich. Meines Erachtens ist insbesondere fraglich, inwieweit mit dem Bundesgericht[108] in der Tat darauf abgestellt werden kann, ob der Miterbe den Erbschaftsgegenstand für Rechnung der Erbengemeinschaft veräussern wollte oder nicht. Denn nach hergebrachter Auffassung kommt es im Rahmen der Surrogationstatbestände gerade nicht auf den Willen der am Rechtsgeschäft beteiligten Parteien an.[109]

---

[103] Dazu nun einlässlich *Eggel*.
[104] Vgl. Leitsatz 1; zustimmend (mit Blick auf die Erbschaftsklage) namentlich *Sutter-Somm/Moshe*, S. 291 ff.
[105] Vgl. *Wolf*, S. 244; BSK-*Schaufelberger/Keller Lüscher*, N. 7 zu Art. 602 ZGB; PraxKomm-*Weibel*, N. 15 zu Art. 602 ZGB; *Steinauer*, N. 1193.
[106] Vgl. dazu und zum Folgenden E. 6.2.1.
[107] Vgl. *Hürlimann-Kaup/Rumo-Jungo*, successio 2012. Weiterführend sodann *dieselben*, Mélanges Steinauer.
[108] Vgl. E. 6.2.2.
[109] Vgl. *Hürlimann-Kaup/Rumo-Jungo*, Mélanges Steinauer, S. 358.

4. Der Abschluss der Erbteilung

4.1 Vorbemerkungen

Entsprechend dem Wesen der Erbengemeinschaft als Liquidationsgemeinschaft sind früher oder später die Erbschaftsgegenstände zu teilen bzw. den einzelnen Erben zuzuweisen.[110] Dafür enthält das Gesetz, im Abschnitt über «Die Teilungsart» (Art. 607–619 ZGB), mehrere Teilungsgrundsätze und Teilungsregeln.[111]

Nahezu jede Erbteilung setzt eine Bewertung zumindest einzelner Erbschaftsgegenstände voraus.[112] Daher werden nachstehend zunächst einige Probleme und Lösungsansätze im Zusammenhang mit diesem Erfordernis angesprochen (4.2–4.3). Anschliessend folgen Ausführungen zur Zuweisung der Erbschaftsgegenstände und damit zur «eigentlichen» Erbteilung (4.4–4.5).

4.2 Bewertung

4.2.1 Ausgangspunkt: die massgebenden Prinzipien

Das Erbteilungsrecht beruht insbesondere auf dem Gleichbehandlungs- und dem Naturalteilungsprinzip[113] (und damit auf dem Vermögenserhaltungsprinzip)[114]. Daher ist grundsätzlich immer dann, wenn ein Erbschaftsgegenstand (worunter neben einzelnen Sachen [sowie Forderungen usw.] auch Sach- und Rechtsgesamtheiten zu verstehen sind [vgl. nur Art. 613 ZGB]) ganz oder teilweise «ungeteilt» zugewiesen werden muss, eine Bewertung erforderlich. Sie orientiert sich, obwohl dies im Gesetz nur in Bezug auf Grundstücke explizit festgelegt ist (Art. 617 ZGB), am Verkehrswert- und am Teilungstagsprinzip.[115]

---

[110] Vgl. *Leuba*, S. 148 f.; zu den «Teilungssurrogaten» PraxKomm-*Mabillard*, N. 6 zu Art. 634 ZGB.
[111] Vgl. BSK-*Schaufelberger/Keller Lüscher*, N. 1 ff., 9 f. Vor Art. 607–619 ZGB; *Tuor/Schnyder/Schmid/Rumo-Jungo*, § 82 N. 12, 14; *Steinauer*, N. 1256 f., 1258 ff.
[112] Vgl. BSK-*Schaufelberger/Keller Lüscher*, N. 10 Vor Art. 607–619 ZGB.
[113] Vgl. *Druey*, S. 41; *Wolf*, S. 241; *Weibel/Heckendorn*, N. 11; *Elmiger*, S. 8 ff.; *Tuor/Schnyder/Schmid/Rumo-Jungo*, § 82 N. 13.
[114] Vgl. *Leuba*, S. 144 ff., 170; *Seeberger*, S. 110 f.; *Steinauer*, N. 1257.
[115] Vgl. *Tuor/Schnyder/Schmid/Rumo-Jungo*, § 82 N. 13.

4.2.2 Verkehrswertprinzip

4.2.2.1 *Allgemeines*

Die Verkehrswertermittlung fällt leicht (bzw. die Akzeptanz eines mutmasslichen Verkehrswerts ist bei den Erben bald einmal gegeben), wenn Geldforderungen (gegen «aufrecht stehende» Schuldner) oder börsenkotierte Erbschaftsgegenstände zu veranschlagen sind. Anders verhält es sich mitunter bei Hausrat, Schmuck, Sammlungen, Kunstgegenständen, Immaterialgüterrechten, Grundstücken, Unternehmen (KMU) usw.[116] Gelegentlich gehen nicht einmal nur die Meinungen der Erben auseinander, sondern auch diejenigen der Experten[117] (die Bedeutung von Gutachten [vgl. Art. 183 ff. ZPO] ist beträchtlich[118] und insofern in erbrechtlichen Verfahren vergleichbar mit der Bedeutung derjenigen Gutachten, welche in [den sich häufenden] Ungültigkeitsprozessen wegen Verfügungsunfähigkeit [Art. 519 Abs. 1 Ziff. 1 ZGB] des Erblassers eingeholt werden). Dies gilt vor allem im Zusammenhang mit Unternehmensbewertungen, wie ein Blick in die neuere Rechtsprechung des Bundesgerichts zeigt.[119]

4.2.2.2 *Insbesondere: Unternehmen*[120]

In 4C.363/2000 wurde festgehalten, dass bei KMU (*in concreto* handelte es sich um einen Garagenbetrieb) ausschliesslich auf den Ertragswert abgestellt werden könne, während der Substanzwert, soweit er den Ertragswert übersteige, bedeutungslos sein könne und den Verkehrswert des Unternehmens aus der Sicht potenzieller Käufer nicht mehr zu beeinflussen vermöge.[121] Zuvor, in BGE 120 II 259, war entschieden worden, dass der relevante Wert des Unternehmens sogar unter dem Liquidationswert liegen könne, sofern eine bisher (ohne Schädigungsabsicht) betriebene Niedrigertragspolitik fortgeführt werden wolle.[122] In BGE 136 III 209 hat das Bundesgericht diese Praxis aber relativiert und befunden, dass (zumindest im Rahmen einer güterrechtlichen Auseinandersetzung) für die erforderliche objektive

---

[116] Vgl. BSK-*Schaufelberger/Keller Lüscher*, N. 12 zu Art. 610 ZGB.
[117] Beispiel: 4C.363/2000.
[118] Vgl. BSK-*Schaufelberger/Keller Lüscher*, N. 12 zu Art. 610 ZGB.
[119] Dies gleichsam «erst recht», wenn auch Verfahren berücksichtigt werden, in denen es «nur» um die Verkehrswertermittlung im Rahmen von güterrechtlichen Auseinandersetzungen zufolge Ehescheidungen ging (vgl. zum Verkehrswertprinzip im Ehegüterrecht Art. 211 ZGB).
[120] Einlässlich zum Unternehmen in der Erbteilung *Elmiger*.
[121] Vgl. E. 2 c.
[122] Vgl. E. 2.

Bewertung ein gegebenenfalls über dem Ertragswert liegender Liquidationswert massgebend sei[123] (zudem hatten die Vorinstanzen zu Recht auf einen gerichtsgutachterlich anhand der «Discounted Cash Flow»-Methode ermittelten Ertragswert als Unternehmenswert abgestellt)[124]. Dieser Befund wurde im Entscheid in den Verfahren 5A_387/2010 und 5A_405/2010 bekräftigt;[125] gleichzeitig hielt das Bundesgericht fest, dass nach der neueren Rechtsprechung der Fortführungswert eines Unternehmens überwiegend oder gänzlich nach dessen Ertragswert zu bestimmen sei.[126]

Bei «gewöhnlichen» KMU wird somit die inhaltliche Unterscheidung zwischen Verkehrswert und (nach der sachgerechten Methode ermitteltem) Ertragswert zunehmend obsolet.[127] Demgegenüber beruht das bäuerliche Erbrecht in Bezug auf landwirtschaftliche Gewerbe («bäuerliche KMU») nach wie vor auf einer strengen Unterscheidung zwischen Verkehrswert- und Ertragswertprinzip.

4.2.2.3 Insbesondere: Grundstücke

In Bezug auf Grundstücke[128] bestimmt das ZGB in Art. 618 (Randtitel: «Schatzungsverfahren»), dass deren Anrechnungswert, falls die Erben sich über diesen nicht verständigen können, durch amtlich bestellte Sachverständige geschätzt werde (nach der bis am 31.12.2010 geltenden Fassung war eine solche Schätzung sogar «endgültig»).[129] In der Literatur wird darauf hingewiesen, dass im Rahmen von Erbteilungsprozessen zunehmend unabhängige Sachverständige (Liegenschaftsexperten) mit der Schätzung beauftragt würden und nicht kantonale Schätzungskommissionen u.dgl.[130] Diese Feststellung deckt sich allerdings nicht mit den bisherigen Erfahrungen des Schreibenden.[131] Im Übrigen dürfte die Beauftragung solcher Kommissionen eher zu einer Relativierung der unerwünschten Auswirkungen

---

[123] Vgl. E. 6.2.4.
[124] Vgl. E. 6.2.
[125] Vgl. E. 4.1 und 5.1.
[126] Vgl. E. 5.2.3 a.E.
[127] Vgl. dazu und zum Folgenden *Eitel*, FG Richli, S. 111 ff., 119 ff.
[128] Vgl. BSK-*Schaufelberger/Keller Lüscher*, N. 1 zu Art. 618 ZGB; PraxKomm-*Weibel*, N. 2 zu Art. 618 ZGB.
[129] Vgl. dazu *Breitschmid*, successio 2010. Siehe sodann zur Berücksichtigung latenter Lasten (den ehegüterrechtlichen) BGE 125 III 50 (betreffend Gewinnbeteiligungs- und Rückübertragungsansprüche von Miterben nach BGBB); sowie (betreffend Grundstückgewinnsteuern) einlässlich *Schöbi*.
[130] Vgl. PraxKomm-*Weibel*, N. 6 zu Art. 618 ZGB.
[131] Vgl. auch *Druey*, S. 39; BSK-*Schaufelberger/Keller Lüscher*, N. 3 zu Art. 618 ZGB.

des Stichtagsprinzips führen. Denn ihre Schätzungen werden wohl auf einer längerfristig orientierten, nicht allzusehr auf «Momentaufnahmen» fokussierten Betrachtungsweise beruhen.

4.2.3 Teilungstagsprinzip (sowie Todestags- und Stichtagsprinzip)

Art. 617 ZGB erklärt den Verkehrswert «im Zeitpunkt der Teilung» für massgebend. Diese Bestimmung verwirklicht somit das Teilungstagsprinzip. Entsprechend sind die einzelnen Erbschaftsgegenstände den Erben zu den Werten anzurechnen, die sie in demjenigen Zeitpunkt tatsächlich haben, ab welchem die Erben (endlich) allein an diesen Gegenständen berechtigt sind. Im Grunde müsste die Bewertung also bezogen auf einen in der Zukunft liegenden Zeitpunkt vorgenommen werden. Diese Anforderung ist, ebenso wie etwa im Ehegüterrecht (Art. 214 Abs. 1 und Art. 240 ZGB), aber wohl anders als beim Vorsorgeausgleich im Ehescheidungsrecht (Art. 122 Abs. 1 ZGB), nicht unproblematisch. Umso mehr ist darauf zu achten, dass die Wertveränderungen, welche im Zeitraum zwischen Erbgangseröffnung und Teilungsabschluss auftreten können, so genau wie möglich berücksichtigt werden. 5A_311/2009[132] zeigt exemplarisch auf, dass deswegen auch im Rahmen eines hängigen Erbteilungsprozesses «rechtzeitig» Aktualisierungen der bereits vorliegenden Bewertungen zu beantragen sind.[133]

Das Teilungstagsprinzip steht sodann in einem Spannungsverhältnis zum Todestagsprinzip.[134] Dies insbesondere (aber nicht nur; vgl. die Art. 474 Abs. 1 und 537 Abs. 2 ZGB)[135] im Zusammenhang mit der Ausgleichung. Denn gemäss Art. 630 Abs. 1 ZGB ist der Wert «der Zuwendungen zur Zeit [der Eröffnung][136] des Erbganges» der massgebende «Ausgleichungswert» (Randtitel zu Art. 630 ZGB). Daher gilt zwar für die (in der Praxis weitaus häufigere)[137] Wertausgleichung (Idealkollation) das Todestagsprinzip, für die Naturalausgleichung (Realkollation) dagegen das Teilungstagsprinzip.[138] Gleichzeitig haben gemäss Art. 628 Abs. 1 ZGB die Erben,

---

[132] Vgl. zu diesem Entscheid auch *Fornito.*
[133] Vgl. E. 3.2.
[134] Vgl. BSK-*Schaufelberger/Keller Lüscher,* N. 2a, 4 zu Art. 617 ZGB; *Tuor/Schnyder/ Schmid/Rumo-Jungo,* § 82 N. 13. Einlässlich *Druey,* S. 34 ff.
[135] Vgl. für das Pflichtteilsrecht BGE 80 II 200; BGE 103 II 88; BSK-*Schaufelberger/Keller Lüscher,* N. 4 zu Art. 617 ZGB.
[136] Vgl. BK-*Eitel,* N. 12 zu Art. 630 ZGB.
[137] Vgl. *Tuor/Schnyder/Schmid/Rumo-Jungo,* § 84 N. 15; *Steinauer,* N. 156.
[138] Vgl. BK-*Eitel,* N. 15 ff. zu Art. 630 ZGB.

d.h. die Ausgleichungsschuldner[139] (die «Vorempfänger») die Wahl zwischen der Wertausgleichung und der Naturalausgleichung. Der Gesetzgeber hat also den Ausgleichungsschuldnern eine Option eingeräumt, die es ihnen ermöglicht, die sich im Zeitraum zwischen Erbgangseröffnung und Teilungsabschluss zufolge von Wertveränderungen bietenden Chancen zu ihren Gunsten zu nutzen: Sie können, wie das Bundesgericht in 5C.174/1995 ausdrücklich festgehalten hat, nach dem Willen des Gesetzgebers mit der «Wahlfreiheit nach Art. 628 Abs. 1 ZGB ... spekulieren».[140] So ist dem Ausgleichungsschuldner bei konjunkturellen Wertsteigerungen die Wahl der Wertausgleichung zu empfehlen, bei konjunkturellen Wertminderungen die Wahl der Naturalausgleichung. Im Hinblick darauf hat er allerdings zu bedenken, dass die entsprechende Willensäusserung bedingungsfeindlich und unwiderruflich ist.[141] Er wird daher mitunter daran interessiert sein, die Ausübung des Wahlrechts hinauszuzögern. Dem kann der Ausgleichungsgläubiger im Erbteilungsprozess mit entsprechenden Anträgen entgegentreten.[142]

Teilungstagsprinzip und Todestagsprinzip beruhen gleichsam definitionsgemäss auf dem Stichtagsprinzip. Auch dieser Umstand ist keineswegs unproblematisch.[143] Zur Veranschaulichung dieses Befundes genügt ein Blick auf die Kursschwankungen der im SMI berücksichtigten Titel in verhältnismässig kurzen Zeiträumen.[144]

4.3 Veräusserung

Den sich aus der Bewertung von Erbschaftsgegenständen ergebenden Problemen kann ausgewichen werden, indem diese Gegenstände bei der Erbteilung gerade nicht einzelnen Erben zugewiesen, sondern veräussert (liquidiert, versilbert, zerschlagen) werden. Diesfalls wird nicht ein (potenzieller) Wert ermittelt (bzw. geschätzt), sondern ein (tatsächlich realisierter) Preis (vgl. vor diesem Hintergrund auch den Begriff des «wirklichen Werts» gemäss Art. 685b Abs. 4 OR).

---

[139] Vgl. BK-*Eitel*, N. 13 zu Art. 628 ZGB.
[140] Vgl. *Breitschmid*, AJP 1997 S. 1551.
[141] Vgl. BK-*Eitel*, N. 13 zu Art. 628 ZGB.
[142] Vgl. *Brückner/Weibel*, N. 159 ff.
[143] Vgl. *Keller*, S. 66 ff., 110 f.
[144] Der Schreibende hatte in seiner Praxis u.a. mit einem Erblasser zu tun, der in seinem Wertschriftenbestand stets einzig Swissair-Titel hielt (solange es solche gab), und mit einer Erblasserin, die stets einzig Nestlé-Titel hielt.

Insbesondere steht es den Erben frei, sich für eine Veräusserung (und deren Modalitäten: z.B. Freihandverkauf oder Versteigerung) zu entscheiden (sofern eine solche nicht aus anderen Gründen durchzuführen ist; vgl. hinten 4.4.2.2). Der Erblasser seinerseits kann mithilfe von Teilungsvorschriften versuchen, die Bewertung einzelner Erbschaftsgegenstände zu verhindern oder zumindest zu behindern (vgl. hinten 4.5).

4.4 Zuweisung

4.4.1 Allgemeines / Prinzip der freien (privaten) Erbteilung

Der Abschluss der Erbteilung erfolgt mit der Zuweisung der Erbschaftsgegenstände an die einzelnen Erben. Diese können frei bestimmen, wer was zu welchen Konditionen bekommen soll (und wie im Hinblick darauf vorzugehen ist). Der Wille der Erben geht sogar dem Willen des Erblassers vor, selbst dann, wenn dieser einen Willensvollstrecker eingesetzt hat[145] (immerhin kann der Erblasser aber, sofern dies überhaupt sinnvoll ist, z.B. zum Instrument der bedingten Erbeinsetzung greifen)[146].

Das Erbteilungsrecht beruht mithin auf dem Prinzip der freien[147] (privaten)[148] Erbteilung (Art. 607 Abs. 2 ZGB).[149] Allerdings entfaltet dieser Grundsatz seine Wirkung nur in den Schranken des Einstimmigkeitsprinzips.[150] Das Prinzip der freien Erbteilung wird daher ergänzt durch das Gleichbehandlungsprinzip und durch das Naturalteilungsprinzip (vgl. insbesondere die Art. 607 Abs. 1 und Art. 610 Abs. 1 ZGB).[151]

---

[145] Vgl. *Leuba*, S. 150, 151, 168, 192; *Wolf*, S. 238 ff.; BSK-*Schaufelberger/Keller Lüscher*, N. 9 zu Art. 607 ZGB; PraxKomm-*Weibel*, N. 3 zu Art. 607 ZGB; *Tuor/Schnyder/Schmid/Rumo-Jungo*, § 82 N. 5, 7. Einlässlich *Elmiger*, S. 51 ff.

[146] Vgl. *Wolf*, S. 240 f.

[147] Vgl. *Wolf*, S. 238.

[148] Vgl. *Wolf*, S. 242; ferner dazu einlässlich *Leuba*, S. 146 ff.; Ausnahme (vgl. *Leuba*, S. 151): Art. 609 Abs. 1 ZGB (dazu vorn 3.5); nicht aber (vgl. *Leuba*, S. 186 f., 192) Art. 609 Abs. 2 ZGB (dazu etwa BGE 114 II 418). Im Übrigen ist aus steuerrechtlichen Gründen darauf zu achten, dass Querschenkungen vermieden werden; vgl. *Weibel/Heckendorn*, N. 7; BSK-*Schaufelberger/Keller Lüscher*, N. 10 zu Art. 607 ZGB.

[149] Vgl. dazu und zum Folgenden PraxKomm-*Weibel*, N. 3 zu Art. 607 ZGB.

[150] Vgl. BSK-*Schaufelberger/Keller Lüscher*, N. 5 Vor Art. 607–619 ZGB.

[151] Vgl. *Leuba*, S. 144; BSK-*Schaufelberger/Keller Lüscher*, N. 5 Vor Art. 607–619 ZGB; PraxKomm-*Weibel*, N. 1 ff. der Vorbem. zu Art. 607 ff. ZGB; *Tuor/Schnyder/Schmid/Rumo-Jungo*, § 82 N. 2, 12 ff.

4.4.2 Gleichbehandlungsprinzip und Naturalteilungsprinzip

4.4.2.1 *Grundsätzliches*

Gleichbehandlungs- und Naturalteilungsprinzip werden in reinster Form verwirklicht im Vorgang der Bildung[152] und (vor allem) der Verteilung der Lose («un groupe de biens ou droits»;[153] Art. 611 ZGB). Denn die «Verteilung der Lose erfolgt nach Vereinbarung oder durch Losziehung unter den Erben» (Art. 611 Abs. 3 ZGB). Letztlich gilt also auch ein Zufallsprinzip.[154]

Indessen ist in Art. 611 ZGB einzig die Rede vom Aufgabenbereich der zuständigen Behörde (und nur in Bezug auf die Losbildung, nicht auch auf die Losziehung).[155] Nach der heute herrschenden Auffassung in der Literatur brauchen die Erben sich Entscheidungen dieser Behörde nicht zu beugen.[156] Vielmehr können sie stattdessen durch Anhebung der Erbteilungsklage das Gericht anrufen, worauf dieses die Zuweisung der einzelnen Erbschaftsgegenstände nicht gemäss dem Zufallsprinzip vornimmt, sondern nach pflichtgemässem Ermessen aufgrund sachgerechter Kriterien, insbesondere «unter Berücksichtigung des Ortsgebrauches, der persönlichen Verhältnisse und der Wünsche der Mehrheit der Miterben» (Art. 611 Abs. 2 ZGB [vgl. ferner auch Art. 613 Abs. 3 ZGB]).[157]

Die Lehre beruft sich dabei insbesondere auf BGE 100 II 440 und auf BGE 101 II 41.[158] Allerdings hat sich das Bundesgericht in diesen Entscheiden nicht besonders klar für die gerichtliche Zuweisungskompetenz ausgespro-

---

[152] Wobei es auf die Quoten der «Erben oder Erbstämme» ankommt; vgl. dazu *Druey*, S. 41 f.; *Leuba*, S. 173 f. (sowie S. 177, Fn. 203); *Elmiger*, S. 14.
[153] *Leuba*, S. 171 (mit Hinweis auf *Piotet*). Die Lose beinhalten auch die Schulden des Erblassers, sofern sie nicht schon vor der Teilung getilgt worden sind; vgl. *Leuba* (a.a.O.) bzw. hinten 5.3. Betreffend die Schulden eines Erben beim Erblasser vgl. Art. 614 ZGB (und dazu *Leuba*, S. 183; *Eitel*, successio 2013).
[154] Vgl. BSK-*Schaufelberger/Keller Lüscher*, N. 9 zu Art. 611 ZGB; PraxKomm-*Weibel*, N. 13 zu Art. 611 ZGB.
[155] Vgl. *Elmiger*, S. 58, 68; *Tuor/Schnyder/Schmid/Rumo-Jungo*, § 82 N. 23.
[156] Vgl. dazu und zum Folgenden PraxKomm-*Weibel*, N. 44 ff. zu Art. 604 ZGB und N. 4, 8, 13 f. zu Art. 611 ZGB (mit umfassenden Nachweisen). Dies gilt auch im Bereich der Art. 612 Abs. 3 und 613 Abs. 3 ZGB, obwohl in diesen Bestimmungen immerhin von Entscheidungen der Behörde die Rede ist; vgl. *Leuba*, S. 187 ff. (sowie grundsätzlich zum Verhältnis zwischen Behörden- und Gerichtskompetenz *Leuba*, S. 190 ff., 209; *Elmiger*, S. 71 ff.; *Tuor/Schnyder/Schmid/Rumo-Jungo*, § 82 N. 8 ff.), ferner auch hinten 4.4.2.2.
[157] Vgl. *Leuba*, S. 171 ff. (zu Art. 611 Abs. 2 ZGB), 179 ff. (zu Art. 613 Abs. 3 ZGB); *Elmiger*, S. 15 ff., 57 f., 61 ff. (Behörde), 68 ff. (Gericht).
[158] Vgl. nur die Hinweise bei *Druey*, S. 22, Fn. 5. Ferner 5C.87/2000 E. 4/c/aa.

chen. Es gibt denn auch Stimmen in der Literatur,[159] die einer umfassenderen Berücksichtigung des Zufallsprinzips das Wort reden bzw. darauf hinweisen, dass dieses auch heilsame Auswirkungen zeitigen könne.[160] Trotz dieser bedenkenswerten Vorbehalte erscheint es m.E. letztlich aber als sinnvoll, den Gerichten eine weitgehende Zuweisungskompetenz zuzugestehen, sodass es auch bei streitigen Erbteilungen zu einer möglichst optimalen Ressourcenallokation kommt.[161] So oder so wird das Losverfahren, da kompliziert und unattraktiv, in der Praxis kaum angewandt.[162]

4.4.2.2 Schranken

Das Naturalteilungsprinzip gilt nicht uneingeschränkt. Vielmehr soll eine «Erbschaftssache, die durch Teilung an ihrem Werte wesentlich verlieren würde, ... einem der Erben ungeteilt zugewiesen werden» (Art. 612 Abs. 1 ZGB). Insoweit geht mithin das Vermögenserhaltungsprinzip[163] vor.

In der Literatur wurde die Auffassung vertreten, dass ein Wertverlust von ca. einem Viertel der zu teilenden Sache wesentlich sei.[164] Diese «25%-Regel» hat zumindest den Vorzug der leichten Handhabbarkeit. Indessen wird ihr mehrheitlich eine einzelfallbezogene gerichtliche Ermessensbetätigung ohne starre Grenze, unter Einschluss nicht nur einer relativen, sondern auch einer absoluten Betrachtungsweise, vorgezogen.[165]

Sodann darf aber eine Integralzuweisung im Sinne von Art. 612 Abs. 1 ZGB, anders als im bäuerlichen Erbrecht,[166] wegen des Gleichbehandlungsprinzips nicht dazu führen, dass der Erbe, der die fragliche Erbschaftssache erhält, gleichzeitig zur Leistung einer Ausgleichszahlung in erheblichem Umfang verpflichtet wird, weil der Wert der zugewiesenen Sache den Wert des ent-

---

[159] Vgl. für Übersichten zum Meinungsstand *Druey*, S. 22; *Leuba*, S. 183 f.; *Elmiger*, S. 68 ff.
[160] Vgl. *Druey*, S. 23; einschränkend *Leuba*, S. 176 ff.; *Elmiger*, S. 21.
[161] Vgl. BSK-*Schaufelberger/Keller Lüscher*, N. 7 zu Art. 604 ZGB. Einlässlich zur Entwicklung von der ursprünglichen Konzeption *Eugen Hubers* hin zu einer möglichst umfassenden gerichtlichen Zuweisungskompetenz (Entscheidungskompetenz) *Leuba*, S. 152 ff. (sowie S. 187). Siehe ferner auch die rechtsvergleichenden Hinweise bei *Leuba*, S. 192 ff., 208 f.
[162] Vgl. BSK-*Schaufelberger/Keller Lüscher*, N. 7 Vor Art. 602–640 ZGB (der Schreibende muss sogar einräumen, dass er in seiner praktischen Tätigkeit noch kein einziges Mal in ein «eigentliches» [behördliches oder gerichtliches] Losverfahren involviert war).
[163] Vgl. *Leuba*, S. 170 (mit Hinweis auf die abweichende Lösung im deutschen Recht).
[164] Vgl. *Seeberger*, S. 167 f.; siehe ferner auch *Druey*, S. 43.
[165] Vgl. BSK-*Schaufelberger/Keller Lüscher*, N. 7 zu Art. 612 ZGB; PraxKomm-*Weibel*, N. 7 zu Art. 612 ZGB; *Elmiger*, S. 22 f.
[166] Vgl. *Leuba*, S. 180 f.; *Eitel*, FG Richli, S. 97 ff., 110 f.

sprechenden Loses (bzw. Erbteils)[167] übersteigt.[168] In der Lehre wurde vorgeschlagen, die massgebende Grenze bei 10% des Erbteils des Übernehmers zu ziehen.[169] Das Bundesgericht hat diesen Vorschlag in 5C.214/2003 weder übernommen noch verworfen,[170] sondern einzig entschieden, eine Naturalteilung sei unzulässig, wenn bei Erbteilen im Wert von CHF 605 000 mit der Zuweisung einer (im Wege der Parzellierung einer Nachlassliegenschaft erst noch zu bildenden) Villenparzelle eine Ausgleichszahlung von CHF 195 000 verbunden werden müsste.[171] Die höchstgerichtliche Praxis beruht somit wohl auf einer möglichst sachgerecht differenzierenden «10%-plus-Regel».[172] Diese ist auch zu beachten, wenn ein Erbe gestützt auf das Einspruchsrecht nach Art. 613 Abs. 1 ZGB die Naturalteilung von Sach- und Rechtsgesamtheiten verhindert (was insbesondere mit Blick auf das allgemeine, bürgerliche Unternehmenserbrecht relevant ist).[173]

Ist eine Integralzuweisung, aus welchen Gründen auch immer, ausgeschlossen[174], «so ist die Sache zu verkaufen und der Erlös zu teilen» (Art. 612 Abs. 2 ZGB)[175]. Einigen sich die Erben nicht über die Art der Veräusserung, so kommt es zu einer Versteigerung, die entweder «öffentlich oder nur unter den Erben stattfinden soll» (Art. 612 Abs. 3 ZGB). In BGE 137 III 8 wurde bestätigt, dass die zuständige Behörde diesbezüglich zwar entscheiden (und damit auch die materiellrechtlichen Vorfragen beantworten) dürfe, aber jeder Erbe, der mit ihrem Entscheid nicht einverstanden sei, die dagegen vorgesehenen Rechtsmittel ergreifen oder die Erbteilungsklage erheben könne.[176]

---

[167] Vgl. zu dieser Differenzierung *Elmiger*, S. 39 f.
[168] Vgl. PraxKomm-*Weibel*, N. 11 ff. zu Art. 612 ZGB.
[169] Vgl. *Seeberger*, S. 117 f.; a.M. namentlich *Merz*, S. 99, 106 und *(à contre cœur) Druey*, S. 45 (gegen Ausgleichszahlungen) bzw. *Leuba*, S. 171 (für uneingeschränkte Ausgleichszahlungen).
[170] Vgl. *Weibel/Heckendorn*, N. 63.
[171] Vgl. E. 4; einlässlich zu diesem Entscheid *Spycher*, S. 47 ff.; *Elmiger*, S. 37 f.
[172] Vgl. auch LGVE 2010 I Nr. 8 = ZBJV 147/2011 S. 836 ff.; *Elmiger*, S. 38; BSK-*Schaufelberger/Keller Lüscher*, N. 5 zu Art. 612 ZGB.
[173] Vgl. *Elmiger*, S. 29 ff., 119 f.; *Eitel*, FG Richli, S. 106 ff., 115 ff.
[174] Vgl. BSK-*Schaufelberger/Keller Lüscher*, N. 3 ff. zu Art. 612 ZGB; PraxKomm-*Weibel*, N. 17 zu Art. 612 ZGB.
[175] Vgl. zur einschränkenden Auslegung dieser Bestimmung *Leuba*, S. 170.
[176] Vgl. E. 3.5.

4.5 Teilungsvorschriften des Erblassers[177]

Gemäss Art. 608 Abs. 1 ZGB ist der Erblasser «befugt, durch Verfügung von Todes wegen seinen Erben Vorschriften über die Teilung und Bildung der Teile zu machen». Der Erblasser hat es also in der Hand, (im Rahmen seiner pflichtteilsrechtlich eingeschränkten Verfügungsfreiheit) mittels Teilungsvorschriften[178] (allenfalls) unerwünschte Auswirkungen der gesetzlichen Teilungsgrundsätze und Teilungsregeln zu «überspielen».

Verhältnismässig häufig anzutreffen sind erblasserische Veräusserungsgebote, d.h. Anordnungen, wonach bestimmte Erbschaftsgegenstände veräussert werden sollen.[179] Ihr Gegenstück sind die Veräusserungsverbote. Sie führen allerdings nur dann nicht zu einem Teilungsaufschub, wenn der nicht zu veräussernde Erbschaftsgegenstand einem Erben zugewiesen wird[180] (im Übrigen ist ein Teilungsaufschub nicht «pflichtteilsresistent»,[181] und er darf nicht «auf ewig» verfügt werden[182]).

Bei der Zuweisung einzelner Erbschaftssachen ist zu unterscheiden zwischen blossen Teilungsvorschriften und (Voraus-) Vermächtnissen (Art. 608 Abs. 3 ZGB). Als ihr Mittelstück erscheint das Quotenvermächtnis[183] (im Übrigen entsprechen diese Verfügungsarten bei der Ausgleichung [Art. 626–632 ZGB] der positiven Ausgleichungsanordnung, der negativen Ausgleichungsanordnung [dem Ausgleichungsdispens] und dem Teilerlass der Ausgleichung [durch Festsetzung eines reduzierten Ausgleichungswerts]). Bei der Redaktion solcher Verfügungen ist besondere Sorgfalt geboten. Zunächst können die unterschiedlichen Auswirkungen je nach Auslegung erheblich sein, etwa indem sie die verfügbare Quote entweder überhaupt

---

[177] Vgl. dazu namentlich *Pfammatter* und *Stein-Wigger*.
[178] Vgl. BSK-*Schaufelberger/Keller Lüscher*, N. 1 zu Art. 608 ZGB; PraxKomm-*Weibel*, N. 5, 11 zu Art. 608 ZGB.
[179] Vgl. *Druey*, S. 32.
[180] Zudem ist die Rechtsnatur des Teilungsaufschubs umstritten; vgl. *Stein-Wigger*, S. 1137.
[181] Vgl. *Druey*, S. 27; BSK-*Schaufelberger/Keller Lüscher*, N. 10 zu Art. 604 ZGB; PraxKomm-*Weibel*, N. 56 zu Art. 604 ZGB.
[182] Vgl. *Leuba*, S. 150; PraxKomm-*Weibel*, N. 57 zu Art. 604 ZGB.
[183] Gemeint ist damit eine Verfügung, wonach eine Erbschaftssache dem Erben zu einem privilegierten Anrechnungswert zugewiesen wird (vgl. BSK-*Schaufelberger/Keller Lüscher*, N. 4, 15 zu Art. 608 ZGB; PraxKomm-*Weibel*, N. 20 zu Art. 608 ZGB). Ebenfalls von einem Quotenvermächtnis ist mitunter die Rede, wenn der Erblasser verfügt, der Bedachte erhalte eine bestimmte Quote des (Netto-)Nachlasses nicht als Erbe (vgl. Art. 483 ZGB), sondern als Vermächtnisnehmer (vgl. BSK-*Staehelin*, N. 3 zu Art. 483 ZGB; PraxKomm-*Schürmann*, N. 10 zu Art. 483 ZGB).

nicht tangieren oder aber vollständig ausschöpfen.[184] Ferner kann unklar sein, ob mittels einer Teilungsvorschrift dem bedachten Erben eine Option (ein Wahl- bzw. Übernahmerecht) eingeräumt oder eine Verpflichtung auferlegt wird, die Erbschaftssache auf Anrechnung an seinen Erbteil zu übernehmen.[185] Oder es kann sich die Frage stellen, ob der Erblasser nicht eine Teilungsvorschrift, sondern vielmehr eine Abfindung verfügen (und damit eine Abschichtung veranlassen) wollte.[186]

Im bäuerlichen Erbrecht ist vor dem Hintergrund der Privilegierung des Selbstbewirtschafters (vgl. nur Art. 17 Abs. 1 BGBB) ein gesetzlicher «Gewinnanspruch der Miterben» (Abschnitt mit den Art. 28–35 BGBB) vorgesehen. Demgegenüber müssen im allgemeinen, bürgerlichen Erbteilungsrecht Gewinnanteilsrechte, falls erwünscht,[187] entweder vom Erblasser verfügt oder von den Erben vereinbart werden (wobei mitunter übersehen wird[188], dass wegen des *numerus clausus* der vormerkbaren Rechte [Art. 959–961a ZGB] eine Vormerkung im Grundbuch, anders als bei der Vormerkung der vorläufigen Eintragung eines Pfandrechts zur Sicherung des Gewinnanspruchs nach Art. 34 BGBB, nicht mehr[189] möglich ist). Gewinnanteilsrechte haben den Nachteil, dass die Erben auch nach der Erbteilung noch «miteinander verbunden» bleiben. Ein aktueller höchstgerichtlicher Entscheid zeigt aber eindrücklich, dass entsprechende Regelungen sich für die Berechtigten «lohnen» können.[190]

Die Zuweisung einer Erbschaftssache durch den Erblasser kann die Leistung einer Ausgleichszahlung zulasten des übernehmenden Erben erforderlich machen (vgl. die «Ausgleichung» nach Art. 608 Abs. 2 ZGB [nicht zu verwechseln mit der Ausgleichung gemäss den Art. 626–632 ZGB][191]). In der Literatur wird die Auffassung vertreten, dass solche Ausgleichszahlungen in Verbindung mit einem Übernahmerecht, anders als nach den auf dem Gleichbehandlungsprinzip beruhenden gesetzlichen Regeln, an keine Höchstgrenze gebunden seien; in Verbindung mit einer Übernahmepflicht

---

[184] Vgl. BGE 115 II 323; *Druey,* S. 27 f., 29; PraxKomm-*Weibel,* N. 17 ff. zu Art. 608 ZGB. Weiterführend (insbesondere zu Auslegungsproblemen im Zusammenhang mit Bewertungsklauseln) *Druey,* S. 32 f.
[185] Vgl. *Druey,* S. 29; *Stein-Wigger,* S. 1138 f.
[186] Vgl. *Druey,* S. 30.
[187] Vgl. *Druey,* S. 46 f.
[188] Vgl. die entsprechende Verfügung des Erblassers im öffentlichen Testament in 5A_850/2010 (Sachverhalt, A.; Article quatrième).
[189] Vgl. *Druey,* S. 47.
[190] Vgl. 5A_627/2012.
[191] Vgl. BK-*Eitel,* N. 19 der Vorbemerkungen vor Art. 626 ff. ZGB.

dagegen könnten sie von einem pflichtteilsberechtigten Erben mit der Herabsetzungsklage angefochten werden, worauf ihm aber einzig der Pflichtteil verbleibe (und ein nicht pflichtteilsberechtigter Erbe habe entweder die Verpflichtung hinzunehmen oder aber er verliere seinen Erbteil).[192]

Nach wie vor grundsätzlich als unzulässig gilt die Delegation der Zuweisungsbefugnis durch den Erblasser an Dritte, z.B. an den Willensvollstrecker.[193] Entsprechend besteht das Risiko, dass eine solche Anordnung wegen Verstosses gegen «das berüchtigte Prinzip der materiellen Höchstpersönlichkeit»[194] unbeachtlich ist.

5. Rechtsverhältnisse im Zeitraum nach dem Teilungsabschluss (Hinweise)[195]

5.1 Vorbemerkungen

Mitunter ist eine Erbschaft nur vermeintlich vollständig geteilt, sodass eine Nachteilung erforderlich wird (5.2). Diesfalls sind auch nach dem «Teilungsabschluss» noch nicht sämtliche Rechtsbeziehungen unter den Erben beendet. Dasselbe gilt ferner dann, wenn die Erbschaft tatsächlich vollständig geteilt ist (5.3).[196]

5.2 Nachteilung

Obwohl die Erben die Erbteilung angesichts der Unverjährbarkeit ihrer Teilungsansprüche (sehr) lange hinausschieben können, ist es durchaus denkbar, dass nach deren Abschluss noch weitere Erbschaftsgegenstände zum Vorschein kommen. In der Folge ist eine sog. Nachteilung durchzuführen. Sie kann zudem nicht nur Erbschaftsgegenstände betreffen, sondern auch Gegenstände, welche der Erblasser noch zu Lebzeiten (ganz oder teilweise)

---

[192] Vgl. einlässlich *Elmiger*, S. 29 ff., 134 ff., 157.
[193] Vgl. dazu zuletzt (einlässlich und differenzierend) *Elmiger*, § 10.
[194] *Druey*, S. 31.
[195] Vgl. zuletzt *Vouilloz*.
[196] Vgl. *Leuba*, S. 144; PraxKomm-*Mabillard*, N. 5 zu Art. 634 ZGB. Weiterführend *Tuor/Schnyder/Schmid/Rumo-Jungo*, § 86; *Steinauer*, N. 1396 ff. (siehe ferner auch vorn 3.4 a.E. und soeben 4.5).

unentgeltlich veräussert hat und die nun der Ausgleichung unterliegen.[197] Denn da die Ausgleichung eine Vorstufe der Erbteilung ist, sind auch die Ausgleichungsansprüche unverjährbar.[198]

5.3 Solidarische Haftbarkeit der Erben auch nach Teilungsabschluss[199]

Die Erben haften grundsätzlich solidarisch und unbegrenzt für die Schulden des Erblassers (vgl. Art. 560 Abs. 2 und Art. 603 Abs. 1 ZGB). Zudem dauert diese Haftung über den Zeitpunkt des Abschlusses der Erbteilung hinaus (Art. 639 Abs. 1 ZGB; vgl. auch die Abschnittsüberschrift: «Abschluss und Wirkung der Teilung»).[200] Dieser «grausamen Asymmetrie»[201] bzw. den damit verbundenen Risiken kann durch den Abschluss entsprechender Vereinbarungen mit den Gläubigern begegnet werden. Diese Option ist allerdings mehr theoretisch als praktisch relevant. Im Vordergrund steht daher das Recht aller Miterben zu «verlangen, dass die Schulden des Erblassers vor der Teilung der Erbschaft getilgt oder sichergestellt werden» (Art. 610 Abs. 3 ZGB).[202] Diesen Anspruch kann jeder Erbe auch im Rahmen eines Teilungsprozesses geltend machen, insbesondere als Vorausklage auf Tilgung der Nachlassschulden.[203]

---

[197] Vgl. BGE 67 II 207 und 75 II 258 E. 2.
[198] Vgl. BK-*Eitel*, N. 16 der Vorbemerkungen vor Art. 626 ff. ZGB.
[199] Dazu einlässlich *Weibel*, S. 79 ff.
[200] Vgl. *Wolf*, S. 236, 237 f.
[201] Vgl. *Druey*, S. 20.
[202] Vgl. *Leuba*, S. 143 f.; BSK-*Schaufelberger/Keller Lüscher*, N. 21 zu Art. 610 ZGB; *Tuor/Schnyder/Schmid/Rumo-Jungo*, § 82 N. 24; *Steinauer*, N. 1278.
[203] Vgl. *Brückner/Weibel*, N. 188 ff.

Les créanciers dans le contexte successoral

AUDE PEYROT

Sommaire

Bibliographie	359
1. Introduction	360
2. Les principes entourant la dévolution successorale	361
3. La responsabilité patrimoniale des héritiers et l'exécution forcée	362
4. Les limitations à la responsabilité personnelle des héritiers pour les dettes successorales	365
4.1 Le bénéfice d'inventaire (art. 580 ss CC)	365
4.2 La liquidation officielle de la succession (art. 593 ss CC)	367
4.2.1 A la demande d'un héritier (art. 593 CC)	367
4.2.2 A la demande des créanciers du défunt (art. 594 CC)	368
4.3 La répudiation (art. 566 ss)	369
4.3.1 En général	369
4.3.2 L'action des créanciers héréditaires pour les biens reçus par le répudiant	371
4.3.3 La remise en cause de la répudiation par les créanciers personnels de l'héritier	373
5. La responsabilité patrimoniale au moment du partage et au-delà	376
6. Quelques institutions particulières	377
6.1 Le pacte de renonciation	377
6.1.1 La protection des créanciers héréditaires	377
6.1.2 Quelle protection des créanciers personnels de l'héritier renonçant?	379
6.2 L'exhérédation	380
6.2.1 Exhérédation ordinaire (art. 477 ss CC)	380
6.2.2 Exhérédation préventive (art. 480 CC)	381
7. Conclusion	382

Bibliographie

Balthasar Bessenich, Basler Kommentar: Zivilgesetzbuch, Bd. 2: Art. 457–977 ZGB, Art. 1–61 SchlT ZGB, Bâle, 2011 (cité BSK-*Bessenich*); *Ernst Blumenstein*, Handbuch des Schweizerischen Schuldbetreibungsrechtes, Berne 1911; *Peter Breitschmid*, Basler Kommentar: Zivilgesetzbuch, Bd. 2: Art. 457–977 ZGB, Art. 1–61 SchlT ZGB, Bâle, 2011 (cité BSK-*Breitschmid*); *Gaspar Couchepin/Laurent Maire*, Commentaire du droit des successions, Berne, 2012 (cité Commentaire successions-*Couchepin/Maire*); *Antoine Eigenmann*, in: Commentaire du droit des successions, Berne, 2012 (cité Commentaire successions-*Eigenmann*; *Arnold Escher*, Kommentar zum schweizerischen Zivilgesetzbuch, Bd. 3, Das Erbrecht Abt. 1: Die Erben: Art. 457–536, 3ᵉ éd., Zurich 1959 (cité ZK-Escher); *Pierre-Robert Gilliéron*, L'exécution forcée ayant pour objet une somme d'argent ou des sûretés à fournir opérée par la poursuite pour dettes contre une communauté héréditaire, JdT 2009

II 97 ss (cité *Gilliéron,* communauté héréditaire); *le même,* Commentaire de la loi fédérale sur la poursuite pour dettes et la faillite: Articles 1–88, Lausanne (Payot), 1999 (cité *Gilliéron,* Commentaire); *Christian Gübeli,* Gläubigerschutz im Erbrecht, Zurich, 1999; *Jean Guinand/Martin Stettler/Audrey Leuba,* Droit des successions (art. 457–640 CC), Zurich, 2005; *Anouchka Hubert-Froidevaux,* Commentaire du droit des successions, Berne, 2012; *Ramon Mabillard,* Praxiskommentar, Erbrecht: Nachlassplanung, Nachlassabwicklung, Willensvorstreckung, Prozessführung, 2ᵉ éd., Bâle, 2011 (cité PraxKomm-*Mabillard*); *Jean-Daniel Martin,* Le juge de première instance et les procédures de faillites successorales, JdT 2009 II 31 ss; *Sandra Laydu Molinari,* La poursuite pour les dettes successorales, Lausanne 1999; *Denis Piotet,* La responsabilité pour le passif et le droit successoral, JdT 2009 II 3 ss; *Paul Piotet,* Traité de droit privé suisse: Droit successoral, Tome IV, Éditions Universitaires Fribourg, 2ᵉ éd., 1988 (cité *P. Piotet,* Traité); *le même,* La responsabilité du répudiant ou renonçant envers les créanciers successoraux comparée aux solutions des art. 193 CC et 285 ss LP, RNRF 74/1993 p. 73 ss (cité *P. Piotet,* responsabilité); *Jacques-André Reymond,* La poursuite contre une succession – la succession partie à la poursuite, JdT 2009 II 45 ss; *Nicolas Rouiller/Evelyne Gigax,* Commentaire du droit des successions, Berne, 2012 (cité Commentaire successions-*Rouiller/Gigax*); *Peter C. Schaufelberger,* Basler Kommentar: Zivilgesetzbuch, Bd. 2: Art. 457–977 ZGB, Art. 1–61 SchlT ZGB, Bâle, 2011 (cité BSK-*Schaufelberger*); *Henri-Robert Schüpbach,* Droit et action révocatoires: Commentaire des articles 285 à 292 de la Loi fédérale sur la poursuite pour dettes et la faillite du 11 avril 1889 modifiée le 16 décembre 1994, Bâle 1997; *Ivo Schwander,* Basler Kommentar: Zivilgesetzbuch, Bd. 2: Art. 457–977 ZGB, Art. 1–61 SchlT ZGB, Bâle, 2011 (cité BSK-*Schwander*); *Daniel Staehelin,* Sondervermögen und Haftung, in: Festgabe für Franz Hasenböhler, Zurich (Schulthess) 2004, p. 83 ss; *Paul-Henri Steinauer,* Le droit des successions, Berne 2006; *Peter Tuor/Vito Picenoni,* Berner Kommentar, Der Erbgang: Artikel 537–640 ZGB, Berne 1964 (cité BK-*Tuor/Picenoni*); *François Vouilloz,* La clôture et les effets du partage successoral, Jusletter du 21 novembre 2011; *Thomas Weibel,* Das Ende der Solidarhaftung der Erben, Bâle 2002; *Kurt Wissmann,* Basler Kommentar: Zivilgesetzbuch, Bd. 2: Art. 457–977 ZGB, Art. 1–61 SchlT ZGB, Bâle, 2011 (cité BSK-*Wissmann*).

1. Introduction

L'ouverture d'une succession peut mettre plusieurs types de créanciers en présence (créanciers du défunt, créanciers de la succession et créanciers des héritiers) lesquels font généralement valoir des prétentions parallèles, voir concurrentes, sur le patrimoine des héritiers ou sur le patrimoine successoral. La loi vise à réglementer les droits des uns et des autres, de même qu'elle cherche à permettre aux héritiers de limiter leur responsabilité patrimoniale face à ces créanciers, mais à l'interieur de certaines limites. La présente contribution se propose d'examiner ces deux axes.

Nous verrons ainsi successivement les principes entourant la dévolution successorale (ci-après 2.), la responsabilité patrimoniale des héritiers, notamment en vue de l'exécution forcée (ci-après 3.), les moyens de limiter cette responsabilité par le biais de l'acceptation sous bénéfice d'inventaire, de la liquidation officielle et de la répudiation (ci-après 4.), ainsi que le sort de la responsabilité patrimoniale au moment du partage de la succession, voire au-delà (ci-après 5.). Nous verrons aussi certaines institutions spécifiques, à l'instar de l'exhérédation préventive, et certains mécanismes de protection résiduels pour les créanciers lorsque la responsabilité patrimoniale de l'héritier a été restreinte, par le biais d'une répudiation (ci-après 4.3), d'un pacte abdicatif, voire d'une exhérédation (ci-après 6.).

2. Les principes entourant la dévolution successorale

En droit suisse, la dévolution successorale trouve son fondement dans l'art. 560 du Code civil (CC)[1], en vertu duquel les héritiers acquièrent la succession à titre universel et de plein droit. Ces deux notions traduisent le fait que les héritiers recueillent ensemble tous les actifs et passifs du défunt sans qu'aucun acte particulier de transfert ne soit nécessaire à cette fin[2]. Lorsqu'il y a plusieurs héritiers, ceux-ci forment dans cette perspective une communauté héréditaire, couramment désignée sous le terme d'«hoirie». Les droits et les obligations du défunt viennent former quant à eux une masse patrimoniale (dite «masse successorale»), qui sera soumise à un régime d'indivision tant et aussi longtemps que le partage n'aura pas eu lieu (cf. art. 602 al. 1 CC). Cette masse est juridiquement dénommée pour cette raison «succession indivise».

En présence de plusieurs héritiers, la masse successorale – dans la mesure où elle relève de la titularité de l'ensemble des héritiers – demeure distincte du patrimoine personnel de chacun d'eux. Il n'y a pas, en cas d'acceptation de la succession, de possibilité de fusion des patrimoines, puisque la titularité est différente (titularité collective des héritiers sur la masse successorale, titularité individuelle de chaque héritier sur son patrimoine propre)[3]. En revanche, en présence d'un héritier unique, aussi longtemps que celui-ci peut répudier la succession, la masse successorale constitue en ses mains un patrimoine dit «spécial» *(Sondervermögen),* expression qui se réfère au fait qu'elle forme un ensemble de biens à l'intérieur du patrimoine général de l'héritier, biens qui sont affectés à un but spécial et sont de ce fait soumis

---

[1] RS 210.
[2] Sur la succession universelle, cf. *P. Piotet,* Traité, p. 12 s.
[3] *Gilliéron,* communauté héréditaire, p. 103; *P. Piotet,* Traité, p. 15.

à un régime particulier[4]. Au moment où l'héritier accepte, par hypothèse, la succession, la masse successorale vient ensuite se fondre dans son patrimoine personnel (fusion des patrimoines)[5].

A l'ouverture de la succession, les actifs de la succession sont détenus par les héritiers – à supposer qu'ils soient plusieurs – dans le cadre d'une propriété en main commune, régime strict qui les empêche d'aliéner tout de partie des biens de la succession sans le consentement de tous (cf. art. 602 al. 2 CO). Par ailleurs, en même temps qu'ils recueillent les actifs du défunt, les héritiers sont tenus de ses dettes, lesquelles ne s'éteignent en principe pas avec le décès. La notion de «dettes successorales» ou «dettes héréditaires» couvre non seulement les dettes du défunt (cf. art. 603 al. 1 CC), mais aussi certaines dettes de la succession *stricto sensu,* i.e. les obligations qui sont survenues après le décès du *de cujus* à la charge de la communauté héréditaire (par ex. frais funéraires, frais de scellés et d'inventaire, etc.)[6]. La responsabilité des héritiers pour les dettes successorales et leurs dettes propres sera examinée plus en détail ci-après.

3. La responsabilité patrimoniale des héritiers et l'exécution forcée

Dans le contexte successoral suisse, les héritiers assument une responsabilité patrimoniale qui peut prendre des contours divers.

Premièrement, à supposer que les héritiers aient accepté la succession (par une acceptation pure et simple ou sous bénéfice d'inventaire), la loi leur impose une responsabilité patrimoniale pour les dettes successorales, laquelle revêt diverses caractéristiques. D'une part, cette responsabilité est personnelle et illimitée, de sorte que chaque héritier peut être recherché par les créanciers héréditaires sur l'intégralité de son patrimoine propre.

---

[4] Cf. *Laydu Molinari,* p. 10; *P. Piotet,* Traité, p. 12 et 17; *Staehelin,* p. 92.
[5] *Gilliéron,* communauté héréditaire, p. 103; *Laydu Molinari,* p. 10; *P. Piotet,* Traité, p. 17.
[6] Arrêt du TF 5A_881/2012 du 26 avril 2013 cons. 5.1; ATF 101 II 218 cons. 2; 93 II 11 cons. 2. Cf. aussi *P. Piotet,* Traité, p. 7. Cf. au surplus l'art. 639 CC qui fait perdurer la responsabilité solidaire au-delà du partage non seulement pour les dettes du défunt, mais aussi pour les dettes de la succession.

D'autre part, cette responsabilité est solidaire (art. 603 al. 1 CC)[7], ce qui signifie que chaque héritier peut être recherché pour le tout, quelle que soit la fraction qu'il touchera dans la succession, avec certes la possibilité de se retourner contre ses cohéritiers pour le trop-payé eu égard à sa part (cf. art. 640 CC), mais pour autant que ceux-ci ne soient pas insolvables ou hors d'atteinte. Cette responsabilité personnelle ne prend pas fin *ipso iure* avec le partage de la succession, mais peut au contraire se prolonger au-delà (cf. *infra* 4.). Sur le plan de l'exécution forcée, chaque héritier peut faire l'objet d'une poursuite individuelle pour les dettes successorales, une fois la succession acceptée.

Deuxièmement, à côté de cette responsabilité personnelle, les héritiers, qui sont ensemble titulaires de la masse successorale, doivent tolérer qu'une procédure d'exécution forcée puisse être dirigée contre le patrimoine commun. Les créanciers héréditaires ont en effet la possibilité d'entamer une poursuite contre la succession indivise, au sens de l'art. 49 de la loi sur la poursuite pour dettes et la faillite (LP)[8], afin d'obtenir la réalisation des biens de la succession. Cette norme a de quoi surprendre, puisque la succession indivise est par définition dépourvue de la capacité d'être partie, faute de bénéficier du préalable nécessaire, à savoir la personnalité juridique. Le législateur lui a néanmoins conféré la capacité d'être poursuivie *(Betreibungsfähigkeit)* au sens de la LP, avec pour conséquence que la poursuite sera concrètement dirigée contre la succession elle-même et non contre les membres de la communauté héréditaire[9]. Selon l'art. 65 al. 3 LP, les actes de

---

[7] Cette norme ne traite expressément que des dettes du défunt, mais il est admis qu'elle englobe également certaines dettes de la succession *stricto sensu*. Cf. références citées *supra* note 6.

[8] RS 281.1. Art. 49 LP: «Aussi longtemps que le partage n'a pas eu lieu, qu'une indivision contractuelle n'a pas été constituée ou qu'une liquidation officielle n'a pas été ordonnée, la succession est poursuivie au lieu où le défunt pouvait être lui-même poursuivi à l'époque de son décès et selon le mode qui lui était applicable.» Cf. aussi art. 59 al. 2 LP: «La poursuite commencée avant le décès peut être continuée contre la succession en conformité de l'art. 49 LP.» A propos du séquestre contre la succession, cf. *Reymond,* p. 56.

[9] ATF 116 III 4 cons. 2a: «[L]a succession peut être poursuivie en tant que telle sur la base de l'art. 49 LP, explicable historiquement, et ce sur les biens de la succession, à l'exclusion de la responsabilité personnelle des héritiers pour les dettes de celles- ci. Lors même qu'elle n'a pas la personnalité juridique et qu'elle repose sur la communauté des héritiers en main commune, une telle poursuite est néanmoins possible. Par l'art. 49 LP, le législateur a en effet conféré à la succession la capacité d'être poursuivie. Ce patrimoine séparé dispose ainsi de la légitimation passive dans la procédure de poursuite.» Cf. aussi ATF 102 II 385 = JdT 1978 I 34 cons. 2. Cf. encore *Staehelin,* p. 108; *Reymond,* p. 45. A noter que selon *Gilliéron,* Commentaire, N. 11 et N. 14 *ad* art. 49 LP, le patrimoine du

poursuite pourront être notifiés au représentant désigné de la succession ou, s'il n'existe pas de représentant connu, à l'un des héritiers. Il convient de relever qu'une telle poursuite contre la succession indivise en tant que telle n'est possible que tant que le partage n'a pas eu lieu ou qu'une indivision contractuelle n'a pas été constituée. Il faut par ailleurs que le délai de répudiation soit échu ou que la succession ait été acceptée à titre pur et simple ou sous bénéfice d'inventaire et que la liquidation officielle n'ait pas été ordonnée[10]. Après le partage, seule la responsabilité des héritiers sur leur patrimoine personnel perdure, le cas échéant (cf. *infra* 4.).

La situation des créanciers héréditaires – dont a vu qu'ils comprennent tant les créanciers du défunt que les créanciers de la succession *stricto sensu* – est avantageuse. Leurs créances sont, en effet, garanties non seulement par le patrimoine de chacun des héritiers, compte tenu de la responsabilité solidaire, personnelle et illimitée qui leur est imposée par la loi, mais également par la masse successorale elle-même. Sur le plan de l'exécution forcée, les créanciers héréditaires pourront introduire, pour la même dette, une ou plusieurs poursuites parallèles, à savoir: (i) une poursuite contre chaque héritier, à titre personnel, en vue de la réalisation des biens propres de l'héritier poursuivi[11], et (ii) une poursuite contre la succession indivise, au sens de l'art. 49 LP, qui tendra à la réalisation des biens de la succession.

Troisièmement, indépendamment de la succession, les héritiers restent tenus de leurs propres dettes à l'égard de leurs créanciers personnels. Ces dettes n'entretiennent pas de lien direct avec la succession; cela étant, les créanciers des héritiers nourrissent généralement des attentes quant à la part héréditaire devant échoir à leur débiteur à l'ouverture de la succession, en cas d'acceptation de celle-ci. Cela pose la question de savoir dans quelles circonstances les créanciers personnels des héritiers peuvent être légitimement déçus dans cette attente, par le biais d'une répudiation, d'une renonciation à la succession ou encore d'une exhérédation. Nous y reviendrons plus loin (cf. *infra* 4.3.3, 6.1.2 et 6.2).

---

défunt ne peut pas être le sujet de la poursuite, seule pouvant être visée la communauté héréditaire. Du même avis, *Laydu Molinari,* p. 157; *Schüpbach,* N. 8 ad art. 49 LP.

[10] ATF 116 III 4 = SJ 1990 p. 633 cons. 2a.
[11] Sur la coexistence de poursuites parallèles, cf. ATF 116 III 4 = SJ 1990 p. 633 cons. 2a: «Une poursuite déjà introduite avant le décès du de cujus peut être continuée contre la succession et ne s'éteint pas [références]. Les héritiers peuvent être eux-mêmes poursuivis parallèlement à la succession [référence], sous réserve certes de la condition prévue à l'art. 59 al. 3 LP.» Cf. aussi *Laydu Molinari,* p. 92 s; *Reymond,* p. 48.

Sur le plan de l'exécution forcée, les créanciers personnels des héritiers pourront rechercher leur débiteur sur les actifs qu'ils toucheront, le cas échéant, dans la succession, une fois le partage de la succession executé. Par ailleurs, il faut noter qu'avant le partage, il leur est permis à certaines conditions de saisir la part de la succession non partagée revenant à leur débiteur, puisqu'elle représente une valeur patrimoniale attribuable à l'héritier[12]. Sont applicables à cet égard les dispositions de l'Ordonnance du Tribunal fédéral concernant la saisie et la réalisation de parts de communauté du 17 janvier 1923 (OPC)[13].

4. Les limitations à la responsabilité personnelle des héritiers pour les dettes successorales

Le législateur a prévu des limitations à la responsabilité personnelle des héritiers pour les dettes successorales qui vont nécessairement de pair avec une acceptation restreinte, ou avec un refus de la succession. A cet égard, le bénéfice d'inventaire (art. 580 ss CC), la liquidation officielle (art. 593 CC) et la répudiation (art. 566 ss) sont autant de moyens de limiter, voire de supprimer, cette responsabilité patrimoniale. Ces institutions seront successivement examinées ci-après.

4.1 Le bénéfice d'inventaire (art. 580 ss CC)

Les héritiers qui ne connaissent pas précisément la composition de la masse successorale (en particulier la proportion de biens par rapport aux dettes) ou qui ont des doutes quant à sa solvabilité, ont intérêt à demander le bénéfice d'inventaire au sens des art. 580 ss CC. Cette mesure poursuit un but informatif, en tant qu'elle vise à renseigner les héritiers sur l'existence et la valeur des actifs et passifs qui composent la succession, afin de leur permettre de se déterminer sur cette dernière[14].

---

[12] Cf. ATF 130 III 652 = JdT 2005 II 134. Quant aux modes de réalisation d'une part héréditaire, cf. en particulier ATF 135 III 179 (fr.).
[13] RS 281.41.
[14] *P. Piotet,* Traité, p. 714; *Steinauer,* p. 484, N. 1006; BSK-*Wissmann,* N 4 ad Vorbemerkungen zu Art. 580–592 CC.

Seul l'héritier qui a la faculté de répudier peut demander le bénéfice d'inventaire (art. 580 al. 1 CC). Cela résulte logiquement du fait que cette mesure tend à éclairer l'héritier sur l'état de la succession et l'opportunité d'une répudiation. La demande doit être formée auprès de l'autorité compétente dans un délai d'un mois (art. 580 al. 2 CC)[15]. Cette autorité a ensuite la tâche d'établir l'inventaire, qui consiste à dresser un état de l'actif et du passif de la succession, avec estimation de tous les biens (art. 581 CC). Elle y procédera elle-même, à moins que le droit cantonal l'autorise à confier cette tâche à un notaire[16].

La loi prévoit diverses mesures en vue de l'établissement du passif successoral. Un devoir d'information pèse tout d'abord sur toute personne disposant de renseignements sur la situation financière du défunt, sur requête de l'autorité chargée de l'inventaire (art. 581 al. 2 CC). Les héritiers, en particulier, ont une obligation de signaler spontanément les dettes du défunt à eux connues. L'autorité est, en outre, tenue d'inventorier d'office les créances qui résultent des papiers du défunt et des registres publics (art. 583 al. 1 CC), par quoi il faut entendre non seulement les registres publics (à l'instar du registre foncier, du registre des pactes de réserve de propriété, du registre des bateaux et des aéronefs), mais aussi le registre des poursuites. La doctrine n'est pas unanime quant à la consultation de ce dernier registre[17], mais il ne semble pas y avoir de raison de l'exclure, compte tenu du but du bénéfice d'inventaire qui est de donner une vue aussi claire et complète que possible sur l'état de la succession. Au surplus, pour les autres dettes qui ne seraient pas apparues au moyen des mesures précitées, la loi impose des sommations publiques, par lesquelles l'autorité invite les créanciers à produire leurs créances dans un délai déterminé, sous peine de forclusion (art. 582 CC).

Une fois les délais de production échus, l'autorité clôt l'inventaire et le met à disposition de tout intéressé pour consultation (art. 584 CC). Tous renseignés qu'ils sont désormais sur l'état de la succession, les héritiers seront

---

[15] A Genève, l'autorité compétente pour ordonner le bénéfice d'inventaire est le juge de paix (cf. art. 3 al. 1 lit. h de la loi d'application du Code civil suisse et d'autres lois fédérales en matière civile [LaCC]).

[16] Selon la réglementation genevoise (cf. art. 112 al. 1 LACC), le juge de paix doit désigner un notaire aux fins d'établir l'inventaire.

[17] Favorables à la prise en compte du registre des poursuites: ATF 38 I 299 = JT 1912 II 130, mentionné à l'ATF 116 III 4 = SJ 1990 p. 633; cf. aussi Commentaire successions-*Couchepin/Maire,* N. 7 ad art. 581 CC; *Steinauer,* p. 488, N. 1020b; BK-*Tuor/Picenoni,* N. 2 ad art. 583 CC. Plus nuancé: P. *Piotet,* Traité, p. 720. ZK-*Escher,* N. 2 ad art. 583 CC, exclut en revanche clairement le registre des poursuites du champ de l'art. 583 CC.

sommés par l'autorité de se déterminer dans le mois qui suit la clôture, sous réserve d'une prolongation de délai (art. 587 al. 1 et 2 CC). Les héritiers pourront alternativement accepter la succession, que ce soit à titre pur et simple ou sous bénéfice d'inventaire, demander la liquidation officielle, ou la répudier.

En cas d'acceptation de la succession sous bénéfice d'inventaire, la succession passe à l'héritier avec tous les actifs, qu'ils aient été inventoriés ou non, et avec les seules dettes portées à l'inventaire (art. 589 CC). Par voie de conséquence, la responsabilité des héritiers se trouve *quantitativement* limitée aux dettes de l'inventaire, à l'exclusion de celles qui n'y figurent pas (cf. art. 590 al. 1 CC). Tel est précisément le second objectif du bénéfice d'inventaire, en sus de sa fonction informative. En revanche, cette responsabilité n'est pas modifiée *qualitativement,* puisqu'elle continue de s'exercer sur le patrimoine personnel de chaque héritier de façon illimitée et solidaire avec les autres, en sus de porter sur la masse successorale (cf. art. 589 al. 3 CC). Quant au créancier qui n'a pas produit à temps dans le délai imparti par sommation publique, il est définitivement déchu du droit de faire valoir sa créance (art. 590 al. 1 CC).

Tant pour les héritiers que pour les créanciers, il faut toutefois compter avec les exceptions suivantes: chaque héritier reste obligé, jusqu'à concurrence de son enrichissement, envers les créanciers qui ont omis – sans faute – de produire dans le délai ou dont la créance n'a pas été inventoriée par omission de l'autorité (590 al. 2 CC). Les héritiers restent également tenus des créances garanties au moyen de gages grevant la succession (art. 590 al. 3 CC), de même que des créances de droit public, à l'instar des créances fiscales, puisque celles-ci sont dues indépendamment de leur inventorisation[18].

4.2 La liquidation officielle de la succession (art. 593 ss CC)

4.2.1 A la demande d'un héritier (art. 593 CC)

La liquidation officielle des art. 593 ss CC est un autre moyen pour les héritiers de limiter leur responsabilité. Relativement peu utilisée en pratique, la mesure tend à régler le passif au moyen de l'actif successoral, le solde éventuel passant ensuite aux héritiers[19].

---

[18] Cf. ATF 102 Ia 403 = JdT 1978 II 98 cons. 4. Cf. aussi *Steinauer,* p. 497, N. 1041.
[19] *P. Piotet* (Traité), p. 733 et p. 735; *Steinauer,* p. 506, N. 1065.

La liquidation officielle doit être distinguée de diverses autres institutions. Elle se différencie de l'acceptation sous bénéfice d'inventaire par le fait que la responsabilité des héritiers pour les dettes successorales est confinée aux seuls biens de la succession, à l'exclusion de leur patrimoine personnel qui demeure ainsi hors d'atteinte. C'est ce qu'exprime l'art. 593 al. 3 CC en prévoyant qu'«[e]n cas de liquidation officielle, les héritiers ne répondent pas des dettes de la succession». La liquidation officielle se démarque, par ailleurs, de la répudiation en raison du fait que l'héritier n'est pas déchu de sa vocation successorale. Elle représente ainsi une forme d'acceptation de la succession, ce qui peut présenter un intérêt pour les héritiers ne souhaitant pas renoncer à leur statut, de peur de désavouer le défunt. Au surplus, la liquidation officielle ne doit pas être confondue avec la liquidation de la succession répudiée au sens de l'art. 573 al. 2 CC, laquelle relève directement de la compétence de l'office des faillites. La liquidation officielle incombe au contraire à l'autorité successorale, qui peut commettre un notaire à cette fin. Il n'empêche que, si, en cours de liquidation officielle, la succession se révèle insolvable, sa liquidation sera alors assumée par l'office des faillites (cf. art. 597 CC).

La liquidation officielle peut être requise par tout héritier (art. 593 al. 1 CC) dans le même délai que la répudiation[20] auprès de l'autorité compétente[21]. Elle sera ordonnée à condition qu'aucun d'eux n'ait accepté purement et simplement la succession (art. 593 al. 2 CC). La procédure est régie aux art. 595 à 597 CC. Elle implique notamment pour l'autorité compétente – ou pour le liquidateur désigné à cette fin (cf. art. 595 al. 1 CC) – d'établir un inventaire avec sommation publique (art. 595 al. 2 CC), de régler les affaires courantes du défunt, d'exécuter ses obligations, de recouvrer ses créances, d'acquitter les legs dans la mesure de l'actif et de réaliser les biens (art. 596 al. 1 CC), puis de remettre le solde actifs aux héritiers en vue du partage.

4.2.2 A la demande des créanciers du défunt (art. 594 CC)

Il est intéressant de noter que la liquidation officielle peut également être ordonnée à la demande des créanciers du défunt sur la base de l'art. 594 CC, à l'exclusion des créanciers de la succession ou des héritiers[22]. L'in-

---

[20] *Steinauer,* p. 503, N. 1056.
[21] A Genève, il s'agit du juge de paix (cf. art. 3 al. 1 lit. i LACC).
[22] Commentaire successions-*Couchepin/Maire,* N. 7 et 8 ad art. 594 CC; *P. Piotet,* Traité, p. 736; *Steinauer,* p. 504, N. 1058a; BK-*Tuor/Picenoni,* N. 7 ad art. 594 CC.

térêt de cette mesure réside dans le fait que les actifs du *de cujus* serviront à couvrir en priorité les passifs de ce dernier, avec pour conséquence que les créanciers du défunt seront payés sur la masse successorale avant toute autre personne, notamment avant les créanciers des héritiers[23]. C'est ainsi une mesure à laquelle il faut songer en pratique lorsque la succession est solvable et que les héritiers ne le sont pas, puisque les créanciers des héritiers n'auront accès à la masse successorale que si les créanciers du défunt sont entièrement intéressés[24].

Pour obtenir cette mesure, les créanciers du défunt doivent agir dans un délai de trois mois à partir du décès ou de l'ouverture du testament et démontrer qu'ils ont des raisons sérieuses de craindre (i) qu'ils ne seront pas payés, par exemple en raison de l'insolvabilité ou du domicile à l'étranger des héritiers[25], et (ii) qu'ils n'ont pas obtenu d'être désintéressés ou que des sûretés soient fournies, malgré une demande correspondante (art. 594 al. 1 CC).

La liquidation officielle demandée par un créancier a pour effet de soustraire le règlement de la succession aux héritiers. Notamment, si la mesure est ordonnée, les actifs de la succession pourront, en tant que de besoin, être réalisés par l'autorité en charge de la liquidation (cf. art. 596 al. 1 et 2 CC), et ce sans leur consentement. Le seul moyen d'éviter la liquidation officielle consiste pour les héritiers à désintéresser les créanciers, ou à tout le moins à leur fournir des sûretés suffisantes (cf. art. 594 al. 1 CC).

4.3 La répudiation (art. 566 ss)

4.3.1 En général

La répudiation de la succession au sens des art. 566 ss CC est le moyen le plus radical pour les héritiers (légaux ou institués) d'échapper à leur responsabilité pour les passifs successoraux. Elle a vocation à s'appliquer dans les cas où la succession est insolvable, ce qui peut notamment être mis à jour par le biais d'un bénéfice d'inventaire (art. 580 ss CC). Elle équivaut à une renonciation pure et simple à la succession et, avec elle, au statut d'héritier[26]. Avec pour conséquence que l'héritier ne pourra, à quelques rares

---

[23] *Steinauer*, p. 503, N. 1057.
[24] *P. Piotet*, Traité, p. 733.
[25] ZK-*Escher*, N. 8 ad art. 594 CC; BSK-*Karrer*, N. 5 ad art. 594 CC; *P. Piotet*, Traité, p. 740; *Steinauer*, p. 504, N. 1060; BK-*Tuor/Picenoni*, N. 12 ad art. 594 CC.
[26] *P. Piotet*, Traité, p. 516.

exceptions près, être recherché solidairement avec plus les autres héritiers sur son patrimoine personnel.

La répudiation s'opère en principe par le biais d'une déclaration écrite ou verbale de l'héritier (sans réserves ni conditions) à l'autorité compétente (art. 570 al. 1 et 2 CC), dans un délai de trois mois (art. 567 al. 1 CC) à partir respectivement des moments suivants: (i) pour un héritier légal, dès la connaissance du décès ou dès la connaissance ultérieure de la qualité d'héritier (art. 567 al. 2 *ab initio*), (ii) pour un héritier institué, dès qu'il a été informé officiellement de la disposition testamentaire en sa faveur (art. 567 al. 2 *in fine*), (iii) en cas d'inventaire conservatoire au sens de l'art. 553 CC[27], dès que la clôture de l'inventaire a été portée à la connaissance des héritiers, qu'ils soient légaux ou institués (art. 568 CC). Il apparaît ainsi qu'en sollicitant l'inventaire conservatoire précité, le délai de répudiation peut être prolongé d'autant[28]. Au-delà de cette hypothèse, les héritiers peuvent s'adresser à l'autorité compétente, qui en cas de justes motifs[29] pourra soit accorder une prolongation de délai, soit – lorsque le délai est déjà échu – fixer un nouveau délai aux héritiers (art. 576 CC).

La nécessité pour les héritiers de répudier la succession *via* une déclaration expresse connaît une exception à l'art. 566 al. 2 CC, qui pose une présomption de répudiation («la succession est censée répudiée») lorsque l'insolvabilité du défunt était notoire ou officiellement constatée à l'époque du décès[30], typiquement en raison d'une faillite pendante au moment du décès ou de l'existence d'actes de défaut de biens[31]. Dans un tel cas, si les héritiers souhaitent conserver la succession, ils doivent le déclarer expressément à

---

[27] La norme ne s'applique pas au bénéfice d'inventaire au sens des art. 580 ss CC, ni à l'inventaire fiscal. Cf. à cet égard BSK-*Schwande*r, N. 2 ad art. 568 CC.
[28] *Steinauer*, p. 468 s., N 973f.
[29] *P. Piotet*, Traité, p. 516, cite notamment comme exemples de justes motifs la maladie, une succession complexe, le fait qu'un héritier a demandé la liquidation officielle, alors qu'elle était exclue en raison de l'acceptation pure et simple de la succession par un autre héritier. En revanche, selon la jurisprudence claire, une simple négligence ne peut donner lieu à une restitution de délai. Cf. à cet égard arrêt du TF 5A_594/2009 du 20 avril 2010 cons. 3; ATF 114 II 220 (fr.) cons. 2.
[30] La version allemande de l'art. 566 al. 2 CC mentionne, quant à elle, l'incapacité de paiement du *de cujus (Zahlungsunfähigkeit)*. Selon divers auteurs, il faut donner raison à la version française et retenir l'insolvabilité du défunt, soit le dépassement de ses actifs par ses passifs. Cf. notamment *P. Piotet*, Traité, p. 524; Commentaire successions-*Rouiller/Gigax*, N. 24 ad art. 566 CC; *Steinauer*, p. 473, N. 981b. Sur cette thématique, cf. ZK-*Escher*, N. 16 ad art. 566 CC.
[31] *Guinand/Stettler/Leuba*, p. 224, N. 462; *P. Piotet*, Traité, p. 525; BSK-*Schwander*, N. 7 ad art. 566 CC; *Steinauer*, p. 473, N. 981b.

l'autorité compétente[32]. A défaut, l'autorité compétente informe le juge de la faillite (art. 193 al. 1 ch. 1 LP) qui ordonnera la liquidation de la succession conformément aux règles de la faillite (art. 193 al. 2 LP)[33].

Lorsque la présomption de répudiation au sens de l'art. 566 al. 2 CC n'opère pas et que les héritiers n'ont pas répudié dans le délai imparti, ils acquièrent purement et simplement la succession (art. 571 al. 1 CC). Ils assumeront alors une responsabilité pleine et entière pour les dettes successorales. L'on relèvera en outre que si l'héritier a l'intention de répudier la succession, il doit s'abstenir de s'immiscer dans les affaires de la succession au-delà des actes nécessaires, car à défaut il sera déchu de son droit de répudier (art. 571 al. 2 CC).

L'héritier qui a répudié pense généralement qu'il est à l'abri de toute responsabilité pour les dettes successorales. Cela n'est pas entièrement vrai, puisqu'il doit en réalité compter avec certains mécanismes de protection en faveur des créanciers héréditaires (ci-après 4.3.2) et des créanciers de l'héritier (ci-après 4.3.3).

4.3.2 L'action des créanciers héréditaires pour les biens reçus par le répudiant

D'une façon générale, la répudiation est susceptible de porter préjudice aux intérêts des créanciers héréditaires, dans la mesure où ils se voient privés de la garantie patrimoniale qu'aurait constitué à défaut le patrimoine personnel de chaque héritier. Cette situation est parfaitement admissible et constitue même le but de la répudiation des art. 566 ss CC. La situation devient, en revanche, problématique lorsque la succession est insolvable et que l'héritier répudiant a reçu, du vivant du *de cujus,* des biens, qu'il n'aura pas besoin de rapporter dans la succession, compte tenu de sa déclaration de répudiation[34]. La loi cherche à remédier à cette situation à l'art. 579 CC, dont la teneur est la suivante: «[l]es créanciers d'une succession insolvable peuvent rechercher les héritiers, nonobstant leur répudiation, dans la mesure où ceux-ci ont reçu du défunt, pendant les cinq ans qui ont précédé le décès, des biens qui eussent été sujets à rapport en cas de partage.» La norme confère ainsi aux créanciers un moyen d'action qui peut entrer en ligne de compte lorsque le *de cujus* a vidé son patrimoine de sa substance,

---

[32] Commentaire successions-*Rouiller/Gigax,* N. 23 ad art. 566 CC.
[33] Sur le déroulement de la procédure, cf. *Martin,* p. 31 ss et *Laydu Molinari,* p. 56 ss.
[34] BK-*Tuor/Picenoni,* N. 2 ad art. 579 CC.

de façon délibérée ou non, en disposant de ses biens dans les années précédant son décès.

Il est admis que l'action de l'art. 579 CC est ouverte aux créanciers du défunt. La question est en revanche controversée de savoir si elle est aussi accessible aux créanciers de la succession *stricto sensu*[35]. L'action prévue par l'art. 579 CC est, au surplus, soumise à des conditions strictes[36]: (1) la succession doit être insolvable au moment de son ouverture, (2) les biens doivent avoir été reçus par les héritiers répudiants dans les 5 ans qui précèdent le décès et (3) ces biens auraient été soumis à rapport en l'absence de répudiation, *i.e.* ils se qualifieraient comme avancements d'hoirie selon l'intention du défunt[37]. L'action est ouverte aussi longtemps que les prétentions des créanciers contre la succession ne sont pas prescrites[38]. Les effets de l'action sont fonction de la bonne ou mauvaise foi de l'héritier[39]: dans le premier cas, le défendeur n'est tenu que dans la mesure de son enrichissement (art. 579 al. 3 CC), dans le second, il est tenu de la valeur des biens en cause[40].

La question se pose de savoir si le testateur a la possibilité de courcircuiter par avance cette responsabilité résiduelle des héritiers répudiants en prévoyant expressément une dispense de rapport au sens de l'art. 626 al. 2 CC. Selon le Tribunal fédéral, la réponse est affirmative[41]. Notre Haute Cour considère en effet que l'art. 579 CC n'est plus applicable dans ce cas, puisque la dispense de rapport fait perdre à la libéralité son caractère

---

[35] Favorable à cette solution: not. *Steinauer*, p. 480, N. 999. Défavorables: ZK-*Escher*, N. 1 ad art. 579 CC; Commentaire successions-*Rouiller/Gygax,* N 7. ad art. 579 CC.

[36] Selon BK-*Tuor/Picenoni,* N. 2 ad art. 579 CC, la responsabilité de l'héritier répudiant est secondaire, en ce sens que les créanciers doivent d'abord aller rechercher les héritiers qui ont accepté la succession; alternativement, si tous ont répudié, les héritiers ne répondent que pour le solde non couvert après liquidation au sens l'art. 573 CC. *Contra:* ZK-*Escher,* N. 13 ad art. 579 CC, qui voit au contraire une responsabilité immédiate de l'héritier répudiant, la loi ne prévoyant pas le caractère subsidiaire de la responsabilité contrairement à l'art. 497 CC.

[37] Cf. ATF 131 III 49 = JdT 2006 I 281, qui a ainsi tranché une controverse doctrinale quant à la question de savoir si les avancements d'hoirie se définissaient de façon objective uniquement ou d'après la volonté du défunt. Sur cette controverse, cf. *P. Piotet,* responsabilité, p. 74 s.

[38] ATF 131 III 49 = JdT 2006 I 281 cons. 3.1.

[39] Selon la doctrine, il y a mauvaise foi lorsqu'au moment de l'avancement d'hoirie le gratifié savait ou devait savoir que la libéralité était susceptible d'empêcher les créanciers successoraux d'être payés. Cf. aussi ZK-*Escher,* N. 13 ad art. 579 CC; *P. Piotet,* Traité, p. 574; BK-*Tuor/Picenoni,* N. 29 ad art. 579 CC.

[40] *P. Piotet,* responsabilité, p. 73; BK-*Tuor/Picenoni,* N. 22 ad art. 579 CC.

[41] ATF 131 III 49 = JdT 2006 I 281 cons. 4.3.

d'avancement d'hoirie. Et le Tribunal fédéral de considérer qu'il n'y a pas là d'abus de droit du testateur[42]. Quoi qu'il en soit, si les créanciers ne peuvent plus faire usage de l'art. 579 CC en présence d'une dispense de rapport, ils peuvent en revanche se prévaloir de l'action révocatoire aux conditions des art. 285 ss LP, laquelle conserve toute sa pertinence[43]. En cas de succès de l'action, l'aliénation des biens en faveur des héritiers répudiants sera ainsi révoquée en faveur du créancier demandeur.

4.3.3 La remise en cause de la répudiation par les créanciers personnels de l'héritier

Les créanciers personnels d'un héritier sont lésés, quant à eux, lorsque leur débiteur est insolvable et qu'il répudie une succession qui est, elle, parfaitement solvable. Dans un tel cas, ils se voient en effet privés d'un possible désintéressement sur les biens de la succession, qui seraient à défaut tombés en mains de l'héritier débiteur et auxquels ils auraient pu accéder après le partage de la succession, voire même avant[44]. L'art. 578 CC vise à remédier à cette situation par la réglementation suivante: «[l]orsqu'un héritier obéré répudie dans le but de porter préjudice à ses créanciers, ceux-ci ou la masse en faillite ont le droit d'attaquer la répudiation dans les six mois, à moins que des sûretés ne leur soient fournies». Les effets de la répudiation peuvent donc être remis en cause par le biais d'une action en annulation[45] dans le délai indiqué, sauf fourniture de sûretés.

La qualité pour agir appartient aux créanciers personnels de l'héritier répudiant ou, si ce dernier a été déclaré en faillite, à la masse en faillite[46]. Selon la jurisprudence récente, tranchant par là une controverse persistante, l'action doit être dirigée contre le répudiant, et non contre ceux qui ont profité

---

[42] ATF 131 III 49 = JdT 2006 I 281 cons. 4.3.4: «La dispense de rapport du de cujus ne constitue pas en soi un abus de droit. C'est le comportement du de cujus qui doit pouvoir être qualifié d'abus de droit dans la mesure où il tend à porter intentionnellement préjudice aux créanciers. Si tel est le cas, ce n'est plus la situation de fait prévue à l'art. 579 CC et relative à la répudiation des héritiers qui est concernée, mais bien, éventuellement, celle de l'action paulienne, qui se greffe sur un comportement déterminé du débiteur (cons. 4.2 précisément).»

[43] ATF 131 III 49 = JdT 2006 I 281 cons. 4.2.

[44] L'on rappellera la possibilité pour les créanciers personnels de l'héritier d'introduire une poursuite sur une part indivise (cf. *supra* 3).

[45] ATF 138 III 497 = JdT 2013 II 219.

[46] P. Piotet, p. 577; BSK-*Schwander*, N. 6 ad art. 578 CC; *Steinauer*, p. 478, N. 993.

de la répudiation[47]. L'action suppose en outre de démontrer (1) que l'héritier répudiant est obéré, en ce sens que ses passifs dépassent ses actifs, (2) qu'il a eu l'intention de porter préjudice à ses créanciers en répudiant la succession[48] et (3) que des sûretés n'ont pas été fournies[49].

Si l'action en annulation aboutit, la succession sera soumise à liquidation officielle, conformément à l'art. 578 al. 2 CC. Avec pour conséquence que les actifs du défunt seront réalisés pour couvrir ses passifs (cf. *supra* 4.2). La mesure ne sert donc pas immédiatement les créanciers personnels de l'héritier insolvable, mais seulement si et dans la mesure où un solde de liquidation demeure après paiement des dettes du défunt et de la succession, et après exécution des legs. L'éventuel solde fera alors l'objet d'un partage entre les héritiers au *pro rata* de leur part successorale, la portion revenant théoriquement à l'héritier répudiant revenant aux créanciers qui ont intenté l'action en annulation, puis aux autres créanciers de l'héritier, et enfin aux cohéritiers (à l'exclusion de l'héritier répudiant lui-même)[50]. Au surplus, en cas de succès de l'action, le répudiant ne réintègre pas pour autant son statut d'héritier. En d'autres termes, il aura perdu non seulement tout droit sur sa part successorale mais aussi sa vocation héréditaire.

Si les cohéritiers de l'héritier, dont la répudiation est menacée d'annulation, veulent échapper à la liquidation officielle – dont on sait qu'elle aurait pour inconvénient de leur faire perdre le contrôle sur l'administration de la succession pourtant solvable (cf. *supra* 4.2)[51] – ils n'auront d'autre choix que de procéder eux-mêmes à la fourniture de sûretés.

Il convient de souligner que les créanciers personnels de l'héritier lésé par une répudiation ont en outre à leur disposition l'action révocatoire des

---

[47] ATF 138 III 497 = JT 2013 II 219 cons. 3.1: «La question controversée en doctrine a déjà été tranchée dans l'arrêt publié in ATF 55 II 18 cons. 3 p. 19 = JdT 1929 I 433 ss en ce sens que l'action doit être dirigée exclusivement contre l'héritier qui répudie. Il n'y a aucune raison de revenir sur cette jurisprudence, même sous le point de vue que le TF a motivé son arrêt en relevant que la répudiation est un acte unilatéral.» Cf. aussi *Steinauer,* p. 478, N. 994, BK-*Tuor/Piceononi,* N. 6 ad art. 578 CC. Reconnaissent en revanche la qualité pour défendre à ceux qui ont profité de la répudiation: not. ZK-*Escher,* N. 10 ad art. 578 CC; *Gübeli,* p. 107; *P. Piotet,* Traité, p. 577.
[48] Commentaire successions-*Hubert-Froidevaux,* N. 5 ad art. 578 CC.
[49] *Steinauer,* p. 478, N. 995.
[50] Commentaire successions-*Hubert-Froidevaux,* N. 9 ad art. 578 CC; ZK-*Escher,* N. 17 et 22 ad art. 578 CC, BSK-*Schwander,* N. 11 ad art. 578 CC; *Steinauer,* p. 479, N. 997b; BK-*Tuor/Piceononi,* N. 30 ad art. 578 CC.
[51] *P. Piotet,* Traité, p. 576.

art. 285 ss LP[52]. Selon l'art. 291 LP, cette action doit être dirigée contre celui qui a profité de la répudiation[53]. Il en résulte que l'art. 578 CC ne constitue pas une *lex specialis* par rapport à l'art. 291 LP, puisque la qualité pour défendre est différente d'une action à l'autre. L'action révocatoire diverge en outre de l'art. 578 CC quant à ses conditions et ses effets. Elle suppose en effet que le demandeur à l'action soit en possession d'actes de défaut de biens après saisie contre l'héritier répudiant ou que ce dernier soit tombé en faillite (cf. art. 285 al. 1). Elle suppose par ailleurs un cas de révocation au sens des art. 286 à 288 LP, dont il faudra examiner les conditions particulières. Si elle aboutit, elle servira plus directement les intérêts du créancier demandeur, puisque sa conséquence juridique n'est pas la liquidation officielle, mais bien l'exécution forcée sur les biens en cause que le défendeur à l'action devra tolérer.

En particulier, la répudiation d'une succession qui profite aux autres héritiers (cf. art. 572 CC) équivaut, selon le Tribunal fédéral, à une disposition à titre gratuit au sens de l'art. 286 LP[54]. La répudiation peut également tomber sous le coup de l'art. 288 LP[55], si l'héritier insolvable a répudié dans les cinq ans qui ont précédé sa saisie ou sa faillite, dans l'intention reconnaissable par l'autre partie de porter préjudice à ses créanciers. Conformément à l'art. 290 LP, l'action révocatoire doit être dirigée contre les personnes qui ont conclu avec le débiteur des actes soumis à révocation ou qui ont été favorisé par lui d'une manière contestable[56], soit en l'occurrence contre les héritiers qui ont bénéficié de la répudiation.

---

[52] Sur la possibilité d'introduire des actions concurrentes, cf. ATF 138 III 497 = JT 2013 II 219 cons. 6: «Ensuite, les actions révocatoires peuvent être exercées en supplément des actions en annulation du droit des successions, comme cela ressort déjà du message à l'appui de la LP.» Cf. en outre *Steinauer*, p. 477, N. 992a; BK-*Tuor/Picenoni*, N. 5 ad art. 578 CC. *Contra:* notamment *D. Piotet*, p. 17; *P. Piotet*, Traité, p. 576.

[53] Cf. aussi Commentaire successions-*Hubert-Froidevaux*, N. 3 ad art. 578 CC.

[54] ATF 138 III 497 = JT 2013 II 219 cons. 6.3: «La répudiation d'une succession (qui a de la valeur) signifie en effet une disposition à titre gratuit en faveur de tiers dans la mesure où une situation de fortune acquise en vertu de la succession universelle (cf. art. 560 al. 1 CC) est par là même abandonnée et conduit à un accroissement correspondant des biens des autres héritiers. On peut parler ici sans autre explication d'un acte d'attribution qui du moins économiquement porte sur les biens du répudiant et qui conduit en même temps à l'égard des créanciers de l'héritier répudiant à une ‹soustraction de biens› prohibée au sens de l'art. 285 al. 1er LP.» Cf. aussi *Blumenstein*, p. 877; *Schüpbach*, N. 38 ad art. 286 LP.

[55] Commentaire successions-*Hubert-Froidevaux*, N. 9 ad art. 578 CC; BK-*Tuor/Picenoni*, N. 5a ad art. 578 CC.

[56] ATF 138 III 497 = JdT 2013 II 219 cons. 6.1.

5. La responsabilité patrimoniale au moment du partage et au-delà

Le partage de la succession porte sur tout ou partie des actifs qui la composent. En revanche, il ne doit pas nécessairement porter sur les dettes successorales. Si les héritiers décident de régler le sort des passifs, ils peuvent convenir d'une répartition entre eux. Il convient de souligner ici qu'une telle répartition équivaut à un arrangement purement interne qui n'est nullement opposable aux créanciers[57].

Du point de vue des créanciers héréditaires, la loi fait perdurer la responsabilité solidaire des héritiers même au-delà du partage, ainsi que le prévoit l'art. 639 al. 1 CC: «[l]es héritiers sont tenus solidairement, même après le partage et sur tous leurs biens, des dettes de la succession, à moins que les créanciers de celles-ci n'aient consenti expressément ou tacitement à la division ou à la délégation de ces dettes.» Dès lors – comme avant le partage – chaque héritier peut être recherché sur tous ses biens personnels, et ce malgré le fait que la communauté héréditaire a pris fin et que la succession a été partagée. Avec cette précision qu'après le partage, les créanciers ne peuvent plus s'en prendre à la succession en tant que telle au sens de l'art. 49 LP[58] (cf. *supra* 3.), de sorte que les héritiers restent seuls responsables des dettes successorales impayées. Cette responsabilité solidaire perdure pendant cinq ans à compter du partage ou de l'exigibilité postérieure de la créance (art. 639 al. 2 CC). Au-delà de ces cinq ans, les dettes qui seraient par hypothèse soumis à un délai de prescription plus long incomberont aux héritiers au seul *pro rata* de leur part héréditaire[59], et non plus de façon solidaire pour le tout.

En vue d'éliminer cette responsabilité solidaire au-delà du partage, les héritiers bénéficient de deux moyens alternatifs. En premier lieu, ils peuvent rechercher le consentement tacite ou exprès des créanciers quant à la répartition des dettes entre les héritiers ou à la délégation d'une dette à tel ou tel héritier (cf. art. 639 al. 1 CC). Dans un tel cas, le créancier qui a adhéré à la prise en charge de sa créance par un héritier déterminé ne pourra plus aller

---

[57] BK-*Tuor/Picenoni*, N. 3 ad art. 639 CC; *Vouilloz*, N. 211 et 217.
[58] BK-*Tuor/Picenoni*, N. 1 ad art. 639 CC.
[59] ZK-*Escher*, N. 19 et 21 ad 639 CC; *P. Piotet*, Traité, p. 586; BSK-*Schaufelberger*, N. 19 ad art. 639 CC; *Steinauer*, p. 647, N. 1400; *Vouilloz*, N. 225. A noter que selon BK-*Tuor/Picenoni*, N. 19 ss ad art. 639 CC; PraxKomm Erbrecht-*Mabillard*, N. 15 ad art. 639 CC et *Weibel*, p. 207 ss, la responsabilité est déterminée par les conventions internes.

rechercher les autres en paiement. Ce système semble toutefois délicat à mettre en œuvre en présence d'un ou plusieurs héritier(s) insolvable(s). Le second moyen consiste pour chacun des héritiers à exiger le paiement ou la garantie de toutes les dettes successorales avant même que le partage ne soit effectué (art. 610 al. 3 CC), de façon à régler une fois pour toutes le sort du passif successoral. Un héritier solvable entouré d'un ou plusieurs cohéritiers insolvables aura donc intérêt à requérir cette purge anticipée des passifs s'il ne veut pas courir le risque d'être ultérieurement recherché de façon privilégiée pour les dettes successorales.

6. Quelques institutions particulières

6.1 Le pacte de renonciation

La question se pose de savoir quels sont les droits des créanciers lorsqu'un héritier renonce de façon anticipée à ses droits héréditaires au moyen d'un pacte de renonciation au sens de l'art. 495 CC. Quid notamment si l'héritier renonçant a reçu des biens du *de cujus,* et que la succession est insolvable au moment où elle s'ouvre? Il convient ici d'examiner la problématique du pacte de renonciation sous l'angle de la protection des créanciers successoraux (ci-après 6.1.1) et de celle des créanciers personnels des héritiers (ci-après 6.1.2).

6.1.1 La protection des créanciers héréditaires

Les créanciers successoraux ne peuvent rien contre une renonciation à la succession qui interviendrait à titre gratuit, même s'ils perdent par là la garantie personnelle de l'héritier renonçant (cf. *supra* 3.). La situation est différente lorsque la succession est insolvable et que la renonciation est intervenue en raison d'une contre-prestation, puisque dans ce cas, l'héritier renonçant a reçu des biens sur lesquels les créanciers auraient pu, à défaut, se désintéresser[60]. Selon l'art. 497 CC, «[l]e renonçant et ses héritiers peuvent, si la succession est insolvable au moment où elle s'ouvre et si les héritiers du défunt n'en acquittent pas les dettes, être recherchés par les créanciers héréditaires, jusqu'à concurrence des biens qu'ils ont reçus

---

[60] *Steinauer,* p. 328, N. 653.

en vertu du pacte successoral au cours des cinq années antérieures à la mort du disposant et dont ils se trouvent encore enrichis lors de la dévolution».

La loi instaure ici une sorte d'action en répétition de l'enrichissement de l'héritier renonçant, qui est soumise à la triple condition (i) qu'au moment de son ouverture la succession soit insolvable[61], ce qui suppose que les passifs successoraux soient supérieurs aux actifs (ii) que les dettes ne soient pas couvertes par les héritiers du défunt (par exemple parce qu'ils ont répudié la succession insolvable, demandé la liquidation officielle ou parce qu'ils sont insolvables)[62], et (iii) que les biens aient été reçus dans les cinq ans précédant le décès du *de cujus*.

A suivre l'art. 497 CC, la qualité pour agir appartient aux créanciers héréditaires, tandis que la qualité pour défendre revient à l'héritier renonçant (ou à ses héritiers). Si l'action aboutit, les créanciers héréditaires pourront rechercher le défendeur pour les biens reçus dont il se trouve encore enrichi lors de la dévolution[63].

L'on relèvera au surplus que les créanciers successoraux peuvent également intenter l'action révocatoire des art. 285 ss LP – si les conditions en sont réalisées – à l'encontre de ceux qui ont profité, le cas échéant, du pacte abdicatif[64].

---

[61] La plupart des auteurs retiennent le critère de l'insolvabilité de la succession (comprise comme étant la supériorité des passifs par rapport aux actifs), conformément aux versions française et italienne de l'art. 497 CC et se distancent ainsi de la version allemande, qui mentionne quant à elle l'incapacité de paiement du testateur: «Ist der Erblasser zur Zeit der Eröffnung des Erbganges zahlungsunfähig, und werden seine Gläubiger von den Erben nicht befriedigt, so können der Verzichtende und seine Erben insoweit in Anspruch genommen werden, als sie für den Erbverzicht innerhalb der letzten fünf Jahre vor dem Tode des Erblassers aus dessen Vermögen eine Gegenleistung erhalten haben und hieraus zur Zeit des Erbganges noch bereichert sind.» Cf. notamment *P. Piotet,* responsabilité, p. 73; *Steinauer,* p. 329, N. 653b.
[62] *Steinauer,* p. 329, N. 653c.
[63] BSK-*Breitschmid,* N. 3 ad art. 497 CC; *Steinauer,* p. 329, N. 653d.
[64] Sur les rapports (ambigus) entre l'art. 497 CC et l'action révocatoire des art. 285 ss LP, cf. BSK-*Breitschmid,* N. 2 ad art. 497 CC; ZK-*Escher,* N. 1 ad art. 497 CC; *P. Piotet,* Traité, p. 170; *Steinauer,* p. 329, N. 653d. Favorable au concours entre l'action révocatoire de la LP et l'art. 497 CC, cf. notamment *P. Piotet,* responsabilité, p. 77.

6.1.2 Quelle protection des créanciers personnels de l'héritier renonçant?

La question se pose de savoir si le droit suisse protège également les créanciers personnels d'un héritier qui aurait renoncé à ses droits dans une succession, alors qu'il est insolvable, de façon à les empêcher de saisir la part qui lui aurait – à défaut – échu au moment de l'ouverture de la succession (cf. *supra* 3.) et après le partage.

Saisi de la question de savoir si l'art. 578 CC (remise en cause de la répudiation affectant les droits des créanciers) pouvait être invoqué par analogie par les créanciers de l'héritier renonçant, le Tribunal fédéral a clairement répondu par la négative[65]. Selon notre Haute Cour, le moyen de l'art. 578 CC n'est pas ouvert aux créanciers de l'héritier renonçant. La raison tient au fait que l'héritier qui renonce se défait d'une simple expectative successorale et qu'il est totalement libre d'y renoncer tant que la succession ne lui est pas acquise. Cela est vrai quand bien même la renonciation n'aurait eu d'autre but que de soustraire la masse successorale à l'emprise des créanciers et qu'elle interviendrait en faveur des descendants du renonçant. La situation est, à cet égard, différente de la répudiation, puisque, par cette dernière, l'héritier renonce à des biens déjà acquis de par l'ouverture de la succession, de sorte à véritablement frustrer leurs créanciers de leur part héréditaire.

Par ailleurs, selon la jurisprudence, le pacte de renonciation à la succession ne réalise pas le cas de révocation de l'art. 286 LP, puisqu'une renonciation, même si elle intervient en faveur de descendants, n'est pas un acte de disposition à titre gratuit. En effet, l'héritier renonçant ne dispose pas ici d'une valeur patrimoniale à laquelle il a droit[66], même si la renonciation a lieu en faveur des descendants[67]. En revanche, le Tribunal fédéral ne semble pas exclure en soi l'application de l'art. 288 LP, qui englobe quant à lui «tous

---

[65] ATF 138 III 497 = JdT 2013 II 219 cons. 3.
[66] ATF 138 III 497 = JdT 2013 II 219 cons. 6.3: «[...] l'héritier présomptif qui conclut un pacte de renonciation ne dispose ni juridiquement ni économiquement d'une valeur patrimoniale, à la différence de la répudiation, qui est mentionnée avec raison dans la doctrine comme exemple d'une disposition à titre gratuit.»
[67] ATF 138 III 497 = JdT 2013 II 219 cons. 6.3: «En revanche, la renonciation à la qualité d'héritier, même si elle est faite en dérogation à l'art. 495 al. 3 CC en faveur des descendants, ne signifie pas seulement du point de vue juridique aucune disposition des biens propres (du répudiant) (cf. c. 3.3), mais elle n'entraîne pas non plus du point de vue économique un transfert de biens de l'héritier présomptif à ses descendants, puisqu'il n'y a pas de renonciation à un actif ni d'acquisition d'un actif; les petits-enfants n'obtiennent

actes faits par le débiteur», pourvu qu'ils soient intervenus dans les cinq ans avant la saisie ou la faillite dans l'intention reconnaissable par l'autre partie de porter préjudice aux créanciers[68].

En conclusion, à la différence de l'héritier répudiant, l'héritier insolvable qui renoncerait à la succession solvable pour léser ses créanciers personnels ne courre aucun risque d'être recherché dans le cadre d'une action successorale ou sur la base de l'art. 286 LP. Il ne semble en revanche pas à l'abri d'une application de l'art. 288 LP.

6.2 L'exhérédation

A la différence des deux thématiques qui précèdent (répudiation et renonciation à la succession), l'exhérédation est un acte unilatéral émanant, non de l'héritier, mais du défunt lui-même, qui a également pour effet de frustrer les créanciers de l'exhérédé de la part héréditaire qui aurait pu – à défaut – revenir à leur débiteur. La loi prévoit deux formes d'exhérédation, ordinaire et préventive, lesquels entraînent des conséquences distinctes à l'égard des créanciers.

6.2.1 Exhérédation ordinaire (art. 477 ss CC)

L'exhérédation ordinaire (dite aussi punitive) peut intervenir dans des circonstances exceptionnelles lorsqu'un héritier réservataire a commis une infraction pénale grave contre le défunt ou l'un de ses proches ou lorsqu'il a gravement failli aux devoirs que la loi lui impose envers le défunt ou sa famille (cf. art. 477 CC). Elle n'est valable que si elle intervient par testament ou pacte successoral et que le défunt en a indiqué la cause dans l'acte (art. 479 al. 1 CC). Elle a pour effet que l'exhérédé ne peut ni réclamer une part de la succession, ni intenter l'action en réduction en vue d'obtenir sa part (cf. art. 478 al. 1 CC). L'action en réduction est néanmoins ouverte pour remettre en cause l'exhérédation elle-même, lorsque la cause d'exhérédation n'est pas réalisée ou insuffisante, ou si elle n'est pas indiquée dans

---

qu'un droit de succession et par conséquent une expectative de succéder un jour au défunt dans ses biens».

[68] Cf. dans ce sens ATF 138 III 497 = JdT 2013 II 219 cons. 7.3, où le TF a examiné les conditions de l'art. 288 LP en rapport avec un pacte de renonciation, en réfutant son application au cas d'espèce. Sur la question, cf. *Gübeli,* p. 102 ss et références citées.

le testament ou le pacte successoral[69]. Cette action doit être dirigée contre ceux (héritiers ou légataires) qui profitent de l'exhérédation[70] (cf. art. 479 al. 2 CC) et conduit, si elle aboutit, à la réintégration de l'exhérédé dans sa réserve.

Les créanciers de l'exhérédé peuvent exercer l'action en réduction à la place de celui-ci, s'il renonce à l'intenter et qu'il a été sommé en vain d'y procéder (art. 524 al. 2 CC), à condition qu'ils disposent d'un acte de défaut de biens contre l'exhérédé ou que ce dernier ait été déclarée en faillite au moment de l'ouverture de la succession (art. 524 al. 1 CC)[71]. Cette façon de procéder permettra, le cas échéant, aux créanciers de percevoir à terme le montant équivalant à la réserve de leur débiteur. Selon la doctrine, l'action n'est donnée aux créanciers qu'à hauteur de la perte subie (soit, en cas de saisie, le découvert constaté par l'acte de défaut de biens)[72].

6.2.2 Exhérédation préventive (art. 480 CC)

Véritable concession faite à la famille, l'exhérédation préventive est un instrument intéressant à disposition du *de cujus,* mais qui opère dans des circonstances bien délimitées. Selon l'art. 480 al. 1 CC: «Le descendant contre lequel il existe des actes de défaut de biens peut être exhérédé pour la moitié de sa réserve, à condition que cette moitié soit attribuée à ses enfants nés ou à naître.» Le *de cujus* a ainsi la possibilité d'exhéréder un descendant insolvable pour la moitié de sa réserve, en faveur de ses enfants nés ou à naître[73], et ce dans le but avoué et toléré par la loi de soustraire cette portion aux créanciers de l'héritier.

Cela étant, pour que l'exhérédation préventive déploie valablement ses effets, il faut qu'il existe contre l'exhérédé, au moment de l'ouverture de la succession, des actes de défaut de biens[74]. A suivre l'art. 480 al. 2 CC, ces

---

[69] *Steinauer,* p. 212, N. 390.
[70] *Steinauer,* p. 212 N. 391.
[71] P. *Piotet,* Traité, p. 470. Sur la question, cf. aussi *Gübeli,* p. 132 ss.
[72] P. *Piotet,* Traité, p. 470, *Steinauer,* p. 385, N. 798c.
[73] Selon la doctrine, l'expression «enfants» vise en réalité les descendants de l'exhérédé. En outre, l'exhérédé doit avoir au moins un descendant vivant au moment de l'ouverture de la succession. Cf. notamment, ZK-*Escher,* N. 6 ad art. 480 CC; *P. Piotet,* Traité, p. 404.
[74] ATF 111 II 130 = SJ 1986 p. 54 cons. 3b: «Le législateur a manifestement entendu éviter toute incertitude: l'exigence d'actes de défaut de biens a été posée pour que l'insolvabilité soit formellement établie. Il est donc inexact d'affirmer que l'existence d'acte de défaut de biens n'est qu'un moyen de preuve, parmi d'autres. Certes, les auteurs, una-

actes de défaut de biens doivent exister pour un montant excédant le quart du droit héréditaire: «[l]'exhérédation devient caduque à la demande de l'exhérédé si, lors de l'ouverture de la succession, il n'existe plus d'actes de défaut de biens ou si le montant total des sommes pour lesquelles il en existe encore n'excède pas le quart de son droit héréditaire». L'exigence posée quant à l'existence d'actes de défaut de biens a pour inconvénient que si les créanciers n'ont pas encore atteint le stade de la délivrance de tels actes, l'exhérédation préventive sera tout simplement privée d'effets. Seul est réservé l'abus de droit des créanciers[75].

Si l'exhérédation préventive est valable et effective, les créanciers ne pourront en principe pas contester l'exhérédation pour la moitié de la réserve en se prévalant de l'art. 524 al. 2 CC[76]. Dans l'hypothèse inverse, les créanciers seront au contraire libres d'entreprendre l'action prévue par cette disposition légale pour récupérer la réserve de l'exhérédé.

7. Conclusion

En conclusion, l'on peut retenir que la situation des créanciers dans le contexte successoral est avantageuse. La loi impose pour les dettes successorales une responsabilité patrimoniale solidaire, personnelle et illimitée des héritiers, qui peut perdurer au-delà du partage. Par ailleurs, elle prévoit divers mécanismes de protection, même dans le cas où les héritiers ont restreint leur responsabilité patrimoniale, que ce soit en faveur des créan-

---

nimes sur ce point également, relèvent qu'une telle exigence a un grave inconvénient: on peut craindre que les créanciers de l'héritier insolvable ne se gardent d'obtenir des actes de défaut de biens avant la mort du de cujus et ne réussissent ainsi à mettre la main sur toute la réserve, malgré l'insolvabilité réelle de leur débiteur (références). Mais le texte de l'art. 480 CC est clair, dans son esprit comme dans sa lettre, et ne présente pas de lacune: le juge est donc tenu de l'appliquer, en vertu de l'art. 1er al. 1 CC.» Cf. aussi *P. Piotet,* Traité, p. 403.

[75] ATF 111 II 130 = SJ 1986 p. 54 cons. 3b: «[l]a seule question qui pourrait éventuellement se poser en l'état actuel de la loi serait celle de l'abus manifeste d'un droit, au sens de l'art. 2 al. 2 CC, s'il devait apparaître que, par le biais de procédés dilatoires contraires aux règles de la bonne foi, des créanciers ont fait en sorte qu'il n'y ait pas délivrance d'actes de défaut de biens et qu'ainsi l'exhérédation ne soit pas valable lors de l'ouverture de la succession.» Cf. aussi BSK-*Bessenich,* N. 4 ad art. 480 CC; ZK-*Escher,* N. 3 et N. 10 ad art. 480 CC; *P. Piotet,* Traité, p. 403; *Steinauer,* p. 213, N. 392b.

[76] Commentaire successions-*Eigenmann,* N. 5 ad art. 524 CC; *Gübeli,* p. 138 s; *Steinauer,* p. 385, N. 798.

ciers du défunt ou de la succession *stricto sensu* (liquidation officielle à la demande des créanciers du défunt, action en restitution de l'enrichissement pour les biens reçus par l'héritier répudiant ou renonçant en cas de succession insolvable) ou en faveur des créanciers personnels des héritiers (remise en cause de la répudiation d'une succession solvable par un héritier obéré, action en réduction pour contester une exhérédation). A cela vient s'ajouter, à certaines conditions et dans certaines circonstances, l'action révocatoire des art. 285 ss LP. La concession principale faite à la famille dans le contexte successoral est probablement l'exhérédation préventive de l'art. 480 CC, qui n'est toutefois ouverte qu'à des conditions restrictives.

Erbengemeinschaft im sachenrechtlichen Umfeld

RUTH ARNET*

Inhaltsübersicht

Literatur	385
Einführung	387
1. Sachenrechtliche Aspekte der Erbengemeinschaft	388
1.1 Erbengemeinschaft als «Übergangsform»	388
1.2 Eigentum	388
1.3 Erbenbesitz	389
1.4 Erbengemeinschaft und Grundbuch	391
1.4.1 Anmeldung des Erbgangs	391
1.4.2 Inhalt der Eintragung des Erbgangs	392
1.4.3 Anmerkung erbrechtlicher Vertretungsverhältnisse	392
1.4.3.1 Altrechtliche Praxis	392
1.4.3.2 Anmerkung gemäss Art. 962a Ziff. 2 ZGB	392
2. Sachenrechtliche Aspekte der Erbteilung	393
2.1 Übersicht und dogmatische Konzepte	393
2.1.1 «Doppelter Eigentumsübergang» vs. «Rechtsaufgabe»	394
2.1.2 Prinzipien des Sachen- und Grundbuchrechts	397
2.2 Teilungsvertrag	398
2.2.1 Konzept des Teilungsvertrages	398
2.2.2 Form des Teilungsvertrages	399
2.2.3 Verpflichtungs- und Verfügungsgeschäft	400
2.3 Realteilung	400
2.3.1 Konzept der Realteilung	401
2.3.2 Verpflichtungs- und Verfügungsgeschäft	401
2.3.3 Abgrenzung zum Teilungsvertrag	402

Literatur

René Biber, Der Umgang des Willensvollstreckers mit Liegenschaften im Nachlass, ZBGR 86/2005 S. 1 ff.; *André-M. Bornan,* Les modalités du partage successoral ordinaire d'après le Code Civil (art. 610 à 613), Diss. Lausanne 1955, Montreux 1955; *Franz Bydlinski,* Juristische Methodenlehre und Rechtsbegriff, 2. Aufl., Wien 1991; *Henri Deschenaux,* Schweizerisches Privatrecht, V/3, I, Fünfter Band, Sachenrecht, Dritter Teilband, Das Grundbuch, Erste Abteilung, Basel/Frankfurt a.M. 1988; *Jean Nicolas Druey,* Grundriss des Erbrechts, 5. Aufl., Bern 2002; *Frank Emmel,* Praxiskommentar Erbrecht, 2. Aufl., Basel 2011; *Kon-*

---

* Ich danke meinen Assistentinnen MLaw *Anja Cambensy* und MLaw *Flurina Hitz* für die kritische Durchsicht des Textes und die Kontrolle der Formalien.

rad Engländer, Die regelmässige Rechtsgemeinschaft, Teil I: Grundlegung, Berlin 1914; *Wolfgang Ernst,* Basler Kommentar zum Schweizerischen Privatrecht, Zivilgesetzbuch II, Art. 457–977 ZGB, Art. 1–61 SchlT ZGB, 4. Aufl., Basel 2011; *Arnold Escher,* Zürcher Kommentar zum Zivilgesetzbuch, Band 3, Das Erbrecht, Zweite Abteilung: Der Erbgang, Art. 537–640 ZGB, 3. Aufl., Zürich 1960; *Rosmarie Felber,* Aufgeschobene und partielle Erbteilung nach schweizerischem Recht, Diss. Bern, Bern 1939; *Werner Flume,* Allgemeiner Teil des bürgerlichen Rechts, I. Band, I. Teil, Die Personengesellschaft, Berlin/Heidelberg/New York 1977; *Herbert Fugner,* L'action en partage, Diss. Lausanne 1937, Lausanne 1938; *Peter Gauch/Walter R. Schluep/Jörg Schmid/Susan Emmenegger,* Schweizerisches Obligationenrecht, Allgemeiner Teil, Band 1, 9. Aufl., Zürich 2008; *Albert Gloor,* Der ausserbuchliche Eigentumserwerb nach schweizerischem Recht, Diss. Zürich 1928, Lachen 1929; *Robert Haab/August Simonius/Werner Scherrer/Dieter Zobl,* Zürcher Kommentar zum Zivilgesetzbuch, Band 4, Das Sachenrecht, Erste Abteilung: Das Eigentum, Art. 641–729 ZGB, 2. Aufl., Zürich 1977; *Max Habicht,* Die Formen der Erbschaftsteilung im schweizerischen Recht, Diss. Zürich, Aarau 1925; *Matthias Häuptli,* Praxiskommentar Erbrecht, 2. Aufl., Basel 2011; *Peter Hauser,* Der Erbteilungsvertrag, Diss. Zürich, Zürich 1973; *Werner Hecht,* Die gerichtliche Durchsetzung des Erbteilungsanspruchs, ZSR 69/1950 S. 379 ff.; *Claire Huguenin,* Obligationenrecht, Allgemeiner und Besonderer Teil, Zürich/Basel/Genf 2012; *Bettina Hürlimann-Kaup,* Die sachenrechtliche Rechtsprechung des Bundesgerichts im Jahr 2011, ZBJV 149/2013 S. 331 ff.; *Peter Jäggi,* Zwei Fragen aus dem Erbteilungsrecht, SJZ 63/1967 S. 165 ff.; *Arthur Jost,* Der Erbteilungsprozess im schweizerischen Recht, Ein Leitfaden für die Praxis, Bern 1960; *Martin Karrer/Nedim Peter Vogt/Daniel Leu,* Basler Kommentar zum Schweizerischen Privatrecht, Zivilgesetzbuch II, Art. 457–977 ZGB, Art. 1–61 SchlT ZGB, 4. Aufl., Basel 2011; *Ernst Kramer,* Juristische Methodenlehre, 4. Aufl., München 2013; *Romano Kunz,* Über die Rechtsnatur der Gemeinschaft zur gesamten Hand: Versuch einer dogmatischen Konstruktion, Diss. Zürich, Bern 1963; *Hans Rainer Künzle,* Aktuelle Praxis zur Willensvollstreckung (2011–2012), successio 2013 S. 23 ff.; *Peter Liver,* Die Anmerkung, ZBGR 50/1969 S. 10 ff.; *Ramon Mabillard,* Praxiskommentar Erbrecht, 2. Aufl., Basel 2011; *Karin Müller,* Die Übertragung der Mitgliedschaft bei der einfachen Gesellschaft: Ein Diskussionsbeitrag zum Recht der Gesamthandschaft, Diss. Luzern 2003, Zürich 2003; *Michael Nonn,* Anordnung der Erbenvertretung nach Art. 602 Abs. 3 ZGB, Anmerkungen zu Urteil 5D_133/2010 vom 12. Januar 2011, successio 2012 S. 67 ff.; *Delphine Pannatier Kessler,* Le droit de suite et sa reconnaissance selon la Convention de La Haye sur les trusts – Tracing en droit civil suisse, Diss. Genf, Genf/Zürich/Basel 2011; *Roland Pfäffli,* Der Ausweis für die Eigentumseintragung im Grundbuch, Diss. St. Gallen, Bamberg 1999 (zit. *Pfäffli,* Ausweis); *derselbe,* Erbrechtliche Auswirkungen auf das Immobiliarsachenrecht, successio 2009 S. 32 ff. (zit. *Pfäffli,* Erbrechtliche Auswirkungen); *Vito Picenoni,* Die Behandlung der Grundbuchgeschäfte im Erbgang, ZBGR 53/1972 S. 129 ff.; *Paul Piotet,* Schweizerisches Privatrecht, IV/2, Vierter Band, Erbrecht, Zweiter Halbband, Basel 1981; *Peter C. Schaufelberger/Katrin Keller Lüscher,* Basler Kommentar zum Schweizerischen Privatrecht, Zivilgesetzbuch II, Art. 457–977 ZGB, Art. 1–61 SchlT ZGB, 4. Aufl., Basel 2011; *Jörg Schmid/Darija Beeler-Suta,* Erwerb von Grundeigentum: Tagebucheinschreibung oder Eintragung in das Hauptbuch?, Anmerkungen zu BGE 138 III 512, BR 2012 S. 220 f.; *Jörg Schmid/Bettina Hürlimann-Kaup,* Sachenrecht, 4. Aufl., Zürich 2012; *Jürg Schmid,* Basler Kommentar zum Schweizerischen Privatrecht, Zivilgesetzbuch II, Art. 457–977 ZGB, Art. 1–61 SchlT ZGB, 4. Aufl., Basel 2011; *derselbe,* Neuerungen beim Miteigentum und Stockwerkeigentum, Neue Anmerkungen, ZBGR 91/2010 S. 372 ff. (zit. *Jürg Schmid,* Neuerungen); *derselbe,* Ungereimtes in Art. 949a ZGB und in der Änderung 1994 der eidgenössischen Grundbuchverordnung, ZBGR 76/1995 S. 261 ff. (zit. *Jürg Schmid,* Ungereimtes); *Ingeborg*

Schwenzer, Obligationenrecht allgemeiner Teil, 6. Aufl., Bern 2012; *Lionel Harald Seeberger,* Die richterliche Erbteilung, Diss. Freiburg i.Ue. 1992, Freiburg 1993; *Emil W. Stark,* Berner Kommentar zum schweizerischen Privatrecht, Das Sachenrecht, Band IV, 3. Abteilung, Besitz und Grundbuch, 1. Teilband, Sachenrecht, Der Besitz, Art. 919–941 ZGB, 3. Aufl., Bern 2001; *Paul-Henri Steinauer,* Le droit des successions, Bern 2006; *Peter Tuor/Vito Picenoni,* Berner Kommentar zum schweizerischen Privatrecht, Band III: Das Erbrecht, 2. Abteilung: Der Erbgang, Art. 537–640 ZGB, 3. Aufl., Bern 1984; *Peter Tuor/Bernhard Schnyder/Jörg Schmid/Alexandra Rumo-Jungo,* Das Schweizerische Zivilgesetzbuch, 13. Aufl., Zürich/Basel/Genf 2009; *Thomas Weibel,* Praxiskommentar Erbrecht, 2. Aufl., Basel 2011; *Peter Weimar,* Die Erbschaftsteilung als Erfüllungs- und Verfügungsgeschäft, in: FS Pierre Engel, Lausanne 1989, S. 443 ff.; *Jürg Wichtermann,* Basler Kommentar zum Schweizerischen Privatrecht, Zivilgesetzbuch II, Art. 457–977 ZGB, Art. 1–61 SchlT ZGB, 4. Aufl., Basel 2011; *Stephan Wolf,* Erbschaftserwerb durch mehrere Erben und Erbteilungsrecht – Erbengemeinschaft – Erbteilung, ZSR 125 II 211 ff. (zit. *Wolf,* Erbschaftserwerb); *derselbe,* Grundfragen der Auflösung der Erbengemeinschaft, mit besonderer Berücksichtigung der rechtsgeschäftlichen Aufhebungsmöglichkeiten, Habil. Bern 2003, Bern 2004 (zit. *Wolf,* Grundfragen); *derselbe,* Grundstücke in der güter- und erbrechtlichen Auseinandersetzung, ZBJV 136/2000 S. 242 ff. (zit. *Wolf,* Grundstücke).

Einführung

Die Erbengemeinschaft ist aus sachenrechtlicher Sicht von Anfang bis Ende ein «Sonderfall»: Die Mitglieder der Erbengemeinschaft treten im Rahmen der Universalsukzession (Art. 560 ZGB) allein kraft gesetzlicher Anordnung in die Rechtsstellung als gemeinschaftliche Eigentümer ein (Art. 602 ZGB). Die Rechte und Pflichten aus ihrer Eigentümerstellung werden durch erbrechtliche Mechanismen geprägt (Art. 653 Abs. 1 ZGB), und die Beendigung des gemeinschaftlichen Eigentums durch Auflösung der Erbengemeinschaft folgt ebenfalls besonderen, erbrechtlichen Regeln (Art. 604 ff. ZGB). Unter Berücksichtigung dieses *Primats der erbrechtlichen Bestimmungen* ist die Erbengemeinschaft in die Sachenrechtsdogmatik eingebettet; die rechtliche Erfassung der Erbengemeinschaft verlangt insofern nach einer Klärung der «Schnittstellen» zu den sachenrechtlichen Regeln. Einige dieser «Schnittstellen» sollen im Folgenden genauer betrachtet werden; dabei werden Fragen des Immobiliarsachenrechts in den Vordergrund gerückt, die für Urkundspersonen von praktischer Bedeutung sein können.

1. Sachenrechtliche Aspekte der Erbengemeinschaft

1.1 Erbengemeinschaft als «Übergangsform»

Der Zweck der Erbengemeinschaft liegt grundsätzlich darin, die Nachlassaktiven unter den Erben aufzuteilen[1]. Die Erbengemeinschaft ist insofern ihrer Funktion nach nicht auf «Langlebigkeit» hin angelegt[2], sondern als «Übergangsform» konzipiert. Allerdings finden sich in der Praxis nicht selten sog. *fortgesetzte Erbengemeinschaften*, Konstellationen also, in denen die Erbengemeinschaft über eine längere Dauer besteht und der primäre Zweck nicht in deren möglichst baldiger Beendigung liegt, sondern im gemeinsamen Halten und Verwalten bestimmter Vermögenswerte durch die Erben[3]. Die Ausgestaltung von Eigentum und Besitz in der Erbengemeinschaft ist in jedem Fall von grundlegender Bedeutung.

1.2 Eigentum

Die Erbengemeinschaft ist als *Gemeinschaft zur gesamten Hand*[4] ausgestaltet; der Zweck dieser gesetzgeberischen Entscheidung liegt im Anliegen, die Verfügungsrechte eines einzelnen Miterben grundsätzlich auszuschliessen[5]. Diese Gesamthandschaft beruht nach h.L. auf der sog. *Theorie der mehrfachen Rechtszuständigkeit*[6]. Danach ist Rechtsträger – hier des Eigentums – nicht die Gemeinschaft, vielmehr sind *Rechtsträger* die einzelnen Gemeinschafter; bei der Ausübung ihrer Rechte können sie aber nur als Einheit auftreten[7]. Die Rechtsträgerschaft ist also aufgeteilt, die Rechtsausübung hingegen ist nur gemeinsam möglich.

Die Mitglieder des Gesamthandverhältnisses «Erbengemeinschaft» halten das Eigentum an den Nachlassgegenständen – immer unter Vorbehalt vertraglicher und gesetzlicher Vertretungs- und Verwaltungsbefugnisse über die Rechte der Erbschaft – nach den Bestimmungen über das *Gesamtei-*

---

[1] Statt vieler: BSK-*Schaufelberger/Keller Lüscher*, N. 1 zu Art. 602 ZGB.
[2] PraxKomm Erbrecht-*Weibel*, N. 47 zu Art. 602 ZGB; BSK-*Schaufelberger/Keller Lüscher*, N. 36 zu Art. 602 ZGB.
[3] PraxKomm Erbrecht-*Weibel*, N. 49 zu Art. 602 ZGB.
[4] BSK-*Schaufelberger/Keller Lüscher*, N. 9 zu Art. 602 ZGB.
[5] Zur historischen Einordnung: *Wolf*, Erbschaftserwerb, S. 251 f.
[6] Diese Theorie geht zurück auf *Engländer*.
[7] *Kunz*, S. 110; dogmatische Einordung bei *Wolf*, Erbschaftserwerb, S. 255. Zum neueren Konzept der von *Flume* vorgeschlagenen «Gruppentheorie»: *Müller*, N. 81 ff.

gentum (Art. 602 Abs. 2 ZGB)[8]. Den Erben kommt damit kein Anteilsrecht am Nachlass zu, sondern eine allenfalls unterschiedliche, *quotenmässige Beteiligung an einem späteren Liquidationserlös*[9]. Die Rechte und Pflichten der Erben ergeben sich gemäss Art. 653 ZGB zunächst aus den speziellen erbrechtlichen Bestimmungen; soweit diese keine Regeln enthalten, herrscht das *Einstimmigkeitsprinzip* (Art. 653 Abs. 2 ZGB)[10]: Verpflichtungs- und Verfügungsgeschäfte betreffend den Nachlass können nur gemeinsam abgeschlossen werden; vorbehalten bleiben die Kompetenzen der spezifischen erbrechtlichen «Funktionsträger» wie des Willensvollstreckers (Art. 517 f. ZGB), des Erbenvertreters (Art. 603 Abs. 3 ZGB) oder des Erbschaftsverwalters (Art. 554 ZGB)[11]. Das Einstimmigkeitsprinzip dient dem «Schutz der Gemeinschaft gegen schädliche Sonderaktionen einzelner Gemeinschafter»[12].

1.3 Erbenbesitz

Nach Art. 560 Abs. 2 ZGB geht mit Vorbehalt der gesetzlichen Ausnahmen im Erbgang der Besitz des Erblassers auf die Erben über. In Rechtsprechung und Lehre wird dieser Besitz als sog. *Erbenbesitz* bezeichnet. Dieser Erbenbesitz entspricht seiner Art nach grundsätzlich dem Besitz, den der Erblasser hatte: Der Besitz der Erben ist unmittelbar[13] oder mittelbar, selbständig oder unselbständig[14]. Derjenige Erbe, der die tatsächliche Gewalt an einem Nachlassobjekt hat, übt diesen Besitz im Sinne des Erbenbesitzes für alle Erben aus[15].

Der Begriff des Besitzes im Sinne von Art. 919 ZGB stellt auf ein äusseres und ein inneres Kriterium ab. Das äussere Kriterium besteht in der «tatsächlichen Gewalt» über eine Sache; das ergibt sich aus dem Wortlaut von

---

[8] BGE 125 III 219, 220 E. 1a; BSK-*Schaufelberger/Keller Lüscher*, vor Art. 602–640 ZGB.
[9] BK-*Tuor/Picenoni*, N. 2 zu Art. 602 ZGB; vgl. *Druey*, § 4 N. 8 ff.
[10] BSK-*Wichtermann*, N. 12 zu Art. 653 ZGB.
[11] Vgl. BGer, Urteil 5D_133/2010 vom 12.1.2011 zur Einsetzung eines Erbenvertreters im Fall, dass sich ein Erbe weigert, die Grundbuchanmeldung zu einem Kaufvertrag zu unterzeichnen, mit dem ein Nachlassgrundstück an einen Dritten veräussert werden soll, referiert von *Nonn*, S. 67 ff.
[12] BGer, Urteil 5A_225/2007 vom 29.3.2008 E. 4.1; BGE 121 III 118, 121 E. 3.
[13] Unmittelbaren Besitz erwerben die Erben wohl nur, wenn sie die tatsächliche Herrschaft haben, s. die Überlegungen in BSK-*Ernst*, N. 56 zu Art. 919 ZGB.
[14] BK-*Stark*, N. 134 zu Art. 919 ZGB.
[15] BGE 69 II 366 E. 4; PraxKomm Erbrecht-*Häuptli*, N. 37 zu Art. 560 ZGB. Informationspflicht: Art. 607 Abs. 3 ZGB.

Art. 919 Abs. 1 ZGB. Als «inneres», subjektives Kriterium wird zudem eine Art «Besitzwille» vorausgesetzt, wenn auch nicht als eigenständiges Merkmal[16]. Beim Erbenbesitz kann es an diesen Elementen fehlen[17], etwa dann, wenn über den Verbleib von Nachlassgegenständen Ungewissheit besteht. Das Bundesgericht spricht daher beim Erbenbesitz nach Art. 560 Abs. 2 ZGB von *fiktivem Besitz,* welcher von den Elementen des regulären Besitzes, nämlich der tatsächlichen Herrschaft über die Sache und dem Besitzwillen, abstrahiere[18]. Insofern löst sich die Figur des Erbenbesitzes von den Merkmalen des Besitzes gemäss Art. 919 ZGB[19]. Aus dieser phänomenologischen Perspektive[20] stellt der Erbenbesitz weniger eine besondere «Kategorie» des allgemeinen Besitzes dar als ein aus der Universalsukzession folgendes Konstrukt, das dem Zweck dient, die sachenrechtlichen Aspekte im Erbgang im Zusammenhang mit Fragen des Besitzes zu bewältigen.

---

[16] BSK-*Ernst,* N. 15 zu Art. 919 ZGB; BK-*Stark,* N. 27 zu Art. 919 ZGB; *Schmid/Hürlimann-Kaup,* N. 98.

[17] BK-*Stark,* N. 132 zu Art. 919 ZGB; *Tuor/Schnyder/Schmid,* § 89 N. 9.

[18] Für einen neueren Entscheid zum Erbengesetz s. BGer, Urteil 5A_859/2010 vom 3.3.2011 E. 5.4.3: Das Bundesgericht hatte die Frage zu prüfen, ob sich eine überlebende Ehefrau, die testamentarisch als Nutzniesserin an einem Grundstück eingesetzt und bezüglich der verfügbaren Quote zudem Mitglied einer Erbengemeinschaft mit Nachkommen des Erblassers geworden war, aufgrund der testamentarisch erworbenen, aber eben angefochtenen Nutzniessung gegen die Miterben mit einer Besitzesstörungsklage zur Wehr setzen könne. Das Bundesgericht hat die Frage verneint und festgehalten, die überlebende Ehefrau sei im Grundbuch nicht als Nutzniesserin eingetragen gewesen; vielmehr sei das Nutzniessungsvermächtnis sogar angefochten worden. Der angefochtene Anspruch der Miterbin aus dem Nutzniessungsvermächtnis wirkt sich nach diesem Entscheid nicht in dem Sinne aus, dass er im Rahmen einer Klage wegen Besitzesstörung als Nachweis eines «besseren Rechts» im Sinne von Art. 927 Abs. 2 ZGB dienen kann. Die überlebende Ehefrau ist als Miterbin Erbenbesitzerin: Sie hat aber – trotz des Vermächtnisses im Testament – keinen ausschliesslichen Besitz, sondern gemeinsamen Besitz zusammen mit den Nachkommen des Erblassers. Das leuchtet insofern ohne Weiteres ein, als die Nutzniessung als Vermächtnis einzuordnen ist, welches der Vermächtnisnehmerin mit dem Tod des Erblassers keine dingliche Rechtstellung, sondern einen rein obligatorischen Anspruch auf Einräumung der Nutzniessung verschafft, Art. 562 Abs. 1 ZGB; zum fiktiven Besitz vgl. auch BK-*Stark,* N. 129 zu Art. 919 ZGB; *Piotet,* S. 577; PraxKomm Erbrecht-*Häuptli,* N. 37 zu Art. 560 ZGB.

[19] BK-*Stark,* N. 132 zu Art. 919 ZGB; vgl. zum deutschen Recht: BSK-*Ernst,* N. 59 zu Art. 919 ZGB.

[20] BSK-*Ernst,* N. 4 zu Art. 919 ZGB; BK-*Stark,* N. 13 zu Art. 919 ZGB.

1.4 Erbengemeinschaft und Grundbuch

1.4.1 Anmeldung des Erbgangs

Art. 65 GBV befasst sich mit dem Eigentumserwerb im Rahmen des relativen Eintragungsprinzips (Art. 656 Abs. 2 ZGB). Nach dem Eigentumsübergang durch Universalsukzession erfolgt gemäss Art. 65 Abs. 1 lit. a GBV die *Nachführung des Grundbuches* mittels einer Erbenbescheinigung.

Die Erbenbescheinigung entsteht auf der Grundlage von Art. 559 ZGB in einem Verfahren der freiwilligen Gerichtsbarkeit[21]. Die Ausstellung der Erbenbescheinigung beruht nicht auf einer materiellen Beurteilung der Berechtigungen am Nachlass; sie stellt insofern nur eine provisorische Legitimation zur Verfügung über den Nachlass dar[22]. Im Fall, dass später die materielle Berechtigung an einem Grundstück abweichend vom Inhalt der Erbenbescheinigung festgestellt wird, ist der Grundbucheintrag mittels *Grundbuchberichtigungsklage* im Sinne von Art. 975 ZGB zu korrigieren, ohne dass die Erbenbescheinigung vorgängig noch gesondert für ungültig erklärt werden müsste[23].

Inhaltlich stellt die Anmeldung des Erbgangs beim Grundbuchamt *keine Verfügung*[24] dar, sondern führt zu einer Richtigstellung des Grundbuches[25] hinsichtlich des Verfügungsrechts, also zur Nachführung der Angaben in der Abteilung «Eigentum» auf dem Hauptbuchblatt[26]. Mangels des Verfügungscharakters dieser Grundbuchanmeldung sind sämtliche in der Erbenbescheinigung als Berechtigte ausgewiesenen Personen zur Anmeldung legitimiert[27].

---

[21] BGE 128 III 318, 321 E. 2.1.1; 118 II 108, 110 E. 1.
[22] BSK-*Karrer/Vogt/Leu*, N. 2 f. zu Art. 559 ZGB; PraxKomm Erbrecht-*Emmel*, N. 2 zu Art. 559 ZGB; BGer, Urteil 5A_495/2010 vom 10.1.2011 E. 2.3.2; BGer, Urteil 5A_764/2010 vom 10.3.2011 E. 3.3.1; *Biber*, S. 9; zur ausländischen Erbenbescheinigung: Bundesamt für Justiz, Ausländische Erbfolgezeugnisse als Ausweis für Eintragungen im schweizerischen Grundbuch, Bern 2001.
[23] BGer, Urteil 5A_764/2010 vom 10.3.2011 E. 3.3.2; *Hürlimann-Kaup*, S. 349; BGE 104 II 75, 82 E. 2.
[24] In einem Verfügungsgeschäft lässt eine Person ihr Recht endgültig auf eine andere Person übergehen: *Schmid/Hürlimann-Kaup*, N. 74; zum Begriff des Verfügungsgeschäfts allgemein vgl. *Gauch/Schluep/Schmid*, N. 137.
[25] *Picenoni*, ZBGR 52/1971 S. 134; *Pfäffli*, Erbrechtliche Auswirkungen, S. 37.
[26] *Wolf*, Grundstücke, S. 278, spricht von einer «deklaratorischen Anpassung des Grundbucheintrags».
[27] BSK-*Schmid*, N. 26 f. zu Art. 963 ZGB. Es entstehen auch keine Probleme im Zusammenhang mit dem Tod der anmeldenden Person betreffend Verfügungsgeschäft für ein

1.4.2 Inhalt der Eintragung des Erbgangs

Der *Inhalt* der Eintragung in der Abteilung «Eigentum» ergibt sich aus Art. 94 GBV. Er unterscheidet sich nicht von der Eintragung des Eigentums gestützt auf andere Rechtsgrundausweise. Immerhin sieht aber Art. 94 Abs. 2 GBV eine platzsparende Erleichterung in der Führung des Papiergrundbuchs vor: Hier genügen zur Bezeichnung einer Erbengemeinschaft die Angaben über den Erblasser oder die Erblasserin mit dem Hinweis, dass es sich bei den Eigentümern um Erben bzw. Erbinnen handelt. Im *elektronischen Grundbuch* sind die Gesamteigentümer zufolge Erbengemeinschaft mit den vollständigen Angaben gemäss Art. 90 GBV aufzuführen.

1.4.3 Anmerkung erbrechtlicher Vertretungsverhältnisse

1.4.3.1 Altrechtliche Praxis

Es zeigt sich ein gewisses praktisches Bedürfnis, Vertretungsverhältnisse und erbrechtliche Funktionsträger im Grundbuch zu bezeichnen, um die Transparenz zu verbessern und die Publizitätswirkung des Grundbuches zu steigern. Bis zum Inkrafttreten der Teilrevision des Immobiliarsachenrechts am 1. Januar 2012 bestand die Möglichkeit, den Willensvollstrecker in der Eigentümerkolonne in einer Art «Bemerkung» auf der Grundlage von Art. 31 Abs. 4 aGBV[28] zu erwähnen; diese Praxis wurde im Schrifttum aus der Perspektive des Grundbuchrechts allerdings zu Recht als systemwidrig taxiert[29].

1.4.3.2 Anmerkung gemäss Art. 962a Ziff. 2 ZGB

Mit dem revidierten Immobiliarsachenrecht wurde in Art. 962a Ziff. 2 ZGB die Möglichkeit geschaffen, den Erbschaftsverwalter, den Erbenvertreter, den amtlichen Liquidator und den Willensvollstrecker auf ihr Begehren oder auf Begehren eines Erben oder der zuständigen Behörde in Form einer Anmerkung im Grundbuch einzuschreiben[30]. Eine Anmerkung unter-

---

vom Erblasser unterzeichnetes Rechtsgeschäft (s. *Pfäffli*, Erbrechtliche Auswirkungen, S. 39). Vgl. für die neuere Rechtsprechung zur Verfügungsbeschränkung nach Art. 960 Abs. 1 Ziff. 3 ZGB im Kontext der Erbengemeinschaft den Entscheid JGK des Kantons Bern vom 26.11.2012 und zur vorläufigen Eintragung nach Art. 961 Abs. 1 Ziff. 1 ZGB das Urteil OGer ZH LB120070 vom 31.10.2012.

[28] Grundbuchverordnung vom 22.2.1910.
[29] Vgl. dazu *Jürg Schmid,* Ungereimtes, S. 269; *Biber,* S. 8.
[30] Zum neuen Art. 962a ZGB allgemein: *Jürg Schmid,* Neuerungen, S. 386 ff.

stützt die Publizitätsfunktion des Grundbuches, sie vermag aber grundsätzlich keine konstitutive Rechtswirkung in dem Sinne zu begründen, dass ihre Einschreibung den Inhalt einer materiellen Rechtsposition verändern würde[31]. Insofern führt die Anmerkung der Person eines Willensvollstreckers im Grundbuch nicht zu einer Beschränkung der Verfügungsbefugnis der Erben[32]. Es besteht auch keine negative Grundbuchwirkung gemäss Art. 971 ZGB in dem Sinne, dass ein Dritter aus dem Fehlen einer Anmerkung darauf schliessen dürfte, es bestehe kein entsprechendes Vertretungsverhältnis. Und selbst wenn ein solches Vertretungsverhältnis angemerkt ist, besteht keine Gewähr, dass die Anmerkung im Zeitpunkt der Konsultation des Grundbuches noch aktuell ist. Immerhin bewirkt die Anmerkung aber, dass das Grundbuchamt den Willensvollstrecker, den Erbenvertreter oder den Erbschaftsverwalter als beteiligte Person im Sinne von Art. 969 ZGB erkennt und diesen Personen Anzeigen gemäss Art. 969 ZGB ebenfalls zuzustellen hat[33].

2. Sachenrechtliche Aspekte der Erbteilung

2.1 Übersicht und dogmatische Konzepte

Die Erbteilung erfolgt durch *Urteil im Teilungsprozess*[34] oder durch *Rechtsgeschäft*[35]. Häufiger als die Erhebung einer Teilungsklage ist die Erbteilung durch Rechtsgeschäft, welche Gegenstand der folgenden Ausführungen bilden soll. Zunächst rechtfertigt sich ein Blick auf die der (rechtsgeschäftlichen) Erbteilung zugrunde liegenden dogmatischen Konzepte.

---

[31] Vgl. allgemein zur Wirkung von Anmerkungen: *Liver*, S. 10 ff.; *Deschenaux*, S. 405 ff.; BSK-*Schmid*, N. 30 ff. zu Art. 946 ZGB.
[32] A.A. *Künzle*, S. 25 und *Pannatier Kessler*, S. 174 ff.
[33] Vgl. *Jürg Schmid*, Neuerungen, S. 386.
[34] Sachenrechtliche Aspekte bei der Teilungsklage betreffen die Frage, ob das Rechtsbegehren nur als Gestaltungsklage oder auch als Leistungsklage erhoben werden kann; dies ist nicht in allen Teilen geklärt. Zum Stand der Diskussion s. *Wolf*, Grundfragen, S. 114 ff.; *Piotet*, S. 911 f. Wird eine Gestaltungsklage gutgeheissen, entfaltet das Urteil dingliche Wirkung, sodass die gerichtliche Zuteilung von Eigentum zu einem ausserbuchlichen Rechtsübergang führt (Art. 656 Abs. 2 ZGB) und für das Nachtragen des Grundbuches das Teilungsurteil als Rechtsgrundausweis dient (Art. 65 Abs. 1 lit. e GBV). Soweit die Gestaltungsklage zugelassen ist, gilt das *relative Eintragungsprinzip*.
[35] Darüber hinaus kann die Erbengemeinschaft auch von Gesetzes wegen enden bei Wegfall der Erben bzw. des Nachlassvermögens: *Wolf*, Grundfragen, S. 131 ff.

2.1.1 «Doppelter Eigentumsübergang» vs. «Rechtsaufgabe»

Wie lässt sich die Überführung eines Nachlassgegenstandes aus der Erbengemeinschaft in das Alleineigentum eines Miterben dogmatisch erfassen? Die heute wohl herrschende Lehre formuliert den *Grundsatz des «doppelten Eigentumsübergangs»,* wonach dem Erben das Eigentum nicht direkt vom Erblasser, sondern über die Zwischenstufe der Erbengemeinschaft zukommt. Danach finden *zwei Eigentumsübertragungen* statt: Im Erbgang erfolgt aufgrund der Universalsukzession ein erster, mit dem Vollzug der Erbteilung ein zweiter Eigentumsübergang[36].

Dieses Verständnis eines «doppelten Eigentumsübergangs» wird im neueren Schrifttum, insbesondere von *Wolf,* grundlegend infrage gestellt[37]. Nach *Wolf* erfolgt der Eigentumsübergang auf die Erben im Rahmen der Erbteilung nicht als «Eigentumsübertragung», sondern als *«Rechtsaufgabe»:* Weil der einzelne Miterbe aufgrund der Universalsukzession im Erbgang bereits Eigentümer, allerdings Gesamteigentümer, ist, «kann er nicht anlässlich der Erbteilung das Recht an den ihm zugewiesenen Nachlassgütern nochmals erwerben»[38]. Nach diesem Verständnis der Erbteilung bildet diese nicht Rechtsgrund für einen zweiten Eigentumserwerb, sondern für die «Herstellung der Alleinberechtigung»[39] eines einzelnen Miterben an Nachlasswerten. Mit der Teilung wird insofern nicht Eigentum *übertragen.* Vielmehr wird das im Rahmen der Gesamthand bereits bestehende Eigentumsrecht infolge Rechtsaufgabe der ausscheidenden Miterben in Alleineigentum eines Miterben *gewandelt.* Damit stellt im Konzept der «Rechtsaufgabe» die Erbteilung ein unter allen Erben abzuschliessendes Rechtsgeschäft zur Aufhebung der erbengemeinschaftlichen Gesamtberechtigung dar; die Alleinberechtigung jeweils eines Erben wird durch die Aufgabe der (Gesamthand-)Berechtigung der nicht übernehmenden Miterben an einem bestimmten Erbschaftsgegenstand bewirkt[40].

Uneinig sind sich die Vertreter des Konzepts einer Erbteilung durch Rechtsaufgabe bezüglich deren Wirkung bzw. Umsetzung: Die eine Auffassung

---

[36] ZK-*Escher,* N. 36 zu Art. 602 ZGB; ZK-*Haab/Simonius/Scherrer/Zobl,* N. 27 zu Art. 652–654 ZGB; differenzierend BK-*Tuor/Picenoni,* N. 41 zu Art. 602 ZGB.
[37] *Wolf,* Grundfragen, S. 277.
[38] *Wolf,* Erbschaftserwerb, S. 268 f. Dieses Konzept der Rechtsaufgabe in Gesamthandschaften geht im schweizerischen Schrifttum hauptsächlich auf *Romano Kunz* zurück: *Kunz,* S. 127 ff.
[39] *Wolf,* Erbschaftserwerb, S. 272.
[40] *Wolf,* Grundfragen, S. 293; *derselbe,* Erbschaftserwerb, S. 271.

misst dem Vertrag auf Rechtsaufgabe unmittelbar dingliche Wirkung bei (Erbteilung durch Rechtsaufgabe mit Akkreszenz), sodass keine (weiteren) Verfügungsakte erforderlich sind. Die Individualberechtigung soll hier vielmehr durch Vertragsschluss herbeigeführt werden; das Gesamteigentum werde zu Alleineigentum des einzelnen Beteiligten ausgedehnt[41]. Nach der anderen Ansicht ist zur Realisierung der mit der Rechtsaufgabe verbundenen Änderungen die für jedes Objekt erforderliche Verfügungshandlung notwendig[42]. Insbesondere *Wolf* vertritt diese zweite Auffassung, wonach neben der Rechtsaufgabe ein Verfügungsgeschäft notwendig sei[43], wobei dieses Verfügungsgeschäft in einem – gewisse Besonderheiten[44] aufweisenden – Verzicht bestehe (Erbteilung durch Rechtsaufgabe mit Verzicht)[45]. Die Vornahme des Verzichts durch die Erben, welche den Erbschaftsgegenstand nicht übernehmen wollen, mittels entsprechender Verfügung lässt nach diesem Konzept deren Recht untergehen[46], und nach der Aufgabe der bisherigen Rechtszuständigkeit aller anderen Miterben an einem Erbschaftsgegenstand verbleibt die Verfügungsmacht beim übernehmenden Erben allein; er wird dadurch Alleineigentümer[47]. Befindet sich ein Grundstück im zu teilenden Nachlass, ist im Unterschied zur Eigentumsübertragung entsprechend keine Neueintragung des übernehmenden Erben im Grundbuch not-

---

[41] *Habicht,* S. 18 f.; *Fugner,* S. 28; *Felber,* S. 48; *Bornand,* S. 12 Anm. 3; *Hauser,* S. 23; *Hecht,* S. 380 f.; *Jost,* S. 3 ff., 118; wobei *Habicht,* S. 50, 60, *Fugner,* S. 28 f. und *Felber,* S. 48 f., sich doch dafür aussprechen, dass die rechtsgeschäftlichen Formen der Übertragung von Eigentum analog anzuwenden sind (vgl. dazu weiter *Wolf,* Grundfragen, S. 279, 281 f., 298 f.).

[42] *Wolf,* Grundfragen, S. 277 f., 298.

[43] *Wolf,* Grundfragen, S. 299 ff. Nach Auffassung von *Wolf,* Grundfragen, S. 303 f. lässt das Gesetz erkennen, dass für den Teilungsvertrag sowie für die Realteilung nach Art. 634 ZGB neben dem Verpflichtungs- auch ein Verfügungsgeschäft verlangt wird. Danach wird die Erbteilung «verbindlich» mit dem Abschluss des Teilungsvertrages oder der Entgegennahme der Lose. Das Wort «verbindlich» meine dabei erst den Abschluss des Verpflichtungsgeschäfts. Es bedürfe zu dessen Ausführung den allgemeinen Regeln entsprechend zusätzlich eines Verfügungsgeschäfts. Würde man vom Erfordernis einer Verfügung absehen, würde die Möglichkeit der Realteilung entfallen, denn diese verlange als Realkontrakt, dass Verfügungsgeschäfte vorgenommen würden, und lasse auch die Verpflichtungswirkungen erst mit deren Vollzug eintreten.

[44] Der Verzicht in der Erbteilung ist abhängig vom Grundgeschäft (Verpflichtung zur Rechtsaufgabe), wird zugunsten eines Miterben ausgesprochen und verlangt, dass alle ihr Recht aufgebenden Erben verzichten (wechselseitig miteinander verknüpfte Verzichte): *Wolf,* Grundfragen, S. 317 ff.

[45] *Wolf,* Grundfragen, S. 312 ff.

[46] *Wolf,* Grundfragen, S. 282 f.; in Bezug auf die Gemeinder *Kunz,* S. 129 f.

[47] *Wolf,* Grundfragen, S. 293, 311 f.

wendig, vielmehr werden einzig die ihre Rechte aufgebenden Miterben in der Spalte «Eigentum» des Grundbuchblattes gelöscht[48].

Die Vorstellung einer Erbteilung durch Rechtsaufgabe hat viel für sich, weil sie konsequent an der rechtlichen Ausgangslage, nämlich an der Figur der Erbengemeinschaft, anknüpft. Die Erbteilung beruht auf der *Auflösung eines gesetzlichen Gesamthandverhältnisses* und bewirkt die Überführung der Nachlasswerte in die (Allein-)Berechtigung der übernehmenden Erben. In der Erbteilung begegnen sich Rechtssubjekte, die einander nicht mehr oder weniger zufällig im freien Rechtsverkehr finden, sondern einer durch zwingendes Recht entstandenen Gemeinschaft angehören[49] und kraft Gesetzes Gesamteigentümer der Nachlassgegenstände sind. Am Konzept der «Erbteilung durch Rechtsaufgabe» überzeugt aber ebenso die Feststellung, dass mit der Erbteilung nicht Eigentum übertragen wird, sondern sich aufgrund der Erbteilung – nur, aber immerhin – die Art des Eigentums des übernehmenden Erben von Gesamteigentum zu Alleineigentum verändert. Insofern äussert sich im Konzept der Erbteilung durch Rechtsaufgabe erneut[50] Kritik an der Vorstellung eines doppelten Eigentumsübergangs, welche jedenfalls dort gerechtfertigt erscheint, wo aus dem Konzept eines doppelten Eigentumsübergangs direkt auf Parallelen zwischen der Erbteilung und Veräusserungsgeschäften geschlossen wird, wie das im Zusammenhang mit der Realteilung regelmässig geschieht[51].

Allerdings eröffnen sich aus sachenrechtlicher Sicht im Konzept der Erbteilung durch Rechtsaufgabe auch neue Fragestellungen, insbesondere hinsichtlich der Wirkung der Rechtsaufgabe. Eine unmittelbare dingliche Wirkung der Erbteilung durch Rechtsaufgabe mit Akkreszenz hätte bei Grundstücken einen ausserbuchlichen Eigentumsübergang[52] zur Folge; der Grundbucheintragung käme – in Abkehr vom heute vorherrschenden Verständnis – nur

---

[48] *Wolf*, Grundfragen, S. 296 Fn. 1691; *Kunz*, S. 129 f.; zur Behandlung der Erbengemeinschaft im Grundbuch vorne 1.4.2.

[49] Die Entstehung der Erbengemeinschaft kann weder durch den Erblasser noch durch die Erben verhindert werden, BSK-*Schaufelberger/Keller Lüscher*, N. 2 zu Art. 602 ZGB; *Wolf*, Grundfragen, S. 11 ff. Zur Gesamthandschaft in der Erbengemeinschaft vorne 1.2.

[50] *Jäggi*, S. 167 f., hat bereits im Jahre 1967 zu bedenken gegeben, dass bei der Erbteilung nicht die gleiche «Strenge» herrsche wie bei der Schenkung. Er folgerte im Ergebnis, dass «die Realteilung bei Grundstücken einzig in der Übertragung zu Eigenbesitz» bestehe. Dem hat das Bundesgericht aber widersprochen (BGE 102 II 197, 204 E. 3b).

[51] Z.B. durch den Hinweis auf Parallelen der Erbteilung zur Schenkung (hinten 2.3.1) oder durch die Aussage, Art. 634 Abs. 2 ZGB stelle eine lex specialis zu Art. 657 ZGB dar.

[52] Zum Wechsel im Bestand der Gemeinschaft bei Gesamteigentum allgemein s. BGE 116 II 174, 180 E. 5b.

noch deklaratorische Bedeutung zu. Wird der Rechtsaufgabe keine solche dingliche Wirkung zuerkannt, sondern ein zusätzlicher Verzicht verlangt (Erbteilung durch Rechtsaufgabe mit Verzicht), stellt sich die Frage nach der Einordnung dieses Verzichts in die Kategorien von Verpflichtungs- und Verfügungsgeschäft: Das Verpflichtungsgeschäft müsste hier darin liegen, dass im Teilungsvertrag obligatorisch die «Aufhebung der erbengemeinschaftlichen Gesamtberechtigung»[53] und die Einigung über die betroffenen Objekte vereinbart wird, während das Verfügungsgeschäft in der «Vornahme der jeweils nach Sachen-, Obligationen- oder sonstigem Vermögensrecht erforderlichen Verfügung über die einzelnen Nachlassobjekte» läge[54]. Im Falle von Grundstücken würde der Verzicht demnach in Gestalt der Grundbuchanmeldung (Verfügungsgeschäft) zum Ausdruck gebracht.

2.1.2 Prinzipien des Sachen- und Grundbuchrechts

Für den sachenrechtlichen Vollzug der Erbteilung gelten nach herrschender Lehre die allgemeinen Prinzipien des Sachenrechts[55]. Auch die Vertreter des Konzepts einer Erbteilung durch Rechtsaufgabe mit Verzicht, die der Rechtsaufgabe keine dingliche Wirkung beimessen, gehen von der Geltung der allgemeinen sachenrechtlichen Prinzipien für den Eigentumsübergang aus[56]; es gelangen demnach gemäss dem überwiegenden Teil der Lehre insbesondere das *Spezialitätsprinzip,* das *Traditions- bzw. Eintragungsprinzip* und das *Kausalitätsprinzip* zur Anwendung.

Das *Kausalitätsprinzip* findet seinen grundbuchrechtlichen Niederschlag in Art. 965 ZGB, wonach grundbuchliche Verfügungen in allen Fällen nur gestützt auf einen Ausweis über das Verfügungsrecht und auf den Rechtsgrund vorgenommen werden dürfen. In Bezug auf den *Rechtsgrund* für die Eintragung der Erbteilung im Grundbuch hält Art. 64 GBV – wie schon Art. 18 Abs. 1 lit. b aGBV[57] – fest, dass für den Erwerb des Eigentums im Anwendungsbereich des absoluten Eintragungsprinzips der Rechtsgrundausweis bei der Erbteilung entweder durch die schriftliche Zustimmungs-

---

[53] *Wolf,* Grundfragen, S. 293.
[54] *Wolf,* Erbschaftserwerb, S. 276.
[55] BSK-*Schaufelberger/Keller Lüscher,* N. 5 ff., 25, 32 zu Art. 634 ZGB; BK-*Tuor/Picenoni,* N. 5 zu Art. 634 ZGB; ZK-*Escher,* N. 3 f., 8 ff. zu Art. 634 ZGB.
[56] *Wolf,* Grundfragen, S. 303 f.; *derselbe,* Erbschaftserwerb, S. 276; *Kunz,* S. 133 Anm. 5; zum Spezialitätsprinzip *Wolf,* Grundfragen, S. 335; *derselbe,* Erbschaftserwerb, S. 275. A.A. *Weimar,* S. 445 ff.
[57] Grundbuchverordnung vom 22.2.1910.

erklärung aller Miterben oder durch einen schriftlichen Teilungsvertrag erbracht wird. Aus der materiell- und grundbuchrechtlichen Perspektive stehen also die beiden *Varianten* Teilungsvertrag und Realteilung zur Verfügung; auf beide ist im Folgenden einzugehen.

2.2 Teilungsvertrag

2.2.1 Konzept des Teilungsvertrages

Der Teilungsvertrag kommt wie jeder Vertrag dadurch zustande, dass die Erben im Sinne von Art. 1 OR gegenseitige übereinstimmende Willenserklärungen austauschen. Er entsteht aufgrund der schriftlichen Erklärung des übereinstimmenden Willens aller Erben, «sich definitiv im Sinne einer gänzlichen oder beschränkten Auseinandersetzung zu binden»[58]; damit ist das *Element des Bindungswillens* der Vertragsparteien angesprochen[59].

Bezüglich des *Inhalts* setzt das Zustandekommen des Teilungsvertrages nach der Rechtsprechung des Bundesgerichts voraus, «dass sich dem Vertrag alle Angaben entnehmen lassen, die notwendig sind, um gestützt auf ihn die ganze oder partielle Teilung ohne weitere Vereinbarung durchführen zu können»[60]. Der Teilungsvertrag muss demnach den Inhalt so vollständig festlegen, dass die Teilung ohne Abschluss einer weiteren Vereinbarung realisiert werden kann[61]. Die Regelung der Schulden gehört nach herrschender Lehre nicht zum notwendigen Inhalt des Teilungsvertrages; hierfür hält Art. 639 ZGB eine dispositive Regelung bereit[62], die im Rahmen einer Vertragsergänzung zur Anwendung gelangt.

---

[58] BGE 100 Ib 121, 124 E. 2; 118 II 395, 398 E. 3a.
[59] *Schwenzer,* N. 28.09 ff.; *Gauch/Schluep/Schmid/Emmenegger,* N. 353; *Huguenin,* N. 52, 170; BK-*Tuor/Picenoni,* N. 17 zu Art. 634 ZGB.
[60] BGer vom 16.12.1992 in ZBGR74/1992 S. 377, 381 E. 2.b m.H.; BGE 100 Ib 121, 124 E. 2.
[61] BK-*Tuor/Picenoni,* N. 18 zu Art. 634 ZGB; *Hauser,* S. 98.
[62] *Wolf,* Grundfragen, S. 343 f.; BSK-*Schaufelberger/Keller Lüscher,* N. 2 zu Art. 639 ZGB; BK-*Tuor/Picenoni,* N. 2 zu Art. 639 ZGB; ZK-*Escher,* N. 3 zu Art. 639 ZGB.

2.2.2 Form des Teilungsvertrages

Der Teilungsvertrag ist in schriftlicher Form gültig (Art. 634 Abs. 2 ZGB); das gilt auch, wenn Grundstücke Gegenstand der Teilung sind[63]. Einige Lehrmeinungen gehen daher davon aus, dass die Formvorschrift in Art. 634 Abs. 2 ZGB, wenn sich Grundstücke im Nachlass befinden, als lex specialis zu Art. 657 ZGB zur Anwendung gelange[64]. Dieser Befund beruht auf dem Verständnis von Erbgang und Teilungsvertrag als «doppeltem Eigentumsübergang». Er vernachlässigt allerdings die Besonderheit der Erbteilung: Art. 634 Abs. 2 ZGB regelt spezifisch die Auflösung des Gesamthandverhältnisses «Erbengemeinschaft» und die Zuteilung der Nachlasswerte an die einzelnen Erben, während Art. 657 ZGB gemäss Marginalie von der «Übertragung» von Grundeigentum spricht. Ungeachtet der Berechtigung des Konzepts einer Erbteilung durch Rechtsaufgabe erscheint daher als fraglich, ob im Verhältnis zwischen Art. 634 Abs. 2 ZGB und Art. 657 ZGB die Voraussetzungen für das systematischlogische Instrument der lex specialis als erfüllt gelten können[65]. Denn die Annahme einer lex specialis setzt voraus, dass die allgemeine und die spezielle Norm dieselben Tatbestandsmerkmale enthalten, der spezielle Tatbestand aber noch ein zusätzliches Tatbestandsmerkmal aufweist, das der allgemeinen Norm fehlt[66]. Diese Voraussetzung ist im Verhältnis zwischen Art. 657 ZGB und Art. 634 Abs. 2 ZGB jedoch nicht erfüllt. Der von Art. 634 Abs. 2 ZGB erfasste Erbteilungsvertrag unterscheidet sich grundlegend von den Rechtsgeschäften zur Handänderung: Hier Auflösung eines gesetzlichen Gesamthandverhältnisses und Zuteilung von Nachlasswerten unter Aufhebung von Gesamteigentum, dort parteiautonome Eigentumsübertragung zwischen zwei beliebigen, jedenfalls im Gesetz nicht weiter spezifizierten Rechtssubjekten[67]. Aus dieser Sicht erscheint Art. 634 Abs. 2 ZGB nicht als lex specialis zu Art. 657 ZGB; vielmehr sind die beiden Formvorschriften als gleichwertige Bestimmungen zu verstehen, die für Rechtsgeschäfte in bestimmten Konstellationen mit je unterschiedlichen Tatbestandsmerkmalen die Einhaltung einer besonderen Form verlangen.

---

[63] BGE 100 Ib 121, 123 E. 1; BSK-*Schaufelberger/Keller Lüscher*, N. 17 zu Art. 634 ZGB; BK-*Tuor/Picenoni*, N. 18 zu Art. 634 ZGB; ZK-*Escher*, N. 10 zu Art. 634 ZGB.
[64] BK-*Tuor/Picenoni*, N. 20 zu Art. 634 ZGB; *Gloor*, S. 81; *Pfäffli*, Ausweis, S. 85; *derselbe*, Erbrechtliche Auswirkungen, S. 47.
[65] Gegen eine lex specialis: *Wolf*, Grundfragen, S. 334; *derselbe*, Erbschaftserwerb, S. 274.
[66] *Bydlinski*, S. 465; vgl. auch *Kramer*, S. 111 ff.
[67] Vorne Fn. 51; insofern ist der Hinweis auf Art. 656 Abs. 1 ZGB in Art. 64 Abs. 1 GBV nur als Hinweis auf das absolute Eintragungsprinzip zu verstehen, das auch für die Erbteilung gilt.

2.2.3 Verpflichtungs- und Verfügungsgeschäft

Im Anwendungsbereich des *Kausalitätsprinzips* ist für die Begründung von Alleineigentum eines Miterben zusätzlich zum Verpflichtungsgeschäft in Form des Erbteilungsvertrages auch ein *Verfügungsgeschäft* erforderlich[68]. Dieses gestaltet sich bei Fahrnis und bei Grundstücken je unterschiedlich:

Bei *Fahrnis* besteht das Verfügungsgeschäft zum Teilungsvertrag in der «Überführung» des Erbenbesitzes in den Alleinbesitz des übernehmenden Miterben nach Massgabe von Art. 922 ff. ZGB[69].

Bei *Grundstücken* ist zum Vollzug von teilungsvertraglichen Verpflichtungen die Grundbucheintragung erforderlich: Nach der bereits angesprochenen Eintragung des ausserbuchlichen Eigentumsübergangs kraft Universalsukzession auf der Grundlage der Erbenbescheinigung[70] besteht das Verfügungsgeschäft in der *Grundbuchanmeldung des Teilungsvertrages:* Die Eintragung von Eigentum durch Teilung einer Erbengemeinschaft erfolgt auf der Grundlage einer Anmeldung (Art. 663 ZGB) unter Vorlage der Nachweise über das Verfügungsrecht und den Rechtsgrundausweis im Sinne von Art. 965 ZGB. Als Rechtsgrundausweis ist dem Grundbuchamt gemäss Art. 64 Abs. 1 lit. b GBV[71] der *schriftliche Teilungsvertrag* vorzulegen.

2.3 Realteilung

Die Realteilung ist neben dem Teilungsvertrag die zweite Form der rechtsgeschäftlichen Erbteilung. Bei der Realteilung ist – wie beim Teilungsvertrag – auch eine (objektiv bzw. subjektiv) partielle Erbteilung möglich[72].

---

[68] Vorne 2.1.2.
[69] Aus der Perspektive einer Erbteilung durch Rechtsaufgabe kann man sich die Frage stellen, ob die «Überführung» des Erbenbesitzes in den Alleinbesitz wiederum durch blosse «Aufgabe des Besitzes» der nicht übernehmenden Erben erfolgen könne. Die Frage ist wohl zugunsten einer regulären Besitzübertragung nach Art. 922 ff. ZGB zu beantworten: Das Verfügungsgeschäft stellt die Erfüllung der teilungsvertraglich übernommenen Pflicht zur Verschaffung der Alleinberechtigung dar; die Erfüllung sollte darin liegen, dass der übernehmende Erbe die tatsächliche Herrschaft über die Sache hat, damit im Hinblick auf die Publizitätsfunktion des Besitzes eindeutige Verhältnisse entstehen.
[70] Vorne 1.4.1.
[71] Vorne 2.1.2.
[72] Vgl. zur partiellen Erbteilung BK-*Tuor/Piconeni,* N. 7 zu Art. 634 ZGB und N. 6 ff. zu Art. 602 ZGB.

2.3.1 Konzept der Realteilung

Die Realteilung erfolgt gemäss Art. 611 und Art. 634 Abs. 1 ZGB durch die Bildung und Entgegennahme von Losen[73]. Unter *Losen* werden genau bezeichnete *Komplexe von Nachlassobjekten* (Aktiven und Passiven) verstanden[74], welche im Anwendungsbereich von Art. 611 ZGB wertgleich sein sollen. Die Entgegennahme eines Loses im Sinne von Art. 634 Abs. 1 ZGB stellt, so formuliert es die herrschende Lehre und Rechtsprechung, *gleichzeitig das Verpflichtungs- und das Verfügungsgeschäft* dar[75]. Dabei wird in der Judikatur[76] und im Schrifttum[77] regelmässig auf eine Parallele zur Handschenkung nach Art. 242 OR hingewiesen, bei der ebenfalls Verpflichtungs- und Verfügungsgeschäft zusammenfallen. Der Vergleich zwischen Realteilung und Handschenkung dürfte (auch in diesem Zusammenhang) zu kurz greifen[78]: Die Auflösung des gesetzlichen Gesamthandverhältnisses «Erbengemeinschaft» lässt sich nicht unmittelbar mit einem Handänderungsvertrag vergleichen.

2.3.2 Verpflichtungs- und Verfügungsgeschäft

Die *Realteilung als Verpflichtungs- und Verfügungsgeschäft* in einem wird – so die Aussage im Schrifttum – mit der Entgegennahme der in den Losen zusammengefassten Vermögenswerte verbindlich[79]. Die Realteilung kommt also erst in dem Zeitpunkt zustande, in dem der einzelne Erbe sein Los entgegennimmt und so die entsprechenden Nachlassteile in seine *Individualrechtssphäre* übergehen[80]. Allfällige Vereinbarungen über die Zuteilung der Lose oder über die Losziehung dienen nur der Vorbereitung der Realteilung und bewirken noch keine Teilung[81].

---

[73] Zum umstrittenen Verhältnis von Art. 611 und 634 ZGB s. BK-*Tuor/Picenoni*, N. 3 zu Art. 634 ZGB.
[74] Vgl. BK-*Tuor/Picenoni*, N. 4 zu Art. 634 ZGB; BSK-*Schaufelberger/Keller Lüscher*, N. 4 zu Art. 611 ZGB; PraxKomm-*Mabillard*, N. 7 zu Art. 611 ZGB.
[75] *Druey*, § 16 N. 19; PraxKomm-*Mabillard*, N. 9 zu Art. 634 ZGB; BSK-*Schaufelberger/Keller Lüscher*, N. 4 zu Art. 634 ZGB; BGE 102 II 197, 203 E. 3a.
[76] Für die Handschenkung nach Art. 242 OR, auf die für das Konzept der Realteilung verwiesen wird: BGE 105 II 104, 107 E. 3a.
[77] *Druey*, § 16 N. 19; PraxKomm-*Mabillard*, N. 11 zu Art. 634 ZGB.
[78] Vorne Fn. 50.
[79] BSK-*Schaufelberger/Keller Lüscher*, N. 4 zu Art. 634 ZGB.
[80] BGE 102 II 197, 203 E. 3a; BGer, Urteil 4A_649/2012 vom 13.5.2013 E. 3.1.
[81] BSK-*Schaufelberger/Keller Lüscher*, N. 3 zu Art. 634 ZGB und N. 10 zu Art. 611 ZGB halten fest, solche Vereinbarungen (über die Zuteilung der Lose) seien «unverbindlich»;

Für Grundstücke, die im Rahmen einer Realteilung durch einen oder mehrere Erben zu Eigentum übernommen werden, wird die Realteilung auf der Grundlage der Anmeldung aller Miterben mit der *Eintragung des Eigentumsübergangs im Grundbuch* vollzogen[82]. Nach der Rechtsprechung des Bundesgerichts wirkt bei der Realteilung betreffend Grundstücke die Eintragung im Grundbuch konstitutiv[83]. Diese *Eintragung* im Grundbuch erfolgt gemäss Art. 64 Abs. 1 lit. b GBV aufgrund der «schriftlichen Zustimmungserklärung aller Miterbinnen und Miterben». Das bedeutet: *Das Rechtsgeschäft der Realteilung,* bei der Verpflichtungs- und Verfügungsgeschäft zusammenfallen, *besteht bei Grundstücken in der Grundbuchanmeldung.*

2.3.3 Abgrenzung zum Teilungsvertrag

Nun werden aber im Vorfeld einer Realteilung zwischen den Erben nicht selten Vereinbarungen getroffen. Häufig schliessen die Erben sogar einen schriftlichen Vertrag, insbesondere eine Vereinbarung über die Auf- und Zuteilung von Erbschaftsaktiven bzw. die Auf- und Zuteilung von Losen, wie dies in Art. 611 ZGB vorgesehen ist. Damit entsteht, wenn die Vereinbarung das Schriftlichkeitserfordernis des Teilungsvertrages (Art. 634 Abs. 2 ZGB) erfüllt, die Frage nach der Abgrenzung zwischen dem Teilungsvertrag und «Vorbereitungsvereinbarungen» zur Realteilung.

Die Abgrenzung zwischen dem Teilungsvertrag einerseits und einer Vereinbarung zur Vorbereitung der Realteilung anderseits kann anhand von *zwei Kriterien* erfolgen: Das erste Kriterium besteht in der *Ausrichtung des bei Vertragsschluss ausgedrückten Bindungswillens* der Parteien. Wollten die Parteien einen Teilungsvertrag abschliessen und sich bezüglich der Teilung definitiv binden oder wollten sie sich die definitive Bindung bis zum Abschluss des Verfügungsgeschäfts vorbehalten? Das zweite Krite-

---

vgl. auch BK-*Tuor/Picenoni,* N. 6 zu Art. 634 ZGB: «Bis zum Augenblick der vollendeten Teilungsausführung liegt eine Bindung der Erben nicht vor.» Anders beim Teilungsvertrag, wo die vertragliche Bindung schon vor der tatsächlichen Überführung der Erbgegenstände in das Vermögen der Erben eintritt.

[82] BSK-*Schaufelberger/Keller Lüscher,* N. 7 zu Art. 634 ZGB. Zur Bedeutung des Tagebucheintrags s. BGE 138 III 512, 317 E. 3.5.1. In Rechtsprechung und Lehre wird daher formuliert, die Realteilung nähere sich bei Grundstücken der Teilung durch Teilungsvertrag: Kantonsgericht VS, 3.7.2007, ZBJV 146/2010 S. 252 mit Hinweisen auf *Hauser,* S. 53 ff., 78 ff.; *Seeberger,* S. 16 f.; *Steinauer,* N. 1391 ff.; *Tuor/Schnyder/Rumo-Jungo,* § 85 N. 5.

[83] BGE 102 II 197, 203 E. 3a.

rium bezieht sich auf die *Vollständigkeit der Erklärung*[84]. Hier stellt sich die Frage: Deckt die Vereinbarung den notwendigen Inhalt eines (allenfalls auch nur partiellen[85]) Teilungsvertrages in der Weise ab, dass auf deren Grundlage die Teilung ohne Weiteres vollzogen werden kann? Ist das nicht der Fall, kann von vornherein kein Teilungsvertrag vorliegen.

Oder anders formuliert: Erklären die Parteien mit einer Vereinbarung, sich *verbindlich* auf die im Vertrag dargestellte Teilung des Nachlasses verpflichten und diese *im Rahmen eines (separaten) Verfügungsgeschäfts realisieren* zu wollen, und erlauben diese Willenserklärungen die Umsetzung der Erbteilung *ohne weiteren Konsens,* liegt ein *Teilungsvertrag* vor; in den anderen Fällen dient die Vereinbarung der Vorbereitung der Realteilung[86]. Die Interpretation einer solchen Vereinbarung erfolgt nach den Grundsätzen über die Auslegung im Sinne von Art. 18 OR bzw. des Vertrauensprinzips.

Aus *Sicht der Grundbuchführung* zeigen sich die *Unterschiede* zwischen Teilungsvertrag und Realteilung, wenn sich Grundstücke im Nachlass befinden, bei der Prüfung der Grundbuchanmeldung durch das Grundbuchamt im Rahmen von Art. 965 ZGB. Es sind folgende Fälle zu unterscheiden:

– Wird eine Grundbuchanmeldung betreffend Eigentumserwerb *ohne Vorlage eines Teilungsvertrages und ohne einen entsprechenden Hinweis auf einen Teilungsvertrag* eingereicht und wurde diese Grundbuchanmeldung von allen gemäss Erbenbescheinigung berechtigten Personen unterzeichnet, ist von einer *Realteilung* auszugehen; hier ist der Anmeldung Folge zu leisten und die Grundbucheintragung zu vollziehen (Art. 64 Abs. 1 lit. b GBV, erster Teilsatz). Die Grundbuchanmeldung stellt in diesen Fällen das Verpflichtungs- und das Verfügungsgeschäft in einem dar. Das Grundbuchamt hat sich in dieser Konstellation nicht darum zu kümmern, ob die Grundbuchanmeldung auf einer vollständigen oder auf einer partiellen Realteilung beruht. Mit der Grundbuchanmeldung durch die verfügungsberechtigten Personen sind die Eintragungsvoraussetzungen nach Art. 965 ZGB erfüllt.

– Wird hingegen der Grundbuchanmeldung ein *Teilungsvertrag beigelegt oder wird in der Grundbuchanmeldung auf einen Teilungsvertrag verwiesen,* bringen die Erben zum Ausdruck, dass sie den Teilungsvorgang *nicht als Realteilung verstehen.* Hier scheinen aufseiten des Grundbuchamts die folgenden Überlegungen angezeigt:

---

[84] Vorne 2.2.1.
[85] Vgl. vorne Fn. 72.
[86] BK-*Tuor/Picenoni,* N. 6 zu Art. 634 ZGB.

In Bezug auf den Rechtsgrund muss das Grundbuchamt nach den allgemeinen Regeln über die Kognition des Grundbuchverwalters nach Art. 965 Abs. 1 und Abs. 3 ZGB die Eintragung verweigern, wenn unzweifelhaft feststeht, dass keine gültige causa vorliegt[87]. Insofern hat das Grundbuchamt die Eintragung zu verweigern, wenn der eingereichte Teilungsvertrag unzweifelhaft ungültig ist, z.B. weil ihn nicht alle Erben unterzeichnet haben. Selbst wenn in einem solchen Fall die Anmeldung die Unterschrift aller Erben trägt, kann der Vorgang von vornherein nicht als Realteilung eingetragen werden, weil die Erben in der Grundbuchanmeldung erklären, dass sie aufgrund eines Teilungsvertrages verfügen wollen, das Verfügungsgeschäft also auf einen separaten Rechtsgrund verweist. Die Verfügung in Form der Anmeldung eines «Teilungsvertrages» und die Anmeldung einer Realteilung schliessen sich insofern gegenseitig aus. Das Erfordernis der schriftlichen Zustimmungserklärung aller Miterben nach Art. 64 Abs. 1 lit. b GBV stellt *keine Auffangbestimmung für die Anmeldung «untauglicher» Teilungsverträge* dar; Realteilung und Teilungsvertrag sind vielmehr je eigenständige gleichwertige Teilungsmodi[88].

Zu klären ist noch, ob die Verbindlichkeit der Realteilung bei Grundstücken, die sog. «Entgegennahme der Lose», bereits im Zeitpunkt der Grundbuchanmeldung eintritt oder erst dann, wenn die Grundbucheintragung vollzogen ist[89]. Hier entfalten sich die allgemeinen Wirkungen der Grundbuchanmeldung: Die Anmeldenden können die Grundbuchanmeldung zwar nicht zurückziehen[90], und der Tagebucheintrag (Art. 948, Art. 972 Abs. 2 ZGB) führt zum Untergang des Rechts beim Veräusserer[91], das Eigentum geht aber nach der Rechtsprechung des Bundesgerichts erst mit dem Eintrag im Hauptbuch auf den Erwerber über[92]. Dieser Mechanismus gilt, soweit ersichtlich, für den *gesamten Anwendungsbereich des absoluten Eintra-*

---

[87] Art. 83 Abs. 2 lit. g GBV. Allgemein zur Kognition des Grundbuchamts BSK-*Schmid*, N. 31 zu Art. 965 ZGB; *Deschenaux,* S. 464. Zur Kognition bei der Anmeldung eines Rechtsgrundausweises mit dem Titel «Erbausscheidungsvertrag» s. BGer, Urteil vom 16.12.1992, ZBGR 74/1993 S. 377.

[88] BGer, Urteil 4A_649/2012 vom 13.5.2013 E. 3.1: «Art. 634 ZGB stellt damit für den Abschluss der rechtsgeschäftlichen Erbteilung zwei gleichwertige Teilungsmodi zur Verfügung: Die sog. Realteilung ('Aufstellung und Entgegennahme der Lose') und den schriftlichen Teilungsvertrag.» Vorne 2.1.2 a.E.

[89] BSK-*Schaufelberger/Keller Lüscher,* N. 7 zu Art. 634 ZGB.

[90] BGE 115 II 221, 229 E. 5a.

[91] BGE 138 III 512, 517 E. 3.5.1; s. dazu *Schmid/Beeler-Suta,* S. 220 f.

[92] BGE 138 III 512, 515 E. 3.3: Das Bundesgericht spricht von einer «dinglichen Anwartschaft» des Erwerbers auf die einzutragende Rechtsstellung (i.c. auf das Eigentum).

gungsprinzips und daher auch für die Realteilung. Entsprechend findet die *«Entgegennahme»* in der Realteilung gemäss Art. 634 Abs. 1 ZGB erst im Zeitpunkt der Eintragung im Hauptbuch statt, mit der beim Erwerber das dingliche Recht entsteht.

Willensvollstreckung

10 kleine Fälle aus der Praxis

HANS RAINER KÜNZLE

Inhaltsübersicht

Literatur	409
1. Einleitung	410
2. Auskunfts-, Informations-, Beratungs- und Geheimhaltungspflicht	411
2.1 Wie soll der Willensvollstrecker bei der Aufnahme des Inventars vorgehen?	411
2.2 Welches ist der genaue Umfang der Auskunftspflicht des Willensvollstreckers?	412
2.3 Wie steht es mit der Informations- und Beratungspflicht?	413
2.4 Kann sich der frühere Berater des Erblassers gegenüber den Erben auf die Geheimhaltungspflicht berufen?	416
2.5 Wie sollen die Erben/der Willensvollstrecker mit geheimen Daten des Erblassers umgehen?	417
3. Interessenkollision und unklare Nachlassgüter	419
3.1 Interessenkollision	420
3.1.1 Wie ist die Interessenkollision des Willensvollstreckers im vorliegenden Fall zu beurteilen?	420
3.1.2 Wie können Interessenkollisionen bewältigt werden?	420
3.1.3 Auf welchem Weg kann eine Absetzung des Willensvollstreckers wegen Interessenkollision verlangt werden?	421
3.2 Nachforschungspflicht?	422
3.2.1 Wie weit geht die Pflicht des Willensvollstreckers zur Nachforschung nach potenziellen Aktiven/Passiven?	422
3.2.2 Muss der Willensvollstrecker potenzielle Aktiven/Passiven schätzen (lassen)?	424
3.3 Ersetzung des Willensvollstreckers durch einen Erbschaftsverwalter/Erbenvertreter?	425
3.3.1 Kann ein Erbschaftsverwalter anstelle eines abgesetzten Willensvollstreckers eingesetzt werden?	425
3.3.2 Kann ein Erbenvertreter anstelle eines abgesetzten Willensvollstreckers eingesetzt werden?	425
4. Handeln bei unklarer Einsetzung	426
4.1 Ist die Ausstellung eines Willensvollstreckerausweises gerechtfertigt?	426
4.2 Beteiligt sich der Willensvollstrecker im Ungültigkeitsprozess?	427
4.2.1 Soll der Willensvollstrecker am Prozess teilnehmen oder sich dem Urteil unterziehen?	427

    4.2.2 Darf sich der Willensvollstrecker, der Anwalt ist, durch einen Anwalt im Ungültigkeitsprozess vertreten lassen? 428
    4.2.3 Wer trägt die Kosten, wenn die Willensvollstreckerklausel für ungültig erklärt wird? 428
    4.2.4 Wann endet die Willensvollstreckung, wenn die Ungültigkeitsklage erfolgreich ist? 428
  4.3 Handeln des Willensvollstreckers bei unklarer Einsetzung 429
    4.3.1 Welche Regeln gelten für den Willensvollstrecker? 429
    4.3.2 Welches sind die Aufgaben des Willensvollstreckers? 429
    4.3.3 Kann der Willensvollstrecker Vorschüsse gewähren? 430
    4.3.4 Soll der Willensvollstrecker Erbenversammlungen durchführen? . 430
    4.3.5 Haftet der Willensvollstrecker? 431
5. Kündigungsrecht der Erben 431
  5.1 Ist eine Kündigungsklausel gültig? 431
  5.2 Ist eine Kündigungsklausel sinnvoll? 432
  5.3 Gibt es Alternativen? 432
6. Honorar: Rückforderung und Haftung 433
  6.1 Honorarklage 433
    6.1.1 Wer ist sächlich zuständig für Honorarklagen? 433
    6.1.2 Wer ist örtlich zuständig für Honorarklagen? 433
    6.1.3 Wer ist zur Honorarklage legitimiert? 434
    6.1.4 Wie lautet das Begehren einer Honorarklage? 435
  6.2 Haftungsklage 435
    6.2.1 Ist die Haftungsklage eine Alternative zur Honorarklage? 435
    6.2.2 Wer ist zuständig bzw. legitimiert? 435
7. Beendigung der Willensvollstreckung 436
  7.1 Wann hört die Willensvollstreckung bezüglich des Grundstücks auf? 436
  7.2 War die Zustimmung des Willensvollstreckers zur Errichtung des Schuldbriefs notwendig? 437
8. Besitz des Willensvollstreckers 438
  8.1 Wie erlangt der Willensvollstrecker Besitz am Nachlass? 438
  8.2 Wofür braucht der Willensvollstrecker Besitz am Nachlass? 438
  8.3 Verhindert der Besitz des Willensvollstreckers Einreden der Erben? 439
9. Teilungsklage der Erben 439
  9.1 Kann der Willensvollstrecker seine Tätigkeit 7 Jahre nach dem Ableben des Erblassers aufnehmen? 440
  9.2 Werden die Erben durch das Tätigwerden des Willensvollstreckers an der Teilungsklage gehindert? 440
  9.3 Welches ist die Stellung des Willensvollstreckers nach Einreichung der Teilungsklage? 441
10. Willensvollstreckerhonorar im Steuerrecht 441
  10.1 Kann das Honorar des Willensvollstreckers von den Steuern abgezogen werden? 442
  10.2 Können die Erben vom Willensvollstrecker verlangen, dass er sein Honorar nach steuerlichen Kriterien aufschlüsselt? 443
11. Falsche Parteibezeichnung im Prozess 445
  11.1 Weshalb war die Parteibezeichnung unrichtig? 445
  11.2 Wie kann eine falsche Parteibezeichnung korrigiert werden? 446
  11.3 Wie steht es mit der Prozessführungsbefugnis? 448

Literatur

Daniel Abt, Die Anfechtungsklage bei erbvertragswidrigen Verfügungen, Anwaltsrevue 2013 S. 266 ff.; *derselbe,* Kommentierung zu Art. 519–521 ZGB, in: Praxiskommentar Erbrecht, Daniel Abt und Thomas Weibel (Hrsg.), 2. A., Basel 2011 (nachfolgend: PraxKomm-*Abt*); *Brigitte Berger Kurzen,* E-Health und Datenschutz, Zürich 2004; *René Biber,* Der Umgang des Willensvollstreckers mit Grundstücken im Nachlass, in: Willensvollstreckung – Aktuelle Rechtsprobleme, Hans Rainer Künzle (Hrsg.), Zürich 2004, S. 51 ff.; *Hansjürg Bracher,* Der Willensvollstrecker, insbesondere im zürcherischen Zivilprozessrecht (Diss. Zürich 1965) Zürich 1966; *Peter Breitschmid,* Die Stellung des Willensvollstreckers in der Erbteilung, in: Praktische Probleme der Erbteilung, Jean Nicolas Druey und Peter Breitschmid (Hrsg.), St. Gallen 1997, S. 109 ff.; *derselbe,* Vorsorgliche Massnahmen im Erbrecht: Art. 551–559 ZGB (Sicherungsmassregeln) und weitere Implikationen, successio 2009 S. 102 ff.; *Christian Brückner/Thomas Weibel,* Die erbrechtlichen Klagen, 3. A., 2012; *Bernhard Christ/ Mark Eichner,* Kommentar zu Art. 517–518 ZGB, in: Praxiskommentar Erbrecht, Daniel Abt und Thomas Weibel (Hrsg.), 2. A., Basel 2011 (zit. PraxKomm-*Christ/Eichner*); *Fiorenzo Cotti,* Kommentar zu Art. 517–518 ZGB, in: Commentaire du droit des succession, Bern 2012; *Deutscher Anwaltverein,* Digitaler Nachlass: Wem gehören die Mails in der Cloud?, AnwBl Online 2013 S. 221 ff.; *Bernhard Eccher,* Kommentar zu §§ 531–824 ABGB, in: ABGB Praxiskommentar, Georg E. Kodek und Michael Schwimann (Hrsg.), 4. A., Wien 2012; *Urs Engler,* Kommentar zu Art. 580–597 ZGB, in: Praxiskommentar Erbrecht, Daniel Abt und Thomas Weibel (Hrsg.), 2. A., Basel 2011 (zit. PraxKomm-*Engler*); *Arnold Escher,* Zürcher Kommentar zu Art. 457–536 ZGB, 3. A., Zürich 1959 (zit. ZK-*Escher*); *Walter Frei/Stefan Kaufmann/Felix Richner,* Kommentar zum harmonisierten Zürcher Steuergesetz, Zürich 1999; *Sybille Früh-Pestalozzi,* Vorsorgliche Massnahmen und besondere Vorkehren im Erbrecht, AJP 2011 S. 599 ff.; *Stephan Fuhrer,* Die Haftung des Willensvollstreckers und ihre Versicherung, in: Willensvollstreckung – Aktuelle Rechtsprobleme, Hans Rainer Künzle (Hrsg.), Zürich 2004, S. 107 ff.; *Balz Gross/Roger Zuber,* Kommentar zu Art. 70–73, in: Berner Kommentar zur Schweizerischen Zivilprozessordnung, Bern 2012; *Matthias Häuptli,* Kommentar zu Art. 562–579 ZGB, in: Praxiskommentar Erbrecht, Daniel Abt und Thomas Weibel (Hrsg.), 2. A., Basel 2011 (zit. PraxKomm-*Häuptli*); *Stephanie Hrubesch-Millauer,* Kommentar zu Art. 522–533 ZGB, in: Praxiskommentar Erbrecht, Daniel Abt und Thomas Weibel (Hrsg.), 2. A., Basel 2011 (zit. PraxKomm-*Hrubesch-Millauer*); *Marc'Antonio Iten,* Die zivilrechtliche Verantwortlichkeit des Willensvollstreckers (Diss. Luzern) Zürich 2012; *Arthur Jost,* Der Erbteilungsprozess im schweizerischen Recht, Bern 1960; *Martin Karrer/Nedim Peter Vogt/Daniel Leu,* Kommentar zu Art. 517–518 ZGB, in: Basler Kommentar Zivilgesetzbuch II, Heinrich Honsell, Nedim Peter Vogt und Thomas Geiser (Hrsg.), 4. A., Basel 2011 (zit. BSK-*Karrer/Vogt/Leu*); *Hans-Hermann Klumpp,* Kommentierung von Kapitel 6, in: Handbuch der Testamentsvollstreckung, Manfred Bengel und Wolfgang Reimann (Hrsg.), München 2013; *Martin Karrer,* Aufsicht über den Willensvollstrecker (5A_414/2012), successio 2013 S. 236 ff.; *Hans Rainer Künzle,* Berner Kommentar zum Schweizerischen Privatrecht, Band III: Das Erbrecht, 1. Abteilung: Die Erben, 2. Teilband: Die Verfügungen von Todes wegen, 2. Teil: Die Willensvollstrecker (517–518 ZGB), Bern 2011 (zit. BK-*Künzle*); *derselbe,* Kommentar zu Art. 551–559 ZGB, in: Kurzkommentar ZGB, Dominique Jakob und Andrea Büchler (Hrsg.), Basel 2012 (zit. KurzKomm-*Künzle*); *derselbe,* Auskunftspflichten gegenüber Erben, successio 2012 S. 256 ff.; *derselbe,* Interessenkollision im Erbrecht: Willensvollstrecker, Notar, Anwalt, SJZ 108/2012 S. 1 ff.; *derselbe,* Der Willensvollstrecker im schweizerischen und amerikanischen Recht, Zürich 2000 (zit. Willensvollstrecker); *derselbe,* Kommentar zu 602–606 ZGB, in: Kurzkommentar ZGB, Dominique Jakob und Andrea Büchler (Hrsg.), Basel 2012 (zit. KurzKomm-*Künzle*);

derselbe, Die Haftung des Willensvollstreckers, in: Festschrift für Paul Henri Steinauer, Alexandra Rumo-Jungo u.a. (Hrsg.), Freiburg 2013 S. 236 ff. (zit. FS Steinauer); *derselbe,* Aktuelle Praxis zur Willensvollstreckung 2011–2012, successio 2013 S. 23 ff.; *Gundula Maria Likar-Peer,* in: Erbrecht, Susanne Ferrari und Gundula Maria Likar-Peer (Hrsg.), Wien 2007; *Franco Lorandi,* Abtretung von Rechtsansprüchen gemäss Art. 260 SchKG: Grundlegendes und ausgewählte Fragen, In: Sviluppi e orientamenti del diritto esecutivo federale, Lugano 2012 S. 63 ff.; *Jörg Mayer,* Prozessführung durch den Testamentsvollstrecker, in: Testamentsvollstreckung, Jörg Mayer und Michael Bonefeld (Hrsg.), 3. A., Bonn 2011; *Ursula McCreight-Ernst,* Willensvollstreckerhonorar als abzugsfähige Vermögensverwaltungskosten, Anwaltsrevue 2013 S. 264 ff.; *Dominique Naz/José-Miguel Rubido,* Questions pratiques en droit successoral France-Suisse et le règlement européen sur les successions, Not@lex 2013 S. 49 ff.; *Markus Pichler,* «Familienunternehmen» im Nachlass – Aufgaben und Rechtsstellung des Willensvollstreckers, Reprax 2012 S. 16 ff.; *derselbe,* Die Stellung des Willensvollstreckers in «nichterbrechtlichen» Zivilprozessen – unter besonderer Berücksichtigung der Stellung der Erben, Diss. Zürich, Zürich 2011 (zit. Diss.); *Christian Rath,* Neues vom digitalen Tod: Gesetzgeber ist am Ende gefordert – DAV-Vorschlag, AnwBl 2013 S. 534 ff.; *Markus Reich,* Steuerrecht, 2. A., Zürich 2012; *Wolfgang Reimann,* Kommentierung der §§ 2197–2228 BGB, in: Kommentar Staudinger zu §§ 2197–2264 BGB, Neubearbeitung, Berlin 2003; *Ernst Stähelin/Silvia Schweizer,* Kommentar zu Art. 66–77 ZPO, in: Kommentar zur Schweizerischen Zivilprozessordnung (ZPO), Paul Henri Steinauer (Hrsg.), Le droit des successions, Bern 2005; *Thomas Sutter-Somm/Franz Hasenböhler/Christoph Leuenberger,* 2. A., Zürich/Basel/Genf 2013; *Peter Tuor,* Kommentar zu Art. 457–536 ZGB, Berner Kommentar, 2. A., Bern 1964 (zit. BK-Tuor); *Tamara Monika Völk,* Die Pflicht zur Einlieferung von Testamenten (Art. 556 ZGB) und Erbverträgen und ihre Missachtung, Diss. Zürich, Zürich 2002; *Thomas Weibel/Patrick Gerster,* Schweizerische Zivilprozessordnung und Erbrecht – prozessuale Chancen und Alltagsfallen, successio 2012 S. 33 ff.; *Stefan Wolf/Gian Sandro Genna,* Schweizerisches Privatrecht, Band IV/1: Erbrecht, Basel 2012; *Walter Zimmermann,* Kommentar zu §§ 2197–2228 BGB, in: Münchener Kommentar zum Bürgerlichen Gesetzbuch, Band 9: Erbrecht, München 2010; *Alexander Zürcher,* Kommentar zu Art. 59–60 ZPO, in: Kommentar zur Schweizerischen Zivilprozessordnung, Thomas Sutter-Somm/Franz Hasenböhler/Christoph Leuenberger (Hrsg.), 2. A., Zürich 2013.

1. Einleitung

Die nachfolgenden Beispiele stammen aus der Praxis, wurden allerdings für den Zweck des Workshops bzw. der Publikation anonymisiert und teilweise auch verfremdet. Die nachfolgenden Ausführungen haben den Zweck, die im Berner Kommentar bereits gemachten Ausführungen[1] zu ergänzen, weshalb häufig auf diese verwiesen wird.

---

[1] Vgl. BK-*Künzle,* N. 1 ff. zu Art. 517–518 ZGB.

2. Auskunfts-, Informations-, Beratungs- und Geheimhaltungspflicht

Sachverhalt: Der Erblasser Heinz Fehr war Arzt und hinterliess ein grosses Nachlassvermögen, welches neben seiner Praxis auch diverse Liegenschaften (selbst genutzte und vermietete) im In- und Ausland aufwies sowie ein von drei Schweizer Banken verwaltetes Wertschriftendepot. Die Erben erwarten vom Willensvollstrecker, welcher den Erblasser bei der Errichtung des Testaments beraten hat, dass er sie umfassend informiert.

2.1 Wie soll der Willensvollstrecker bei der Aufnahme des Inventars vorgehen?

a) Das Inventar des Willensvollstreckers ist eine Vermögensübersicht (Aktiven und Passiven), welche ausgehend von der letzten Steuererklärung des Erblassers, dem (unterjährigen) Steuerinventar des Nachlasses[2] und von allfälligen anderen Inventaren[3] sowie aufgrund von Informationen der Erben (Art. 607 Abs. 3 und Art. 610 Abs. 2 ZGB)[4] erstellt wird.[5] Beim *Geldvermögen* wird der Willensvollstrecker die bekannten Schuldner und Gläubiger anschreiben und von ihnen einen Auszug per Todestag (inkl. Marchzins) verlangen.[6] Beim *Liegenschaftsvermögen* wird der Willensvollstrecker von den Liegenschaftsverwaltungen neben dem Auszug per Todestag auch einen Mieterspiegel verlangen,[7] um die künftigen Einnahmen kontrollieren zu können. Soweit die Grundbuchauszüge nicht vorhanden oder veraltet sind, wird der Willensvollstreckers auch aktuelle Auszüge von den Grundbuchämtern bestellen, um eine zuverlässige Grundlage für die spätere Eigentumsübertragung zu besitzen. Beim *Mobiliar* wird der Willensvollstrecker einen Fach-

---

[2] Vgl. BK-*Künzle*, N. 236 ff. zu Art. 517–518 ZGB; BSK-*Karrer/Vogt/Leu*, N. 16 zu Art. 518 ZGB.
[3] Dazu gehören das Sicherungsinventar nach Art. 490 Ziff. 1 ZGB (Nacherbschaft) und Art. 553 ZGB (minderjährige, abwesende und verbeiständete Erben), das öffentliche Inventar nach Art. 580 ZGB und vom kantonalen Recht vorgesehene Inventare, vgl. dazu KurzKomm-*Künzle*, N. 9 zu Art. 553 ZGB.
[4] Zur Auskunftpflicht der Erben vgl. *Künzle*, successio 2012 S. 257.
[5] Vgl. BK-*Künzle*, N. 10 zu Art. 517–518 ZGB.
[6] Vgl. PraxKomm-*Christ/Eichner*, N. 43 zu Art. 518 ZGB; BSK-*Karrer/Vogt/Leu*, N. 16 zu Art. 518 ZGB.
[7] Vgl. PraxKomm-*Christ/Eichner*, N. 43 zu Art. 518 ZGB.

mann beiziehen,[8] wenn möglicherweise wertvolles Mobiliar vorhanden ist, damit dieser die wertvollen Stücke bezeichnen kann. Wenn auf dem Hausrat keine Erbschaftssteuer zu entrichten ist und ein Erbe diesen vollständig übernimmt (häufig der überlebende Ehegatte nach Art. 612a ZGB), ist es üblich, dass der Hausrat als Pauschale[9] oder sogar nur pro memoria ins Inventar aufgenommen wird. In der Regel wird *kein Rechnungsruf* durchgeführt.[10]

b) Das Inventar des Willensvollstreckers dient in erster Linie der Bestandesermittlung.[11] Dennoch kann es (insbesondere bei Liegenschaften, Kunst und sonst wertvollem Mobiliar) für die künftige Erbteilung notwendig sein, dass *Schätzungen* durchgeführt werden.[12] In einem ersten Schritt darf der Willensvollstrecker eigene Schätzungen vornehmen, er muss diese aber auch klar als solche deklarieren. Dabei kann er sich auf ältere Unterlagen (z.B. frühere Schätzungen) oder auf seine eigene Erfahrung stützen. Schätzungen durch Fachleute sind in der Regel teuer und sie sollten deshalb nur in Absprache mit den Erben durchgeführt werden,[13] weil nicht einvernehmliche Schätzungen von den Erben regelmässig nicht akzeptiert werden und damit den vorgesehenen Zweck nicht erfüllen können. Selbst bei Liegenschaften und Kunstgegenständigen ist es denkbar, dass sich die Erben ohne Einholung von Schätzungen über den Preis einigen. Neben Schätzungen sind auch (einvernehmliche) Auktionen (bei Kunst) oder (einvernehmliche) Verkäufe (von Liegenschaften) denkbar, um den Verkehrswert genau zu bestimmen.

2.2 Welches ist der genaue Umfang der Auskunftspflicht des Willensvollstreckers?

a) Gestützt auf Art. 518 i.V.m. Art. 607 Abs. 3 und Art. 610 Abs. 2 ZGB sowie Art. 400 OR hat der Willensvollstrecker den Erben (inkl. provisorischen und virtuellen Erben)[14] auf ihr Begehren umfassend Auskunft

---

[8] Vgl. PraxKomm-*Christ/Eichner*, N. 43 zu Art. 518 ZGB.
[9] Vgl. PraxKomm-*Christ/Eichner*, N. 43 zu Art. 518 ZGB.
[10] Vgl. BSK-*Karrer/Vogt/Leu*, N. 16 zu Art. 518 ZGB; BK-*Künzle*, N. 109 zu Art. 517–518 ZGB.
[11] Vgl. BSK-*Karrer/Vogt/Leu*, N. 16 zu Art. 518 ZGB.
[12] Anders BSK-*Karrer/Vogt/Leu*, N. 16 zu Art. 518 ZGB: «so dass eine spätere Schätzung der Inventargegenstände nicht erforderlich ist».
[13] Vgl. BK-*Künzle*, N. 108 zu Art. 517–518 ZGB.
[14] Vgl. PraxKomm-*Christ/Eichner*, N. 33 zu Art. 518 ZGB.

über die *laufende Erbteilung* zu geben, d.h. den Stand des Nachlasses, seine bisherige Tätigkeit und die ihm bekannten Tatsachen.[15] Dazu gehören auch Vorbezüge von Erben und das bisher aufgelaufene Willensvollstreckerhonorar.[16]

b) *Treu und Glauben setzen den Anfragen der Erben allerdings Grenzen,* etwa wenn es sich um Wiederholungen handelt, wenn der Willensvollstrecker kostenintensive Ermittlungen vornehmen müsste[17] oder wenn die Informationen vom Erben gar nicht benötigt werden (weil sie z.B. gar nicht den Nachlass betreffen).[18]

c) Ausnahmsweise muss der Willensvollstrecker auch über ihm nicht bekannte Tatsachen Auskunft geben, nämlich dann, wenn er die Information bei Dritten beschaffen kann, die Erben aber nicht. Beim deutschen Testamentsvollstrecker spricht man von einer sog. *Wissensverschaffungspflicht*. Diese kann etwa bestehen, wenn der Willensvollstrecker von einer Bank mit seinem Willensvollstrecker-Ausweis Informationen beschaffen kann, während die Erben (noch) keinen Erbschein haben, welcher sie gegenüber der Bank legitimiert.[19] Zu beachten ist, dass der Willensvollstrecker seinen Auskunftsanspruch gegenüber Dritten einem Erben abtreten kann[20] und darf.[21]

2.3 Wie steht es mit der Informations- und Beratungspflicht?

a) Der Willensvollstrecker muss die Erben «laufend, unaufgefordert und gleichzeitig»[22] über *vorgenommene und geplante Handlungen* und wichtige Ereignisse informieren.[23]

---

[15] Vgl. BK-*Künzle*, N. 217 ff. zu Art. 517–518 ZGB.
[16] Vgl. BSK-*Karrer/Vogt/Leu*, N. 17 zu Art. 518 ZGB.
[17] Ebenso für das BGB *Klumpp*, S. 6 N. 99.
[18] Ebenso für das BGB BGH NJW 1983 S. 2243, 2244; *Klumpp*, S. 6 N. 101.
[19] Im BGB ist der auf den Pflichtteil gesetzte Noterbe (Pflichtteilsberechtigte) nicht mehr Mitglied der Erbengemeinschaft und deshalb darauf angewiesen, dass die Erben ihm Auskünfte gegenüber Dritten (insbesondere Banken) verschaffen, vgl. BGHZ 107 S. 104, 108.
[20] Dieses Vorgehen schlägt der Bundesgerichtshof in BGHZ 107 S. 104, 108 (vgl. Fn. 19), den Erben vor.
[21] Vgl. *Klumpp*, S. 6 N. 103.
[22] Vgl. BSK-*Karrer/Vogt/Leu*, N. 17 zu Art. 518 ZGB.
[23] Vgl. PraxKomm-*Christ/Eichner*, N. 33 zu Art. 518 ZGB: «sein Vorgehen und die wesentlichen Stationen der Nachlassabwicklung».

b) Der Willensvollstrecker muss die Erben in allgemeiner Form auf die Themen Herabsetzung (Art. 527 ff. ZGB) *und Ausgleichung* (Art. 626 ZGB) *hinweisen*. Es gehört auch zu seinen Aufgaben, die Erben zu befragen, ob ihnen lebzeitige Zuwendungen des Erblassers an Erben oder Dritte bekannt sind, und er wird die erhaltenen Informationen gegebenenfalls in seinen Teilungsplan aufnehmen. Der Willensvollstrecker kann (muss aber nicht) eine (unverbindliche) Einschätzung aufgrund der ihm bekannten Vorbezüge abgeben (ob es zur Herabsetzung bzw. Ausgleichung kommt), er darf diese Fragestellungen den Erben aber auch zur eigenen Bearbeitung und Entscheidung überlassen,[24] weil sie den von ihm verwalteten Nachlass nicht direkt betreffen.[25] In der Literatur gibt es zwar unterschiedliche Beschreibungen dieser Pflicht,[26] aber es scheint doch Einigkeit darüber zu herrschen, dass der Willensvollstrecker das Thema zwar «anschieben» muss (Informationspflicht), dass er aber keine eigentliche Beratungspflicht hat.

c) Bei der *Erbschaftsklage (Art. 598 ZGB)* liegen die Verhältnisse anders: Im Rahmen der Inventaraufnahme wird der Willensvollstrecker die Erben befragen, ob ihnen noch weitere Nachlassgegenstände bekannt sind. Wenn sich solche noch bei Dritten befinden, wird er diese herausverlangen, notfalls mit einer Erbschaftsklage, zu welcher er selbst legitimiert ist.[27] Die Informationspflicht betrifft hier somit geplante Handlungen des Willensvollstreckers (Einreichung einer Erbschaftsklage).[28]

d) Im Rahmen des Workshops kam die Frage auf, wie weit der Willensvollstrecker die Erben informieren müsse, dass der *Nachlass möglicherweise überschuldet* sei und die Erben sich eine Ausschlagung überlegen müssen. Grundsätzlich besteht diese Pflicht. Die Rechtsprechung ist bei der Hinweispflicht des Willensvollstreckers auf die Herabset-

---

[24] Vgl. BSK-*Karrer/Vogt/Leu,* N. 17 zu Art. 518 ZGB.
[25] Vgl. BK-*Künzle,* N. 225 zu Art. 517–518 ZGB.
[26] Vgl. BSK-*Karrer/Vogt/Leu,* N. 17 zu Art. 518 ZGB; sehr dezidiert PraxKomm-*Christ/Eichner,* N. 34 zu Art. 518 ZGB: «Wenn der Willensvollstrecker … die Pflicht hätte, allen Personen, die als potenzielle Kläger für Erbschafts-, Herabsetzungs- und Ausgleichsansprüche in Frage kämen, über ihre Klagemöglichkeiten, die für die Wahrnehmung ihrer Rechte erforderlichen tatbestandlichen und rechtlichen Hinweise von sich aus und ungefragt zu geben, würde das Institut der Willensvollstreckung in eine Richtung verschoben, die es letztlich unbrauchbar machen würde».
[27] Vgl. BK-*Künzle,* N. 367 zu Art. 517–518 ZGB.
[28] Mit Bezug auf die Erbschaftsklage teile ich die Ausführungen in PraxKomm-*Christ/Eichner,* N. 34 zu Art. 518 ZGB nicht.

zung und Ausgleichung fokussiert[29] und hat sich soweit ersichtlich mit dieser Fragestellung noch nicht vertieft auseinandergesetzt. Im Basler Kommentar wird die Hinweispflicht wie folgt beschrieben: «Pflicht, bei drohender oder festgestellter Überschuldung des Nachlasses unverzüglich die Erben zu orientieren, damit diese ihre Rechte wahrnehmen können».[30] Hier spielt das zeitliche Element eine entscheidende Rolle. Häufig braucht der Willensvollstrecker einige Zeit, bis er sich einen ersten Überblick verschafft hat. Bis dahin mag die Frist zur Ausschlagung (3 Monate nach Art. 567 Abs. 1 ZGB, mit Verlängerungsmöglichkeiten nach Art. 576 ZGB) bereits abgelaufen sein. Meines Erachtens besteht eine Hinweispflicht des Willensvollstreckers nur dann, *wenn er von Anfang an begründeten Anlass* dazu hat. Das Bundesgericht hat dies schon in anderem Zusammenhang (Herabsetzungsklage) gesagt: «soweit er dazu in der Lage ist».[31] Vielleicht muss man noch ergänzen: «... und sein muss», um auch die Fälle zu erfassen, in welchen der Willensvollstrecker seiner Aufgabe nur schleppend nachkommt. Wie das Beispiel der nachträglich eingereichten Verantwortlichkeitsklage zeigt,[32] ist der Willensvollstrecker nicht immer in der Lage, Überschuldungen rechtzeitig zu erkennen. Wenn man die Hinweispflicht umfassender formulieren würde, führt dies nur dazu, dass der Willensvollstrecker im ersten Brief an die Erben standardmässig einen seitenlangen Hinweiskatalog beilegt, den niemand liest. In diesem Zusammenhang ist darauf hinzuweisen, dass Art. 566 Abs. 2 ZGB die Fälle der amtlich festgestellten, der offenkundigen und der offensichtlichen Überschuldung[33] bereits abfängt, indem eine Ausschlagung vermutet wird. Hinweise durch den Willensvollstrecker sind also vor allem in jenen Fällen gefragt, in welchen die Erben keine Kenntnis einer Überschuldung haben, während der Willensvollstrecker rechtzeitig Kenntnis von möglichen Anzeichen einer Überschuldung hat oder erlangt. Als Anzeichen für eine Überschuldung können dieselben verwendet werden, welche schon im Rahmen von Art. 566 ZGB zum Zug kommen: Abhängigkeit von Fürsorgeleistungen oder Sozialhilfe und eine Vielzahl offener Betreibungen,[34] nicht aber

---

[29] Vgl. vorne, 2.3.b).
[30] Vgl. BSK-*Karrer/Vogt/Leu,* N. 16 zu Art. 518 ZGB.
[31] Vgl. BGE 90 II 365 E. 3b S. 373.
[32] Vgl. BGE 123 III 89: Der Konkurs des Unternehmens erfolgte 1995, der Erblasser verstarb 1995 und die Verantwortlichkeitsklage wurde 1994 eingereicht.
[33] Nach BGE 88 II 299 E. 5 werden allerdings nur diejenigen Fälle der offensichtlichen Überschuldung abgefangen, in denen die Erben die Überschuldung gekannt haben.
[34] Vgl. PraxKomm-*Häuptli,* N. 12 zu Art. 566 ZGB.

die Vermögenslosigkeit des Erblassers, wenn er seinen Verpflichtungen regelmässig nachgekommen ist.[35] Weiter empfiehlt es sich, dass der Willensvollstrecker den Erben immer dann einen Hinweis gibt, wenn der Erblasser unbeschränkt haftender Unternehmer war oder Verwaltungsrats- oder Stiftungsratsmandate ausübte (und die Erben dies nicht wissen), weil diese Tätigkeiten zu einer persönlichen Haftung führen können.[36]

2.4 Kann sich der frühere Berater des Erblassers gegenüber den Erben auf die Geheimhaltungspflicht berufen?

a) Hier sind zwei Fälle zu unterscheiden: «Der Willensvollstrecker kann sich für Tatsachen, die ihm als Willensvollstrecker bekannt geworden sind, nicht auf das Berufsgeheimnis stützen, weil diese Tätigkeit nicht der Geheimhaltungspflicht untersteht ... Wenn dem Willensvollstrecker dagegen Tatsachen aufgrund seiner früheren Tätigkeit als Anwalt des Erblassers bekannt sind, muss er diese grundsätzlich nicht offenbaren, weil der Erblasser sich auf die Vertraulichkeit verlassen können muss.»[37] Das Bundesgericht hat sich in BGE 135 III 597 mit dieser Fragestellung befasst und betont, dass das Berufsgeheimnis der Anwälte unter besonderen Bestimmungen stehe und Anwälte nur dann Auskunft geben müssen, wenn die Aufsichtsbehörde über die Rechtsanwälte ihre Zustimmung erteilt. Es ist allerdings nicht darauf eingegangen, dass die *Praxis in den Kantonen recht unterschiedlich* gehandhabt wird: Während im Kanton Zürich die gerechte Verteilung der Erbschaft Grund genug ist für die Aufhebung des Anwaltsgeheimnisses, und zwar ohne Bewilligungspflicht,[38] und im Kanton Basel-Stadt von der Bewilligungspflicht ebenfalls abgesehen wird, wenn der Anwalt des Erblassers als Willensvollstrecker eingesetzt wird, verlangt der Kanton Neuenburg in jedem Fall eine Bewilligung.[39]

---

[35] Vgl. BGE 96 V 72 E. 1 S. 74.
[36] Vgl. etwa BGE 129 V 300: Die Schadenersatzpflicht nach Art. 52 AHVG des präsumtiv haftenden Erblassers, der als Organ einer konkursiten juristischen Person wirkte, geht auf die Erben über; BGE 123 III 89: Verantwortlichkeitsklage.
[37] Vgl. BK-*Künzle,* N. 218 zu Art. 517–518 ZGB.
[38] Vgl. ZR 53/1954 Nr. 180.
[39] Vgl. RJN 2005 S. 284.

b) Bei der Diskussion um die vertrauliche Behandlung von persönlichen Daten sollte man *mehr auf den Inhalt der Information abstellen* als auf den Träger der Information: Das Bankgeheimnis wurde zum Schutz von Vermögenswerten geschaffen, das Anwaltsgeheimnis zum Schutz von persönlichen Informationen. An beiden Orten können aber auch die jeweils anderen Güter eine Rolle spielen: Dem Banker werden persönliche Informationen aus der Familie des Erblassers anvertraut und der Anwalt befasst sich mit der Strukturierung von Vermögen des Erblassers. Die Offenlegung sollte also nicht nur darauf abstellen, wer sie zu leisten hat, sondern vermehrt berücksichtigen, um welche Art von Information es geht (Information über das Vermögen oder über die Person).[40] Wenn man dies konsequent tut, kommt man zum Schluss, dass gegenüber den Erben für Informationen über den Nachlass weder das Bankgeheimnis noch das Anwaltsgeheimnis eine wirksame Barriere darstellt. Dies zeigt auch ein Blick in die Rechtsprechung: Gegenüber der Bank sind die Erben Geheimnisherren geworden,[41] weil es um Vermögenswerte geht. Die Bank muss den Erben selbst Auskunft über Bareinzahlungen in eine Stiftung gewähren,[42] weil die Bank mit dem Erblasser einen entsprechenden Auftrag abgeschlossen hat. Der Anwalt muss den Erben Auskunft über die Errichtung eines Trusts für den Erblasser geben,[43] weil er vom Erblasser einen entsprechenden Auftrag erhielt. Diese Grundsätze sind auch konsequent auf den Willensvollstrecker anzuwenden mit dem Ergebnis, dass er persönliche Informationen vertraulich behandeln darf, während er Informationen über Nachlassgüter immer an die Erben weiterzugeben hat.

2.5 Wie sollen die Erben/der Willensvollstrecker mit geheimen Daten des Erblassers umgehen?

a) Bei einem Arzt als Erblasser können sich Restriktionen im Umgang mit seinen Daten ergeben (Arztgeheimnis).[44] Das Datenschutzgesetz (DSG) regelt den Umgang mit dem *Patientendossier* eines verstorbenen Arztes

---

[40] *Künzle,* SJZ 108/2012 S. 4; *Künzle,* successio 2012 S. 261.
[41] Vgl. ZR 109/2010 Nr. 37.
[42] Vgl. BGE 133 III 664.
[43] Vgl. BGer. 5A_620/2007 = ZBGR 93/2011 S. 57.
[44] Vgl. BK-*Künzle,* N. 17 Vorbem. zu Art. 517–518 ZGB und N. 218, 220 und 227 zu Art. 517–518 ZGB; ähnlich liegen die Verhältnisse in Bezug auf Handakten eines Rechtsanwalts, vgl. Deutscher Anwaltverein, AnwBl Online 2013 S. 235.

nicht, aber die Kantone haben dazu Vorschriften erlassen.[45] Die Erben sind zwar Eigentümer des Patientendossiers geworden, diese Daten sind jedoch weiter geschützt.[46] Nach der Rechtsprechung des Bundesgerichts dürfen die Erben die Patientendossiers einem Arzt verkaufen, allerdings nur zum Zweck, dass dieser mit den Patienten Kontakt aufzunehmen und die Daten nach deren Instruktion verwenden kann.[47] Derartige Goodwill-Vereinbarungen sind auf Kritik gestossen.[48] Der Willensvollstrecker darf das Patientendossier den Erben aushändigen, weil diese nicht nur das Eigentum daran, sondern auch die Pflicht zum Schutz der Interessen Dritter geerbt haben. Wenn der Willensvollstrecker ein Patientendossier an einen Dritten verkauft, hat er mit geeigneten Verträgen dafür zu sorgen, dass der Käufer den Datenschutz beachtet.

b) Erblasser halten ihre *Daten* zunehmend *in elektronischer Form*. Die Form der Datenaufbewahrung hat keinen Einfluss auf den Umgang mit den Daten: Es spielt keine Rolle, ob die Patientendossiers des Erblassers auf Papier, auf einem eigenen Speichermedium (PC) oder bei einem Provider (Cloud) aufbewahrt wurden. Den Erben wird das Eigentum an den Akten bzw. am PC übertragen bzw. sie erben den Vertrag mit dem Provider über die Datenaufbewahrung.[49] Wenn die Daten Geheimnisse (zum Schutz Dritter) enthalten, gelten die vorne[50] geschilderten Einschränkungen, welche auch vom Willensvollstrecker zu beachten sind.

---

[45] Vgl. *Berger Kurzen,* S. 85 Fn. 286: «Im Kanton Genf ist es z.B. für die Erben verstorbener Ärzte Pflicht, die Patientendossiers bei der kantonalen Ärztegesellschaft oder beim Kantonsarzt zu hinterlegen. Im Kanton Bern werden Krankenunterlagen verstorbener Ärzte und stillgelegter Röntgeninstitute am gerichtsmedizinischen Institut aufbewahrt. Im Kanton Zürich bewahrt die kantonale Ärztegesellschaft im Notfall Krankengeschichten verstorbener Ärzte unentgeltlich auf. Im Kanton St.Gallen können Krankengeschichten im Staatsarchiv unentgeltlich hinterlegt werden. Die Kantone Obwalden und Solothurn sehen für die Aufbewahrung der Unterlagen das zuständige Departement vor. In den Kantonen Aargau, Basel-Landschaft, Basel-Stadt, Waadt und Tessin ist keine Möglichkeit zur Hinterlegung der Patientendossiers vorgesehen.»

[46] Dieser Schutz zeigt sich zum Beispiel darin, dass das Bundesgericht in einem Urteil vom 26. April 1995 festgehalten hat, dass die Einsicht in die medizinischen Akten eines Verstorbenen seinem eigenen Sohn nur über einen Arzt zu gewähren sei, vgl. 3. Tätigkeitsbericht 1995/1996 des Eidgenössischen Datenschutzbeauftragten, Bern o.J., S. 50; die Herausgabe der Kopie eines Arztzeugnisses hat die Eidg. Datenschutzbeauftragte dagegen an gleicher Stelle als zulässig angesehen.

[47] Vgl. BGE 119 II 222.

[48] Vgl. AJP 1994 S. 968 ff.

[49] Vgl. *Rath,* AnwBl 2013 S. 534 ff.

[50] Vgl. vorne, 2.5.a).

c) Abzugrenzen ist, dass bei *elektronischen Daten des Erblassers,* welche sich etwa auf sozialen Netzwerken (Google, Facebook, Twitter, Yahoo, Linkedin, Xing usw.) oder bei Providern befinden (z.B. Foto- oder Videosammlungen in Clouds), Angehörige (welche keine Erben sind) gewisse Abwehrrechte (aus Persönlichkeits- oder Datenschutz) haben können, welche die Verwendung dieser Daten durch die Erben einschränken kann.[51] Der Willensvollstrecker hat keine Pflicht, die elektronischen Daten des Erblassers zu durchforsten und höchstpersönliche Daten zum Schutz von nahen Angehörigen (von Liebesbriefen über Tagebücher bis zu Fotosammlungen) auszuscheiden. Es ist allerdings denkbar, dass der Erblasser dem Willensvollstrecker in seiner letztwilligen Verfügung Weisungen für den Umgang mit seinem digitalen Nachlass erteilt[52] (ähnlich wie General Guisan seinen Willensvollstreckern die Weisung gab, seine Dienstakten zu vernichten).[53]

3. Interessenkollision und unklare Nachlassgüter

Sachverhalt: Der Erblasser, Richard Berger, ein in der Schweiz lebender Ausländer, war Unternehmer und tätigte seine Geschäfte im In- und Ausland. Der Willensvollstrecker hat ihm zu seinen Lebzeiten sein Vermögen verwaltet und ihn steuerlich beraten. Ein Erbe macht nun geltend, dass die Steuerberatung nicht optimal gewesen sei und die Gefahr bestehe, dass aus dem Nachlass umfangreiche Nachsteuern im In- und Ausland zu bezahlen seien. Weiter ist das Unternehmen des Erblassers in Konkurs gefallen und es besteht die Gefahr, dass Gläubiger (insbesondere Banken, von welchen Kredite ausstehend sind) die Verwaltungsräte haftbar machen, unter anderem auch den Erblasser. Schliesslich hat der Erblasser aus einem Aktionärbindungsvertrag mit seinem Bruder im Zusammenhang mit einem Familienunternehmen mögliche Forderungen sowie im ungeteilten Nachlass seines im Ausland verstorbenen Vaters ungeklärte Erbansprüche.

---

[51] Vgl. Deutscher Anwaltverband, AnwBl Online 2013 S. 233: Totenfürsorge, Achtung der Persönlichkeit über den Tod hinaus.
[52] Vgl. Deutscher Anwaltverband, AnwBl Online 2013 S. 237.
[53] Vgl. dazu BK-*Künzle,* N. 18 Vorbem. zu Art. 517–518 ZGB mit Verweis auf VPB 40 (1976) I Nr. 12 S. 48: Aus übergeordnetem Interesse wurden die Dienstakten von General Guisan von den Willensvollstreckern nicht vernichtet, sondern dem Bundesarchiv zur Aufbewahrung übergeben.

3.1 Interessenkollision

3.1.1 Wie ist die Interessenkollision des Willensvollstreckers im vorliegenden Fall zu beurteilen?

a) In ZR 91 (1992) Nr. 46 E. 5a wird die *«Gefahr einer Interessenkollision»* wie folgt umschrieben: «... wenn sich Nachlassinteressen oder solche einzelner Erben und die Interessen Dritter, zu denen der Willensvollstrecker in Beziehung steht oder stand, in einer Weise ausschliessen, dass objektiv begründete Zweifel an der Unparteilichkeit des Willensvollstreckers hervorgerufen werden». Im vorliegenden Fall besteht die Gefahr einer Interessenkollision, weil die frühere Tätigkeit des Willensvollstreckers als Steuerberater des Erblassers möglicherweise zu Haftungsansprüchen der Erben führen kann und der Willensvollstrecker somit im Extremfall gegen sich selbst Haftungsansprüche geltend machen müsste.

b) Die Interessenkollision wurde vorliegend *durch den Erblasser geschaffen* (er hat seinen Steuerberater zum Willensvollstrecker eingesetzt) und sie ist deshalb milder zu beurteilen, als wenn sie vom Willensvollstrecker selbst geschaffen worden wäre. Die Interessenkollision ist so lange zu tolerieren, als sie (1) weder vom Gesetz untersagt, (2) noch vom Willensvollstrecker missbraucht und (3) auch nicht «strukturell unlösbar» ist.[54] Das Gesetz untersagt es nicht, den Steuerberater zum Willensvollstrecker einzusetzen.[55] Ein Missbrauch würde vorliegen, wenn der Willensvollstrecker nicht kooperieren würde, um die möglichen Steuerforderungen abzuklären. Wenn es sich herausstellen sollte, dass dem Willensvollstrecker grobe Verstösse gegen die Regeln der Steuerberatungskunst vorgeworfen werden können, wird die Interessenkollision strukturell unlösbar.

3.1.2 Wie können Interessenkollisionen bewältigt werden?

a) Die *Information der Erben* gehört zur Aufgabe des Willensvollstreckers,[56] sie kann Interessenkollisionen bis zu einem gewissen Grad bewältigen,[57]

---

[54] Vgl. BK-*Künzle*, N. 9 zu Art. 517–518 ZGB; *Künzle*, SJZ 108/2012 S. 1, 2.
[55] Unvereinbarkeiten gibt es beispielsweise bei Notaren oder Erbschaftsbehörden, vgl. BK-*Künzle*, N. 6 zu Art. 517–518 ZGB.
[56] Vgl. dazu vorne, 2.3.
[57] Vgl. *Breitschmid*, S. 155.

sie aber nicht verhindern.[58] Im vorliegenden Fall kann der Willensvollstrecker mit einer eingehenden Information über seine frühere Tätigkeit den Vorwurf der suboptimalen Steuerberatung möglicherweise bereits entkräften.

b) Als *Schutzmassnahmen gegen Interessenkollisionen* dienen folgende drei Instrumente:[59] (1) Ausschluss (etwa durch die Anwendung von objektiven Kriterien bzw. nachprüfbaren Marktbedingungen), (2) Abschottung (etwa durch Trennung von Aufgabenbereichen innerhalb einer juristischen Person); (3) Bewilligung (etwa durch Genehmigung der Erben). Im vorliegenden Fall kann eine Interessenkollision bis zu einem gewissen Grad ausgeschlossen werden durch das Beibringen von früheren Steuerveranlagungen und allenfalls den gutachterlichen Nachweis, dass aufgrund von Verjährungen nicht mehr auf diese zurückgekommen werden kann. Zu überlegen ist sodann, ob die Steuerberatung künftig ausgelagert werden soll, um eine gewisse Abschottungswirkung zu erzielen. Eine Genehmigung durch die Erben behebt die Interessenkollision, sie dürfte vorliegend aber nicht zu erhalten sein.

3.1.3 Auf welchem Weg kann eine Absetzung des Willensvollstreckers wegen Interessenkollision verlangt werden?

a) Nach herrschender Lehre kann die Absetzung des Willensvollstreckers wegen Interessenkollision *nur im ordentlichen Verfahren vor dem Zivilrichter* und nicht durch ein summarisches Verfahren vor der Aufsichtsbehörde erfolgen.[60] Nach Auffassung des Bundesgerichts handelt es sich um einen (neben den in Art. 519 ZGB erwähnten) besonderen Ungültigkeits- oder Anfechtungsgrund, mit welchem die Einsetzung des Willensvollstreckers im Testament angefochten wird.[61] Die Aufsichtsbehörde kann diese Frage auch nicht vorfrageweise behandeln.[62] Diese Zweigleisigkeit in der Aufsicht über den Willensvollstrecker wird von Abt kritisiert.[63] Sie ist tatsächlich nicht befriedigend, aber de lege lata vorgegeben und könnte nur durch ein ausgebautes Aufsichtsverfahren

---

[58] Vgl. *Künzle,* SJZ 108/2012 S. 1, 2.
[59] Vgl. BK-*Künzle,* N. 9 zu Art. 517–518 ZGB; *Künzle,* SJZ 108/2012 S. 1, 2.
[60] Vgl. BK-*Künzle,* N. 454 zu Art. 517–518 ZGB.
[61] Vgl. BGE 90 II 376 Erw. 3.
[62] Vgl. BK-*Künzle,* N. 532 zu Art. 517–518 ZGB.
[63] Vgl. *Abt,* Anwaltsrevue 2013 S. 478 ff.

ersetzt werden, welches auch die Anwendung des ordentlichen Verfahrens ermöglichen würde.[64]

b) Zu beachten ist, dass die Interessenkollision regelmässig seit dem Tod des Erblassers besteht. Dies bedeutet, dass sie *innerhalb eines Jahres* nach dem Ableben des Erblassers geltend gemacht werden muss, weil Art. 521 ZGB (mindestens analog) angewendet wird.

3.2 Nachforschungspflicht?

3.2.1 Wie weit geht die Pflicht des Willensvollstreckers zur Nachforschung nach potenziellen Aktiven/Passiven?

a) Wenn (nur) *potenzielle Passiven (Verpflichtungen)* bestehen (im vorliegenden Fall: potenzielle Steuern und eine mögliche Haftung), wird der Willensvollstrecker die verfügbaren Informationen sammeln, welche eine erste Einschätzung ermöglichen. Dabei darf er Fachleute beiziehen.[65] Der Willensvollstrecker wird potenzielle Verpflichtungen in sein Inventar aufnehmen.[66] Genauere Abklärungen kann der Willensvollstrecker den Erben überlassen: Die Erben können durch Ausschlagung (Art. 566 ff. ZGB) bzw. öffentliches Inventar (Art. 580 ff. ZGB) ihre Haftung begrenzen. Wenn sie dies unterlassen (die Erbschaft also ohne Einschränkung angetreten) haben, haften sie solidarisch (Art. 603 ZGB) und müssen sich selbst um potenzielle Passiven kümmern. Ein einzelner Erbe wird durch die unter den Erben bestehende Gesamthandschaft[67] nicht gehindert, selbständig Abklärungen vorzunehmen, wenn die übrigen Erben diese etwa nicht für notwendig halten, denn die Solidarhaftung (Art. 603 Abs. 1 ZGB) sorgt über weite Strecken[68] dafür, dass ein einzelner Erbe alleine handeln kann und Auskünfte kann sowieso jeder Erbe alleine einholen.[69] Die Erben können den Willens-

---

[64] Eine Aufwertung der Aufsichtsbehörde habe ich schon vor längerer Zeit angeregt, vgl. *Künzle,* Willensvollstrecker, S. 446.
[65] Vgl. BK-*Künzle,* N. 63 zu Art. 517–518 ZGB.
[66] Vgl. dazu vorne, 2.1.
[67] Vgl. BK-*Künzle,* N. 74 zu Art. 517–518 ZGB.
[68] Die Solidarhaftung gilt für den Bereich der Erbschaftsschulden, nicht aber für Erbgangsschulden, vgl. BGer. 5A_881/2012 vom 26. April 2013 Erw. 5.2 (Rückforderung von Willensvollstrecker-Honorar).
[69] Vgl. *Künzle,* successio 2012 S. 260; der Willensvollstrecker kann allenfalls in der Anfangsphase, in welcher die Erben über keinen Ausweis (Erbbescheinigung) verfügen,

vollstrecker gemeinsam beauftragen, weitere Abklärungen für sie vorzunehmen. Ohne einen solchen besonderen, gemeinsamen Auftrag der Erben gibt es für den Willensvollstrecker keine gesetzliche Grundlage, von sich aus Abklärungen über potenzielle Passiven des Nachlasses vorzunehmen. Die Inventarpflicht[70] deckt umfangreiche Nachforschungen nicht. Die Erben dürften ohne besonderen, gemeinsamen Auftrag auch gar nicht bereit sein, die Auslagen und das Honorar des Willensvollstreckers für solche Tätigkeiten zu übernehmen.[71] Beim Umgang mit potenziellen Passiven spielt es keine Rolle, wer der mögliche Schuldner ist, ob ein Privater (Haftung) oder der Staat (Steuern).

b) *Bei potenziellen Aktiven* (im vorliegenden Fall Forderungen aus einem Aktionärbindungsvertrag mit dem Bruder des Erblassers und ungeklärte Erbansprüche im ungeteilten Nachlass des im Ausland verstorbenen Vaters des Erblassers) liegen die Verhältnisse etwas anders, weil es nicht nur um die Sammlung von Informationen, sondern um das Geltendmachen von Ansprüchen geht, weil der Willensvollstrecker die Aufgabe hat, den Nachlass zu sammeln[72] und weil ihm Mittel zur Verfügung stehen, über welche die Erben (wegen der Gesamthandschaft) nicht oder wenigstens nicht in gleichem Masse verfügen:[73] (1) Den (exklusiven) Besitz (Art. 926 ff. ZGB), (2) das (exklusive) Verwaltungsrecht (Art. 518 Abs. 2 ZGB) und (3) die Erbschaftsklage (Art. 598 ZGB). Auch hier gilt allerdings die Devise, dass Aufwand und Ertrag in einem sinnvollen Verhältnis bleiben müssen. Im Zweifel[74] wird der Willensvollstrecker die Erben fragen, ob er den potenziellen Aktiven nachgehen soll. Wenn sich die Erben nicht einigen können, kann der Willensvollstrecker versuchen, im Rahmen einer partiellen Erbteilung dieses Aktivum einem einzelnen Erben zuteilen zu lassen, damit dieser den Anspruch alleine weiterverfolgen kann. Dies ist allerdings mit der Schwierigkeit verbunden, das so zugeteilte Erbgut (potenzielle Aktiven) bewerten zu müs-

---

verpflichtet sein, anstelle der Erben Informationen zu sammeln, vgl. dazu vorne, 2.2.c): Wissensverschaffungspflicht.

[70] Vgl. vorne, 2.1.
[71] Das Honorar des Willensvollstreckers beschränkt sich auf Tätigkeiten, die notwendig sind, vgl. BK-*Künzle,* N. 396 zu Art. 517–518 ZGB.
[72] Vgl. BK-*Künzle,* N. 112 ff. zu Art. 517–518 ZGB.
[73] Vgl. BK-*Künzle,* N. 80 f. und N. 83 zu Art. 517–518 ZGB.
[74] Da der Wert von potenziellen Aktiven (insbesondere auch wegen der Prozessrisiken) häufig nur schwer eingeschätzt werden kann, dürfte der Willensvollstrecker die Erben häufig angehen.

sen.[75] Wenn alle gemeinsam getragenen Lösungen scheitern, darf der Willensvollstrecker aufgrund seiner eigenen Einschätzung (seines eigenen Ermessens)[76] einen Entscheid fällen, ob er den potenziellen Aktiven nachgehen will oder nicht. Dabei wird er seine Entscheidung auf die Einschätzung von Fachleuten (eines Prozessanwalts, je nach Sachlage im In- und/oder Ausland) stützen. Auch potenzielle Aktiven sind (in jedem Fall) ins Inventar[77] aufzunehmen.

3.2.2 Muss der Willensvollstrecker potenzielle Aktiven/Passiven schätzen (lassen)?

Wie gesehen,[78] gehört es zur Aufgabe des Willensvollstreckers, die potenziellen Aktiven und Passiven ins Inventar aufzunehmen. Nun fragt sich, ob dies bloss *pro memoria* erfolgen soll (weil der Wert unklar ist), oder ob der Willensvollstrecker diese Posten selbst bewerten oder allenfalls von Fachleuten bewerten (schätzen) lassen müsse. Da die Bewertung der Aktiven und Passiven sowie deren Verteilung (Erbteilungsvertrag) ausschliesslich Sache der Erben ist,[79] kann der Willensvollstrecker potenzielle Aktiven und Passiven pro memoria aufführen, soweit sich die Erben nicht auf einen anderen Wert geeinigt haben. In Absprache mit den Erben kann der Willensvollstrecker den Umfang von potenziellen Aktiven/Passiven genauer schätzen lassen, und zwar durch Fachleute (im vorliegenden Fall durch Steuerberater, Haftpflichtspezialisten bzw. Fachanwälte im Erbrecht). Die Erbteilung erfolgt, wenn die Erben den Eindruck haben, dass sie über genügend Informationen verfügen, um den Erbteilungsvertrag abschliessen zu können.

---

[75] Bei der betreibungsrechtlichen Abtretung nach Art. 260 SchKG wird nur die Prozessführungsbefugnis abgetreten und nicht (wie hier) der Anspruch als solcher, weshalb die Abtretung auch unentgeltlich erfolgt; deshalb lassen sich die dort verwendeten Grundsätze nicht auf den vorliegenden Fall übertragen; zu Art. 260 SchKG vgl. *Lorandi*, S. 63–89.
[76] Das Ermessen des Willensvollstreckers bei der Verwaltung des Nachlasses ist gross, vgl. BK-*Künzle*, N. 98 zu Art. 517–518 ZGB.
[77] Vgl. vorne, 2.1.
[78] Vgl. vorne, 3.2.1 a) und b).
[79] Vgl. BK-*Künzle*, N. 307 ff. zu Art. 517–518 ZGB; vorne, 2.1.b).

3.3 Ersetzung des Willensvollstreckers durch einen Erbschaftsverwalter/Erbenvertreter?

Vorbemerkung: Wenn der Willensvollstrecker nicht willens oder fähig ist, die für die Erben notwendigen Informationen zu sammeln bzw. herauszugeben und er abgesetzt wird, fragt es sich, ob an seiner Stelle andere «Vertreter» der Erbschaft diese Informationen für die Erben «beschaffen» können.

3.3.1 Kann ein Erbschaftsverwalter anstelle eines abgesetzten Willensvollstreckers eingesetzt werden?

Abgesehen von den in Art. 554 Ziff. 1–3 ZGB geregelten Fällen verweist Art. 554 Ziff. 4 ZGB (unter anderem) auf Art. 556 Abs. 3 ZGB. Diese Massnahme (der Einsetzung eines Erbschaftsverwalters) wird unverzüglich nach Einlieferung der letztwilligen Verfügung angeordnet. Sie ist nicht mehr möglich bzw. entfällt, wenn keine Einsprache gegen das Ausstellen der Erbbescheinigung erhoben oder wenn innert eines Jahres nach der Einsprache keine Klage erhoben wurde.[80] Der Anwendungsbereich für die Einsetzung eines Erbschaftsverwalters ist mit anderen Worten sehr eng. Sollte ein Erbschaftsverwalter dennoch eingesetzt werden, ist zu beachten, dass die Aufgabe des Erbschaftsverwalters nicht weiter geht als diejenige des Willensvollstreckers: Somit gehört es nicht zu den Aufgaben eines Erbschaftsverwalters, nach potenziellen Passiven zu forschen,[81] während er potenziellen Aktiven möglicherweise nachgehen muss.[82]

3.3.2 Kann ein Erbenvertreter anstelle eines abgesetzten Willensvollstreckers eingesetzt werden?

Wenn kein Grund für die Einsetzung eines Erbschaftsverwalters gegeben ist,[83] die Erben aber (etwa mangels Einstimmigkeit) nicht handeln können, ist es *denkbar*, dass ein Erbenvertreter (Art. 602 Abs. 3 ZGB) eingesetzt wird,[84] welcher potenziellen Aktiven[85] nachgehen kann. Vorliegend könnte

---

[80] Vgl. *Früh-Pestalozzi*, AJP 2011 S. 601.
[81] Zum Willensvollstrecker vgl. vorne, 3.2.1.a).
[82] Zum Willensvollstrecker vgl. vorne, 3.2.1.b).
[83] Vgl. vorne, 3.3.1.
[84] Nach *Breitschmid*, successio 2009 S. 111, kann auch der Willensvollstrecker im Rahmen einer geordneten Mandatsniederlegung den Erbenvertreter beantragen.
[85] Vgl. dazu vorne, 3.2.1.b).

er beispielsweise für die Erben einen Prozess gegen den Bruder des Erblassers führen oder die Erben in der Erbteilung des Vaters des Erblassers vertreten. Bei potenziellen Passiven gehe ich davon aus, dass ein Erbenvertreter erst dann eingesetzt wird, wenn die Forderung gegen den Nachlass konkret wird (eine Forderung etwa in einem Prozess geltend gemacht wird oder durch Verfügung einer Steuerbehörde).[86]

4. Handeln bei unklarer Einsetzung

Sachverhalt: Der Erblasser, Herbert Graf, hat 1995 ein Testament errichtet und in diesem «den Notar des Notariats Zürich-Aussersihl oder seinen Sohn Hans» als Willensvollstrecker eingesetzt. 2005 hat der Erblasser in einem zweiten Testament seinen ganzen Nachlass neu verteilt, ohne in diesem Testament eine Willensvollstreckerklausel aufzunehmen. Auf Antrag des Notars Zürich-Aussersihl stellt das Erbschaftsamt Basel einen Willensvollstreckerausweis aus. Danach erhebt der zweite Sohn des Erblassers, Eugen, eine Ungültigkeitsklage mit dem Argument, sein Vater sei 2005 nicht mehr testierfähig gewesen.

4.1 Ist die Ausstellung eines Willensvollstreckerausweises gerechtfertigt?

Im vorliegenden Fall (Einsetzung des Notars oder des Sohnes) erfolgt die Ernennung zum Willensvollstrecker zu wenig bestimmt[87] und sie ist somit (möglicherweise) ungültig. Die Auslegung, dass es sich bei der Ernennung des Sohnes Hans um einen Ersatz-Willensvollstrecker handle, trifft ohne besondere Umstände, die auf eine andere Auslegung schliessen lassen, nicht zu. Es kommt hinzu, dass im Testament von 2005 der ganze Nachlass neu verteilt wurde. Damit ersetzt dieses Testament dasjenige von 1995 vollständig, auch wenn dies im Text nicht ausdrücklich gesagt wird. Dies hat zur Folge, dass auch die frühere Willensvollstreckerklausel widerrufen wurde.

---

[86] Zu den Voraussetzungen für die Einsetzung eines Erbenvertreters vgl. KurzKomm-*Künzle*, N. 27 zu Art. 602 ZGB.
[87] Vgl. BK-*Künzle*, N. 1 zu Art. 517–518 ZGB.

Bei dieser Interpretation gibt es m.E. keinen Ermessensspielraum und deshalb darf auch *kein Willensvollstreckerausweis ausgestellt* werden.[88]

4.2 Beteiligt sich der Willensvollstrecker im Ungültigkeitsprozess?

Im Folgenden wird davon ausgegangen, dass dennoch ein Willensvollstreckerausweis ausgestellt wurde, aber eine Ungültigkeitsklage gegen die letztwillige Verfügung hängig ist.

4.2.1 Soll der Willensvollstrecker am Prozess teilnehmen oder sich dem Urteil unterziehen?

Wenn der Willensvollstrecker jegliches Kostenrisiko vermeiden will, kann er das Urteil im Prozess der Erben über die Ungültigkeit der letztwilligen Verfügung vorbehaltlos anerkennen.[89] Er kann dem Gericht eine entsprechende Erklärung abgeben.[90] Da er ein eigenes Interesse hat, dass die Ungültigkeitsklage abgewiesen wird und er seine vom Erblasser verfügte Tätigkeit aufnehmen kann, *darf er am Prozess teilnehmen*.[91] In diesem Zusammenhang sei erwähnt, dass lebzeitige Zuwendungen des Erblassers an den Willensvollstrecker oder Testamentsberatung durch den Willensvollstrecker zum Nachteil von Erben keine Ungültigkeit im Sinne von Art. 519 Abs. 1 Ziff. 3 ZGB begründen[92] und der Willensvollstrecker in diesen und vergleichbaren Fällen (etwa Interessenkollision)[93] durchaus ein Interesse hat, selbst am Prozess teilzunehmen.

---

[88] Ein Willensvollstreckerzeugnis wird dann nicht ausgestellt, wenn die Gültigkeit der Einsetzung in klarer Weise nicht gegeben ist, vgl. BK-*Künzle,* N. 42 zu Art. 517–518 ZGB.
[89] Zu einer entsprechenden Erklärung der Erben vgl. *Stähelin/Schweizer,* N. 45 zu Art. 70 ZPO, mit Verweis auf BGer. 5C.197/2000 E. 1 und BGE 136 III 123; *Gross/Zuber,* N. 20 zu Art. 70 ZPO.
[90] Vgl. GBP 1977 Nr. 11: «Erst nach Anhebung der Klage kann sich ein Miterbe bewusst dem Urteil unterwerfen. Solange aber die Klage nicht angehoben ist, kann eine antizipierte Abstandserklärung rechtsgenüglich nicht abgegeben werden. Einer Zustimmungserklärung einzig dem Bezirksammann gegenüber kann deshalb die Wirkung einer solchen Erklärung nicht zukommen.»
[91] Zur formellen Berechtigung vgl. BK-*Künzle,* N. 452 und 482 zu Art. 517–518 ZGB mit Verweis auf BGE 132 III 315.
[92] Vgl. BGer. 5C.81/2003 vom 21. Januar 2004 E. 2.4.
[93] Vgl. dazu BK-*Künzle,* N. 7 zu Art. 517–518 ZGB mit Verweis auf BGE 90 II 376 E. 3 S. 384 f.

4.2.2 Darf sich der Willensvollstrecker, der Anwalt ist, durch einen Anwalt im Ungültigkeitsprozess vertreten lassen?

Das Bundesgericht hat in anderem Zusammenhang festgehalten, dass der Willensvollstrecker einen *Rechtsbeistand bestellen darf*, und zwar selbst dann, wenn er selbst von Beruf Anwalt ist.[94] Dieser Grundsatz kommt auch hier zur Anwendung.

4.2.3 Wer trägt die Kosten, wenn die Willensvollstreckerklausel für ungültig erklärt wird?

Es gehört zu den Aufgaben des Willensvollstreckers, seine Position zu verteidigen, unter anderem auch in einem Ungültigkeitsprozess.[95] Deshalb *trägt der Nachlass die Kosten*, wenn der Willensvollstrecker den Prozess verliert.[96] Dies ist insofern gerechtfertigt, als der Erblasser mit seiner letztwilligen Verfügung die unklare Situation (ungültige letztwillige Verfügung) geschaffen hat, welche durch den Richter geklärt werden muss.

4.2.4 Wann endet die Willensvollstreckung, wenn die Ungültigkeitsklage erfolgreich ist?

Es stellt sich die Frage, in welchem Zeitpunkt die Willensvollstreckung endet, wenn der Richter eine letztwillige Verfügung (oder allenfalls nur die darin enthaltene Willensvollstreckerklausel) für ungültig erklärt, ob von Anfang an (ex tunc) oder erst vom Zeitpunkt der Rechtskraft des richterlichen Urteils an (ex nunc). Wenn die Einsetzung eines Willensvollstreckers für ungültig erklärt wird, endet die Willensvollstreckung *ex nunc*.[97] Eine

---

[94] Vgl. BGer. A-1571/2006 (gesonderte Entschädigung für Anwalts-Tätigkeit); BGer. 5A_114+126+127/2008 Erw. 8 (der Willensvollstrecker ist befugt, einen Dritten mit der Prozessführung zu bevollmächtigen); weiter vgl. BK-*Künzle*, N. 504 zu Art. 517–518 ZGB.

[95] Anders liegt die Situation etwa, wenn der Willensvollstrecker einen Prozess führt, welcher nicht im Interesse des Nachlasses liegt, vgl. BGer. 1B_348/2012 vom 3.10.2012 E. 2.2: Der Willensvollstrecker erhebt ein offensichtlich unbegründetes Rechtsmittel.

[96] Vgl. BSK-*Karrer/Vogt/Leu*, N. 73 zu Art. 518 ZGB; BGer. 1B_348/2012 vom 3.10.2012 E. 2.2: «Nach bundesgerichtlicher Rechtsprechung gehen die Verfahrenskosten in Prozessen, die der Willensvollstrecker für die Erbschaft führt, grundsätzlich zulasten des Nachlasses (BGE 129 V 113 E. 4.3 S. 118).»

[97] Vgl. PraxKomm-*Abt*, N. 1 zu Art. 519 ZGB; BK-*Künzle*, N. 380 zu Art. 517–518 ZGB; anders BK-*Tuor*, N. 16 zu Art. 519 ZGB: ex tunc; diese von mir in BK-*Künzle*, Art. 517–518 ZGB erwähnte Lehrmeinung wird somit nicht geteilt.

Wirkung ex tunc ist nur dann gegeben, wenn die letztwillige Verfügung bzw. Willensvollstreckerklausel vom Richter nicht nur als ungültig, sondern als nichtig qualifiziert wird.[98]

4.3 Handeln des Willensvollstreckers bei unklarer Einsetzung

Da die Ungültigkeit (wie vorne[99] ausgeführt) in der Regel erst mit dem Urteil des Richters (ex nunc) einsetzt, kann der Willensvollstrecker bis zu diesem Zeitpunkt für den Nachlass handeln. Dabei stellt sich die Frage, in welchem Umfang er dies tun darf bzw. muss.

4.3.1 Welche Regeln gelten für den Willensvollstrecker?

a) Wenn das Gericht eine letztwillige Verfügung (nachträglich) als ungültig erklärt, ist das Handeln des Willensvollstreckers bis zu diesem Zeitpunkt von einer gültigen Einsetzung gedeckt. Somit kann und darf er für den Nachlass tätig werden und auf sein Handeln sind die *Bestimmungen über den Auftrag* (Art. 394 ff. OR) analog anwendbar.[100]

b) Sollte (sogar) Nichtigkeit festgestellt werden, ist das Handeln des Willensvollstreckers nach den *Regeln der Geschäftsführung ohne Auftrag* (Art. 419 ff. OR) zu beurteilen.[101] Wenn ihm die zuständige Behörde[102] einen Willensvollstreckerausweis ausgestellt hat, erachte ich es als legitim, dass er seine Tätigkeit aufnimmt, andernfalls nicht.

4.3.2 Welches sind die Aufgaben des Willensvollstreckers?

Wenn eine Ungültigkeitsklage hängig ist, welche auch die Einsetzung des Willensvollstreckers erfasst, schränkt dies den Aufgabenbereich des Willensvollstreckers ein: Der Willensvollstrecker muss sich bis zum Zeitpunkt, in welchem ein rechtskräftiger Entscheid über die Ungültigkeitsklage vorliegt, auf das Verwalten des Nachlasses beschränken *(notwendige*

---

[98] Vgl. PraxKomm-*Abt,* N. 2 zu Art. 519 ZGB.
[99] Vgl. vorne, 4.2.4.
[100] Vgl. dazu BK-*Künzle,* N. 58 ff. zu Art. 517–518 ZGB.
[101] Vgl. *Iten,* S. 113 f.
[102] Vgl. dazu BK-*Künzle,* N. 35 zu Art. 517–518 ZGB.

Verwaltungshandlungen)[103] und Verfügungen möglichst vermeiden.[104] Eine solche Einschränkung sollte auch auf dem Willensvollstreckerausweis zum Ausdruck kommen mit einem Vermerk über die Ungültigkeitsklage.[105]

4.3.3 Kann der Willensvollstrecker Vorschüsse gewähren?

Wenn sich der Prozess über die Ungültigkeit der letztwilligen Verfügung über längere Zeit hinzieht, kann der Willensvollstrecker sehr wohl mit dem Anliegen von Erben konfrontiert sein, ihnen einen Vorschuss zu gewähren. Dies ist etwa der Fall, wenn der Erblasser bisher für den Lebensunterhalt der Erben (ganz oder teilweise) aufgekommen ist (etwa bei minderjährigen Kindern oder beim Ehegatten) oder wenn die Erben Mittel für die Bezahlung von Erbschaftssteuern benötigen. Der Willensvollstrecker wird versuchen, eine einvernehmliche Lösung unter den Erben (Beschluss der Erben)[106] herbeizuführen. Wenn dies nicht möglich ist, wird er selbst nach den üblichen Kriterien (Gleichbehandlung der Erben, keine Präjudizwirkung für die Erbteilung, Notwendigkeit der Zahlung, Abschluss einer Vereinbarung mit dem betroffenen Erben etc.)[107] eine Entscheidung treffen, wobei er die Auszahlung von Vorschüssen *auf ein notwendiges Minimum*[108] *beschränken* wird.

4.3.4 Soll der Willensvollstrecker Erbenversammlungen durchführen?

Die Durchführung von Erbenversammlungen gehört grundsätzlich zu den Aufgaben des Willensvollstreckers.[109] Dieser wird Erbenversammlungen auch dann durchführen, wenn seine Einsetzung durch eine Ungültigkeitsklage gefährdet ist. Allerdings sind die *zu behandelnden Themen in diesem Falle beschränkt,* etwa auf die Inventaraufnahme, das Steuerinventar und

---

[103] Vgl. BK-*Künzle,* N. 33 zu Art. 517–518 ZGB.
[104] Vgl. BGE 91 II 177 E. 3 S. 181 f.: Immerhin soll er in diesem Falle nur sichernde und sonstige zur ordentlichen Verwaltung gehörende Massnahmen treffen und Veräusserungen nur dann vornehmen, wenn dazu eine dringende Veranlassung besteht (BGE 74 I 423 ff.).
[105] Vgl. BGE 91 II 177 E. 3 S. 182.
[106] Vgl. BK-*Künzle,* N. 97 und 310 zu Art. 517–518 ZGB: Je nach Inhalt der Vereinbarung über den Vorbezug geht es (nur) um die Verwaltung des Nachlasses oder (bereits) um eine endgültige Verteilung des Nachlasses.
[107] Vgl. BK-*Künzle,* N. 300 zu Art. 517–518 ZGB.
[108] Vgl. dazu vorne, 4.3.2.
[109] Vgl. BK-*Künzle,* N. 304 zu Art. 517–518 ZGB.

die Verwaltung des Vermögens, während die Vorbereitung und die Durchführung der Erbteilung nicht zu behandeln sind.

4.3.5 Haftet der Willensvollstrecker?

Wenn der Willensvollstrecker trotz einer hängigen Ungültigkeitsklage für den Nachlass tätig wird, haftet er grundsätzlich nicht, weil seine Tätigkeit (wie gesehen)[110] nach den Bestimmungen von Art. 394 ff. OR beurteilt wird. Zu einer Haftung kann es ausnahmsweise kommen, wenn der Willensvollstrecker seine Aufgaben zu grosszügig auslegt.[111]

5. Kündigungsrecht der Erben

Sachverhalt: Der Erblasser, Rolf Bösch, verfügte folgende Willensvollstreckerklausel: «Als Willensvollstrecker setze ich meinen Scheidungsanwalt Franz Habersatter (Adresse) ein. Ich räume den Erben das Recht ein, dieses Mandat gemeinsam zu kündigen.»

5.1 Ist eine Kündigungsklausel gültig?

Das Gesetz regelt diese Frage nicht und auch die Rechtsprechung hat sich bisher mit dieser Frage nicht befasst. Anerkannt ist das Recht des Willensvollstreckers, seine Aufgabe jederzeit zu beenden, und dies wird in der Literatur meist als Widerruf (Art. 404 OR) bezeichnet,[112] teilweise aber auch als «Kündigung».[113] Ein (einseitiger) Widerruf der Willensvollstreckung durch die Erben ist nicht möglich,[114] aber der Erblasser kann die Einsetzung eines Willensvollstreckers an Bedingungen knüpfen (z.B. dass sich die Erben nicht einigen).[115] Die «gemeinsame Kündigung durch die Erben» kann in

---

[110] Vgl. vorne, 4.3.1.a)
[111] Zu den Einschränkungen siehe vorne, 4.3.2–4.3.4.
[112] Vgl. BK-*Künzle*, N. 69 zu Art. 517–518 ZGB.
[113] Vgl. *Pichler,* Repax 2012 S. 23.
[114] Vgl. BGE 90 II 376 E. 2 S. 380; *Naz/Rubido,* Not@lex 2013 S. 77; BK-*Künzle*, N. 383 zu Art. 517–518 ZGB.
[115] Vgl. BK-*Künzle*, N. 17 zu Art. 517–518 ZGB.

weiter Auslegung als Bedingung ausgelegt werden und deshalb halte ich eine Kündigungsklausel für *zulässig*.

5.2 Ist eine Kündigungsklausel sinnvoll?

Bevor diese Frage beantwortet wird, soll ein Blick über die Grenze gemacht werden. Im (österreichischen) ABGB hat der Testamentsvollstrecker primär Überwachungs- und Betreibungsaufgaben.[116] Darüber hinaus kann ihm der Erblasser Verwaltungsfunktionen zuordnen, welche ihm aber von den Erben gemeinsam wieder entzogen werden können.[117] Mit anderen Worten besteht im österreichischen Recht in beschränktem Umfang ein solches Kündigungsrecht der Erben. Dieses lässt sich m.E. aber nicht sinnvoll auf die schweizerischen Verhältnisse übertragen. Ein Kündigungsrecht der Erben ist m.E. *nicht sinnvoll,* weil es die Stellung des Willensvollstreckers völlig aushöhlt.

5.3 Gibt es Alternativen?

Hinter dem Kündigungsrecht der Erben steht deren Bedürfnis, dass die Willensvollstreckung eines Tages auch wieder endet. Im französischen Code civil (CC fr) gibt es eine *zeitliche Beschränkung:* Nach Art. 1031 CC fr dauert die Willensvollstreckung zwei bis drei Jahre: «Les habilitations mentionnées aux articles 1030 et 1030-1 sont données par le testateur pour une durée qui ne peut excéder deux années à compter de l'ouverture du testament. Une prorogation d'une année au plus peut être accordée par le juge.» Nach altem Recht (Art. 1026 Abs. 1 CC fr, gültig bis 31.12.2006) betrug die Dauer sogar nur 1 Jahr.[118] In der Schweiz kann der Erblasser die Willens-

---

[116] Vgl. *Eccher,* N. 5 f. zu § 816 ABGB; *Likar-Peer,* S. 242 ff.
[117] Vgl. OGH 2 Ob 1/08y; 1 Ob 3/13t vom 14.2.2008 = SZ 2008 S. 25: «Nur die dem Testamentsvollstrecker nach dem Willen des Erblassers zukommenden Verwaltungsfunktionen können ihm die Erben entziehen, nicht aber sein Amt schlechthin; dies kann nur das Abhandlungsgericht aus wichtigem Grund.»
[118] Alter Art. 1026 Abs. 1 CC fr (bis 31.12.2006): «… mais elle ne pourra durer au-delà de l'an et jour à compter de son décès», was übersetzt heisst gemäss *Murad Ferid,* Frankreich, in: Internationales Erbrecht, Murad Ferid, Karl Fiersching, Heinrich Dörner und Rainer Hausmann (Hrsg.), Band II, München 2013, Texte B: «… aber dieser Zustand kann nicht länger als Jahr und Tag, von dessen Ableben an gerechnet, dauern».

vollstreckung in der letztwilligen Verfügung zeitlich beschränken.[119] Dies stellt m.E. eine sinnvolle Alternative zum Kündigungsrecht der Erben dar.

6. Honorar: Rückforderung und Haftung

Sachverhalt: Rechtsanwalt Alfred Niederhuber verlangt für seine Bemühungen im Nachlass Max Schmutz ein offenbar «überrissenes» Honorar. Während viele der Erben dies hinnehmen wollen, ist der Erbe Emil Schmutz nicht einverstanden. Da der Willensvollstrecker nicht freiwillig bereit ist, einen Teil des Honorars zurückzuerstatten, wird eine gerichtliche Auseinandersetzung notwendig.

6.1 Honorarklage

6.1.1 Wer ist sächlich zuständig für Honorarklagen?

a) Honorarklagen der Erben gegen den Willensvollstrecker oder umgekehrt sind Zivilstreitigkeiten, für welche grundsätzlich der *ordentliche Richter* (Zivilrichter) zuständig ist.[120]

b) Nach Art. 54 SchlT ZGB können die Kantone Zivilstreitigkeiten auch einer *Verwaltungsbehörde* übertragen, soweit das Bundesrecht die Zuständigkeit nicht selbst regelt. Diese Voraussetzung ist beim Honorar des Willensvollstreckers erfüllt und deshalb können die Kantone auch vorsehen, dass Honorarstreitigkeiten durch die Aufsichtsbehörde des Willensvollstreckers beurteilt werden. Voraussetzung ist allerdings, dass die vom Kanton bestimmte Behörde die Grundsätze des rechtlichen Gehörs wahrt[121] und ein ordentliches Verfahren anwendet.

6.1.2 Wer ist örtlich zuständig für Honorarklagen?

a) Für *Honorarklagen der Erben* gegen den Willensvollstrecker ist das Gericht bzw. die Behörde am *Wohnort des Erblassers* zuständig (Art. 28

---

[119] Vgl. BK-*Künzle*, N. 379 zu Art. 517–518 ZGB.
[120] Vgl. BGE 78 II 123 E. 1a S. 125; BK-*Künzle*, N. 411 zu Art. 517–518 ZGB.
[121] Vgl. BGE 86 I 330 S. 333.

ZPO).[122] Einzelne Autoren vertreten abweichend die Ansicht, dass die Zuständigkeit am Wohnort des Willensvollstreckers gegeben sei.[123]

b) Wenn eine Klage der Erben am Wohnort des Erblassers hängig ist,[124] kann der Willensvollstrecker am gleichen Ort eine *Widerklage* einreichen.[125]

c) Eine *Klage des Willensvollstreckers* gegen die Erben dürfte eher selten sein, weil er den Nachlass verwaltet und sich sein Honorar selbst auszahlen kann und auch ein Retentionsrecht an den Erbschaftssachen hat.[126] Wenn er dennoch einmal Klage erheben muss (etwa weil er nach Aushändigung des Nachlassguts nachträglich nochmals für den Nachlass tätig werden muss), kann auch der Willensvollstrecker seine Honorarklage am *Wohnort des Erblassers* erheben.[127]

6.1.3 Wer ist zur Honorarklage legitimiert?

Alle Erben bilden zusammen eine notwendige Streitgenossenschaft. Zwar sieht Art. 603 ZGB eine Solidarhaft vor, diese gilt aber nur für die Erbschaftsschulden. Beim Honorar handelt es sich um Erbgangsschuld,[128] bei welcher die Solidarität nicht allgemein anerkannt ist.[129] Deshalb müssen sich *alle Erben* an der Honorarklage *beteiligen*. Dies kann auf verschiedene Art geschehen: Als Partei (zusammen mit den übrigen Erben) oder durch vorbehaltlose Anerkennung des Urteils.[130] Im vorliegenden Fall muss Emil Schmutz somit seine Miterben davon überzeugen, dass sie sich an der Honorarklage beteiligen, indem sie eine Vollmacht erteilen oder das Urteil anerkennen. Wenn dies nicht gelingt, muss Emil Schmutz einen Erbenvertreter (Art. 602 Abs. 3 ZGB) einsetzen lassen,[131] welcher den Prozess führt.

---

[122] Vgl. BSK-*Karrer/Vogt/Leu*, N. 72 zu Art. 518 ZGB; BK-*Künzle,* N. 412 zu Art. 517–518 ZGB.
[123] Vgl. *Bracher,* S. 132.
[124] Vgl. dazu vorne, 6.1.2.a).
[125] Vgl. BGE 87 I 126 E. 3 S. 130.
[126] Vgl. BK-*Künzle,* N. 420 zu Art. 517–518 ZGB.
[127] Vgl. BSK-*Karrer/Vogt/Leu,* N. 72 zu Art. 518 ZGB: «Der Gerichtsstand am letzten Wohnsitz des Erblassers ... gilt für alle vom bzw. gegen den Willensvollstrecker geführten erbrechtlichen Klagen ... handelt der Willensvollstrecker stets in Nachlassangelegenheiten, und zwar auch im Streit um sein Honorar.»
[128] Vgl. PraxKomm-*Christ/Eichner,* N. 37 zu Art. 517 ZGB.
[129] Vgl. BGE 101 II 218.
[130] Vgl. dazu vorne, 4.2.1.
[131] Vgl. dazu vorne, 3.3.2.

6.1.4 Wie lautet das Begehren einer Honorarklage?

Das *Begehren der Erben* um Rückzahlung des Honorars durch den Willensvollstrecker kann wie folgt lauten: «Es sei der Beklagte zu verpflichten, den Klägern betreffend Nachlass von Max Schmutz Fr. x sowie 5% Zins seit (Datum) an zu viel bezogenem Willensvollstrecker-Honorar zu bezahlen.»

6.2 Haftungsklage

6.2.1 Ist die Haftungsklage eine Alternative zur Honorarklage?

a) Wenn die Erben Teile des Honorars zurückfordern wollen, können sie anstelle einer Honorarklage[132] auch eine Haftungsklage gegen den Willensvollstrecker anstrengen.[133] Die *Voraussetzungen* der Haftungsklage sind allerdings *erschwert*, insbesondere bezüglich des Beweises, muss doch etwa das Verschulden des Willensvollstreckers nachgewiesen werden.[134]

b) Die Erben können *nicht gleichzeitig* eine Honorarklage und eine Haftungsklage einreichen, weil die Honorarklage eine gleichzeitige Haftung ausschliesst.[135]

6.2.2 Wer ist zuständig bzw. legitimiert?

a) Die Haftung ist eine persönliche Ansprache. Deshalb ist die Zuständigkeit am *Wohnsitz des Willensvollstreckers* (und nicht am Wohnsitz des Erblassers) gegeben.[136] Die (abweichende) Meinung im Basler Kommentar (Richter am letzten Wohnsitz des Erblassers)[137] teile ich nicht, weil sich die Klage gegen den Willensvollstrecker als Person richtet und nicht gegen sein Amt.[138]

---

[132] Vgl. vorne, 6.1.
[133] Vgl. dazu *Künzle*, FS Steinauer, S. 369 ff.; BK-*Künzle*, N. 421 ff. zu Art. 517–518 ZGB.
[134] Vgl. BGer. 5A_881/2012 vom 25.4.2013 E. 4.2.3.
[135] Vgl. BGer. 5A_881/2012 vom 25.4.2013 E. 4.
[136] Vgl. *Brückner/Weibel*, N. 325; ebenso (für den Erbschaftsliquidator); PraxKomm-*Engler*, N. 43 zu Art. 595 ZGB.
[137] Vgl. ohne besondere Begründung BSK-*Karrer/Vogt/Leu*, N. 114 zu Art. 518 ZGB.
[138] Ebenso (für das BGB) *Reimann*, N. 33 zu § 2219 BGB.

b) Zur Haftungsklage legitimiert sind die (einzelnen) *Erben*[139] *und die Vermächtnisnehmer,*[140] nicht aber Dritte.[141]

7. Beendigung der Willensvollstreckung

Sachverhalt: Mit Zustimmung des Willensvollstreckers wird im Nachlass Walter Bruggisser das Grundstück Kat. Nr. 111 im Grundbuch Zürich-Hottingen auf den Alleinerben übertragen. Anschliessend soll ein Schuldbrief errichtet werden. Das Grundbuchamt lehnt dies ab mit der Begründung, der Willensvollstrecker müsse dieser Errichtung zustimmen.

7.1 Wann hört die Willensvollstreckung bezüglich des Grundstücks auf?

a) Insgesamt hört die Willensvollstreckung regelmässig mit der «Erledigung der Aufgabe» auf.[142] In der Praxis ist die Schlussabrechnung[143] oder eine haftungsbefreiende Erklärung durch die Erben der letzte Akt.[144] Bezüglich eines einzelnen Nachlassgegenstands hört die Willensvollstreckung aber bereits früher auf, und zwar mit der *Übertragung des Eigentums im Grundbuch auf einen einzelnen Erben* gestützt auf den Erbteilungsvertrag (Art. 64 Abs. 1 lit. b GBV),[145] welche der Willensvollstrecker selbständig anmelden kann (Art. 50 Abs. 1 lit. c GBV). Das Ende der Willensvollstreckung ergibt sich aus «der Natur der Sache», dafür braucht es keine Erklärung des Willensvollstreckers.

b) Üblicherweise geht der Übertragung des Eigentums auf einen einzelnen Erben die Eintragung der Erbengemeinschaft gestützt auf die Erbbescheinigung voraus (Art. 65 Abs. 1 lit. a GBV), welche von einem einzelnen Erben oder vom Willensvollstrecker angemeldet werden

---

[139] Vgl. *Künzle,* FS Steinauer, S. 378 mit Verweis auf BGE 101 II 47 E. 1 S. 52 f. und PKG 2008 Nr. 3.
[140] Vgl. BSK-*Karrer/Vogt/Leu,* N. 113 zu Art. 518 ZGB; PKG 1991 Nr. 2 E. I.3. S. 17; Rep. 123/1990 S. 188 E. 2.1.
[141] Vgl. *Fuhrer,* S. 129.
[142] Vgl. BK-*Künzle,* N. 381 zu Art. 517–518 ZGB.
[143] Vgl. *Cotti,* N. 73 zu Art. 517 ZGB; BGer. 5A_414/2012 vom 19.10.2012 E. 3.3.
[144] Vgl. BK-*Künzle,* N. 381 zu Art. 517–518 ZGB.
[145] Vgl. dazu *Biber,* S. 67.

kann.[146] Beim *Alleinerben* werden diese zwei Vorgänge durch einen einzigen ersetzt: Der Alleinerbe wird gestützt auf die Erbbescheinigung im Grundbuch eingetragen. In der Diskussion mit den an der Tagung teilnehmenden Notaren zeigte sich, dass die Sorge besteht, dass der Alleinerbe am Willensvollstrecker vorbei die Liegenschaft erwerben und danach frei über sie verfügen kann. Weil die Eintragung des Alleinerben gleichzeitig auch die Erbteilung vollzieht, bin ich der Ansicht, dass der *Willensvollstrecker die Grundbuchanmeldung unterzeichnen* (wenigstens mitunterzeichnen) muss, denn der Vollzug der Erbteilung gehört zu seinen Aufgaben.[147] Dieses Erfordernis ist gerechtfertigt, weil dem Willensvollstrecker die Absicherung fehlt, welche ihm bei der Eintragung einer Erbengemeinschaft im Grundbuch durch die Anmerkung der Willensvollstreckung (Art. 962a ZGB) gewährt wird. Das Erfordernis der (Mit-)Unterzeichnung durch den Willensvollstrecker stellt sicher, dass der Willensvollstrecker die Kontrolle über den Nachlass behält: Dies ist etwa notwendig, wenn der Willensvollstrecker durchsetzen muss, dass der Alleinerbe Vermächtnisse ausrichtet, sei es, dass die betroffene Liegenschaft Gegenstand eines Vermächtnisses ist[148] oder dass der Willensvollstrecker nicht über genügend liquide Mittel verfügt, um ein Vermächtnis auszurichten oder Schulden zu bezahlen.[149]

7.2 War die Zustimmung des Willensvollstreckers zur Errichtung des Schuldbriefs notwendig?

Für die Errichtung eines Schuldbriefs ist eine Zustimmung des Willensvollstreckers nicht mehr notwendig, weil mit dem Eintrag des Alleinerben im Grundbuch die Übertragung des Eigentums am Grundstück formell abgeschlossen ist und der neue Eigentümer (Alleinerbe) den Schuldbrief ohne Mitwirkung des Willensvollstreckers errichten kann.

---

[146] Vgl. *Biber*, S. 61.
[147] Vgl. BK-*Künzle*, N. 342 ff. zu Art. 517–518 ZGB; Art. 50 Abs. 1 lit. c GBV.
[148] Nach Art. 50 Abs. 1 lit. b GBV kann der Willensvollstrecker Vermächtnisse alleine (ohne die Erben) im Grundbuch anmelden.
[149] Nach Art. 50 Abs. 1 lit. a GBV kann der Willensvollstrecker die Veräusserung alleine (ohne die Erben) im Grundbuch anmelden.

8. Besitz des Willensvollstreckers

Sachverhalt: Im Nachlass Martin Manz wurde ein Willensvollstrecker eingesetzt. Zu klären ist die Abgrenzung des Besitzes des Willensvollstreckers von demjenigen der Erben.

8.1 Wie erlangt der Willensvollstrecker Besitz am Nachlass?

Der Willensvollstrecker hat von Gesetzes wegen Anspruch auf den Besitz an den Nachlassgegenständen.[150] Er erlangt einen unselbständigen (Art. 920 Abs. 2 ZGB)[151] und mittelbaren Besitz. Wenn er *unmittelbaren Besitz* benötigt, muss er sich diesen zuerst *verschaffen,*[152] indem er den Besitz an spezifischen Nachlassgegenständen von Erben, Vermächtnisnehmern oder Dritten herausverlangt.[153] Als Mittel zur Durchsetzung dieses Anspruchs stehen ihm der Besitzesschutz (Art. 926 ff. ZGB),[154] die Erbschaftsklage (Art. 598 ZGB)[155] und sein Verwaltungsrecht (Art. 518 Abs. 2 ZGB)[156] zur Verfügung.[157]

8.2 Wofür braucht der Willensvollstrecker Besitz am Nachlass?

Über weite Strecken kann der Willensvollstrecker den unmittelbaren Besitz am *Nachlass den Erben überlassen,* insbesondere wenn sich diese über die Teilung des Mobiliars (womöglich noch ohne Mitwirkung des Willensvollstreckers) einigen. Der Willensvollstrecker sollte den unmittelbaren Besitz nicht weiter als notwendig in Anspruch nehmen.[158] Notwendig kann unmittelbarer Besitz sein, wenn der Willensvollstrecker den Erbteilungsvertrag

---

[150] Vgl. Max IX (1941-50) Nr. 246 S. 215; BSK-*Karrer/Vogt/Leu,* N. 22 zu Art. 518 ZGB.
[151] Vgl. BGE 86 II 355 E. 3 S. 359.
[152] Vgl. BK-*Künzle,* N. 80 zu Art. 517–518 ZGB.
[153] Vgl. Max IX (1941-50) Nr. 272 S. 242.
[154] Vgl. BGE 86 II 355 E. 3 S. 359.
[155] Vgl. SJ 103/1981 S. 63 E. 2.
[156] Vgl. BGE 86 II 355 E. 3 S. 359.
[157] Vgl. BK-*Künzle,* N. 83 zu Art. 517–518 ZGB.
[158] Vgl. BGE 77 II 122 E. 6 S. 126: Es ist nicht einzusehen, «wieso der Willensvollstrecker, um den ihm erteilten Auftrag ausführen zu können, die ganze Erbschaft in seine Verfügungsgewalt bekommen muss ...».

vollzieht und dabei etwa Nachlassgegenstände den Erben aushändigen muss.[159]

8.3 Verhindert der Besitz des Willensvollstreckers Einreden der Erben?

Die Erben können während eines Jahres Ungültigkeit (Art. 519 ZGB) oder Herabsetzung (Art. 527 ZGB) durch Klage geltend machen, eine entsprechende Einrede dagegen ohne zeitliche Grenze (Art. 521 Abs. 3 und Art. 533 Abs. 3 ZGB). Die Einrede setzt allerdings voraus, dass der Erbe mindestens (Mit-)Besitz am Nachlassvermögen hat.[160] Der Besitz des Willensvollstreckers[161] *«stört»* den *(Mit)Besitz der Erben nicht* und hindert diese nicht daran, eine Einrede zu erheben.[162] *Wolf/Genna*[163] vertreten eine andere Meinung, weil sie davon ausgehen, dass der Willensvollstrecker alleinigen Besitz habe, was aber m.E. nicht zutrifft.[164]

9. Teilungsklage der Erben

Sachverhalt: Der Erblasser, Hans Fankhauser, machte verschiedene lebzeitige Zuwendungen von Liegenschaften an seine Kinder, ohne die Frage des Ausgleichs ausdrücklich zu regeln. 2005 verstirbt er. Die Nachkommen (Erben) beschliessen, die Teilung bis zum Ableben ihrer Mutter zu verschieben. Der Willensvollstrecker beendet sein Mandat. 2009 verstirbt auch die Mutter, Sieglinde Fankhauser. Nach längerem Verhandeln können sich die Kinder nicht einigen und ein Kind reicht 2012 die Teilungsklage ein. In diesem Augenblick nimmt der Willensvollstrecker seine Tätigkeit auf und

---

[159] Vgl. BK-*Künzle*, N. 347 zu Art. 517–518 ZGB.
[160] Vgl. PraxKomm-*Hrubesch-Millauer,* N. 9 zu Art. 533 ZGB; PraxKomm-*Abt,* N. 22 zu Art. 521 ZGB mit Verweis auf BGE 120 II 417 E. 2 S. 419.
[161] Vgl. dazu vorne, 8.1.
[162] Vgl. *Weibel/Gerster,* successio 2012 S. 42 f.
[163] Vgl. *Wolf/Genna,* S. 509.
[164] Als Beleg für den alleinigen Besitz geben *Wolf/Genna* und BK-*Künzle,* N. 77 und 80 zu Art. 517–518 ZGB an; dort ist zu lesen, dass der Besitz des Willensvollstreckers «ausschliesslicher» Natur sei; das bedeutet aber nur, dass der Willensvollstrecker den Erben den unmittelbaren Besitz wegnehmen kann (soweit dies für die Ausübung seines Amtes notwendig ist); die Erben behalten in jedem Fall den selbständigen und mittelbaren Besitz (sie sind also nicht ohne Besitz); dies genügt für die Erhebung der Einreden.

erhält einen Willensvollstrecker-Ausweis. Anschliessend kündigt er das Inventar an. Er vertritt die Meinung, dass keine Schätzungen der Liegenschaften notwendig seien und keine Ausgleichung stattfinde. Sodann setzt er eine Erbenversammlung an.

9.1 Kann der Willensvollstrecker seine Tätigkeit 7 Jahre nach dem Ableben des Erblassers aufnehmen?

a) *Grundlagen:* Aufgrund der Pflicht zur Einlieferung von letztwilligen Verfügungen (Art. 556 Abs. 1 ZGB),[165] muss der Willensvollstrecker jeweils schon kurz nach dem Ableben des Erblassers die Annahme seines Amtes erklären (Art. 517 Abs. 2 ZGB).[166] Ein Ausweis wird in der Regel nur auf Antrag des Willensvollstreckers ausgestellt.[167] Ob der Willensvollstrecker seine Tätigkeit tatsächlich aufnimmt, ist mit der Annahme seines Amtes nicht sichergestellt. Wenn der Willensvollstrecker nicht tätig wird, gibt es keine Verjährung oder Verwirkung seines Amtes, die Erben können lediglich mit einer Beschwerde bei der Aufsichtsbehörde seine Absetzung verlangen.[168]

b) Im vorliegenden Fall haben die Erben kein Aufsichtsverfahren in Gang gesetzt, weshalb der Willensvollstrecker seine *Tätigkeit grundsätzlich aufnehmen* kann, zumal tatsächlich auch ein Willensvollstrecker-Ausweis ausgestellt wurde.

9.2 Werden die Erben durch das Tätigwerden des Willensvollstreckers an der Teilungsklage gehindert?

Eine allfällige *«Wartefrist»* für das Einreichen der Teilungsklage, welche m.E. 1–3 Jahre beträgt und über welche noch keine einstimmige Meinung herrscht,[169] ist in diesem Fall (7 Jahre nach dem Ableben des Erblassers) sicher *abgelaufen.* Dies bedeutet, dass es keinen Sinn mehr macht, dass der Willensvollstrecker einen Teilungsplan erstellt.

---

[165] Vgl. dazu *Völk,* S. 22 ff.
[166] Vgl. dazu PraxKomm-*Christ/Eichner,* N. 17 f. zu Art. 517 ZGB; BK-*Künzle,* N. 29 ff. zu Art. 517–518 ZGB.
[167] Vgl. BK-*Künzle,* N. 36 zu Art. 517–518 ZGB.
[168] Vgl. BK-*Künzle,* N. 526 zu Art. 517–518 ZGB; *Karrer,* successio 2013 S. 241.
[169] Vgl. dazu BK-*Künzle,* N. 305 zu Art. 517–518 ZGB.

9.3 Welches ist die Stellung des Willensvollstreckers nach Einreichung der Teilungsklage?

Vorliegend verbleiben dem Willensvollstrecker nur noch wenige Aufgaben: Die Feststellung des Nachlasses (Inventar)[170] dürfte abgeschlossen sein und bei der Erbteilung hat der *Richter alle wesentlichen Aufgaben übernommen*[171] inklusive der Frage, ob es zur Ausgleichung komme und wie Nachlassgegenstände zu bewerten sind. Denkbar ist einzig, dass bei der Verwaltung des Nachlasses noch gewisse Aufgaben verblieben sind. Die Erben, welche den Nachlass jahrelang selbst verwaltet haben, können sich mit einer Aufsichtsbeschwerde (wegen der jahrelangen Untätigkeit) wehren,[172] wenn der Willensvollstrecker nun unvermittelt die Exklusivität der Verwaltung des Nachlasses[173] geltend macht. Aus diesem Grund dürfte es auch kaum genügend Inhalte geben, welche die Einberufung einer Erbenversammlung (Erbenkonferenz)[174] rechtfertigen. Dies kann allerdings nur im Einzelfall abschliessend beurteilt werden. Der Willensvollstrecker kann später das richterliche Urteil vollstrecken.[175] Der reduzierte Aufgabenbereich ist auch bei der Honorierung zu berücksichtigen, denn die Erben haben ihn nur so weit zu honorieren, als seine Tätigkeit notwendig ist.[176]

10. Willensvollstreckerhonorar im Steuerrecht

Sachverhalt: Nach den Regeln des Bundes[177] und vieler kantonaler Steuergesetze[178] können die Kosten der Verwaltung von beweglichem Privatvermögen von der Einkommenssteuer abgezogen werden. Dabei kommen Pau-

---

[170] Vgl. dazu PraxKomm-*Christ/Eichner*, N. 34 ff. zu Art. 518 ZGB; BK-*Künzle*, N. 102 ff. zu Art. 517–518 ZGB.
[171] Vgl. BK-*Künzle*, N. 318 zu Art. 517–518 ZGB.
[172] Vgl. dazu BK-*Künzle*, N. 515 ff., insbesondere N. 526 zu Art. 517–518 ZGB.
[173] Vgl. dazu BK-*Künzle*, N. 200 und 209 zu Art. 517–518 ZGB; *Steinauer*, N. 1183.
[174] Vgl. dazu BK-*Künzle*, N. 304 zu Art. 517–518 ZGB.
[175] Vgl. *Jost*, S. 110.
[176] Vgl. BK-*Künzle*, N. 396 zu Art. 517–518 ZGB.
[177] Vgl. Art. 32 Abs. 1 DBG: «Bei beweglichen Privatvermögen können die Kosten der Verwaltung durch Dritte ... abgezogen werden.»
[178] Zum Beispiel § 39 Abs. 1 AG-StG: «Bei beweglichen Privatvermögen können die Kosten der Verwaltung durch Dritte ... abgezogen werden»; § 19 Abs. 1 lit. c ESchG: «Vor Festlegung der Anteile der Erben und Vermächtnisnehmer werden von der Erbschaft abgezogen c. die Kosten der Testamentsvollstreckung».

schalen zur Anwendung (3 Promille im Kanton Zürich, maximal CHF 6000; 3 Promille im Kanton Zug, maximal CHF 9000). Höhere Abzüge müssen genau belegt werden. Es fragt sich, inwieweit die Tätigkeit des Willensvollstreckers von diesen Bestimmungen erfasst wird.

10.1 Kann das Honorar des Willensvollstreckers von den Steuern abgezogen werden?

a) Das *Honorar* des Willensvollstreckers kann in den meisten Kantonen bei der Berechnung des steuerbaren Betrags von der *Erbschaftssteuer* abgezogen werden.[179]

b) Wegen des Abzugs bei der Erbschaftssteuer[180] steht das Honorar des Willensvollstreckers bei der *Einkommenssteuer* für einen Abzug grundsätzlich nicht mehr zur Verfügung.[181] Das Honorar des Willensvollstreckers kann (wie die Aufwendungen der Banken/Vermögensverwalter) nur in jenem Umfang als «Kosten für die Verwaltung des beweglichen Privatvermögens» vom Einkommen abgezogen werden, als es einen *unmittelbaren Zusammenhang* mit der Erzielung des Nachlasseinkommens aufweist.[182] Meines Erachtens entstehen die abzugsfähigen Ver-

---

[179] Vgl. RB 2004 Nr. 110 E. 2.1 S. 210: «Die Kosten der Testamentsvollstreckung sind von Gesetzes wegen abzugsfähig (§ 19 Abs. 1 lit. c EschG), ungeachtet der Art der durch sie abgegoltenen Leistungen. Obgleich sie – wie die Teilungskosten – erst nach der Eröffnung des Erbgangs entstehen, gehen sie auf den Entschluss des Erblassers zurück, einen Willensvollstrecker zu bestellen und mit gewissen Aufgaben zu betrauen. Auf dem Nachlass wird damit gleichsam eine Rückstellung gebildet für künftige Testamentsvollstreckungskosten, deren Umfang freilich noch ungewiss ist»; AGVE 1996 Nr. 5 S. 412: «Hingegen ist das Honorar für die Testamentsvollstreckung als Nachlasspassivum bei der Veranlagung der Erbschaftssteuer anrechenbar und muss folglich bei der Einkommenssteuer unbeachtlich bleiben»; SR.2000.00001 E. 2a; AGVE 1996 Nr. 5 S. 412: «Hingegen ist das Honorar für die Testamentsvollstreckung als Nachlasspassivum bei der Veranlagung der Erbschaftssteuer anrechenbar ...»; ZR 67/1968 Nr. 7 E. 1 S. 28: «Ausserdem ist das Honorar eines testamentarisch bestellten Willensvollstreckers abzugsfähig»; nicht so im Kanton Genf vgl. StR 48/1993 S. 592: «Sous rubrique ‹dettes non admises›, on trouve ...exécuteur testamentaire ...».

[180] Vgl. vorne, 10.1.a).

[181] Vgl. AGVE 1996 Nr. 5 S. 412: «Hingegen ist das Honorar für die Testamentsvollstreckung als Nachlasspassivum bei der Veranlagung der Erbschaftssteuer anrechenbar und muss folglich bei der Einkommenssteuer unbeachtlich bleiben.»

[182] Vgl. AGVE 1996 Nr. 5 S. 412: «Honoraransprüche eines Willensvollstreckers, die die Vermögensverwaltung betreffen, können als Kosten für die Verwaltung des beweglichen Vermögens vom Roheinkommen abgezogen werden.»

mögensverwaltungskosten praktisch ausschliesslich bei den Banken/ Vermögensverwaltern, welche die (beweglichen) Vermögenswerte des Nachlasses im Auftrag des Willensvollstreckers verwahren und verwalten, und nur ausnahmsweise beim Willensvollstrecker selbst, denn nur ein kleiner Teil dessen, was zivilrechtlich unter «Verwaltung der Nachlassgegenstände»[183] subsumiert werden kann, gehört steuerrechtlich zu den abzugsfähigen Vermögensverwaltungskosten.[184] Das ist etwa der Fall, wenn der Willensvollstrecker Aufwand generiert, um die Anlagestrategie bei einem Wertschriftendepot festzulegen, die Einhaltung der Anlagestrategie zu überprüfen (Monitoring) oder (ausnahmsweise) die Titelselektion vorzunehmen.[185] Die übrige Tätigkeit des Willensvollstreckers ist auf die Erhaltung des Nachlasses gerichtet (und auf die Erbteilung) und nicht auf die Erzielung von Nachlasseinkommen.

10.2 Können die Erben vom Willensvollstrecker verlangen, dass er sein Honorar nach steuerlichen Kriterien aufschlüsselt?

a) Wenn die Erben bei der Einkommenssteuer einen Teil des Willensvollstreckerhonorars als Vermögensverwaltungskosten abziehen wollen, muss der Willensvollstrecker in seiner Honorarrechnung die abzugsfä-

---

[183] Vgl. BK-*Künzle*, N. 116 ff. zu Art. 517–518 ZGB.
[184] So steht das Inkasso von Forderungen (z.B. des Depots im Altersheim) oder das Bezahlen von offenen Rechnungen (z.B. der Krankenkasse oder von Beerdigungskosten) nicht «mit der Erzielung des Vermögensertrags in unmittelbarem Zusammenhang» (*Reich*, § 13 N. 185); weiter vgl. BGer. vom 28.8.1997, ASA 67 S. 477: «Bei der Wertschriftenverwaltung können Ausgaben für die Tresormiete, für die Verwahrung oder Aufwendungen, die der Sicherung oder Einforderung von beweglichem Vermögen dienen, als ordentliche Verwaltungskosten in Abzug gebracht werden. Die Kosten für die Beratung im Zusammenhang mit dem Erwerb oder Verkauf von Wertschriften stellen dagegen Kosten der Lebenshaltung oder der Anschaffung von Vermögensgegenständen dar und können nicht abgezogen werden. Dies gilt auch für die für die Vermögensverwaltung anfallenden Sekretariatskosten, selbst wenn diese Arbeiten gegen Entgelt auf Dritte übertragen werden»; Steuergericht Baselland 510 10 13 vom 13.8.2010 (Verwaltung durch X Treuhand AG); Steuergericht Baselland 510 10 12 vom 2.7.2010: «Die Verwaltung im steuerrechtlichen Sinne umfasst nicht alle Tätigkeiten, welche unter dem Titel ‹Vermögensverwaltung› ausgeübt werden, sondern nur jene, welche der Ertragserzielung dienen»; Steuergericht Baselland 510 09 11 vom 26.9.2009 (Verwaltung durch A. Vermögensverwaltung AG).
[185] Vgl. BK-*Künzle*, N. 165 ff., 172 und 173 zu Art. 517–518 ZGB; weiter vgl. *Frei/Kaufmann/Richner*, § 30 N. 12: «die Anlageberatung und Vermögensverwaltung von Behörden und Willensvollstreckern» und N. 13 (Aufzählung der nicht abzugsfähigen Verwaltungskosten).

higen Vermögensverwaltungskosten ausscheiden.[186] McCreight-Ernst geht davon aus, dass eine solche Aufteilung in jedem Fall gemacht werden müsse: Sie argumentiert unter anderem, dass in allen Nachlässen, welche noch keine Teilung zulassen, sämtliche Kosten des Willensvollstreckers notwendigerweise zu den Vermögensverwaltungskosten gehören.[187] Dies ist aber, wie vorne[188] aufgezeigt wurde, nicht der Fall. Deshalb genügt es regelmässig, wenn nur die Kosten der Banken/Vermögensverwalter als Vermögensverwaltungskosten vom Einkommen abgezogen werden (und dies wegen der auch dort vorhandenen Abgrenzungsprobleme häufig mittels der Pauschale),[189] während das Honorar des Willensvollstreckers einzig bei der Erbschaftssteuer zum Abzug kommt,[190] denn seine Tätigkeit steht höchstens am Rande in unmittelbarem Zusammenhang mit der Erzielung von Einkommen auf dem beweglichen Nachlassvermögen[191] und der Aufwand für die Ausscheidung der abzugsfähigen Vermögensverwaltungskosten übersteigt eine mögliche Steuerersparnis regelmässig. Eine *Ausscheidung* der abzugsfähigen Vermögensverwaltungskosten in der Honorarnote des Willensvollstreckers ist deshalb regelmässig *nicht sinnvoll.* In einem St. Galler Entscheid wird darauf hingewiesen, dass die abzugsfähigen Vermögensverwaltungskosten *allenfalls geschätzt* werden können: «Sind in den Aufwendungen für einen Willensvollstrecker Vermögensverwaltungskosten enthalten, so ist deren Höhe, wenn die genaue zahlenmässige Ausscheidung nicht möglich ist, nach pflichtgemässem Ermessen zu schätzen.»[192]

b) Wenn der *Pauschalabzug* geltend gemacht wird, ist darauf zu achten, dass die Kantone unterschiedliche Ansätze kennen[193] und so in einem

---

[186] Vgl. vorne, 10.1.b).
[187] Vgl. *McCreight-Ernst,* Anwaltsrevue 2013 S. 266.
[188] Vgl. vorne, 10.1.b): Abzugsfähig sind nur Vermögensverwaltungskosten, welche in unmittelbarem Zusammenhang mit der Erzielung des Nachlasseinkommens stehen.
[189] Weil die Abgrenzung der abzugsfähigen Kosten schon bei den Banken/Vermögensverwaltern/Treuhändern zu Schwierigkeiten führt, wird häufig der pauschale Abzug verwendet, vgl. *Reich,* § 13 N. 187.
[190] Vgl. vorne, 10.1.a).
[191] Vgl. dazu vorne, Fn. 184.
[192] Vgl. GVP 2007 Nr. 38.
[193] Vgl. *McCreight-Ernst,* Anwaltsrevue 2013 S. 265: Der Kanton Zug erlaubt (gemäss Wegleitung Ziff. 16.5/Code 255 «Kosten für die Vermögensverwaltung») 3‰ oder maximal CHF 9000, der Kanton Zürich (gemäss Weisung des kantonalen Steueramtes über die Abzugsfähigkeit der Kosten für die Verwaltung von Wertschriften des Privatvermögens vom 8. August 2002) 3‰ oder maximal CHF 6000.

Nachlass mit Erben aus mehreren Kantonen unterschiedliche Abzüge gemacht werden müssen.

11. Falsche Parteibezeichnung im Prozess

Sachverhalt: Im Nachlass «René Rick» führt der Willensvollstrecker eine Klage gegen einen Gläubiger unter der Bezeichnung «Erbengemeinschaft René Rick, bestehend aus Erbe 1, Erbe 2 und Erbe 3, diese vertreten durch den Willensvollstrecker Erbe 1, und dieser wiederum vertreten durch Rechtsanwalt Peter Bitterli». Das Bezirksgericht weist die Klage ab, weil die Bezeichnung der Klägerin («vertreten durch den Willensvollstrecker») unrichtig war.

11.1 Weshalb war die Parteibezeichnung unrichtig?

a) Der Willensvollstrecker handelt im Prozess *als Partei,* er ist ein *Prozessstandschafter* und tritt *im eigenen Namen* auf.[194]

b) Zu den anerkannten Parteibezeichnungen für den Willensvollstrecker im Prozess gehören *«als Willensvollstrecker im Nachlass X»* oder dergleichen.[195] Die Namen der Erben müssen dabei nicht erwähnt werden,[196] eine Erwähnung schadet aber auch nicht.

c) Welche Parteibezeichnungen genau zulässig sind, wird in der Literatur und Praxis noch nicht ganz einheitlich beurteilt: So spricht sich Pichler dafür aus, dass (entgegen der heutigen Rechtsprechung) «Nachlass X, vertreten durch Willensvollstrecker …» zulässig sein soll.[197] Dies habe ich bereits abgelehnt, weil «der Willensvollstrecker nicht die Erben vertritt, sondern in Prozessstandschaft handelt».[198] Auch folgende Formulierungen sollten nicht verwendet werden: «Erben X und Y, vertreten

---

[194] Vgl. PraxKomm-*Christ/Eichner,* N. 105 zu Art. 518; BK-*Künzle,* N. 464–466 zu Art. 517–518 ZGB.
[195] Vgl. BK-*Künzle,* N. 465 zu Art. 517–518 ZGB mit Verweis auf BGE 94 II 141 E. 1 S. 144: «als Willensvollstrecker des Luigi Costa».
[196] Vgl. BK-*Künzle,* N. 465 zu Art. 517–518 ZGB.
[197] Vgl. *Pichler,* Diss., S. 61 f.
[198] *Künzle,* successio 2013 S. 28.

durch Willensvollstrecker W»[199] und «Erben des X, vertreten durch Willensvollstrecker W».[200] Auch im Basler Kommentar gibt es einen Formulierungsvorschlag, welcher der Rechtsprechung des Bundesgerichts nicht ganz entspricht: «XX als Willensvollstrecker ... für die Erben Y».[201] Diese Bezeichnung tönt ebenfalls ein Vertretungsverhältnis an und sollte deshalb nicht verwendet werden.[202] Das Luzerner Obergericht schreibt in einem Entscheid: «Um Schwierigkeiten zu vermeiden, empfiehlt es sich jedoch, bei der Erbengemeinschaft jeweils die Erben einzeln, vertreten durch den ... Willensvollstrecker ... als Partei aufzuführen».[203] Wie schon vorne[204] ausgeführt, müssen die Erben nicht angegeben werden, weil der Willensvollstrecker sich auf seine gesetzliche Stellung stützt und seine Berechtigung nicht von den Erben ableitet.[205]

d) Die im Sachverhalt geschilderte Parteibezeichnung («Nachlass René Rick, bestehend aus Erbe 1, Erbe 2 und Erbe 3, diese vertreten durch den Willensvollstrecker Erbe 1, und dieser wiederum vertreten durch Rechtsanwalt Peter Bitterli») ist nicht korrekt, weil sie *den vom Bundesgericht anerkannten Regeln*[206] *nicht entspricht*.

11.2 Wie kann eine falsche Parteibezeichnung korrigiert werden?

a) Es stellt sich die Frage, ob die Änderung der Parteibezeichnung nur auf dem Wege des *Parteiwechsels* (Art. 83 ZPO)[207] oder auch auf dem Wege der *Berichtigung der Parteibezeichnung* vorgenommen werden kann. «Letztere kann vom Gericht von Amtes wegen oder auf Antrag einer Partei vorgenommen werden, wenn die Parteibezeichnung zwar mit einem Irrtum behaftet und nicht eindeutig ist, aber dennoch keine Gefahr der Verwechslung der Partei mit einer Drittperson besteht.»[208]

---

[199] A.M. *Pichler*, Diss., S. 60.
[200] Ebenso *Pichler*, Diss., S. 60.
[201] Vgl. BSK-*Karrer/Vogt/Leu*, N. 70 zu Art. 518 ZGB.
[202] Vgl. *Künzle,* successio 2013 S. 28 FN 54.
[203] LGVE 1982 I Nr. 18 S. 42.
[204] Vgl. vorne, 11.1.a).
[205] Vgl. BGE 94 II 141 E. 1 S. 144.
[206] Vgl. vorne, 11.1.b).
[207] Vgl. *Zürcher*, N. 70 ff. zu Art. 59 ZPO.
[208] *Pichler*, Diss., S. 92, mit Verweis auf BGE 131 I 157 E. 2.2 S. 63.

b) *Im vorliegenden Fall* wurde in der Bezeichnung der Kläger erwähnt, (1) dass 3 Erben eine Erbengemeinschaft bilden. Das ist nicht notwendig, aber auch nicht schädlich. Sodann wurde (2) mit dem Ausdruck «diese vertreten durch den Willensvollstrecker ...» angezeigt, dass der Willensvollstrecker für die Erben handeln will. Das wurde zwar (unrichtig) als Vertretung beschrieben, während richtigerweise der Willensvollstrecker «auf Rechnung der Erben handelt»[209] und ein Prozessstandschafter ist.[210] Es besteht aber kein Zweifel, dass der Willensvollstrecker gehandelt hat und der Nachlass (d.h. genau: die Erbengemeinschaft bestehend aus den drei genannten Erben) betroffen werden soll. Alle an der Erbengemeinschaft beteiligten Personen wollten den Prozess führen und haben sich an diesem beteiligt, inklusive dem Willensvollstrecker. Die Beteiligung der einzelnen Erben war zwar überflüssig, aber nicht schädlich, weil der Willensvollstrecker im eigenen Namen handeln kann.[211] Es existieren keine Personen, welche sich zusätzlich am Prozess hätten beteiligen sollen, und es gibt auch keine Personen, mit denen die prozessführenden Personen verwechselt werden könnten. Sodann wurde (3) mit dem Ausdruck «Erbengemeinschaft René Rick» angegeben, dass für die Erbengemeinschaft gehandelt wird. Damit wurde zum Ausdruck gebracht, dass die Wirkungen den unverteilten Nachlass und nicht die einzelnen Erben betreffen sollen. Das ist genau die Wirkung, welche erzielt wird, wenn der Willensvollstrecker einen Prozess in Prozessstandschaft führt.[212] *Pichler* führt aus: «Solange aus der Klage und ihrer Begründung insgesamt klar hervorgeht, dass sich die Klage auf die durch den Willensvollstrecker vertretenen Rechte und Pflichten aller Erben am unverteilten Nachlass bezieht, sollte ihr nicht die Parteibezeichnung zum Verhängnis werden.»[213] Etwas anderes wäre überspitzer Formalismus.[214] Aus diesem Grund kann auch im vorliegenden Fall eine Berichtigung der Parteibezeichnung vorgenommen werden. Dies entspricht auch der Rechtsprechung des Bundesgericht, denn dieses hat in seinem Urteil 5P.355/2006 vom 8.11.2006 festgehalten, dass es die Vertretertheorie zwar verwirft, aber es hat den Entscheid des Obergerichts, in wel-

---

[209] Vgl. BSK-*Karrer/Vogt/Leu,* N. 70 zu Art. 518 ZGB.
[210] Vgl. vorne, 11.1.a).
[211] Vgl. vorne, 11.1.a).
[212] Vgl. BSK-*Karrer/Vogt/Leu,* N. 78 zu Art. 518 ZGB.
[213] *Pichler,* Diss., S. 63.
[214] Ebenso *Pichler,* Diss., S. 63 f.

chem diese Theorie vertreten wurde, nicht umgestossen.[215] Rechtsvergleichend sei erwähnt, dass im deutschen Recht ein im Prozess gegen den Testamentsvollstrecker ergangenes Leistungsurteil «über ein seiner Verwaltung unterliegendes Nachlassrecht ... jederzeit gegen den Erben umgeschrieben werden (kann), sofern der Titel gegen ihn nach § 327 Abs. 2 ZPO wirkt ...»[216]

11.3 Wie steht es mit der Prozessführungsbefugnis?

a) Die unverteilte Erbschaft ist im Prozess grundsätzlich parteifähig.[217] Wenn allerdings ein Willensvollstrecker vorhanden ist, ist dieser Partei und die *Prozessführungsbefugnis* liegt von Gesetzes wegen bei ihm[218] und somit nicht mehr bei der Erbengemeinschaft.[219] Vorliegend ist somit die Prozessführungsbefugnis beim Willensvollstrecker gegeben, und zwar *umfassend*.[220] Er kann sich mit dem Willensvollstreckerausweis[221] legitimieren oder einer Erbbescheinigung, auf welcher der Willensvollstrecker erwähnt ist.[222]

b) Der Willensvollstrecker kann *im Einzelfall* auf die Ausübung seiner exklusiven Prozessführungsbefugnis verzichten und diese z.B. den Erben zur Ausübung überlassen.[223] Ähnlich ist die Rechtslage des Tes-

---

[215] Vgl. BGer. 5P.355/2006 vom 8. November 2006 E. 3.2: «Das Obergericht ist damit der sog. Vertretertheorie gefolgt, die das Bundesgericht abgelehnt hat ... Sein Entscheid ist nicht bereits deshalb willkürlich, wie das die Beschwerdeführerin annimmt ...»
[216] *Mayer,* § 11 N. 41.
[217] Vgl. *Zürcher,* N. 23 zu Art. 59 ZPO; er verweist auf BGE 102 II 385, wo allerdings nur festgehalten wird, dass die unverteilte Erbschaft betrieben werden kann (Art. 49 SchKG) und offengelassen wurde, ob die unverteilte Erbschaft im Aberkennungsprozess parteifähig sei.
[218] Vgl. *Zürcher,* N. 67 f. zu Art. 59 ZPO.
[219] Vgl. BSK-*Karrer/Vogt/Leu,* N. 69 zu Art. 518 ZGB; PraxKomm-*Christ/Eichner,* N. 107 zu Art. 518; BK-*Künzle,* N. 467 zu Art. 517–518 ZGB.
[220] Vgl. BSK-*Karrer/Vogt/Leu,* N. 71 zu Art. 518 ZGB.
[221] Vgl. dazu PraxKomm-*Christ/Eichner,* N. 19 f. zu Art. 517 ZGB; BK-*Künzle,* N. 34 ff. zu Art. 517–518 ZGB.
[222] Vgl. PraxKomm-*Christ/Eichner,* N. 21 zu Art. 517 ZGB; BK-*Künzle,* N. 48 ff. zu Art. 517–518 ZGB.
[223] Vgl. ZK-*Escher,* N. 31 zu Art. 518 ZGB (Die Prozessführungsbefugnis ist an die Verwaltung gebunden) und N. 7 zu Art. 518 ZGB (Der Willensvollstrecker kann seine Verwaltungsbefugnis teilweise aufgeben, indem er Nachlassgegenstände vorzeitig den Erben überlässt).

tamentsvollstreckers im BGB.[224] Es kann hier offengelassen werden, ob der Willensvollstrecker im vorliegenden Fall zur Prozessführung befugt gewesen sei oder ob er konkludent auf seine exklusive Prozessführungsbefugnis zugunsten einer «Vertretung der Erben» verzichtet habe. Die notwendige Prozessführungsbefugnis war jedenfalls vorhanden.

---

[224] Zur Prozessführungsbefugnis des Testamentsvollstreckers vgl. BGHZ 38 S. 281, 286: Überlassung der Prozessführung an die Erben; *Zimmermann*, N. 18 zu § 2212 BGB («Der Erbe als Prozessstandschafter des Testamentsvollstreckers») und N. 3 zu § 2212 BGB (die Prozessführungsbefugnis des Testamentsvollstreckers nicht zwingend ist); wie der Testamentsvollstrecker sein Verwaltungsrecht an Nachlassgut aufgeben kann (§ 2217 BGB), kann er auch die Prozessführung den Erben überlassen, vgl. *Reimann*, N. 9 zu § 2212 BGB.

Bäuerliches Erbrecht

BENNO STUDER

Inhaltsübersicht

Literatur	451
1. Landwirtschaftliche Kleinbetriebe im Erbrecht	452
1.1 Viele kleine Landwirtschaftsbetriebe sind keine Gewerbe (mehr)	452
1.2 Die lebzeitige Hofübergabe als gemischte Schenkung	453
1.3 Landwirtschaftliche Kleinbetriebe im Nachlass	455
1.4 Der Verkehrswert landwirtschaftlicher Grundstücke in der Erbteilung	458
2. Erhöhung des Anrechnungswertes im Erb- und Güterrecht	459
2.1 Voraussetzungen der Erhöhung	459
2.2 Anwendungsfälle	460
2.2.1 Im bäuerlichen Erbrecht	460
2.2.2 Fristenlauf bei Investitionen (BGE 132 III 18)	461
2.2.3 Im Ehegüterrecht (Art. 212 ZGB)	461
3. Aktuelles zum Gewinnanspruchsrecht nach BGBB	462
3.1 Intertemporale Fragen	462
3.1.1 Rechtslage bis zum 31. Dezember 1993	463
3.1.2 Rechtslage seit dem 1. Januar 1994 (ab Inkrafttreten BGBB)	464
3.2 Lebzeitige Veräusserung ohne Vereinbarung eines Gewinnanspruchsrechts	465
3.3 Gewinnanspruch bei späterer Erbteilung zum Verkehrswert?	466
3.4 Zuweisung zur Bauzone als Veräusserungstatbestand	466
4. Die Revision des BGBB vom 22. März 2013	467
4.1 Geänderte Bestimmungen	467
4.2 Geltungsbereich für kleine Grundstücke	468
4.2.1 Art. 2 Abs. 4 BGBB (allgemeiner Geltungsbereich)	468
4.2.2 Art. 3 Abs. 4 BGBB (besonderer Geltungsbereich)	469
4.3 Gewerbebegriff: Vorbehalt kantonalen Rechts	470
4.4 Berücksichtigung der für längere Dauer zugepachteten Grundstücke	471
4.5 Übergangsrecht	472
4.5.1 Übergangsrecht beim Vorkaufsrecht des Pächters am Grundstück	473
4.5.2 Übergangsrecht beim erbrechtlichen Zuweisungsrecht am Grundstück	474
4.5.3 Übergangsrecht beim erbrechtlichen Zuweisungsrecht am Gewerbe	475
4.6 Fazit zur Gesetzesrevision	475

Literatur

Andres Büsser et al. (Hrsg.), Das bäuerliche Bodenrecht, Kommentar zum Bundesgesetz über das bäuerliche Bodenrecht vom 4. Oktober 1991, 2. Auflage, Brugg 2011 (zit. *Bearbeiter*, Kommentar BGBB); *Paul Eitel:* Erbrecht für landwirtschaftliche Gewerbe vs. Unternehmenserbrecht im Allgemeinen, in: Recht des ländlichen Raums, Festgabe der Rechtswissenschaftlichen Fakultät der Universität Luzern für Paul Richli zum 60. Geburtstag, Zürich/Basel/Genf 2006, S. 105; *Eduard Hofer,* Erhöhung der Gewerbegrenze nach Art. 7 BGBB: Auswirkungen, Blätter für Agrarrecht (BlAR) 2008 S. 235 ff.; *Pius Koller,* Zuweisungsanspruch nach Art. 11 BGBB; massgeblicher Zeitpunkt für die Beurteilung des Zuweisungsanspruchs; Berücksichtigung der langen Zeitdauer seit dem Erbgang, successio 2011 S. 238 ff.; *Daniel Steck,* Schwenzer Ingeborg (Hrsg.), FamKomm Scheidung, Bern 2005; *Walter Sticher,* Gemischte Schenkung – Zuwendungsabsicht als Bedingung der Herabsetzung? BGE 5A_587/2010, successio 2011 S. 57–62; *Benno Studer,* Erbrechtliche Aspekte der Unternehmensnachfolge (Prävention, Ausgleichung, Herabsetzung, Intertemporalrecht), Blätter für Agrarrecht (BlAR) 2008 S. 287 (zit. *Studer,* BlAR 2008), *derselbe,* Kritisches zur bundesgerichtlichen Praxis zum Zupachtland, Blätter für Agrarrecht (BlAR) 2010 S. 25 ff. (zit. *Studer,* BlAR 2010); *Franz A. Wolf,* Im Spannungsfeld zwischen Gewinnanspruch, erbrechtlicher Ausgleichung und Herabsetzung: die unentgeltliche Übertragung landwirtschaftlicher Grundstücke an Nachkommen mit späterer Zuweisung zur Bauzone, successio 2011 S. 221–237 (zit. *Wolf,* successio 2011); *derselbe,* Landwirtschaftliche Gewerbe und Zupacht: Der Gesetzgeber schafft Klarheit zur bundesgerichtlichen Rechtsprechung, Blätter für Agrarrecht (BlAR) 2013 S. 43 ff. (zit. *Wolf,* BlAR 2013).

1. Landwirtschaftliche Kleinbetriebe im Erbrecht

1.1 Viele kleine Landwirtschaftsbetriebe sind keine Gewerbe (mehr)

Als landwirtschaftliches Gewerbe gilt gemäss Legaldefinition in Art. 7 Abs. 1 BGBB «eine Gesamtheit von landwirtschaftlichen Grundstücken, Bauten und Anlagen, die als Grundlage der landwirtschaftlichen Produktion dient und zu deren Bewirtschaftung, wenn sie landesüblich ist, mindestens eine Standardarbeitskraft nötig ist.» Die Kantone können auch kleinere Betriebe unter den Gewerbeschutz stellen; die minimale Betriebsgrösse darf jedoch 0,75 SAK[1] nicht unterschreiten (Art. 5 lit. a BGBB).[2] Weil die Beurteilung des arbeitswirtschaftlichen Elements im Gewerbebegriff nach objektiven Gesichtspunkten erfolgen muss,[3] liegen der Berechnung standardisierte Faktoren zugrunde (Art. 3 LBV). Deren Festlegung ist «in Abstimmung mit dem Landwirtschaftsrecht» (Art. 7 Abs. 1 BGBB *in fine*) durch

---

[1] Zur Rechtslage nach Inkrafttreten der Revision des BGBB vom 22. März 2013 vgl. hinten Ziff. 4.3.
[2] Etliche Kantone haben von dieser Kompetenz Gebrauch gemacht: *Schmid-Tschirren/Bandli,* Kommentar BGBB, N. 10 zu Art. 5 BGBB und Anhang 3.
[3] BGE 137 II 182 (186) E. 3.1.3.

den Bundesrat vorzunehmen.[4] Der Gesetz- bzw. Verordnungsgeber hat in der Vergangenheit die Anforderungen an ein landwirtschaftliches Gewerbe kontinuierlich erhöht.[5]

Eine zunehmende Zahl von Kleinbetrieben geniesst daher den Gewerbeschutz nicht (mehr). In der lebzeitigen Hofübergabe bzw. im Erbfall erhöht sich daraus das Konfliktpotenzial. Der übernahmewillige selbstbewirtschaftende Hofnachfolger kann aus ökonomischer Sicht für den Hof kaum wesentlich mehr als den Ertragswert bezahlen, das Gesetz versagt ihm jedoch mangels Gewerbeeigenschaft dieses Preisprivileg und verweist ihn auf den Verkehrswert. Es stellt sich dann die Frage, ob die Miterben bereit sind, auf ein stattliches Erbe zu verzichten, (nur) damit der über Jahrhunderte im Familienbesitz stehende Hof in der Familie erhalten werden kann. Dass es sich dabei oft um Nebenerwerbsbetriebe handelt, die dem Übernehmer kein volles Einkommen ermöglichen, macht die Suche nach Lösungen nicht einfacher. Massgeschneiderte Sicherungsinstrumente zugunsten der verzichtenden Miterben sind gefragt; etwa mit einem vertraglichen Gewinnanspruchsrecht oder mit Kaufs-, Vorkaufs- oder Rückkaufsrechten.[6]

1.2 Die lebzeitige Hofübergabe als gemischte Schenkung

Dem Eigentümer steht es grundsätzlich frei, sein landwirtschaftliches Gewerbe noch zu Lebzeiten auf einen Nachkommen zu Eigentum zu übertragen. Der Zustimmung der potenziellen Miterben bedarf es nicht.[7] Beim Verkauf an Dritte besteht jedoch zugunsten der selbstbewirtschaftenden Nachkommen und während einer Dauer von 25 Jahren auch zugunsten von Geschwistern des Veräusserers und deren Kindern ein Vorkaufsrecht

---

[4] Der Bundesrat als Verordnungsgeber kann damit indirekt über eine Änderung der Berechnungsfaktoren in der LBV auf die Tragweite des Gewerbebegriffs des BGBB Einfluss nehmen. Mit Blick auf die grosse Bedeutung des Gewerbebegriffes im öffentlichen und insbesondere im privaten Recht (v.a. im Erb- und Ehegüterrecht) ist dies nicht unproblematisch. Eine allzu häufige Änderung der Berechnungsfaktoren ist der Rechtssicherheit nicht zuträglich; vgl. zur bisherigen Entwicklung der SAK-Faktoren: BGE 135 II 313 (315) E. 2.1.

[5] Mit Bundesgesetz vom 5. Oktober 2007, in Kraft ab 1. September 2008, wurde die für ein landwirtschaftliches Gewerbe minimal erforderliche Standardarbeitskraft (SAK) von 0,75 auf 1,0 erhöht (Art. 5 lit. a und Art. 7 BGBB). Rund 5200 Betrieben bzw. 12 Prozent der landwirtschaftlichen Gewerbe wurden damit die rechtlichen Schutzbestimmungen über die landwirtschaftlichen Gewerbe entzogen; vgl. *Hofer,* S. 235 ff.

[6] Vgl. zu weiteren Instrumenten für die lebzeitige Hofübergabe: *Studer,* BlAR 2008 S. 287.

[7] Vgl. aber die Notwendigkeit der Zustimmung der Ehegattin (Art. 40 Abs. 1 BGBB).

(Art. 42 Abs. 1 BGBB). Die erbrechtlichen Bestimmungen sind indessen auch bei einer Hofübergabe zu Lebzeiten im Auge zu behalten. Das bürgerliche Erbrecht kennt in der Erbteilung den Grundsatz der Anrechnung zum Verkehrswert (Art. 617 ZGB). Eine Ausnahme davon gilt nur für den selbstbewirtschaftenden Erben bei der Übernahme eines landwirtschaftlichen Gewerbes, das sich dieser zum Ertragswert anrechnen lassen kann (Art. 619 ZGB i.V.m. Art. 11 Abs. 1 BGBB).[8] Sind diese Voraussetzungen (Gewerbeeigenschaft oder Selbstbewirtschaftung) nicht erfüllt und wird der Betrieb trotzdem lebzeitig zum Ertragswert übertragen, so liegt eine gemischte Schenkung vor.[9] Diesfalls kommen im späteren Erbfall die Regeln über die Ausgleichung lebzeitiger Zuwendungen (Art. 626 Abs. 2 ZGB) oder subsidiär jene über die Herabsetzungsklage bei Verletzung von erbrechtlichen Pflichtteilen zum Tragen (Art. 522 ff. und Art. 527 Ziff. 1 ZGB).

Nach der Rechtsprechung setzt die erbrechtliche Ausgleichung bzw. die Herabsetzung einer lebzeitigen Zuwendung in objektiver Hinsicht voraus, dass eine unentgeltliche Zuwendung vorliegt, und in subjektiver Hinsicht, dass der Erblasser einen Zuwendungswillen (animus donandi) hat. Bei einer gemischten Schenkung müssen die Parteien eine unentgeltliche Zuwendung insofern beabsichtigen, als sie den Preis bewusst unter dem wahren Wert des Kaufgegenstandes angesetzt haben, um die Differenz dem Käufer unentgeltlich zukommen zu lassen.[10] Nicht erforderlich ist für eine unentgeltliche Zuwendung jedoch die genaue Kenntnis über die Höhe des Wertunterschiedes.[11]

Das Bundesgericht erinnert in einem kürzlich ergangenen Entscheid daran, «dass der Schenkungswille, den die unentgeltliche Zuwendung im Sinne von Art. 626 ZGB in subjektiver Hinsicht voraussetzt, ein beidseitiger sein muss: Entgegen der Annahme des Kantonsgerichts kommt es nicht nur auf den Zuwendungswillen des Schenkers an, sondern auch auf den Willen des Beschenkten, die Leistung seines Kontrahenten als (gemischte) Schenkung zu empfangen. Denn die Schenkung ist ein – wenn auch einseitig verpflichtender – Schuldvertrag, zu dessen Abschluss die übereinstimmende gegenseitige Willensäusserung der Parteien erforderlich ist (Art. 1 Abs. 1 OR).»[12]

---

[8] Vgl. für die Situation bei Grundstücken Art. 21 BGBB.
[9] Die Schenkung liegt in der Differenz zwischen dem Verkehrswert und dem bezahlten Preis; BGE 98 II 352 (357) E. 3a; *Studer*, BlAR 2008 S. 279 ff.
[10] BGE 126 III 171 (173) E. 3a.
[11] BGE 98 II 352 (358) E. 3b.
[12] Urteil des BGer 5A_670/2012 vom 30. Januar 2013 E. 3.3.

Bei der lebzeitigen Übertragung eines landwirtschaftlichen Betriebes mit einer Grösse knapp an oder unter der Gewerbegrenze von 1,0 SAK (Art. 7 Abs. 1 BGBB) zum Ertragswert an selbstbewirtschaftende Nachkommen (Kindskauf) stellen sich in diesem Zusammenhang nach wie vor nicht geklärte Fragen: In objektiver Hinsicht liegt diesfalls eine gemischte Schenkung im Umfang der Differenz zwischen dem bezahlten Ertragswert und dem Verkehrswert vor. In subjektiver Hinsicht ist den Vertragsparteien im Zeitpunkt der Hofübergabe das Missverhältnis zwischen Kaufpreis zum Ertragswert (falls ein Gewerbe vorliegt) und Verkehrswert (falls kein Gewerbe vorliegt) i.d.R. nicht bekannt, da sie wohl eher vom Vorliegen eines Gewerbes ausgehen, wie es in der Vergangenheit wohl auch bestanden hat. Die Problematik wird noch weiter verschärft durch die bevorstehende Anhebung der SAK-Berechnungsfaktoren, welche sich materiell auf den Gewerbebegriff auswirkt.

Strittig ist diesbezüglich, ob den Vertragsparteien, falls kein Gewerbe vorliegt, für eine Ausgleichung/Herabsetzung die Zuwendungsabsicht tatsächlich bewusst sein muss oder ob blosse Erkennbarkeit genügt. Weiter steht die Frage im Raum, ob ein objektiv «grobes Missverhältnis der Leistungen» für die Annahme einer unentgeltlichen Zuwendung genügen könnte, selbst wenn es beim Abschluss des Rechtsgeschäfts nicht erkannt wurde.[13] Das Bundesgericht hat bereits 2001 versprochen, «bei Gelegenheit» auf diese Frage einzugehen.[14] In einem späteren Urteil vom Februar 2011 hat das BGer sein diesbezügliches Versprechen zwar erneuert, aber festgehalten, es gebe «auch heute kein[en] Anlass, die Frage zu beantworten».[15] Diese für das landwirtschaftliche Erbrecht bedeutungsvolle Frage bleibt damit auch weiterhin unbeantwortet und das Damoklesschwert einer späteren erbrechtlichen Klage auf Ausgleichung oder Herabsetzung hängt folglich weiterhin über so mancher lebzeitigen Hofübergabe.

1.3 Landwirtschaftliche Kleinbetriebe im Nachlass

Für jene Landwirtschaftsbetriebe, die kein landwirtschaftliches Gewerbe darstellen, entfällt der erbrechtliche Zuweisungsanspruch des selbstbewirtschaftenden Erben zum Ertragswert nach Art. 11 BGBB. Als erbrechtlicher Grundsatz gilt dann das «Realteilungsgebot» des bürgerlichen Erbrechts

---

[13] BGE 98 II 352 (358) E. 3b.
[14] BGE 126 III 171 (175) E. 3.
[15] Urteil des BGer 5A_587/2010 vom 11. Februar 2011 E. 3.3; *Sticher*, S. 57–62.

(Art. 610 Abs. 1 ZGB) und nicht das «Realteilungsverbot» des bäuerlichen Erbrechts (Art. 58 Abs. 1 BGBB), was bedeutet, dass im Grundsatz jeder Erbe einen Anspruch auf die Übernahme einzelner Grundstücke des Betriebes hat. Die körperliche Teilung landwirtschaftlicher Grundstücke findet allerdings ihre Schranke im öffentlich-rechtlichen Zerstückelungsverbot (Art. 58 Abs. 2 BGBB).[16] Können sich die Erben über die Teilung der Grundstücke oder über deren Zuweisung nicht einigen, so sind die Grundstücke zu verkaufen (Art. 612 Abs. 2 ZGB). Die öffentliche Versteigerung an den Meistbietenden ist jedoch für landwirtschaftliche Grundstücke auch in der Erbteilung nicht zulässig (Art. 69 BGBB). Hingegen ist eine nichtöffentliche Versteigerung unter den Erben möglich (Art. 612 Abs. 3 ZGB). Die Erben können überdies die Grundstücke in der Erbteilung ohne Pflicht zur Selbstbewirtschaftung erwerben; die Erbteilung bedarf keiner Erwerbsbewilligung (Art. 62 lit. a BGBB). Diese Art der Teilung führt im Ergebnis zur eigentumsmässigen Realteilung bzw. Auflösung des Betriebes.

Zwar kann der Erblasser, der seinen landwirtschaftlichen Kleinbetrieb ungeteilt an die nächste Generation weitergeben will, mittels Verfügung von Todes wegen ausdrücklich und für die Erben im Streitfall verbindlich anordnen, dass der landwirtschaftliche Betrieb ungeteilt an einen bestimmten Erben zuzuweisen sei (Teilungsvorschrift, Art. 608 ZGB), selbst wenn es sich dabei nicht um ein landwirtschaftliches Gewerbe handelt. Er kann zudem, immer innerhalb der Schranken des Pflichtteilsrechts, den Anrechnungswert für den Betrieb festlegen und den potenziellen Hofnachfolger von der Ausgleichungspflicht befreien (Art. 626 Abs. 2 ZGB).

Auch sieht Art. 613 ZGB vor, dass «Gegenstände, die ihrer Natur nach zusammengehören», nicht voneinander getrennt werden, wenn einer der Erben gegen die Teilung Einspruch erhebt.[17] Unter «Gegenständen» sind auch Sachgesamtheiten wie Unternehmen oder landwirtschaftliche Betriebe zu verstehen.[18] Die persönlichen Verhältnisse, etwa die Eignung

---

[16] Landwirtschaftliche Grundstücke dürfen nicht in Teilstücke unter 25 Aren aufgeteilt werden. Die Kantone können grössere Mindestflächen festlegen (Art. 58 Abs. 2 BGBB). Zu beachten sind die bewilligungsfreien Rechtsgeschäfte (Art. 59 BGBB). Zudem bewilligt die kantonale Behörde Ausnahmen nach Massgabe von Art. 60 Abs. 1 BGBB. Grundstücke im Perimeter einer Güterzusammenlegung (Art. 94 Abs. 1 lit. b LwG) dürfen überdies während 20 Jahren nicht zerstückelt werden. Der Kanton bewilligt Ausnahmen, wenn wichtige Gründe vorliegen (Art. 102 LwG).

[17] Gemäss Lehre setzt der Einspruch nach Art. 613 Abs. 1 ZGB nicht voraus, dass die Erbschaftssache durch die Teilung wesentlich an Wert verlieren würde (Art. 612 Abs. 1 ZGB); *Eitel*, S. 105.

[18] *Eitel*, S. 102.

zur Selbstbewirtschaftung des die Zuweisung beanspruchenden Erben, sind dabei zu berücksichtigen (Art. 613 Abs. 3 ZGB). Damit steht auch für landwirtschaftliche Kleinbetriebe eine gesetzliche Anspruchsgrundlage für eine Integralzuweisung zur Verfügung.

Als wohl grösstes Hindernis für eine ungeteilte erbrechtliche Zuweisung des landwirtschaftlichen Kleinbetriebes – und damit für dessen Fortbestand – erweist sich aber wohl die Anrechnung zum Verkehrswert in der Erbteilung (Art. 617 ZGB). Ein Zuweisungsanspruch zum Ertragswert setzt den Bestand eines landwirtschaftlichen Gewerbes voraus (Art. 11 Abs. 1 BGBB). Der Verkehrswert wird in vielen Fällen den Erbteil des Hofnachfolgers deutlich übersteigen. Ausgleichszahlungen sind im bürgerlichen Erbrecht nur beschränkt zulässig.[19] Darin ist ein wesentlicher Unterschied zum bäuerlichen Erbrecht des BGBB zu erblicken. Falls der Erblasser durch Verfügung von Todes wegen einen tieferen Anrechnungswert festlegt und damit dem Hofnachfolger ein Vermächtnis zuwendet,[20] ist nicht auszuschliessen, dass dadurch die Pflichtteile der Miterben verletzt werden. Die Höhe der Pflichtteile ergibt sich aus dem Stand des Vermögens im Zeitpunkt des Todes (Art. 474 und Art. 537 Abs. 2 ZGB) und ist daher für den Erblasser nicht im Voraus planbar. Den Miterben, die durch den tieferen Anrechnungswert (als den gesetzlichen Verkehrswert) dem Werte nach nicht ihre Pflichtteile erhalten, steht die Klage auf Herabsetzung offen (Art. 522 ZGB). Immerhin kann sich der durch den Erblasser bestimmte Hofübernehmer den Betrieb «gegen Vergütung des Mehrbetrages» trotzdem zuweisen lassen (Art. 526 ZGB).

All diese Hürden und Schwierigkeiten, die sich bei landwirtschaftlichen Kleinbetrieben im Erbfall stellen, können mit einer massgeschneiderten erbrechtlichen Planung noch zu Lebzeiten des Erblassers umgangen werden. Mittel der Wahl ist der Erbvertrag unter Einbezug aller Erben (Art. 494 Abs. 3 ZGB). Als erbrechtliches Planungsinstrument par excellence bietet sich für die landwirtschaftlichen Kleinbetriebe überdies das Vermächtnis an: Der landwirtschaftliche Betrieb kann als Sachvermächtnis dem potenziellen Hofnachfolger zugewendet werden (Art. 484 Abs. 2 ZGB).[21] Der Vermächtnisnehmer hat nicht Erbenstellung und ist daher nicht Subjekt in der allfälligen Auseinandersetzung unter den Erben über die Teilung des

---

[19] Urteil des BGer 5C.214/2003 vom 8. Dezember 2003 E. 2.
[20] BGE 103 II 88 (92) E. 3b.
[21] Aus der erblasserischen Verfügung von Todes wegen muss genügend klar hervorgehen, dass es sich um ein Vermächtnis handelt, ansonsten gilt diese vermutungsweise lediglich als Teilungsvorschrift (Art. 522 Abs. 2, Art. 608 Abs. 3 ZGB).

Nachlasses.[22] Er hat einen obligatorischen Anspruch auf das Vermächtnis, d.h. den landwirtschaftlichen Betrieb und braucht nicht die Erbteilung abzuwarten (Singularsukzession). Dies ist ein gewichtiger Vorteil insbesondere dann, wenn sich die Erben in eine langwierige gerichtliche Auseinandersetzung über die Teilung des Nachlasses begeben. Gegen die Zuweisung des landwirtschaftlichen Betriebes mittels Vermächtnis an den Hofnachfolger können die Erben nichts ausrichten (Art. 518 Abs. 2 ZGB).[23] Bei Verletzung der Pflichtteile durch das Vermächtnis steht den Pflichtteilserben allerdings die Klage auf Herabsetzung offen (Art. 486 Abs. 1 ZGB).

Die Erbteilung richtet sich nach dem Recht, das bei der Eröffnung des Erbgangs, d.h. beim Tod des Erblassers, gegolten hat (Übergangsrecht, Art. 537 Abs. 1 ZGB, Art. 94 Abs. 1 BGBB, Art. 95a und Art. 95b BGBB). Bei einer Änderung des BGBB gilt jedoch für die Erbteilung das jeweils neue Recht, wenn nicht innert Jahresfrist seit Inkrafttreten der Gesetzesänderung das Teilungsbegehren (Art. 604 ZGB) gestellt wird.[24] Der Hofnachfolger kann sich daher auch bei einer nach dem Tod des Erblassers eingetretenen Rechtsänderung das landwirtschaftliche Gewerbe zuweisen lassen, wenn es sich im Zeitpunkt des Todes um ein landwirtschaftliches Gewerbe gehandelt hat.

1.4 Der Verkehrswert landwirtschaftlicher Grundstücke in der Erbteilung

Die erbrechtliche Ausgleichung oder Herabsetzung erfolgt zum Verkehrswert zum Zeitpunkt des Erbganges (Art. 474 Abs. 1, Art. 537 Abs. 2 und Art. 617 ZGB). Bisher nicht höchstrichterlich geklärt war die Frage, ob für die dem BGBB unterstellten landwirtschaftlichen Grundstücke der (erbrechtliche) Verkehrswert seine Obergrenze im höchstzulässigen Preis nach Art. 66 BGBB findet, und zwar auch dann, wenn der Erwerb der Grundstücke (z.B. bei Kindskauf, Art. 62 lit. b BGBB) gar keiner öffentlich-rechtlichen Preiskontrolle untersteht.

---

[22] Das Vermächtnis schliesst gleichzeitige Erbenstellung nicht aus.
[23] Im Zusammenhang mit dem Vermächtnis ist die testamentarische Einsetzung eines Willensvollstreckers durch den Erblasser zu empfehlen (Art. 518 Abs. 2 ZGB). Dieser kann das Vermächtnis ohne Mitwirkung der Erben ausrichten (Art. 50 lit. b GBV).
[24] BGE 134 II 1 E. 2; zuletzt: Urteil des BGer 2C_650/2013 vom 21. Januar 2013 E. 4.1.

Das Bundesgericht hat diese Frage nun erstmals geklärt und festgehalten, dass Art. 66 BGBB «im allgemeinen Rechtsverkehr mit landwirtschaftlichen Grundstücken und Gewerben immer zu beachten ist» und auch im Erbrecht gilt.[25] Davon ausgenommen ist lediglich der Erwerb im Rahmen einer Zwangsvollstreckung (Art. 63 Abs. 1 lit. b und Abs. 2 BGBB), bei dem die Preisgrenze nach Art. 66 BGBB nicht zur Anwendung gelangt. Der Entscheid erhöht die Rechtssicherheit und ist zu begrüssen. Selbstverständlich sind die Erben nach wie vor frei, unter sich einen den Verkehrswert übersteigenden Anrechnungswert zu vereinbaren, zumal der Erwerb eines landwirtschaftlichen Grundstücks durch einen Erben keiner Erwerbsbewilligung bedarf und damit nicht der Preiskontrolle des BGBB unterliegt (Art. 62 lit. a und b BGBB).[26]

2. Erhöhung des Anrechnungswertes im Erb- und Güterrecht

2.1 Voraussetzungen der Erhöhung

Für die Wertbestimmung von Grundstücken gilt sowohl im Erbrecht (Art. 617 ZGB) als auch im Ehegüterrecht (Art. 211 ZGB) der Massstab des Verkehrswertes. Ist ein landwirtschaftliches Gewerbe zu bewerten, verweist das Gesetz allerdings auf den Ertragswert (Art. 17 Abs. 1 BGBB, Art. 212 ZGB). Unter gewissen Voraussetzungen kann vom Ertragswert abgewichen und der Anrechnungswert erhöht werden, was im Ergebnis zu einer Annäherung an den Verkehrswert führt. So kann im bäuerlichen Erbrecht bei einem Überschuss an Erbschaftspassiven der Anrechnungswert bis höchstens zum Verkehrswert erhöht werden (Art. 18 Abs. 1 BGBB). Analog zur Regelung im bürgerlichen Erbrecht in Art. 610 Abs. 3 ZGB, wonach jeder Miterbe verlangen kann, dass vor der Teilung die Schulden getilgt werden, sind auch bei einem landwirtschaftlichen Gewerbe im Nachlass vorerst die Grundpfandschulden durch allfällige Wertschriften im Nachlass zu tilgen.

Die Miterben können ferner eine angemessene Erhöhung des Ertragswertes verlangen, wenn besondere Umstände vorliegen (Art. 18 Abs. 2 BGBB). Als besondere Umstände gelten namentlich der höhere Ankaufswert des Gewer-

---

[25] Urteil des BGer 5A_670/2012 vom 30. Januar 2013 E. 3.1.2.
[26] *Studer*, Kommentar BGBB, N. 7 zu Art. 18 BGBB.

bes oder erhebliche Investitionen in den letzten zehn Jahren vor dem Tod des Erblassers (Art. 18 Abs. 3 BGBB). Der Wortlaut der Norm («namentlich») lässt erkennen, dass damit nur zwei Beispiele für eine Erhöhung im Gesetz erwähnt sind und weitere Umstände ebenfalls eine Erhöhung rechtfertigen können.

2.2 Anwendungsfälle

2.2.1 Im bäuerlichen Erbrecht

Der erbrechtliche Zuweisungsanspruch des selbstbewirtschaftenden Erben am landwirtschaftlichen Gewerbe kann zum Ertragswert geltend gemacht werden (Art. 11 Abs. 1 i.V.m. Art. 17 Abs. 1 BGBB), wobei eine Erhöhung des Anrechnungswertes nach Massgabe von Art. 18 BGBB zulässig ist. Der erbrechtliche Zuweisungsanspruch an einem landwirtschaftlichen Grundstück kann zum doppelten Ertragswert geltend gemacht werden (Art. 21 Abs. 1 BGBB). Auch diesfalls kann eine Erhöhung des Anrechnungswertes infrage kommen (Art. 21 Abs. 2 BGBB).

Auch für den Fall der Ausübung des Vorkaufsrechtes an einem landwirtschaftlichen Gewerbe kann der vom Gesetz als Ausübungspreis vorgesehene Ertragswert erhöht werden, wenn besondere Umstände vorliegen (Art. 42 Abs. 1 i.V.m. Art. 44 und Art. 52 BGBB).

Befindet sich in der Erbschaft ein landwirtschaftliches Gewerbe,[27] so können daran gewisse selbstbewirtschaftende Verwandte des Erblassers, die selber nicht Erben sind, an diesem Gewerbe das Kaufrecht ausüben (Art. 25 und 26 BGBB). Bezüglich der Voraussetzungen und Bedingungen der Kaufrechtsausübung gelten die Bestimmungen über das Vorkaufsrecht (Art. 27 Abs. 1 BGBB), wobei der Preis bei einem Überschuss an Erbschaftspassiven bis zum Verkehrswert erhöht werden kann (Art. 27 Abs. 2 BGBB). Die gesetzgeberische Verweisung auf die Bestimmungen zum Vorkaufsrecht führen dazu, dass auch bei der Ausübung des Kaufrechts der Anrechnungswert erhöht werden kann (Art. 27 i.V.m. Art. 52 BGBB).[28]

---

[27] Ein gesetzliches Kaufrecht an einem landwirtschaftlichen Grundstück im Nachlass kennt das BGBB nicht.
[28] BGE 132 III 18 (21) E. 4.2.

2.2.2 Fristenlauf bei Investitionen (BGE 132 III 18)

Sowohl beim erbrechtlichen Zuweisungsrecht (Art. 11 bzw. 21 BGBB) als auch beim gesetzlichen Kaufrecht nach Art. 25 BGBB sind Investitionen im Zeitraum von zehn Jahren relevant für eine allfällige Erhöhung des Anrechnungswertes. Unterschiedlich geregelt ist jedoch der Fristenlauf. Beim erbrechtlichen Zuweisungsrecht sind die Investitionen massgebend, die der Erblasser in den letzten zehn Jahren vor seinem Tod getätigt hat (Art. 18 Abs. 3 BGBB). Wird an einem im Nachlass befindlichen Gewerbe das Kaufrecht nach Art. 25 BGBB ausgeübt, sind kraft Verweises auf die Bestimmungen über das Vorkaufsrecht die Investitionen in den letzten zehn Jahren vor der Ausübung des Gestaltungsrechtes massgebend.[29] Im Ergebnis sind daher auch Investitionen zu berücksichtigen, die durch die Erbengemeinschaft im Zeitraum zwischen Erbgang und Ausübung des Kaufrechts durch den Berechtigten getätigt wurden.

2.2.3 Im Ehegüterrecht (Art. 212 ZGB)

Das Ertragswertprinzip für landwirtschaftliche Gewerbe, welches nicht nur in der Erbteilung, sondern auch bei der güterrechtlichen Auseinandersetzung zur Anwendung gelangt (Art. 212 Abs. 1 ZGB), führt dazu, dass Investitionen in den Betrieb nur zu einem Bruchteil des Verkehrswertes angerechnet werden. Wenn in diesem Zusammenhang gelegentlich von Vermögensvernichtung gesprochen wird, so trifft dies gerade auf die güterrechtlichen Ansprüche der Bäuerin zu. Der Eigentümerehegatte darf aber in keinem Fall besser gestellt werden, als dies bei einer Anrechnung des landwirtschaftlichen Gewerbes zum Verkehrswert der Fall wäre. Zu diesem Zweck ist eine Vergleichsrechnung anzustellen (Art. 212 Abs. 2 ZGB).

Der Ertragswert für das Gewerbe kann angemessen erhöht werden, wenn besondere Umstände es rechtfertigen (Art. 213 Abs. 1 ZGB). Als solche gelten insbesondere der höhere Ankaufspreis des Gewerbes oder während der Ehe getätigte betriebliche Investitionen, aber auch vorteilhafte Vermögensverhältnisse des Eigentümerehegatten (Art. 213 Abs. 2 ZGB).[30] Auch die nachehelichen Unterhaltsbedürfnisse der geschiedenen Ehefrau – als

---

[29] BGE 132 III 18 (22) E. 4.3; *Büsser/Hotz*, Kommentar BGBB, N. 4 zu Art. 52 BGBB.
[30] Der Wortlaut von Art. 213 Abs. 2 ZGB bezieht sich unzweideutig auf «die Vermögensverhältnisse des Ehegatten, dem das landwirtschaftliche Gewerbe gehört». Die vorteilhaften Vermögensverhältnisse der Nichteigentümerehegattin sind deshalb ausser Acht zu lassen; *Steck*, N. 9 zu Art. 213 ZGB.

Nichteigentümerin des Gewerbes – können zu einer Erhöhung des Anrechnungswertes führen.[31] Oberste Grenze für eine Erhöhung des Anrechnungswertes nach Art. 213 ZGB bildet der Verkehrswert des landwirtschaftlichen Gewerbes.[32] Der Eigentümerehegatte kann verlangen, dass ihm Zahlungsfristen eingeräumt werden (Art. 218 ZGB).

3. Aktuelles zum Gewinnanspruchsrecht nach BGBB

3.1 Intertemporale Fragen

Aufgrund der langen massgeblichen Dauer für das Gewinnanspruchsrecht von in der Regel 25 Jahren kommt dem intertemporalen Recht grosse Bedeutung zu. Die Rechtslage präsentiert sich in der Übersicht wie folgt:

Entstehung Gewinnanspruchsrecht	bis 31.12.1993	ab 1.1.1994 (i.K. BGBB)
lebzeitige Veräusserung	von Gesetzes wegen (Art. 218^{quinquies} aOR i.V.m. Art. 619 aZGB)	vertraglich möglich (Art. 41 Abs. 1 BGBB)
Erbfall	von Gesetzes wegen (Art. 619 aZGB)	von Gesetzes wegen (Art. 28 BGBB)
	Übergangsrecht (Art. 94 Abs. 3 BGBB) Ein am 1.1.1994 bestehender gesetzlicher oder vertraglicher Gewinnanspruch behält seine Gültigkeit. Fälligkeit und Berechnung: Recht bei Veräusserung (vorbehalten: Vertrag)	

---

[31] Über den Wortlaut der Bestimmung hinaus, welcher nur den überlebenden Ehegatten nennt: *Steck,* N. 7 zu Art. 213 ZGB.
[32] Der Auffassung, wonach nur eine Erhöhung des Anrechnungswertes bis zur Verschuldung an die Belastungsgrenze (Art. 73 ff. BGBB) möglich sein soll, ist m.E. zuzustimmen; *Steck,* N. 10 zu Art. 213 ZGB; bei Nachweis der Tragbarkeit kann die Belastungsgrenze zwar mit behördlicher Bewilligung überschritten werden (Art. 76 Abs. 2 BGBB). Allerdings ist dies nur zulässig, um ein landwirtschaftliches Gewerbe oder Grundstück zu erwerben, zu erhalten oder zu verbessern oder notwendiges Betriebsinventar anzuschaffen oder zu erneuern (Art. 77 Abs. 1 lit. a BGBB). Die Erhöhung des Anrechnungswertes in der güterrechtlichen Auseinandersetzung wird m.E. davon nicht erfasst.

3.1.1 Rechtslage bis zum 31. Dezember 1993

Nach der Rechtslage, wie sie seit dem 1. Juli 1965 in Kraft stand,[33] galt für die erbrechtliche Zuweisung eines Grundstücks an einen Erben folgende Grundnorm zum Anspruch der Miterben am Gewinn:

> Art. 619 aZGB
>
> [1] Hat ein Erbe ein landwirtschaftliches Grundstück zugeteilt erhalten, für das nicht der Verkehrswert, sondern ein niedrigerer Übernahmepreis festgesetzt worden ist, so sind die Miterben berechtigt, bei der Veräusserung oder Enteignung des Grundstückes oder eines Teiles desselben binnen der folgenden fünfundzwanzig Jahre ihren Anteil am Gewinne zu beanspruchen.
>
> [2] Der Veräusserung sind Rechtsgeschäfte gleichgestellt, mit welchen der Erbe den Wert des Grundstückes ganz oder teilweise umsetzt, wie insbesondere die Begründung eines Baurechts oder eines Rechts zur Ausbeutung von Bodenbestandteilen.
>
> [3] Massgebend für den Zeitpunkt der Veräusserung ist der Abschluss des Vertrages, mit dem sich der Erbe zur Eigentumsübertragung verpflichtet, und im Enteignungsfalle die Einleitung des Verfahrens.

Die Bemessung des Gewinnanspruchs richtete sich nach Art. 619 bis 619^{sexies} aZGB. Im Falle der lebzeitigen Übertragung von Grundstücken an einen präsumtiven Erben bestand ebenfalls ein Gewinnanspruchsrecht von Gesetzes wegen. Die entsprechende, ebenfalls am 1. Juli 1965[34] in Kraft getretene Bestimmung fand sich im Obligationenrecht unter den Normen zum Grundstückkauf:

> Art. 218^{quinquies} aOR
>
> Auf die Weiterveräusserung oder die Enteignung eines Grundstückes, das vom Erblasser zu Lebzeiten auf einen Erben übertragen worden ist, finden die Vorschriften des Zivilgesetzbuches über den Anteil der Miterben am Gewinn entsprechende Anwendung.

Mit Inkrafttreten am 15. Februar 1973[35] wurde Art. 218^{quinquies} aOR wie folgt geändert:

> Art. 218^{quinquies} aOR
>
> [1] Der Verkäufer hat Anspruch auf den Gewinn, wenn ein Grundstück, das er auf einen Erben übertragen hat, weiterveräussert oder enteignet wird.
>
> [2] Der Gewinnanspruch wird nach den Vorschriften über die Erbteilung bestimmt.

---

[33] BGE 94 II 240 (243) E. 8; zur Rechtslage vor dem 1. Juli 1965 vgl. BGE 97 II 309.

[34] In BGE 113 II 130 (135) E. 4, ist m.E. das Inkrafttreten von Art. 218^{quinquies} aOR irrtümlich mit dem 19. März 1965 angegeben. Dieses Datum betrifft die Verabschiedung des Erlasses durch das Parlament und nicht das Inkrafttreten. Vgl. zur Rechtslage vor dem 1. Juli 1965: BGE 94 II 240 (250) E. 10.

[35] BGE 113 II 130 (135) E. 4.

Mit der Revision von Art. 218^{quinquies} aOR wurden die bis dahin bestehenden Rechtsunsicherheiten bezüglich der aus dem Gewinnanspruchsrecht Berechtigten beseitigt.[36] Gewinnberechtigt war bei der lebzeitigen Veräusserung nach dem Wortlaut der Bestimmung der Verkäufer. In Rechtsprechung und Lehre bestand allerdings auch unter dem alten Recht Einigkeit darüber, dass der Gewinnanspruch vererblich sei, «und zwar unbesehen davon, ob es sich um einen zu Lebzeiten des Verkäufers erzielten Gewinn oder nur um eine Anwartschaft darauf handelt».[37] Die für die lebzeitige Grundstücküberdragung auf einen Erben (sog. Kindskauf) anwendbare Bestimmung des OR verwies somit auf die erbrechtlichen Vorschriften des ZGB. Bei der gewinnbringenden Veräusserung eines vom Erblasser zu Lebzeiten auf einen Erben übertragenen Grundstücks hatten folglich die Miterben des Übernehmers diesem gegenüber die gleichen Rechte wie im Falle der späteren Veräusserung eines bei der Erbteilung zugewiesenen Grundstücks.[38]

3.1.2 Rechtslage seit dem 1. Januar 1994 (ab Inkrafttreten BGBB)

Am 1. Januar 1994 trat das Bundesgesetz über das bäuerliche Bodenrecht (BGBB) in Kraft. Die vorliegend interessierenden Art. 218^{quinquies} aOR und Art. 619 bis 619^{sexies} aZGB wurden aufgehoben (Art. 92 BGBB). Der Gewinnanspruch im Erbfall wurde in den Art. 28 bis 39 BGBB normiert. Die Grundnorm zum Gewinnanspruch für die dem BGBB unterstellten Grundstücke (vgl. zum Geltungsbereich Art. 3 Abs. 3 BGBB)[39] findet sich nun in Art. 28 BGBB:

> Art. 28 BGBB Grundsatz
>
> [1] Wird einem Erben bei der Erbteilung ein landwirtschaftliches Gewerbe oder Grundstück zu einem Anrechnungswert unter dem Verkehrswert zugewiesen, so hat jeder Miterbe bei einer Veräusserung Anspruch auf den seiner Erbquote entsprechenden Anteil am Gewinn.
>
> [2] Jeder Miterbe kann seinen Anspruch selbständig geltend machen. Dieser ist vererblich und übertragbar.
>
> [3] Der Anspruch besteht nur, wenn der Erbe das landwirtschaftliche Gewerbe oder Grundstück innert 25 Jahren seit dem Erwerb veräussert.

---

[36] BGE 113 II 130 (135) E. 4.
[37] BGE 112 II 300 (307) E. 4c; im BGBB ist die Vererblichkeit in Art. 28 Abs. 2 BGBB gesetzlich geregelt.
[38] BGE 94 II 240 (248) E. 9c.
[39] *Strebel/Henny*, Kommentar BGBB, N. 4 zu Art. 28 BGBB.

Übergangsrechtlich ist Art. 94 Abs. 3 BGBB zu beachten. So behält ein am 1. Januar 1994 bereits bestehender gesetzlicher oder vertraglicher Gewinnanspruch unter dem neuen Recht seine Gültigkeit.[40] Bestand und Inhalt des Gewinnanteilsrechts beurteilen sich nach dem Recht, das zur Zeit des Erwerbs der Grundstücke durch einen Erben galt.[41] Vorbehältlich einer anderslautenden Vereinbarung richten sich Fälligkeit und Berechnung nach dem Recht im Zeitpunkt der Veräusserung (Art. 94 Abs. 3 BGBB). Eine spezielle Übergangsregel gilt zudem für den Fall der Zuweisung von Grundstücken zur Bauzone, welche erst mit dem BGBB als Veräusserungstatbestand normiert wurde.[42] Anders als unter der vor dem Inkrafttreten des BGBB geltenden Rechtslage besteht somit seit dem 1. Januar 1994 bei der lebzeitigen Übertragung von Grundstücken an einen Erben von Gesetzes wegen kein Gewinnanspruchsrecht des Veräusserers oder der Miterben. Die Vertragsparteien können diesfalls vertraglich ein Gewinnanspruchsrecht vorsehen. Sofern die Parteien nichts anderes vereinbaren, untersteht dieses vertragliche Gewinnanspruchsrecht den Bestimmungen von Art. 28 ff. BGBB (Art. 41 Abs. 1 BGBB).

3.2 Lebzeitige Veräusserung ohne Vereinbarung eines Gewinnanspruchsrechts

Für den Fall, dass bei einer lebzeitigen Veräusserung unter dem Verkehrswert kein Gewinnanspruchsrecht vereinbart worden ist, «bleiben zum Schutz der Erben die Bestimmungen über die Ausgleichung und die Herabsetzung (Art. 626–632 und Art. 522–533 ZGB) vorbehalten. Die Klage auf Herabsetzung und Ausgleichung verjährt nicht, solange der Gewinn nicht fällig ist». Diese Bestimmung in Art. 41 Abs. 2 BGBB wirft allerdings verschiedene Fragen auf zum Verhältnis des Gewinnanspruchsrechts zu den erbrechtlichen Instituten der Ausgleichung und Herabsetzung, die bisher nicht gerichtlich geklärt sind.[43]

---

[40] BGE 120 V 10 (12) E. 2; Urteil des BGer 5C.24/2006 vom 21. März 2006 E. 3 und 4.2.
[41] *Strebel/Henny*, Kommentar BGBB, N. 19a zu Art. 94 BGBB.
[42] Vgl. zum Übergangsrecht: BGE 137 III 344 (346) E. 4.
[43] *Studer/Henny*, Kommentar BGBB, N. 31 zu Art. 41 BGBB; *Wolf*, successio 2011 S. 221–237.

3.3 Gewinnanspruch bei späterer Erbteilung zum Verkehrswert?

Die Problematik soll anhand eines Beispiels geschildert werden. X hinterlässt als seine Erben die drei Nachkommen A, B und C. A übernimmt im Zuge der Erbteilung ein landwirtschaftliches Grundstück unter dem Verkehrswert unter Anrechnung an seinen Erbteil. Die Übernahme ist dann von Gesetzes wegen mit dem Gewinnanspruchsrecht behaftet (Art. 28 Abs. 1 BGBB). Noch während der Frist von 25 Jahren verstirbt A, seine Erben sind die Nachkommen a und b. a übernimmt das erwähnte Grundstück aus der Erbteilung zum Verkehrswert. Es stellt sich somit die Frage, ob B oder C Ansprüche gegen b geltend machen können.

In einem noch zum alten Recht ergangenen Entscheid hat das Bundesgericht festgehalten, das Gewinnanspruchsrecht erfasse nur die erste Veräusserung.[44] Die Materialien zum BGBB haben diese Meinung für das neue Recht übernommen.[45] Nach dieser Auffassung würden B und C leer ausgehen, da sie aus der zweiten Veräusserung keine Ansprüche geltend machen können. Unseres Erachtens kann aber auch die Meinung vertreten werden, dass diese Regel beim Erbgang (Universalsukzession) nicht gilt, was Ansprüche von B oder C wiederum ermöglichen würde.

3.4 Zuweisung zur Bauzone als Veräusserungstatbestand

Die Zuweisung eines landwirtschaftlichen Grundstücks zu einer Bauzone ist der Veräusserung gleichgestellt und stellt damit einen Tatbestand für den Gewinnanspruch dar (Art. 29 Abs. 1 lit. c BGBB). Der Gewinnanspruch entsteht auch dann, wenn die landwirtschaftliche Nutzung des Grundstücks nach der Zuweisung zur Bauzone andauert.[46]

Der Anspruch entsteht mit der Einleitung des Verfahrens für die Zuweisung des Grundstücks zur Bauzone (Art. 29 Abs. 2 lit. c BGBB). Das Zonierungsverfahren wird mit der öffentlichen Planauflage nach kantonalem öffentlichem Baurecht eingeleitet.[47] Nicht geklärt war bisher, was unter

---

[44] BGE 75 I 186.
[45] Botschaft BGBB, BBl 1988 III 1008.
[46] *Strebel/Henny*, Kommentar BGBB, N. 12 zu Art. 29 BGBB.
[47] Vgl. z.B. für den Kanton Luzern: § 61 Planungs- und Baugesetz vom 7. März 1989 (SRL 735). Der Gesetzgeber hat sich in Art. 29 Abs. 2 lit. c BGBB für den Zeitpunkt der Einleitung des Verfahrens und nicht für denjenigen der Rechtskraft des Zonenplanes ent-

dem Begriff der Einleitung des Verfahrens zu verstehen ist. Das Bundesgericht hat in BGE 137 III 344 entschieden, dass damit die öffentliche Auflage des Nutzungsplanes nach kantonalem Recht gemeint ist (Art. 33 Abs. 1 RPG).[48] Dieser Zeitpunkt ist massgebend für die Wahrung der Frist von 25 Jahren (Art. 28 Abs. 3 BGBB) sowie für die Berechnung des Besitzesdauerabzuges (Art. 31 Abs. 4 BGBB). Nicht massgebend sein kann somit ein vorangehendes öffentliches Mitwirkungsverfahren nach Art. 4 RPG.

Im gleichen Entscheid hat das Bundesgericht festgehalten, dass nur ein Nutzungsplanungsverfahren nach Art. 14 ff. RPG, nicht aber ein Richtplanungsverfahren (Art. 6 ff. RPG) zu einer für das Gewinnanspruchsrecht massgeblichen Bauzone führen kann.[49]

Übergangsrechtlich ist für die Zuweisung zur Bauzone Art. 94 Abs. 3 BGBB zu beachten. Der Gesetzgeber wollte den Veräusserungstatbestand der Zuweisung zur Bauzone bewusst auch dann gelten lassen, wenn die Einleitung des Verfahrens zur Einzonung noch vor Inkrafttreten des BGBB am 1. Januar 1994, die Rechtskraft des Zonenplanes aber erst danach eintrat.

4. Die Revision des BGBB vom 22. März 2013[50]

4.1 Geänderte Bestimmungen

Die Änderungen des BGBB vom 22. März 2013 wurden durch das Parlament im Rahmen des Reformpaketes zur Agrarpolitik AP 2014–2017 beschlossen.[51] Das Referendum gegen die Vorlage kam nicht zustande. Die Änderungen treten voraussichtlich per 1. Januar 2014 in Kraft. Der Entwurf des Bundesrates sah keine Revision des BGBB vor. Die nun beschlossenen Änderungen wurden erst im Gesetzgebungsprozess eingefügt. Zwei Artikel wurden geändert und zwei Bestimmungen neu eingeführt. Betroffen sind der Geltungsbereich für kleine Grundstücke, der Vorbehalt kanto-

---

schieden. Damit soll verhindert werden, dass der Übernehmer nur deshalb Rechtsmittel gegen den Zonenplan ergreift, um die Entstehung eines Gewinnanspruchs hinauszuzögern.

[48] BGE 137 III 344 (350) E. 5.5.
[49] BGE 137 III 344 (348) E. 5.3.
[50] Leicht gekürzte Fassung des in den Blättern für Agrarrecht (BlAR) 2013 erschienenen Aufsatzes; *Wolf,* BlAR 2013 S. 43 ff.
[51] BBl 2013 S. 2497.

nalen Rechts für landwirtschaftliche Gewerbe und die Berücksichtigung der auf längere Dauer zugepachteten Grundstücke in der Gewerbeberechnung.

4.2 Geltungsbereich für kleine Grundstücke

Nach der geltenden Fassung sind kleine Grundstücke mit weniger als 15 Aren Rebland oder 25 Aren anderem Land nicht dem BGBB unterstellt, wenn sie nicht zu einem landwirtschaftlichen Gewerbe gehören (Art. 2 Abs. 3 BGBB). Bezüglich dieser kleinen Grundstücke hat der Gesetzgeber nun den Geltungsbereich einerseits ausgeweitet, andererseits eingeschränkt.

4.2.1 Art. 2 Abs. 4 BGBB (allgemeiner Geltungsbereich)

Neu sind die kleinen Grundstücke zeitlich befristet vollumfänglich dem BGBB unterstellt, wenn sie sich im Beizugsgebiet einer Landumlegung befinden (allgemeiner Geltungsbereich, Art. 2 Abs. 4 BGBB). Diese neue Bestimmung steht im Zusammenhang mit dem landwirtschaftlichen Pachtrecht (LPG). Das geltende LPG sieht vor, dass laufende Pachtverhältnisse bei einer Neuordnung des Grundeigentums (Güterzusammenlegung) von jeder Partei entschädigungslos aufgelöst werden können (Art. 20 Abs. 1 und 2 LPG). Der Bundesrat hat dem Parlament vorgeschlagen, die Möglichkeit der vorzeitigen Pachtauflösung auch auf eine Pachtlandarrondierung anzuwenden, bei der nur die Pachtverhältnisse, nicht aber das Grundeigentum neu geordnet werden.[52] Die Bestimmung soll, einem Ziel der Reform der Agrarpolitik 2014–2017 folgend, Landumlegungen erleichtern.[53] Das Parlament hat dem zugestimmt (Art. 20 Abs. 1 LPG).[54]

Die beschlossene Ergänzung von Abs. 4 zu Art. 2 BGBB geht auf eine parlamentarische Motion zurück, die dem Parlament vom Bundesrat zur Annahme beantragt wurde.[55] Ein Anliegen des Motionärs war, das Vorkaufsrecht an landwirtschaftlichen Grundstücken für Körperschaften, die

---

[52] Botschaft des Bundesrates vom 1. Februar 2012 zur Weiterentwicklung der Agrarpolitik in den Jahren 2014–2017 (Botschaft AP 2014–2017, BBl 2012 S. 2273).
[53] Botschaft AP 2014–2017, BBl 2012 S. 2231; vgl. den ebenfalls revidierten Art. 20 Abs. 1 LPG.
[54] Abgelehnt hat das Parlament hingegen einen neuen Abs. 3 zu Art. 20 LPG, der bei einer Pachtlandarrondierung ohne Auflösung der Pachtverhältnisse das stillschweigende Einverständnis des Verpächters zur Unterpacht vorsah.
[55] Motion 12.324, Nationalrat *Jean-Paul Gschwind*.

zum Zweck der Bodenverbesserungen gegründet wurden, auch auf kleine Grundstücke auszudehnen (kantonales Vorkaufsrecht, Art. 56 lit. a BGBB). Diesem Anliegen ist eine gewisse Berechtigung nicht abzusprechen, rechtfertigt jedoch nach der hier vertretenen Auffassung nicht die vollständige Unterstellung der kleinen Grundstücke unter das BGBB, da damit auch die Belastungsgrenze nach Art. 73 ff. BGBB gilt. Die nun beschlossene temporäre Unterstellung der kleinen Grundstücke unter das BGBB (und damit unter die Belastungsgrenze) könnte sich im Rahmen einer Landumlegung als problematisch erweisen, wenn zuvor ohne Berücksichtigung der Belastungsgrenze Grundpfandrechte errichtet worden sind. Auch die Errichtung von Gesamtpfandrechten auf kleinen Grundstücken zusammen mit dem Gesetz unterstellten Grundstücken ist nicht mehr möglich (Art. 74 Abs. 2 BGBB). Zielführender wäre wohl gewesen, den besonderen Geltungsbereich der kleinen Grundstücke in Art. 3 Abs. 4 BGBB auf das kantonale Vorkaufsrecht nach Art. 56 lit. a BGBB auszudehnen.[56]

4.2.2 Art. 3 Abs. 4 BGBB (besonderer Geltungsbereich)

Der historische Gesetzgeber wollte die kleinen Grundstücke zwar vom allgemeinen Geltungsbereich ausnehmen (Art. 2 Abs. 3 BGBB), hielt es aber dennoch für erforderlich, diese den Bestimmungen über die Verhütung der Überschuldung nach Art. 73 bis 79 BGBB zu unterstellen (besonderer Geltungsbereich, Art. 3 Abs. 4 BGBB). Leitend war damals u.a. der Gedanke, dass eine freie hypothekarische Belastung dieser kleinen Grundstücke eine Güterzusammenlegung erschweren könnte.[57] Tatsächlich hat die Unterstellung der kleinen Grundstücke vor allem einen unnötigen administrativen Mehraufwand bei der Errichtung von Grundpfandrechten auf Grundstücken mit gemischter Nutzung zur Folge (z.B. Landhäuser mit landwirtschaftlich genutztem Umschwung, Art. 2 Abs. 2 lit. d BGBB). Mit der Gesetzesänderung sind die nicht zu einem landwirtschaftlichen Gewerbe gehörenden kleinen Grundstücke künftig nicht mehr den Bestimmungen über die Massnahmen zur Verhütung der Überschuldung unterstellt. Die Belastungsgrenze für Pfandrechte nach Art. 73 Abs. 1 BGBB gilt für diese nicht, dementsprechend können darauf ohne Beachtung öffentlich-rechtli-

---

[56] Der Motionär selber hat nur eine partielle Unterstellung (besonderer Geltungsbereich) der kleinen Grundstücke unter die Bestimmungen der Art. 47, 56, 61 und 63 BGBB verlangt.
[57] *Schmid-Tschirren/Bandli,* Kommentar BGBB, N. 15 zu Art. 3 BGBB.

cher Vorschriften Grundpfandrechte errichtet werden. Was den Geltungsbereich des BGBB betrifft, gilt für die kleinen Grundstücke nun Folgendes:

Gehören die kleinen Grundstücke zu einem landwirtschaftlichen Gewerbe, sind sie vollumfänglich dem Gesetz unterstellt (Art. 2 Abs. 3 BGBB *e contrario*). Gehören die kleinen Grundstücke nicht zu einem landwirtschaftlichen Gewerbe, sind sie nicht dem BGBB unterstellt. Davon gibt es drei Gegenausnahmen:

- Im Beizugsgebiet einer Landumlegung sind die kleinen Grundstücke zeitlich befristet allen Bestimmungen des BGBB unterstellt (allgemeiner Geltungsbereich, Art. 2 Abs. 4 BGBB).
- Die Bestimmungen des BGBB über die Grenzverbesserungen (Art. 57 BGBB) gelten auch für kleine Grundstücke (besonderer Geltungsbereich, Art. 3 Abs. 4 BGBB). Die Revision vom 22. März 2013 brachte hierzu keine materielle Änderung.
- Die Bestimmungen des BGBB über den Gewinnanspruch gelten auch für die kleinen Grundstücke (besonderer Geltungsbereich, Art. 3 Abs. 3 BGBB). Auch diese Norm erfuhr keine materielle Änderung.[58] Allerdings können kleine Grundstücke sowohl im Erbfall (gesetzlicher Gewinnanspruch, Art. 35 BGBB) als auch bei der lebzeitigen Übertragung (vertraglicher Gewinnanspruch, Art. 41 Abs. 1 BGBB) vom Gewinnanspruchsrecht ausgenommen werden.[59]

4.3 Gewerbebegriff: Vorbehalt kantonalen Rechts

Nach geltendem Recht können die Kantone abweichend von Art. 7 Abs. 1 BGBB bereits landwirtschaftliche Betriebe mit einem Arbeitskraftbedarf von 0,75 SAK den Bestimmungen über die landwirtschaftlichen Gewerbe unterstellen (Art. 5 lit. a BGBB). Neu können die Kantone schon Betriebe ab 0,60 SAK den Bestimmungen über die landwirtschaftlichen Gewerbe unterstellen. Diese Änderung ist im Zusammenhang mit der geplanten Anhebung der SAK-Berechnungsfaktoren zu verstehen (Art. 2a VBB). Macht ein Kanton von seiner Kompetenz Gebrauch, wird die Anhebung der Berechnungsfaktoren durch den tieferen Grenzwert in etwa kompensiert.

---

[58] *Schmid-Tschirren/Bandli,* Kommentar BGBB, N. 12 zu Art. 3 BGBB.
[59] *Wolf,* successio 2011, S. 221–237.

4.4 Berücksichtigung der für längere Dauer zugepachteten Grundstücke

Kernstück der Revision vom 22. März 2013 ist der neu eingeführte Abs. 4bis zu Art. 7 BGBB, dessen Bedeutung gross sein wird.

> Art. 7 Abs. 4bis (neu)
>
> ^{4bis} Bei der Beurteilung, ob Eigentum an einem landwirtschaftlichen Gewerbe im Sinne der Artikel 21, 36 Absatz 2, 42 Absatz 2, 47 Absatz 2 und 49 Absatz 2 vorliegt, sind die Grundstücke nach Absatz 4 Buchstabe c ebenfalls zu berücksichtigen.

Der Gesetzgeber wollte damit klarstellen, dass für die in der Bestimmung aufgezählten Anwendungsfälle bei der Gewerbeberechnung auch die für längere Dauer zugepachteten Grundstücke zu berücksichtigen sind.[60] Das Bundesgericht hatte dies bisher verweigert, was entsprechende Kritik in der Lehre ausgelöst hat. Die für längere Dauer zugepachteten Grundstücke nach Art. 4 lit. c BGBB sind inskünftig auch zu berücksichtigen beim erbrechtlichen Zuweisungsrecht an einem Grundstück (Art. 21 BGBB), beim Zuweisungsrecht des Miteigentümers an einem Grundstück (Art. 36 Abs. 2 BGBB), beim Vorkaufsrecht der Nachkommen an einem Grundstück (Art. 42 Abs. 2 BGBB), beim Vorkaufsrecht des Pächters an einem Grundstück (Art. 47 Abs. 2 BGBB) und beim Vorkaufsrecht an Miteigentumsanteilen an einem Grundstück (Art. 49 Abs. 2 BGBB). In all diesen Fällen muss der Ansprecher Eigentümer eines landwirtschaftlichen Gewerbes sein. Da für die Gewerbeberechnung nun auch die für längere Dauer zugepachteten Grundstücke zu berücksichtigen sind, gelangen mehr Betriebe in den Genuss der Zuweisungs- oder Vorkaufsrechte an Grundstücken. Angesichts des grossen Pachtlandanteils in der ganzen Schweiz betrifft die Gesetzesänderung all jene zahlreichen Betriebe, die Grundstücke zugepachtet haben, und verleiht ihnen ggf. das Pächtervorkaufsrecht nach Art. 47 Abs. 2 BGBB. Ein gewisser Teil der Betriebe dürfte allerdings durch die Anhebung der SAK-Berechnungsfaktoren den Gewerbestatus und damit die genannten Vorkaufs- bzw. Zuweisungsrechte wieder verlieren. Die Dynamik und Komplexität in der Gewerbefrage bleibt also weiterhin gross.

Betrachtet man die im neuen Art. 7 Abs. 4bis BGBB erwähnten Anwendungsfälle, fragt sich, ob diese Aufzählung abschliessend ist, wofür der Wortlaut der Norm auf den ersten Blick sprechen würde. Es fragt sich insbesondere, ob über den Wortlaut hinaus auch der erbrechtliche Zuweisungsanspruch an

---

[60] Votum *Konrad Graber*, Amtl. Bull. SR 2013 S. 165.

einem landwirtschaftlichen Gewerbe nach Art. 11 Abs. 1 BGBB erfasst ist. Dies ist nach der hier vertretenen Auffassung ohne Weiteres zu bejahen. Die Nichterwähnung von Art. 11 Abs. 1 BGBB in Art. 7 Abs. 4bis BGBB rührt daher, dass das Bundesgericht in seinen Urteilen, die letztlich zur vorliegenden Reform Anlass gaben,[61] die Berücksichtigung von Zupachtland für das erbrechtliche Zuweisungsrecht an einem landwirtschaftlichen Gewerbe nach Art. 11 Abs. 1 BGBB – soweit ersichtlich – nie infrage gestellt hat. Auch in der Lehre ist die Berücksichtigung von Zupachtland für das Zuweisungsrecht nach Art. 11 BGBB unbestritten.[62] Der Gesetzgeber sah denn auch hierzu keinen Handlungsbedarf. Für die Auslegung der neuen Bestimmung steht damit das historische Auslegungselement im Vordergrund. Dementsprechend sind bei der Beurteilung, ob sich in der Erbschaft ein landwirtschaftliches Gewerbe befindet, an dem ein Erbe die Zuweisung nach Art. 11 Abs. 1 BGBB verlangen kann, wie bis anhin die für längere Dauer zugepachteten Grundstücke nach Art. 7 Abs. 4 lit. c BGBB zu berücksichtigen. Im Umkehrschluss gilt, dass für die Gewerbeberechnung unter dem revidierten Recht die für längere Dauer zugepachteten Grundstücke *in jedem Fall* zu berücksichtigen sind, sofern diese Grundstücke dem BGBB unterstellt sind (Art. 7 Abs. 3, Abs. 4 lit. c und Abs. 4bis BGBB). Es gilt daher für alle Anwendungsfälle bezüglich der Berücksichtigung von Zupacht ein einheitlicher Gewerbebegriff. Es sind grundsätzlich keine Konstellationen mehr denkbar, bei denen eine Gewerbeberechnung ohne Pachtland zu erfolgen hätte. Davon ausgenommen sind die Bestimmungen des LPG über die Pacht von landwirtschaftlichen Gewerben, bei denen einzelne zugepachtete Grundstücke nicht berücksichtigt werden (Art. 1 Abs. 1 lit. b LPG).[63]

4.5 Übergangsrecht

Die Grundnorm zum landwirtschaftlichen Gewerbe (Art. 7 BGBB) hat seit dem Inkrafttreten des Gesetzes am 1. Januar 1994 verschiedene Änderungen erfahren. Insbesondere trifft dies auf das arbeitswirtschaftliche Element (SAK) in Art. 7 Abs. 1 BGBB zu.[64] Die übergangsrechtlichen Regelungen

---

[61] BGE 129 III 693; BGE 134 III 1.
[62] *Studer*, BlAR 2010 S. 25 ff.
[63] Der Verweis in Art. 1 Abs. 1 lit. b LPG auf die Bestimmungen des BGBB über die landwirtschaftlichen Gewerbe erfasst weder den bisherigen Abs. 4 noch den neuen Abs. 4bis von Art. 7 BGBB.
[64] BGE 135 II 313 (315) E. 2.1.

in Art. 94 BGBB für das Privatrecht[65] und in Art. 95 BGBB für die öffentlich-rechtlichen Bestimmungen sind (sinngemäss) auch anwendbar auf die späteren Gesetzesänderungen vom 20. Juni 2003 (Art. 95*a* BGBB)[66] und vom 5. Oktober 2007 (Art. 95b BGBB)[67].

Anders als bei früheren Revisionen des BGBB hat der Gesetzgeber bei der Novelle vom 22. März 2013 keine Übergangsbestimmung geschaffen. Das Bundesgericht hat zur Übergangsbestimmung in Art. 95 BGBB festgehalten, diese Bestimmung enthalte keine allgemeine übergangsrechtliche Regelung, die auch auf spätere Änderungen des BGBB anwendbar sei. Bei Fehlen einer übergangsrechtlichen Bestimmung seien die SchlT ZGB heranzuziehen.[68] Daraus ist nach der hier vertretenen Auffassung zu schliessen, dass das derzeit geltende Übergangsrecht des BGBB mangels ausdrücklicher Übergangsnorm auf die Änderungen vom 22. März 2013 keine Anwendung findet. Anwendbar sind daher die Art. 1 bis 4 SchlT ZGB. Das Übergangsrecht soll nachfolgend für die zentrale Bestimmung der Revision (nArt. 7 Abs. 4bis BGBB) mit Blick auf die häufigsten Anwendungsfälle diskutiert werden. Dabei wird von einem Inkrafttreten des Gesetzes am 1. Januar 2014 ausgegangen.

4.5.1 Übergangsrecht beim Vorkaufsrecht des Pächters am Grundstück

Das Vorkaufsrecht des Pächters an einem landwirtschaftlichen Grundstück setzt nach Art. 47 Abs. 2 BGBB u.a. voraus, dass der Pächter Eigentümer eines landwirtschaftlichen Gewerbes ist (oder über ein solches wirtschaftlich verfügt). Massgeblicher Zeitpunkt für das Vorliegen eines Gewerbes ist nach bundesgerichtlicher Rechtsprechung nicht der Vorkaufsfall, sondern der Zeitpunkt der Ausübung des Vorkaufsrechtes (Art. 681a ZGB).[69] Aufgrund der nach der hier vertretenen Auffassung nicht anwendbaren Übergangsnorm des BGBB gilt für das Vorkaufsrecht das neue Recht, wenn der Vorkaufsfall nach Inkrafttreten eingetreten ist, was bedeuten würde, dass das Zupachtland erst bei den nach dem 1. Januar 2014 eintretenden Vorkaufsfällen zu berücksichtigen ist.

---

[65] Die von Art. 94 BGBB erfassten privatrechtlichen Bestimmungen beschränken sich auf die Art. 11 bis 57 BGBB; BGE 134 III 1 (4) E. 2.
[66] In Kraft seit 1. Januar 2004.
[67] In Kraft seit 1. September 2008.
[68] BGE 127 III 16 (19) E. 2 und 3.
[69] Urteil des BGer 5A_543/2012 vom 20. September 2012 E. 3.1.

4.5.2 Übergangsrecht beim erbrechtlichen Zuweisungsrecht am Grundstück

Befinden sich in der Erbschaft einzelne landwirtschaftliche Grundstücke, die nicht zu einem landwirtschaftlichen Gewerbe gehören, kann ein Erbe daran die erbrechtliche Zuweisung verlangen, wenn er Eigentümer eines landwirtschaftlichen Gewerbes ist (oder über ein solches wirtschaftlich verfügt) und die betreffenden Grundstücke im ortsüblichen Bewirtschaftungsbereich des Gewerbes liegen (Art. 21 Abs. 1 BGBB).

Nicht abschliessend gerichtlich geklärt ist bisher, in welchem Zeitpunkt der Ansprecher von Nachlassgrundstücken nach Art. 21 Abs. 1 BGBB über ein Gewerbe verfügen muss. Das Bundesgericht neigt – ohne sich bisher festzulegen – eher zur Auffassung, dass bereits im Zeitpunkt des Erbganges (d.h. des Todes des Erblassers, Art. 537 Abs. 1 ZGB) ein Gewerbe vorliegen muss.[70] Hält man die übergangsrechtlichen Bestimmungen des BGBB auf die Gesetzesrevision vom 22. März 2013 für anwendbar, so ist das Zupachtland nicht anrechenbar, wenn der Erbgang vor dem 1. Januar 2014 erfolgt und das Zuweisungsbegehren innert Jahresfrist, d.h. vor dem 1. Januar 2015, gestellt wird (Art. 94 Abs. 1 BGBB). Die Anrechenbarkeit ist jedoch gegeben, wenn der Erbgang vor dem 1. Januar 2014 erfolgt und das Zuweisungsbegehren erst nach der einjährigen Frist, d.h. nach dem 1. Januar 2015, gestellt wird. Folgt man der hier vertretenen Auffassung, dass das Übergangsrecht des BGBB nicht anwendbar ist, so gilt nach dem Art. 1 SchlT ZGB das im Todeszeitpunkt geltende Recht. Das Zupachtland kann dann nur angerechnet werden, wenn der Erbgang nach dem 1. Januar 2014 erfolgt ist (Regel der Nichtrückwirkung).

Nach der überwiegenden Auffassung in der Lehre muss der Ansprecher hingegen erst im Zeitpunkt des Zuweisungsbegehrens über ein Gewerbe verfügen.[71] Hält man das Übergangsrecht des BGBB auf die Revision vom 22. März 2013 für anwendbar, so wäre das Zupachtland zu berücksichtigen, wenn der Erbgang vor dem 1. Januar 2014 eintritt und das Zuweisungsbegehren erst nach dem 1. Januar 2015 gestellt würde, denn dann gilt in jedem Fall das neue Recht. Ist hingegen Art. 1 SchlT ZGB (Nichtrückwirkung) anwendbar, ist Zupachtland, auch wenn man zur Frage des massgeblichen Zeitpunktes der Meinung der Lehre folgt, nur dann anrechenbar, wenn der Erbgang nach dem 1. Januar 2014 erfolgt ist.

---

[70] Urteil des BGer 5A_752/2012 vom 20. November 2012 E. 3.3.
[71] Urteil des BGer 5A_752/2012 vom 20. November 2012 E. 3.2.

4.5.3 Übergangsrecht beim erbrechtlichen Zuweisungsrecht am Gewerbe

Nach der Rechtsprechung des Bundesgerichts muss für den Anspruch des Erben auf Zuweisung eines landwirtschaftlichen Gewerbes nach Art. 11 Abs. 1 BGBB die Gewerbeeigenschaft im Zeitpunkt des Erbganges (Art. 537 Abs. 1 ZGB), d.h. des Todes des Erblassers, bestehen.[72] Bereits nach bisheriger Rechtslage war im Rahmen von Art. 11 Abs. 1 BGBB das Zupachtland anrechenbar und die vorliegende Gesetzesrevision ändert diesbezüglich nichts (vgl. vorn Ziff. 3.1.4).

4.6 Fazit zur Gesetzesrevision

Die hier vorgestellte und am 22. März 2013 durch das Parlament beschlossene Revision des BGBB war vom Bundesrat im Rahmen des Reformpaketes zur Agrarpolitik 2014–2017 nicht vorgeschlagen worden und wurde erst in der nationalrätlichen Kommission eingefügt. Die Änderungen sind überwiegend zu begrüssen.

Dies trifft zunächst auf die Freistellung der kleinen Grundstücke von den Bestimmungen über die Verhütung der Verschuldung zu. Der Blick auf die Entstehungsgeschichte des neuen Art. 2 Abs. 4 BGBB zeigt allerdings, dass das gesetzgeberische Anliegen in erster Linie das Vorkaufsrecht betraf und deshalb im besonderen Geltungsbereich möglicherweise besser aufgehoben gewesen wäre. Die nun beschlossene Lösung kann wegen der temporären Unterstellung der kleinen Grundstücke unter das BGBB zu Konflikten mit der Belastungsgrenze für Grundpfandrechte führen. Mit der Erweiterung der kantonalen Kompetenz, bereits Betriebe ab 0,60 SAK den Bestimmungen über die Gewerbe unterstellen zu können (Art. 5 lit. a BGBB), setzt das Parlament ein Gegengewicht zum strukturpolitischen Reformtempo des Bundesrates. Das Kernstück der Revision betrifft die Berücksichtigung der auf längere Dauer zugepachteten Grundstücke in der Gewerbeberechnung (Art. 7 Abs. 4bis BGBB). Die neue Bestimmung ist von erheblicher praktischer Bedeutung und korrigiert die bisher vom Bundesgericht vertretene und von der Lehre mehrheitlich abgelehnte Auffassung, dass Zupachtgrundstücke in gewissen Anwendungsfällen der Gewerbeberechnung nicht zu berücksichtigen seien.

---

[72] Urteil des BGer 5A_752/2012 vom 20. November 2012 E. 3.1; *Koller,* S. 238 ff.

Die Behandlung internationaler Erbrechtsfälle, mit Hinweisen für die internationale Nachlassplanung

Ivo Schwander

Inhaltsübersicht

1. Übersicht über das Internationale Privat- und Zivilprozessrecht der Schweiz im Gebiet des Erbrechts 478
   1.1 Das anwendbare Recht (Erb- und Eröffnungsstatut) 478
      1.1.1 Übersicht über die massgeblichen Rechtsquellen 478
      1.1.2 Erbstatut: objektive Anknüpfung 479
      1.1.3 Erbstatut: subjektive Anknüpfung 479
      1.1.4 Sonderanknüpfungen einzelner Aspekte 480
      1.1.5 Vorbehaltenes Staatsvertragsrecht 480
      1.1.6 Abgrenzung zwischen Erbstatut und Eröffnungsstatut 480
   1.2 Internationale Entscheidungszuständigkeit der schweizerischen Gerichte und Behörden 483
   1.3 Von der Schweiz anerkannte ausländische Gerichts- und Behördenzuständigkeiten 484
2. Hinweise für die internationale Nachlassplanung 484
   2.1 Spezifische Schwierigkeiten internationaler Nachlassplanung 484
      2.1.1 Die «Internationalität» des Sachverhaltes 485
      2.1.2 Schaffung von Rechtslagen durch ausländische Gerichte und Behörden, die wie Fakten hinzunehmen sind. Blosse Teilzuständigkeiten oder Teiloptiken der in den verschiedenen Staaten zuständigen Gerichte und Behörden 486
      2.1.3 Schwierigkeit, dass neben der Nachlassplanung auch weitere Interessen abgesichert werden müssen, und diesbezüglich gerade auch im internationalen Verhältnis gegenteilige Anknüpfungen zum Zuge kommen können 488
      2.1.4 Schematische Zusammenfassung der Problemschichten 489
      2.1.5 Immerhin eine wesentliche Vereinfachung im europäischen Raum durch die EU-Erbrechtsverordnung 491
   2.2 Wie ist bei der Planung eines grenzüberschreitenden Nachlasses vorzugehen? (Methodologische Überlegungen) 493
      2.2.1 1. Schritt: Erstellen der Liste aller berührten Rechtsordnungen und Staatsterritorien (im Bewusstsein, dass diese Liste wahrscheinlich unvollständig ist, weil bis zur Eröffnung des Nachlasses Berührungspunkte zu weiteren Staaten hinzutreten können) 494
      2.2.2 2. Schritt: Festlegung der Prioritäten bei der Nachlassplanung 495

2.2.3	3. Schritt: Konsultation der Inhalte der einschlägigen Rechtssätze des In- und Auslandes, in IPR, IZPR, im Erbrecht, im Prozessrecht, im Versicherungs-, Sachenrecht usw.	495
2.2.4	4. Schritt: Bildung von Schwerpunkten in höchstens 2–3 Rechtsordnungen	496
2.2.5	5. Schritt: Evaluation der Massnahmen aufgrund der Feststellungen nach Schritt 4 und aufgrund der Prioritätenlisten gemäss Schritt 2. Gestaltung der relevanten Rechtsgeschäfte	497
2.3 Typische Instrumente der internationalen Nachlassplanung		498
2.3.1	Testamente und Erbverträge, verbunden mit Rechtswahl und materiellrechtlichen Anordnungen	498
2.3.2	Schaffung von Vermögenslagen und dadurch geschaffene Gerichtszuständigkeiten bzw. Rechtsanwendungsbeeinflussungen	499
2.4 Vorkehren hinsichtlich der Nachlassabwicklung im grenzüberschreitenden Verkehr		501
2.4.1	Aufbewahrung der Testamente und Erbverträge	502
2.4.2	Wo findet die Eröffnung des Erbganges und des Testamentes statt? Wo werden Erbenscheine ausgestellt?	502
2.4.3	Für erbrechtliche Klagen: Schaffung einer Gerichtszuständigkeit aufgrund einer prioritären Klage	503
2.4.4	Hinsichtlich Willensvollstreckung	503
2.4.5	Hinsichtlich Gerichtsstandsvereinbarung	504
2.4.6	Hinsichtlich Schiedsvereinbarung	505

1. Übersicht über das Internationale Privat- und Zivilprozessrecht der Schweiz im Gebiet des Erbrechts

1.1 Das anwendbare Recht (Erb- und Eröffnungsstatut)

1.1.1 Übersicht über die massgeblichen Rechtsquellen

Das von Schweizer Gerichten und Behörden – wenn diese zur Entscheidung zuständig sind (vgl. nachstehend A/II) – anzuwendende «materielle» Erbrecht wird bestimmt durch

- das Bundesgesetz über das Internationale Privatrecht (IPRG) vom 18. Dezember 1987, in Kraft seit 1. Januar 1989 (SR 291), Art. 90–95;
- vorrangiges Staatsvertragsrecht, das für die Schweiz verbindlich ist (vgl. Art. 1 Abs. 2 IPRG).

Ein hauptsächliches Problem des Internationalen Privatrechts besteht darin, dass seine Rechtsquellen überwiegend nationales Recht (Gesetz, Rechtsprechung) sind. Andere Staaten bestimmen nach ihren (anderen) Regeln des Internationalen Privatrechts, welchen Staates Erbrecht ihre Gerichte und Behörden anzuwenden haben; z.b. konsultieren deutsche Gerichte für diese Fragen das Einführungsgesetz zum BGB.

Für die Praxis empfiehlt sich der Beizug folgender Kommentarwerke:
- Heinrich Honsell/Nedim Peter Vogt/Anton K. Schnyder/Stephen V. Berti (Hrsg.), Basler Kommentar, Internationales Privatrecht, 3. Aufl., Basel 2013
- Andreas Bucher (Hrsg.), Commentaire romand, Loi sur le droit international privé (LDIP), Convention de Lugano (CL), Basel 2011
- Daniel Girsberger/Anton Heini/Max Keller/Jolanta Kren Kostkiewicz/ Kurt Siehr/Frank Vischer/Paul Volken (Hrsg.), Zürcher Kommentar zum IPRG, 2. Aufl., Zürich 2004.

Die wesentlichen Regeln des schweizerischen IPRG zur Bestimmung des auf den erbrechtlichen Nachlass anwendbaren Rechts (Erbstatut) sind:

1.1.2 Erbstatut: objektive Anknüpfung

Hat der Erblasser keine zulässige bzw. keine gültige Rechtswahl getroffen, bestimmt das Gesetz die anwendbare Rechtsordnung (sog. objektive Anknüpfung):
- Bei letztem Wohnsitz (d.h. Wohnsitz im Zeitpunkt des Todes) des Erblassers in der Schweiz: Anwendung schweizerischen Erbrechts (Art. 90 Abs. 1 IPRG).
- Bei letztem Wohnsitz des Erblassers im Ausland: Anwendung derjenigen Rechtsordnung, welche das Internationale Privatrecht des Wohnsitzstaates (z.B. in Deutschland: EGBGB) bezeichnet (Art. 91 Abs. 1 IPRG).
- Auslandschweizer und Auslandschweizerinnen unterstehen schweizerischem Erbrecht, wenn schweizerische Gerichte und Behörden nach Art. 87 IPRG zuständig sind (Art. 91 Abs. 2 IPRG), es sei denn, sie hätten ausdrücklich das Wohnsitzrecht vorbehalten.

1.1.3 Erbstatut: subjektive Anknüpfung

Vorrangig ist aber eine allfällige gültige Rechtswahl des Erblassers massgeblich (Unterstellung des Nachlasses unter ein anderes Recht, sog. professio juris; Rechtswahl in letztwilliger Verfügung oder im Erbvertrag; sog. subjektive Anknüpfung):

Erblasser mit letztem Wohnsitz in der Schweiz, die im Zeitpunkt des Todes ausschliesslich ausländische Staatsangehörigkeit(en) haben, können ihren Nachlass ihrem bzw. einem ihrer ausländischen Heimatrechte unterstellen (Art. 90 Abs. 2 IPRG).

Auslandschweizer und Auslandschweizerinnen können ihren Nachlass, vorbehältlich Art. 86 Abs. 2 IPRG, ihrem Heimatrecht (Art. 87 Abs. 2 IPRG) oder ihrem Wohnsitzrecht (Art. 91 Abs. 2 IPRG) unterstellen.

1.1.4 Sonderanknüpfungen einzelner Aspekte

Spezielle Anknüpfungsregeln finden sich im Gesetz für
- die Form letztwilliger Verfügungen (Art. 93 IPRG; zahlreiche alternative Anknüpfungen nach Haager Testamentsformübereinkommen)
- alternative Anknüpfungen der Verfügungsfähigkeit (Art. 94 IPRG)
- Spezialregeln für Erbverträge (Art. 95 IPRG).

Gestützt auf Art. 18 IPRG können z.B. die schweizerischen Regeln des bäuerlichen Erbrechts oder des Bewilligungsgesetzes gegenüber einem grundsätzlich anwendbaren ausländischen Recht durchgesetzt werden.

1.1.5 Vorbehaltenes Staatsvertragsrecht

Nebst dem bereits erwähnten Haager Übereinkommen über die Testamentsform vom 5. Oktober 1961 (SR 0.211.312.1) sind hier die bilateralen Staatsverträge der Schweiz mit den USA (SR 0.142.113.361), Italien (SR 0.142.114.54), Griechenland (SR 0.142.113.721) und dem Iran (SR 0.142.114.362) zu erwähnen.

Zumeist greifen diese Staatsverträge nur punktuell ein; da es sich um ältere bilaterale Staatsverträge handelt, wirft ihre Interpretation besondere Probleme auf.

1.1.6 Abgrenzung zwischen Erbstatut und Eröffnungsstatut

Als das nach vorstehenden Ziffern A/I/1–5 zu bestimmende *Erbstatut* bezeichnet man diejenige in- oder ausländische Rechtsordnung, welche hauptsächlich auf die erbrechtliche Rechtsnachfolge anwendbar ist. Art. 92 Abs. 1 IPRG umschreibt den sachlichen Anwendungsbereich (Gegenstand) des Erbstatuts wie folgt: «Das auf den Nachlass anwendbare Recht bestimmt, was zum Nachlass gehört, wer in welchem Umfang daran berechtigt ist, wer die Schulden des Nachlasses trägt, welche Rechtsbehelfe und Massnahmen zulässig sind und unter welchen Voraussetzungen sie angerufen werden können.» Erbstatut kann somit schweizerisches oder ausländisches Recht sein.

Demgegenüber grenzt der Begriff des *Eröffnungsstatuts* jene Rechtsregeln vom Erbstatut ab, welche wegen ihrer engen Verknüpfung mit der Gerichts- und Behördenorganisation oder aus Effizienzgründen nicht fremdem Recht, sondern dem eigenen Recht des Staates, dessen Gerichte oder Behörden zuständig sind, unterstellt bleiben. Art. 92 Abs. 2 IPRG umschreibt dies wie folgt: «Die Durchführung der einzelnen Massnahmen richtet sich nach dem Recht am Ort der zuständigen Behörde. Diesem Recht unterstehen namentlich die sichernden Massnahmen und die Nachlassabwicklung mit Einschluss der Willensvollstreckung.»

Dieser Gleichlauf von Behördenzuständigkeit und anwendbarem Recht im Rahmen des Eröffnungsstatuts darf aber die materielle einheitliche Beurteilung des Nachlasses nach Erbstatut nicht infrage stellen.

Daher ist m.E. bei der Abgrenzung zwischen Erbstatut und Eröffnungsstatut eine Abwägungs- oder Zweifelsregel zugunsten des Erbstatuts wie folgt zu vertreten:

– In einem ersten Schritt Anwendung des Erbstatuts und dann soll die Prüfung stattfinden, ob eine Anpassung eines Instituts des Erbstatuts an dasjenige des Eröffnungsstatuts notwendig ist; notwendig, um Rechtsstaatlichkeit zu gewährleisten oder weil zur Durchsetzung dieses Zweckes nur eine Massnahme des eigenen Gerichtsorganisations- oder Verfahrens- oder Zwangsvollstreckungsrechts effizient ist.

– Allenfalls entsprechend dem Kriterium der Effizienz des Rechtsschutzes Anwendung des Instituts des Erbstatuts und/oder des Instituts des Eröffnungsstatuts.

– Übernahme der Durchführungsmassnahme des Erbstatuts, wenn ein Pendant im Eröffnungsstatut fehlt.

– Meistens aber Anwendung einer am Ort wirksamen Durchführungsmassnahme des Eröffnungsstatuts. Sie gewährleistet auch das Zusammenspiel mit der übrigen Rechtsordnung am Ort der Durchführung der Massnahme.

Zum *Eröffnungsstatut* gehören insbesondere folgende Fragestellungen und Massnahmen:

Sicherungsmassregeln müssen vor allem am Ort ihrer beabsichtigten Wirkung durchsetzbar sein; daher liegt für sie die Anwendung eigenen Rechts nahe. Zu diesen Sicherungsmassregeln gehören Siegelung der Erbschaft (Art. 552 ZGB), Inventaraufnahme (Art. 553 ZGB), Erbschaftsverwaltung (Art. 554 ZGB). Hilfsweise wird man aber auch Sicherungsmassregeln des Erbstatuts heranziehen müssen, wenn Rechtsschutzlücken daraus entstehen, dass das Erbstatut Sicherungsbedürfnisse entstehen lässt, die das schweizerische materielle Erbrecht nicht kennt, z.B. weil das übrige schweizerische Recht (z.B. das Sachenrecht oder eine Rechtsvermutung aus Besitz) keine entsprechende Rechtsgefährdung entstehen lässt.

Schweizerische Behörden eröffnen Testamente nach Art. 556 ff. ZGB. Voraussetzung ist allerdings eine Zuständigkeit nach Art. 86 Abs. 1 IPRG oder eine solche nach Art. 87 oder 88 IPRG. Es hat eine effektive Zuständigkeitsprüfung stattzufinden. Es besteht keine beliebige Wahlmöglichkeit einzelner Erben, das Testament «auch noch» in der Schweiz zu eröffnen, denn eine *Testamentseröffnung* eröffnet ein Nachlassverfahren in der Schweiz mit entsprechenden Fristenläufen (z.B. für die Herabsetzungsklage).

Schweizerische Behörden stellen *Erbenbescheinigungen* nach Art. 559 Abs. 1 ZGB aus. Diese haben nur die beschränkte Wirkung schweizerischen Rechts. In Sachverhalten mit Auslandsberührung sollte die Rechtslage gemäss (gegebenenfalls ausländischem) Erbstatut wiedergegeben werden. Auf diese beiden Umstände sollte der Text der Erbenbescheinigung aufmerksam machen. Europäische Nachlasszeugnisse werden einzig in Mitgliedstaaten der EU ausgestellt werden.

Ausschlagung, öffentliches Inventar, amtliche Liquidation: Ob und unter welchen Voraussetzungen (inkl. Fristen) sie zulässig sind und welche Rechtswirkungen sie haben, bestimmt das Erbstatut. In welcher Form, in welchen Schritten und vor welcher Behörde sie zu beantragen und wie sie verfahrensmässig durchzuführen sind, sagt das Eröffnungsstatut.

In der Lehre wird etwa gesagt, die «Nachlassverwaltung» oder die «Nachlassabwicklung» unterstehe dem Eröffnungsstatut. Enger und exakter ist m.E. zu sagen, dass *Liquidationshandlungen über Vermögenswerte, die sich in der Schweiz befinden,* nach den Artikeln 605–606, 609–619 ZGB und wohl auch nach Art. 634–640 ZGB stattzufinden haben.

Der Wortlaut des Art. 92 Abs. 2 IPRG unterstellt die *Willensvollstreckung* schlechthin dem Eröffnungsstatut. Die Botschaft des Bundesrates und die mehrheitliche Lehre differenzieren: Die Tätigkeit des Willensvollstreckers unterliegt der Aufsicht an den Orten der jeweiligen Tätigkeiten gemäss dem jeweiligen dortigen Eröffnungsstatut – in der Schweiz Art. 518 und Art. 595 Abs. 3 ZGB; ebenso unterstehen dem Eröffnungsstatut seine Beziehungen zu Dritten, namentlich zu Gläubigern. Die Zulässigkeit, Willensvollstrecker einzusetzen, die Einsetzung der Person des Willensvollstreckers und das Verhältnis des Willensvollstreckers zu den Erben unterstehen dem Erbstatut, ebenso die Informationsansprüche gegenüber Dritten (BGE 132 IIII 684) und der Honoraranspruch.

1.2 Internationale Entscheidungszuständigkeit der schweizerischen Gerichte und Behörden

Nach *IPRG* sind Schweizer Gerichte und Behörden zur Entscheidung im internationalen Verhältnis zuständig (sog. direkte Zuständigkeit),

– wenn der Erblasser den letzten Wohnsitz (Art. 20 IPRG) in der Schweiz hatte (Art. 86 Abs. 1 IPRG),

– wenn er Schweizer war und die ausländische Wohnsitzbehörde untätig ist bzw. der Auslandschweizer schweizerische Zuständigkeit und schweizerisches Recht gewählt hat (Art. 87 IPRG),

– wenn er Ausländer mit letztem Wohnsitz im Ausland war und die ausländische Wohnsitzbehörde sich nicht mit den Vermögenswerten in der Schweiz befasst (Art. 88 IPRG),

– wenn er im Ausland (oder nirgends) Wohnsitz hatte, für sichernde Massnahmen bezüglich Vermögen in der Schweiz (Art. 88 IPRG).

Die Erben können für erbrechtliche Streitigkeiten eine Gerichts- oder eine Schiedsvereinbarung treffen (Art. 5, Art. 7 IPRG).

Vorrangiges *Staatsvertragsrecht:* Bilaterale Staatsverträge der Schweiz mit den USA (SR 0.142.113.361), Italien (SR 0. 142.114.541), Griechenland (SR 0.142.113.721). Das Lugano-Übereinkommen hingegen ist sachlich nicht auf erbrechtliche Streitigkeiten anwendbar.

1.3 Von der Schweiz anerkannte ausländische Gerichts- und Behördenzuständigkeiten

Die Schweiz anerkennt ausländische erbrechtliche Entscheidungen und erklärt sie für vollstreckbar gestützt auf Art. 96 IPRG: Anerkannte (sog. indirekte) Zuständigkeit der ausländischen Gerichte und Behörden am letzten Wohnsitz des Erblassers oder im Staat, dessen Recht der Erblasser gewählt hat (d.h. gewähltes Heimatrecht) – zudem Anerkennung und Vollstreckung von Entscheidungen von dritten Staaten, die im Wohnsitzstaat oder im Staat, dessen Recht gewählt worden war, anerkannt werden. Bezüglich Vererbung von Grundstücken zudem Entscheide im Belegenheitsstaat – bzw. Anerkennung aussschliesslich dieser indirekten Zuständigkeit, wenn der Belegenheitsstaat für sich die ausschliessliche Zuständigkeit beansprucht.

Interessant ist, dass nach Art. 96 IPRG nicht nur ausländische Entscheidungen in der Schweiz anerkannt werden, sondern auch «Massnahmen», «Urkunden» und «Rechte aus einem im Ausland eröffneten Nachlass».

Bilaterale Staatsverträge der Schweiz z.B. mit Italien, Deutschland, sind zwar einschlägig. Weil es sich aber um teilweise recht alte Staatsverträge handelt, sind sie oft restriktiver als Art. 96 IPRG, weswegen die letztere Bestimmung als günstigeres Anerkennungsrecht durch den zweckgemäss ausgelegten Staatsvertrag (der ja die Anerkennung erleichtern und nicht begrenzen wollte) nicht verdrängt wird. Das Lugano-Übereinkommen ist sachlich nicht auf erbrechtliche Streitigkeiten anwendbar.

2. Hinweise für die internationale Nachlassplanung

2.1 Spezifische Schwierigkeiten internationaler Nachlassplanung

Spezifische Schwierigkeiten der Planung von Nachlässen mit Auslandsbezügen sind:

2.1.1 Die «Internationalität» des Sachverhaltes

Die besonderen Schwierigkeiten der internationalen Nachlassplanung beginnen bereits damit, dass unter dem Blickwinkel verschiedener Problematiken (z.B. Zuständigkeit, anwendbares Recht, Anerkennung und Vollstreckung ausländischer Entscheidungen) jede nationale Rechtsordnung unterschiedliche Kriterien an einen sog. «internationalen» (bzw. «plurinationalen») Sachverhalt anlegt.

Die *Internationalität* kann je nach Rechtsquelle (nationales oder vereinheitlichtes Zivilprozessrecht, nationales oder vereinheitlichtes IPR-Kollisionsrecht) entweder daher rühren,

– dass der Erblasser bzw. die Erben in verschiedenen Staaten Wohnsitz oder gewöhnlichen Aufenthalt haben oder in einem früheren Zeitpunkt hatten,
– oder dass der Erblasser/die Erblasserin eine ausländische Staatsangehörigkeit haben,
– oder dass der Nachlass oder Teile davon in verschiedenen Staaten liegen,
– oder dass der Erblasser den Nachlass einem ausländischen Recht unterstellt hat oder die Erben den Nachlass nach einem ausländischen Recht teilen,
– oder dass die Nachlassteilung in mehreren Staaten durchgeführt werden könnte.

Fehlt es an der «Internationalität» unter dem Gesichtspunkt des jeweiligen Gesichtspunktes bzw. der jeweiligen Rechtsquelle, kommen die Regeln zu den Inlandsachverhalten bzw. inländische nationale Gesetzgebung zur Anwendung. Dies schliesst aber nicht aus, dass mit Rücksicht auf *tatsächliche* (in dieser Rechtsquelle nicht als rechtlich relevant beurteilte) Berührungen des Sachverhaltes zum Ausland bzw. zu einer ausländischen Rechtsquelle bei der Auslegung des inländischen Rechts mitberücksichtigt werden (z.B. längere Fristen für im Ausland Wohnhafte im Rahmen des inländischen Prozesses; Erfordernis der Rechtshilfe, wenn eine Partei oder ein Zeuge im Ausland wohnt).

Zudem wird man nie mit Bestimmtheit im Voraus wissen können, ob ein Nachlass ein rein nationalem Recht unterliegender Nachlass sein wird: Im Zeitpunkt des Abfassens eines Testaments steht noch nicht fest, ob nicht doch später, z.B. durch Wohnsitz- oder Vermögenslagewechsel, ein Bezug zu einer anderen Rechtsordnung hinzutritt.

2.1.2 Schaffung von Rechtslagen durch ausländische Gerichte und Behörden, die wie Fakten hinzunehmen sind. Blosse Teilzuständigkeiten oder Teiloptiken der in den verschiedenen Staaten zuständigen Gerichte und Behörden

Weitere Schwierigkeiten im grenzüberschreitenden Verhältnis sind darauf zurückzuführen, dass in den verschiedenen Staaten vielfach nur eine Zuständigkeit zur Regelung einzelner Fragen, die den Nachlass berühren, besteht, die Gerichte aber nicht für die ganze einheitliche Abwicklung des Nachlasses zuständig sind.

Beispiele:

- Staat A setzt seine weitergehende Auffassung über die Stellung des *überlebenden Ehegatten* durch, womit zumindest das im Staat A liegende Vermögen zu einem geringeren Teil in den Nachlass fällt oder die Erben zu Lebzeiten des überlebenden Ehegatten gar keine Verfügungsgewalt erhalten.
- Staat B setzt seine Hoheit im Gebiet des *Steuerrechts* durch und reduziert dadurch den Nachlass.
- Staat C setzt seine Betrachtungsweise über die Berechtigung an einem *Immaterialgüterrecht* durch oder sieht eine andere Abgrenzung zwischen Rechtsgeschäften von Todes wegen bzw. unter Lebenden durch und überlässt damit einen Teil des Nachlasses den *Mitgesellschaftern* des Erblassers, oder der Staat C qualifiziert eine Vorsorgeregelung als eine des *(Privat- oder Sozial-) Versicherungsrechts* und setzt die Berechtigung an diesen Vermögenswerten aufgrund der versicherungsrechtlichen Nachfolge durch.

Auch wenn die schweizerischen Gerichte und Behörden an sich zur Nachlassteilung zuständig sind, müssen sie diese «Reduktion» des Nachlasses durch tatsächlich darauf einwirkende ausländische Staaten hinnehmen. Dies betrifft z.B. auch ausländisches Devisenrecht, Kulturgüterschutzrecht, Landwirtschaftsrecht, das die Teilung oder den Vollzug der Teilung erschwert.

Es ist zu beachten, dass die angerufenen Gerichte und Behörden oftmals nur in einem bestimmten Stadium und nur unter beschränkten Blickwinkeln zuständig sind, dabei nach anderen Regeln entscheiden als ordentliche Gerichte und damit vollendete Tatsachen schaffen. Ich verweise als Beispiel nur auf die beschränkte Optik der Gerichte und Behörden, welche über *vorsorgliche Massnahmen* befinden (im Gegensatz zum ordentlichen

Gericht im Hauptprozess). Die Zuständigkeit für vorsorgliche Massnahmen ist nicht nur dann gegeben, wenn die Gerichte desselben Staates auch in der Hauptsache entscheiden könnten, sondern zusätzliche weitere Zuständigkeiten zum Erlass vorsorglicher Massnahmen können sich schon aus der blossen Ortslage des Vermögens oder einzelner Vermögensteile ergeben, oder weil der Erbe, gegen den man vorgehen will, im betreffenden Staat wohnt, oder weil der Dritte, der in einem Rechtsverhältnis mit dem Erblasser gestanden hatte, hier wohnt oder geschäftlich tätig ist usw. Im Verfahren um vorsorgliche Massnahmen wenden viele Staaten grundsätzlich das eigene materielle oder formelle Recht an, d.h., es wird in diesem Prozessstadium vielfach gar nicht geprüft, was der Inhalt des auf den Nachlass an sich anwendbaren Rechts (Erbstatut) ist. Damit kann wiederum faktisch über Nachlassteile in einer anderen Weise «verfügt» werden, als dies das Testament oder das an sich anwendbare gesetzliche Erbrecht vorsehen. Das zu vorsorglichen Massnahmen Gesagte betrifft auch Eingriffe des Staates am Lageort des Vermögens aufgrund von Zwangsvollstreckungsrecht, Verwaltungsrecht (z.B. Steuer- und Zollrecht, Devisenrecht, Börsenrecht) oder Strafrecht (strafrechtliche oder strafprozessuale Beschlagnahmen).

Die Beispiele, die ich vorhin nannte, illustrieren eine weitere besondere Problematik der grenzüberschreitenden Nachlassabwicklung, nämlich dass die verschiedenen in- und ausländischen Rechtsordnungen eine *unterschiedliche Abgrenzung zwischen Erbstatut und anderen Rechtsfragen* treffen: Insbesondere zu denken ist an die Abgrenzung zwischen Erbrecht einerseits und Ehegüterrecht (oder Vermögensrecht eingetragener Partnerschaften), Vertragsrecht, Sachenrecht, Immaterialgüterrecht, Gesellschaftsrecht, öffentliches Recht andererseits. Je nachdem ist für diese andere Problematik eine andere Gerichts- und Behördenzuständigkeit im In- oder Ausland gegeben und sind andere Rechtssätze anwendbar.

Eine besondere Abgrenzungsproblematik in dieser Beziehung ist auch jene zwischen dem sog. *Erbstatut* und dem sog. *Eröffnungsstatut* (vgl. im schweizerischen Recht: Art. 92 IPRG): Zum in- oder ausländischen Erbstatut – das durch die Kollisionsregeln (Art. 90, 91, 93–95 IPRG) bestimmt wird – gehören vorwiegend materiell-rechtliche Fragestellungen (Erbberechtigung als solche, gesetzliche und testamentarische Erbfolge, Pflichtteile, Herabsetzung, Ausgleichung usw.). Eröffnungsstatut ist hingegen die lex fori, das Recht des Staates, in dem die Nachlassteilung stattfindet. Nach schweizerischem IPRG gehören dazu: die Durchführung einzelner Massnahmen, die auf die Abwicklung oder Sicherung des Nachlasses ausgerichtet sind, wie z.B. Erbenschein, Verwaltung, Liquidation des Nachlasses, sichernde Massnahmen. Auch diese Abgrenzung wird von Staat zu Staat unterschiedlich gezogen.

Sodann gibt es Staaten, wie Italien, Spanien, Polen, Ungarn, die Schweiz, die meisten lateinamerikanischen Staaten, die dem Grundsatz der *Nachlasseinheit* folgen, d.h. das auf den Nachlass anwendbare Recht (Erbstatut) soll aus der Sicht dieser Staaten möglichst alle Vermögenswerte erfassen, unabhängig davon, wo sich diese befinden. Der Grundsatz der Nachlasseinheit lässt sich aber nicht konsequent durchhalten, weil entweder Staatsverträge oder ausländische Staaten der gegenteiligen Lösung folgen. Andere Staaten folgen dem Prinzip der *Nachlassspaltung,* insbesondere der Regel, dass für die Nachfolge in Immobilien das Recht am Lageort des Grundstückes massgeblich sei; dazu gehören u.a. die USA, Frankreich, England, Österreich. Dies ist schon bei der Planung der Erbnachfolge zu berücksichtigen.

2.1.3 Schwierigkeit, dass neben der Nachlassplanung auch weitere Interessen abgesichert werden müssen, und diesbezüglich gerade auch im internationalen Verhältnis gegenteilige Anknüpfungen zum Zuge kommen können

In Konflikt mit der rein erbrechtlichen Optik der Planung kann die Regelung oder Planung anderer Interessen des Erblassers oder der von ihm begünstigten Personen geraten.

Die Nachlassplanung muss sich auch damit auseinandersetzen,

- dass der Erblasser seine *eigene Vorsorge für die Dauer seines Lebens* planen muss. Er ist also an einer sicheren und somit tendenziell diversifizierten Anlage interessiert, zudem einer, die ihm flüssige verfügbare Mittel gewährleistet und für ihn steuerlich optimiert ist. Versicherungsleistungen können eine separate Planung ermöglichen, ohne den Nachlass zu beeinflussen. Die damit verbundenen Rechtsgeschäfte unterstehen möglicherweise nicht derselben Rechtsordnung wie die erbrechtliche Nachfolge.
- Vermehrt in den Vordergrund rückt das Planungsinteresse für den Zeitraum zwischen Nachlassplanung und Tod, einen oft mehrere Jahrzehnte umfassenden Zeitraum, in dem der Erblasser mit einer erheblichen Wahrscheinlichkeit dement sein wird. Nicht alle Staaten kennen im selben Masse die Möglichkeit von Vorsorgeaufträgen. Das von der Schweiz ratifizierte Haager Erwachsenenschutzübereinkommen vom 13. Januar

2000 (SR 0.211.232.1; vgl. Art. 85 IPRG) steht noch nicht in vielen Staaten in Kraft; für die Behörden der Konventionsstaaten verbindlich können aber mit grenzüberschreitender Wirkung Vorsorgeaufträge nach den Voraussetzungen der Art. 15 und 16 dieser Haager Konvention getroffen werden. Nach Art. 8 Abs. 2 lit. d der genannten Konvention können Erwachsene sogar bestimmen, welcher Konventionsstaat für den Erlass von *erwachsenenschutzrechtlichen Schutzmassnahmen* im Falle seiner Schutzbedürftigkeit zuständig sein soll. Dies kann sehr wohl auch eine wichtige flankierende Massnahme zur Nachlassplanung sein, denn es ist diese Behörde, welche im Falle der Demenz des Erblassers z.B. über dessen letzten gewöhnlichen Aufenthalt (Rückführung in den früheren Wohnsitzstaat Schweiz, nachdem der Erblasser z.B. mehrere Jahre Ruhestand in Spanien verbracht hatte) befindet.

– Bei *verheirateten oder in eingetragener Gemeinschaft lebenden Erblassern* kommen Fragen des Ehegüter- bzw. gemeinschaftsbestimmten Vermögensrechts hinzu. In manchen Rechtsordnungen und künftig wohl in noch mehr Rechtsordnungen (eine entsprechende Reformdiskussion besteht auch in der Schweiz) können Partner einer länger dauernden, stabilen nichtehelichen Gemeinschaft ebenfalls erbrechtliche oder unterhaltsrechtliche bzw. andere vermögensrechtliche Ansprüche im Todesfall geltend machen (wie z.B. Wohnungszuweisung). Auch diese Ansprüche unterstehen möglicherweise einer anderen Rechtsordnung als die erbrechtliche Nachfolge.

– *Unternehmensnachfolge,* Auflösung von Personengesellschaften infolge Tod, Auslösung von Bedingungen und Kündigungsmöglichkeiten in Verträgen, die auf den Tod des Erblassers bezogen sind, Auslösung möglicherweise erbrechtlich anfechtbarer oder anrechenbarer Begünstigungen in Trust- und Stiftungsstrukturen usw. beantworten sich als Rechtsfragen nach ihrem eigenen Recht (Gesellschaftsstatut, Vertragsstatut usw.) und unterstehen eigenen Zuständigkeitsordnungen.

– Auch wird auch auf die Einschätzung *steuerlicher Optimierung* aufseiten der erbrechtlich Begünstigten zu schauen sein, wobei die Steuerhoheitsregelungen des Internationalen Steuerrechts massgeblich sind.

2.1.4 Schematische Zusammenfassung der Problemschichten

Die hauptsächlichen Problemschichten, die es zu unterscheiden gilt, lassen sich schematisch wie folgt zusammenfassen:

Grundsätzlich alle Probleme, wie sie sich *auch bei einer inländischen Nachlassplanung* und -abwicklung stellen können, wie: Durchsetzung des Willens des Erblassers, Erhaltung und Sicherung des Nachlasses, Steueroptimierung usw.

Unsicherheit über *das auf den Nachlass anwendbare Recht,* z.B.:

- Was fällt in den Nachlass? (Abgrenzung zum Ehegüterrecht, Vertragsrecht, Gesellschaftsrecht, Versicherungsrecht usw.).
- Kommt es zu einer Nachlassspaltung aus Gründen der Anwendung unterschiedlichen Rechts? Oder als Folge gespaltener Zuständigkeiten? Oder wegen Nichtanerkennung einer ausländischen Erbteilung?
- Welche Rechtsordnung ist auf welche Nachlassteile anwendbar? (insbesondere: Wohnsitz- oder Staatsangehörigkeitsprinzip, Vermögenslage, Zulässigkeit einer Rechtswahl).
- Änderung in den Anknüpfungspunkten (z.B. Wohnsitz- oder Vermögenslageortswechsel).
- Änderung im anwendbaren IPR oder im anwendbaren materiellen Recht (Zeitfaktor).
- Unterschiedliche Abgrenzung zwischen Erbstatut und Eröffnungsstatut, oder unterschiedliches Verständnis der Nachlasseinheit.

Unsicherheit über die *zuständigen Gerichte und Behörden,* z.B.:

- Unterschiedliche Kriterien zur Bestimmung der (ausschliesslich oder alternativ) zuständigen Gerichte und Behörden (z.B. Staatsangehörigkeits- oder Wohnsitzprinzip, Ort der Vermögenslage).
- Unterschiedliche Verfahren: Nachlassteilung und -abwicklung oder erbrechtliche Streitigkeiten, ordentliches Verfahren oder vorsorgliche Massnahmen, Verwaltungs- oder Gerichtsverfahren.

Unsicherheiten darüber, ob die im In- oder Ausland erwirkten Entscheidungen überall *anerkannt und vollstreckt* werden, wo Vermögenswerte liegen bzw. Schuldner wohnen.

Unsicherheiten über die Abgrenzung des erbrechtlichen Nachlasses zu den Vermögenswerten, die *versicherungsvertraglich, ehegüterrechtlich, gesellschaftsrechtlich, sachenrechtlich usw.* anders auf RechtsnachfolgerInnen übergehen, als dies das hauptsächlich zur Anwendung berufene Erbrecht vorsieht.

Unsicherheiten darüber, inwieweit nationales *öffentliches Recht* eines Staates einwirkt, insbesondere nationales Verfahrensrecht, Steuerrecht, Wirtschaftsverwaltungsrecht.

2.1.5 Immerhin eine wesentliche Vereinfachung im europäischen Raum durch die EU-Erbrechtsverordnung

Eine erhebliche Vereinfachung erfährt die Nachlassplanung im europäischen Raum durch das Inkrafttreten am 17. August 2015 der EU-Erbrechtsverordnung, d.h. der EU-Verordnung Nr. 650/2012 des Europäischen Parlaments und des Rates vom 4. Juli 2012 «über die Zuständigkeit, das anzuwendende Recht, die Anerkennung und Vollstreckung von Entscheidungen und die Annahme und Vollstreckung öffentlicher Urkunden in Erbsachen sowie die Einführung eines Europäischen Nachlasszeugnisses» (publiziert im Amtsblatt der Europäischen Union vom 27. Juli 2012, L 201, S. 107 ff.).

Die EU-Erbrechtsverordnung ist für die Gerichte und Behörden aller Mitgliedstaaten der Europäischen Union verbindlich, mit Ausnahme von Dänemark, Irland und dem Vereinigten Königreich.

Die Verordnung ist gemäss ihrem Art. 83 (1) anwendbar auf die «Rechtsnachfolge von Personen, die am 17. August 2015 oder danach verstorben sind». Zu den Übergangsbestimmungen im Einzelnen vgl. Art. 83 (2)-(4).

Im Verhältnis zu europäischen Staaten wird man demnach überprüfen müssen, ob bestehende Testamente sowohl unter der Rechtslage vor wie unter der Rechtslage nach Inkrafttreten der Verordnung dem Willen des Erblassers entsprechen bzw. dessen Intentionen bestmöglich umsetzen.

Die EU-Erbrechtsverordnung regelt
– die internationale Gerichts-, Behörden- und Beurkundungszuständigkeiten der der Verordnung unterstehenden EU-Mitgliedstaaten für die streitige und die freiwillige Gerichtsbarkeit inkl. Verurkundung in Erbsachen,
– das von diesen anzuwendende Recht,
– die Voraussetzungen, unter denen die EU-Mitgliedstaaten gegenseitig ihre Entscheidungen anerkennen und vollstreckbar erklären,
– die Annahme und Vollstreckung öffentlicher Urkunden und gerichtlicher Vergleiche in diesen Mitgliedstaaten,

– die Erstellung und die Rechtswirkungen des Europäischen Nachlasszeugnisses in diesen Mitgliedstaaten.

Die Verordnung kommt aber, was die Inanspruchnahme der eigenen Entscheidungszuständigkeiten und die Bestimmung des anwendbaren Rechts anbelangt, auch direkt im Verhältnis zu Drittstaaten, wie der Schweiz, zur Anwendung. Der persönlich-räumliche Anwendungsbereich betrifft also sehr wohl auch Auslandschweizer, aber auch Ausländer in der Schweiz und sogar Schweizer in der Schweiz, sofern diese z.B. Vermögen in einem dieser Mitgliedstaaten haben. Indirekt betroffen sind zudem z.B. die Erben/Erbinnen solcher Erblasser, denen z.B. bestimmte Gerichtsstandswahlmöglichkeiten offenstehen, oder die Gläubiger des Erblassers, des Nachlasses oder der Erben aus Nachlassverfahren, die in einem diese Mitgliedstaaten abgewickelt werden.

Es gehört daher schon heute zur Sorgfaltspflicht von mit Nachlassplanung befassten BeraterInnen, die EU-Erbrechtsverordnung einzubeziehen:
– wenn der künftige Erblasser (auch) Angehöriger eines solchen Mitgliedstaates ist. (Da die Verordnung z.B. auch auf jede von mehreren Staatsangehörigkeiten abstellt und zuweilen auch sogar auf eine frühere oder eine künftige Staatsangehörigkeit, erweitert sich nach der Verordnung die Palette von zu berücksichtigenden Heimatrechten im Vergleich zu heutigen nationalen IPR-und IZPR-Systemen und erst recht im Vergleich zum schweizerischen IPR-Gesetz.)
– wenn der künftige Erblasser in einem dieser Mitgliedstaaten gewöhnlichen Aufenthalt hat oder künftig nehmen wird, insbesondere auch im Zeitpunkt des Todes oder in den fünf Jahren vor dem Tod haben wird. (Auch die Palette von infrage kommenden Zeitpunkten, in denen der Erblasser letzten gewöhnlichen Aufenthalt in einem dieser Mitgliedstaaten hat oder haben wird, erweitert sich also!)
– wenn der künftige Erblasser Vermögen (also auch nur Teile seines Vermögens – auch bewegliches Vermögen) in einem dieser Mitgliedstaaten hat bzw. haben wird.

Zu beachten ist ebenfalls die indirekte Auswirkung dieser neuen Zuständigkeitsordnungen für die erbrechtliche Nachlassteilung für die vorangehende güterrechtliche Auseinandersetzung in diesen Staaten. In mehreren europäischen Staaten ist der Zusammenhang zwischen ehegüter- und erbrechtlicher Auseinandersetzung enger als nach schweizerischem Recht (z.B. weitergehende Begünstigung des überlebenden Ehegatten allein aufgrund des Güterrechts möglich).

Die Bestimmungen über die gegenseitige Anerkennung und Vollstreckung von Entscheidungen und Urkunden sowie die Nachlasszeugnisse betreffen einzig das Verhältnis unter diesen EU-Mitgliedstaaten.

Bestehende völkerrechtliche Verträge, an die die Mitgliedstaaten gebunden sind, bleiben gegenüber der Verordnung vorbehalten (Art. 75). Dies gilt insbesondere auch für die mit einigen Mitgliedstaaten bestehenden bilateralen Staatsverträge der Schweiz, z.B.:

- Staatsvertrag 1868 (SR 0.142.114.541) und 1933 (SR 0.276.194.541) mit Italien
- Staatsvertrag 1875 mit Österreich (SR 0.142.111.631)
- Staatsvertrag 1883 mit Portugal (SR 0.191.116.541)
- Staatsvertrag 1927 mit Griechenland (SR 0.142.113.721)
- Staatsvertrag 1929 mit Deutschland (SR 0.276.191.361)
- Staatsvertrag 1959 mit Belgien (SR 0.276.191.721).

Für die Nachlassberatung wichtig zu wissen ist, dass die EU-Erbrechtsverordnung zwar die Nachlasseinheit im Verhältnis unter den Mitgliedstaaten – sowohl was Zuständigkeits- als auch Rechtsanwendungsbestimmungen anbelangt – begünstigt, nicht aber im Verhältnis zu Drittstaaten. Gegenteils befördert die Verordnung Nachlassspaltungen im Verhältnis zu Drittstaaten durch die Zuständigkeitsregel Art. 10 und zusätzlich auch ein entsprechendes Forum Running derjenigen ErbInnen, die sich von einer Gerichtszuständigkeit in einem EU-Mitgliedstaat Vorteile versprechen (dies sind tendenziell die eingesetzten bzw. testamentarisch begünstigten Erben und nicht die Pflichtteilserben).

2.2 Wie ist bei der Planung eines grenzüberschreitenden Nachlasses vorzugehen? (Methodologische Überlegungen)

Das A und das O der grenzüberschreitenden Nachlassplanung sind methodische Überlegungen. Ein auf die Handhabung des schweizerischen IPRG und die Zuständigkeit schweizerischer Gerichte und Behörden ausgerichtetes, empfehlenswertes Werk ist die Zürcher Dissertation von Thomas Buschor, Nachlassplanung («estate planning») nach schweizerischem internationalen Erbrecht, Zürich 1994.

Die nachfolgend vorgestellte Methodik entspricht der Vorgehensweise, die der Verfasser dieses Aufsatzes für die Gestaltung von internationalen

Schuldverträgen vorschlägt; vgl. *Ivo Schwander,* Planung und Gestaltung von Vertriebsverträgen im internationalen Verhältnis, in: Andreas Furrer/ Oliver Arter (Hrsg.), Vertriebsverträge II, Bern 2011, S. 101–142.

2.2.1 1. Schritt: Erstellen der Liste aller berührten Rechtsordnungen und Staatsterritorien (im Bewusstsein, dass diese Liste wahrscheinlich unvollständig ist, weil bis zur Eröffnung des Nachlasses Berührungspunkte zu weiteren Staaten hinzutreten können)

Eine solche Liste sollte chronologisch aufgebaut sein, alle möglichen Berührungspunkte aufzählen und zugleich erste inhaltliche Hinweise enthalten.

Sie könnte etwa so gegliedert sein:

	A	B	C	D
1. Verhältnisse aufseiten des Erblassers zur Zeit der Nachlassplanung bzw. des Testamentes (Erbvertrages usw.)				
2. Verhältnisse seines Ehepartners				
3. Verhältnisse der gesetzlichen Erben bzw. Pflichtteilserben				
4. Verhältnisse der einzusetzenden Erben				
5. Vermögenslagen (einschliesslich Grundstücke, Beteiligungen, strittige Ansprüche des Erblassers gegen Dritte, Schulden)				
6. Ort der Rechtsgeschäfte von Todes wegen				
7. Veränderungen der Verhältnisse vor oder als Folge der genannten Rechtsgeschäfte				
8. Problematische Veränderungen in den Verhältnissen, die künftig eintreten könnten				
9. Verhältnisse im Zeitpunkt der Nachlasseröffnung				
10. Verhältnisse bei der Teilung des Nachlasses (ordentliche Abwicklung oder erbrechtliche Streitigkeiten)				
– Nachlassteilung				
– Sicherungsmassnahmen				
– Stellung des Willensvollstreckers				
– Anerkennung der in den verschiedenen Staaten ergangenen Entscheidungen oder Urkunden usw.				
– ordentliche Gerichtszuständigkeit für Klagen				
– vorsorgliche gerichtliche Massnahmen				

In die Liste aufzunehmende Berührungspunkte (von unterschiedlichem Gewicht, aber je nach Zusammenhang bedeutsam) können sein:
- Wohnsitz/gewöhnlicher Aufenthalt des Erblassers (heute und künftig)
- Staatsangehörigkeit des Erblassers (heute und künftig)
- Wohnsitz/gewöhnlicher Aufenthalt/Staatsangehörigkeit der Erben
- Ort der Vermögenslagen (Grundstücke, Mobilien, Forderungen, Anteile usw.)
- Mögliche Austragungsorte von Konflikten
- Wo werden öffentlich-rechtliche Interessen durchgesetzt (wie Kulturgüterschutz, Landwirtschaftsgesetzgebung, Schutz der Unternehmen usw.)?

2.2.2 2. Schritt: Festlegung der Prioritäten bei der Nachlassplanung

In diesem zweiten Schritt wird man sich darüber klar werden, was die ganz primären Zielsetzungen des Erblassers sind, und was sekundäre.

Zum Beispiel:
- Vorzüge für den Erblasser zu Lebzeiten/Interesse an der Regelung des Nachlasses nach dem Tod
- Begünstigungen/Benachteiligungen von Personen
- Begünstigung von sachlichen Zielen wie Unternehmenserhaltung, Wohltätigkeit usw.
- Anlageinteressen, Steuerbegünstigungen usw. über Tod hinaus
- Bei unsicheren Verhältnissen: Flexibilität der vorzusehenden Lösung.

Im Verlaufe der Planung wird man nämlich zum Ergebnis kommen, dass sich die einen Ziele mit bestimmten Vorkehren mit grösster Wahrscheinlichkeit erreichen lassen, andere relativ unsicher bleiben.

2.2.3 3. Schritt: Konsultation der Inhalte der einschlägigen Rechtssätze des In- und Auslandes, in IPR, IZPR, im Erbrecht, im Prozessrecht, im Versicherungs-, Sachenrecht usw.

Erste Hilfsmittel für die Konsultation der einschlägigen ausländischen Rechtssätze können sein:

- Murad Ferid/Karl Firsching/Heinrich Dörner/Rainer Hausmann (Hrsg.), Internationales Erbrecht, Loseblatt-Sammlung der Gesetze vieler Staaten (IPR, IZPR, Erbrecht), Verlag Beck, München
- Alexander Bergmann/Murad Ferid/Dieter Henrich (Hrsg.), Internationales Ehe- und Kindschaftsrecht, Loseblatt-Sammlung der Gesetze vieler Staaten (IPR, IZPR, Ehe- und Kindesrecht), Verlag für Zivilstandswesen, Frankfurt a.M.

Im Übrigen ist auf die üblichen Mittel zurückzugreifen, wie Bibliotheken (in der Schweiz insbes.: Bibliothek des Schweizerischen Instituts für Rechtsvergleichung in Lausanne-Dorigny), ausländische Publikationen (Gesetzessammlungen, Gerichtsentscheidungen, Literatur), Internetseiten, Rechtsgutachten und -auskünfte, insbesondere von Juristinnen und Juristen des betreffenden ausländischen Staates.

2.2.4   4. Schritt: Bildung von Schwerpunkten in höchstens 2–3 Rechtsordnungen

Es wird sich herausbilden, dass der Schwerpunkt in zwei oder höchstens drei Rechtsordnungen vorliegen wird. Eventuell sind auch faktische Massnahmen (wie Verlegung von Vermögenswerten) vorzunehmen, um eine Reduktion auf die zwei oder drei Schwerpunkte zu erreichen.

Aufgrund des internationalen Privatrechts (IPR) und des internationalen Zivilprozessrechts (IZPR) und in Abschätzung der Inhalte der gestützt darauf aus der Optik dieser 2–3 Staaten möglicherweise anwendbaren Rechtsordnungen ist eine Bewertung vorzunehmen, wie die in Schritt 2 getroffene Priorität der Interessen gewahrt werden kann.

Dabei ist nun durchzudenken, zu welchem Ergebnis die gesetzliche Regelung führt, je nachdem, ob man die Optik der Gerichte und Behörden von Staat 1, Staat 2 und Staat 3 befolgt, und zwar hinsichtlich:
- Zuständigkeit
- anwendbaren Rechts
- Anerkennung und Vollstreckbarkeit ausländischer Entscheidungen.

Sodann hat man sich zu überlegen, welche Gestaltungsmöglichkeiten in jeder dieser drei Rechtsordnungen bestehen, nämlich:

- hinsichtlich Zuständigkeit: Zuständigkeits- oder Schiedsvereinbarung mit Erben, Herbeiführung einer Zuständigkeit durch Verlegen des Wohnsitzes, der Vermögenslagen usw.;
- hinsichtlich anwendbaren Rechts: Rechtswahl (professio juris), Beeinflussung durch Wohnsitz- oder Staatsangehörigkeitswechsel, Wechsel der Vermögenslage usw. Rechtsgeschäftsgestaltungen wie Ehevertrag, Erbvertrag, Trust, Gesellschaftsvertrag, Versicherungsvertrag usw.;
- hinsichtlich der Anerkennung und Vollstreckung der Entscheide: über Beeinflussung der Zuständigkeit und des anwendbaren Rechts (siehe soeben); Vermögenslage.

2.2.5 5. Schritt: Evaluation der Massnahmen aufgrund der Feststellungen nach Schritt 4 und aufgrund der Prioritätenlisten gemäss Schritt 2. Gestaltung der relevanten Rechtsgeschäfte

Dabei wird man sich z.B. entschliessen:
- einen Ehe- und Erbvertrag mit dem Ehegatten zu schliessen und dabei eine Rechtswahl zu treffen,
- mit den übrigen Erben einen Erbvertrag zu schliessen,
- Vermögenswerte oder den Wohnsitz zu verlegen,
- einen Erbschaftsverwalter und vor allem einen Willensvollstrecker zu bestellen, der mit den besonderen Gegebenheiten vertraut zu machen ist.

Aus schweizerischer Optik bieten sich als *Gestaltungsmittel* insbesondere an:
- Regelung der güterrechtlichen Verhältnisse nach Art. 52 ff. IPRG. Dabei ist eindeutig dem öffentlich beurkundeten Ehevertrag der Vorzug zu geben, weil nur dieser – und nicht die bloss schriftliche Rechtswahl nach Art. 53 IPRG – auf Anerkennung in vielen ausländischen Staaten zählen kann. Dies allerdings nur dann, wenn die massgeblich betroffenen Rechtsordnungen nicht zu denjenigen gehören, die ein grundsätzliches Verbot von Erbverträgen kennen (wie insbesondere Rechtsordnungen des romanischen Rechtskreises wie Frankreich, Italien, Spanien, lateinamerikanische Staaten).
- Regelung der erbrechtlichen Verhältnisse durch Testament oder Erbvertrag nach Art. 90 ff. IPRG. Unter den in Art. 90 IPRG genannten Voraussetzungen ist dem Erblasser mit letztem Wohnsitz in der Schweiz eine

Rechtswahl zugunsten des ausländischen Heimatrechts für das Erbstatut, nicht für das Eröffnungsstatut, möglich. Eine Rechtswahl in Erbsachen wird in vielen ausländischen Staaten nicht anerkannt. Es empfiehlt sich daher, zugleich auch ausführlich materiell die Lösung im Testament oder Erbvertrag anzuordnen (Bestimmung der Erben und der den einzelnen zufallenden Quoten oder Beträge, Anrechnung von Vorbezügen, Teilungsvorschriften), d.h. auch den Inhalt der gesetzlichen Regelung, mit dem der Erblasser einverstanden ist und den der Erblasser besonders durchgesetzt wissen will, im Testament oder Erbvertrag selber auszuführen.

- In beschränktem Rahmen können Auslandschweizer und Auslandschweizerinnen schweizerische Gerichtszuständigkeit und die Anwendung schweizerischen Erbrechts herbeiführen oder begünstigen (vgl. Art. 87 Abs. 2, 91 Abs. 2 IPRG).
- Spezifische Vorkehren für einzelne Rechtsgeschäftsplanungen wie für Versicherungen usw. unterstehen eigenem Recht (Versicherungsstatut usw.).

Daneben ist eine *Liste von «Störfällen»* aufzustellen, mit denen die Ereignisse oder Veränderungen aufgeführt sind, die dieser Zielsetzung widerlaufen könnten.

Schliesslich sind die *ständig wieder ändernden Rechtsgrundlagen* im Auge zu behalten. Ändern können z.B. die in der Planung vorausgesetzten Bestimmungen des IPR, des IZPR, des Erbrechts, des übrigen Privat- und des öffentlichen Rechts aller beteiligten Staaten, des Prozess- und Zwangsvollstreckungsrechts usw.

2.3 Typische Instrumente der internationalen Nachlassplanung

2.3.1 Testamente und Erbverträge, verbunden mit Rechtswahl und materiellrechtlichen Anordnungen

Die *Rechtswahlmöglichkeiten* sind im schweizerischen Recht restriktiv umschrieben (Art. 90 Abs. 2, Art. 91 Abs. 2 IPRG). Demgegenüber lässt Art. 22 der EU-Erbrechtsverordnung weiter gehend die Wahl irgendeines von mehreren Heimatrechten zu, das der Erblasser im Zeitpunkt der Rechtswahl oder im Zeitpunkt des Todes hatte.

Die *IPR-Kollisionsregeln zum Testament und zum Erbvertrag* sind in der EU-Erbrechtsverordnung ausführlicher, aber nicht unähnlich wie im IPRG geregelt. Die intertemporalrechtlichen Regeln in Art. 83 (2)-(4) favorisieren die materielle und formelle Gültigkeit von Testamenten und Erbverträgen im zeitlichen Übergangsrecht – eine die Planung und Rechtsgestaltung erleichternde Regelung.

Die aus dem materiellen Recht her vertrauten Vor- und Nachteile (Stabilität und Bindungswirkungen des Erbvertrages; Abänderbarkeit der einseitigen Testamente) wirken sich natürlich auch in Bezug auf die Nachlassplanung im internationalen Verhältnis aus. Erbverträge stabilisieren das anwendbare Recht nach den meisten IPR-Systemen selbst bei Wohnsitzwechseln oder Wechsel der Staatsangehörigkeit und bei entsprechender Ausgestaltung selbst in intertemporaler Hinsicht.

Besonders wertvoll sind spezifische Ausgestaltungen der Testamente und Erbverträge durch Bedingungen, Auflagen, Vorbehalte – die man auch in Hinsicht auf die spezifischen Bedürfnisse des internationalen Verhältnisses nutzen kann. Insbesondere empfiehlt sich eine sorgfältige Rechtsgeschäftsgestaltung bei bewusst herbeigeführter oder bei unerwünschter Nachlassspaltung. Der Erblasser kann alternative oder subsidiäre Anordnungen treffen für den Fall, dass sich die von ihm primär gewollte Nachlassregelung aus bestimmt umschriebenen oder irgend welchen Gründen nicht wie gewollt realisieren lässt. Insbesondere kann der Erblasser auch subsidiäre Anordnungen treffen für den Fall, dass z.B. zwei Kinder wegen Vermögenslage von Immobilien und daheriger Nachlassspaltung oder wegen unterschiedlicher Belastung von Nachlasswerten durch unterschiedliche Besteuerungssysteme in verschiedenen Staaten unvorhergesehenerweise unterschiedlich viel erhalten und durch entsprechend vorgesehene Ausgleichsmechanismen im Ergebnis gleichgestellt werden sollen.

2.3.2 Schaffung von Vermögenslagen und dadurch geschaffene Gerichtszuständigkeiten bzw. Rechtsanwendungsbeeinflussungen

Insbesondere im Verhältnis zu Staaten des angloamerikanischen Rechtskreises, welche die Nachlassspaltung kennen (Anwendung des Rechts am Lageort auf Immobiliarnachlass, Anwendung eines anderen Rechts, insbesondere Wohnsitzrechts, auf den Mobiliarnachlass) ist es schon Tradition, durch entsprechende Aufgliederung des Vermögens das anwendbare Recht (und regelmässig auch die Teilungszuständigkeit) zu beeinflussen. Dabei ist es nicht im Verhältnis zu allen diesen Staaten gewiss, ob Mobilien vollständig dem Wohnsitzrecht unterstehen oder ob gewisse Arten von dinglichen Berechtigungen an Mobilien eine eigene Anknüpfung haben können.

Unter der EU-Erbrechtsverordnung wird es m.E. den Mitgliedstaaten – wie Frankreich – jedenfalls im Verhältnis zu anderen Mitgliedstaaten nicht mehr möglich sein, für in ihrem Gebiet gelegene Immobilien eine ausschliessliche Gerichtszuständigkeit in Anspruch zu nehmen (Art. 4) und darauf zwingend eigenes Recht anzuwenden.

Umso auffälliger ist die Zuständigkeitsregelung in Art. 10 gestützt auf die Ortslage des (beweglichen oder unbeweglichen) Vermögens in einem Mitgliedstaat. Wegen ihrer Bedeutung sei sie hier wörtlich wiedergegeben:

> (1) Hatte der Erblasser seinen gewöhnlichen Aufenthalt im Zeitpunkt seines Todes nicht in einem Mitgliedstaat, so sind die Gerichte eines Mitgliedstaates, in dem sich Nachlassvermögen befindet, für Entscheidungen in Erbsachen für den gesamten Nachlass zuständig, wenn
>
> a) der Erblasser die Staatsangehörigkeit dieses Mitgliedstaates im Zeitpunkt seines Todes besass, oder, wenn dies nicht der Fall ist,
>
> b) der Erblasser seinen vorhergehenden gewöhnlichen Aufenthalt in dem betreffenden Mitgliedstaat hatte, sofern die Änderung dieses gewöhnlichen Aufenthalts zum Zeitpunkt der Anrufung des Gerichts nicht länger als fünf Jahre zurückliegt.
>
> (2) Ist kein Gericht in einem Mitgliedstaat nach Absatz 1 zuständig, so sind dennoch die Gerichte des Mitgliedstaats, in dem sich Nachlassvermögen befindet, für Entscheidungen über dieses Nachlassvermögen zuständig.

Art. 10 der EU-Erbrechtsverordnung öffnet also nach Abs. 1 einen umfassenden Gerichtsstand für die Erbteilung an einem Vermögenslageort in einem EU-Mitgliedstaat, wenn der Erblasser im Zeitpunkt des Todes in der Schweiz wohnte, aber auch Doppelbürger dieses Staates war, oder wenn er in den letzten fünf Jahren vor der Teilungsklage in diesem Mitgliedstaat gewöhnlichen Aufenthalt gehabt hatte.

War der Erblasser z.B. Schweizer mit letztem Wohnsitz in der Schweiz, ohne je im Ausland gelebt zu haben, hinterlässt er aber bewegliches oder unbewegliches Vermögen in einem der EU-Mitgliedstaaten, so begründet er dort einen Teilungsgerichtsstand bezüglich dieses Vermögensteils. Die Schweiz anerkennt zwar den dort ergangenen Entscheid in diesem Extremfall nur, wenn es sich um ein dort gelegenes Grundstück handelt (Art. 96 Abs. 1 lit. b IPRG). Aber auch der Entscheid betreffend Mobilien kann in diesem Mitgliedstaat der EU vollstreckt werden bzw. das Geld bei der dortigen Bank abgeholt werden. In anderen Sachverhaltsvarianten wäre der Entscheid in der Schweiz aber vollstreckbar, so wenn der Erblasser das Recht dieses Staates hat wählen können, was der Fall ist, wenn er (auch) die Staatsangehörigkeit dieses Mitgliedstaates hatte (es ist im Rahmen des Art. 96 Abs. 1 lit. a IPRG hier wohl Art. 22 EU-Verordnung massgeblich, nicht allein Art. 90 Abs. 2 IPRG).

Hatte der in der Schweiz wohnhafte Erblasser im Zeitpunkt des Testaments oder des Todes (nur oder auch) die Staatsangehörigkeit irgendeines Mitgliedstaates im Sinne der EU-Erbrechtsverordnung (z.B. die deutsche), muss die Schweiz das Urteil am Ort der Vermögenslage in irgendeinem der EU-Mitgliedstaaten im Sinne der EU-Erbrechtsverordnung (z.B. in Frankreich oder Österreich) auch dann anerkennen, wenn der Erblasser den Nachlass einem seiner Heimatrechte (gleichgültig welchem, sofern es nur dasjenige eines Mitgliedstaates im Sinne der EU-Erbrechtsverordnung ist) unterstellt hat – denn das Urteil am Ort der Vermögenslage ist im Heimatstaat (gestützt auf die EU-Erbrechtsverordnung, Art. 39) automatisch anerkannt – und die Schweiz anerkennt dieses im Staat des gewählten Heimatrechts anerkannte Urteil gestützt auf Art. 96 Abs. 1 lit. a letzter Satzteil («oder wenn sie in einem dieser Staaten anerkannt werden») IPRG ebenfalls. Angehörige oder Doppelbürger eines EU-Mitgliedstaates, die in der Schweiz leben, können somit – wenn Erblasser und auf Teilung klagender Erbe «kooperieren» – Art. 86 Abs. 1 und 90 IPRG fast beliebig umgehen, indem der Erblasser sein Vermögen in EU-Mitgliedstaaten, die der Erbrechtsverordnung angehören, platziert, und seinen Nachlass einem EU-Mitgliedstaat, welcher der EU-Erbrechtsverordnung angehört, unterstellt – und schliesslich der daran interessierte Erbe die Klage im Staat der Vermögenslage prioritär hängig macht.

2.4 Vorkehren hinsichtlich der Nachlassabwicklung im grenzüberschreitenden Verkehr

Wegen der Verschiedenheit der Rechtsquellen und der Rechtsinhalte kann auch diesbezüglich nur eine Problemübersicht gegeben werden, wobei naturgemäss die meisten Vorkehren erst von den Erben bzw. Erbengruppen getroffen werden können:

2.4.1 Aufbewahrung der Testamente und Erbverträge

Öffentlich beurkundete Testamente und Erbverträge haben nicht nur den Vorteil, dass ihr Zustandekommen (ebenso wie die Ernsthaftigkeit) leichter beweisbar ist, sondern dass sie in der Regel sorgfältiger aufbewahrt werden, nämlich zumindest bei der Urkundsperson, die ihrerseits eine Einlieferungspflicht haben wird.

Im internationalen Verhältnis von Bedeutung ist das Instrument der internationalen Registrierung von Testamenten gestützt auf das am 16. Mai 1972 in Basel geschlossene Europäische Übereinkommen über die Einrichtung einer Organisation zur Registrierung von Testamenten zu erwähnen – das allerdings noch kaum umgesetzt worden ist.

Allenfalls besteht eine besondere Vorkehr auch darin, dass derselbe Inhalt aufgrund mehrerer öffentlicher Urkunden, die in verschiedenen Staaten und aufgrund verschiedener Rechtsordnungen aufgenommen werden, vereinbart oder angeordnet wird.

2.4.2 Wo findet die Eröffnung des Erbganges und des Testamentes statt? Wo werden Erbenscheine ausgestellt?

Die *Eröffnung des Erbganges* legt in der Regel die Zuständigkeit für alle Massnahmen und Vorkehren, wie auch teilweise für Klagen im Zusammenhang mit der erbrechtlichen Auseinandersetzung fest. Damit verbunden ist, soweit nach dem betreffenden Recht diese Massnahmen zum sog. Eröffnungsstatut gehören, die Anwendung des eigenen Rechts dieses Staates (z.B. betreffend Beaufsichtigung des Willensvollstreckers und betreffend Rechte des Willensvollstreckers im Verhältnis zu Dritten = Nichterben). Die Eröffnung des Erbganges ist je aus der Sicht der betroffenen Staaten möglich, z.B. im Heimatstaat, im Staat des letzten Wohnsitzes des Erblassers, im Staat wesentlicher Vermögenslagen (dann in der Regel auf die Nachfolge in diese Werte beschränkt). Wenn ein *Testament* eröffnet wird, gilt in der Regel der Erbgang als in diesem Staat eröffnet, mit der Folge, dass sich vielfach die Behörden der anderen Staaten nur noch so weit als zuständig ansehen, als sich die ersteröffnende Behörde nicht mit dem Nachlass bzw. Teilen davon befasst.

Praktisch von grosser Bedeutung können *Erbbescheinigungen* sein, die allerdings je nach massgeblicher Rechtsordnung unterschiedliche Rechtswirkungen haben. Die schweizerische Erbenbescheinigung hat nur vorläufige Wirkung, vorbehältlich einer Anfechtungs- oder Herabsetzungsklage, und verteilt den Besitz bzw. legt fest, wer sich auf die Besitzesregeln an den Nachlasswerten berufen kann. Deutsche Erbenscheine setzen ein Verfahren vor Amtsgericht voraus, das eine erste Prüfung der Sach- und Rechtslage vornimmt, und haben daher höhere Legitimationswirkungen gegen Dritte.

Einen Quantensprung im europäischen Rechtsverkehr stellen die Art. 62–73 der EU-Erbrechtsverordnung bezüglich des Europäischen Nachlasszeugnisses dar. Dieses sehr detaillierte Nachlasszeugnis (vgl. zum Inhalt Art. 68) wird im Verkehr unter den Mitgliedstaaten mit weitgehenden Wirkungen (Art. 69) – Richtigkeitsvermutung bezüglich der darin aufgeführten Tatsachen und Personenbezeichnungen, Gutglaubensschutz der gestützt darauf Handelnden – ausgestattet sein.

2.4.3 Für erbrechtliche Klagen: Schaffung einer Gerichtszuständigkeit aufgrund einer prioritären Klage

Soweit eine Klage ins Auge gefasst werden muss, ist die Entscheidung der zuerst klagenden Partei, in welchem Staat sie klagt, dafür massgeblich, welches Erbrecht materiell zum Zuge kommt.

Soweit Nachlassplanung auch schon zusammen mit den künftigen Erbinnen möglich ist (z.B. durch Erbvertrag), könnte einem Forum Running entgegengewirkt werden, sei es durch Festlegung einer ausschliesslichen Gerichtsstandsvereinbarung im von allen Erben und Erbinnen unterzeichneten Erbvertrag und/oder einer Vereinbarung, dass während z.B. sechs Monaten nach dem Tod ein Stillhalteabkommen gilt, das für Vergleichsgespräche zu nutzen ist.

2.4.4 Hinsichtlich Willensvollstreckung

Die Beziehungen zwischen Willensvollstrecker und Erben unterstehen nach den meisten nationalen IPR dem Erbstatut. Soweit dieses vom Erblasser beeinflusst oder gewählt werden kann, muss er diesen Aspekt im Rahmen des Testaments bzw. Erbvertrags bedenken, sofern er einen Willensvollstrecker einsetzen will. Allerdings untersteht der Willensvollstrecker jeweils auch einer Aufsicht im Staat, in dem er handelt bzw. über Nachlasswerte verfügt. Aus Art. 92 Abs. 2 Satz 2 ist wohl dasselbe für das Verhältnis des Willensvollstreckers zu Dritten abzuleiten (strittig). Die Bestellung und die Befugnisse der Willensvollstrecker im Verhältnis unter den Mitgliedstaaten wird demgegenüber in Art. 29 der EU-Erbrechtsverordnung sehr viel differenzierter und detaillierter, aber auch genauer und rechtssicherer umschrieben; noch schwierig abschätzbar ist aber, ob und wieweit die Mitgliedstaaten dieselben Regeln auch im Verhältnis zu Dritten analog anwenden werden.

Im internationalen Verhältnis kann sich, soweit zulässig (beide genannten Erlasse gestatten eine Mehrzahl von Willensvollstreckern), eine Mehrzahl von Willensvollstreckern, je bezogen auf verschiedene Nachlassteile, oder verschiedene Aufgaben, rechtfertigen.

2.4.5 Hinsichtlich Gerichtsstandsvereinbarung

Der Erblasser kann den Gerichtsstand nur durch Schaffung entsprechender möglicher Anknüpfungspunkte, die in den verschiedenen Staaten zur Bestimmung der Gerichtszuständigkeiten zur Verfügung stehen (wie Wohnsitz des Erblassers, Vermögensortslage), beeinflussen. Einen Gerichtsstand kann er nach schweizerischem IPRG und auch nach EU-Erbrechtsverordnung nicht einseitig bestimmen.

Hingegen können die Erben und Erbinnen nach dem Tod des Erblassers eine Gerichtsstandsvereinbarung nach Art. 5 IPRG oder nach Art. 5 der EU-Erbrechtsverordnung treffen. Interessant ist, dass nach letzterer Bestimmung immerhin Voraussetzung dieser Gerichtsstandsvereinbarung zugunsten eines Mitgliedstaates ist, dass der Erblasser seinen Nachlass dem Recht dieses Mitgliedstaates unterstellt hat. Mit anderen Worten: Wenn der Erblasser eine nach der EU-Verordnung gültige Rechtswahl im Sinne des Art. 22 EU-Erbrechtsverordnung trifft, können die Erben nachträglich eine ausschliessliche Gerichtsstandsvereinbarung zugunsten der Gerichte oder eines bestimmten Gerichts dieses Mitgliedstaates treffen – und damit wohl sehr wirksam z.B. der Schweiz eine sonst bestandene Gerichtszuständigkeit entziehen.

Die EU-Erbrechtsverordnung stellt übrigens den ErbInnen mehrere Möglichkeiten der Begründung von Gerichtszuständigkeiten in einem der Mitgliedstaaten zur Verfügung (u.a. Art. 9, Zuständigkeit aufgrund rügeloser Einlassung).

2.4.6 Hinsichtlich Schiedsvereinbarung

Die Erben (nicht der Erblasser) können eine Schiedsklausel bzw. einen Schiedsvertrag für die Teilung des Nachlasses vereinbaren, denn es handelt sich um eine vermögensrechtliche Streitigkeit.

Dieses Vorgehen liegt insbesondere nahe:
- wenn die Erben sich darauf einigen, den Nachlass anders zu teilen, als dies nach testamentarischer Anordnung oder nach dem sonst anwendbaren staatlichen Recht erfolgen müsste;
- wenn damit völlig entgegengesetzten Vorstellungen der beteiligten Staaten über die Zuständigkeit, Rechtsanwendung oder Anerkennung/Vollstreckung ausländischer Entscheidungen ausgewichen werden soll (z.B. positive oder negative Zuständigkeitskonflikte bestehen oder es müssten in zwei Staaten Verfahren durchgeführt werden, weil kein Staat die Anordnungen des andern anerkennen würde, wobei in beiden Staaten wesentliche Werte liegen).

Schiedsentscheidungen werden leichter in einer Vielzahl aussereuropäischer Staaten vollstreckt werden können als staatliche Gerichtsentscheidungen (vgl. die sehr grosse Anzahl der Vertragsstaaten des New Yorker Übereinkommens vom 10. Juni 1958 über die Anerkennung und Vollstreckung ausländischer Schiedssprüche und die nationale Erweiterung in vielen Staaten auch auf das Verhältnis zu Nichtvertragsstaaten, wie etwa Art. 194 IPRG; sowie die sehr zurückhaltende Überprüfung der Schiedsentscheide).

An diese Gestaltungsmöglichkeit wird etwa gedacht:
- wenn zu befürchten ist, dass infolge positiver oder negativer Zuständigkeitsregeln in den Staaten, in denen sich Nachlassvermögen befindet; widersprüchliche Entscheide ergehen oder Rechtsschutz verweigert wird;
- wenn zu befürchten ist, dass die mehreren zuständigen Staaten, in denen sich Nachlasswerte befinden, infolge Differenzen im IPR oder im materiellen Recht widersprüchliche Anordnungen treffen werden, z.B. Pflichtteile zwingend durchsetzen oder gegenteils testamentarischen Anordnungen weiter gehende Wirkung zuerkennen, steuerliche Belastungen durch ihren Staat einseitig zulasten des Erbteils des in ihrem Territorium gelegenen Vermögensteils durchsetzen oder sonstwie eine Nachlassspaltung zulasten einer Erbengruppe vornehmen bzw. eine Anpassung verweigern;

- wenn das Verhältnis der Erben bzw. des Nachlasses im Verhältnis zu Dritten geklärt werden muss und diese Dritten sich ebenfalls der Schiedsklausel unterstellen (z.B. bei der Regelung gesellschaftsrechtlicher Probleme, wenn der Erblasser einen stimmenmässig bedeutsamen Anteil an einer Gesellschaft hatte).

Tagungsbände der Stiftung Schweizerisches Notariat
Herausgeber: Jürg Schmid, a. Notariatsinspektor des Kantons Zürich,
Lehrbeauftragter an der Universität Zürich

In dieser Reihe sind bereits erschienen:
Dans cette série ont déjà été publiées:

Die Belehrungs- und Beratungspflicht des Notars
L'obligation d'informer du notaire

mit Beiträgen von / avec des présentations de

JÖRG SCHMID, Prof. Dr. iur., Ordinatius für Privatrecht und Privatrechtsvergleichung an der Universität Luzern

MICHEL MOOSER, Dr en droit, notaire, professeur tit. à l'Université de Fribourg

REGINA E. AEBI-MÜLLER, Prof. Dr. iur., Ordinaria für Privatrecht und Privatrechtsvergleichung an der Universität Luzern

PAUL-HENRI STEINAUER, Dr en droit, professeur à l'Université de Fribourg

CHRISTIAN BRÜCKNER, Prof. Dr. iur., Notar, Privatdozent an der Universität Basel

DENIS PIOTET, Dr en droit, professeur ordinaire à l'Université de Lausanne

PETER NOBEL, Prof. Dr. rer. publ., Professor für Privat-, Handels- und Wirtschaftsrecht an der Universität St. Gallen

RITA TRIGO TRINDADE, Dr en droit, professeure à l'Université de Genève

ANNI GRIESSEN COTTI, Titulaire du brevet d'avocat, assistante à l'Université de Genève

MADELEINE SIMONEK, Prof. Dr. iur., Fürsprecherin, dipl. Steuerexpertin, Extraordinaria für Steuerrecht an der Universität Luzern

YVES NOËL, Dr en droit, avocat, professeur de droit fiscal à l'Université de Lausanne

MARC BUGNON, Lic. en droit, chef de la division juridique de la division principale impôt federal direct, impôt anticipé, droit de timbre de l'Adminstration fédérale des contributions

Schulthess Juristische Medien AG, Zürich – Basel – Genf 2006
ISBN 3-7255-5111-1 – **vergriffen**

Tagungsbände der Stiftung Schweizerisches Notariat

Herausgeber: Jürg Schmid, a.Notariatsinspektor des Kantons Zürich,
Lehrbeauftragter an der Universität Zürich

Ausgewählte Fragen zum Beurkundungsrecht
La procédure d'instrumentation des actes authentiques

mit Beiträgen von / avec des présentations de

Jörg Schmid, Prof. Dr. iur., Ordinatius für Privatrecht und Privatrechtsvergleichung an der Universität Luzern

Michel Mooser, Dr en droit, notaire, professeur titulaire à l'Université de Fribourg

Stephan Wolf, Prof. Dr. iur., Ordinarius für Privatrecht sowie Notariatsrecht an der Universität Bern

Gian Sandro Genna, MLaw, wissenschaftlicher Assistent am Zivilistischen Seminar der Universität Bern

Paul-Henri Steinauer, Dr en droit, professeur ordinaire à l'Université de Fribourg

Benno Schneider, Dr. iur., Rechtsanwalt, Lehrbeauftragter für Anwalts- und Beurkundungsrecht an der Universität St. Gallen

Sylvain Marchand, Dr en droit, professeur ordinaire à l'Université de Genève et professeur associé à l'Université de Neuchâtel

Peter V. Kunz, Prof. Dr. iur., Ordinarius für Wirtschaftsrecht und Rechtsvergleichung an der Universität Bern

Walter A. Stoffel, Dr en droit, professeur ordinaire à l'Université de Fribourg

Jürg Schmid, Notariatsinspektor des Kantons Zürich, Lehrbeauftragter an der Universität Zürich

Denis Piotet, Dr en droit, professeur ordinaire à l'Université de Lausanne

Schulthess Juristische Medien AG, Zürich – Basel – Genf 2007
ISBN 978-3-7255-5506-2, broschiert

Tagungsbände der Stiftung Schweizerisches Notariat

Herausgeber: Jürg Schmid, a. Notariatsinspektor des Kantons Zürich, Lehrbeauftragter an der Universität Zürich

Der Grundstückkauf
La vente immobilière

mit Beiträgen von / avec des présentations de

CHRISTIAN BRÜCKNER, Prof. Dr. iur., Rechtsanwalt und Notar

CHRISTINE CHAPPUIS, Dr en droit, professeure à l'Université de Genève

NICOLAS KUONEN, Dr en droit, LL.M. (Yale), avocat, chargé de cours à l'Université de Fribourg

ROLAND PFÄFFLI, Dr. iur., Notar, Grundbuchverwalter von Thun

JÖRG SCHMID, Prof. Dr. iur., Universität Luzern

PASCAL PICHONNAZ, Professeur à l'Université de Fribourg, LL.M. (Berkeley)

EDGAR PHILIPPIN, Dr en droit, professeur remplaçant à l'Université de Lausanne

ERICH RÜEGG, Dr. iur., Rechtsanwalt und Notar, LL.M., M.B.A.

MICHEL MOOSER, Dr en droit, Notaire à Bulle, professeur titulaire à l'Université de Fribourg

FRÉDÉRIC KRAUSKOPF, Dr. iur., Rechtsanwalt, Lehrbeauftragter an den Universitäten Basel und Luzern

JÜRG SCHMID, a. Notariatsinspektor des Kantons Zürich, Lehrbeauftragter an der Universität Zürich

AMÉDÉO WERMELINGER, Dr. iur., Rechtsanwalt, Lehrbeauftragter an den Universitäten Luzern und Fribourg

HANSJÖRG STOLL, a. Notar und Grundbuchverwalter

BEAT BRÄM, Dr. iur., Fürsprecher und Notar

BÉNÉDICT FOËX, Dr en droit, professeur à l'Université de Genève

RUTH ARNET, PD Dr. iur., Rechtsanwältin und Notarin

NICOLAS JENDIN, Dr en droit, avocat à Genève, professeur à l'Université de Genève

Schulthess Juristische Medien AG, Zürich – Basel – Genf 2010
ISBN 978-3-7255-5990-9, broschiert

Tagungsbände der Stiftung Schweizerisches Notariat

Tagungsbände der Stiftung Schweizerisches Notariat
Herausgeber: Jürg Schmid, a.Notariatsinspektor des Kantons Zürich,
Lehrbeauftragter an der Universität Zürich

Die Dienstbarkeiten und das neue Schuldbriefrecht
Einblick in die Revision des Immobiliarsachenrechts

Les servitudes et les cédules hypothécaires
à la lumière des nouvelles dispositions du Code civil

mit Beiträgen von / avec des présentations de

CHRISTINA SCHMID-TSCHIRREN, Dr. iur., Titularprofessorin der Universität Bern,
Lehrbeauftragte an der Universität Bern

BETTINA HÜRLIMANN-KAUP, Dr. iur., Professorin an der Universität Freiburg

DENIS PIOTET, Dr en droit, professeur à l'Université de Lausanne

ROLAND PFÄFFLI, Dr. iur., Notar, Grundbuchverwalter von Thun

NICOLAS JEANDIN, Dr en droit, avocat à Genève, professeur à l'Université de Genève

AMÉDÉO WERMELINGER, Dr. iur., Titularprofessor der Universität Freiburg, Lehrbeauftragter an den Universitäten Luzern und Freiburg

MICHEL MOOSER, Dr en droit, notaire à Bulle, professeur titulaire à l'Université de Fribourg

ALFRED KOLLER, Dr. iur., Professor an der Universität St. Gallen

JÖRG SCHMID, Dr. iur., Professor an der Universität Luzern

MONIKA PFAFFINGER, Dr. iur., Assistenzprofessorin an der Universität Luzern

PAUL-HENRI STEINAUER, Dr en droit, professeur à l'Université de Fribourg

RAPHAËL HAAS, Dr. iur., Rechtsanwalt und Notar, Lehrbeauftragter an der Universität Luzern

BÉNÉDICT FOËX, Dr en droit, professeur à l'Université de Genève

STEPHAN WOLF, Dr. iur., Professor an der Universität Bern,
Dekan der Rechtswissenschaftlichen Fakultät der Universität Bern

ALEXANDER KERNEN, MLaw, Rechtsanwalt, wissenschaftlicher Assistent am Zivilistischen Seminar der Universität Bern

Schulthess Juristische Medien AG, Zürich – Basel – Genf 2012
ISBN 978-3-7255-6469-9, broschiert